뿌리 깊은

한국사

샘이 깊은

이야기

**5**

조선 후기

**일러두기**

○ 본문은 큰 주제별로 모아 장으로 묶었으며 각 장은 꼭지마다 해설을 하고 이어서 원사료를 밝힌 '자료샘'과 '출전',
　'찾아읽기'를 배치했다.

○ 본문에 나오는 인명과 지명 등은 원칙적으로 한글 맞춤법 표기법에 따랐다. 필요한 경우, 독자의 이해를 돕기 위해
　익숙하지 않은 인명, 지명, 단체명, 정기간행물 등은 원어를 병기했다. 주요 개념이나 한글만으로는 뜻을 짐작하기
　힘든 용어의 경우에도 한자나 원어를 병기했다.

○ 단행본이나 전집은 『　』 신문이나 잡지, 논문, 기관지, 문학작품명, 영화 제목 등은 「　」로 표기했고, 강의명이나 기사
　제목 등은 〈　〉로 표기했다.

○ 한자와 외래어는 병기를 원칙으로 하되, 음과 뜻이 다를 경우에는 [ ]로 묶었다.

뿌리 깊은

# 한국사

샘이 깊은

# 이야기

⑤ 조선 후기

쟁점과 사료로 풀어쓴
새로운 한국사

박평식 · 이재윤 · 최성환 지음

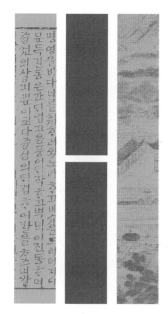

가람
기획

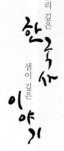

## 개정 신판 간행사

『뿌리 깊은 한국사 샘이 깊은 이야기』(이하 『뿌샘』) 초판이 나온 지 어느덧 11년이 흘렀다. 그동안 많은 독자들로부터 '뿌샘'이라는 애칭으로 많은 사랑을 받았으니 그저 고마울 따름이다. 그러나 저자들이 이 책들을 활용하고 검토하는 과정에서 더러는 서술상의 오류가 없지 않으며 보완할 여지가 적지 않음을 발견하였다. 특히 일부 항목에서는 새로운 연구 성과들이 나와 많은 이들의 관심을 끌었다. 이에 저자들 사이에서 개정·증보의 필요성이 제기되었으며 곧이어 작업 구상에 들어갔다.

한편, 2007 개정 교육과정 이래 전면적인 역사과 교육과정의 개편이 2009년, 2010년, 2011년 세 차례에 걸쳐 이루어진 사실도 『뿌샘』 개정·증보의 필요성을 더욱 느끼게 하였다. 올바로 된 국사의 이해 체계를 『뿌샘』이 견지해주어야 하지 않겠는가 하는 의무감에서다.

기실 빈번한 역사과 교육과정의 개정은 그만큼 우리의 국사 이해 체계가 흔들리고 있음을 말해주는 단면이었다. 개정은 몇몇 단원과 내용을 부분 조정하는 데 그치지 않고 역사 과목 수를 줄임은 물론 과목명을 바꾸고 그 내용의 체제를 전면 개정하는 형태로 진행되었다. 그리고 이는 교사와 학생은 말할 나위도 없고 학부형과 일반 국민들의 우려를 자아내면서 가뜩이나 위축된 역사 교육의 위상을 더욱 추락시켜 존립의 근거마저 상실케 하였다. 이러한 현실에서 『뿌샘』의 저자들은, 학생과 교사는 물론 일반인들에게도 체계적이고 과학적인 국사 이해 체계를 반듯하게 보여줄 필요가 있음을 절감하였던 것이다.

사람이 제 구실을 하며 올바로 살아가기 위해 꼭 필요한 요소를 하나만 지적해보라고 한다면 그것은 그가 지금까지 살아온 내력來歷을 거짓이나 꾸밈없이 제대로 기억하는 일이라 할 것이다. 기억상실증에 걸려 부모와 형제, 스승과 친구를 알지 못하고 자기가 누군지 어떤 일을 하던 사람인지도 알지 못한 채 살고 있다면 설령 그 삶이 유복하더라도 그것을 그의 정당한 삶이라고는 말할 수 없는 노릇이다.

지금까지 살아온 내력을 잘 기억하는 것은 곧 나를 나일 수 있게 하는 필수불가결한 요소다. 그리고 그 기억은 거짓 없는 사실에 기초한 것이어야만 한다. 지금까지 잘 살아왔다고 해도 진짜라고 믿었던 집안의 족보가 조작되었다면 자기의 뿌리를 의심하고 방황하게 될 것은 당연한 일일 터이다.

지금까지 살아온 내력을 우리는 '역사歷史'라고 부른다. 그러므로 우리는 우리 역사를 자신의 존망을 걸고 똑바로 알아야만 한다. 역사란 그저 단순한 호기심에서 알아도 그만, 몰라도 그만인 것이 아니다. 자기 역사를 모르고서는 사람이 제 구실을 할 수가 없고 자기 역사를 잘못 알아서는 남의 삶을 사는 것이 되기에, 정신을 차리고 온갖 힘을 다하여 이를 알아야 하는 것이다. 같은 이치로, 우리가 한국 사람으로서 이 시대를 올바로 살아가려면 우리 역사 곧 국사를 바르게 알지 않으면 안 된다. 국사는 우리 민족이 지금까지 살아온 내력에 대한 기억이기 때문이다.

따라서 이번 개정 신판에서는 원시에서 현대에 이르는 우리 역사의 전개를 일관하는 안목에서 체계적으로 알고 이해하는 데 무엇보다 주력하였다. 그러다 보니 그에 관한 연구 성과가 미약하여 이해 체계를 세우는 데 적잖이 애를 먹고, 결국 국사 전반에 대한 큰 이해 체계 위에서 맥락을 잡아 과감하게 서술한 부분도 없지 않다. 국사학계에 어떤 부분의 연구가 소략한지 제시함으로써 연구를 촉발하겠다는 뜻도 있었으니 널리 이해 바란다.

개정 신판에서는 초판의 문제점을 보완하는 한편 그동안에 축적된 연구 성과를 가능한 한 충실하게 반영하도록 애썼다. 10여 년 사이에 새로운 견해가 많이 제출되어 국사의 이해가 더욱 풍부해졌고, 그러다 보니 학계의 연구 경향에 큰 변화가 초래된 분야도 없지 않았다. 이를 가급적 고루고루 두루두루 소개하려 노력하였으니 역사 교육 현장에서 중등학생을 가르치는 교사는 물론 국사를 배우고 연구하는 학생들과 국사학의 동향에 관심을 가진 일반 시민에게도 도움이 되리라 생각한다.

또한 독자의 이해를 돕기 위해서 인용 자료의 원문을 첨부 소개하였다. 국사에 대한 독자의 지적 욕구와 이해력이 높아져 원문을 직접 해득하고 스스로 새로운 견해를 제시하는 수준에 이른 현실을 반영하기 위해서다. 다만 근 · 현대사의 경우, 한문 이외에 여러 외국어 원문이 소개되어야 하므로 여기서는 원문을 제시하지 않았다. 아울러 이번 시리즈에서는 일부 책의 저자가 바뀌고 체제가 개편되었음을 알려둔다. 모쪼록 『뿌샘』 시리즈를 통해 국사에 대한 관심과 연구의 열의가 더 높아지고 뜨거워지길 기대한다.

끝으로 『뿌샘』 시리즈에 변함 없는 관심을 가지고 개정 신판 편집 작업에 노고를 아끼지 않은 가람기획 편집진에 감사드린다.

2013년 10월
지은이 일동

초판 간행사

인간 만사에서 사물의 내면을 깊이 알고자 할 때, 자기 처지를 살필 때, 맞닥뜨린 문제나 난국을 풀려고 할 때 인간은 내력·계통·배경을 진지하게 되새긴다. 이것이 바로 역사를 알고자 하는 자세이고 정신이다.

역사는 과거의 실록으로, 현재의 본보기이자 미래의 지표이다. 역사는 인간을 주체로 많은 사건·제도·문물·산업·사상·연대들이 얽히고설키어 시간 전개와 공간 변화에 따라 단계성과 계기성, 필연성이 일관된 맥락에서 자리 잡고 거대한 체계를 갖춘다. 선행·인덕·의리·지조·풍류·호연·징악 등의 보편적 가치도 이 가운데서 구체적으로 나타난다. 그러므로 역사는 늘 새로운 생명력을 갖는다. 개인·가족·집단·국가나 민족·세계는 이를 통해 자기 주체를 발견하고 처지를 인식하고 존재가 나아갈 길을 가늠할 수 있다. 역사의 의미와 가치가 이러하여 인간 문명의 시원부터 역사를 늘 중시하고, 끊임없이 새롭게 서술하며 후세에 가르쳐왔다.

그러나 역사는 특정 공식이나 방법이 있어 손쉽게 설명하고 이해할 수 있는 분야가 아니다. 중등학생을 비롯하여 대학생과 일반인들이 역사를 공부하자면, 정신 능력이나 교육 정도에 따라 저마다 양의 많고 적음과 질의 높고 낮음은 있겠으나, 우선 역사를 구성하는 인물 · 정치 · 경제 · 제도 · 전쟁 · 문물 · 생산 · 사상 · 예술 · 연도 등 기초 사실을 익히 알지 않으면 안 된다. 그러려면 먼저, 이미 정리된 역사서에 나오는 사실들을 학습할 수밖에 없다. 이는 역사서를 거듭 반복해 읽으면서 사실들에 친숙해지고 마침내 역사 맥락에서 이해하는 숙지 훈련을 꾸준히 하는 일이다. 사실이 없으면 역사는 없다. 역사 학습에서 사실에 대한 기억과 숙지 과정이 없다면 소양 있는 역사 이해는 힘들다.

역사와 역사 학습의 속성이 이와 같아서 중등학생이나 일반인들은 역사에 커다란 의미를 부여하고 이야기는 즐겨 하지만, 정작 자신이 노력을 기울여야 할라치면 외면하거나 귀찮아하기 십상이다. 심한 경우 중등학교 역사 교사의 교육 방식에 흠이 있다고 탓하거나 역사 교육 자체가 필요 없다고 주장하기까지 한다. 이러한 경향은 우리나라 근 · 현대화가 우리 전통과 역사를 무시하거나 그 가치를 부인하는 방향으로 펼쳐진 추세와 맞물려, 갈수록 서양 역사만이 역사다운 듯한 인상을 갖도록 하고, 서양 제도나 문물을 배우는 것이 제 자신을 아는 것보다 급한 일인 양 착각하도록 만든다. 국민을 양성하기 위해 마련한『국사』교과가 정상적으로 교육되지 못하는 이유가 여기 있다.

이런 상황에서 우리 역사를 상식적이고 교육적으로 이해하려는 이들이 겪어야 하는, 어쩔 수 없이 반복하여 연습하고 기계적으로 암기하는 고단한 과정을 누그러뜨리면서 역사 감각과 판단을 훌륭하게 길러 나아가는 방안을 찾을 필요가 있다. 그것은 결국 우리 스스로 국사를 탐구하는 역사가가 되어, 각 사실에 관한 문헌 사료나 기타 관련 자료에서 내용을 익히고, 의미를 궁리하고, 안목과 감성을 계발하는 길일 터이다. 학습자가 직접 자료에 다가가 사실에 대해 한층 생생한 관심과 흥미를 가지며, 스스로 분석하고 해석하여 사유의 폭을 넓힘으로써만 역사 이해를 정당하게 할 수 있는 까닭이다.

『뿌리 깊은 한국사 샘이 깊은 이야기』는 이러한 목적과 필요에서 집필한 것이다. 우리나라 역사를 공부하고 이해하는 데 필요한 기초 사실들을 선택하여 사실에 관한 기본 사료를 열거하고, 관련 사실과 연계하여 해설하여 학습에 참고할 수 있는 공구로 만들었다.

『뿌리 깊은 한국사 샘이 깊은 이야기』의 큰 짜임새는 이렇다.

첫째, 시기 구분과 항목 선정 기준은 우리 사학계의 일반적인 통설을 바탕으로 하였다.

곧 우리나라 역사를 고조선·삼국·통일신라·발해·고려·조선 전기·조선 후기·근대(대원군 이후)·현대(3·1운동부터 해방 후까지)로 나누었다. 이렇게 시대 구분을 한 뒤 사건·제도·생활·생산·사상 등 큰 주제로 관련 사실을 가려 뽑았다. 각 항목은 국사 이해를 위해 꼭 필요한 기초 사실과 관련 사실들로 엮어 국사 학습을 할 때 늘 새롭게 되뇌고 맛볼 수 있도록 하였다. 다만 우리 역사를 체계적으로 이해하는 데 꼭 필요한 부분은 새로운 견해도 과감하게 펼치고 소개하였다.

둘째, 각 항목 자료는 당대 사료史料를 위주로 하였다.

일반적으로 사료는 대부분 한자로 기록한 것이다. 하여 읽는 이의 편의를 고려하여 번역하였다. 사료 번역은 직역을 원칙으로 하였으나 어쩔 수 없는 곳은 의역했다. 해당 사료마다 출전을 달아 사료를 폭넓게 이해하고자 하는 이들이 확인하고 이용할 수 있도록 배려했다. 아울러 항목마다 도판·회화·지도·도표 등 보조 자료를 시각적으로 곁들인 뒤 간단한 설명을 붙여 항목에 대한 이해를 넓히려 했다. 보조 자료는 모두 저작권을 해결하여 싣는 것을 원칙으로 했다.

셋째, 각 항목 얼개는 해설·자료샘·찾아읽기로 이루어졌다.

각 항목 서술은 해당 항목에 대한 기본 지식을 얻기 위한 해설을 한 다음, 해설과 관련한 기본 사료를 번역하여 제시하고(자료샘), 사료 내용 가운데 설명이 필요한 부분은 자세하게 주를 붙였다. 그런 뒤 해설과 자료샘의 이해를 높이고자 각 항목 관련 연구 논문과 단행본을 발행 연도순으로 정리하였다(찾아읽기). 특히 현대 이후와 해방 후 당대사는 되도록 자료 제시를 넉넉히 하고 해설은 사실 진술에 충실하도록 하였다.

넷째, 부록으로 자료샘 출전, 역대 국왕 계보도, 찾아보기, 연표를 정리하였다. 자료샘에 나온 출전은 가나다순으로 정리하고, 간략한 해제를 덧붙였다(개정 신판에서는 출전 해제를 해당 꼭지에 배치했다─지은이). 또 나라별로 국왕 계보도를 제시하여 한눈에 잘 알아볼 수 있도록 하였으며, 본문에 나오는 주요 역사 사건, 인물 등 사료를 중심으로 찾아보기를 달았다. 연표는 크게 한국사와 세계사로 나누어 정리하고 각 해마다 일어난 주요 역사를 비교하여 알아볼 수 있게 하였다. 부록은 스스로 공부할 수 있게 길잡이하는 몫을 할 것이다.

『뿌리 깊은 한국사 샘이 깊은 이야기』는 오랜 수고의 산물이다. 1993년부터 자료를 모으고 사료를 번역하는 등 바탕 작업을 하여 이제야 빛을 보았다. 이 원고의 각 항목 서술은 사실 자체는 물론 국사의 맥락과 체계에 대한 이해 능력을 차차 기를 수 있도록 모든 시기와 항목에 걸쳐 단계성과 계기성이라는 잣대로 진행하였다. 선정 항목의 적절성에 대한 논란이나 빠진 항목에 대해 이의를 제기하는 이도 있을 것이다. 또 연구가 미약한 항목은 해설도 미흡할 것이다. 이는 지은이의 몫이며 시간을 두고 차근차근 해결해갈 것이다.

『뿌리 깊은 한국사 샘이 깊은 이야기』지은이

뿌리
깊은

샘이
깊은

### 「조선 후기편」 전면 개정판 머리말

　이 책은『뿌리 깊은 한국사 샘이 깊은 이야기—조선 후기』(솔, 2002)를 전면 개정한 신판이다. 이 연작물의 다른 편篇 개정판들이 모두 같은 저자에 의해 구판舊版을 수정·증보하여 펴내는 '개정 신판改訂新版'임에 비해, 본「조선 후기편」은 구판 필자의 사정으로 인해, 박평식·이재윤·최성환 등 3인의 필자가 기존의 구판을 전면 폐기하고 새로 작업한 성과를 담아 신판으로 엮었다. 따라서 이 책은 그 명칭과 체제에서 비록 구판의 그것을 계승하고 있으나, 목차와 내용, 자료 등을 완전히 새롭게 정리하여 집필한 '전면 개정판全面改訂版'임을 먼저 독자들에게 밝혀둔다.

　이 전면 개정판에서는 조선 후기의 역사를 정치, 경제, 사상, 사회의 네 영역으로 나누어 각각 세부 주제를 설정하여 체제를 편성하였다. 우선 I부 '정치 기구와 정국 변동'에서는 양란兩亂 이후 동아시아 국제질서의 변화에 대응하여 '국가재조國家再造' 차원에서 이루어진 통치 체계의 정비 과정과 정국 운영의 변동, 그리고 19세기에 들어 조선 정치가 세도 정치라는 왜곡과 파탄으로 이어지는 과정을 11개의 개별 주제로 설정하여 정리하였다. 구판에 비하여 특히 동아시아 국제질서의 추이, 국내 정국의 흐름과 그 변동 내역을 상세하게 소개하였고, 여기에 양란 이후의 국가재조 논의와 세도 정치의 내용을 추가하여 정리하였다.

Ⅱ부 '경제 구조의 변화'에서는 조선 후기 농업 생산력의 발전과 지주제, 농업 경영, 수취 제도의 변동을 다루면서, 특히 이 시기 상품 화폐 경제의 발달에 유의하였다. 구판의 농법, 부세 제도 등에 관련한 세부 항목을 통합하여 정리하면서, 대신 농서 편찬이나 광업 등에 대한 내용을 추가하여 총 10개 항목으로 구성하였다. 조선 후기의 경제 변동, 특히 19세기 조선 사회가 도달한 경제 수준에 대하여는 1990년대 이래 최근까지 사회과학 진영을 중심으로 일부 이견이 제기되고 있으나, 본서에서는 학설로서의 체계성과 정합성, 그리고 중등교육에 대한 배려를 바탕으로 국사학계의 정설 위주로 그 내용을 서술하였다.

Ⅲ부 '사상과 문화'에서는 조선 성리학의 발전과 분화, 주자 절대주의 비판, 실학과 사회 개혁론, 과거제의 변화와 교육과 학술의 확대 등을 주요 내용으로 구성하면서, 총 8개의 세부 주제를 배열하였다. 특히 여기에서는 조선 후기 사상사 분야에서 거둔 최근의 연구 성과를 적극 반영하여 구판의 내용을 대폭 보완하였다. 예컨대 조선 후기 성리학의 연원, 남인과 서인 성리학의 전개, 실학 연구론, 실학자의 역사 · 지리 연구, 과거제의 변화와 교육 등의 항목이 새로 추가된 주제이다.

마지막으로 Ⅳ부 '사회 변동과 농민 항쟁'에서는 신분제의 동요, 향촌 사회의 변화, 기층 세계의 성장과 서민 문화, 그리고 19세기의 농민 항쟁과 정부의 대응을 주요 내용으로 하여, 총 9항목의 세부 주제를 설정하였다. 구판에서는 이 부분을 주로 신분제 변동과 농민 항쟁으로 구성하여 상대적으로 소략하였는데, 이 개정판에서는 조선 후기 향촌 사회사에 대한 학계의 연구 성과를 대거 수용하여 집권 체제의 강화에 따른 향촌 사회의 변동 사정을, 향회鄕會 · 향권鄕權 · 향전鄕戰 문제를 중심으로 보완하였으며, 특히 기층 사회의 성장에 따라 발달하고 있던 서민 문화의 양상에도 주목하였다.

한편 이 「조선 후기편」 전면 개정판은 개정판 다른 편들과 마찬가지로 자료의 원문原文을 해석과 더불어 제시한 편제編制에서 구판과 확연히 구별된다. 이는 역사 연구와 교육이 구체적인 자료에 근거하여 이루어질 때에 더욱 생생한 공부와 그 심화가 가능하다는 개정판 집필진들의 공통된 인식에 따른 변화였다. 그리고 이와 같은 편성이 이 책을 활용하게 될 중등 및 대학의 역사 교육 현장에서 의미 있게 활용되기를 기대하여 본다.

구판의 발간 이후 지난 십수 년 사이에 조선 후기사 분야에서 우리 학계가 거둔 방대한 연구의 성과를 본서가 미처 다 수용할 수 없었음을 진솔하게 확인한다. 더욱이 이 개정판이 구판의 필자가 빠진 상황에서 3인의 공저共著 형식으로 저술된 탓에, 사전의 충실한 기획과 조정에도 불구하고 개별 항목과 주제에 대한 시각과 접근 방식, 그리고 문투文套 등에서 다소 통일성이 부족한 부분도 눈에 띈다. 아울러 전체 서술 분량에 대한 제한이 특히 원문 자료가 제시되는 상황에서 더욱 강조되면서, 그 중요성이나 비중에도 불구하고 여전히 빠져 있는 항목과 주제 역시 적지 않다. 향후 지속적인 보완과 개선을 다짐하는 것으로 독자 여러분의 양해를 구한다.

끝으로 이 『뿌리 깊은 한국사 샘이 깊은 이야기』「조선 후기편」의 전면 개정판이 기왕 구판의 성과를 계승하면서도, 개정판의 다른 시기 편들과 연계하여, 중등과 대학 그리고 국민 일반의 역사 교육에서 우리 역사를 구체적으로 파악하되 그 고유성과 개별성을 세계사 일반의 보편성의 선상에서 인식하고, 나아가 이를 토대로 뚜렷한 자기 정체正體의 근거를 확인하는 데 기여하기를 희망한다.

2015년 7월

박평식 · 이재윤 · 최성환

임진왜란 이후 개항 이전까지의 조선 후기는 중세 사회 해체기에 해당한다. 이 기간에 조선 사회는 1,000년 이상 장구하게 지속된 중세 체제가 무너지고 근대로의 이행을 준비하였다. 조서 후기의 기점을 임진왜란으로 삼는 것은 임진왜란이 조선 사회에 끼친 영향이 적지 않았기 때문이다. 이 전쟁은 조선과 중국, 일본이 참여한 동아시아의 대전으로 이후 중국과 일본에서는 왕조와 정권의 교체가 이루어졌다. 조선 역시 임진왜란으로 유례없는 참화를 겪었다. 수많은 사람이 죽고, 전결田結이 줄어들었으며, 각종 시설이 파괴되는 등 인적 · 물적으로 엄청난 손실을 입었다. 그러나 임진왜란은 이후 국가 지배 체제의 재편과 농촌 사회의 변동을 가져오게 한 전쟁이었다. 임진왜란 이후 조선 정부는 심각한 위기 상황에 처한 국가를 재건하기 위해 노력하였고, 농촌 사회 역시 전후 복구 사업에 몰두하였다. 이러한 정부와 농민층의 노력은 그들의 의도와는 상관없이 중세 사회 체제가 붕괴하는 방향으로 나아갔다.

조선 후기 정치 구조는 임진왜란을 계기로 비변사 체제로 전환하였다. 임진왜란을 맞이하여 전란 수습이 최우선 과제로 등장하면서 비변사는 최고 관부로서 군사 업무와 함께 여러 행정 부서의 직무를 통할하게 되었다. 전후에는 비변사의 정치적 기능이 더욱 강화되었다. 붕당정치가 전개되면서 중의를 수렴하여 제반 정책의 정당성을 확보해야 할 필요성이 제기되는 기운데 임진왜란을 통해 이러한 기능을 성공적으로 수행해온 비변사가 이에 적합한 기구로 인식되었다. 그야말로 정치와 행정적 기능을 총괄하는 새로운 체제로서 비변사 체제가 등장하였다. 비변사 체제는 조선 후기의 사회·경제적 변동에 대처하면서 중앙 집권적 정치 구조를 심화시켰다.

조선 후기 군사 제도는 임진왜란 이후 5군영과 속오군 체제로 정비되었다. 조선 전기 군사 제도는 16세기 이후 대립제와 수포제의 성행, 천무賤武 의식의 확산 등으로 그 기능을 상실해갔다. 이 과정에서 조선 전기 중앙군의 핵심으로 기사층이었던 갑사는 소멸되었고, 양인의 의무 군역이었던 정병 가운데 기병은 보병으로, 보병은 수포군으로 변질되었다. 지방군 역시 방군수포제가 성행하면서 임기응변식 제승방략 체제가 종래의 진관 체제를 대신하였다. 이러한 허약한 군사 체제 아래에서 조선은 임진왜란을 맞이하였다. 따라서 임진왜란 이후 조선 정부는 대대적인 군사 제도 개편을 추진하였다. 중앙에는 훈련도감을 필두로 5군영을 설치하였고, 지방에는 군사 업무를 전담하는 영장을 두고 속오군을 통솔하도록 하였다. 특히 훈련도감은 빈민층으로 군인을 구성하여 조선 전기의 병농일치제와는 달리 병농분리제로 운영되었다. 이러한 훈련도감의 운영은 둔전의 발생과 확대, 군수 광공업의 성장, 서울의 상업 발달 등 조선 후기 정치·사회·경제 부문에 많은 영향을 끼쳤다. 이것은 곧 중세 사회 해체로 연결되었다.

한편 임진왜란 이후 농촌 사회에서는 파괴된 농업 생산력의 회복과 증대를 위해 농지 개간과 농법 개량이 활발하게 추진되었다. 농지 개간은 지배층을 중심으로 이루어졌고, 농법 개량은 주로 농민층에 의해 진행되었다. 먼저 당시 지배층은 농민을 모집하여 농지를 개간하고 그 대가로 소작권을 지급하는 방식을 취하였다. 이렇게 하여 성립한 지주·전호제는 그 이전의 지주·전호제와 달리 신분적 관계가 해체되고 경제적 관계가 한층 강화된 모습을 띠게 되었다. 또 농민층을 중심으로 전개된 농법 개량은 농업 생산력의 증대를 가져왔고, 이것은 농민층의 분화, 신분제의 동요로 이어졌다. 농업 생산력의 증대 속에서 농민들의 일부가 경영형 부농이나 서민 지주로 성장한 반면, 양반층의 일부가 지주층에서 탈락되어 소작 전호, 무전 농민, 임노동자로 전락하는 현상이 나타났다. 이러한 농촌 사회의 변동은 조선 후기 사회가 중세 체제에서 근대 체제로 나아가고 있었다는 것을 보여준다.

이처럼 조선 후기 국가 체제의 개편과 농촌 사회의 변동은 중세 체제를 해체하는 방향으로 전개되었다. 이것은 다른 부문으로 그 영향력을 파급시켰다. 곧 위로부터의 개편과 아래로부터의 변동 속에서 조선 후기에는 상업·수공업·광업·부세 제도를 비롯하여 정치·사회·사상 등 모든 부문에서 중세 체제가 해체되었다. 우선 중농억상重農抑商 정책 아래에서 국가 주도로 운영되었던 중세 상업은 조선 후기 상품 화폐 경제가 발달하면서 민간 주도의 상업으로 바뀌어갔다. 시전을 중심으로 하는 중세의 독점적 상업 체제는 훈련도감 군인에서 비롯된 난전의 등장으로 무너져갔으며, 농촌 사회의 분해 속에서 사상들이 전국 각처에서 나타났다. 또 신분제와 부역제로 운영되던 중세 수공업은 근대 자본주의의 특징인 임노동을 기반으로 한 수공업으로 전환되었으며, 상품 판매를 목적으로 한 민간의 자유 수공업 역시 활발하게 전개되었다. 특히 훈련도감은 각종 장인을 고용하여 분업과 협업을 통해 조총·화약 등 각종 군사 물자를 생산하여 각 기관과 지방에 판매하였다. 국가의 엄격한 통제 하에 진행되었던 광업도 민간 주도 아래 설점수세제設店收稅制로 전환하였으며, 임금 노동자를 고용하여 광산을 경영하는 형태로 발전하였다.

조선 후기에는 사회·경제 체제의 변동에 조응하여 부세 제도 역시 개편되었다. 신분제와 자급자족의 경제 체제에 토대를 둔 중세의 부세 제도는 토지 소유와 상품 화폐 경제 체제에 기반한 부세 제도로 바뀌어갔다. 각 농가에 현물을 부과하여 수취하던 공납제는 토지 소유에 따라 미·포 등을 수취하는 대동법으로 바뀌었고, 일반 양인의 군역은 다양한 세원稅源을 통해 군비를 조달하는 균역법으로 정착되었다. 정치·사회·사상 부문에서도 중세 체제가 해체되었다. 사회 경제 체제가 변하면서 양반들의 정치 권력 투쟁은 더욱 격화하였고, 양반층의 분해 현상이 심각해졌다. 이런 상황에서 중앙에서는 국왕 중심의 집권 체제가 강화되었고, 지방에서는 양반의 권위가 줄어들고 자체 분열 속에서 중앙 권력의 지방 통제가 더욱 강화되었다. 사상 부문에서도 중세 체제의 균열이 나타났다. 사회·경제 체제의 변동에 대해 일부 관념적인 학자들은 중세 주자학의 강화로 대처하려 하였으나, 주자학은 점점 화석화되면서 생명력을 잃었다.

이에 반하여 반주자학적 유학 · 양명학 · 실학 · 서학 등이 등장하여 사상 부문에 활력을 불어넣었다.

특히 실학은 지주전호제를 위시하여 부세 제도 · 신분제 · 농법 · 상공업 · 정치 운영 등에서 드러난 여러 문제를 해결하고 근대 사회로 나아갈 수 있는 기틀을 마련하는 데 주안을 두었다. 토지 개혁은 그 가운데서 핵심이었다. 그러나 집권층은 이러한 개혁론을 거부하고 체제 유지에만 급급하여 임기응변으로 일관하였다. 19세기 전반 세도 정권기 국가 재정의 위기와 삼정의 문란은 이러한 체제 모순의 폭발이었다. 따라서 농민 · 상공업자 등 다양한 계층들은 근대적인 개혁을 요구하며 항쟁을 전개하였다. 이제 조선 사회는 중세 체제에 종말을 고하였다. 한편 서양 열강이 침투하면서 조선 사회는 사회 내부의 모순을 해결하면서 외압을 물리쳐야 하는 국면에 처하게 되었다.

이처럼 임진왜란 이후 19세기 중엽에 걸쳐 정치 · 경제 · 사회 · 사상 모든 부문에서 중세 체제가 해체되었다. 이 책에서는 이러한 조선 후기 중세 사회 해체기의 다양한 모습을 비변사, 5군영과 속오군, 병자호란, 북벌론, 당쟁과 탕평, 정계비, 통신사, 이앙법과 견종법, 경영형 부농, 타조법과 도조법, 사장과 선대제, 난전, 장시, 개시와 후시, 전황, 대동법, 균역법, 신해통공, 반주자학적 유학과 양명학, 실학, 농업 개혁론, 상공업 진흥론, 신분제 해체, 서얼과 중인, 상언과 격쟁, 서당의 보급, 서학과 천주교, 동학의 만연, 비기와 미륵 신앙, 홍경래의 난, 삼남민란, 삼정이정청 등으로 항목을 나누어 살펴본다.

2002년 10월

김종수

# 차례

# III. 사상과 문화

# IV. 사회 변동과 농민 항쟁

# 부록

# I.

# 정치 기구와 정국 변동

# 1 양란 후 국가의 대변화를 기획하다

## 양란과 국가재조론

성종대에 구축된 이른바 『경국대전』 체제'는 16세기를 거치며 서서히 동요하다가 임진왜란과 병자호란을 계기로 급격히 무너져 갔다. 전쟁으로 인한 백성들의 유리 도산과 농업 생산력의 붕괴는 국가 체제가 무너질 수 있는 심각한 수준이었으며, 이에 정부와 식자층은 새로운 대책 방안을 내놓지 않을 수 없었다. 이른바 '국가재조론(國家再造論)'의 등장이었다.

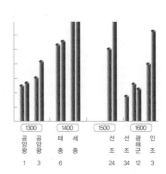

| 1300 | 1400 | 1500 | 1600 |
| 공양왕 공양왕 | 태 세 종 종 | 선 선 광 인 조 조 해 조 |
| 1 3 | 6 | 24 34 군 3 |

## 전쟁과 사회 질서의 동요

임진왜란과 병자호란은 동아시아의 국제 질서에 큰 변동을 가져왔다. 이 전쟁을 거치며 중국에서는 명明이 무너지고 새롭게 청淸 왕조가 들어섰으며, 일본에서는 무로마치 막부를 대신하여 새로이 에도 막부가 수립되었다. 그런데 정작 전쟁이 벌어진 조선에서는 집권 세력의 교체조차 일어나지 않은 채 기존의 체제가 유지되고 있었다. 그러나 이는 내부에서 진행되고 있던 급속한 변동을 당시의 집권 세력이 애써 무마한 결과로 나타난 외형적 현상이었을 뿐, 실제 두 전쟁은 조선의 사회 질서에 심각한 변화를 가져왔다.

전쟁으로 인해 조선에서는 수많은 사람이 죽고 전결田結이 줄어들어 조세 수취의 근간이 흔들렸다.[자료1] 이와 같은 인명과 재정 피해는 농촌 사회의 기층에도 근본적인

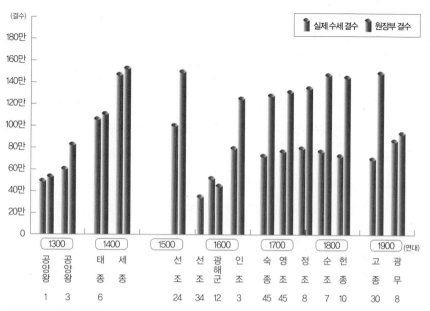

임진왜란으로 전결이 황폐화되어 경작 면적은 전쟁 전의 4분의 1 수준으로 줄었다. 이와 같은 전결의 축소로 백성들의 삶은 피폐해졌고, 국가 운영에도 큰 어려움이 생겼다.

변화를 가져와 향촌 질서가 변동하고 신분제가 동요하기 시작했으며, 한편으로는 이같은 동요를 수습하는 과정에서 국가 지배 체제 역시 새롭게 재편되지 않을 수 없는 상황이 전개되었다.

그런 면에서 모름지기 양란兩亂은 조선 전기에 일단락된 통치 질서가 붕괴하는, 이른바 중세 사회 해체기의 기점이 된 사건이었다. 전후戰後 조선의 양반 지배세력들은 전쟁 과정에서 드러난 자신들의 무기력과 권위의 실추를 회복해야 하였고, 한편으로는 국가 재건을 위한 노력을 기울여야만 하였다. 농민들 또한 나름대로 생산력을 증대시켜 삶을 보전하기 위한 자구自救 노력을 경주해야 했다. 한편 국가 차원에서는 각종 제도의 정비를 추진하고 백성에 대한 통제를 강화하였으며, 농민들은 농법 개량과 토지 개간, 또는 상공업으로의 전업轉業 등을 시도하였다. 그리고 곧 그에 수반하여 각종 변화가 나타났다.

그러나 이러한 사회 경제의 변화는 비단 전쟁이라는 외적 조건에서만 연유한 것은 아니었다. 국초의 정비 과정을 거쳐 성종대에 구축된 『경국대전經國大典』 체제'는 성리학적 정치 질서에 바탕을 두고 있었는데, 실은 그 체제의 확립 시점부터 이미 서서히 동요하고 있었다.

성리학은 고려 후기의 신진 사대부들이 권문세가에 대응하는 과정에서 수용한 현실적이고 실천적인 정치 이념이었으며, 그 사상적 근간이 중세 질서를 벗어난 것은 아니었다. 그렇기 때문에 성리학이 국초 건국 주도 세력들에게 새로운 통치 질서 확립 수단으로서 유용하였던 것과 마찬가지로, 성리학의 철학적 인식을 심화하고 정치 이상으로서 도학道學을 추구했던 사림士林 세력에게 이는 또 다른 개혁 사상으로 작용할 수 있는 것이었다. 그리하여 15세기 후반 이후 신진 사림은 왕권과의 조정과 타협 속에서 기존 질서를 서서히 변화시켜나갔다.

세조와 성종대를 거쳐 16세기에 수조권收租權 분급 제도가 사실상 소멸한 것이나, 연산군대부터 기성 세력과 신진 세력 사이의 갈등으로 사화士禍가 발생한 것, 이어 붕당이 형성되어 학파와 정파 사이에서 대립이 시작된 것 등은 바로 이러한 변화의 산물이었다. 그리고 그 변화 속에서 16세기에는 부세 제도 문란을 비롯한 여러 사회·경제적 모순이 민란으로 표출되기에 이르렀다. 결국 내적 동요는 16세기를 거치면서 점진적으로 진행되고 있었으며, 이 가운데 발생한 몇 차례의 큰 전쟁은 이 변화를 촉진시키는 기폭제가 되었던 셈이다.

양란이 조선 전기와 후기를 구분하는 분기점이 될 수 있는 것은, 바로 이러한 내외적 여건을 함께 고려했을 때 가능해진다. 그리고 그러한 구분을 시도할 때 정치 사상사적 측면에서 나타난 가장 중요한 변화는, 성리학적 명분론과 의리론의 한계를 비판하는 새로운 현실적 정책론이 등장한 것이었다.


## 국난 극복과 '국가재조론'의 대두

양란으로 국가 질서가 심각하게 동요하자, 정부와 집권 관료들을 비롯한 식자층은 위기를 타개하기 위한 여러 가지 방안을 마련하고자 고심하였다. 성리학을 정치 이념으로 채택하고 있던 이들은 기본적으로 유교적 정치를 구현하는 것을 중시했기 때문에, 이른바 '보민保民', '위민爲民'과, 이를 위한 '변통變通', '경장更張'의 필요성에 대해 깊이 공감하고 있었다. 이와 같은 사상적 바탕에서 이루어진 일련의 개선·개혁 방안을 '국가재조론'이라 일컬을 수 있다.

본디 '재조再造'라는 용어는, 국초에 임금이 신하에게 관직을 수여하면서 그에게 주어진 의무를 포괄적으로 표현하기 위해 사용되던 것이었다. 그러나 임진왜란을 거치면서는 파병을 통해 조선을 구해준 명의 은혜[재조지은(再造之恩)]를 지칭하는 용어로서 널리 사용되었다. 명은 우리를 도와준 천조天朝요, 그들의 군대는 천병天兵이며, 그들이 우리를 도운 것은 사라질 뻔한 작은 나라를 다시 살려준 은혜라는 인식의 발로였다.[자료2] 그리고 이는 화이론華夷論과도 결합하여 명은 곧 군부君父요, 조선은 신자臣子라는 인식으로 귀결되는 것이었으며, '복수설치復讐雪恥'를 위한 북벌北伐의 명분으로도 작용할 수 있었다.[자료3]

**만동묘정비**
송시열의 유언에 따라 제자인 권상하가 세운 명나라 신종과 의종의 사당이 만동묘이다. 숙종 29년(1703년)에 건립되었다.

그러나 이 용어는 한편으로, 단순한 '복수설치'에서 더 나아가, 그 복수설치를 위해 필요한 '내수외양內修外攘'의 방향성을 지칭하기도 하였다.[자료4] 명의 원수를 갚고 치욕을 씻는 과정이 자연스레 우리나라 스스로의 힘을 기르는 방향으로 전환될 수 있다는 인식이었으며, 우리나라가 '번방藩邦'이라는 객체에서 '국가國家'라는 주체로 전환될 수 있는 인식이었다. '국가재조'라는 용어는 결국, 집권 또는 비집권 식자층이 주장한 새로운 사회·정치 운영론, 혹은 그러한 개혁론을 포괄하는 현실 대응 논리인 변법적 체계로서의 이론을 지칭하게 되었다.[자료5] 이러한 맥락에서 볼 때 양란 이후에 이루어진 새로운 정치 사회의 다양한 개혁론을 '국가재조론'으로 표현하는 것은 여러모로 자연스러운 일이다.

조선 후기 국가재조에 대한 논의와 개혁안은 크게 두 방향에서 이루어졌다. 하나는 정통 성리학[주자학]의 본의에 충실하자는 방안이었다. 본래부터 성리학은 유자儒者의 현실 참여를 전제로 탄생한 학문이었기에, 그 내부에 현실 문제에 대한 인식과 개혁 방안을 포함하고 있었다. 그리하여 이 입장에 서 있었던 이들은 성리학의 정통에 입각하여, 즉 주자朱子의 지주제적 토지론을 긍정하는 가운데 구래의 농업 체제를 안정시키는 것을 현실 개혁 방안으로 내세웠다. 당대의 집권 세력이라 할 수 있는 서인西人—노론老論은 이 방향을 따르는 경우가 많았다. 그들도 나름의 노력을 기울여서, 그 내부에서 권력 관계, 정치 운영 방식의 차이에 따라 다양한

「동궐도」에 그려진 대보단
임진왜란 때 원군을 보낸 명나라 신종의 은의(恩義)를 기리기 위해, 숙종 30년(1704) 창덕궁 금원(禁苑) 옆에 설치한 제단이다.

방안을 제시하였으나, 대개는 고식적인 현상 타개책에 불과한 경우가 많았다.

이를테면 현실을 보전하면서 재정 충당을 도모하는 방안, 백성들의 유리도망을 막고 지주제적 기반 위에서 농업 생산력을 복구하는 방안들이 그러한 것이었다. 양전을 통해 전결을 파악하여 수습하고, 진폐지陳廢地를 개간하며, 궁방전宮房田과 관둔전官屯田을 설치하는 등 조세원을 확보하려는 작업은 그 대표적인 사례였다. 간혹 양반에게도 군포를 부과하는 호포법戶布法이나 유포법儒布法과 같은 근본적인 양역변통론良役變通論이 논의되기도 하였으나, 결국에는 농민을 토지에 긴박시키고 명분론과 강상윤리를 바탕으로 사회 통제를 강화하려는 미봉적 방향으로 귀결되곤 하였다.[자료6·7] 향약, 호패법·오가작통법과 같은 농민 통제 장치들이 강화되는 것과도 같은 맥락이었다. 당시의 집권 세력은 여전히 보수 개량의 성격을 벗어나지 못하였고, 이와 같은 보수성은 오히려 예송논쟁禮訟論爭으로 표출되었듯이 유자층 내부의 분열을 가져오기도 하였다.

이러한 가운데 이들 방안을 보완 혹은 부정하면서 보다 구체적이고 현실적인 또 다른 개혁 방안을 제시하는 노선이 등장하고 있었다. 그리고 이는 성리학의 범주를 넘어

서, 범유학凡儒學 혹은 비유학非儒學의 사상을 바탕으로 현실을 극복하고자 하는 방안들이었다. 이를테면 선진유학先秦儒學의 정전제井田制에 입각하여 자영 소농 경제를 확립하려는 방안, 나아가 이를 바탕으로 정치 사회의 개혁까지도 추구했던 적극적 개혁론이 이에 해당한다. 이미 16세기 말엽부터 유성룡, 한백겸, 최명길 등은 소위 '경장'과 '변통'의 필요성을 주장하고 있었다.[자료8] 그리고 이들의 개별 논의가 축적되면서 발전하는 가운데, 전후 혼란기에 이르러서는 구체적이고 통일적인 개혁론이 성립할 수 있었다.

이때 개혁의 주된 대상은 대개 성리학의 기반 위에 수립되었던 구법제舊法制로서, 이 개혁의 논리는 후에 여러 실질적인 방안으로 구체화되기도 하였다. 허목과 윤휴 등에 의해 체계가 세워진 이래 '이理'의 회복을 목표로 소농 경제에 기반한 사회 안정을 지향했던 근기남인近畿南人의 사회 개혁 사상, 인물성동론人物性同論을 받아들여 현실 사회 개혁안을 내세운 낙론洛論 중심 북학파의 사상, 양명학陽明學이나 노장사상老莊思想을 포용하여 성리학을 상대화한 정제두, 유수원 등의 소론少論 개혁 사상 등이 대표적인 예라 할 수 있다.

한편 양란 후 국가재조의 방안을 둘러싸고 제기되고 있던 이들 두 갈래의 노선은, 17세기 후반에 이르러 정치 운영의 전개 과정과 밀접하게 연결되면서 극심한 정쟁政爭으로 이어지고 있었다. 그 과정에서 반정反正과 분당分黨, 환국換局이 거듭되었고, 결국은 주자 도통주의朱子道統主義에 입각하여 성리학적 질서의 회복을 지향했던 서인·노론 세력이 권력을 독점하게 되었다. 반면 이와 달리 성리학 체계의 극복을 지향했던 세력은 정계에서 도태되었다.

이제 정국은 서인·노론이 스스로를 유일의 정치 세력으로 정착시킨 채 농본주의를 재확인하고 지주제를 확대하여, 궁극적으로는 기존의 체제를 온존시켜 수습해가는 방향으로 귀결되고 말았다. 그리고 권력에서 배제된 개혁 지향의 세력들은 자신들의 학파와 정치 노선에 입각하여 보다 실천적인 이론과 학문 체계를 정계의 바깥에서 발전시켜나갔다. 유학에 기반하되 성리학에 국한하지 아니하고, 고학古學, 양명학, 노장학 등을 포괄하면서 현실 사회의 개선과 개혁을 도모하였던 학문 경향, 소위 '실학實學'이 그것이었다.

### 자료1

난을 겪은 백성들은 모두 항산恒産주1을 잃고, 풀을 이어 의복을 삼으며 이삭을 주워 연명하다가, 관官에서 조금이라도 냉대冷待를 하면 곧바로 유리하거나 옮겨 갈 계획만 세우고 있습니다. … 더욱이 여러 고을에서 사람이 사라져 공허해지고 사망자가 반이나 되어, 난전에 평소 100여 집이 있던 마을이라도 열에 한둘 남은 곳이 드물고, 혹은 한 지역 모두가 사라져 남은 사람이 전혀 없는 곳도 있습니다.

주1 항산(恒産) : 백성들이 먹고살 수 있는 안정적인 자산(資産)이나 그 기반.

**原文** 經亂之民 擧失恒産 結草依生 拾穗爲命 少有官門之冷 便作流移之計 … 而加以列邑空虛 死亡相半 平居百室之村 什罕一二之存 或竝與其坊面 而蕩盡無餘而然

_『선조실록』 권93, 선조 30년 10월 정축

### 자료2

우리나라는 중국이 아니었다면 왜적을 끝내 쫓아내지 못했을 것이며, 작년에 이들을 몰아내지 못했다면 이미 망했을 것이다. 지금 적들이 돌아갔으나 왜장 가토 기요마사[加藤淸正]나 고니시 유키나가[小西行長] 등이 모두 살아서 갔으니, 저들이 중국 군대가 철수한 것을 알면 반드시 다시 또 침략해올 것이다. 만일 명나라 장수들이 이에 대한 완벽한 대책을 세우지 않으면 중국은 다시 조선에 대한 걱정거리가 생길 것이며, 재조再造의 은혜를 조선이 보전하지 못하게 될 것이다.

**原文** 小邦若非天朝 則此賊終不得殺退 此賊上年不得驅勦 則小邦已糜爛矣 目今賊奴雖掃穴而遁 而名酋如淸正行長輩 俱得脫歸 彼若聞天兵撤回 則朝夕必渡海於此 倘不蒙諸大人周全規畫 則必復勤聖朝東顧之憂 而再造之恩 小邦不得保矣

_『선조실록』 권109, 선조 32년 2월 병진

### 자료3

아름다운 천자天子주2여 만방萬邦주3의 부모이시니
어짊과 맑음이 우리나라에까지 미치셨네.
적들의 사지를 찢어 없애어
은혜로이 우리나라를 보전케 해주셨네.
산은 맑고 바다가 평안하여 바람이 날리고 해가 비추니
번방藩邦을 재조再造하신 이 은혜는 우리 역사에 처음이라.

주2 천자(天子) : 중국의 황제를 지칭한다.

주3 만방(萬邦) : 세계 모든 나라.

주4 의종(毅宗) : 명나라 황제 숭정제(崇禎帝, 1628~1644 재위)로, 명나라의 마지막 황제이다.

빛나도다, 의종毅宗주4 황제여! 예禮가 아니면 움직이지 않으시는구나.

의종 황제의 그 바름은 영원히 칭송하리라.

지금 온 천하가 오랑캐 땅이 되고 종묘가 무너졌으니

황제는 우리를 자식처럼 보았으나 우리는 어버이처럼 섬기지 못하네.

누가 왕의 탄식을 위하여 이 원통함을 씻을 것인가.

**原文** 穆穆天子萬邦父母 仁湛渥厚爰及東土 膊之礫之除其咂螫 煦之濡之奠之袵席 山淸海晏風揮日舒 藩邦再造猗烈無初 赫矣毅宗非禮不動 君死之正百代攸誦 四海化戎九廟崩燬 帝視猶子我莫視父 誰敵王愾以白此寃

_「만동묘비」, 영조 23년(1747)


### 자료4

명의 은혜에 보답하는 길은 오직 내정內政을 개혁하고 외적을 물리쳐 주周나라를 섬기는 대의를 밝힘으로써, (청나라에 복수하려는) 선왕의 뜻을 이루는 데 있으니, 일의 막중함이 이보다 더한 것이 없습니다. 비록 이를 다 이루지는 못하더라도, 나라를 굳건히 하고 민생을 안정시켜 자립의 기틀이 마련될 것이니, 이것이 그 실효입니다.

**原文** 皇朝報恩之道 唯在修內攘外 以明尊周之義 以成先王之志 事業之大 無過於此 雖不能然 固國安民 有以自立 此其實也

_「대보단사연설」, 갑신년(1704) 정월


### 자료5

지금 생각건대 왕도王道가 무너진 이래 만사萬事가 기강을 잃은 것은 사사로움을 법도로 삼은 데서 비롯되었고, 마침내 오랑캐가 중국을 무너뜨리는 데에 이르렀다. 우리나라도 고루하여 바꾸지 못한 것이 많아 쇠망을 거듭하다가 마침내 큰 치욕을 입었으니, 천하도 국가도 이 모양이 되었다. 잘못된 법을 고치지 않으면 정치를 돌이킬 수 없다. 돌이켜보니 병폐의 쌓임이 수백 년이 되어 잘못이 계속 이어져 그것이 오랜 법규가 되고 말았다. 서로 얽히고설킨 것이 어지러운 실타래와 같으니, 그 근본을 찾아 풀고 어지러움을 해소하지 않으면 바름[正]을 구할 수 없을 것이다.

**原文** 念自王道廢塞 萬事失紀 始焉因私爲法 終至戎狄淪夏 至如本國 則因陋未變者多 而加以積衰 卒蒙大恥 天下國家 蓋至於此矣 不變廢法 無由反治 顧弊之爲弊也 其積漸數百千年 以

謬襲謬 仍成舊規 膠錯相因 有如亂絲 不究其本而祛其券 無以救正

_『반계수록』 권26, 발, 서수록후

## 자료6

처음 홍계희가 양역변통법良役變通法주5을 올릴 때, 양인의 역이 너무 많아 괴로웠기 때문에 유포儒布주6의 제도를 제정할 것을 청하였다. 과거를 보는 3천여 명 중 합격하지 못한 자에게 포를 내게 하여 양역에 충당하자는 것이었다. 초안이 나온 뒤 개인적으로 사관史官인 이의철에게 이를 보였더니 이의철이 말하기를, "이것은 나라를 망하게 할 방법이다. 어디에서 이런 방안이 나왔는가? 지금 국가가 유지되는 것은 오직 명분을 바로하고 유학을 숭상하는 데 힘입은 것이니, 만일 이와 같이 하면 명분이 망가지고 원망이 일어날 것이므로 행할 수 없다. … 이렇게 해서 비록 천만 포布를 얻는다 해도 유교를 무너뜨리고 국가의 명맥을 해치는 화는 엄청날 것이다"라고 하였다.

**原文** 初啓禧將上良役變通法 其法以良民受役偏苦 請制爲儒布 設科廣取三數千人 其不中格者 責出布 以充良役 草既成 私示史官李宜哲 宜哲曰 此亡國之術 何自爲此 今國家所維持者唯賴定名分崇儒學 若爲此 則名分虧而恥怨興 固不可行 … 如是則雖得布千萬 無救於敗儒教戕國脈之禍也

_『영조실록』 권70, 영조 25년 8월 계미

## 자료7

양역良役의 절반을 감하라고 명하였다. 임금이 명정전明政殿에 나아가 전·현직 대신과 비변사 및 육조 당상, 양사兩司의 신하들을 불러 두루 양역의 변통에 대한 대책을 물었다. 임금이 말하기를, "구전口錢주7은 한 집안에서 거두는 것이니 주인과 노비의 명분이 문란해지며, 결포結布주8는 이미 정해진 세율이 있으니 결코 더 부과하기가 어렵다. 호포戶布주9가 조금 나을 것 같으니 1필을 감하는 대신 모든 호로부터 거두기로 하였으나, 마음은 매우 편하지 않다. … 백성의 뜻을 알고 싶어서 다시 궁궐의 문 앞에 나갔는데, 몇몇 유생이 말하기를 '전하께서는 백성을 해친 일이 없었는데 지금 이 일을 하시고자 하니 신은 실로 마음이 아픕니다'라고 한다. … 이제 1필을 감하는 방안으로 확정하니, 줄인 1필을 보충할 대책을 경들은 잘 강구하도록 하라"고 하였다.

**原文** 命減良役之半 上御明政殿 召時原任大臣 備堂及六曹堂上 兩司諸臣 歷詢良役變通之

주5 양역변통법(良役變通法) : 양인(良人)의 역(役)을 변통해주기 위한 방안들.

주6 유포(儒布) : 양반과 유생에게까지 군포 징수의 대상을 확대하자는 방안.

주7 구전(口錢) : 신분의 구별 없이 일정 연령층의 모든 남자에게 군포나 돈을 징수하자는 방안.

주8 결포(結布) : 군포 부과 기준을 토지로 바꾸어 포나 돈으로 징수하자는 방안.

주9 호포(戶布) : 군포의 부과 기준을 '인정(人丁)'에서 '가호(家戶)'로 바꾸자는 방안.

策 上曰 口錢則徵於一家 主奴名分紊矣 結布則已有定稅 決難加賦 戶布雖似差勝 減一疋 而收
諸戶 心甚不快 … 欲知民情 再次臨門 數三儒生曰 殿下無傷民之事 而今爲此事 臣實痛心云 …
今則全歸於減一疋之政 其減疋之代 卿等善爲講究也

_ 『영조실록』 권71, 영조 26년 7월 기유

**자료8**

최명길崔鳴吉이 아뢰기를, "정자程子가 도로를 정비하는 법을 이야기할 때 '조금 고치
면 조금 유익하고 크게 고치면 크게 유익하다' 했으니, 이는 대개 변법變法을 두고 한
말입니다. 즉 잘 다스려지는 것을 손대면 어지러워지고, 어지러운 것을 고치면 잘 다
스려지는 법입니다. 앞서 이이李珥가 선왕 때 왕의 은혜를 입어 경장更張을 행하고자
했으나 조정 대신들의 반대로 그 뜻을 이루지 못했는데, 선왕이 말년에 계속 이이의
말을 떠올렸다 합니다. 지금 주상께서 교서를 내려 말하기를 '조종祖宗의 법은 갑자기
고칠 수 없다' 하시는데 그렇지 않습니다. 선조께서는 유성룡과 함께 도감군都監軍[주10],
속오군束伍軍[주11]을 창설하셨는데 이는 군정이 어지러움을 고민하신 것입니다. 이 법은
본디 조종의 법이 아니었지만 선조께서는 이를 행하셨습니다"라고 하였다.

原文 鳴吉曰 程子論治道曰 小變則小益 大變則大益 蓋爲變法而言也 是以變其治者爲亂 變
其亂者爲治 先正臣李珥 在先王朝 最承恩遇 欲行更張之道 而朝廷不許 故不得行其志而歿 先
王末年 頗思李珥之言云 今者自上敎曰 祖宗之法 不可卒變 此甚不可也 宣祖則與柳成龍 創設
都監軍束伍軍 蓋悶其軍政之亂也 此法非祖宗之法 而宣祖則行之

_ 『인조실록』 권8, 인조 3년 3월 기미

주10 도감군(都監軍) : 훈련도감의 군사.

주11 속오군(束伍軍) : 1594년에 편성된 양인과 천인 혼성군으로, 임진왜란 중 『기효신서(紀效新書)』의 속오법에 따라 조직된 군대.

**출전**

『대보단사연설(大報壇事筵說)』 : 대보단(大報壇)은 명나라 태조, 신종, 의종을 제사하던 사당이다. 이 글은 임란 때
원군을 보낸 명 신종의 은의(恩義)를 기념하기 위해 대보단을 설립한 전말(顚末)을 기록한 것이다.

『만동묘비(萬東廟碑)』 : 만동묘(萬東廟)는 송시열(宋時烈)의 유언에 따라 숙종 29년(1703)에 권상하가 세운 사당으로,
임진왜란 때 우리나라를 도와준 명나라 신종과 의종의 위패를 모시고 제사하였다. 묘비는 영조 23년(1747)에 이재
(李縡)가 글을 지어 세운 것을, 순조 14년(1814)에 다시 세웠다.

『반계수록(磻溪隨錄)』 : 조선 후기의 학자 유형원(柳馨遠, 1622~1673)이 우리나라 통치 제도에 관한 전반적인 개혁
안을 저술한 책으로, 총 26권 13책이다. 유형원이 관직을 버리고 전북 부안의 우반동에 칩거한 후 52세까지 22년
간에 걸쳐 연구한 내용을 담은 책으로, 후에 실학자 이익, 안정복, 정약용 등의 학문에 지대한 영향을 주었다.

『선조실록(宣祖實錄)』 : 조선 14대 왕 선조의 실록으로, 정식 이름은 『선조소경대왕실록(宣祖昭敬大王實錄)』이다. 1567년 7월부터 1608년 2월까지 일어난 역사 사실을 실었으며 모두 221권이다. 광해군 즉위년(1709)에 편찬을 시작해 광해군 8년(1616) 11월에 완성하였다. 서인 집권 후 『선조수정실록(宣祖修正實錄)』이 편찬되었다.

『영조실록(英祖實錄)』 : 조선 21대 왕 영조의 실록으로, 정식 이름은 『영종대왕실록(英宗大王實錄)』이다. 1724년 8월부터 1776년 3월까지 영조의 재위 51년 8개월간의 역사를 기록하였다. 고종 26년(1889)에 '영종(英宗)'의 묘호를 '영조(英祖)'로 추존했기 때문에 일반적으로 추존한 묘호에 따라 '영조실록'이라 통칭하고 있다.

『인조실록(仁祖實錄)』 : 조선 16대 왕 인조의 실록으로, 정식 이름은 『인조대왕실록(仁祖大王實錄)』이다. 1623년 4월부터 1649년 5월까지 인조의 재위 26년 2개월간의 역사를 다루고 있다. 총 50권으로 되어 있으며, 인조가 승하한 다음 해인 효종 원년(1650) 8월 편찬에 착수하여 1653년 6월에 완성하였다.

███ 찾아읽기

김태영, 『실학의 국가개혁론』, 서울대학교 출판부, 1998.

김준석, 『조선 후기 정치사상사 연구』, 지식산업사, 2003.

정호훈, 『조선 후기 정치 사상 연구』, 혜안, 2004.

김용흠, 『조선 후기 정치사연구』, 혜안, 2006.

연세대 국학연구원, 『한국 실학사상 연구』 1, 2006.

김용섭, 『(신정 증보판) 조선후기농업사연구』(Ⅱ), 지식산업사, 2007.

한림대 한국학연구소, 『다시, 실학이란 무엇인가』, 푸른역사, 2007.

한명기, 『정묘 · 병자호란과 동아시아』, 푸른역사, 2009.

김용섭, 「조선 후기의 사회 변동과 실학」, 『동방학지』 58, 1988.

오영교, 「17세기 국가재조문제와 향촌지배정책」, 『한국 고대 · 중세의 지배체제와 농민』(김용섭교수정년기념논총 2), 지식산업사, 1997.

김준석, 「양란기의 국가재조 문제」, 『한국사연구』 101, 1998.

한명기, 「'재조지은'과 조선 후기 정치사」, 『대동문화연구』 59, 2007.

# 2 비변사가 국정 운영의 중심이 되다
## 통치 기구의 정비와 비변사

임진왜란이라는 국난에 직면하여 조선이 기울였던 노력 가운데에는 전쟁의 효율적인 수행을 위한 정책 결정 과정의 정비 작업이 포함되어 있었다. 이는 자연히 통치 조직의 변화로 이어졌는데, 기존에 군사 문제 대책 기구로 설치되어 있던 비변사는 이러한 변화의 중심에 서게 되었고, 점차 관장하는 영역이 국정 운영의 전반으로 확대되어갔다.

## 통치 기구의 변천과 비변사의 설치

건국 직후 조선 왕조는 재상宰相을 중심으로 정무政務를 수행하고 국가 정책을 결정하는 통치 체계를 채택하였다. 정종 2년(1400)에 고려의 국정 최고 기구였던 도평의사사都評議使司를 개편하여 설치한 의정부議政府는, 태종 원년(1401) 문하부門下府가 혁파되자 그 기능까지 흡수함으로써 행정부의 최고 기관이 되었다. 그리고 그 아래에 육조六曹를 두어 국가 행정을 집행하게 하였다. 또한 사병私兵 제도를 혁파하고 재편성한 삼군三軍을 통솔하는 군령 기관으로 삼군부三軍府를 설치하여, 국정國政과 군정軍政을 서로 분리시켰다.

한편 태종조에는 왕권을 강화하고 국왕 중심의 체제를 정비하는 과정에서 육조직계제六曹直啓制를 실시하였다. 이후 왕권이 확립되고 사회적 안정이 이루어졌던 세종

18년(1436)에 이르러서는 의정부서사제議政府署事制를 실시하여 왕권과 신권의 조화를 도모하였다. 이후 계유정난癸酉靖難을 통해 왕위에 오른 세조는 강력한 왕권의 확립을 위해 육조직계제를 다시 채택하였고, 이는 중종 11년(1516) 의정부서사제가 복구될 때까지 큰 변동 없이 지속되었다. 또한 세조는 삼군을 재편성한 오위五衛를 총괄하는 기관으로 오위도총부五衛都摠府를 설치하고, 군사 문제를 병조와 합의하여 처리하게 하였다.

이러한 구조는 비변사備邊司가 설치되면서 변화가 시작되었다. 조선 전기에는 변방의 군사적 상황에 대한 대처를 위해 고위 군사 전문가를 지변사재상知邊司宰相에 임명하고, 사안이 발생할 때마다 이들을 소집하여 대신과 병조판서가 어전회의御前會議에서 대책을 논의하였다. 그런데 중종 5년(1510) 4월 삼포왜란(三浦倭亂, 중종 5년 삼포에서 일어난 일본 거류민들의 폭동 사건. 경오년에 일어났으므로 경오왜변庚午倭變이라고도 한다)이 일어나자 대신들이 방어청防禦廳을 설치하였는데, 이듬해 4월에 중종이 이를 폐지하면서 그 업무는 병조의 무비사武備司에 흡수되었다. 이후 중종 12년(1517) 조정에서는 축성사築城司를 비변사로 개칭하고 삼정승을 도제조都提調로, 순찰사巡察使를 제조提調로, 종사관從事官을 낭관郎官으로 개칭하여 구성원을 편제하였다. 이때의 비변사는 당면한 문제를 처리하기 위한 임시 기구였다.

중종 17년(1522) 6월 북방의 군사적 위협이 지속되는 상황 속에서 전라도 해안 지방에 왜구가 자주 침입하자, 비변사를 장기간 존속하고 확장할 필요가 생겼다. 그래서 지변사재상은 비변사제조備邊司提調로 흡수되고, 대신이 비변사제조를 겸임하게 되었다. 이에 따라 비변사가 군사 문제에 한해서는 의정부에 버금가는 위상을 확보하게 되었는데, 이후 비변사는 병조를 제치고 변방에 관계된 사항을 독점적으로 논의하는 기구로 성격을 굳혀갔다.[자료1]

이렇게 비변사와 의정부가 서로 대치하게 되자 중종 24년(1529) 10월, 긴급을 요하는 일은 비변사가 의정부와 함께 의논하고, 변방 사무의 처리 역시 비변사가 병조와 함께 의논하여 처리하도록 조치하였다. 이후 명종 9년(1554) 6월에 비변사 회의가 정례화된 이후부터 비변사는 변방의 사무 처리뿐만 아니라 의정議定 기관의 성격을 띠게 되었는데, 이듬해인 명종 10년 을묘왜변(乙卯倭變, 명종 10년 왜구가 전라도의 강진과

진도 일대에 침입해 약탈과 노략질을 하였던 사건)을 겪으면서 비변사는 상설 기관으로 변하게 되었다.[자료2]

## 임진왜란과 비변사의 역할 강화

임진왜란을 계기로 비변사가 국가 주요 정책의 결정을 주로 담당하게 되면서, 전·현직 대신과 육조 당상堂上들이 비변사에 모여서 국가의 중요 정책과 육조의 업무를 협의하게 되었다. 비변사의 성격이 임시 군사 대책 기구로부터 대신과 당상관들의 정책 결정 기구로 변모하여갔던 것이다. 전쟁 중에 효율적인 통치 기구로 검증을 받게 된 비변사는 전쟁이 끝난 뒤에도 여전히 최고의 정책 결정 기구로 존속할 수 있었다.[자료3] 또한 왕권의 입장에서는 비변사가 기왕의 통치 기구와 정치 구조에 추가된 통제 장치의 기능을 함으로써 왕권의 안정을 도모할 수 있었다. 반면 신료臣僚의 입장에서 비변사 당상은 곧 권력의 핵심에 접근하는 경로가 되고 있었다.

이러한 비변사 중심의 국정 운영 체계는 선조조 후반 북방 이민족의 침입과 일본과의 강화에 적절하게 대응하면서 그 운영의 관행이 점차 축적되어갔다. 광해군 연간의

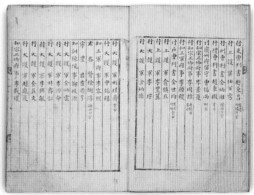

『비변사등록』

대외 관계에서도 명明과 후금後金을 둘러싼 정책 결정의 주도권은 비변사가 장악하고 있었다. 그리고 비변사의 정치적 역할은 인조반정仁祖反正 이후부터 극대화되기 시작하였다. 당시 비변사의 구성원이 반정 공신 및 그 계열의 문신 위주로 전면 개편된 사실에서 당시 비변사가 정치 권력의 중심에 있었음을 확인할 수 있다.

## 비변사의 조직과 운영

17세기 비변사의 관원은 제조提調, 부제조副提調, 낭청郎廳으로 구성되었으나, 실제 운영에 있어서는 도제조都提調격인 대신과 제조·부제조, 그리고 낭청으로 세분되었다. 이 가운데 부제조 이상은 당상관으로 임명되므로 이들을 통틀어 비변사당상備邊司堂上이라고 한다. 대신은 의정議政을 역임한 원임대신原任大臣과 현직의 시임대신時任大臣으로 구분된다. 원임대신은 국왕과의 인견引見에 참석하거나 왕의 지시 또는 비변사의 요구에 따라 특별한 사안에 대해 자문하였고, 시임대신은 비변사 운영을 주관하면서 비변사의 공사公事를 결정하고 왕에게 올리는 문서를 마무리하였다. [자료4]

제조에는 특정 관직과 관련하여 자동적으로 임명되는 5~14명의 예겸당상例兼堂上과 군사軍事에 밝은 자로 임명된 5~30명의 전임당상專任堂上이 있었다. 예겸당상은 이조·호조·예조·병조 판서, 강화유수, 대제학, 군문대장軍門大將 등의 중요 관직자가 망라되었다. 이들은 해당 관직에서 물러나게 되면 그 권한도 자동적으로 상실되었으므로, 그 기능이 그다지 강력하지 못하였다. 반면 전임당상은 외관직에 임명되지 않는 한 계속해서 비변사에 참여하면서 그 운영을 주도할 수 있었다.

제조 당상관의 수가 많은 관계로 이들이 매번 모두 모일 수는 없기에, 상임관常任官인 유사당상有司堂上을 두었다. 유사당상은 문서 처리와 업무 연락 등 비변사의 실무를 주관하여 그 위상이 육조의 판서에 비견되었고, 이에 따라 비변사 사안의 처리 결과에 대해 책임을 졌다. 그리하여 비변사의 주요 사안인 국방·외교·재정 분야에 밝은 인물이 차출되었고, 8도의 군무를 각각 담임하는 구관당상句管堂上까지 겸하기도 하였다. 유사당상의 수는 2~6명으로 신축적이었다가 후에는 4명으로 고정되었고, 1명은 부제조가 맡았다. 낭청은 당상의 의견 수합, 각종 문서의 작성과 보관, 다른 관서와 연락 등의 실무를 맡아보았으며, 지방에 내려가 민폐를 적발하기도 하였다.[자료5]

한편 비변사의 회의는 시임대신時任大臣과 당상관 2인 이상이 참석하여야 개최되었다. 회의는 공개가 원칙이었는데, 이는 사림 정치의 관행상 다수 신료들의 논의를 결집시키는 과정을 거치기 때문이었다. 다만 전쟁 중이라든지 대외 긴장이 고조되어 국가의 안위安危와 직결된 사안은 비밀로 처리하기도 하였다. 또한 당상들이 자신의 의견을 반영할 수 있는 직접적이고 가장 확실한 방법으로 '인견引見'을 들 수 있는데, 비변사 회의의 논의와 달리 인견에서는 비변사당상들이 자신의 의견을 국왕의 면전에서 소신껏 피력할 수 있었기 때문이다. 비변사가 점차 사림 정치의 기구로서 기능하게 되자 공론公論을 반영할 수 있는 형태로서 인견이 확립된 것이다.

## 비변사의 역할 변화와 혁파

17세기 비변사가 주로 제조提調 체제로 유지되었던 반면, 비변사의 기능이 점차 강화되어감에 따라 18세기에는 『속대전續大典』에서 비변사의 도제조都提調 체제가 법제화되어 대신大臣이 사실상의 도제조 역할을 맡게 되었다. 이 시기 비변사에서는 사림의 공론公論을 바탕으로 정국이 운영되던 사림 정치의 구도를 여전히 발견할 수 있었다. 그러나 19세기 세도 정치기에 접어들면서 조선은 왕권이 극도로 미약한 상태에서 소수 벌열閥閱 세력에 의해 비변사가 독점됨으로써, 비변사의 역할이 폐쇄적이고 왕권을 크게 제약하는 기구로 변질되어갔다. 그 결과 벌열 가문 출신 다수가 비변사당상으로 참여하였고 국정은 벌열 가문의 소수 대표들에 의해 주도되었다. 이 시기의 세도 정치勢道政治는 척신戚臣의 권세와 비변사의 권력 구조를 배경으로 가능하였다고 볼 수 있고, 이 같은 정치 구조의 변동은 삼정의 문란이나 민란의 발발과도 무관하지 않았다. 이제 왕권의 처지에서 비변사의 혁파는 불가피한 것이었다.

1863년 12월 고종이 즉위하자, 세도 정치를 종식시키고 왕정王政으로 되돌리기 위한 결단의 하나로 비변사를 혁파하였다. 비변사의 임무와 기능을 나누고 권한을 회수하여 정치 업무는 의정부로 되돌리고, 군사 업무는 삼군부로 이양함으로써 비변사는 사실상 형식적인 기구로 전락하였다. 마침내 고종 2년(1865) 3월에는 비변사를 전면 폐지하고 그 담당 업무를 의정부로 이관함으로써, 이제 비변사는 역사 속으로 완전하게 사라졌다.

**자료1**

주1 지변사재상(知邊司宰相) : 조선 전기에 변방의 군사적 상황에 대한 대처를 위해 임명한 고위직의 군사 전문가.

주2 비변사당상(備邊司堂上) : 비변사 회의에 참여하는 부제조(副提調) 이상의 당상관.

삼정승이 의논해서 아뢰기를, "홍문관의 상소 뜻을 신 등은 자세히 모르겠습니다. 무릇 군사에 관한 일은 병조가 모두 주관해야 합니다. 다만 병조가 관장하는 일이 오직 방어 한 가지뿐이 아니기 때문에, 전담하지 못할까 염려됩니다. 지변사재상<sup>주1</sup> 등이 함께 의논해 시행하는 것이 무방할 듯합니다. 하물며 큰일은 반드시 의정부에 물을 것이요, 병조판서가 비변사당상<sup>주2</sup>이 되었으니, 의정부와 해당 관청은 관여해 모르는 일이 없을 것입니다. 지금 상황에서 왜구가 다시 내침할지는 비록 알 수 없는 일이지만, 변방을 방비하는 일은 소홀히 할 수 없습니다"고 하니, 임금이 "알겠다"고 하였다.

**原文** 三公議啓曰 弘文館疏意 臣等尙未詳 大抵戎事 兵曹皆宜主之 但兵曹所掌 不止防禦一事而已 恐未專一也 知邊事宰相等 同議施行 似爲不妨 況大事 必問於政府 而兵曹判書爲備邊司堂上 則政府該曹 不可謂不與知也 今此現形倭寇之復來 雖不可知 備邊之事 不可忽也 傳曰 知道

_『중종실록』 권45, 중종 17년 7월 29일 기묘

**자료2**

사간원에서 임금께 아뢰기를, "비변사라는 것은 조상대에는 없었다가 중종 말년부터 설치된 것입니다. 당시 대신들이 병무에 익숙하지 못하였기에 임금께 아뢰어서 설립한 것으로 훗날의 폐단이 이렇게 극에 달할 줄은 알지 못하였습니다. 청컨대 선대의 고사에 의거하여 비변사를 혁파하시고, 병무 관련 정사를 병조에 통합시키십시오. 만일 군사 관련 업무에 난처한 일이 생기면 삼정승이 의논하여 정하도록 하시되, 무신 가운데 변방 사무에 능통한 자는 곧 병조와 의정부의 부름을 기다렸다가 동참하여 의논토록 하소서" 하니, 임금께서 답하시기를, "조상대에서도 지변사재상에게 양계 변방의 사무를 전담하여 살피도록 하였다. 요즘 변방에 사단이 없지 아니하므로, 특별히 지변사재상을 뽑아야 할 따름이다. 윤허할 수 없다"고 하였다. 후에도 여러 차례 아뢰었으나 윤허하지 않았다.

**原文** 諫院啓曰 備邊司者 祖宗朝所無也 始於中宗末年 其時大臣 未慣兵事 啓而設之 不知後弊至此極也 請依祖宗朝故事 革罷備邊司 使兵政統於兵曹 如有戎務難處之事 使三公議定武臣之諳邊事者 則待兵曹政府之招而同參議之 答曰 祖宗朝 以知邊事宰相 專察兩界邊事矣 今者不無邊釁 故別擇知邊事宰相矣 不允 後累啓 不允

－『명종실록』 권16, 명종 9년 2월 8일 기묘

**자료3**

사헌부가 아뢰기를, "국가에서 관청을 만들고 직무를 나누어 삼정승이 모든 관료들을 통솔하고, 육조六曹가 각사各司를 나누어 다스려 각기 관장하는 바가 있으니, 진실로 서로 침해할 수가 없는 것입니다. 비록 비변사를 설치하게 된 시초는 알 수 없지만, 명칭으로 그 뜻을 생각해보면 반드시 변방의 방비에 대한 긴급한 일 등이 있을 경우, 대신과 변방 일을 잘 아는 재상들이 한 자리에 모여 계책을 세우기 위하여 설치한 것입니다. 지금은 팔도 및 육조의 공적인 업무가 거의 모두 비변사로 들어가는데, 그 가운데 다소 중요한 것은 대신이 친히 기초를 잡아 임금께 아뢰고, 나머지는 모두 유사당상有司堂上[주3]의 손에 맡겨지는데, 유사 한두 명이 어찌 온 나라의 공적인 업무를 홀로 처리할 수 있겠습니까? 육조의 해당 관원은 곧 비변사로부터 명령을 받느라 제때에 스스로 결단할 수가 없으니, 문서가 처리되지 않고 쌓이는 것은 실로 여기에 연유한 것입니다. 수많은 당상관이 매일 출근하여, 다만 보내고 보내지 않는 단자單子[주4]에 이름을 올리는 것으로 책임만 메울 뿐 전혀 하는 일이 없는가 하면, 그에 따라 본래의 업무도 버려두고 있습니다. 또한 임금께서 대신을 접견하시는 자리는 체모體貌가 매우 정제한 곳이나, 허다한 재상들이 늘 무리를 지어 모이니, 인정이 습성에 젖어 공경하고 삼가는 뜻은 없고 도리어 담소를 하는 자리가 되었습니다. 조정의 체면이 날로 떨어지는 것도 또한 여기에서 유래한 것입니다. 하찮은 호소나 번거로운 첩정牒呈[주5]이 어지럽게 몰려 마치 송사訟事를 맡은 관원 같기도 하고, 나아가 둔전屯田에서 부세를 거두고 소금을 구워 파는 일까지 처리하지 않은 것이 없습니다. 비변사를 설치한 것이, 어찌 그런 일까지 하기 위한 것이겠습니까? 청컨대 이 시간 이후로는 변방을 방비하는 데 관계된 군국의 중요한 일 외에는, 크고 작은 공적인 업무를 모두 각기 해당 관서의 유사에게 맡겨 그들에게 직무를 수행하게 하되, 그 가운데 처리하기 어려운 것은 대신에게 보고하여 결단하게 해서 조정의 체통을 높이는 한편, 관련 관청을 침범하고 일을 그르치는 폐단이 없게 하소서" 하였다.

**原文** 憲府啓曰 國家設官分職 三公統百僚 六曹分釐該司 各有所掌 固不可以相侵也 備邊司之設 雖不知權輿 而以名思義 必是爲邊方 有防備緊急等事 則大臣及知邊宰臣 會坐籌畫而設也 今者八道及六曹公事 率皆歸於備邊司 事之稍重者 大臣親草回啓 其他悉付於有司堂上之手 有司一二人 何能獨辦一國公事乎 六曹該官 則稟命於備邊司 趁未自決 文簿之積滯 實由於此 堂上數多 日日隨逐 只以登名於進不進單子爲塞責 而了無所事 元帶本職之務 隨而廢焉 且大臣承

마진 우측 주석:

주3 유사당상(有司堂上) : 비변사의 사무를 전담하여 맡아보던 당상관. 4인이 8도를 각각 2도씩 나누어 맡았다.

주4 단자(單子) : 관청에서 어떠한 사실을 조목조목 적어 받을 사람에게 보내는 문서.

주5 첩정(牒呈) : 하급 관아에서 상급 관청에 보내는 문서.

接之際 體貌甚截 而許多宰臣 常川群聚 人情狃習 殊欠敬謹之意 還爲談笑之場 朝廷體面之日
就陵夷 亦未必不由於此 微瑣之訴 煩猥之牒 紛囂雜亂 有若詞訟之官 至於屯田聚斂 煮鹽興販
之事 無不爲之 備邊司之設 豈端使然哉 請自今以後 係干邊方防備 軍國重事外 大小公事 皆付
之於各該有司 使之察任 其中難處者 稟斷于大臣 以尊朝廷體統 以祛侵官害事之弊

_『선조실록』권138, 선조 34년 6월 기사

### 자료4

[속대전] 중앙과 지방의 군국 기무軍國機務를 총괄한다. 명종조에 창설하였다. 도제조都提調는 현직 의정議政과 전임 의정이 겸직하고, 제조提調는 정원이 없으며 임금에게 보고하여 뽑되, 이·호·예·병·형조의 판서, 훈련도감과 어영청의 대장, 개성·강화의 유수, 대제학이 겸직하는 것이 정례이며, 그중 4인은 유사당상有司堂上이라고 하며(부제조가 있으면 겸직하는 것이 정례이다.) 8인은 8도의 구관당상句管堂上[주6]을 겸직한다. [대전통편] 금위대장, 수어사, 총융사도 (제조를) 겸직한다. 현직 대신의 아들이 제조가 될 경우 교체하도록 하나 정례화된 겸직이면 그렇지 않다. [대전회통] 지금은 의정부에 속한다. 도제조는 정1품, 제조는 종2품 이상, 부제조 1인은 정3품이다. 낭청 12인은 종6품인데, 4인은 문관으로 하고 그중 1인은 병조 무비사의 낭관이 겸직하는 것이 정례이고, 3인은 시종 중에서 뽑아 임금의 재가를 받는다. 무관은 8인으로 간혹 참외관參外官[주7]이 겸직하되 참외관의 근무 일수가 15개월이 차면 6품으로 승진시킨다.

**原文** [續] 總領中外軍國機務 明宗朝刱設 都提調時原任議政兼 提調無定數啓差 吏戶禮兵刑曹判書 兩局大將 兩都留守 大提學例兼 四員稱有司堂上(有副提調則例兼) 八員兼差八道句管堂上 [增] 禁衛大將 守禦使 摠戎使例兼 時任大臣子提調許遞 例兼則否 [補] 今屬議政府 都提調正一品 提調從二品以上 副提調一員正三品 郎廳十二員從六品 文四員 一員兵曹武備司郎官例兼 三員以侍從啓差 武八員 或以參外兼 參外則仕滿十五朔 陞六品

-『대전회통』권1, 이전 비변사

### 자료5

무인(인조 16, 1638) 10월 좌목[주8]

| | |
|---|---|
| 영의정 | 최명길 |
| 좌의정 | 신경진 |
| 우의정 | 심열 |

주6 구관당상(句管堂上) : 비변사의 제조(提調)로서 전국에서 올라오는 각종 보고를 도별로 나누어 맡아보던 당상관.

주7 참외관(參外官) : 조참(朝參)에 참여하지 못하는 7품 이하에서 9품까지의 관원.

주8 좌목(座目) : 관리들이 함께 모였을 때 앉는 차례, 또는 그것을 적은 목록.

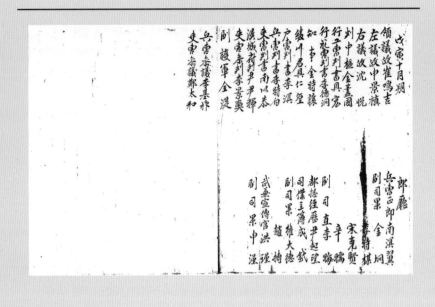

판중추     김신국

행공조판서     구굉

행예조판서     이덕형

지사     김시양

능천군     구인후

호조판서     이명

병조판서     이시백

이조판서     남이공

한성부판윤     윤휘

이조참판     이경석

부호군     전식

병조참의     이기조

이조참의     정태화

주9 낭청(郎廳) : 조선 후기에 비변사를 비롯해 선혜청과 5군영 등에 두었던 당하관의 실무 관원.

**낭청주9**

| | |
|---|---|
| 병조정랑 | 남명익 |
| 부사과 | 김경 · 이시매 · 송극현 · 신유 |
| 부사직 | 이회 |
| 도총경력 | 윤기망 |
| 부사과 | 권대덕 · 조박 |
| 무겸선전관 | 홍근 |
| 부사과 | 신근 |

**原文**

戊寅十月朔 座目

| | |
|---|---|
| 領議政 | 崔鳴吉 |
| 左議政 | 申景禛 |
| 右議政 | 沈悅 |
| 判中樞 | 金藎國 |
| 行工曹判書 | 具宏 |
| 行禮曹判書 | 李德泗 |
| 知事 | 金時讓 |
| 綾川君 | 具仁垕 |
| 戶曹判書 | 李溟 |
| 兵曹判書 | 李時白 |
| 吏曹判書 | 南以恭 |
| 漢城府判尹 | 尹暉 |
| 吏曹參判 | 李景奭 |
| 副護軍 | 全湜 |
| 兵曹參議 | 李基祚 |
| 吏曹參議 | 鄭太和 |

| | |
|---|---|
| 郎廳 | |
| 兵曹正郎 | 南溟翼 |
| 副司果 | 金坰 李時楳 宋克賢 辛曘 |
| 副司直 | 李晦 |
| 都摠經歷 | 尹起望 |
| 副司果 | 權大德 趙搏 |

武兼宣傳官　洪瑾

副司果　　　申溍

_『비변사등록』 5책, 인조 16년 10월 좌목

### 출전

『대전회통(大典會通)』: 조선 후기 고종조에 조두순 등이 왕명에 따라 편찬한 법전이다. 『대전통편(大典通編)』 체제 이후 80년간의 수교(受敎), 각종 조례(條例) 등을 보충하여 만든 책으로, 조선 500년간의 모든 법령이 수록되어 있다. 고종 2년(1865)에 간행되었다. 모두 6권 5책이다.

『명종실록(明宗實錄)』: 명종 즉위년(1545) 7월부터 22년(1567) 6월까지 일어난 역사 사실을 실었으며 모두 34권이다. 선조 원년(1568) 9월부터 작업에 들어가 선조 4년(1571) 4월에 완성하였다.

『비변사등록(備邊司謄錄)』: 조선 후기 최고의 국정 의결 기관이었던 비변사의 활동에 대한 일기체 기록. 실록을 편찬할 때 기본 자료로 사용하였기 때문에 그 사료적 가치가 높다. 임진왜란으로 그 이전의 기록은 모두 소실되었고, 지금은 광해군 9년(1617)부터 고종 29년(1892)까지 276년간의 등록 273책만이 남아 있다. 『승정원일기(承政院日記)』 및 『일성록(日省錄)』과 같이 조선 후기 연구의 제1차 사료이다. 한 질뿐인 원본은 현재 규장각에 있다.

『중종실록(中宗實錄)』: 중종 원년(1506) 9월부터 39년(1544) 12월까지의 역사 사실을 기록하였으며 모두 105권이다. 명종 원년(1546) 『인종실록』과 함께 편찬에 착수하여 명종 5년(1550) 10월에 완성하였다.

### 찾아읽기

한국역사연구회 19세기 정치사연구반, 『조선정치사 1800~1863』(하), 청년사, 1990.

이재철, 『조선 후기 비변사 연구』, 집문당, 2001.

반윤홍, 『조선시대 비변사 연구』, 경인문화사, 2003.

오영교 편, 『조선 후기 체제변동과 속대전』, 혜안, 2005.

정홍준, 「16·17세기 권력구조의 개편과 대신」, 『한국사연구』 84, 1994.

반윤홍, 「비변사의 정치적 위상」, 『한국사연구』 91, 1995.

이재철, 「비변사의 정치적 위상과 기능」, 『사학연구』 91, 2008.

한충희, 「조선 중·후기 의정부제의 변천 연구」, 『한국학논집』 43, 2011.

# 3 양란 후 군사 제도를 정비하다

군사 제도의 개편

임진왜란을 전후한 시기, 조선을 둘러싼 주변 국가들은 대규모 전투의 필요성에 대응하여 그에 적합한 훈련과 무기체계 등을 갖추어가고 있었다. 조선에서도 1592년 임진왜란이 발발하자 군사 제도의 개편이 가속화되었다. 당시 일본군의 병력이나 전술, 무기 등이 조선군보다 우세하였기 때문에 이들을 물리치기 위해서는 대대적인 군제의 개혁이 불가피하였다. 이러한 배경 하에서 조선 후기 훈련도감이라는 상비군 체제가 등장할 수 있었다.

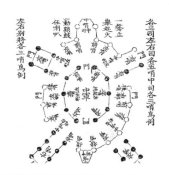

## 훈련도감의 설치와 운영

조선 왕조는 신분과 토지 제도를 기초로 하여 군역軍役과 군사 제도를 마련하였다. 조선 초기에 정부는 병농일치兵農一致를 지향하며 중앙군을 갑사甲士와 정병正兵으로 구성하고 있었다. 갑사는 주로 양반 출신으로 군역을 수행하는 대신 과전科田을 지급받는 군인이었으나, 16세기 이후 점차 소멸되어갔다. 양인 농민의 의무 군역이었던 정병은 왕조 초기에는 토지 소유 여부와 인정人丁을 기준으로 편성하였다. 그러나 세조 10년(1464) 보법保法을 시행하여 토지와 인정을 분리함으로써 군액을 크게 증가시켰으며, 성종조에 이르러서는 인정만을 기준으로 군역을 부과하기 시작하였다.

이처럼 국초의 병농일치제는 의무병인 농민들로 주로 군대를 편성하였기 때문에, 농민이 처한 사회 · 경제적 상황에 따라 군역 체제가 변동할 가능성이 컸다. 그리하여 16세기를 거치면서 자신 대신 다른 사람을 군역에 세우는 대립代立이나, 국가에서 군역 면제의 대가로 포를 거두는 수포제收布制가 일반화되어 갔다. 이 과정에서 중앙군의 한 주축이던 갑사가 유명무실해졌고, 정병 가운데 기병騎兵은 보병步兵으로, 보병은 역군役軍으로 점차 그 성격이 변화하여갔다. 이에 따라 조선 정부 역시 보병의 대립을 허용하는 방침을 확대하여나갔고, 이러한 추세는 임진왜란 직전 한층 심화되고 있었다.[자료1]

선조 25년(1592) 4월 임진왜란의 발발 직후, 일본군은 조선군보다 우세한 전술과 무기를 활용하여 조선을 빠르게 점령해갔다. 이에 조선 정부는 전란 중에 대대적인 군제의 개편을 시도하였고, 마침내 선조 26년(1593) 10월 훈련도감訓鍊都監을 설립하였다.[자료2] 훈련도감은 의무병이 아니라 군사들에게 급료給料를 지급하고 군역을 담당하게 하는, 이전에 없던 새로운 형태의 상비군常備軍 군사 제도였다.

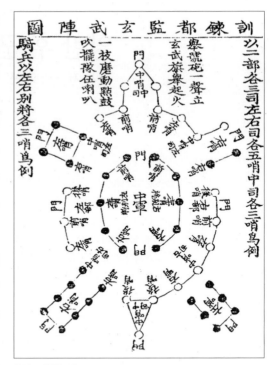

**훈련도감 현무진도**
훈련도감의 전체 병력. 보병 2부(총 13초)와 기병 6초로 현무진(玄武陣)을 친 형세를 보여주고 있다.

훈련도감은 조총을 다루는 포수砲手, 창검을 사용하는 살수殺手, 활을 쏘는 사수射手로 구성된 삼수병三手兵 체제로 구성되었다.[자료3] 상비군이자 급료병인 도감군들은 조총 · 화약 등의 군수품을 나라로부터 제공받았다. 한편 훈련도감은 각종 무기장武器場을 자체 운영하여 군수품을 충당하였고, 둔전屯田을 설치하여 군량을 비축하였다. 이처럼 훈련도감은 자체에서 무기 제조와 기술 개발에 주력함으로써, 조선 후기의 군수 광공업 성장에 이바지하기도 하였다.[자료4] 조선 정부는 이 훈련도감의 운영에 필요한 군비 확보를 위해 양계를 제외한 전국에서 특별세로 삼수미三手米를 징수하고 있었다.

임진왜란이 종결된 이후에도 조선 정부는 전쟁의 재발을 방지하고 후금後金의 침입에 대비하기 위해 훈련도감을 중시하였다. 그러나 훈련도감 운영을 위한 재정 기반이

**『정리의궤첩(整理儀軌帖)』'반차도(班次圖)'의 제46면**

조선 정조대에 축조한 화성성곽(華城城郭)의 건설 경위와 제도, 의식 등을 기록한 의궤에 실린 김홍도의 그림이다. 이 그림에서 알 수 있듯이, 조선 후기의 군대는 조총으로 무장한 보병이 주축을 이루고 있었다.

충분하지 못하였기 때문에 급료를 받지 못한 훈련도감 군인들의 도망과 이탈이 속출하였다. 이 같은 상황에서 정부는 훈련도감의 지속적인 운영을 위해 고심하였고, 도감군의 충원 방식을 각 지방에 도감군을 할당하여 차출하는 이른바 '승호제陞戶制' 형식으로 변경하였다.

이에 따라 승호 대상으로 지정된 훈련도감 군인은 고향을 떠나 처자를 거느리고 서울에 올라와 생활하여야 하였다. 그러나 이들에게 가족을 부양할 정도의 충분한 급료가 지급되지는 못하였기 때문에, 도감군들은 도성 내에서 각종 상업 행위를 전개하여 생활 기반을 마련해나갔고, 정부도 이들의 상업 활동을 묵인하는 형편이었다.[자료5] 조선 후기 이 같은 도감군들의 상업 참여는 도성의 상업 인구를 크게 증가시켜 상품 화폐 경제의 발전을 촉진시키고 있었다. 이 훈련도감 군인에는 여러 신분 계층이 혼재하였고, 개중에는 일부의 사천私賤 신분도 포함되어 있었다. 상비군 체제로 운영되고 있던 이 훈련도감은 19세기 후반까지 약 300여 년 동안 국왕의 시위와 도성 방어에서 중심 기능을 맡았다.

## 정국 운영과 5군영 제도의 성립

임진왜란 중에 처음 훈련도감이 설립된 이래, 인조반정仁祖反正을 거치면서 조선 후기 중앙 군제로서 5군영軍營이 차례차례 창설되어갔다. 임란 직후 광해군은 명나라의 쇠퇴와 청의 흥기라는 중국의 격변에 대응하여 외교를 적극 활용하는 대외 정책의 방침에 주력하고 있었다. 그러나 인조반정 이후 서인 세력이 친명배금親明排金의 외교 노선을 천명하게 되면서, 후금後金의 위협에 대처할 군사적 장치가 절실하게 되었다. 아울러 정국政局의 변동이 어느 때보다 극심하였던 이 시기, 서인 세력은 정권의 유지를 위해서도 운용 가능한 군사력의 증강이 필요하였다. 이처럼 조선 후기 중앙 군제로서 5군영은 서인 정권의 안정 노력과 밀접한 관련을 맺으면서 점차 정비되어가는 양상을 보였다.

인조 2년(1624)에 발발한 이괄李适의 난은 조선 정부의 군사력 증강 추세를 가속화시킨 사건이었다. 이 난을 계기로 서인 정권은 금위군禁衛軍의 필요성을 절감하여 국왕 호위 병력인 어영청御營廳을 창설하였다. 이어 경기군京畿軍의 정비에도 총력을 기울였는데, 당시 도망 사태가 극심했던 정병正兵들을 모아 총융청摠戎廳으로 재편성하여 서울과 경기의 경비를 강화하였다. 이후 조선 정부는 두 차례의 호란胡亂을 겪으면서 이전부터 추진해오던 중앙 군영을 중심으로 한 군사력 강화에 더욱 심혈을 기울였다. 그리하여 그간 별도의 소속 군대가 없던 남한산성에 수어청守禦廳을 설치하였고, 아울러 훈련도감을 비롯한 각 군영의 군액軍額을 증액하는 작업도 지속적으로 벌여 나갔다. 특히 효종조에는 북벌北伐에 대비하여 군사력의 증강에 더욱 주력하였다.

숙종조에는 마지막으로 금위영禁衛營이 설치되었다. 예송논쟁禮訟論爭으로 갈등이 심화된 정국은 숙종조에 이르러 서인과 남인의 대립이 수차례의 환국換局을 거치면서 정점에 달하고 있었다. 이 과정에서 서인 세력은 자신들의 권력 기반을 확고하게 하기 위해 훈련도감군의 일부를 주축으로 금위영을 설치하였다. 이 금위영의 설치로 5군영 체제가 정비되었고, 이로써 조선 후기 중앙 군제가 완성되기에 이르렀다.

그러나 5군영은 일정한 계획 아래 일률적으로 편성된 군제가 아니었으므로 소속 군사의 성격도 한결같지 않았다. 도성에 상주하는 상비군인 경우도 있었고, 각 도에 거주하는 정병들이 번상番上하는 경우도 있었다. 그러나 번상군제보다는 상비군제가 주축이었으므로, 이제 농민들은 일반적으로 군포를 납부함으로써 군역을 대신하게 되었다. [자료6]

## 지방군의 정비와 속오군

임진왜란 중인 선조 25년(1593)에 훈련도감이 설치되었고, 이듬해 지방군으로 속오군束伍軍이 창설되었다. 이 속오군의 군제 편성은 전반적으로 『기효신서紀效新書』의 병법을 기준으로 삼고 있었다. 그리하여 군영의 편제는 영營-사司-초哨-기旗-대隊로 구성되었고, 그 최상부 단위인 영營에 최고 책임자인 영장營將을 두었다. 그리고 종래 수령의 권한이었던 지방 군사권을 이들 전담 영장에게 위임했으나, 지역에 따라서는 수령이 영장을 겸한 경우도 있었다.

| 속오군의 편제 |

| | | | | | |
|---|---|---|---|---|---|
| 병사 11명 | 대隊 (대총隊摠) | 기旗 | 초哨 (초관哨官) | 사司 (파총把摠) | 영營 (영장營將) |
| 병사 11명 | 대隊 | (기총旗摠) | | | |
| 병사 11명 | 대隊 | | | | |
| | | 기旗 | | | |
| | | 기旗 | | | |
| | | | 초哨 | | |
| | | | 초哨 | | |
| | | | 초哨 | | |
| | | | 초哨 | | |
| | | | | 사司 | |
| | | | | 사司 | |
| | | | | 사司 | |
| | | | | 사司 | |

속오군은 거주지 중심의 훈련 방식을 채택한 '병농일체兵農一體'의 군사 제도였고, 하급 군관인 초관哨官, 기총旗摠, 대총隊摠을 지역 사람으로 선발하기도 하였다. 조선 전기 지방 군제가 군현 단위였던 반면, 조선 후기의 속오군 체제는 면리面里에 '초哨', '기旗', '대隊'라는 새로운 하부 조직을 편성하고 있었다. 조선 정부가 면리민面里民에 대한

통제를 강화함으로써 백성에 대한 국가 장악력을 확대하였던 것이다.

속오군에는 양인과 천인 모두가 편성되었다. 정부는 사천私賤까지 속오군에 편입시켜 천인에 대한 국가의 직접 지배력을 강화하였고, 동시에 향촌의 재지在地 사대부 세력을 약화시켜나갔다.[자료7] 이 과정은 정부와 양반 지배층의 천인에 대한 인식에 변화를 가져왔고, 천인들의 신분 변동을 촉진하기도 하였다. 한편 설립 초기의 다양한 신분 구성과 달리, 이후 속오군은 점차 천인으로만 채워지는 양상이 강화되었고,[자료8] 마침내 『속대전續大典』에는 천예군賤隸軍으로 규정되기에 이르렀다. 이후 중앙과 지방 군영에서 속오군에 편제된 사람들을 군액 확보 차원에서 다시 군보軍保로 편성하는 경우가 늘어남으로써 이들 속오군의 이중 부담 문제가 커져갔고, 이 과정에서 속오군은 결국 군대의 기능을 상실하고 점차 수포군收布軍으로 변질되어갔다.

## 새로운 전술과 무기 체계의 도입

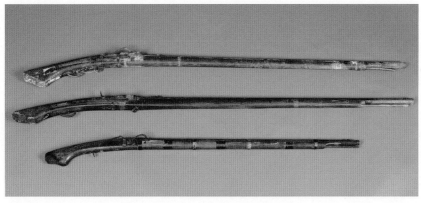

**조총**
조총(鳥銃)이란 새를 쏘아 맞힐 정도로 성능이 좋은 무기란 뜻이다. 조총은 포르투갈 상인을 통해 일본에 전래되었고, 임진왜란에서 그 위력이 입증되었다.

임진왜란을 치르면서 조선 정부는 전술 체계의 한계를 절실히 깨달았다. 조선 전기의 군사 전술은 주로 북방 유목민의 소규모 침입에 대응하여 기병騎兵 위주의 적은 병력을 활용한 방어 체계가 중심을 이루었다. 그러나 임진왜란을 전후한 시기 동아시아 전장戰場의 규모는 확대되고 있었다. 화약 무기가 보급되면서 뛰어난 기량의 무예보다는 훈련받은 군사의 활약이 더 중요해지기 시작한 것이다.

이에 따라 훈련도감의 삼수병 군사들은 병종兵種별 훈련과 함께 하나의 전술 체계 안에서 이루어지는 집단 훈련도 동시에 받았다. 이 시기 전쟁의 승패가 조직적인 부대 운용에 의해 좌우되었기 때문이다. 이후 조선의 전술 체계는 점차 기병 위주에서 탈피하여 보병 중심으로 나아갔다. 이들 보병 중에서도 조총鳥銃을 다루는 포수砲手가 조선 후기의 병력과 전술 운영의 주축으로 자리 잡아 갔다. [자료9]

**자료1**

병조판서 이사명이 아뢰기를, "… 태종과 세종조에는 … 군사를 오위五衛주1에 나누어 소속시키고 돌아가며 근무하게 하였습니다. … 이로써 도성을 지키고 적국에는 위엄을 보여, 2백 년 동안 국가가 공고鞏固하고 남북이 편안하였습니다. 당시 군사의 수는 10만을 넘었었는데, 불행히도 오랫동안 편안한 나머지 법도가 해이해져, 번상番上하는 군인들이 역역力役을 하도록 변경되고, 번상하지 않는 군사들에게 포布를 내라고 독촉하게 되었습니다. 그리하여 임진년 무렵에는 도성과 지방의 각 군대에 전투를 감당할 군사가 없게 되었습니다. 왜구가 갑자기 들이닥치는데도 주현州縣에 군사가 없어 부득이 속오군束伍軍 제도를 들여와 위급한 상황을 모면했고, 또한 훈련도감의 군사를 모집하여 숙위宿衛에 쓰도록 하였습니다. …"하였다.

原文 兵曹判書李師命上箚曰 … 逮至太宗 世宗兩朝 … 分屬五衛 輪番迭休 … 以之宿衛京師 以之旁讐敵國 二百年間 國勢鞏固 南北晏然 其時戰卒之數 過於十萬 不幸久安之餘 法制廢弛 番上之卒 變爲力役 停番之兵 督令收布 及至壬辰年間 中外各衛 已無堪戰之卒矣 倭寇猝至 州縣無兵 不得已創出束伍之制 以救一時之急 又募都監之卒 以備宿衛之用

_『숙종실록』 권18, 숙종 13년 9월 신축

주1 오위(五衛) : 조선 전기의 군사 조직으로, 의흥위(義興衛)·용양위(龍驤衛)·호분위(虎賁衛)·충좌위(忠佐衛)·충무위(忠武衛)로 구성되었다.

**자료2**

비망기주2로 전교하였다. "오늘날 적세가 매우 염려된다. 비변사의 일 처리가 전부터 이완되어 적의 난리를 겪는 2년 동안 군사 한 명을 훈련시키거나 병기 하나를 수리한 것이 없이, 천병天兵주3만을 바라보며 적이 제 발로 물러가기만을 기다렸으니 어찌 불가하지 않겠는가? … 따로 훈련도감을 설치하여 합당한 인원을 차출해서 장정을 뽑아 날마다 활을 익히기도 하고 포를 쏘기도 하여 모든 무예를 훈련시키도록 하고 싶으니, 의논하여 처리하라."

原文 備忘記曰 今日 賊勢有萬可虞 備邊司自前處事弛緩 經賊二年 未嘗鍊一兵 修一械 只望天兵 惟竢賊退 無乃不可乎 … 別設訓鍊都監 差出可合人員 抄發丁壯 日日或習射 或放砲. 凡百武藝 無不敎訓事 議處

_『선조실록』 권41, 선조 26년 8월 경자

주2 비망기(備忘記) : 임금이 명령을 적어 승지(承旨)에게 전하던 문서.

주3 천병(天兵) : 천자(天子)의 군사. 여기서는 명나라 군사를 일컫는다.

**자료3**

각 도에 교관을 보내 포법砲法주4·사법射法주5·감법砍法주6의 삼수기법三手技法을 훈련시키고, 초군哨軍을 배치하였다. 당시 도성에는 훈련도감을 설치하여 군사를 모집해서 훈련시켰고, 외방 또한 초군이나 속오군을 배치했는데, 양민이나 공천公賤·사천私賤을 막론하고 장정을 선발하여 정원을 채운 다음 척계광戚繼光의 『기효신서紀效新書』주7의 제도로써 결속시켜 삼수기법을 교련하고, 어사御史를 나누어 파견하여 시험하고 사열하게 하니, 이로부터 군액軍額이 상당히 증가되었다.

原文 遣教士于各道 訓習三手技法[砲射砍法] 置哨軍 時京城設訓鍊都監 募兵訓鍊 而外方亦置哨軍 或束伍軍 毋論良民 公私賤人 選壯充額 束以戚書之制 敎鍊三手 分遣御史試閱 自是軍額頗增益矣

_『선조수정실록』 권28, 선조 27년 12월 갑진

**자료4**

비변사가 아뢰기를, "근래에 도감을 별도로 설치하여 화포火砲 훈련을 시키고 있습니다. … 만일 도성에서 솜씨 있는 철장鐵匠 5~6명을 뽑아 도감에서 기술을 익혀 습득하게 한 뒤에, 황해도·충청도의 바닷가 각 고을의 탄炭과 철鐵이 넉넉히 있는 곳으로 나누어 보내 제작소를 설치하여 조총을 만들게 하고, 아울러 정교하고 부지런하며 조총의 이치를 잘 아는 사람을 수령으로 삼아 오로지 그 일만 맡겨 성적을 내도록 책임 지운다면, 조총을 사용하는 방도方途가 나날이 확장되어 익히지 않는 사람이 없을 것입니다"고 하였다.

原文 備邊司啓曰 近者別設都監 訓鍊火砲 … 若擇取京中善手鐵匠五六人 來習於都監 藝成之後 分送於黃海忠淸 沿海各官 炭鐵有裕處 設爲都會 連續打造 因使精巧勤幹 曉解鳥銃之人 爲守令 專掌其事 責其成效 則鳥銃之用 其路日廣 而人無不習

_『선조실록』 권49, 선조 27년 3월 기묘

**자료5**

훈련도감이 설립된 초기에, 상업 활동을 원하는 군병들에게 시패市牌주8를 만들어주어 상업에 종사하는 것을 허락하였다.

原文 訓局設立之初 軍兵之願市者 造給市牌 許令業市

_『훈국사례촬요』 상권 군병시업조, 현묘조 무신 4월 26일

임진왜란 이후 오위五衛를 혁파하고 훈련도감을 설치하였는데, 군병을 양성하는 데
드는 비용을 오로지 양인 보인[良保]에게 책임지게 했기 때문에 포를 거두는 길이 차
츰 넓어졌습니다. 그러다가 어영청御營廳·수어청守禦廳·총융청摠戎廳·금위영禁衛營
이 서로 잇따라 설치되면서 포를 거두는 법이 본격 문제가 되기 시작하였습니다. 그
리고 이 외에도 교묘한 명목을 만들고 일을 빙자하여 군포를 거두는 것이 나날이 많
아졌습니다. 양인 군인에게 포布 2필疋씩을 수포한 양이 숙종 초년에는 30만 필이었는
데, 지금은 무려 50만 필이나 됩니다.

**原文** 壬辰亂後 罷五衛設訓局 則養兵之需 專責於良保 而徵布之路稍廣矣 逮至御營廳 守禦
廳 摠戎廳 禁衛營 相繼而作 則徵布之法 已濫觴矣 此外巧爲名色 憑藉徵歛者 日增月加 稱以良
軍 而收布二疋者 在肅廟初年 猶爲三十萬 而今則爲五十萬矣

_『영조실록』 권75, 영조 28년 1월 을해

우리나라의 옛날 제도에서는 노비를 군대에 편입시키지 않았었다. 노비가 점차 많아
지고 상황이 점차 긴박해짐에 따라 지금의 속오법束伍法이 생겼는데, 임진왜란 후부
터 시작되었다. … 혹자가 말하기를 "개인의 노비가 일단 속오군에 편입된 후에는 그
의 주인이 임의로 데려가는 것을 불허할 것인가?"라고 한다. 그러나 이 문제는 현행
법규와 별반 다를 것이 없다. 지금 규정에서도 속오군과 각 진鎭의 군병에 대하여, 아
무리 그들의 주인일지라도 함부로 데려가지 못하도록 되어 있다.

**原文** 本朝舊制 賤人不定軍 及賤人漸多 其勢漸窮 則今有束伍之法 自壬辰亂後始 … 或又
曰 私賤旣定束伍之後 不許其主任意捉去耶 曰此則與今法 別無所異 今法束伍軍及各鎭土兵 其
主不得任意捉去

_『반계수록』 권21, 병제, 제색군사

지금의 소위 속오군束伍軍은 사노私奴와 같은 천인들로 억지로 수를 채워 만들었고, 또
어린 아이와 노인을 한데 섞어 대오를 편성하였다. … 때문에 군대는 오랫동안 비어
있고, 군적軍籍에는 산 사람과 죽은 사람의 이름이 섞여 있어, (만일 일이 있으면) 그때

마다 사람을 고용하여 하루의 군역에 응하게 한다. 속오군이 만들어진 당초부터 그 쇠미함과 폐단이 이와 같았으니, 오늘날에 이렇게 된 것이 아니다.

**原文** 今之所謂束伍者 私奴賤種 苟充其數 黃童白叟 雜編爲伍 … 隊伍久空 人鬼相雜 臨時 雇人 以應一日之役 己自立法之初 衰弊如此 非今乃然也

_「목민심서」 병전 6조, 연졸

---

**자료9**

조총鳥銃은 서역西域에서 온 것으로 참새를 잡는 데 쓴다. 일본이 이 총 제작법을 여송 呂宋[주9]에서 배워와, 임진왜란에서 처음 병기兵器로 활용하였다. 우리나라 사람들이 처음 본 것인데다, 이와 맞서게 되면 바로 죽게 되니, 어찌 놀라 달아나지 않겠는가? 왜군이 비록 전투에 익숙하고 진군進軍이 가볍고 빠르다고 하지만, 그들이 승리한 것은 실로 이 조총 때문이다.

**原文** 鳥銃出於西域 用以捕雀 而倭奴學得其制 於呂宋之國 壬辰之變 始爲兵器 我國人驟見 而遇之輒死 寧不駭散 倭奴雖慣戰輕進 其取勝寔在於此

_「지봉유설」 권3, 병정부, 병기

---

**출전**

「반계수록(磻溪隧錄)」

「선조실록(宣祖實錄)」

「영조실록(英祖實錄)」

「목민심서(牧民心書)」: 조선 후기의 실학자 정약용(丁若鏞, 1762~1836)이 목민관, 즉 수령이 지켜야 할 지침(指針)을 밝히면서 관리들의 폭정을 비판한 저서. 48권 16책. 필사본. 부임(赴任) · 율기(律己) · 봉공(奉公) · 애민(愛民) · 이전(吏典) · 호전(戶典) · 예전(禮典) · 병전(兵典) · 형전(刑典) · 공전(工典) · 진황(賑荒) · 해관(解官)으로 나누었다.

「선조수정실록(宣祖修正實錄)」: 조선 제14대 왕 선조 재위 기간의 역사를 기록한 「선조실록」을 수정한 책. 42권 8책. 활자본.

「숙종실록(肅宗實錄)」: 조선 제19대 왕 숙종 재위 기간의 역사를 기록한 책. 1674년 8월부터 1720년 6월까지 숙종의 재위 45년 11개월간의 역사를 다루고 있다. 65권 73책. 활자본. 정식 이름은 「숙종현의광륜예성영렬장문헌무경명 원효대왕실록(肅宗顯義光倫睿聖英烈章文憲武敬明元孝大王實錄)」이다.

「지봉유설(芝峯類說)」: 광해군 6년(1614) 이수광(李睟光, 1563~1628)이 편찬한 일종의 백과사전. 20권 10책. 목판본. 주로 고서와 고문에서 뽑은 기사일문집(奇事逸聞集)이다. 그가 죽은 뒤, 아들 성구(聖求) · 민구(敏求)에 의해 인조 12년(1634)에 출간되었는데, 이를 숭정본(崇禎本)이라 한다.

『훈국사례촬요(訓局事例撮要)』 : 훈련도감의 각종 규정과 업무 참고 사항을 정리하여 기록한 책. 영조대에 작성되었
	으며, 현재 한국학중앙연구원 장서각에서 소장하고 있다.

### 찾아읽기

차문섭, 『조선시대 군제 연구』, 단국대학교 출판부, 1973.

이태진, 『조선 후기의 정치와 군영제 변천』, 한국연구원, 1985.

허선도, 『조선시대 화약병기사 연구』, 일조각, 1994.

최효식, 『조선 후기 군제사 연구』, 신서원, 1995.

서태원, 『조선 후기 지방군제 연구』, 혜안, 1999.

김우철, 『조선 후기 지방군제사』, 경인문화사, 2000.

김종수, 『조선 후기 중앙군제 연구』, 혜안, 2003.

김종수, 「조선 후기 훈련도감 군영의 사회 경제적 영향」, 『군사』 33, 1996.

노영구, 「16~17세기 조총의 도입과 조선의 군사적 변화」, 『한국문화』 58, 2012.

허대영, 「임진왜란 전후 조선의 전술 변화와 군사훈련의 전문화」, 『한국사론』 58, 서울대, 2012.

# 4 중원의 주인이 바뀌다

병자호란과 국제 질서의 재편

병자호란은 임진왜란과 함께 동아시아의 국제질서를 크게 바꾼 전쟁이다. 청나라는 이 전쟁을 통해 조선을 복속시킴으로써 명나라를 멸망시킬 수 있는 결정적 기회를 잡아 동아시아 국제질서의 패자로 등장할 수 있었던 반면에 조선은 명나라와의 조공책봉관계에서 벗어나 청나라와 새로운 관계를 맺어야 했다. 이런 상황 속에서 일본 또한 독자적인 화이질서를 수립하면서 조선과의 교린관계를 새롭게 맺었다.

## 북로의 위협과 일본과의 국교 정상화

임진왜란은 조일 관계를 파탄시켰을 뿐만 아니라 전쟁 종결 이후에도 양국 관계에 많은 앙금을 남겼다. 물론 도요토미 사후 정권을 장악한 도쿠가와 막부가 일부 조선인 포로를 보내고 조선 정부가 선조 40년(1607)에 사절단을 에도 성에 보내면서 양국 간의 국교는 회복되었다. 조선 정부는 명·청이 대립하는 가운데 일본의 재침을 우려하여 조일 관계의 정상화를 서둘렀으며[자료1] 도쿠가와 막부 역시 조선과의 교역에 따른 이익이 적지 않았기 때문이다. 이어서 조선 정부는 광해군 원년(1609)에 기유약조己酉約條를 체결하여 일본 및 쓰시마의 통교 무역에 관한 틀을 마련하였다.[자료2]

다만 조선 정부는 일본군이 조선 지리에 대한 철저한 조사 끝에 자국 영토를 유린하였음을 뼈저리게 반성하면서 명나라의 분노를 내세워 일본인들의 상경을 엄격히 금지했다. 대신에 동래부의 초량 왜관에서 조선 관리와 접촉하도록 하였다. 이 원칙은 조선 후기 내내 줄곧 지켜졌다.

그리하여 조선 정부는 양국 관계 유지와 조선인 포로 쇄환을 위해 1624년까지 3회에 걸쳐 회답사回答使 및 쇄환사刷還使를 보냈다. 회답사란 쇼군이 보내온 국서에 대해 답하기 위해 파견되는 관리라는 뜻이었다.

한편, 인조대에 일본에 대한 적개심이 지속되는 와중에도 일본에 대한 인식에 변화가 나타났다. 즉 임진왜란을 일으켜 조선에 고통을 준 도요토미 히데요시는 원수로 여겨 증오하면서도 히데요시 집안을 제거한 도쿠가와 이에야스에 대해서는 긍정적인 평가를 내렸다.[자료3] 나아가 1636년부터는 다시 통신사라는 이름으로 1811년까지 9차례 사신을 파견하였다.

도쿠가와 막부는 주로 새 쇼군이 취임할 때 조선에 대해서 통신사 파견을 요청하여 정권 인정의 기회가 되기를 바랐다. 1636년 병자호란이 일어나던 해에도 양국은 사신을 교환했는데, 이는 신흥세력 청에 대한 공동 견제의 뜻과 함께 상호 독립국임을 인정하여 앞으로 대처하기 위한 것이었다. 이러한 양국의 외교 행위는 이후 조선, 일본이 모두 청의 중국에 대해서 자국을 중화로 표방하는 결과를 가져왔다. 조선 통신사 일행은 400~500명에 달하였고, 일본 막부의 환대가 중국 사신보다 더하다는 말이 나올 정도였다.

## 호란 전야 조선 정부의 대처

조선과 명이 임진왜란으로 쇠진한 가운데 이 틈을 타서 압록강 북쪽에 살던 여진족이 후금을 건국하였다(1616). 계속하여 서쪽으로 세력을 확장하던 후금은 명에 대하여 전쟁을 포고하였다. 이에 명은 후금을 공격하는 한편, 조선에 원군을 요청하였다. 광해군은 대내적으로 전쟁의 뒷수습을 위한 정책을 실시하면서 대외적으로는 명과 후금 사이에서 유연한 외교정책으로 대처하였다. 임진왜란 때 명의 도움을 받은 조선은 명의 후금 공격 요구를 거절할 수 없었고, 군사력이 열세한 가운데 새롭게 성장하는 후금과 적대 관계를 맺을 수도 없었다. 이런 가운데 명나라는 후금의 남하를 막기 위해 10만의 대원정군을 일으켰다. 명은 조선에도 지원군을 요구하였고 이에 광해군은 강홍립을 도원수로 삼아 13,000명의 군대를 이끌고 명을 지원하게 하되, 명군 장수들의 명령을 그대로 따르지 말고 독자적으로 대처하라고 명령하였다.[자료4]

결국 명군의 서로와 북로의 군은 서두르다가 무순 동쪽 사르후에서 대패하였다. 이어서 4일에 남로군이 사르후 방면으로 북상하다가 후금군에게 대패하고 우익을 담당한 중로군은 총지휘부가 있는 심양으로 철수하였다. 그 결과 4일간의 전투에서 10만의 명군은 반 이상 궤멸하였다. 남로군에 편성된 조선군도 전투에서 태반을 잃고 후금군에 투항하였다. 당시 강홍립은 후금에 항복하면서 조선군 출병의 불가피성을 설명하면서 후금과의 관계를 악화시키지 않으려 하였다.[자료5]

그러나 조선 정부의 이러한 외교정책은 인조반정 이후 급변하면서 새로운 국면이 도래하였다. 광해군의 노선에 반대하는 세력이 광해군이 대비[인목대비]를 폐하고 그 소생인 이복동생 영창대군을 죽였다는 이른바 '폐모살제'의 패륜을 구실로 정변을 일으켜 광해군을 축출하였기 때문이다. 정권을 잡은 서인은 이전과 달리 친명정책을 취하면서 서북 변경의 병력을 강화하였다. 경상, 전라, 충청의 하삼도 군사 1만여 명을 뽑아 장만을 도원수, 이괄을 부원수로 삼아 이를 지휘하게 하였다. 평안도의 상비병력으로 12,000명을 지원하기 위한 조처였다. 그런데 부원수 이괄이 이듬해인 인조 2년(1624) 1월 반정의 논공행상에 불만을 품고 반란을 일으켰다. 정부군에 의해 이괄의 반란군이 진압되긴 하였지만 이후 북방의 군비를 더 이상 강화하지 못했을 뿐더러 반란군의 잔당들이 후금에 조선 국내의 군사 기밀을 유출하는 빌미가 되었다. 특히 정부가 정예병을 양성하고 병력을 충원하려 실시하려 했던 호패법이 광해군대와 마찬가지로 사족층의 반발로 끝내 철폐되면서 군사력의 약세를 면치 못하였다. 이에 조선은 야전野戰을 피해 방어 거점이 되는 성에 웅거하면서, 화기火器를 사용하여 적을 방어하는 전술로 응대할 수밖에 없었다.

## 정묘호란의 발발과 조선 정부의 대응

후금에서는 조선이 인조반정을 기화로 친명정책으로 돌아갔다는 소식이 전해지자 조선정벌론이 등장하였다. 특히 조선이 당시 평안도 철산 앞바다 가도에 주둔하고 있는 모문룡 군대를 돕는다는 소식에 후금은 더욱 자극이 되었다. 당시 명나라 모문룡은 요양이 함락될 때 의주로 탈출하여 가도로 들어가 주둔하면서 산동성 등주 명군과 연락하면서 후금의 배후를 괴롭혔다. 그래도 누르하치는 쉽게 정벌전에 나서지 않았다.

그러나 1626년 누르하치가 사망한 뒤 홍타이지(청태종)가 즉위하면서 후금의 분위기는 주전론主戰論으로 급변하였다. 홍타이지는 중국 본토 진입 때 모문룡 군대가 조선군 군대와 합세하여 청의 배후를 칠 것을 우려하여 인조 5년(1627) 3만의 군사를 보내 조선을 공략하게 하였다.[자료6] 이것이 정묘호란으로 불리는 후금의 침략이다.

후금의 공격에 조선 정부의 평안도 방어선은 쉽게 무너져 안주성이 함락되었다.[자료7] 당시 이괄의 난으로 하삼도 군사의 지원이 따르지 않아 평안도에는 지방 병력밖에 없었기 때문이다. 이에 조선 정부는 조선군의 패배 소식에 국왕의 강화도 피신을 결정하였다.

한편 후금은 안주에서 조선군을 물리쳤지만 동원 병력이 3만에 지나지 않아 조선 내지 깊숙이 들어갈 수 없었다. 또한 모문룡 군대를 패배시킴으로써 후금으로서는 소기의 성과를 거두었다고 판단하였다. 그리하여 조선의 강화 요청을 받아들이면서 군대를 철수하되 양국이 형제국임을 명시하였다. 조선은 후금과 명의 관계에서 엄정한 중립을 요구받았던 것이다.

## 조선 정부의 친명정책 고수와 병자호란의 발발

조선은 후금과 형제의 맹세를 했음에도 불구하고 기존의 친명정책을 버리지는 않았다. 나아가 후금의 재침을 우려하여 군사력 배양에 힘을 기울였다. 한편 후금은 만

정묘·병자호란

주를 장악한 뒤 항복한 명나라 장수들의 관직을 그대로 인정해주면서 적극적으로 회유하였다. 특히 상가희尙可喜 등의 '요동 삼소의 무리'로 일컬어지는 명나라 장수들의 투항은 후금에 큰 도움을 주었다. 후금 군대는 이들의 수군 부대를 통해 서양식 대포인 홍이포紅夷砲를 확보하였고, 해전에 취약한 자신의 약점을 크게 보완하였다. 이처럼 명나라 장수가 후금에 투항하자 명의 조정은 북방 해안에 대한 통제력을 상실하였다. 홍이포로 무장한 후금군은 1631년에 대릉하 공략에 성공하였으며, 이어서 1634년에 원나라 쿠빌라의 적통을 이은 차하르 몽골을 복속시켰다. 그리고 후금은 조선에 형제의 맹약을 군신의 맹약으로 격상시킬 것을 요구하고 세폐액을 크게 늘렸다.

이에 조선 정부 안에서 주전론이 힘을 얻어 후금의 사신을 접견하지 않자 후금과의 관계가 악화되었다. 후금의 홍타이지는 자기 민족의 호칭을 만주라고 확정하였으며 1636년에 국호를 대금에서 대청大淸으로 개칭하였다. 이때 청태종은 조선 정부에 왕자와 주전론 주창자를 인질로 보낼 것을 요구하였다. 그러나 조선 정부는 이를 묵살하였고 청태종은 명나라 정벌에 앞서 후환을 없애고자 인조 14년(1636) 12월 1일 만, 몽, 한인 혼성 병력 13만여 명을 이끌고 조선을 침략하였다. 이를 병자호란이라 부른다. 이때 명나라가 이자성의 난, 장헌충의 난 등으로 국운이 기울어 원병하지 못한 가운데 조선은 스스로의 힘으로 청나라 군대를 상대해야 했다.

조선은 당시 병력이 부족하여 각 고을에 병력을 두고 고을을 방어하기보다는 의

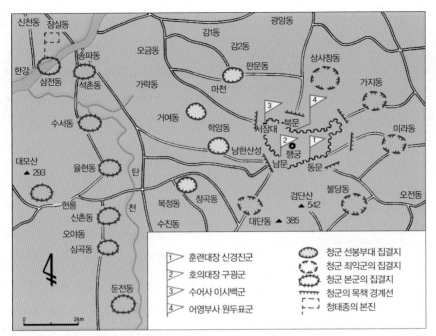

병자호란 당시 남한산성 주변 조선과 청국 군대의 배치 상황

주-안주-평양-황주-평산의 방어선 강화에 역점을 두었다. 이에 청군은 이 방략을 미리 탐지하고 선봉의 기병부대가 요해처인 산성을 무시하고 한양으로 직진하였다. 당시 청군은 후속부대가 속속 파견되고 있어 조선군의 배후 공격을 우려할 필요가 없었기 때문이다. 그리하여 압록강을 건넌 지 닷새 만에 선봉부대는 큰 저항 없이 14일 만에 한성 교외에 도착하였다. 조선 정부는 청군의 이러한 전격전에 놀라는 가운데 남한산성에 12,000여 명의 군사를 두고 방어하는 데 치중하였다. 그러나 당시 산성 안에 보관되어 있던 군량은 16,000석에 지나지 않아 겨우 한 달을 버틸 수 있을 정도였다.[자료8] 반면에 청군은 조선군의 장기 농성을 예측하고 구름사다리와 화포를 비롯한 공성기구 및 군량을 충분히 준비하였다. 그리하여 산성을 방어하고 있던 조선군은 고립무원의 형세에 처하게 되었다. 지방에서 병력이 남한산성 방향으로 모여들었으나 모두 성 밖의 청군에 의해 격퇴되었다.

　이제 성 안의 분위기도 주전론에서 강화론으로 기울어졌으며 강화도 함락 소식이

삼전도비

들려왔다. 이때 많은 사람들이 순절하였는데 특히 부녀자들의 순절이 속출하였다.[자료9] 심지어 군인들이 주전론에 반대하여 반란을 일으키기에 이르렀다.[자료10] 인조는 출성하여 1637년 1월 30일 삼전도(三田渡, 오늘날 송파)에서 청나라 황제로 나아가 항복의 예를 취하였다.[자료11] 그는 청태종에게 세 번 무릎을 꿇어 세 번 절하고 절할 때마다 머리를 세 번 땅에 찧는, 삼궤구고두례三跪九叩頭禮를 행하고, 이른바 성하의 맹약城下之盟], 즉 정축화약丁丑和約을 맺었다. 이러한 항례降禮는 중국 고대의 규범을 재현하는 것으로 군신 사이의 복종을 의미했다. 또한 이에 따라 조선은 청에게 명나라와 단교하고 명나라를 칠 때 원병을 파견할 것을 약속했다. 조선이 겪었던 이러한 치욕은 조선 왕실의 큰 짐이 되었다.

## 호란의 후유증과 동아시아 국제질서의 재편

호란이 남긴 후유증은 매우 컸다. 소현세자와 봉림대군 형제를 비롯한 60만여 명이 강제로 청으로 끌려갔다. 특히 주전론을 강력하게 펼쳤던 윤집, 홍익한, 오달제 등 3학사는 척화패맹斥和敗盟의 책임자로 참형을 당하였고, 봉림대군과 대신의 자제들은 물론 조선의 세자들까지 심양에 계속 억류되어야 했다. 이들은 청국인들에게 온갖 학대와 멸시를 당해야 했을 뿐더러 의식주의 대우도 갈수록 열악해져 스스로 식량을 자영

자급하지 않으면 안 되었다.[자료12] 아울러 청군은 중원 공략을 위한 전비를 마련하기 위해 양반가의 자제들을 대거 납치하여 끌고 갔으며 이들 피로인被虜人의 환속가贖還價를 치르는 과정에서 막대한 이득을 취했다.

한편 패배의 책임을 지고 많은 장수들이 처벌을 받은 반면에 여러 전투에서 전사한 장졸들에게는 휼전을 시행하였으며 강화 부성이 함락될 때 순절하거나 절개를 지키려고 자결한 사람들에게 벼슬을 추증하거나 정문旌門을 내렸다. 그러나 정부의 이러한 조치도 오랑캐인 청에 굴복했다는 치욕을 씻어내는 데는 역부족이었다. 그리하여 민간에서는 청국 황제의 연호를 쓰지 않고 몰래 명나라 최후의 연호를 쓰기도 하였다. 또 세간에서는 청에 억류되었다가 돌아온 여인들이 정절을 잃었다고 비난하면서 이들 여인을 그 가문으로부터 축출하기도 하였다. 전쟁이 가져다준 부녀자들의 수난이었다.

두 번에 걸친 호란은 동아시아 국제질서에도 영향을 미쳤다. 우선 청나라가 중원에 들어가 명나라를 멸망시킴으로써 동아시아의 새로운 패자로 등장하였다. 조선은 마지못해 친명정책을 포기하고 청국 중심의 중화질서에 편입되어야 했다. 물론 조선 내부에서도 청에 대한 복수를 위해 일본에 원조를 청하자는 주장이 나오기도 하였다. 그러나 이 주장은 일본이 명과 조선을 구원한다는 명목으로 쳐들어오는 상황에 대한 우려 때문에 곧 사그라들었다.[자료13]

반면에 쓰시마 도주는 청나라에 휘둘리는 조선 정부의 약점을 이용하여 조선에 무리한 요구를 하였다. 각종 축하 선물을 요구하다든가 대장경大藏經을 비롯한 각종 물품을 거론하였다. 이에 조선 정부는 일본의 재침을 우려하면서도 유화론에 기울었다. 즉 호란을 겪어 위기에 처한 조선의 처지에서 일본과의 사단을 야기할 수 있는 여지를 차단하려고 했던 것이다. 그러면서도 조선은 수군을 정비하고 부산에서 서울로 이르는 내륙의 방어태세를 점검하고 남한산성과 강화도의 축성을 시도하는 등 전쟁 대비책도 구상하였으나 이 역시 재정 부족과 청의 엄중한 감시 때문에 한계에 부딪혔다. 이에 대일 유화론이 주류를 이루게 되었다.

요컨대 조선은 병자호란을 계기로 중화[명]로부터 완전히 끊어졌고, 남북 양쪽에서 모두 오랑캐와 마주하게 되는 전혀 새로운 외교적 환경을 맞이하게 되었다. 이제 동아시아의 보편 문명인 중화를 상징하는 명이 멸망하고 청 중심의 동아시아 국제 질서가 수립되고 일본이 독자적인 화이질서를 구축하려는 가운데 조선은 스스로 소중화로 여기며 주변 국가와 새로운 관계를 맺어야 했다.

**자료1**

이 적[왜적]들은 만대가 되더라도 반드시 갚아야 할 원수임은 삼척동자도 다 아는 바입니다. 그러나 이미 그들을 배척하여 끊어버리지 못하고 이미 그들과 수교했다면 개시를 끝내 막을 수 있겠습니까. 법관이 이 문제를 허락지 않는다면 어떻게 하기가 어렵습니다. 지난 신축년(선조 34년, 1601)에 명나라 군대가 철수하고 남쪽 변방이 텅 비자, 대마도의 왜인 귤지정橘智正이 서찰을 가지고 나오니 중외中外의 인심이 소란해지고 갈피를 잡지 못했습니다.

原文 此賊之爲萬世必報之讎 三尺童子所共知也 旣不能斥絶 而與之羈縻 則開市終可閉乎 法官旣不許此 則果哉 末之難矣 往在辛丑年 天兵纔撤南徼蕩然 馬島倭子橘智正持書出來 中外人心 騷動靡定

_『한음유고』권6, 진왜정내사직차

**자료2**

**기유약조己酉約條**

일. 대마도주에게 보내는 세사미두는 모두 100석으로 한다.

일. 왜관의 접대는 세 가지 경우가 있다. 국왕의 사신이 그 하나이고, 대마도주 특송사가 그 하나이고, 대마도주 수직인이 그 하나이다.

일. 국왕사가 올 때는 단지 상·부선上副船만 허락한다.

일. 도주특송선은 3척으로 하되 이 밖에 별견사가 있으면 모두 세견선에 순부해야 한다.

일. 대마도주의 세견선은 모두 20척으로 한다.

일. 수직인은 1년에 1회에 한해 내조하며, 다른 사람은 파견할 수 없다.

일. 평상시(임진왜란 이전) 수직인은 면죄免罪받은 것을 다행으로 여기도록 하고 지금은 거론하지 않는다.

일. 선박은 세 종류로 한다. 25척 이하는 소선으로 하되 선부는 20인이고, 26척은 중선으로 하되 선부는 30인이며, 28척 내지 30척은 대선으로 하되 선부는 40인으로 정한다. 선체는 반드시 척량하며, 또 선부의 수를 점검하여 선부가 많을지라도 정해진 숫자를 초과할 수 없고, 그 수가 미달할 때에는 점검한 선부 수에 따라 급료한다.

일. 무릇 파견된 선박은 도주문인島主文引주1을 받은 후에야 들어온다.

일. 대마도주에게는 전례에 따라 도서圖書주2를 만들어주되, 그 모양은 종이에 찍어서
예조와 교서관, 그리고 부산포에 두어 서계가 올 때마다 그 진위와 격식이 틀린
것을 선박별로 검사해 격식이 틀린 자는 모두 돌려보낸다.

일. 문인이 없는 자는 도적으로 간주한다.

일. 바다를 건너는 데 필요한 식량은 대마도인에게 5일분, 대마도주 특송인에게 10일
분, 국왕사에게 20일분을 지급한다.

일. 기타 나머지는 전례에 따른다.

### 原文

萬曆己酉約條

一. 島主處歲賜米豆共一百石事

一. 舘待有三例 國王使爲一例 島主特送爲一例 對馬島受職人爲一例事

一. 國王使出來時只許上副船事

一. 島主特送三隻之限 此外如有別遣事 則歲遣船順付事

一. 島主歲遣船 咸乞二十隻事

一. 受職人 歲一來朝 不得遣人事

一. 平時受職人 則免罪爲幸 今不擧論事

一. 船有三等 二十五尺以下爲小船 船夫二十名 二十六尺爲中船 船夫三十名 二十八尺至三十
尺爲大船 船夫四十名 尺量船體 又點船夫之數 船夫雖多 不得過定額 若否則以點數給料事

一. 凡所遣船 皆受島主文引之後 乃來事

一. 島主處 依前例 圖書成給 着見樣於紙 藏禮書及校書館 又置釜山浦 每書契來憑 考驗其眞僞
違格及無符驗船 還入送事

一. 無文引者 以賊論斷事

一. 過海糧 對馬島人給五日糧 島主特送人 加給五日糧 國王使二十日糧事

一. 他餘事 一依前例事

_『통문관지』권5, 만력기유약조

### 자료3

일본이 비록 우리와 원수의 나라라고는 하지만 원수로 여길 사람은 도요토미 히데요
시[豊臣秀吉]이니 히데요시를 멸하여 남은 족류가 없게 한 원씨(源氏, 도쿠가와 가문)에
게 어찌 원수 삼을 만한 일이 있겠습니까. 만약 임진년(1592, 선조 25)과 정유년(1597,

선조 30)의 원수로 말한다면 비록 동해의 파도를 기울여 일본을 잠기게 하여 한 사람도 남김없이 죽인다 하더라도 어찌 속이 후련해지겠습니까.

原文 日本雖我讎國 讎之者卽秀吉 滅秀吉無遺類之源氏有何可讎之事乎 若以壬丁之讎言之 雖傾東海之波淪沒日本 無一人子遺 豈足快於心哉

_『승정원일기』 권25, 인조 7년 5월 6일

**자료4**

도원수 강홍립에게 하유하였다. "당초 요동으로 건너간 군사 1만 명은 오로지 양서兩西의 정예병만을 선발하여 단속하고 훈련시켰으므로 장수와 병졸들이 서로 익숙하니, 지금에 와서 경솔히 바꾸기는 곤란하다. 명나라 장수의 말을 그대로 따르지만 말고 오직 패하지 않을 방도를 강구하는 데에 힘을 쓰라."

原文 下諭于都元帥姜弘立曰 當初渡遼軍一萬 專以兩西精銳抄發 團束敎練 將卒相熟 今難輕易換易也 毋徒一從天將之言 而唯以自立於不敗之地爲務

_『광해군일기』 권137, 광해군 11년 2월 정사

**자료5**

(강)홍립이 처음에 사신으로 보냈던 통사 하서국 등을 따라온 한 주변 오랑캐(조선의 국경 주변에 거주하면서 조선에 공물을 바치고 무역을 했던 여진족을 조선은 조선의 번병이 되는 오랑캐라는 의미로 번호라고 칭했다)가 진 앞에 와서 연달아 통사를 부르자, 홍립이 곧 통사 황연해黃連海를 시켜 나가서 응접하게 하고 말하기를, "우리나라가 너희들과 본래 원수진 일이 없는데, 무엇 때문에 서로 싸우겠느냐. 지금 여기 들어온 것은 부득이한 것임을 너희 나라에서는 모르느냐" 하니, 드디어 적과 왕래하면서 강화를 의논하였다.

原文 弘立初所遣通事河瑞國等 一藩胡隨至陣前 連呼通事 弘立卽令通事黃連海出應曰 我國與爾本無讎怨 何必相戰乎 今此入來 迫不得已 汝國豈不知之乎 賊遂與往復議和

_『연려실기술』 권21, 폐주 광해군 고사본말

**자료6**

○ 일찍이 (강)홍립이 한윤과 함께 여러 차례 계책을 꾸며 오랑캐 추장에게 우리나라

에 쳐들어갈 것을 청하였으나, 누루하치는 그들이 제 나라를 배반한 것을 미워하여 꾸짖어 물리쳤다. 홍타이지(훗날의 청태종)가 누루하치에 이어 임금이 되자 홍립과 한윤이 간청하여 드디어 이런 화가 이루어졌다고 한다.

○ 적의 추장이 서신을 보내어 힐책하기를, "너의 나라에는 네 가지 죄가 있다. 천가한(만주말로 압카이 카간이라 한다. 흉노 이래 내륙 아시아 유목민족의 군주에게 붙이는 존칭인 가한을 한층 높인 칭호이다)이 돌아가셨는데도 즉시 조문하지 않았으며, 선천宣川의 전투에서는 우리가 하나도 살륙하지 않았는데도 곧장 사신을 보내어 사례하지 않았으며, 모문룡은 우리의 큰 원수인데도 국내로 맞아들여 먹을 것을 주고 돌보아주었으며, 요민(요동 출신의 명나라 사람)은 나의 적자(赤子, 신하)인데 망명자를 초대하고 반란자를 받아들였으므로 내가 매우 한스럽게 여기노라" 하였다.

**原文** 初弘立 屢與潤設策 請酋入寇 奴兒哈赤惡其背本責退之 及弘他時代立 懇請不已 遂成是禍云

賊酋移書詰責曰 汝國有四罪 天可汗賓天 不即致吊 宣川之役 一不殺戮 不即送使致謝 毛文龍我之大仇 而容接內地 給饋護恤 遼民我之赤子 而招亡納叛 吾甚恨之云云

_「연려실기술」권25, 인조조 고사본말

### 자료7

다음 날 새벽에 연기와 안개로 지척을 분간할 수 없는데, 적이 나팔을 불고 북을 치면서 1만의 기병이 한꺼번에 쳐들어오니 성 안에서 대포와 화살을 함께 쏘아 적병이 말에서 해자로 굴러 떨어져 죽는 자가 산처럼 쌓였다. 앞의 병사가 자빠지면 뒤에 있던 병사가 이어 들어오고 이리저리 마구 치받으며 낙타까지 몰고 왔다. 수레로 큰 사다리를 가져와서 일시에 성에 올라 칼날로 육박전을 벌이니, 형세가 바람 앞의 불같아 손을 쓸 수 없었다. 적이 마침내 성 안으로 뒤쫓아 올라와 마구 죽였다. 병사 남이흥南以興과 김준은 손에 화약 포대를 들고 성루城樓에 기대어 서서 어지럽게 화살을 쏘았는데, 적의 무리가 한꺼번에 에워싸고 달려들었다. 김준 등이 드디어 화약 포대에 불을 지르니 집채가 허공으로 튀어 올랐다. 남이흥 및 김준 부자와 여러 장수가 모두 타 죽고, 적병으로 타 죽은 자도 또한 많았다.

**原文** 翌日黎明 烟霧不辨咫尺 賊吹角鳴皷 萬騎駢進 城中砲射俱發 墜騎落壕 死者山積 前仆後入 左衝右突 幷驅駱駝 輸進長梯 一時登城 短兵相搏 勢如風火 措手不及 賊追逐亂殺 兵使

南以興 與金浚 手持焇帠 倚營樓而立 亂射無數 衆賊一時圍注 浚等遂焚焇帠 屋宇騰空 以興及
浚父子諸將皆燒死 賊兵之燒斃者亦多

_『연려실기술』 권25, 인조조 고사본말

**자료8**

1월 14일 김신국과 함께 양식을 마련할 계획을 세웠는데, 하루 먹는 양식을 군졸은
3홉으로 백관은 5홉으로 줄여야만 겨우 다음 달 24일까지 버틸 수 있었다. 군사들이
양식이 없음을 알고 적이 만약 오래 포위하면 어떤 일을 저지를지 모르므로 김신국과
나는 대궐에 들어가 전하께 이 뜻을 전하였다.

原文 十四日 與金藎國磨鍊粮餉 凡一日所食軍卒減三合 百官減五合 然後 董支開月二十四
日 軍無見粮賊若久圍 則不知所爲 臣與金藎國 入陳此意於上前

_『병자록』 급보이후일록

**자료9**

그 밖에 다른 부인들이 절개를 지키기 위해 죽은 사실은 모두 기록할 수 없을 정도로
많았다. 천인의 아내와 첩도 자결한 사람이 많았다. 그리고 적에게 사로잡히어 적진
에 이르러 욕을 보지 않고 죽은 자, 절벽 나무숲에 숨었다가 적에게 핍박을 당하여 떨
어져 죽은 자도 부지기수였다. 사람들이 전하기를, "머리 수건이 물에 떠 있는 것이
마치 물에 떠 있는 낙엽이 바람을 따라 떠다니는 것 같았다" 하였다.

原文 其他婦人死節 不可盡記 賤人妻妾 亦多自決 有被虜至陣而死 死不見辱者 其逃匿巖藪
被賊驅逼墜死 不知數 人傳首帊之浮水 如臨淵霜葉 遇風漂泛者然

_『연려실기술』 권26, 인조조 강도순절인

**자료10**

훈련도감의 장졸 및 어영청의 군병이 성 위에서 서로 인솔하여와서 대궐문 밖에 모
여 화친을 배척한 신하를 오랑캐 진영에 보낼 것을 청하였다. 당시 신경진申景禛이 훈
련도감의 군병을 거느리고 동성東城을 지켰으며, 구굉具宏은 남성南城을 지켰고, 구인
후具仁는 수원 부사水原府使로서 남문南門을 지켰는데, 홍진도洪振道와 은밀히 모의하
고 군졸들을 교유敎誘하여 이렇게 협박하는 변고를 일으켰으므로 사람들이 모두 위태

롭게 여기면서 두려워하였다. 상이 대신에게 하문하기를, "군정軍情이 어떠한가?" 하니, 김류가 대답하기를, "군정이 이미 동요되어 물러가도록 타일렀으나 따르지 않습니다. 저들은 부모와 처자가 모두 살륙당했으므로 화친을 배척한 사람 보기를 원수처럼 여겨 이런 지경에까지 이르렀으니 진정시키기가 참으로 어렵습니다. 오직 그 뜻을 따르도록 힘쓰는 것이 마땅하니, 오늘 의논해서 결정하여 내일 내보내도록 하소서" 하였다.

**原文** 訓鍊都監將卒及御營軍兵 自城上相率而來 會于闕門外 請送斥和臣於虜營 時申景禛 領訓鍊軍兵守東城 具宏守南城 具仁垕以水原府使守南門 與洪振道密謀 敎誘軍卒 有此迫脅之 變 人皆危懼 上問于大臣曰 軍情如何 金瑬對曰 軍情已動 諭退不從 渠之父母妻子 皆罹搶殺 視 斥和者如仇讐 到此地頭 誠難鎭定 惟當務循其意 請今日議定 明日出送

_ 『인조실록』 인조 15년 1월 병인

### 자료11

임금이 세자와 함께 남색 융복을 입고 서문을 통해 나갔다. 청주(淸主, 청나라 황제를 가리킴)는 일찍이 마전포麻田浦에서 진을 치고 마전포 남쪽에 단壇을 설치하여 9층의 계단을 만들고 누런 장막과 누런 일산日傘을 펴놓고 성대하게 병갑兵甲과 기독旗纛을 진열하고 수하의 정병精兵 수만 명으로 네모진 진을 치게 하고는, 우리나라 임금으로 하여금 1백 보가량을 걸어서 삼공과 육경을 인솔하여 삼배三拜와 구고두九叩頭의 예를 평지에서 하게 했다. 여러 신하들이 자리를 깔 것을 청하였는데, 답하기를, "황제 앞에서는 스스로 높을 수 없다" 하였다. 또 앞에 나아가 삼배 고두하게 하고 나서, 이끌고 들어가 계단을 올라가 서쪽을 향하여 여러 왕자들의 윗자리에 앉아 몽골의 군왕과 마주하도록 하였다. 청주는 단의 상층에 남면南面하고 앉아서 주례酒禮를 행하고 군악을 울렸다. 파할 때에 우리나라 임금에게 담비 가죽 갖옷 2벌을 주니, 임금이 한 벌을 입고 사례로 뜰에서 삼배를 하였다. 차례로 대신과 육경과 승지에게 각각 한 벌씩을 주니, 대신들이 또한 차례로 뜰에서 사례하였다. 이때 숙의淑儀와 빈궁嬪宮과 대군大君과 대군 부인이 강화도로부터 진중에 와 있었는데, 임금을 뵙도록 해주었다. 또 최명길의 가속들을 내어주니, 명길이 머리를 숙여 사례하였다. 저녁에 임금에게 서울로 돌아가도록 하므로 삼배를 하고 나오니, 청주가 금안장을 단 흰 말을 뒤따르게 하였다. 세자와 봉림대군鳳林大君과 그 부인이 장차 심양瀋陽에 들어가야 하므로 진중에 그대로 머물면서 들판에서 묵었다. 임금이 성을 나갈 때 온 성중 사람이 곡하면서 보내니, 곡소리가 천지를 진동하였다.

**原文** 上與世子服藍戎 由西門出 淸主曾陳於麻田浦 設壇於浦南爲九層階 張黃幕立黃傘 盛陣兵甲旗纛 手下精兵數萬 結方陣令 上步行百步許 傘三公六卿行三拜九叩頭之禮於平地 羣臣請舖答曰皇帝前不可自尊 又令進前三拜叩頭訖 引入升階 西向坐於諸王子上 與蒙王相對 淸主南面坐於壇之上層 行酒禮 動軍樂 臨罷給 上貂裘兩襲 上服其一 謝於庭三拜 次給大臣六卿承旨各一襲 大臣等亦以次庭謝 時淑儀及嬪宮 大君與大君夫人 自江都來在陣中 使見於上 又出崔鳴吉家屬與之 鳴吉頓首謝 夕使上還京 三拜而出 淸主使金鞍白馬隨後 世子及鳳林大君及夫人將入藩陽 故仍留陣中. 宿於野次 上出城時 滿城哭送 聲動天地

_『연려실기술』 권25, 인조조 고사본말

**자료12**

배종 재신陪從宰臣이 치계하였다.

"정명수가 용골대의 뜻으로 세자의 관소에 와서 말하기를, '속담에 「나그네살이 3년이면 스스로 먹고살 수 있다」고 하였다. 이제 세자가 이곳에 들어온 지가 이미 5년이 되었으니, 어찌 생업이 이루어진 것이 없겠는가. 제고산諸高山과 제왕諸王들도 다 자기의 힘으로 먹고 있는데 세자·대군·재신宰臣·질자質子 등에게 어찌 살아갈 식량을 늘 줄 수가 있겠는가. 경작할 땅을 줄 터이니 내년부터 각자 농사를 지어 먹도록 하라' 하기에 신들이 세자 하령下令의 뜻으로 대답하기를, '상하 여러 사람들이 오늘까지 목숨을 보존하고 있는 것은 다 황제의 은덕이긴 하나 이제 우리에게 스스로 농사를 짓게 하니, 황망하여 어찌할 바를 모르겠다. 우리나라의 물력物力은 전후에 걸쳐 군병을 조발하고 군량을 운송하는 데에서 이미 바닥이 났으니, 양서兩西가 완전히 망가졌다는 것은 말하지 않아도 알 만하다. 온갖 필요한 물력은 삼남三南에서 우려내는데 삼남의 민력도 이미 고갈되었다. 그런데 이제 또 경작하는 조처가 있다면 백성이 어떻게 지탱하고 나라는 어떻게 보존하겠는가. 그리고 토지의 비옥이 각기 다르고 경작하는 방식도 같지 않으니, 비단 농사지을 일꾼을 구하기 어려울 뿐만 아니라 농사를 지어먹을 수 있을지도 기필할 수 없다'고 하니, 역관 정용수가 한참 동안 말이 없이 깊이 생각하는 듯하더니 조금 후에 일어나서 나갔습니다. 그가 이튿날 다시 와서 말하기를

'말을 기르고 풀을 베고 경작할 장소로 이미 세 군데를 정해두었다. 한인漢人은 농사에 익숙하고 그 몸값도 매우 적은데 어찌 그들을 사서 데려다가 농사를 짓게 하려고 하지 않는가' 하기에 신들이 몸값을 마련하기가 쉽지 않다는 뜻으로 대답하고 재삼 사리를 따져 말하였으나 끝내 들어주지 않았습니다."

原文　陪從宰臣馳啓曰 鄭命壽以龍骨大之意 來言于世子館所曰 俗語云客三年 資業必成 今世子入來于此 已至五年 豈無資業之成乎 諸高山及諸王 亦皆自食 世子大君宰臣質子等 何可每給資糧 當與耕作之地 自明年各自耕食 臣等以世子下令之意答曰 上下諸人得保今日 皆帝之德也 今且使之自耕 岡知所措 我國之力 已盡於前後調兵運餉 兩西蕩敗 不言可知 凡百需用 責出三南 三南之民力 亦已竭矣 今又有耕作之擧 則民何以支 國何以存 且土品各異 耕業不同 非但耕手難辦 耕而得食 亦未可必也 鄭譯良久無言 有若沈思 俄而起去 翌日復來曰 牧馬刈草耕作之所 已定三處 矣漢人習熟於耕作 而其價甚少 何不買取而使之耕乎 臣等以辦價未易之意答之 仍再三陳辨 而終不動聽矣

_『인조실록』 인조 19년 12월 계해

**자료13**

왜국은 천하에 막강하여 원나라 세조가 여러 나라의 힘을 하나로 합친 위세로 늘 토벌하고 싶었으나 끝내 뜻을 이루지 못했습니다. 이것이 화이가 모두 아는 바입니다. 자고 이래로 군대 훈련은 옛날에 비해 더욱 부지런해졌으며 기계의 정밀함, 무기의 날카로움, 식량의 풍족함은 예전에 비해 배가 됩니다. … 만약 왜병이 중국을 구하고 이웃 나라를 도와준다는 명분으로 출정한다면 어찌 육도의 백성이 길잡이가 되지 않고 복수를 하게 될지 알겠습니까.

原文　倭國莫強於天下 以元世祖混一之威 常欲致討 而終不得志 此華夷之所共知也 邇來治兵 視古愈勤 器械之精 劍戟之利 糧餉之足 倍蓰於前 … 倘或倭兵以救中朝恤隣國爲名而出 則安知六道之民 不爲嚮道以復其讎也

_『은봉전서』 권2, 소

**출전**

『인조실록(仁祖實錄)』

『광해군일기(光海君日記)』: 조선 제15대 왕 광해군 재위 기간의 역사를 기록한 책. 필사본. 187권 64책. 1608년 2월부터 1623년 3월까지의 시정(施政)을 연월일의 순서에 따라 기록한 것으로서 광해군이 폐위되었기 때문에 실록이라 하지 않고 일기로 명명하였다.

『승정원일기(承政院日記)』: 승정원에서 나날이 다룬 문서와 사건을 적은 일기이다. 임진왜란과 병자호란 때 다 타버렸으나 인조 원년(1623)부터 고종 30년(1893)까지의 3,051책은 남아 있다.

『연려실기술(練藜室記述)』: 조선 후기 역사가 이긍익(李肯翊, 1736~1806)이 지은 기사본말체로 된 역사책이다. 이 책은 조선 후기 대표적인 역사서로 당대 역사의식을 밝히는 데 중요한 자료이다.

『은봉전서(隱峯全書)』: 조선 후기의 유학자 안방준(安邦俊, 1573~1654)의 저술 전부를 그의 6대손 수록(壽祿)이 아들 명윤(命允)과 함께 수집, 배열하고 거기에 연보를 비롯한 부록을 정리, 편입해 편집하였다. 이 전서는 중종에서 효종에 이르는 조선 중기의 기묘사화 · 임진왜란 · 동서분당 · 광해정권과 인조반정 등에 관한 중요한 자료가 많이 수록되어 있다.

『병자록(丙子錄)』: 나만갑(羅萬甲)이 병자호란 때에 일어난 일을 일기체 형식으로 기록한 책이다.

『통문관지(通文館志)』: 사역원(司譯院)의 연혁과 중국, 일본, 기타 여러 나라와의 외교 관계 사항을 기록한 책이다. 숙종 연간에 사역원 제조를 지낸 최석정의 명으로 김지남. 김경문 부자가 펴내, 1720년(숙종 46) 한학관(漢學官) 이선방, 청학관(淸學官) 남덕창 등이 사재를 내어 주자(鑄字)로 인쇄한 뒤 여러 번 증보, 속간되었다.

『한음유고(漢陰遺稿)』: 선조대 · 광해군대 문신 이덕형(李德馨, 1561~1613)의 글을 후손이 정리한 문집이다.

### ■ 찾아읽기

전사편찬위원회, 『병자호란사』, 국방부, 1986.

미야케 히데토시, 『근세 한일관계사 연구』, 이론과실천, 1991.

이원식, 『조선통신사』, 민음사, 1991.

한명기, 『임진왜란과 한중관계』, 역사비평사, 1999.

한일관계사연구논집 편찬위원회 편, 『통신사 · 왜관과 한일관계』, 경인문화사, 2005.

전국역사교사모임 · 역사교육자협의회, 『마주 보는 한일사 II』, 사계절, 2006.

손승철, 『조선시대 한일관계사 연구 : 교린관계의 허와 실』, 경인문화사, 2006.

박희병 외, 『전란의 소용돌이 속에서』, 돌베개, 2007.

주돈식, 『조선인 60만 노예가 되다』, 학고재, 2007.

한명기, 『정묘 병자호란과 동아시아』, 푸른역사, 2009.

육군군사연구소, 『한국군사사』 7, 조선 후기 I, 경인문화사, 2012.

윤용철, 『병자호란 47일의 굴욕』, 말글빛냄, 2013.

김남윤, 『역해 심양장계 : 1637~1643년 심양에서의 긴급 보고』, 아카넷, 2014.

이원순, 「조선후기(강호시대) 한일 교류 위상」, 『조선시대사론집』, 느티나무, 1993.

허태구, 「병자호란의 정치 · 군사사적 연구」, 서울대학교 대학원 박사학위 논문, 2009.

김태훈, 「17세기 대일정책 변화 연구」, 서울대학교 대학원 박사학위 논문, 2013.

# 5 통한의 수치, 최후의 자존심
### 북벌론과 조선중화론

대외 관계에는 어느 한 세력을 선택해야 하는 순간이 존재하므로 중립외교만으로 버틸 수는 없다. 명나라를 선택한 조선은 무기력하게 패전하였고, 청나라는 그 책임을 치욕으로 물었다. 조선의 자존심을 담은 북벌론은 비록 비현실적이었지만, 이를 계기로 군사력을 회복할 수 있었다. 북벌론의 정신은 조선중화론으로 이어졌다. 북학론 역시 북벌론을 배제한 것은 아니었다.

## 척화론과 패전 후의 대청 인식

북벌론은 정묘 · 병자호란 시기 주화主和−척화斥和 논쟁에서 척화론을 연원으로 한다. '주화론은 현실적이고, 척화론은 관념적'이라는 이분법은 조선 당대사當代史의 맥락에서 볼 때 적절치 못하다. 청나라가 결국 중원을 장악하여 안정적으로 지배하게 되었지만, 동서고금을 막론하고 외부의 부당한 요구, 더 나아가 침략 행위에 대하여 강렬하게 배척하는 것은 지극히 정당한 대응이다. 게다가 호란이 발생하던 당시에는 후금後金과 청淸이 아직 중원으로 진출하지 못하였고 명나라도 아직 건재하던 때라서 동아시아의 세력 판도 역시 유동적이었다.

조선 역시 임진왜란이 끝난 지 얼마 되지 않은 시점이라 군사 동원체계가 작동하고 있던 시기였다. 광해군과 인조대 초반에 걸쳐 조선은 후금의 침략을 예상하고 그에 대비하고 있었다. 그 대상이 건국 이래 조선의 휘하에 있었다고 관념되었던 오랑캐이기도 하였지만, 외적의 강압과 침략 가능성에 대하여 기본적으로 국정 지배층이 척화의 자세를 견지하는 것은 당연한 선택이기도 하다.

더구나 인조仁祖 정부는 후금과 명나라에 등거리를 유지하였던 광해군의 외교를 명의 재조지은再造之恩에 대한 배반이라고 공격하여 성립한 터였다. 반정공신 가운데 최명길崔鳴吉 · 이귀李貴 등과 같은 주화론자 역시 전술적 차원에서 주화를 선택한 것이지 척화의 정당성에는 공감하고 있었다. 당시 다수의 사대부들에게 척화는 공론公論이었다. 다만 광해군이나 인조와 같은 국왕은 본질적으로 '국왕=국가'의 존립이 걸린 사안에 대하여 매우 신중할 수밖에 없었다.

광해군의 이른바 '중립외교'는 명과 후금이 대립하는 국면에서는 의미가 있는 전략이었으나, 결국에는 명과 후금 중 한 세력을 선택해야 하는 상황에 직면하였기 때문에 마냥 중립의 태도만 취할 수는 없는 상황이었다. 광해군의 현명한 '중립외교'를 부정하고 척화를 표방한 인조반정 세력의 외교 노선이 청나라의 침략을 초래하여 패전을 자초했다는 평가 역시 본말이 전도된 결과론이다.

당시에 후금後金은 중원 공략을 앞두고 명나라와 교역관계가 끊어진데다가 심각한 흉작까지 겹쳐서 조선에 무리한 정치 · 경제적 요구를 강요할 수밖에 없는 처지였다. 후금은 정묘호란 후에 조선에 막대한 양의 세폐歲幣를 요구하였는데, 이는 중원과 교역이 끊긴 후금에는 매우 절박한 문제였다. 세폐는 조공 · 책봉 관계에서 방물(方物, 토산물)을 바치고 회사품回賜品을 받는 조공 무역과는 구별되니, 통상 승전국이 패전국에 칭신稱臣의 대가로 곡물 · 비단 · 금은 등의 물품을 일방적으로 부과하는 것을 말한다. 정묘호란 이후 후금에 바치기 시작한 세폐의 규모도 부담되었지만, 그 요구는 점점 더 커져 조선이 감당할 수 없는 수준이 되었다. 참고로 병자호란 직후인 인조 17년(1639) 청에 보낸 세폐의 규모를 보면, 방물 16,596석과 82,978냥에 비하여 세폐 78,500석과 392,500냥으로 5배에 육박하는 분량이었다. 조선 조정이 건국 이래 번속藩屬에 불과했던 여진족이 세운 후금(청)의 무리한 요구에 선뜻 응할 수 없었던 것은 당연한 일이었다. 이러한 상황에서 조선과 청나라의 전쟁은 사대의 형식과 정도를 결정하기 위해서라도 불가피하게 겪어야 하는 과정이기도 하였다.

후금과 대치 중인 조선의 조총병

중국사의 전개에서 보았을 때 청나라와 같은 '오랑캐' 왕조의 장구한 지배는 유례가 없는 사건이었다. 게다가 조선은 임진왜란 때 외교적으로 명나라에 진 국가적 빚이 분명 있었다. 인조대의 상황에서 청나라의 일시적인 강압이 있다고 하여 명나라와 기존 관계를 쉽게 단절한다는 것은 근시안적인 선택이 될 수도 있었다. 주화 혹은 사대의 전략은 일단 청나라의 강압을 배척하는 과정에서 형세를 가늠해본 뒤에 결정해도 되는 외교정책이었다.

문제는 명에 대한 의리를 내세웠던 인조반정의 집권층이 척화의 공론을 현실에서 구현하며 청나라와 맞설 능력이 있었는가다. 당시는 임진왜란이 끝난 지 얼마 안 된 시점이었고 후금의 침략도 예상되고 있었기 때문에, 훈련도감 · 총융청 · 어영청 등 신설된 중앙 군영이나 새롭게 도입된 영장제營將制에 의해 지방군이 정비 · 강화되어 국방 체계도 어느 정도 갖추어진 상황이었다. 그러나 인조반정 후 평안도 방어전략의 핵심으로서 상당한 정예병을 거느렸던 이괄李适이 논공행상에 불만을 품어 반란을 일으켰다가 그 휘하의 군사들이 토벌되거나 후금으로 도주하여 후금의 향도嚮導가 되는 등 공신 세력의 분열은 국방력의 약화와 직결되었다.

게다가 병자호란 때 요충지 방어를 책임진 일부 공신들은 무능하고 무책임하였다. 청나라의 침략을 제때에 보고하지 않았을 뿐 아니라 산성에 웅크린 채 전투를 회피한 김자점金自點과 강화도의 험난함만 믿고 방비를 소홀히 하다가 어이없는 패배를 자초한 김경징金慶徵 등이 대표적인 예다.[자료1] 이들은 조선의 충격적인 패배에 직접 책임이 있었으므로 정국에서 배제되어야 했으나 가벼운 처벌만 받고 인조의 조정에 복귀하였다. 인조와 일부 반정 세력이 국정 운영에 무능하고 무책임하였음은 분명하다.

병자호란의 패전으로 나라가 망할 뻔한 조선은 청에 대해서 사대事大 관계를 맺음으로써 종사宗社를 보전할 수 있었다. 임진왜란 때에 명나라가 재조再造의 은혜를 베풀었다면, 이번에는 청나라가 베푼 재조의 은혜에 의해 국가를 보존한 것이다.[자료2] 이는 단순히 사대의 대상이 명에서 청으로 교체되었다는 것에 그치지 않는다. 패전국 조선은 의례적인 조공 이외에도 막대한 세폐歲幣와 수많은 인질뿐 아니라 내정 간섭까지 감내해야 하는 등 그 대가는 혹독했다. 사대에 대한 조선인들의 시각이 이전과 상반되는 것도 자연스러운 현상이다.

조선은 패전하였으므로 청나라에 대한 사대는 거부할 수 없었다. 특히 인조는 반청파를 내치고 친청파를 중용하여 대청 사대를 주도함으로써 청나라의 은혜에 보답하였다. 그러나 신료들 가운데는 외면상 사대의 예를 갖추지만 내면에서는 숭명배청崇明排淸의 관념을 포기하지 않는 사람들이 다수였다. 예컨대 항복한 이듬해에 조선 조정은 강화 조건에 포함되어 있는 청나라의 출병 요구에 대하여 '명나라의 은혜'를 거론하며 거절한 바 있었고, 1643년(인조 21)에는 조선이 명나라와 밀통한 사실이 드러나 책임자인 최명길과 임경업이 심양에 붙들려가기까지 하였다. 반정공신인 심기원沈器遠은 북벌을 실행하기 위하여, 이제는 친청으로 돌아선 인조를 몰아내고 종친을 세우려고 하다가 제거되기도 하였다. 그러나 패전 이후 인조는 친청외교로 급변하였고, 이에 호응하는 친청파 반정 공신들을 중용하여 정국을 이끌었다. 이러한 정국 운영은 효종의 즉위를 계기로 재차 변동하였다.


## 북벌론과 조선중화론, 그리고 북학론

북벌론을 가장 강력하게 견지하고 실행을 위한 준비까지 한 것은 다름 아닌 효종이었다. 효종은 김자점 등 친청파의 지원을 받아 즉위하였지만 도리어 친청파를 내친 후 국왕 자신이 북벌 계획을 주도하였다. 효종은 척화론의 중심 인물로 당시 낙향해 있던 김집金集·송시열宋時烈·송준길宋俊吉·이유태李惟泰 등 호서湖西지역 사림을 등용하였고, 군비 증강의 바탕이 되는 군사를 안정적으로 확보하는 동시에 민생 안정을 도모하기 위하여 대동법을 확대 실시하는 등 군사 제도 정비 등에 매진하였다.

효종은 청나라의 엄중한 감시를 받으면서도 남한산성南漢山城과 강화도 등 전통적

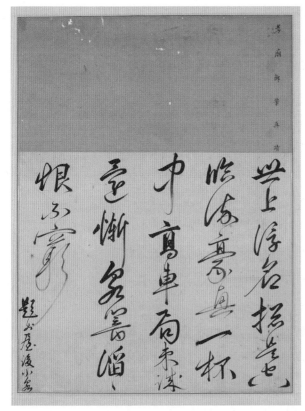

**효종이 쓴 칠언시**

世上浮名摠是空 세상의 들뜬 명성 모두 다 공허하다
臨流豪興一杯中 흐르는 물을 보니 흥에 겨워 술 한 잔 마시던 중
高車局束誠還慚 높은 수레 타고도 속박된 내 처지 참으로 부끄럽다
泉響浴浴恨不窮 샘물 소리 도도한데 이내 한(恨)은 그지없네

인 보장처保障處를 재정비하고, 중앙군 병력을 금군禁軍 1,000명, 어영청군 21,000명, 훈련도감군 6,350명까지 증강하는 등 군비를 대폭 강화하였다. 청나라의 강력한 기병에 대응하기 위하여 금군을 기병으로 편제하고 어영청에 기병대인 별마대別馬隊와 포병대인 별파진別破陣을 신설하였다. 병자호란 패전 직후 폐지된 영장제를 복구하여 지방군의 강화에도 적극적이었다. 또한 네덜란드 표류인 하멜 일행까지 동원하여 조총과 포차砲車를 개량하고 심양 억류 시절의 경험을 바탕으로 기병騎兵 전술을 정비하는 등 무기와 전술 개발에도 힘썼다. 러시아 군사를 제압하려는 청의 파병 요구에도 적극 응하여 자신이 기른 정예 조총 부대를 만주의 영고탑寧古塔까지 보내 전투 경험을 쌓도록 하였다(효종 5년과 9년의 나선羅禪 정벌).

그동안 효종이 과연 북벌을 하려 했는지에 대해 의심하면서 단지 왕권의 기반인 군사력 강화를 위한 것이라는 해석도 제기되었지만, 그의 북벌 계획은 매우 장기적이고 단계적인 것이라는 점이 고려되어야 한다. 즉 효종은 오랑캐의 한화漢化로 인하여 만주지역의 경계가 허술할 뿐 아니라 청의 중국 지배도 아직 확고하지 않은 상황이므로 북정하면 군량을 현지에서 조달할 수 있고 한인漢人과 조선인들의 내응도 얻어 성공할 수 있을 것이라고 하며, 20년간의 착실한 준비로 10만 명의 정예 포병을 양성하여 북벌할 계획임을 분명히 한 바 있다.[자료3] 실제로 현종대 초반까지 중국에서는 남명南明 정권과 정성공鄭成功 세력의 저항이 지속되는 등 명·청 교체에 따른 불안정한 정세가 지속되고 있었다. 따라서 북벌 계획은 단순히 왕권 강화를 위한 군사력 증강의 목적에 그치는 것이 아니라, 효종의 만주생활 경험과 군사 지식 및 복수설치復讐雪恥의 의지가 결합된 구체적인 방략인 것으로 판단된다.

하지만 조정의 신료들 가운데는 전쟁과 군비확충을 통한 왕의 전제권력 강화를 우려하는 분위기도 강하였다. 사회·경제적 부담 역시 만만치 않은 문제였다. 북벌을 추진하기 위해서는 군역 자원을 확보하고 그들을 부양하기 위하여 백성들에게 부세 부담이 가중되는 개혁이 동반되어야 했기 때문이다. 인조대에 이어 효종대에도 대동법을 확대 시행하고, 대폭 증가한 군정軍丁을 확보하기 위하여 '유생儒生'에 대한 고강考講이나 노비 추쇄를 강화하는 등 북벌 준비를 위하여 사회 전반에 걸쳐 민생을 압박할 수밖에 없었다. 효종의 북벌의지가 그만큼 강력했던 것이다.

효종의 북벌계획에 적극 호응했던 세력은 원두표元斗杓가 이끌던 원당原黨과 무신인 이완李浣 등에 한정된다. 북벌론자인 송시열도 효종식의 급박한 방식에는 반대하였다. 송시열의 북벌론은 '존화양이尊華攘夷'의 자세를 견지하되 원한을 참아가며[忍痛含怨] 장구한 계획에 따라 군정과 민생을 침해하지 않는 방식이었다. 비록 그 방식은 달랐지만 효종대의 군신들은 당파를 불문하고 북벌의 대의에는 공감하고 있었다. 그러나 효종이 재위 10년 만에 갑자기 서거함으로써 북벌계획은 중단되었다.

효종 사후 현종대에는 군영 정비나 군액 축소 등 재정 부담 경감을 위한 수정이 있기는 하였지만 북벌론이 조정에서 자취를 감춘 것은 아니었다. 현종대까지 안정되었던 중원의 정세는 숙종대 초반에 삼번三藩의 난이 발생하여 일시 불안정한 정세를 드러냈다. 이 무렵 남인의 산림인 윤휴尹鑴는 10만여 명의 군사를 동원하여 북경을 직접 공략하고 중국 내 반청反淸 세력과 연대해야 한다고 주장하였고, 이어서 영의정 허적 등과 함께 전쟁에 대비하여 도체찰사부都體察使府를 복구하기도 하였다.

후대에도 북벌론은 국가의 군사력 강화나 군제 개혁의 명분으로 활용되었다. 예컨대, 정조는 장용영을 신설하고 군영 제도 전반을 개혁하는 동시에 『무예도보통지武藝圖譜通志』를 편찬하여 적병에 대응할 수 있는 실질적인 전투력을 배양하도록 하였는데, 이때에 제시된 명분이 효종의 북벌의지를 계승한다는 것이었다. [자료4] 비록 북벌이 구현되지는 않았지만, 북벌론에 기반한 군사력 강화는 조선 후기 군제 개혁의 중요한 목표였다.

남명南明마저 멸망하여 청나라의 지배가 확고해지자 북벌론이 현실화될 가능성은 없었다. 그러나 북벌론에 담긴 대명의리, 대청복수의 정신은 문화적인 양상으로 변모한 채 지속되었다. 그것은 천하에서 이제 조선만이 중화 문명의 계승자라고 하는 조선중화론朝鮮中華論이었다.[자료5] 우리 역사에서 중화에 대한 지향 의식은 유래가 오래되었다. 대체로 통일신라 이후 소중화 의식이 대두한 이래 고려부터 조선 전기까지는 소중화를 자처하였지만, 조선 후기에는 명으로 상징되는 중화의 멸망에 따라 조선중화론이 대두한 것이다. 따라서 조선중화론은 대명의리론對明義理論과 마찬가지로 비단 노론 일각의 견해가 아니라 조선 후기 다수 사대부들의 공통된 인식이었다.

현실 세력의 강약을 고려해야 하는 북벌론과 달리 조선중화론은 조선 문명의 지향성을 잘 보여주는 개념이다. 본래 이상적인 중화문명으로서 주나라의 제도를 지향하며 건국했던 조선의 문명은 조선 전기 이래 과거제를 중시하고 성리학 이해를 심화하는 과정에서 송나라의 규모(規模, 모델)를 지향하였다. 규모란 국가 체제의 성격, 지향 등을 포괄하는 말인데, 조선은 송나라의 인후仁厚한 규모를 본받았기에 국왕권·재상권·언론권이 균형을 이루어 권간權奸의 출현을 용납하지 않았으므로 명·청의 규모와는 다른 것으로 인식되었다.[자료6] 조선은 주나라의 문물을 바탕으로 송의 규모를 채택한 것으로 인식되었으며,[자료7] 이로 인해 군주까지 나서서 사대부들에게 의리와 명절名節을 권장하기도 하였던 것이다.[자료8] 더 나아가 북벌론 혹은 조선중화론자들은 특히 존화양이를 시대적 과제로 인식하였기 때문에 북방의 금나라와 대결한 남송南宋의 규모도 강조하였다.

조선이 지향한 송의 규모라는 기준에서 보았을 때 현실의 명나라 제도 역시 사대부의 굴복을 요구하는 체제라는 점에서 비판의 대상이었으며[자료9] 청나라의 제도는 말할 것도 없었다. 이는 청나라가 단지 오랑캐가 세운 나라여서가 아니라, 명나라와 같이 황제권을 일방적으로 강화하였고 이민족 지배를 확립하기 위하여 한족의 문사들을 억압하는 체제였기 때문이다. 조선의 처지에서 청나라에 사대는 하지만 그 국가 규모는 취할 것이 없다는 의식이었다. 이는 주화·척화 논쟁이나 북벌에 대한 찬반 논란과는 다른 차원의 문제로서, 조선이 세력의 강약에 따라 현실적 사대 외교를 수행하면서도 문명의 기준은 별도로 설정하겠다는 의지였다.

조선 후기의 지배층은 조선중화론이라는 조선의 기준에 입각하여 중국에서 유래한 문물과 역사를 재정비하였다. 이는 숙종·영조·정조 등 국왕들이 함께 주도한 사안일 뿐 아니라, 노론 송시열 계통을 필두로 조정 신료들의 합의를 거친 것이기도 하였다. 숙종이 명나라 신종의 위패를 모시기 시작하여 영조가 태조·의종을 추가하였던 대보단大報壇은 명나라의 재조지은을 국가적인 공식 의례로 정착시킨 것이며, 정조의 명찬서命撰書인『존주휘편尊周彙編』은 대명의리에 관련된 사실이나 인물들의 행적을 종합한 서적이다. 성균관 문묘 재정비는 조선 성리학의 기준에 입각하여 중국 유학의 역대 현철賢哲들을 재평가하여 정비한 사업이다. 정조의 어정서御定書인『송사전宋史筌』과 황경원黃景源의『남명기南明紀』는 송나라와 명나라의 역사를 원나라나 청나라의 시각이 아닌 조선의 사관으로 재편찬한 역사서이다. 이러한 시도들은 청나라가 주도하던 천하 질서에서 조선이 주체적 시각으로 자신의 문명을 운영하고 있었다는 의미가 있다.

조선중화론자는 대개 현실의 청나라에 대하여 적대적인 의식을 지녔지만, 그들 가운데서는 청나라의 국가 규모와 상관없는 이용후생利用厚生의 기술 문명은 배워야 한다는 북학론北學論이 대두하였다. 북학론자들은 청나라의 앞선 문물에 대하여 개방적인 시야를 지녔으면서도, 동시에 청나라 지배 아래 있던 한족漢族들의 좌절감과 저항의 가능성에 대해서도 심도 있게 읽어내고 있었다. 이러한 의미에서 북학론은 조선중화론과 서로 모순되지 않는다고 할 수 있다. 북학론자가 배우려 한 문물은 청나라의 지배하에 면면히 보존되고 있던 중화의 문물이었지 청나라 사람들의 '오랑캐' 문물이 아니었기 때문이다.[자료10] 박지원·박제가 등 북학의 주창자들은 중화주의자이기도 하며, 정조 역시 청나라의 뛰어난 문물에 대한 수입을 강조하였지만 대명의리에 투철한 중화론자였던 것이다.

서구의 근대 문물이 조선에 적극 도입되기 전까지 중화론은 조선 문명을 지탱하고 이끌어가던 원천이었다. 명나라의 멸망으로 중화 문명의 담지자들이 국가 운영을 할수 없게 되자, 조선이 그 역할을 자부했던 것은 조선 후기사의 특징을 잘 보여주는 것이다. 물론 근대 서구문명의 압도로 인해 중화론은 무기력하게 무너졌으나, 이 때문에 조선중화론에 기반하여 영위한 조선 후기 문화의 역사성까지 부정할 필요는 없을 것이다. 조선중화론은 병자호란의 패전 이후에도 조선 국가의 문명적 지향과 정체성을 분명히 보여준다는 점에서 조선 후기사를 이해하는 데 중요한 기준이 된다.

**자료1**

사신은 논한다. 정묘년(1627) 이후로 보루와 성벽을 설치하였다. … 이때에 청나라 군사가 대거 우리나라로 들어왔는데 소식을 들은 지 며칠 만에 이미 경기 고을에 이르렀다. 김류가 검찰사檢察使 두 사람을 내어 먼저 강도에 보내어 수군水軍을 정비하게 할 것을 의논하고 그 아들 김경징을 우의정 이홍주에게 힘써 천거하여 임금에게 보고하게 하였다. 이홍주의 마음은 그가 반드시 패하리라는 것을 알았으나 권세에 겁이 나 마지못해 따랐다. 이민구李敏求를 부사副使로 삼았는데, 이민구는 병조판서 이성구李聖求의 아우이다. 평생에 시와 술로 자부하고 본디 실용實用의 재주가 없었다. 홍명일洪命一을 종사관으로 삼았는데, 홍명일은 좌의정 홍서봉洪瑞鳳의 아들이다. 융통성이 없어 일할 줄 몰랐다.

세 사람이 명을 받고 나갈 때에 세 집의 짐이 10리에 잇달았고 그 집 사람의 행색이 매우 화사하므로 서울에서 피난하는 자가 모두 분하여 욕하였다. 강화도에 이르러서는 적병이 날아서 건널 형세가 아니라 하여 날마다 술에 취하는 것을 일삼으므로 피란한 사자士子들이 분통 터져 두어 줄의 글을 지어 검찰사의 막하에 보냈다. 그 글에서 "옥지玉趾가 성을 순찰하고 유신儒臣이 성을 지키니 와신상담해야지 술 마실 때가 아니다" 하였으나, 이민구 등은 오히려 부끄러운 줄 몰랐다.

어느 날 적병이 갑곶진甲串津을 건너자 김경징은 늙은 어미를 버리고 배를 타고 달아나고, 이민구와 홍명일도 뒤따르고, 김경징의 아들 김진표金震標는 제 할미와 어미를 협박하여 스스로 죽게 하였다. … 나라 사람들이 말하기를 "김류는 부귀 때문에 이미 나라를 망치고 또 제 아들을 죽였다"고 하였다.

**原文** 史臣曰 : 噫! 江都, 天險也. 丁卯以後, 設爲保障. … 當是時, 淸兵大擧而東, 聞報數日, 已抵畿邑. 金瑬議出檢察使二人, 先送江都, 整理舟師, 以其子慶徵, 力薦于右議政李弘冑, 使之入啓. 弘冑心知其必敗, 然怵於權勢, 勉從焉. 以李敏求爲副使. 敏求卽兵曹判書李聖求之弟也. 平生以詩酒自許, 素無實用之才. 以洪命一爲從事, 命一卽左相洪瑞鳳之子也, 迂緩不識事.

三人奉命而出, 三家馱載, 連絡於十里, 而其家人行色, 華侈太甚, 京中避亂者, 莫不憤罵. 至江都, 謂敵兵無飛渡之勢, 日以沈醉爲事, 避亂士子等, 不勝痛愧, 作數行書, 呈于檢察幕下. 其書曰 : "玉趾巡城, 儒臣守堞, 薪膽卽事, 盃酒非時." 敏求等尙不知愧.

一日賊兵渡甲串津, 慶徵棄老母, 乘船遁去, 敏求、命一, 亦繼之. 慶徵之子震標, 脅迫其祖母及其母, 使之自殺. … 故國人曰 : 金瑬以富貴, 旣亡其國, 又殺其子.

_『인조실록』 권35, 인조 15년 9월 21일 병술

조선 국왕 신 모某는 삼가 대청국의 관온인성 황제 폐하께 글을 올립니다. … 지난해 봄 이후부터 대국大國은 한결같은 정의情意로 우리나라를 대우해온 데 반해 소방이 대국에 죄를 얻은 것은 한두 번만이 아니었으니, 대군이 오게 된 것은 실로 자신이 불러들인 결과입니다. 그래서 군신 상하가 두려움 속에서 날을 보내며 그저 죽기만을 기다리고 있었는데, 뜻밖에도 하늘과 같은 성덕聖德으로 불쌍하게 굽어 살펴주시며 종사宗社를 보전할 수 있도록 배려해주셨습니다. 그리하여 이 달 17일 황지皇旨에 이르기를 "그대 나라가 모두 나의 판도에 들어온다면 짐이 어찌 살려서 길러주고 안전하게 해주기를 적자赤子처럼 하지 않겠는가" 하셨으며, 20일의 황지에는 "짐이 넓은 도량을 베풀어 스스로 새롭게 하기를 허락한다" 하셨습니다. 이렇듯 은혜로운 말씀이 한번 펼쳐지자 만물이 모두 봄을 만난 듯하니, 참으로 이른바 죽은 자를 살아나게 하고 뼈에 살을 붙여준 격이라 할 것입니다. 따라서 동방 백성들이 자손 대대로 모두 폐하의 공덕을 칭송할 것인데, 더구나 직접 재조再造의 은혜를 입은 신의 경우이겠습니까. 이제 신하라고 일컬으며 표문表文을 받들고 번방藩邦이 되어 대대로 대조大朝를 섬기고 싶어 하는 것 역시 어쩔 수 없는 인정人情과 천리天理에서 나온 것이라 하겠습니다. … 앞으로는 사대事大하는 예를 상식常式으로 삼아 영원히 끊지 않도록 하겠습니다.

**原文** 朝鮮國王臣某, 謹上書于大淸國寬溫仁聖皇帝陛下. … 自上年春後, 大國之所以待小邦者, 情意靡替, 而小邦之所以獲過大國者, 種種非一, 大兵之加, 實所自取. 君臣上下, 惴惴度日, 只待死亡, 不圖聖德如天, 俯賜矜悶, 思所以保全宗社, 本月十七日皇旨有曰: "若爾國盡入版圖, 朕豈有不生養安全, 字之若赤子者乎?" 二十日皇旨有曰: "朕開弘度, 許以自新." 恩言一布, 萬物皆春, 眞所謂生死而肉骨者也. 東方之人, 子子孫孫, 皆將誦陛下之功德, 況於臣之躬被再造之賜者乎? 今之所以稱臣奉表, 願爲藩邦, 世事大朝者, 亦出於人情、天理之不容已. … 自玆以往, 事大之禮, 悉照常式, 永世不絶.

_『인조실록』, 인조 15년 1월 23일 계해

기해년(1659, 효종 9) 3월 11일에 희정당熙政堂에서 소대召對하였다. 주상이 이르기를, "여러 신하들은 모두 나가고 이조판서(송시열)만 남으라" 하였다. 여러 신하들이 모두 나갔다. … 그 후에 주상이 이르기를, "… 오랑캐의 사정은 내 익히 알고 있소. 신하들은 모두 내가 전쟁 준비를 하지 말기를 바라고 있으나, 나는 그들의 말을 군이 듣지 않고 있소. 그 이유는 천시天時와 인사人事의 좋은 기회가 언제 닥쳐올지 모르기 때문이오. 그러므로 정예화된 포병砲兵 10만을 길러 자식처럼 아끼고 돌보아 모두 결사적으로 싸우는 용감한 병사로 만든 다음에 기회를 봐서 저들이 예기치 못하였을 때에 곧장 산해관으로 쳐들어갈 계획이오. 그렇게 한다면 중원의 의사義士와 호걸 중에 어찌 호응하는 자가 없겠소? 아마 곧장 산해관으로 쳐들어가는 일은 그리 어렵지 않을 것이오. 저들은 무비武備를 힘쓰지 않아 요동遼東과 심양瀋陽의 천 리 길에 활을 잡고 말을 타는 자가 전혀 없으니, 우리가 쳐들어가면 무인지경에 들어가듯 할 수 있을 것이오. 또 하늘의 뜻을 헤아려보건대, 우리나라의 세폐歲幣[주1]를 저들이 모두 요동과 심양에 쌓아두고 있으니, 하늘의 뜻은 아마 다시 우리의 물건이 되게 하려는 것인 듯하오. 또 우리나라에서 잡혀간 수만 명의 포로가 그곳에 억류되어 있으니, 어찌 내응하는 자가 없겠소? 오늘날의 일은 과단성 있게 하지 못하는 것을 걱정할 뿐이지, 성공하기 어렵다는 점에 대해서는 걱정하지 않아도 될 것이오" 하였다.

原文 己亥三月十一日, 召對于熙政堂. 上曰, 諸臣皆出, 獨吏判留身. 諸臣旣皆趨出. … 然後上曰, "… 虜中事, 予料之熟矣. 群臣皆欲予勿治兵事, 而予固不聽者. 天時·人事, 不知何日是好機會來時. 故欲養精砲十萬, 愛恤如子, 皆爲敢死之卒, 然後俟其有釁, 出其不意, 直抵關外, 則中原義士豪傑, 豈無響應者? 蓋直抵關外, 有不甚難者! 虜不事武備, 遼瀋千里, 了無操弓騎馬者, 似當如入無人之境矣. 且以天意揣之, 我國歲幣, 虜皆置之遼瀋, 天意似欲使還爲我用. 而我國被虜人, 不知其幾萬, 亦豈無內應者耶? 今日事, 惟患其不爲而已, 不患其難成."

_『송서습유』제7권 악대설화

주1 세폐(歲幣) : 조선이 청에 대한 복종의 뜻으로 바쳤던 각종 전폐(錢幣)와 곡물.

자료4

장용영이 연화방蓮花坊의 장용영 소속 민호民戶에 대한 분계 절목分契節目을 올렸다. 그 절목은 다음과 같다.

옛날에 궁성의 바깥에 금군禁軍들을 배치시킨 것은 궁성을 호위하기 위해서였습니다. 우리 효종께서 한족漢族의 어부漁夫들과 훈련도감의 승호포수陞戶砲手들을 창경궁 동쪽에 나누어서 채워두었던 데에서 효종의 원대하고 깊은 뜻을 우러러 알 수 있는데, 이는 실상 옛날 제도를 본떠서 취한 것입니다. 임자년(정조 16, 1792) 겨울에 선인문宣仁門 아래부터 이현梨峴 동구까지 길 동서쪽의 크고 작은 가옥들을 모두 장용영의 장교나 군졸들로 하여금 일반 백성들과 바꾸어 입주시키거나 집을 사서 이사하여 각각 정착하게 하는 등 옛날 제도와 똑같이 하였습니다.

**原文** 壯勇營進蓮花坊營屬民戶分契節目.

古者宮城之外, 列置禁旅, 所以拱護捍衛也. 粤! 我孝廟朝, 分置漢人漁夫及訓局陞戶砲手等於昌慶宮東以實之, 有以仰認聖意之深遠, 而實取倣於古制. 壬子冬, 自宣仁門, 下至梨峴洞口路東西, 大小家舍, 皆令壯營校卒, 或換入, 或移買, 各自尊居, 一如舊事.

_「정조실록」 권37, 정조 17년 5월 26일 정사

### 자료5

이처럼 넓은 땅을 가지고서도 황조(皇朝, 명나라)가 갑신년(1644) 3월에 멸망의 변고를 당한 이유는 무엇인가? … 지금에 이르러서는 순임금과 우임금이 순수巡狩하던 나라와 공자와 주자가 도를 강론하던 지역이 모두 옛날과 달라져 짐승 썩은 냄새가 가득하게 되었으니, 어떻게 해야 은하수의 물을 끌어다가 깨끗이 씻어낼 수 있겠는가? 오직 우리 동방은 한쪽 구석에 치우쳐 있어서 홀로 예법을 갖추는 나라가 될 수 있었으니 주나라의 예법이 노나라에 있다고 할 만하다. 성인이 다시 태어나더라도 반드시 뗏목을 타고 동쪽으로 올 것이다.

**原文** 惜乎! 以如此幅員之大, 而皇朝乃有甲申三月之變何也? … 以至於今日, 則虞夏巡狩之國, 孔朱講道之處, 皆非疇昔之舊, 而臭敗腥羶矣. 安得挽天河之水而一洗之也? 惟我東方僻在一隅, 故獨能爲冠帶之國, 可謂周禮在魯矣. 使聖人而復起, 想必乘桴而東來矣.

_「송자대전」 권138, 황여고실서

### 자료6

무릇 내외 관직을 임명하는 것은 삼공三公이 아니고, 전권이 이조吏曹에 달렸다. 또 이조의 권한이 너무 큰 것을 염려하여 삼사三司의 관원을 추천할 때는 판서에게 맡기지 않고, 오로지 이조 낭관郎官에게 맡겼다. 그러므로 이조의 정랑正郎과 좌랑佐郎이 대간臺諫을 추천하는 권리를 주도하게 되었다. 삼공과 육경이 벼슬은 비록 크고 높지만 전랑이 조금이라도 불만스러운 일이 있으면 삼사의 여러 관원을 시켜 논박하게 한다. 조정의 풍속이 염치를 숭상하고 명망을 중하게 여기기 때문에 한번 탄핵을 당하면 그 직을 내놓지 않을 수가 없다. 그러므로 전랑의 권세는 바로 삼공과 비슷하다. 이는 큰 벼슬과 작은 관직이 서로 유지하고, 상하가 서로 제어하도록 한 것이다. 이리하여 300년 동안 권세를 크게 농간한 자가 없어 꼬리가 커서 흔들기 어렵게 되는 근심이 없었다. 이것은 우리나라 조종께서 왕권이 약하고 신하의 세력이 강했던 고려조의 폐단을 막기 위해 마련한 제도이다. 그러한 까닭에 삼사 중에 반드시 명망과 덕행이 있는 자를 엄밀히 가려 전랑을 삼고, 또 전랑에게 자기 후임자를 추천하게 했다. 추천할 권리를 관장에게 맡기지 않은 것은 인사권을 소중히 여겨 모두 공정한 의논에 붙이게 한 것이다.

原文 凡內外除拜不於三公, 而專屬吏曹. 又慮吏曹權重, 至於三司差擬, 不歸之判書 而專任郎官, 故吏曹正佐郎, 又主臺閣之權. 三公六卿, 官雖高大, 少有不厭事, 銓郎輒使三司諸臣論之. 朝廷風俗, 崇廉恥重名節, 故一遭彈駁, 不得不去職. 是以銓郎之權, 直與三公等埒. 此所以大小相維, 上下相制. 三百年無大權奸, 而無尾大難掉之患. 此祖宗朝懲麗朝君弱臣强之弊默寓防禁之機微也. 是故必以三司中有名德者極選爲之, 而又命自薦其代. 不屬官長, 所以重事權而一付公議也.

_「택리지」 인심조

## 자료7

우리 조정이 나라를 세운 규모는 삼대三代의 경우는 주나라를 배우고 후대의 경우는 송나라를 본받아, 예악 문물禮樂文物을 찬란하게 두루 갖추었습니다. 다만 예악 문물은 오랜 시간이 지나면 반드시 쇠퇴하고 위축되는 것입니다. … 신의 구구한 걱정은 오직 자신도 모르는 사이에 점점 몰아가서 주나라와 송나라가 시들게 되었던 전철을 밟을까 두려운 것입니다.

原文 我朝立國規模, 在三代則姬周是學, 在後世則趙宋是効, 禮樂文物, 燦然備具. 但禮樂文物, 及其久也, 必致衰弱委靡. … 區區之憂, 惟恐不知不覺之頃, 駸駸然躬駕, 以蹈於周宋委靡之轍矣.

_「정조실록」 권32, 정조 15년 1월 11일 병술

## 자료8

훌륭한 정치를 이룩하는 도는 명교名敎[주2]를 근본으로 한다. 사대부가 평소에 의리를 강명講明하고 행검行檢을 닦는다면 조정에 나가서 일을 할 때 반드시 볼만한 공적이 있을 것이다. 그러나 만약 한갓 장부나 기록하고 세금이나 거두는 능력을 가지고 있

주2 명교(名敎) : 지켜야 할 인륜(人倫)의 명분이나 가르침.

다면 보잘것없는 말단이다.

우리나라의 규모는 한결같이 송나라의 규모를 따라서 유학을 숭상하고 명절名節을 권장하였으니, 선묘조宣廟朝에 인재가 성대하게 일어난 것은 거의 한漢나라나 당唐나라를 능가할 정도였다. 근래에 사대부의 풍습이 점차 전만 못하여, 집에서는 의리를 강명하고 행검을 닦는다는 실상을 듣지 못하고, 벼슬에 나아가서는 청렴하고 결백한 지조에 대해 듣지 못한다. 나는 일찍이 오늘날 세도世道와 인심을 만회할 수 없는 것은 전적으로 사대부가 명교를 중시하지 않기 때문이라고 생각하였다. 경들은 오늘부터 서로서로 권면하도록 하라.

原文 致治之道, 名教爲本. 士大夫平居, 講明義理, 砥礪行檢, 則立朝做事, 必有可觀. 苟徒以簿書期會取辦而則末矣. 我朝規模, 一遵宋朝, 尊尙儒術, 獎勸名節,宣廟朝人才之彬蔚, 殆可駕越漢唐矣. 近來士大夫風習, 漸不如前, 在家則未聞講義砥行之實, 處官則未聞廉約淸潔之操. 予嘗以爲今日世道人心之莫可挽回, 寔由士大夫不以名教爲重也. 卿等繼自今相與勉之.

_「홍재전서」 권174, 일득록14

자료9

명나라는 형벌을 가지고 신하들을 대하였기 때문에 조금이라도 지조와 절개가 있는 자들은 모두 조정에서 물러났습니다. 북경이 함락될 때 한 사람도 나라를 위해 죽지 않았던 것은 앞서의 일들이 분명히 드러난 것입니다. 신하들을 노비나 돼지처럼 대하면서 사대부의 책임을 요구하는 것은 진실로 불가능한 일입니다.

原文 皇明以桁杖待臣下, 稍有志節者, 一皆退去. 北京之破, 無一人死國者, 此前事之明驗也. 夫待之以奴豕, 而責之以士夫, 誠不能也.

_「송자대전」 권5, 정유봉사

자료10

지금의 청은 진실로 오랑캐이다. 오랑캐는 중국 문물이 이로운 줄을 알아서 그를 빼앗아 가지기에 이르렀다. (그런데) 우리나라는 그 빼앗은 자가 오랑캐인 줄은 알지만 빼앗긴 것이 중국의 것임은 알지 못한다. … 지금은 당당한 천승千乘의 나라로서 대의大義를 천하에 펴고자 하면서, 중국의 한 가지 제도도 배우지 않고 중국의 어떤 선비와도 교류하지 않는다. 그래서 우리 백성을 고생만 하면서 공이 없도록 하며, 가난하여 굶주려서 스스로 쓰러지게 만들고, 백 배의 이익을 버려두면서 하지 못하게 하였다. 나는 중국의 오랑캐를 물리칠 겨를이 없는데 우리나라의 오랑캐적인 것도 모두 변하게 할 수 없을까 걱정이다. 그러므로 지금의 사람들이 오랑캐를 물리치고자 하면 오랑캐가 누구인지를 먼저 아는 것 만한 것이 없으며, 중국을 높이고자 하면 그 제도의 더욱 존모할 것을 모두 행하는 것 만한 것이 없다. 만약 명을 위해 원수를 갚고 우리가 당한 치욕을 설욕하고자 한다면 힘껏 20년 동안 중국을 배운 다음에 함께 논의해도 늦지 않을 것이다.

**原文** 今淸固胡也. 胡知中國之可利, 故至於奪而有之. 我國知其奪之胡也, 而不知所奪之爲中國. … 今也, 以堂堂千乘之國, 欲伸大義於天下, 而不學中國之一法, 不交中國之一士, 使吾民勞苦而無功, 窮餓而自廢, 棄百倍之利而莫之行. 吾恐中國之夷未暇攘, 而東國之夷未盡變也. 故今之人欲攘夷也, 莫如先知夷之爲誰; 欲尊中國也, 莫如盡行其法之爲逾尊也. 若夫爲前明復讐雪恥之事, 力學中國二十年後, 共議之未晩也.

_『북학의』 외편 존주론

**출전**

『인조실록(仁祖實錄)』

『북학의(北學議)』: 1778년(정조 2) 실학자 박제가(朴齊家)가 청나라의 풍속과 제도를 시찰하고 돌아와서 그 견문한 바를 쓴 책으로 2권 1책이다. '북학의'에서 '북학'이란 『맹자』에 나온 말로 청나라를 선진 문명으로 인정하고 배운다는 뜻을 담고 있다.

『송서습유(宋書拾遺)』: 조선 후기의 문신 송시열(宋時烈)의 시문집으로 『송자대전(宋子大全)』에 누락된 시문만을 모아 엮은 책이다. 9권 4책 목판본. 1872년(고종 9) 9대손 병선(秉璿)이 편집하고, 1927년 김종한(金宗漢)이 간행하였다.

『송자대전(宋子大全)』: 조선 후기의 문신 송시열의 시문집으로, 1787년(정조 11)에 215권 102책으로 간행되었다. 조선의 문집중에 자(子)자가 붙은 것으로는 유일하며, 『주자대전(朱子大全)』의 편찬 방식에 따라 엮었다.

『정조실록(正祖實錄)』: 조선 제22대 왕 정조의 실록으로, 정식 이름은 『정종대왕실록(正宗大王實錄)』이다. 1776년 3월부터 1800년 6월까지 정조의 재위 24년 4개월간의 역사를 편년체로 기록하였고 54권 56책으로 이루어져 있다. 1800년 12월 편찬에 착수하여 1805년 8월에 완성하였다. 1899년 정종의 묘호(廟號)를 정조로 추존했기 때문에 그 뒤부터 추존한 묘호에 따라 『정조실록』으로 불리게 되었다.

『택리지(擇里志)』: 조선 후기의 대표적인 인문지리서로서 1751년 이중환(1690~1752)이 저술하였다. 18세기 중엽 상품 화폐 경제의 발전과 정치의 변동에 따라 지역적 특화와 변화가 일어나고 있었던 조선의 국토와 사회를 거시적이고 종합적으로 조망하고 있다.

『홍재전서(弘齋全書)』: 조선 제22대 국왕인 정조대왕의 시문집으로 184권 100책이다. 정조의 어제시문(御製詩文)을 규장각에서 편찬한 것인데, 두 차례에 걸쳐 이루어졌다. 정조의 사상과 문학 및 주요 정책이 수록되어 있다.

**찾아읽기**

전해종, 『한중관계사연구』, 일조각, 1977.

김명호, 『열하일기 연구』, 창작과 비평사, 1990.

유봉학, 『연암일파 북학사상 연구』, 일지사, 1995.

정옥자, 『조선 후기 조선중화사상 연구』, 일지사, 1998.

김한규, 『한중관계사』, 아르케, 1999.

한명기, 『정묘·병자호란과 동아시아』, 푸른역사, 2009.

육군본부, 『한국군사사-조선 후기』, 경인문화사, 2012.

우경섭, 『조선중화주의의 성립과 동아시아』, 유니스토리, 2013.

배우성, 『조선과 중화』, 돌베개, 2014.

민두기, 「『대의각미록』에 대하여」, 『진단학보』25, 1964.

이태진, 「조선후기 대명의리론의 변천」, 『아시아문화』10, 1994.

조영록, 「조선의 소중화관」, 『역사학보』149, 1996.

오수창, 「청과의 외교 실상과 병자호란」, 『한국사 시민강좌』36, 일조각, 2005.

홍선이, 「세폐·방물을 통해 본 조청관계의 특징」, 『한국사학보』55, 2014.

# 6 사림 정치의 새 판 짜기

인조반정과 정치 구도의 변동

조선 후기 정치 세력의 주류는 인조반정 주도 세력을 중심으로 형성되었다. 광해군 정권의 '중립외교'는 국내 정치 세력의 협력이 뒷받침되어야 가능하였으나, 광해군의 허약한 정통성에 기인한 미숙한 정치력은 정치 참여층을 제한하였다. 그러나 반정 세력은 두 차례의 호란에 제대로 대응하지 못하여 인조의 삼전도 굴욕을 초래하였다. 이후 조선은 친청(親淸)의 현실과 반청(反淸)의 이상 사이에서 한동안 혼란스러웠다.

인조(仁祖, 1623~1649)는 대북 세력의 독단적인 정국 운영에 맞서 능양군(綾陽君, 훗날 인조)과 서인이 주도하고 남인이 협력하여 성공한 반정(反正, 광해군 15년, 1623)을 통해 즉위하였다. 인조반정은 조선 후기 정치 세력의 주류를 서인이 장악하게 되는 결정적 계기가 되었다.

광해군은 서차자庶次子이지만 임진왜란이라는 국가 위기 상황에서 세자가 되어 국내 항전을 주도하였기에 국왕이 될 수 있었고, 대북 세력은 광해군의 선무宣撫에 적극호응하여 의병을 일으켜 전란 극복에 기여하였기 때문에 광해군 즉위 후에 정국을 주도할 수 있었다. 그러나 광해군은 정비 소생이 아니라는 혈통상의 하자를 지나치게 의식하여 모후母后인 인목대비仁穆大妃를 서궁(西宮, 경운궁)에 유폐하고 동생인 영창대군永昌大君을 살해하는 폐모살제廢母殺弟의 패륜을 저질렀다. 뿐만 아니라 전란 직후 피폐한 재정에도 불구하고 풍수설에 현혹되어 무리한 궁궐 공역을 벌였는데, 재원 조달을

위하여 파견된 조도사調度使들이 전횡을 일삼으면서 백성들의 원성을 초래하였다. [자료1]

　　광해군의 내정을 뒷받침해야 할 대북 세력은 의병 항전의 자부심을 바탕으로 남명(南冥, 조식) 학통의 정통성을 확립하기 위하여 무리하게 회재(晦齋, 이언적)와 퇴계(退溪, 이황)의 학행을 변척辨斥하는 상소까지 올리며 공론 주도층과 척을 지는 우를 범하였다. 게다가 일제강점기 일본인 관학자의 칭송 이후 주목받은 '중립외교'란 당시의 가치 기준으로 임진왜란 때 '명나라의 은혜'를 저버리는 것이라는 점에서 집권 세력인 북인마저도 반대한, 광해군의 독자적인 판단에 입각한 대외정책이었다. [자료2]

　　광해군과 대북 세력의 정치는 선조대 이후 북인, 남인, 서인으로 분화하며 정착하고 있었던 붕당정치의 구조를 부정하고 정치 기반을 스스로 축소한 것이라 하겠다. 이런 점에서 광해군이 앞선 시기 연산군과는 차원이 다른 군주인 것은 분명하지만, 사대부의 공론이 더욱 중시되는 변화된 환경에 적응하지 못한 채 실정失政을 거듭하며 반정의 명분을 제공한 것은 마찬가지였다.

　　인조반정의 주체 세력은 대개 인조의 인척인 무신武臣들, 선조의 호성공신扈聖功臣인 이항복李恒福과 유학자인 김장생金長生의 문인門人들로 구성되었다. 이들은 1620년(광해군 12)부터 이서李曙·신경진申景禛 등 인조의 인척들이 먼저 반정의 계획을 수립하여 구굉具宏·구인후具仁垕 등 무신들을 끌어들였고, 이어 김류金瑬·김자점金自點·이귀李貴·최명길崔鳴吉 등의 문신과 연계하여 거사하였다. [자료3]

　　반정 세력이 동원한 군사는 사적으로 모집한 사모군私募軍에 불과하였으나, 거사가 성공한 이후에도 해산되지 않고 호위청扈衛廳으로 전환되었다. 반정 세력은 자신들이 모집한 호위청의 군관들을 기간 요원으로 삼아 기존의 훈련도감 이외에 새로운 군영을 창설하였다. 인조 2년(1624)에는 국왕 숙위를 위한 어영청御營廳과 서울 외곽 방어를 위한 총융청摠戎廳을 만들었고, 정묘호란 직후에는 남한산성 방어를 위하여 수어청守禦廳을 만들었다. 이는 모두 반정 세력이 후금(청)의 침략과 내란을 회피할 수 없다고 예상하고 이에 대비하여 군영을 창설한 것이다.

　　반정의 주체인 공신들은 인조대의 정치를 주도하였으나, 광해군대의 대북처럼 권력을 독점하지는 않았다. 반정 공신들은 이항복과 김장생을 통해 이이李珥와 성혼成渾의 서인 학통을 계승한 자들이다. 여기에 광해군대 대북大北의 독주에 반발하며 물러나 있던 남인들이 동조하였기 때문에 남인도 정계의 일각을 구성하였다. 또한 북인 가운데 대북을 견제하였던 소북小北 인사들은 영창대군 살해나 폐모廢母 논의에 참여하지 않았던 자들을 위주로 선별적으로 정치에 참여할 수 있었다.

인조와 서인들은 광해군대 대북 독주에 대한 반성에서 대북 정권은 단죄하되 붕당의 공존을 추구한 것이다. 그러나 현실 정치에서는 주도 세력이 있기 마련이니, 공신계 서인, 즉 공서功西가 그 역할을 하였다. 공서는 김류·김자점 세력과 이귀·최명길 세력이 경쟁하며 정국을 주도하는 가운데, 비非 공신계 서인인 청서淸西와 공조하고 남인·소북을 국정에 참여시켰던 것이다. 주목할 것은 인조반정 세력이 '산림山林을 숭용한다'는 기치를 내걸고 있었기 때문에 정치에서 산림 유학자의 권위가 매우 중요시되었다는 점이다. 인조대의 산림으로는 서인에 김장생金長生과 박지계朴知誡, 남인에 장현광張顯光이 있었다.

공서와 청서는 이이·성혼에 의해 형성된 서인 학통을 공유하였고 반정의 명분에도 동의하였기 때문에 서로를 존중하였지만, 광해군대 정치 세력에 대한 수용의 범위, 원종元宗 추숭을 둘러싼 찬반 논쟁, 정묘·병자호란을 거치며 노정된 주화主和·척화斥和 노선 등으로 인하여 대립하면서 분화하게 되었다. 이들 쟁점을 중심으로 인조대 정국의 동향을 살펴보자.

공서는 특정 붕당의 독주를 견제하고자 하는 인조의 의중에 부응하여 남인뿐 아니라, 광해군대 폐정의 핵심인 대북이 아니라면 폐모론廢母論에 참여한 소북小北 인사들도 재능에 따라 수용하는 포용력을 보였다. 인조와 공서의 의지에 따라 인조대 초반의 요직에는 서인, 남인, 북인이 각각 6 : 3 : 1 정도의 비율로 등용되었다. 이에 대하여 조정에서 청서를 이끌던 김상헌金尙憲은 국왕이 폐모론에 참여한 자들까지 등용하는 사적私的 은혜를 베푸는 것은 잘못이라고 비판하면서, 대·소북을 막론하고 광해군 정권에 참여한 북인 세력을 공론에 의거하여 철저히 배척해야 한다는 청론淸論을 견지하였다.

공서와 청서는 인조의 부친을 추숭하는 문제에서도 비슷한 구도를 보이며 예론禮論의 분열을 드러냈다. 인조는 10여 년에 걸친 집요한 논란 끝에 부친인 정원대원군定遠大院君을 원종元宗으로 추숭하고 종묘에도 모셨다. 이는 인조의 정통성을 확보하기 위한 것이라고는 하지만, 왕실의 서자에 불과하였던 인물을 국왕으로 올리는 것은 종법宗法

차원에서 큰 논쟁을 야기하였다. 공서의 산림 박지계는 인조는 입승대통入承大統한 군주가 아니므로 혈연적 부자 관계를 의례적 왕통王統의 계승 차원으로 확장할 수 있다고 보아서 추숭에 찬성하였고, 청서와 남인의 산림 김장생과 장현광은 어떠한 경우에도 혈연적 부자 관계로 인하여 왕통의 계승을 어지럽히면 안 된다는 종법의 원칙을 들어서 반대하였다. 결국 인조의 의지에 따라 원종 추숭은 이루어졌으나, 예론의 차원에서 왕실의 의지와 종법의 원칙은 끝내 대립하였다. 조선 전기에 국왕 추숭 논의가 왕실 차원에서 정리되었던 것에 비한다면, 이 논쟁은 조선 후기 정치에서 신하들이 예론을 매개로 왕실의 예법에 대한 시비를 본격화하였다는 것에 큰 의미가 있다고 하겠다.

이렇듯 대립 구도를 형성하던 공서와 청서는 결국 대청 외교를 둘러싸고 충돌하였다. 당초 인조 정부는 군주와 신하들을 막론하고 척화를 기본 노선으로 채택하고 있었다. 반정의 명분 자체가 대명의리에 투철하지 못한 광해군 정권을 부정하였던 데 있었을 뿐 아니라 외적의 침입에 맞서는 것은 국가 존립의 기본이기도 하기 때문이었다('Ⅰ-5. 통한의 수치, 최후의 자존심—북벌론과 조선중화론' 참조). 그러나 인조 5년에 정묘호란丁卯胡亂이 발생하여 오랑캐라 배척하던 후금과 화약和約을 맺은 이후, 후금 정책을 둘러싸고 주화론과 척화론의 대립은 공신 세력 대 비공신 세력의 구도로 본격화하였다. 김류·김자점·홍서봉·최명길·장유 등 공신들은 현실론에 의거하여 주화론을, 김상헌·윤황·정온 등 다수의 비공신 청론은 명분론에 의거하여 척화론을 견지한 것이다.

정묘호란은 전쟁의 승패가 정해지지 않았고 명과의 기존 질서도 유지하는 선에서 절충되었으므로 조선은 척화론을 견지할 수 있었다. 그러나 얼마 후 병자호란丙子胡亂이 발발하여 청과 조선의 세력의 강약이 분명해졌을 때 두 세력의 노선은 극명하게 대립하였다. 그렇지만 두 세력 모두 전란 극복에는 무기력했다. 김류·김자점 등 주화파 공신 세력이 지휘하던 군사력은 강화도와 같은 보장처保障處마저 소홀히 방비하다가 허무하게 내주는 무능력을 드러냈고, 결국 인조에게 한국 역사상 처음으로 외국 군주에게 삼궤구고두三跪九叩頭를 치르는 정축년(丁丑年, 인조 15)의 치욕을 안겨주었다. 척화파의 보루였던 근왕 의병들이 남한산성에 집결도 하기 전에 패전으로 귀결되었으므로, 척화파 역시 척화론으로 청을 자극하기만 하였을 뿐 국가를 지키지 못한 것은

최명길 신도비

마찬가지였다.

　병자호란의 결과 전쟁 지휘에 책임이 있는 공신 세력은 물론이고, 국력의 고려 없이 명분만 앞세운 것으로 드러난 척화 세력이 모두 배제되었다. 이후 반정공신 가운데 패전의 책임에서 비껴나 있었고 척화론에 맞서 사태를 수습하였던 최명길이 한동안 정국을 주도하였다. 그런데 최명길은 공신이면서 주화론자였으나, 척화론자와도 교감하고 있었기 때문에 반청 노선을 포기한 것은 아니었다. 최명길의 양면적 노선에는 신경진申景禛 · 심기원沈器遠 등의 공신들이 동조하였고, 세자빈의 부친인 강석기姜碩期를 매개로 반청 사류도 연계되어 있었다. 최명길은 청에 보내는 인질을 가짜로 꾸미거나, 임경업林慶業을 통하여 승려인 독보獨步를 명에 보내 밀통密通을 시도하기도 하였다. [자료4]

　그러나 최명길은 반청 정책을 감시하던 청에 발각되어 청으로 끌려갔고, 심기원은 친청 노선으로 돌아선 인조에 대한 역모를 꾀하였다는 혐의로 처단되는 등 공신 가운데 반청 성향의 세력은 모두 제거되었다. 이러한 정세에서 청서를 포함한 반청 세력은 출사를 단념한 상태였다. 반면 김류 · 김자점 등 주화파 공신들은 친청 노선을 강화한 인조의 의지에 따라 패전의 책임을 뒤로 한 채 정계에 복귀할 수 있었다. 이후 인조대 말까지 정국을 주도한 것은 친청파로 변신한 김자점의 낙당洛黨이었고, 여기에 원두표의 원당原黨 정도가 견제 세력을 형성하고 있었다.

김자점은 병자호란의 패전에 직접 책임이 있는데다가 문과 출신도 아니었기 때문에 정치 기반이 취약하였으나, 인조를 따라 친청 노선을 적극 추구하며 신임을 받았고 궁중 세력과 청에 유착하여 권력을 유지하였다. 김자점이 손자인 김세룡金世龍을 후궁인 조씨趙氏의 소생 효명옹주孝明翁主와 혼인시킨 것, 조선 출신의 청나라 통역으로 악명이 높던 정명수鄭命壽와 유착한 것 등은 그 예이다.

병자호란 후 인조는 왕실의 보존을 위하여 친청 노선으로 선회하였지만, 한편으로는 청나라가 억류 중인 소현세자를 왕으로 세울까 봐 노심초사하였다. 여기에 청의 고관들이나 서양 신부들과도 원활히 교류하던 소현세자의 처신 역시 인조의 의구심을 증폭시켰다. 이러한 상황에서 단행된 소현세자의 귀국은 인조로 하여금 국왕의 지위를 위협하는 것이었다. 김자점은 후궁 조씨와 함께 소현세자의 독살(인조 23년, 1645) 및 이듬해 발생한 세자빈 강씨姜氏의 옥사에 간여하였던 것으로 판단된다. 이후에도 그는 차자次子인 봉림대군(鳳林大君, 효종)으로 왕위를 계승시키려는 인조의 뜻에 영합하여 공론의 반대를 무릅쓰고 원손元孫 폐위와 강씨 사사賜死에 앞장섰다.

**자료1**

왕대비가 교서를 내려 중외에 선유하였다. "선조 대왕께서 불행히도 적사嫡嗣가 없어 임시방편으로 장유長幼의 차례를 어기고 광해로 세자를 삼았는데, … 즉위한 처음부터 못하는 짓이 없이 도리를 어겼는데, 우선 그중 큰 것만을 거론하겠다.

내 비록 부덕하나 천자의 고명誥命을 받아 선왕의 배우자가 된 사람으로 일국의 국모가 된 지 여러 해가 되었으니, 선묘의 아들이 된 자는 나를 어미로 삼지 않을 수 없는 것이다. 그럼에도 광해는 참소하는 간신의 말을 믿고 스스로 시기하여 나의 부모를 형살하고 나의 종족을 어육으로 만들고 품 안의 어린 자식을 빼앗아 죽이고 나를 유폐하여 곤욕을 주는 등 인륜의 도리라곤 다시없었다. … 심지어는 형을 해치고 아우를 죽이며 여러 조카를 도륙하고 서모를 쳐 죽였고, 여러 차례 큰 옥사를 일으켜 무고한 사람들을 해쳤다.

그리고 민가 수천 채를 철거하고 두 채의 궁궐을 건축하는 등 토목 공사를 10년 동안 그치지 않았으며, … 인사는 뇌물만으로 이루어져서 혼암한 자들이 조정에 차 있고, 돈을 실어 날라 벼슬을 사고파는 것이 마치 장사꾼 같았다. … 우리나라가 중국 조정을 섬겨온 것이 2백여 년이라, 의리로는 곧 군신君臣이며 은혜로는 부자父子와 같다. 그리고 임진년에 재조再造해준 그 은혜는 만세토록 잊을 수 없는 것이다. …

광해는 배은망덕하여 천명을 두려워하지 않고 속으로 다른 뜻을 품고 오랑캐에게 성의를 베풀었으며, 기미년(1619) 오랑캐를 정벌할 때에는 은밀히 수신(帥臣, 강홍립)을 시켜 동태를 보아 행동하게 하여 끝내 전군이 오랑캐에게 투항함으로써 추한 소문이 사해에 펼쳐지게 하였다. … 황제가 자주 칙서를 내려도 구원병을 파견할 생각을 하지 않아 예의의 나라인 삼한三韓으로 하여금 오랑캐와 금수가 됨을 면치 못하게 하였으니, 그 통분함을 어찌 이루 다 말할 수 있겠는가. 천리를 거역하고 인륜을 무너뜨려 위로는 종묘사직에 죄를 얻고 아래로는 만백성에게 원한을 맺었다. … 이에 폐위하고 적당한 데 살게 한다."

原文 王大妃下敎書, 宣諭中外. "宣祖大王不幸無嫡嗣, 因一時之權, 越長幼之序, 以光海爲儲貳. … 及至嗣位之初, 反道悖理, 罔有紀極, 姑擧其大者.
予雖不德, 然受天子之誥命, 爲先王之配體, 母儀一國, 積有年載. 夫爲宣廟子也者, 不得不以予爲母, 而光海聽信讒賊, 自生猜隙, 刑戮我父母, 魚肉我宗族, 懷中孺子, 奪而殺之, 幽廢困辱, 無復人理. … 至若戕兄殺弟, 屠滅諸姪, 攞殺庶母, 屢起大獄, 毒痛無辜.

撤民家數千區, 創建兩宮, 土木之役, 十年未已. … 政以賄成, 昏墨盈朝, 葷金市官, 有同駔儈. …
我國服事天朝, 二百餘載, 義卽君臣, 恩猶父子, 壬辰再造之惠, 萬世不可忘也. …
光海忘恩背德, 罔畏天命, 陰懷二心, 輸款奴夷, 己未征虜之役, 密敎帥臣, 觀變向背, 卒致全師投
虜, 流醜四海. … 皇勅屢降, 無意濟師, 使我三韓禮義之邦, 不免夷狄禽獸之歸, 痛心疾首, 胡可勝
言! 夫滅天理. 斁人倫, 上以得罪於宗社, 下以結怨於萬姓. … 玆以廢之, 量宜居住."

_『인조실록』 인조 1년 3월 14일 갑진

### 자료2

승문원의 관원이 대제학 이이첨李爾瞻의 뜻으로 아뢰었다. "군병을 징집하여 보내지
않으면 안 된다는 뜻을 온 조정의 재신(宰臣, 정2품 이상의 신하)들이 이미 극진하게 진
달드렸습니다. … 신은 물론 성상께서 염려하시는 뜻을 잘 알고 있습니다. 다만 생각
건대 중국에 난리가 났을 경우에는 제후가 들어가 구원하는 이것이 바로『춘추春秋』의
대의요, 변방을 지키는 자의 직분이라 할 것입니다. 더구나 우리나라는 재조再造의 은
혜를 입어 오늘에까지 이를 수 있었으니 어떻게 해서든 조금이라도 황제의 은덕에 보
답하기 위해 노력해야 할 것입니다.

오랑캐 추장이 난을 일으키자 중국에서 장차 토벌하려 하여 지금 외교 자문咨文과 군
문軍門 격서檄書가 교대로 급히 몰려오고 있습니다. 그러니 늘 잘못되지 않도록 경계
하며 역량껏 군병을 조발調發한 뒤 조칙詔勅이 오는 대로 국경 밖으로 출동시킬 태세
를 갖추면서도 오히려 미치지 못할까 걱정해야 할 터인데, 어떻게 먼저 사신을 보내
어 요행을 도모해서야 되겠습니까? 그러다가 혹시라도 즉시 허가를 받지 못한 채 반
대로 의심만 사게 되면 … 예전부터 사대事大해온 지극한 정성을 무슨 방법으로 드러
내 밝힐 수 있겠습니까?"

原文 承文院官員, 大提學李爾瞻意啓曰: "徵兵不可不送事, 滿朝諸宰, 陳達已盡. … 臣固知
聖慮之所在也. 但念中國有難, 諸侯入援, 此『春秋』大義, 藩守職分. 況本國再造, 得至今日, 秋
毫帝力, 未知何報.
老酋作孽, 天討將加, 目今撫院咨文. 軍門檄書, 交馳沓臻, 每戒失誤, 量力調兵, 侯勅出境, 猶恐不
及, 豈可先遣使价, 以圖僥倖乎. 如或不卽准可, 反致疑阻 …則聖上從前事大至誠, 從何暴白."

_『광해군일기』 권128, 광해군 10년 5월 5일 임진

김류金瑬 · 이귀李貴를 불러 대신과 함께 빈청에 모여서 정사훈靖社勳을 감정勘定토록 명하여 53명을 녹훈하였다. 김류 · 이귀 · 김자점 · 심기원 · 신경진 · 이서 · 최명길 · 이흥립 · 구굉 · 심명세는 1등, 이괄 · 김경징 · 신경인 · 이중로 · 이시백 · 이시방 · 장유 · 원두표 · 이해 · 신경유 · 박효립 · 장돈 · 구인후 · 장신 · 심기성은 2등, 박유명 · 한교 · 송영망…등은 3등이다.

原文 命招金瑬 · 李貴, 與大臣會于賓廳, 勘靖社勳, 錄五十三人. 金瑬 · 李貴 · 金自點 · 沈器遠 · 申景禛 · 李曙 · 崔鳴吉 · 李興立 · 具宏 · 沈命世爲一等, 李适 · 金慶徵 · 申景禋 · 李重老 · 李時白 · 李時昉 · 張維 · 元斗杓 · 李澥 · 申景裕 · 朴孝立 · 張暾 · 具仁垕 · 張紳 · 沈器成爲二等, 朴惟明 · 韓嶠 · 宋英望 … 三等.

_『인조실록』 권3, 인조 1년 윤10월 18일 갑진

＊한양 도성의 서북문인 창의문(彰義門)에 반정 공신의 명단이 적힌 정사공신(靖社功臣) 현판이 있다.

전에 최명길이 정승으로 있을 적에 신경진申景禛 · 임경업林慶業 · 심기원沈器遠 등과 함께 명나라와 다시 통할 것을 의논하고 승려 한 사람을 몰래 보내어 편지를 왕복시킨 일이 있었다. 또 평안도 연해의 모든 고을에 지시하여 중국에서 나온 배를 보거든 양식과 반찬을 주어서 후의를 보이라고 한 일도 있었다. 청나라에서 이 사실을 알고 임오년(1642, 인조 20) 겨울에 최명길을 데리고 가서 캐물었는데 최명길이 모든 일을 자신이 하였다고 하자 청나라 사람들이 그의 담대함을 극구 칭찬하였다.

原文 先是, 鳴吉爲相, 與申景禛 · 林慶業 · 沈器遠等, 共議復通明朝, 潛遣一僧, 持書往復, 且令平安道沿海諸郡, 如遇漢舡之出來者, 密給糧饌, 以示厚意. 淸人聞之, 壬午冬, 執鳴吉以歸, 詰問之, 鳴吉凡事, 皆自擔當, 淸人亟稱其膽大.

_『인조실록』 권46, 인조 23년 10월 13일 신묘

出典

『인조실록(仁祖實錄)』
『광해군일기(光海君日記)』

### ■ 찾아읽기

이태진 편, 『조선시대 정치사의 재조명』, 범조사, 1985.

이태진, 『조선 후기의 정치와 군영제 변천』, 한국연구원, 1985.

정홍준, 『조선중기 정치권력 구조 연구』, 고대민족문화연구소, 1996.

김종원, 『근세 동아시아관계사 연구』, 혜안, 1999.

우인수, 『조선 후기 산림세력 연구』, 일조각, 1999.

김용흠, 『조선 후기 정치사연구 Ⅰ 』, 혜안, 2006.

이성무, 『조선시대 당쟁사』, 아름다운날, 2007.

한명기, 『정묘·병자호란과 동아시아』, 푸른역사, 2009.

이정철, 『대동법-조선 최고의 개혁』, 역사비평사, 2010.

오수창, 「붕당정치의 성립」, 『한국사30』, 국사편찬위원회, 1998.

오수창, 「인조반정과 서인정권에 대한 논란」, 『조선시대의 정치, 틀과 사람들』, 한림대 출판부, 2010.

오항녕, 「부활하는 광해군」, 『조선의 힘』, 역사비평사, 2010.

# 7 북벌 정치에서 예치로

효종대의 북벌 정치와 현종대 예송

효종은 북벌 정치의 이상을 현실화하고자 반청 세력을 등용하고 군영 제도와 군사 훈련을 강화하였을 뿐 아니라 만주에서 군사력을 시험하기도 하였다. 그 꿈은 조선의 운명을 좌우할 수도 있었기 때문에 내치를 우선하는 신하들의 우려를 샀으나 제어되지 않았다. 효종의 때이른 서거로 현종이 즉위하자 신하들은 예치를 강조하며 군주를 제어하고자 하였다. 그러는 사이 정치의 쟁점은 예송으로 바뀌었다.

## 효종대의 북벌 정치

효종(孝宗, 1649~1659)은 친청파의 도움을 받아 즉위한 셈이지만, 조선 후기 왕실에서 청나라에 대한 북벌 정책과 복수설치의 이념을 정착시킨 왕으로 기억된다. 효종 2년 이후는 인조대 이래 조선에 대한 강경책을 구사하던 섭정攝政 도르곤이 사망하고 순치제順治帝가 즉위하여 청나라의 내정이 안정되면서 조선에 대한 정책이 유화 국면으로 전환되던 때였다. 이러한 정세를 활용하여 효종은 실제로 북벌을 단행하기 위한 군사·재정적 준비 작업뿐 아니라, 이를 뒷받침하기 위한 정치·경제·사회 시책들을 펼쳤다.

효종은 즉위 직후부터 친청파 김자점이 이끄는 낙당洛黨을 배제하고, 인조대 후반 이래 출사를 단념하고 있던 반청파 서인들을 중용하였다. 김자점은 인조대 후반 이래 권세를 부리고 탐욕을 채운 잘못으로 탄핵을 받아 유배된 후 세력 만회를 위하여 효종의 반청 세력 등용과 북벌 의지를 청나라에 밀고하는 등 무리수를 범하다가, 그 아들과 손자의 역모 사건이 발각되어 완전히 몰락하였다. 이로써 반정 공신 세력은 원당原黨만 남았으나, 이들의 서인 사림 내 기반은 미약하였기 때문에 국왕에게 의존하는 경향이 강하였다. 남인은 종친과 부마 등을 매개로 왕실과 인연이 있는 인사들을 중심으로 진출해 있었으나, 인조대와 마찬가지로 정국의 일부를 구성할 뿐이었다.

효종대의 서인으로는 원당이 공신의 명맥을 이었을 뿐, 새로이 한당漢黨과 산당山黨이 강력한 세력으로 부상하여 경쟁하였다. 한당은 김육金堉·이경석李景奭·신면申冕 등이 영수인데, 서울·경기 지역에 세거하던 관료 가문 출신으로서 이이·성혼·서경덕 등 다양한 학통을 계승하였고 현실론에 충실한 편이어서 사안에 따라 다양한 출처를 보였다. 산당은 김상헌·김집·송시열·송준길 등이 영수인데, 이이─김장생 문하의 호서 지역 인사들로서 단일한 학통을 공유하였기 때문에 명분론을 내세우며 진퇴를 함께하는 경향이 강하였다. 효종대 이후 한당과 산당의 경쟁은 당파적 대결로까지 치닫지는 않았지만, 정치적·학문적 성향에서 양자의 차이는 점차 분명해져 결국 숙종대 노·소론 분립의 연원이 되었다.

효종은 북벌을 실행하기 위하여 강력한 군사력과 이를 지탱할 재정책이 절실하였다. 이에 대하여 원당, 한당, 산당은 효종의 뜻에 부응하는 듯하면서도 정책 방향에 대해서는 각각 생각이 달랐다. 북벌을 목표로 한 효종의 부국강병책富國强兵策을 중심에 놓고 보면, 원두표의 원당과 이완李浣·유혁연柳赫然 등 무장武將들은 효종의 정책에 철저히 부응하였고, 한당은 부국富國보다는 익국益國을 강조하면서 강병强兵이 아닌 안민安民을 추구하였으며, 산당은 양민養民과 양병養兵의 병행을 강조하면서 왕실의 절용節用을 토대로 민생을 침해하지 않는 방식으로 강병을 양성해야 한다고 주장하였다.[자료1]

효종 즉위 직후 대거 출사한 산당은 원당과 합세하여 낙당의 제거에 앞장서서 성공하는 등 일시적으로 정국을 주도하였다. 그러나 영수인 김집이 김육의 대동법 시행에 반대하고 이완 등 무신들의 전횡을 배척하는 등 한당·원당과 대립하는 과정에서 효종의 동조를 얻지 못하였을 뿐 아니라, 김자점 세력의 밀고로 청나라가 척화 세력인 산당이 대거 등용된 것에 의구심을 품어 여섯 차례나 사신을 파견하여 조사하는 등 강경하게 대응하는 바람에 한동안 출사를 포기해야 했다.[자료2] 효종은 산당이 퇴조한 상황에서 한당과 원당을 적절히 이용하며 민생의 안정과 부국강병책을 동시에 추진하였다.

먼저 효종은 한당의 영수 김육을 중용하여 광해군대에 경기도에 한해 시행된 선혜법宣惠法과 인조대에 하삼도下三道에서 시도하였다가 곧 폐지되었던 대동법大同法을 호서(효종 2년, 1651)와 호남

대동법시행기념비

(효종 9년, 1658) 지역에 시행하여 성공을 거두었다.[자료3] 대동법은 공물貢物 수취의 방식을 가호家戶 단위의 자의적 현물 징수에서 전결 단위의 표준적 미米·포布 징수로 전환하여 전기 이래 방납防納을 이용한 세력가의 농간이라는 숙폐를 제거하였을 뿐 아니라, 국가의 필요와 지주의 부담을 동시에 고려한 양입위출(量入爲出, 수입을 헤아려 지출을 결정함)의 재정 운용을 정착시키는 데 크게 기여함으로써 양란 이후에 재정 안정을 가능하게 한 제도이다. 대동법이 전국적으로 완전히 시행된 것은 숙종대에 이르러서였지만, 효종대의 호서와 호남 대동법은 그 시발로서 막중한 의미를 지닌 것이다. 이러한 대동법의 성공적 시행 과정에서 김육이 이끄는 한당의 기여는 대단히 컸다.

아울러 효종은 민생 안정을 위하여 강병책强兵策에 반대하는 김육의 반발에도 불구하고, 강병론자들을 내세워 600여 명이던 금군禁軍의 숫자를 1,000명으로 늘리고 기병騎兵으로 전환하였으며, 북벌의 선봉을 담당할 어영청御營廳을 대폭 확대·강화하여 2만여 명의 정병精兵을 확보하는 등 핵심 군사력을 강화하는 데 주력하였다. 대동법 자체는 공물 수취 방식의 변통으로서 민생 안정을 위한 것이었으나, 그 대상은 관아의 공물뿐 아니라 제반 군수軍需 비용까지 포괄하고 있기 때문에 군사력 증강의 토대로도 활용될 수 있었던 것이다. 효종은 이렇게 강화된 군영의 병력을 이완·유혁연 등 전문

**효종을 향해 시립(侍立)한 송시열의 초상.**
효종의 영릉(寧陵)이 소재한 여주의 대로사(大老祠)에 있었다.

무장武將들이 장악하게 함으로써 북벌을 준비하였다. 이는 인조대에 각 군영을 공신들이 장악했던 것과 달리 효종의 강병책이 왕권 강화에도 도움이 되었음을 의미한다. 효종의 강병 양성은 효종 5년과 9년에 청나라의 요구로 단행된 두 차례의 나선정벌羅禪征伐에서 뚜렷한 성과를 보인 것으로 드러났다.

그러나 효종이 북벌 준비를 위하여 추진한 군사력 강화 정책은 백성들에게 군역 자원의 확대와 각종 군사 훈련 등으로 상당한 피로감을 유발하였고, 효종의 뜻에 부응하는 원당과 무신들을 제외한 다수의 신료들 역시 안민·양민을 명분으로 내세우며 일방적인 군사력 강화책에 반감을 품고 있었다. 이에 효종은 북벌의 분위기를 거듭 조성하기 위하여 송시열을 불러들여 독대獨對까지 하며 북벌 계획을 공유하고자 한 것이었다('Ⅰ-5. 통한의 수치, 최후의 자존심―북벌론과 조선중화론' 참조). 그러나 효종의 기대와 달리 송시열은 북벌의 당위성에는 동의하되 형세상 당장의 북벌에는 반대하면서 양민養民을 통한 양병養兵이라는 이상론을 견지하였다. 이 때문에 양자의 대화에서 북벌의 당위성에는 의기투합하는 양상을 보였으나, 실현 방식에서 구체성을 띠지는 못하였다. 이러한 와중에 효종이 재위 10년 만에 사망하였기 때문에, 북벌의 이념과 과업은 후대의 왕들에게 넘겨졌다.

# 현종대 예치

현종(顯宗, 1659~1674)은 무단적武斷的인 군주권을 구축하였던 효종에 비하여 유약한 성격인데다가, 효종대에 정치적으로 성장한 서인 산림 세력과 외척들의 영향력 때문에 국정을 장악하는 데 곤란을 겪었다. 현종은 자신의 개성을 드러낸 업적을 남기지는 못하였으나, 효종과는 달리 북벌에 적극적이지 않았고 유례없는 기상 이변으로 기근도 심하였기 때문에 민생 안정책에 주력하였다. 이를 위하여 효종대에 본격화한 대동법을 경기와 호남 산군山郡 지역까지 확대하는 한편 공물가를 결당 12두로 통일하여 정비하였고, 효종대에 급격히 팽창한 금군禁軍과 군영 소속 군사들을 축소·재정비하는 안정책을 꾸준히 시행하였다.

현종대에는 군주권에 비하여 산림의 영향력이 커졌기 때문에 예송禮訟이나 공의公義·사의私義 논쟁 등 국정 운영의 이념과 관련된 논쟁이 왕성히 제기되었다. 사실 이러한 사안들은 국가 개혁이나 민생 등과 직결된 것이 아니고 다분히 정치적 이념 논쟁에 가깝지만, 논쟁의 과정과 결과는 조선 국가 운영의 두 축인 왕실과 사대부의 길항 관계뿐 아니라 주요 정치 세력의 지향 및 세력 관계 등을 잘 보여주기 때문에 매우 중요한 주제이다. 이후 순조대에 이르기까지 치열하게 전개되었던 학파 간 혹은 정파 간 주요 논쟁들 역시 이러한 맥락에서 이해할 필요가 있다.

즉위 직후 발생한 기해(己亥, 현종 즉위년)예송은 효종의 어머니인 자의대비慈懿大妃가 효종을 위하여 입어야 할 상복의 종류를 둘러싸고 벌어진 논쟁이다. 조선 국가 예제의 기준이었던 『국조오례의』에는 효종처럼 차자次子로서 왕위에 올랐다가 죽었을 경우 그 어머니가 입어야 할 상복喪服에 관해서는 규정이 없었다. 이에 따라 조정에서는 예론에 밝은 신하들에게 의견을 구하였고, 그들은 고례古禮인 『의례儀禮』의 구절을 각각 달리 해석하며 기년복(朞年服, 1년복) 혹은 3년복을 주장하였다.

이는 혈통상 인조의 차자次子로서 종통宗統을 이은 효종의 지위를 어떻게 해석할 것인지의 문제였다. 윤휴는 제왕가의 예는 사서인과 다르다는 특수성을 강조하여, 차자라도 왕통을 이었으면 적장자嫡長子로 보아야 하므로 어머니는 아들을 위하여 3년복을 입어야 한다고 주장하였다. 송시열은 효종의 혈연상 지위가 차자次子이므로, 종통을 이었어도 3년복을 입을 수 없는 4가지 경우[사종지설(四種之說)] 중 '체이부정體而不正' 즉 '친아들이지만 적자嫡子가 아닌 서자庶子가 후사를 이었을 경우'에 해당한다며, 왕통을 이은 경우라도 혈연적 보편성에 예외를 둘 수는 없으므로 기년복을 입어야 한다고 주장하였다.

양측의 이론은 제왕가와 사서인士庶人의 예를 구별할 것인지의 여부에서 근본적으로 대립되므로 예학적 합의를 볼 수 없었다. 결국 조정에서는 『대명률』과 『경국대전』에 부모는 장자長子·중자衆子의 구별 없이 모두 기년복을 입는다는 포괄적 규정에 따라서 자의대비의 상복을 1년복으로 결정하였다.[자료4] 이 논쟁은 국제國制의 역할을 하던 『국조오례의』에서 미처 세세하게 규정되지 못했던 복제服制 문제가 성리학과 예학의 발달에 따라 학파별로 상세하게 검토되었고, 이에 따라 왕실 의례에 대한 학술 논쟁의 성격을 띠면서 시작된 것이다.

그러나 기년복이 끝나갈 무렵에 허목許穆은 3년복을 주장하며 재론을 요청하였고, 윤선도尹善道는 송시열이 주장한 기년복제는 효종을 적장자로 대우하지 않고 정통성을 부정하는 것이라며 예학의 문제를 충역론忠逆論 차원으로 비화시켰다.[자료5] 이는 인조반정 이래 지속된 서인 산림의 정치적 권위에 남인들이 정면으로 도전한 것이었다. 사안의 엄중함을 의식한 현종은 복제를 다시 의논하게 하였으나, 조정에서는 자의대비의 복제가 송시열의 예론이 아니라 당시에 통용되던 『경국대전』의 규정에 의거하여 1년복으로 결정된 것이라고 미봉하였다. 결국 서인의 예설대로 복제가 최종 결정된 것이다. 이로 인하여 윤선도는 중신들을 무함했다는 죄로 유배되고, 윤휴와 허목도 현종대 내내 배척되는 등 남인은 더욱 퇴조하였다.

현종대는 청나라의 중원 장악이 확고해져 대외 환경이 안정되는 시기였다. 현종 3년에는 남명南明의 영력제永曆帝가 사망하여 북벌을 위한 연합마저 불가능해졌으므로 북벌론에 입각한 중원 정책의 수정이 모색되었다. 대체로 산당은 북벌이 불가능해진 현실이지만 그 이념마저 포기할 수는 없다고 보아서 대명의리론對明義理論의 정립에 힘썼고, 한당은 청의 지배 체제가 안정되는 현실에 주목하였기 때문에 대명의리론의 과잉을 비판하였다. 이러한 현실 인식의 차이는 공의公義·사의私義 논쟁으로 나타났다.

산당의 영수인 김집의 손자 김만균金萬均은 현종 4년 조선에 파견된 청사淸使 영접 업무에 참여해야 했지만, 그는 할머니가 병자호란 당시에 순절하였기에 이 일을 수행할 수 없다며 버티다가 결국은 파직을 당하였다. 이에 대하여 한당인 서필원徐必遠은 김만균을 논척하며 국가 기강의 확립을 강조하였고, 여기에 유상운柳尙運·박세당朴世堂·김시진金始振 등 훗날 등장하는 소론의 주역들과 오시수吳始壽 등의 남인이 가세하였다. 반면 송시열은 대명의리와 인륜을 위하여 김만균의 사의는 존중되어야 한다면서 서필원 탄핵을 조종하였다. 국가적 사안을 수행하는 과정이라 하더라도 사의는 존중되어야 한다는 산당과, 공의를 위하여 사의는 유보되어야 한다는 한당의 주장이 맞선 것이다. 현종은 가문의 원한 때문에 국사를 거부하는 것이 국왕을 무시하는 것이라고 느꼈지만, 이 논란을 일으킨 서필원을 파직해야 했다. 현종은 한당의 의견에 동조하였지

허목

만 산당의 공론도 감안하여 양쪽 모두 처벌한 셈이다.

　이처럼 기해예송이나 공의·사의 논쟁을 거치면서 왕실과 연계된 논리를 제시했던 한당은 산당에 비하여 위축된 양상을 보였다. 사실 한당의 영수 김육이 사망하고 송시열의 독대가 있었던 효종대 후반 이후 현종대에는 송시열의 학문적 권위가 신장하는 데 비례하여 산당의 영향력은 더욱 커졌다. 이러한 힘을 바탕으로 산당은 김육의 아들인 김좌명金佐明과 손자 김석주金錫冑를 오랫동안 관직에서 배제하였다. 김육 묘의 수도隧道가 분수에 넘게 화려하게 조성되었다는 문제를 제기한 것도 그 일환이었다. 그러나 한당은 김육의 아들인 김우명金佑明이 현종의 국구國舅가 되었기 때문에 산당의 위세를 좌시하지 않았다. 이들은 기해예송 당시부터 남인의 예설인 효종 적장자설을 좇고 있던 터이기도 하였다.

　이러한 정세에서 갑인(甲寅, 현종 15년)예송이 발생하였다. 갑인예송은 효종비 인선

왕후仁宣王后의 상에 시어머니인 자의대비가 입어야 할 상복을 둘러싸고 발생하였다. 기해예송 당시에는 『경국대전』에 근거하여 효종이 장자인지 중자인지 판결하는 것을 회피할 수 있었지만, 똑같은 『경국대전』에 장자부長子婦와 중자부衆子婦의 상복은 기년복朞年服과 대공복大功服으로 구별되어 있었다.[자료6] 효종의 지위는 상복의 종류에 따라 판가름날 수밖에 없었다. 당초 자의대비의 복제는 중자부 복인 대공복으로 결정되었다. 이에 대해 영남 유생 도신징都愼徵을 앞세운 남인들이 소공복은 효종을 장자長子로 대우하는 것이 아니라는 상소를 올렸다. 국구인 김우명 역시 김석주金錫冑를 앞세워 현종에게 서인 예론의 문제점을 깨닫게 하였다. 현종은 효종이 '체이부정體而不正'에 해당하므로 장자로 대우할 수 없다는 송시열의 설까지 신하들에게서 듣게 되었다. 결국 현종은 기해예송 당시 서인 예설의 문제점까지 새삼 추궁하면서 대공복으로 복제를 변경하였다.

현종은 재위 말년의 예송에서 자신의 견해를 관철시키며 정국 주도권을 과시하였다. 이 결정은 남인의 문제 제기가 발단이 되었으나, 국구인 김우명 일가에 영향을 받은 현종이 주도한 것이었다. 복제를 변경한 현종은 남인 허적許積을 영의정으로 임명하고 얼마 후에 사망하였는데, 숙종은 즉위 직후 남인으로 하여금 정국을 주도하게 하는 갑인(甲寅, 숙종 즉위년)환국을 단행하였다. 이는 김우명·김석주의 한당계 서인과 남인의 연합 정권이 시작되었음을 의미한다.

### 자료1

병조판서 원두표元斗杓 : 강도江都를 지키려면 격포에 진鎭을 두지 않아서는 안 될 것입니다.

이에 임금이 원두표·이후원과 함께 진을 설치할 방책을 강정講定하고 또 앞으로 격포에 성을 쌓아 감사가 병란에 임하여 들어가 지킬 곳으로 삼으려 하였다.

좌의정 김육金堉 : 신은 옳지 않다고 생각합니다.

…

임금이 언짢아 이르기를, "구차히 동의할 수 없으므로 각각 소견을 지키는 것도 괜찮겠으나, 지금 천재天災와 시변時變이 매우 심하여 앞날의 근심이 말할 수 없는데, 어찌 손을 묶고 앉아서 사전의 대비를 전혀 잊을 수 있겠는가. 감사는 영문營門주1에 머물러 계책으로 호응하고 병사兵使는 군사를 거느리고 임금에게 충성을 다해야 옳을 것이다" 하였다.

> 주1 영문(營門) : 군문(軍門). 군대가 주둔하는 진영(陣營).

원두표 : 신이 늘 김육을 보면 민심을 잃지 않는 것을 상책으로 삼고 백성을 움직여 일을 일으키는 것을 그르게 여깁니다.

김육 : 인심을 잃으면 금성탕지金城湯池주2가 있더라도 지킬 수 없을 것입니다.

원두표 : 민심을 얻더라도 군사를 쓸 바탕이 없으면 또한 어찌할 수 없을 것입니다.

> 주2 금성탕지(金城湯池) : 쇠로 만든 성과 끓는 물을 채운 못이란 뜻으로, 성의 견고함을 비유함.

**原文** 兵曹判書元斗杓曰: "欲守江都, 則格浦不可不設鎭." 上與斗杓. 厚源, 講定設鎭之策, 又將築城於格浦, 以爲監司臨亂入守之地. 左議政金堉曰: "臣則以爲不可矣." … 上不悅曰: "不可苟同, 各執所見可矣. 卽今天災時變孔棘, 前頭之憂, 有不可言, 何可束手而坐, 全忘陰雨之備乎? 監司則留營策應, 兵使則領兵勤王可矣." 斗杓曰: "臣每見金堉, 則以不失民心爲上, 而動民興作, 爲非矣." 堉曰: "若失人心, 則雖有金城湯池, 不可守也." 斗杓曰: "雖得民心, 若無用武之地, 則亦無可奈何矣."

_「효종실록」 권14, 효종 6년 5월 13일 병신

### 자료2

당초에 김자점이 귀양 간 이후로 그 무리들은 스스로 서로 의구심을 품고 사류士類들을 제거할 계책을 모의하였다. 김익金釴이 부제학 신면申冕에게 모의하자, 신면이 말하기를, "오늘날의 일은 오직 한 가지 계책만 있다. 만약 친밀한 역관에게 정명수鄭命壽와 통하게 하여 산인山人을 제거하면 우리들은 안심할 수 있을 것이다" 하였다. 김익이 그 말을 좇아 이형장을 시켜 청국에 참소를 하도록 하여 마침내 청나라 사신이 사문査問하게 되었던 것이었는데, 이에 이르러 흉악한 계책이 더욱 낭자하였다.

> **原文** 初, 自點被竄, 其徒自相疑懼, 謀所以除去士類. 釴謀於副提學申冕. 冕曰: "今日事惟有一策. 若使親密譯舌, 通于鄭命壽, 盡除山人, 則吾輩可安矣." 釴從其言, 使李馨長行讒, 遂有淸使査問之擧, 至是凶謀節次益狼藉.
>
> _『연려실기술』 효종조고사본말

상이 호조 판서 원두표에게 이르기를, "경이 북경北京에 갔을 때, 과연 신독재愼獨齋에 관한 말이 있었는가(당시 청나라 사람들의 말에 청음淸陰과 신독재가 나랏일을 담당하여 화친을 배척한다는 말이 있었다. 이회보李回寶의 상소 가운데, 이는 반드시 김자점이 통지했을 것이라는 말이 있었으므로, 상이 이런 질문을 한 것이다)? 이른바 신독재란 누구를 가리켜 말한 것인지 모르겠다"라고 하였다.

원두표가 아뢰기를, "신독재는 바로 김집金集의 재실齋室 이름입니다. … 지난해 청나라 사신이 왔을 때, 유언비어가 떠돌아 심지어 김상헌과 김집 등이 화친을 배척한다는 말이 있기까지 하였는데, 누가 만들어낸 말인지 모르겠습니다. 지금 이회보가 김자점이 했을 것이라고 지적하였으니, 반드시 들은 곳이 있을 것입니다. 또한 전하께서 산림[山人]에 대해 애초 예로써 그들을 초빙하셨는데, 지금은 처음처럼 하지 않으신다는 탄식이 있습니다. 영부사 김상헌은 나라의 원로인데, 한번 서울을 떠나자 또한 서로 까마득히 잊어버리는 지경에 놔두고 있으니, 신은 어진 이를 대우하는 도리가 마땅히 이와 같이 해서는 안 된다고 생각합니다" 하자, 상이 이르기를, "이것이 어찌 나의 본심이겠는가? 참으로 부득이한 형세 때문이다."

> **原文** 上謂戶曹判書元斗杓曰: "卿往北京時, 果有愼獨齋之語乎(時, 淸人有淸陰·愼獨齋當國斥和之語. 李回寶疏中以爲, 此必自點所通云, 故上有是問)? 所謂愼獨齋, 未知指某而言耶?" 斗杓曰: "愼獨齋, 卽金集齋號也. … 前年淸使之來, 飛語紛紜, 至有金尙憲. 金集等斥和之語, 而未知某人做出. 今回寶指以爲自點所爲, 必有所聞處矣. 且殿下於山人, 初以禮聘之, 今有不承權輿之歎. 領府事金尙憲, 卽國之元老, 而一出春明, 亦置相忘之域, 臣恐待賢之道, 不當若是也." 上曰: "此豈予之本心哉? 誠因形勢之不得已也."
>
> _『효종실록』 권5, 효종 1년 10월 27일 정미

지난 1608년(선조 41)에 완평부원군完平府院君 이원익李元翼이 처음에 대동선혜의 정책을 만들어 경기도에서 시행하자 경기도가 살아났다. 20년 뒤인 1627년(인조 5) 길천군吉川君 권반權盼이 호서관찰사가 되었다. 그때 호서의 백성이 경기도보다 더욱 피폐하였다. 권반이 이원익의 취지를 살려 한 도의 토지와 요역의 출입을 공평하게 하여 법으로 삼았는데 일이 결국 시행되지 못하고 문서로만 보관되었다. 12년 뒤인 1638년(인조 16) 김육金堉이 호서관찰사가 되어 그 문서를 꺼내보고 탄식하기를 "백성을 살리는 방도가 이것에서 벗어나지 않는다"라고 하였다. 밤낮으로 생각하여 먹고 자는 것도 잊을 정도로 치밀하게 계획을 세웠다.

조정에 들어온 지 얼마 안 되어 지금의 임금이 즉위하자 관직과 대우가 더욱 융성하게 되어 정승에 올랐다. 정성을 다하여 임금을 이끌 때 먼저 이 주장을 피력하였다. 임금께서 이로움과 해로움의 근원을 훤히 보시고 무릇 조치하는 핵심 사항은 오직 김육의 말씀을 따르셨다. 이에 그 담당 부서를 대동청大同廳이라 이름하고 대신과 여러 관리를 선발하여 보조와 지휘에 대비하게 하였다. 그 법은 한 지방의 전안田案을 모두 계산하여 읍의 크기에 상관없이 오직 결수의 규모만으로 하는 것이다. 결당 쌀 10두를 내면 배로 운반하여 한강에 도착한다. 산골짜기나 바다에서 멀리 떨어진 지역은 쌀에 준하여 포로 낸다. 모두 서울로 수송한다. 임금에 대한 공봉, 종묘사직의 제사, 빈객의 접대 등의 비용에서부터 자잘하게는 꼴이나 땔감의 종류에 이르기까지 모두 이것으로 마련한다.

**原文** 往萬曆戊申年間, 完平文忠公始爲大同宣惠之政, 用之於畿輔而畿輔蘇. 後二十年丁卯, 吉川君權公盼爲湖西觀察使. 時則湖西民尤敝於畿輔, 權公乃取完平之意, 平停一道田役出入, 劑爲絜法, 事未卒行, 籍以藏之. 後十二年戊寅, 故相國金公實按是道, 發視其籍, 歎曰: "活民之方, 不是外矣." 早夜以思, 忘寢與食, 擘畫籌度, 纖悉畢擧.

入朝未幾, 爲今上初元, 位遇益隆, 晉登鼎席, 殷勤啓沃之暇, 首先以是說進. 聖上灼見利害之源, 凡所設施綱要, 唯相國是聽. 於是號其局大同廳, 選大僚庶吏以備參佐指使. 其爲法通算一路田案, 邑無問大小, 唯視結數多寡, 結出米十斗, 舟運上江. 其山僻遠海州縣, 準米出布, 咸委輸于京師. 自御供奉. 宗社祀享. 接賓客凡百需用, 細至芻稈薪蒸之屬, 皆於是取辦.

_「동주집」 권7, 영의정김공호서선혜비명병서

**| 대동법 시행 관련 주요 연표**

| | |
|---|---|
| **1607년(선조 40)** | 충청 · 전라 연해지역의 공물작미 시작 |
| **1608년(선조 41)** | 경기 선혜법 실시 |
| **1623년(인조 1)** | 삼도 대동법 실시 |
| **1625년(인조 3)** | 삼도 대동법 폐지, 강원도 대동법 성립 |
| **1651년(효종 2)** | 호서 대동법 실시 |
| **1658년(효종 9)** | 호남 대동법(연해지역) 실시 |
| **1666년(현종 7)** | 호남 대동법(산군지역) 실시, 호남의 공물가 12두로 조정, 경기도 대동법 |
| **1674년(현종 15)** | 호서 공물가 결당 12두 확정, 양역변통 논의 등장 |

**자료4**

예조가 또 주달하기를, "자의 왕대비慈懿王大妃가 대행대왕을 위하여 입을 복제服制가 『오례의』에는 기록되어 있는 곳이 없습니다. 혹자는 당연히 3년을 입어야 한다고 하고, 혹자는 1년을 입어야 한다고 하는데, 상고할 만한 근거가 없습니다. 대신들에게 의논하소서" 하였다. … 처음에 국상이 나자 예를 논의하는 자들이 각기 자기 예설을 고집하여 왕대비가 대행대왕 상사에 당연히 차장자次長子의 복으로 3년을 입어야 한다고 말한 자도 있었고, 혹은 임금을 위한 복으로 당연히 참최斬衰를 입어야 한다고 말한 자도 있었다. 그런데 참최를 주장한 자는 전 지평 윤휴의 예설이었다.

연양 부원군 이시백이 그 소식을 듣고는 영의정 정태화에게 즉시 서한을 보냈는데, 정태화가 송시열에게 묻기를, "지금 논의되고 있는 자의전 복제에 관하여 어떻게 해야 되겠습니까?" 하니, 송시열이 말하기를, "예문에 천자로부터 사대부에 이르기까지 장자가 죽고 차장자가 후계자가 되면 그의 복도 장자와 같은 복을 입는다고 하고서 그 아래에 또 4종의 설이 있는데, 서자庶子가 승중承重한 경우에는 3년을 입지 않는다고 하였습니다. 옛날 예문대로 말하자면 차장자 역시 서자인데, 위아래의 말이 이처럼 서로 모순이 되고 있으며 또 의거해 정정할 만한 선유先儒들의 정론定論도 없어서, 이것은 버리고 저것은 취할 수가 없습니다" 하였다.

그러자 정태화가 말하기를, "이른바 4종의 설이란 무엇을 말하는 것입니까?" 하니, 송시열이 하나하나 들어 해석을 하였는데, '정이불체正而不體 · 체이부정體而不正'이라는 대목에 와서 말하기를, "인조의 입장에서 말하자면 소현昭顯의 아들은 바로 '정이 불체'이고 대행 대왕은 '체이부정'인 셈입니다" 하였다. 정태화가 깜짝 놀라 손을 흔들며 말을 못하게 하고 말하기를, "예는 비록 그렇다 하더라도 지금 소현에게 아들이 있는데, 누가 감히 그 설을 인용하여 지금 논의하는 예의 증거로 삼겠습니까? 『예경禮經』의 깊은 뜻은 나는 깜깜합니다만, 국조 이래로는 아버지가 아들 상에 모두 1년을 입었다고 들었습니다. 내 뜻은 국제國制를 쓰고 싶습니다" 하였다.

송시열이 말하기를, "『대명률大明律』 복제 조항에도 그 복제가 기록되어 있습니다. 오늘 그대로 따르더라도 불가할 것이 뭐가 있겠습니까" 하였다. 정태화는 부모가 자식을 위해서는 장자·차자를 가리지 않고 모두 1년 복을 입는다는 국제의 조항을 채택하여, 자의 왕대비가 대행대왕을 위하여 1년 복을 입게끔 결정하였다.

**原文** 禮曹又達: "慈懿王大妃爲大行大王喪服制, 不載於『五禮儀』. 或云當服三年, 或云當服朞, 未有可以攷據者. 請議于大臣." … 初大喪出, 而議禮者, 各持其說, 或有言王大妃於大行喪, 當服次長子三年者, 或有言當服爲君斬之斬者. 主爲君斬者, 前持平尹鐫之說也.

延陽府院君李時白聞之, 卽貽書于領議政鄭太和. 太和遂問于宋時烈曰: "今議 慈懿殿服制, 當如何?" 時烈曰: "禮有之, 自天子以至士夫, 長子死而次適立, 則其服亦與長子同, 而其下又有四種之說, 以爲庶子承重, 則不服三年. 以古禮言之, 次適亦庶子也, 上下之說, 自相矛盾如此, 又無先儒定論, 可据以爲訂者, 將不可取此而捨彼矣."

太和曰: "其所謂四種之說者云何?" 時烈歷數而釋之, 至'正而不體, 體而不正', 時烈曰: "以仁祖言之, 昭顯之子是正而不體也, 大行大王, 是體而不正也. 太和大驚, 搖手止之曰: "禮雖如此, 昭顯今有子, 誰敢以此說, 爲議禮之證乎? 禮經奧義, 吾固昧昧, 國朝以來, 父於子喪, 皆服朞年, 嘗聞之矣. 吾意欲用國制耳." 時烈曰: "『大明律』服制條, 亦載此制. 今日遵用, 亦何不可?" 太和遂取攷國制, 父母爲子, 不分長次, 皆服朞者, 定爲慈懿王大妃爲大行大王服朞年.

_『현종실록』 권1, 현종 즉위년 5월 5일 을축

**자료5**

윤선도가 상소하기를, … "'적嫡'이라는 것은 형제 중에서 필적할 사람이 없다는 명칭이고, '통統'이라는 것은 물려받은 사업을 잘 꾸려가고, 서물庶物의 으뜸이 되며, 위에서 이어받아 후대로 전한다는 말인데, 차장자를 세워 후사를 삼았으면 적통이 다른데 있을 수 있다는 것입니까? 차장자次長子가 아버지의 가르침을 받고 하늘의 명령을 받아 할아버지의 체體로서 태자가 된 뒤에도 적통이 되지 못하고 적통은 오히려 타인에게 있다고 한다면, 그게 가세자假世子란 말입니까? 섭황제攝皇帝란 말입니까?

뿐만 아니라 차장자로서 왕위에 선 이는 이미 죽은 장자의 자손에 대하여 감히 임금으로 군림할 수 없고, 이미 죽은 장자의 자손 역시 차장자로 왕위에 오른 이에게는 신하 노릇을 않는다는 것입니까? … 장유長幼의 차례만 엄히 하고 군신君臣의 신분은 엄히 하지 않아도 된다는 것입니까? 고금 천하에 그러한 의리가 어디 있으며, 하늘의 이치와 선인의 법도가 과연 그렇겠습니까?…

송시열은, 종통宗統은 종묘사직을 맡은 임금에게로 돌리고, 적통은 이미 죽은 장자가 가져야 한다는 것입니까? 그렇다면 적통과 종통이 둘로 갈리게 되는데 그러한 이치가 또 어디 있겠습니까? … 그러고 보면 송시열은 망령스러운 자가 아니면 어리석은 자입니다. 국가 대례를 어찌하여 꼭 그 사람 논의에 따라 정할 것입니까? …" 하였다.

**原文** 尹善道上疏曰 … 夫嫡者, 兄弟中無敵耦之稱也, 統者, 修緒業首庶物, 承上垂後之號也, 立次長爲後, 則復容嫡統之在他乎? 次長承父詔受天命, 體祖主器之後, 猶不得爲嫡統, 而嫡統猶在於他人, 則是假世子乎? 攝皇帝乎?

且次長而立者, 不敢君於已死之長之子孫, 而已死之長之子孫, 亦不臣於次長而立者乎? … 又況徒嚴長幼之序, 而不嚴君臣之分可乎? 古今天下, 安有此義也, 天之理 · 聖人之經, 果若是乎? … 時烈以宗統歸於主廟社之君, 而以嫡統歸於已死之長子乎? 然則嫡統宗統, 岐而二之也, 又豈有此理也? 且時烈亦有無二統之說. 則時烈之見識, 雖有所未逮, 豈至於如此之暗也? … 夫然則時烈非妄則愚也. 國家大禮, 何可必徇此人之議, 而定之也?

_『현종실록』 권2, 현종 1년 4월 18일 임인

**자료6**

주3 부장기(不杖期/朞) : 오복(五服)의 하나. 자최(齊衰)만 입을 뿐 상장(喪杖)은 짚지 않고 복(服)은 만 1년 입음.

아버지는 참최복 3년이고, 어머니는 자최복 3년이다. 조부모는 자최복에 부장기주3이다. 증조부모는 자최복 5개월이다. 고조부모는 자최복 3개월이다. 아들은 기년복이다. 장자長子의 아내는 기년복이고, 중자衆子의 아내는 대공복이다. 적손嫡孫은 기년복이고, 적손의 아내는 소공복이다. 중손衆孫은 대공복이고 중손의 아내는 시마복이다. 증손曾孫은 시마복이다. 현손玄孫은 시마복이다.

**原文** 父, 斬衰三年, 母, 齊衰三年. 祖父母, 齊衰不杖朞, 曾祖父母, 齊衰五月. 高祖父母, 齊衰三月. 子, 期年. 長子妻, 期年, 衆子妻, 大功. 嫡孫, 期年, 嫡孫妻, 小功. 衆孫, 大功, 衆孫妻, 緦麻. 曾孫, 緦麻. 玄孫, 緦麻.

_『경국대전』 예전 오복 … 본종

| 오복 | 상복의 재질 | 기간 | | 대상 |
|---|---|---|---|---|
| 참최斬衰 | • 아주 거친 마포麻布<br>• 아랫단을 마르지 않음<br>• 참斬 '마르지 않는다'의 뜻 | 3년 | | 부 |
| 자최齊衰 | • 조금 거친 마포<br>• 아랫단을 마름 | 3년 | | 모 |
| | | 1년 | 장기杖期 | 모(부 생존 시) |
| | | 1년 | 부장기不杖期 | 조부모, 자, 장자처, 적손 |
| | | 5월 | | 증조부모 |
| | | 3월 | | 고조부모 |
| 대공大功 | • 거친 숙포熟布 | 9월 | | 중자처, 증손 |
| 소공小功 | • 조금 거친 숙포 | 5월 | | 적손처 |
| 시마緦麻 | • 조금 고운 숙포 | 3월 | | 중손처, 증손, 현손 |

**출전**

『연려실기술(練藜室記述)』

『경국대전(經國大典)』: 조선 건국 초의 법전인 『경제육전(經濟六典)』의 원전(原典)과 속전(續典), 그리고 그 뒤의 법령을 종합해 만든 조선 시대의 기본 법전이다. 이전 · 호전 · 예전 · 병전 · 형전 · 공전의 순서로 되어 있다.

『동주집(東州集)』: 조선 후기의 문신 · 학자 이민구(李敏求)의 시문집이다. 1639년(인조 17)에 쓴 자서(自序)에는 자신의 간략한 행력과 시문을 편찬한 경위가 실려 있다.

『현종실록(顯宗實錄)』: 조선 제18대 국왕 현종의 재위 기간 동안의 역사를 기록한 책이다. 총재관(總裁官) 허적(許積)의 지휘 아래 1675년에 편찬을 시작하여 1677년 5월에 완성되었다.

『효종실록(孝宗實錄)』: 조선 제17대 왕 효종의 재위 9년 11개월간의 국정 전반에 관한 역사를 싣고 있다. 주요 내용으로는 북벌론과 송시열(宋時烈)을 비롯한 산당(山黨)의 정계 진출, 산당과 한당(漢黨)의 대립, 대동법의 확대 등이 수록되어 있다.

**찾아읽기**

이태진 편, 『조선시대 정치사의 재조명』, 범조사, 1985.

이태진, 『조선 후기의 정치와 군영제 변천』, 한국연구원, 1985.

이성무 · 정만조 외, 『조선 후기 당쟁의 종합적 검토』, 한국정신문화연구원, 1994.

김세봉, 『17세기 호서산림세력 연구』, 단국대 박사학위논문, 1995.

정홍준, 『조선중기 정치권력 구조 연구』, 고대민족문화연구소, 1996.

이영춘, 「붕당정치의 전개」, 『한국사30』, 국사편찬위원회, 1998.

우인수, 『조선 후기 산림세력 연구』, 일조각, 1999.

한국역사연구회, 『조선중기 정치와 정책』, 아카넷, 2003.

이성무, 『조선시대 당쟁사』, 아름다운날, 2007.

문중양 외, 『17세기-대동의 길』, 민음사, 2014.

이경찬, 「조선 효종조의 북벌운동」, 『청계사학』.93, 1982.

정만조, 「조선 현종조의 공의 · 사의 논쟁」, 『한국학논총』.14, 국민대, 1991.

정만조, 「17세기 중반 한당의 정치활동과 국정운영론」, 『한국문화』.23, 1999.

# 8 왕권, 당쟁을 이용하다
숙종대의 환국과 '탕평' 시도

숙종은 어린 나이에 즉위하였으나 외척의 도움과 당쟁의 역학 구도를 효과적으로 활용하여 조선 후기 군주권의 위상을 강화한 인물이었다. 숙종은 서인에서 남인으로 다시 남인에서 서인으로 당권자를 전격 교체하는 환국을 일으켜 왕권 강화를 이루었다. 이 과정에서 숙종은 자의적 판단으로 정비(正妃)를 폐위하는 과오를 범하기도 하였다. 남인에 대한 대응을 둘러싸고 노론과 소론이 다시 분화하는 등 당쟁이 극성하였고, 이 때문에 '탕평'이 시도되기도 하였다. 숙종대에는 당쟁이 심했던 동시에 국왕권도 강력하여 탕평의 기반이 조성되었다.

숙종(肅宗, 1674~1720)은 14세의 나이에 즉위하였기 때문에 재위 초반에는 외척인 청풍淸風 김씨金氏 세력의 도움에 절대적으로 의존하였다. 숙종을 보좌하며 원상院相으로서 조정을 주도한 허적許積은 남인이지만, 효종대 이래 한당漢黨으로 거론될 정도로 김육·김우명·김석주 등 청풍 김씨와 깊은 인연을 유지하면서 기해예송 이후 남인이 배척되는 상황에서도 고관을 역임한 인물이다. 이들의 협력이 있었기 때문에 남인은 갑인예송에서 승리하고 숙종 초에 정국을 주도할 수 있었다. 허적은 허목과 윤휴 등 남인의 주론자들을 발탁하여 인사권을 장악하게 하여 조정의 요직을 남인과 한당계 인사들로 채웠다.

그러나 남인은 집권한 뒤 얼마 되지 않아 허적과 권대운權大運·민희閔熙·목래선睦來善·유명천柳命天 등이 이끄는 탁남濁南에 대하여 허목·윤휴 등 산림 세력이 이끄는 청남淸南이 강력한 도전 세력으로 부상하며 분립하였다. 탁남은 환국을 주도한 김석주

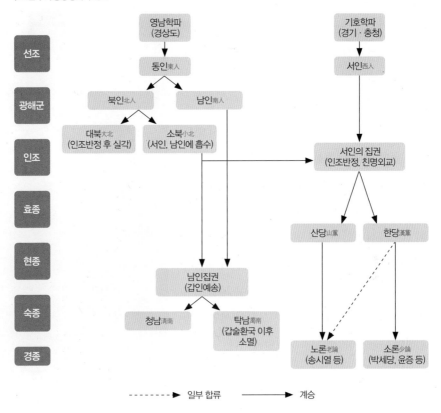

가 서인에 대한 강경한 처벌을 원하지는 않았기 때문에 오례誤禮를 범한 서인, 특히 송시열에 대하여 온정적이었던 반면, 청남은 송시열의 죄를 종묘에 고하고 사형에 처하기를 주장하는 등 정국 운영의 방향을 둘러싸고 대립하였다. 급기야 허목은 허적이 외척과 결탁하고 환관을 동원해 임금의 동정을 엿본다고 탄핵하는 등 양 세력의 갈등은 심각하였다.[자료1]

한편, 숙종 초 남인 가운데 주목할 존재는 종친인 복창군(福昌君, 이남) 3형제이다. 이들은 효종의 동생인 인평대군麟坪大君의 아들들로서 남인 오정창吳挺昌과 인척인 관계로 남인이 왕실과 연결되는 통로 역할을 하였고 숙종과도 함께 자라 스스럼없이 지냈다. 그런데 숙종은 젊은 시절까지 매우 병약하였고 자식도 없는 상태였으므로 후사에 대한 우려가 매우 컸다. 이러한 상황에서 국구인 김우명이 복창군의 무도함을 단속해야 한다는 상소를 올렸는데, 숙종의 복창군 비호로 도리어 곤경에 처하였다. 왕대비인 명성왕후明聖王后가 숙종과 대신들의 모임 장소에 나와 통곡하며 복창군 처벌을 호소하여 김우명은 겨우 위기를 면할 수 있었다.

숙종대 초반에 한당계 서인과 남인이 일시 연합하였지만, 정국은 종친을 등에 업은 남인과 외척 세력을 배경으로 한 서인의 대결 구도에 의해 곧 흔들렸다. 이러한 정세는 청나라에서 오삼계吳三桂 등이 일으킨 삼번의 난으로 인해 대륙의 상황이 일시 불안해지고, 이에 대응하기 위하여 군권이 재정비되는 과정과 맞물려 증폭되었다. 남인은 북벌 재추진을 명분으로 군사력 강화를 시도하여 서인이 독점하던 군권을 장악하고자 하였던 것이다.

이를 위하여 남인은 도체찰사(都體察使, 의정대신이 군무로 명을 받들어 출사할 때의 군직명) 제도를 부활시켜 금군禁軍과 중앙 군영을 제외한 지방의 모든 군사력을 장악하려 하였다. 그런데 허적은 도

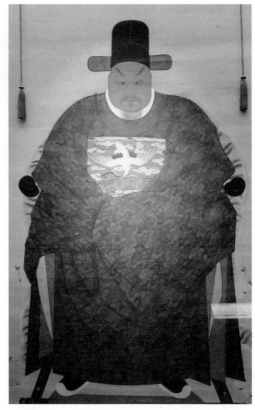

김석주

체찰사가 된 이후에 훈련도감과 어영청의 지휘권까지 장악하여 척신의 군권軍權에 도전하였다. [자료2] 남인의 급격한 성장과 군권 장악 시도에 위기감을 느낀 한당계 명성왕후 일가와 산당계 인경왕후仁敬王后 일가는 서인 외척이라는 동질 의식에서 공동 대응의 필요성을 절감하였다. 이에 김석주 · 김익훈은 허적의 서자 허견許堅과 복창군 형제들을 염탐하며 정국 반전의 계기를 모색하였다.

김석주는 효종대 이래 산당에 맺혀 있던 구원舊怨을 풀고 서인으로서 새삼 연대하는 한편, 허적을 매개로 연결되었던 남인과의 유대 관계를 끊었다. 마침 허적이 집안 잔치에 왕실에서 쓰는 기름 장막을 멋대로 쓴 사실이 드러나자, 숙종은 허적 · 권대운 · 윤휴 등 남인을 일거에 축출하고 정권을 서인에게 맡기는 경신(庚申, 숙종 6년)환

국을 단행하였다.<sup>[자료3]</sup> 숙종의 과감한 결단에는 김석주의 작용이 있었음이 분명하다. 환국의 공로를 치하하는 보사공신保社功臣에는 숙종의 외척인 김만기·김석주·김익 훈金益勳 등이 책봉되었다.

경신환국은 한당의 김석주와 산당의 김익훈·김만기가 척신으로서 연합하여 복선 군福善君 등 종친과 연결된 남인 세력을 쫓아낸 것이다. 외척들은 남인의 도전을 물리 치고 중앙 군영을 완전히 장악하였고, 이어서 숙종 8년에는 김석주가 주도하여 금위 영禁衛營까지 창설하였다. 이로써 조선 후기 5군영 체제가 완성되었다. 이후로는 조선 말기까지 정조대를 제외하고 국왕의 조력자인 외척들에게 5군영의 군권을 맡기는 관 행이 지속되었다.

김석주·김익훈 등은 환국으로 쫓겨난 남인들을 완전히 제거하기 위하여 허적· 민암·권대운 등이 복창군福昌君 형제와 더불어 역모에 관여하였다는 고변告變을 세 차 례나 제기하였는데, 이 과정에서 정탐·무고 등 각종 불법적 행위까지 동원되었다. 이 를 임술(壬戌, 숙종 8) 삼고변三告變이라 한다. 그러나 추국 과정에서 허적·민암·윤휴 등 남인 핵심 인사들이 역모에 관련되었다는 고변은 무고誣告에 불과하였고, 허견 등 이 복창군 형제들에게 병약한 숙종의 후사 문제에 대한 대비책을 제안한 사실 정도만 드러났다. 애초에 경신환국 이전부터 김석주·김익훈은 하수인들을 동원하여 허견 주변을 정탐하게 하였던 바, 이를 통해서 얻은 불확실한 정보를 부풀려 상대 당 제거를 위해 활용한 것이다.

이에 정치적 목적을 위하여 정탐·무고와 같은 비법적非法的 행태까지 동원하는 김석주·김익훈 등 척신들에 대한 배척 여부가 중대한 정치적 쟁점이 되었다. 소장층은 척신 배제라는 청론의 원칙을 내세웠고, 노장층은 정탐이 불가피한 현실을 강조하며 대립하였다. 그런데 이에 대해 청론을 표명할 것으로 기대되었던 송시열은 도리어 김익훈의 행위를 옹호하였을 뿐 아니라, 대명의리를 내세워 효종을 세실世室로 모시고 태조의 시호를 추상追上해야 한다는 논의를 주도하는 등 정국 현안과 동떨어진 예제禮制 정비에 주력함으로써 소장층의 기대를 외면하는 모습을 보였다.

결국 서인의 분열은 경신환국 주도층에 대한 평가, 곧 정치 노선의 문제였다. 송시열은 경신환국에서 김석주의 역할을 크게 인정하여 현종대 이래 예론 문제로 야기된 불편한 관계를 청산하였으나, 소장층은 환국의 결과는 긍정하지만 청론淸議의 원칙에 입각하여 척신의 정국 주도를 문제 삼은 것이다. 이를 계기로 정치에서 척신 배제의 전통을 강조하는 소장층의 의론과 정당한 의리를 실현하기 위해서는 현명한 척신의 정국 주도를 용인해야 한다는 노장층의 의론, 곧 소론少論과 노론老論의 분열이 본격화되었다.[자료4]

여기에 병자호란 이후 윤선거의 처신에 대한 평가, 남인 윤휴尹鑴에 대한 견해차 등으로 누적되었던 송시열과 윤증의 개인적인 갈등, 곧 회니시비(懷尼是非, 송시열과 윤증 사이에 벌어진 시비 논쟁. 송시열은 회덕에 윤증은 이산에 살았다)가 더해져 산림 역시 송시열과 윤증의 문하로 양분되었으니, 이제 분열은 정파적 양상뿐 아니라 학파적 대결 의식까지 더해지게 된 것이다. 박세채朴世采가 송시열과 윤증의 조정에 실패하였을 정도로 대립은 뚜렷해졌다.[자료5] 윤증이 제시한 기준은 척신의 정치 간여 배제, 송시열 제어, 남인 포용 등이었다. 이는 관료 가문 위주로 능력에 따른 조용調用을 강조한 한당의 노선과 대체로 일치한다. 반면 송시열은 종사의 안정을 위해서는 서인의 정국 주도가 무엇보다 중요하며 이 과정에서 척신의 권모權謀가 불가피하다면 문제 삼을 수 없다고 보았기 때문에 인조반정 주도 세력인 산당의 노선을 견지한 셈이다.

대체로 노론은 김석주, 김만기─김익훈, 민정중閔鼎重─민유중閔維重 등 한당·산당 출신의 척신과 김집·송시열계 문인들이라는 비교적 단일한 기호畿湖 세력으로 구성된 반면, 소론은 척신을 제외한 한당계 관료들과 윤선거·윤증·박세당·박세채 계열 문인들이라는 비교적 다양한 기호 세력이 결합한 정파이다. 노론은 북벌론의 전제인 대명의리론—조선중화론의 명분 정립에 주력한 반면, 소론은 청의 안정적 지배라는 현실을 강조하며 명분론의 과잉과 독점에 비판적이었다.

노·소론의 분기는 경신환국 과정에서 척신들의 정탐 행위를 둘러싼 인식 차이뿐 아니라, 경신환국 때 쫓겨난 남인에 대한 포용 범위의 이견, 북벌과 대명의리의 명분을 내세워 이념적 '패권'을 강화하려 하였던 송시열에 대한 비판 의식도 강하게 작용하였다. 이런 의미에서 효종대 이래 지속되었던 한당과 산당의 대립 구도와 상이한 현실 인식이 정권 교체 과정에서 동원된 수단의 불법성 논란을 계기로 증폭되어 노·소론의 분기로 귀결된 것이라고 판단된다.

경신환국 이후 서인이 분열하는 가운데 숙종은 점차 정국을 주도할 능력을 갖추게 되었다. 그동안 의존하던 척신 김석주도 숙종 10년에 사망하였기 때문에 숙종의 능력은 시험대에 올랐다. 그 첫 관문은 후사後嗣문제의 안정이었다. 이를 위하여 숙종은 후궁인 장희빈張禧嬪 소생의 왕자 윤(昀, 훗날 경종)을 태어난 지 2달여 만에 원자元子로 정하였다. 그러나 신하들은 노·소론을 불문하고 그 성급함을 문제 삼아 반대하였는데, 산림 송시열이 선봉에 선 사림의 반대가 격렬하였다.

이에 숙종은 원자를 결정하는 것도 뜻대로 못하는 조선의 군약신강君弱臣强을 개탄하며 송시열을 비롯한 서인들을 대거 쫓아내고 경신환국 당시에 쫓겨난 권대운·목래선·민암 등 탁남 세력을 다시 불러들여 정국을 주도하게 하였다. 이를 기사(己巳, 숙종 15)환국이라 한다. 곧이어 숙종은 원자를 세자로 책봉하였을 뿐 아니라, 세자 보호를 명목으로 인현왕후仁顯王后의 폐비 및 희빈 장씨의 왕비 승격까지 일사천리로 단행하였다.

이 과정에서 숙종은 송시열에게 사약을 내리고, 소론 오두인·박태보를 잔인하게 친국親鞫 하다가 죽게 하는 등 폐비 반대의 공론을 탄압하였다. 이에 대응하기 위하여 노·소론은 분열을 일시 멈추고 숙종의 독주를 제어하는 데 공조하였다. 반면 숙종과 장희빈의 힘에 의해 집권한 탁남은 정비正妃를 폐위하는 과도한 조치에도 형식적으로 대처하며 사실상 폐비 사태를 방관하였다. 남인은 환국을 기회로 정적 제거를 시도하

**인현왕후가 폐비가 된 후 머물던 감고당**
본래는 서울 안국동에 있었으나 현재는 경기도 여주군으로 옮겼다.

고 왕비 교체에도 소극적으로 대응하는 등 숙종의 독주에 편승하는 면모를 보였다.

특히 폐위된 왕비를 둘러싸고 서인과 남인은 정면 충돌하였다. 남인은 노·소론의 주요 인사들이 관여되어 있던 폐비 복위 시도를 고변告變하여 정적을 제거하려 하였고, 서인은 새롭게 숙종의 총애를 받던 숙원 최씨淑媛崔氏 독살설을 제기하며 장희빈을 쫓아내고 폐비를 복위시키려 하였다. 결국 환국 이후 희빈 세력으로부터 갖은 고초를 당하던 숙원 최씨의 밀고를 들은 숙종은 남인들을 다시 쫓아내고 소론들을 정승에 배치하는 동시에 노론들을 대거 사면하였다. 이를 갑술(甲戌, 숙종 20)환국이라 한다. 이어서 숙종은 인현왕후 폐위를 후회한다며 폐비를 복위시켰고 장씨를 다시 희빈으로 강등시켰다.

기사환국은 남인의 실력이 아니라 숙종의 의지로 단행된 것이므로, 다시 숙종의 뜻이 바뀜에 따라 갑술환국이 단행된 것이다. 환국 이후 숙종은 노론과 소론을 위주로 정국을 운영하였고, 기사년의 당국자들인 남인은 완전히 배제하였다. 그러나 숙종은 이전과는 달리 특정 붕당에 권력을 일임하기보다는 노·소론의 세력 균형을 바탕

박세채

으로 하는 탕평책을 시도하였다. 탕평의 이념은 선조대 이이李珥에 의해 일찍이 거론된 바 있었지만, 갑술환국 이후 박세채朴世采가 황극탕평설皇極蕩平說을 체계적으로 제시함으로써 정국 운영의 모델로 활용된 것이다. [자료6] 탕평설에 대하여 대체로 노론은 군자당君子黨인 노론 위주의 정국 운영을 주장하였기 때문에 매우 소극적인 반면, 소론은 노론뿐 아니라 기사년에 죄를 지은 당국자 이외의 남인까지 수용하려 하는 등 적극 찬동하였다.

갑술환국 이후 숙종은 탕평책에 적극 부응하는 남구만南九萬, 유상운柳尙運, 최석정崔錫鼎 등 소론을 위주로 정국을 운영하되 노론과 공존하게 하면서 남인도 일부 참여시켰다. 숙종이 소론의 산림 역할을 하던 윤증을 지극히 예우한 것은 탕평의 기조에서 소론 위주로 정국을 운영한 것을 상징한다. 소론 우위의 정국 운영은 왕실 최대 현안인 세자 보호 문제와 관련이 있었다. 그러나 숙종대의 탕평 시도는 정국의 상황에 따라 다시 환국의 방식으로 회귀하곤 하였기 때문에 불안정한 면모를 보인다.

갑술환국 이후에 인현왕후와 장희빈의 지위가 다시 역전됨에 따라 왕후와 희빈의 관계 및 세자의 어머니 희빈 일가에 대한 예우 문제가 정국의 쟁점이 되었다. 이는 세자 보호를 둘러싼 대립의 양상까지 띠었다. 특히 희빈과 그 오라비 장희재가 왕후 복귀를 위하여 인현왕후를 해치려는 시도를 지속하였기 때문에, 이들에 대한 처분은 왕실의 법도를 확립하는 데 매우 중요한 문제였다. 소론은 세자의 지위를 안정시키기 위하여 희빈 장씨에 대하여 온정론을 펼 것을,

노론은 인현왕후를 해치려 한 이들을 원칙대로 처단할 뿐 아니라 이들의 배후인 남인을 정국에서 배제할 것을 주장하였다.

숙종은 남구만, 최석정 등에게 연이어 국정을 주도하게 하여 희빈 문제와 별개로 한동안 세자의 지위를 강화하는 데 주력하였다. 그러나 숙빈 최씨에서 연잉군, 명빈 박씨에서 연령군이 탄생한 반면 세자는 숙종 30년 무렵에 얻은 병이 정신질환으로 진행된 상태였다. 숙종은 세자 교체를 염두에 두게 되었다. 이를 위해서는 세자 보호에 진력하고 있던 소론을 배제하고 노론을 전면에 내세워야 했다. 숙종은 갑술환국 이후 조성된 노·소론 탕평의 구도를 변경하고 다시 환국을 단행하였다.

이를 예고하는 병신(丙申, 숙종 42) 처분은 그 시작이었으니, 이는 숙종이 송시열과 윤증의 유학, 곧 사문斯文에 대한 시비 논쟁에 개입하여 송시열, 곧 노론이 옳았다고 판정한 것이다. 이는 학술에 대한 시비 판정에 불과하므로 이전의 환국과 달리 상대 당에 대한 정치적 숙청으로 연결되지는 않았지만, 노론이 소론을 물리치고 정권을 장악하는 환국으로 연결되었다. 정치적 맥락에서 보면 이는 세자를 교체하려는 숙종의 구상에 따른 것으로 해석된다. 이어서 숙종은 노론의 영수 이이명李頤命을 독대獨對하여 세자에게 대리청정을 맡기기로 하였다. 이를 정유(丁酉, 숙종 43)독대라 한다.[자료7] 여러 정황으로 볼 때, 이때의 대리청정은 세자 교체를 겨냥한 것이었다. 그러나 세자는 소론 인사들의 도움을 받아 대리청정에서 결정적인 과실을 노출하지 않았기 때문에 무사히 즉위할 수 있었다.

숙종대의 정치는 여러 차례의 환국이 상징하듯 혼란스러워 보이지만, 이 과정에서 숙종은 이전보다 훨씬 강한 왕권을 행사할 수 있었다. 이는 효종대 이래 증강된 중앙 군영의 지휘권을 신뢰할 만한 외척을 통해서 장악할 수 있었기 때문에 가능한 것이었다. 경신환국 직후인 숙종 8년 김석주의 주도로 창설된 금위영禁衛營은 현종대 군영 축소의 경향에도 불구하고 서인과 남인이 경쟁적으로 만든 정초청精抄廳과 훈련별대訓鍊別隊를 재편한 것이다. 이로써 조선 후기의 5군영 체제가 완결되었다.

이와 아울러 숙종 3년(1677)에 경상도 대동법, 숙종 43년(1717)에 황해도 대동법이 시행되어 대동법이 완결되었다. 이로써 공납 폐단의 문제는 일단락된 것이다. 그러나 숙종대에는 효종대 이래 군영의 증설 과정에서 군역 부담자가 대폭 늘어났을 뿐 아니라 군영별로 1~3필匹까지 차이가 나던 군역軍役 불균의 문제를 바로잡기 위한 양역良役 변통 논의가 본격 제기되었다. 이는 일단 숙종 29년에 양정의 군포軍布를 2필로 통일하는 것으로 일단 정리되었다.

숙종은 효종의 북벌 정책이 불가능해진 현실에서 왕실이 그 정신을 주도적으로 계승하고 있음을 보여주고자 하였다. 이는 대명의리對明義理 정리 작업으로 나타났다. 이를 위하여 숙종은 30년에 대보단大報壇을 궁궐에 들여 설치하는 등 대명의리를 사대부에게 맡겨 두지 않고 왕실이 주도하고 있다는 사실을 확인하였다. 이와 같은 맥락에서 성균관의 문묘文廟에 종사된 중국의 성현들에 대하여 존왕양이尊王攘夷 · 복수설치復讐雪恥라는 조선 왕조의 엄격한 성리학적 의리론을 기준으로 재평가하여 정비하였다.

**자료1**

당초에 허목이나 윤휴는 모두 허적이 천거해서 이끈 사람이었다. 그러나 허목은 차례를 뛰어넘어 등용되었기 때문에 허적과 나란히 정승이 되었다. 윤휴 또한 이조판서가 되었으므로 권력이 서로 비슷해져 그들의 당을 자처하는 자는 허목과 윤휴에게 붙는 것을 명예로 삼는 자가 많았다. … 권대운과 권대재, 이봉징과 홍우원 등은 함께 허목을 중심인물로 삼아 송시열의 죄를 마땅히 종묘에 고하고 죄를 추가해야 한다고 역설하였는데, 이들은 이를 스스로 청준淸峻한 의론이라고 일컬었다.

민희 형제와 오정창 형제와 그 숙질들은 허적을 중심인물로 삼아 너그럽게 다루자고 주장하니, 이들을 탁남濁南이라고 불렀다. … 윤휴가 처음에 허목과 함께 청남의 영수가 되었는데, 뒤에 일을 함에 있어서 탐하고 방종하니 허목이 함께하지 않았다. 이렇게 되자 앞서 윤휴를 공격하던 자들이 다 허목에게 붙어서 청남淸南이 되었다. … 이로부터 허적 부자는 세력이 더욱 왕성해졌다. 이에 허목이 임금에게 상소를 올렸는데, 그 대략은 "영의정 허적이 이미 큰 책임을 맡아 권세가 더욱 왕성해진 데다가 전하의 외척과 교분을 맺어 권문세가가 되었습니다. 환관과 귀근貴近들을 밀객密客으로 삼아 전하의 동정을 엿보아 전하의 뜻에 영합하고 … 전하의 뜻을 현혹케 하여 권력을 독차지했습니다. … "라 하였다. 임금이 성내어 심히 꾸짖고 허목으로 하여금 "임금의 동정을 엿본다는 말을 어디서 들었는지 자수하라"고 하였으나, 허목은 대죄만 하고 그 출처는 대지 않았다.

**原文** 初, 許穆. 尹鑴俱爲許積所薦引. 及穆以不次用, 與積幷相, 鑴亦至吏判, 權勢相埒. 其黨自好者, 多附穆. 鑴爲名. … 權大運. 大載. 李鳳徵. 洪宇遠等, 幷主許穆, 力言宋時烈之罪, 當告廟加律, 自爲淸峻之論.

閔熙兄弟 · 吳挺昌兄弟叔侄, 幷主許積, 爲寬緩之論, 時稱濁南. 尹鑴, 初與許穆同爲淸南領袖, 後因行事貪縱, 爲穆所不與, 故前攻鑴者, 亦多附穆爲淸南. … 自是, 許積父子, 勢愈盛. 許穆乃上箚略曰: "領議政許積, 旣任大責, 權位益盛, 締交戚里以爲形勢. 宦侍貴近, 結爲密客, 伺上動靜, 以爲迎合, … 惑上意以專權力. … 上怒切責之. 使穆自首所聞伺上動靜語, 穆待罪不爲聞命.

_『당의통략』

**자료2**

허적이 임금에게 아뢰기를, "중국은 도독都督이 모든 군사軍事를 안팎 없이 주관하는

주1 체부(體府) : 조선 시대에 체찰사(體察使)가 관할하는 부영(府營).

주2 수가(隨駕) : 거동 때 어가(御駕)를 수행함.

데, 우리나라는 체부體府주1가 단지 지방군[外兵]만 관장합니다. 만약 난리를 당하여 수가隨駕주2하면 어영청과 훈련도감을 논할 것 없이 아울러 총관總管할 수 있으나, 일이 없는 날에는 임금의 친병親兵은 지휘[節制]할 수 없습니다. 고례古例가 또한 이와 같습니다" 하였다.

그러자 김석주가 친병[禁旅]은 체부體府에 소속시킬 수 없다고 힘써 말하였다. … 그 뒤에 체부 종사관體府從事官 이담명李聃命이 경연에 입시入侍하여 양국(兩局, 어영청과 훈련도감)을 도로 체부에 소속시킬 것을 청하였다. 그러나 김석주가 다시 고집을 피우며 불가하다고 하여 일이 마침내 시행되지 못하였다.

이때 체부에 대한 의논은 대체로 이정(李楨, 복창군)·이남(李柟, 복선군)이 중권重權을 총관하기 위한 계책이었는데, 반드시 허적에게 서울과 지방의 군사를 모두 통솔하게 하려고 한 것은 허적이 이남의 무리의 외원外援이 되기 때문이요, 김석주가 속으로 깊은 근심을 품은 것은 바야흐로 허적 등을 몰래 도모하려고 했기 때문이었다. 그러므로 다투기를 이와 같이 하였다.

**原文** 積白上曰: "中原則都督諸軍事, 無內外主之, 而我國則體府只察外兵. 若當亂隨駕, 則無論御營. 訓局, 竝可總管, 而無事之日, 則輦下親兵, 不可節制, 古例亦如此矣." 錫胄力言禁旅不可屬諸體府. … 其後, 體府從事官李聃命入侍講席, 請以兩局還屬體府, 錫胄復固爭以爲不可, 事竟不行. 時, 體府之議, 蓋以爲楨. 柟總重權之計, 而必欲令積咸統中外者, 以積爲柟輩外援故也. 錫胄內懷深憂, 方陰圖積等故, 爭之如此.

_『숙종실록』 권5, 숙종 2년 4월 13일 을축

## 자료3

김석주가 이처럼 안팎의 권력을 다 장악하니 허적의 무리인 탁남濁南이 다 따랐다. 김석주는 눈치가 빠르고 시세를 잘 엿보았다. 그래서 청남과 탁남이 분열된 후 임금의 뜻과 세상의 인심이 점점 남인들을 싫어하는 것을 알고 남인 정권을 무너뜨리려는 의지를 굳혔다. 숙종의 장인인 광성부원군 김만기와 모의하여 김만기의 숙부 김익훈을 끌어들여 어영대장으로 삼아 자신을 돕게 하였다. 또한 그 뜻을 송시열에게 전해 감정을 풀고 일을 함께하기로 약속했다. 그리고 여러 차례 신범화申範華와 정원로鄭元老를 유혹하여 복선군과 허견의 비밀스런 정황들을 염탐하게 하였다. … 마침 허적의 할아버지인 허잠許潛이 시호를 받아 잔치를 했는데 고관들이 많이 참석했다. … 그날

비가 많이 내리자 숙종은 왕실에서 쓰는 장막을 허적의 집에 보내 성대한 잔치가 되게 하라 명하였다. 그런데 좌우에서 말하기를 "허적이 이미 가져갔습니다"라고 아뢰었다. 숙종이 대노하여 "한명회도 감히 이런 일은 하지 못했다"라고 하였다. … 허적이 매우 놀라 급히 가마를 타고 대궐문에 이르렀는데 들어갈 수 없었고, 여러 대장들은 이미 교체되었다.

**原文** 錫冑以此權傾內外, 積等濁南皆附之. 錫冑機警善覘勢, 自淸濁之分, 而知上意人心益厭南人, 決意欲傾之. 與國舅光城府院君金萬基謀, 引萬基叔益勳爲御將, 以自輔. 又致意于時烈, 約以釋憾同事. 數誘範華元老, 探柄堅隱狀 … 會許積祖潛延諡, 大邀公卿. … 是日雨甚, 上命出御用帳幙, 送積家以侈宴. 左右曰:"積已取去矣." 上大怒曰: "此韓明澮之所不敢爲也." 積大驚, 趣駕隨之, 詣闕不得入, 而諸將已易置矣.

_『당의통략』

<br>

### 자료4

청성 부원군淸城府院君 김석주金錫冑가 졸卒하였다. … 김석주의 조부 김육金堉은 일찍이 대동법大同法을 힘써 주장하여 김집金集과 의논이 화합하지 아니하였다. 김집이 이 때문에 조정을 떠나갔고, 김육도 서로 기꺼이 굽히지 아니하니, 사람들이 이 때문에 김육이 사류士類와 서로 좋지 않았다고 여겼다. 김육을 장사지낼 때 김좌명金佐明 등이 참람하게 묘도[隧道]를 사용하니, 사헌부 관원[臺臣] 민유중閔維重 등이 법에 의거하여 죄주기를 청하였다. 이때 송시열宋時烈이 이조판서가 되어 자못 그 논의를 도와 곧 대간의 논의와 다른 자는 내치고 같은 자는 올렸다. 이 때문에 김석주의 집에서는 사류士類를 깊이 원망하였다. …

김석주가 처음에 한쪽의 사람들과 서로 미워하지 않았고, 또 왕실과 가까운 친척으로서 임금의 각별한 대우를 받아 몇 해 사이에 하급 관리[郎署]에서 재상의 지위에 올랐다. 그런데 스스로 나라와 고락을 함께하는 척신戚臣으로서 시배時輩의 흉측하고 방자한 짓을 직접 보고 장차 반드시 집을 해치고 나라를 망하게 할 것이라 여기고는 비로소 깊은 근심을 가지게 되어 겉으로는 비록 옳다고 하였으나 속으로는 서로 도모하려 하였다. 이정(李楨, 복창군) · 이남(李枏, 복선군) 등이 몰래 역모를 꾀하자, 윤휴尹鑴 · 허적許積의 무리가 단단히 결탁하여 권세를 서로 의지하였다. 그러자 김석주가 밤낮으로 이를 우려하여 온갖 계략을 발휘하여 다방면으로 정탐하고, 은밀히 국왕의 결단을 도와 마침내 나쁜 싹을 쓸어 없애고 다시 종사宗社를 안정시킬 수 있었으니, 그 공이 크다고 이를 만하다.

경신환국 뒤에 한 부류의 시의(時議, 훗날의 소론)가 스스로 사론士論이라 핑계 대어 이르기를, "당초에 환국換局의 조치는 일이 혹은 바르지 못하였다" 하고, 자못 공박攻駁하여 배척하는 의도가 있었다. 송시열宋時烈이 말하기를, "… 또한 우리나라의 청양군靑陽君 심의겸沈義謙도 일찍이 궁실宮室과 내통內通했다는 비난이 있었으나, 문성공 이이李珥는 그가 사림士林을 보호한 공로가 있음을 인정하였다. 지금 김석주의 공로 또한 심의겸에게 비할 만한 것이다. 뿐만 아니라 그 일이 비록 한결같이 정당한 데에서 나오지 않았더라도 역시 이로써 허물할 수는 없다" 하였다.

**原文** 淸城府院君金錫胄卒. … 錫胄祖堉, 嘗力主大同法, 與金集議不合. 集以此去朝, 堉亦不肯相下, 人以此謂堉與士類不相善. 及堉之葬也, 佐明等借用隧道, 臺臣閔維重等, 據法請罪. 時宋時烈爲吏判, 頗右其論, 仍以黜陟臺論之異同者. 以此錫胄家, 深怨士類. …

錫胄始與一邊人, 不甚相忤, 又以肺腑之親, 被上眷遇, 數歲中, 由郎署位卿宰. 自以休戚之臣, 目見時輩所爲, 凶譎縱恣, 將必害家凶國, 始有深憂, 外雖唯諾而內實相圖. 及至楨, 柟等, 潛謀不軌, 而鑴. 積輩, 締結盤據, 聲勢相倚, 錫胄夙宵憂慮, 費盡心機, 多方詗察, 密贊睿斷, 卒能掃除凶孼, 再安宗社, 其功可謂大矣.

庚申更化之後, 一種時議, 自托於士論, 以爲當初換局之擧, 事或非正, 頗有攻斥之意. 宋時烈以爲: " … 且本朝靑陽君沈義謙, 亦嘗有內通之譏, 而文成公李珥, 許其有扶護士林之功. 今錫胄之功又不但義謙之比, 則其事雖不能一出於正, 而亦不可以此爲罪."

_ 『숙종실록』 권15, 숙종 10년 9월 20일 계미

자료5

송시열은 대의大義를 바르게 하는 것으로 자부하였으나, 이때에 이르러서는 맨 먼저 효종의 세실世室을 정하자고 청하고, 또 태조에게 시호를 추가하자고 청하였다. … 처음 송시열이 조정에 나오자, 조정의 의론은 "송시열이 관직에서 쫓겨났다가 다시 조정에 들어왔으니, 반드시 정당한 논의와 원대한 계책으로 임금을 도울 수 있을 것이다"라고 하였다. … 그런데 다른 건의는 없이 혼란스럽게 종묘 전례典禮만 청하니 그 의도가 모두 이런 논의를 통해 자신의 지위만 높이려는 것이어서 크게 인망人望을 잃었다. …

윤증이 임금의 부름을 받고 과천果川까지 이르렀는데 서울에는 오지 않자 박세채가

가서 그 이유를 물었다. 윤증이 밤에 박세채와 함께 자면서 말하였다. "서인과 남인의 깊은 원한을 풀 수 없고, 삼척(三戚, 김석주 · 김만기 · 민정중)의 세력을 막을 수 없소. 지금의 상황은 자기와 뜻이 다른 자는 배척하고, 자기에게 순종하는 자만 참여시킵니다. 이러한 풍조도 변화시키지 않을 수 없는데, 그대는 그럴 수 있겠소?" 박세채가 말 없이 한참 있다가 "모두 할 수 없습니다"라고 대답하였다. 그러나 윤증이 "세 가지를 할 수 없다면, 나는 조정에 들어가지 않겠소"라고 하면서 결국 곧장 돌아가 버렸다.

**原文** 時烈雅以大義自命. 至是, 首請孝宗定世室. 又請太祖加諡. … 始, 時烈之至, 朝議謂 "時烈起廢造朝, 必有昌言宏猷, 裨補聖德." … 及見無他建白, 紛然以宗廟典禮爲請, 而其意皆假借以自重, 殊失人望. …

尹拯承召, 至果川不進, 世采往問之. 拯夜與共宿, 從容曰: "西南怨毒不可解, 三戚門戶不可杜. 今之時態, 異己者斥之, 順己者與之, 此風亦不可不變, 公能之乎?" 世采?然良久, 曰: "皆不能." 拯曰: "三者不可爲, 則吾不可入." 遂徑歸.

_「당의통략」

**자료6**

박세채朴世采가 지은 교서敎書를 중외中外에 반포했다. "… 생각하건대, 우리 열성列聖들께서 신성神聖하게 계승해왔는데, 선조조宣祖朝에 이르러 비로소 조정의 진신搢紳들이 동인과 서인의 당색이 있게 되었다. 그러나 당초에 또한 일찍이 조정調停하지 않았던 것이 아니지만 서로 틀어져버렸다. …

계해년(1623, 인조반정)에 중흥中興하자 종묘의 제사가 다시 바로잡히고 뛰어난 많은 선비들이 모두 모여들어 거의 보합保合의 미덕이 있었다. 그러나 또한 이미 40여 년이 지나 마침내 기해년(1659)의 복제론服制論에서 크게 격화되었다. 비록 4대 조정의 명성明聖하신 분들께서 인도하며 통솔하셨지만 오히려 모두 평온平穩하지 못한 데가 있었다. … 갑인년(1674) 이래로 세상의 운수가 자주 변해 일진일퇴一進一退하며 배제하고 공격하는 기세를 조장했고, 드디어 당시 일을 맡아 다스리던 사람들로 하여금 피차를 논할 것 없이 각각 편당하는 풍습에 주력하기를 그만두지 않게 만들었으니, 청남淸南과 탁남濁南, 노론老論과 소론少論에서 대개大槪를 미루어볼 수 있다.

매양 생각이 이에 미칠 적마다 마음이 에는 듯하다. 그 연유를 따져 보면 … 또한 편당하는 풍습이 빌미가 되지 않은 경우가 없었다. … 이제는 장차 크게 사의私意를 제거하고 크게 공정한 도리를 회복하기로 온 나라 사람들과 함께 다시 시작하여, 일시동인一視同仁하며 통렬하게 지난날의 일들을 징계하겠다. 그리고 피차彼此를 따지지 않고 오직 재주가 뛰어나고 현명한 사람을 높이 등용해 심복心腹처럼 친근하게 의지하고 수족手足처럼 중요하게 신임하겠다. … 혹시라도 사사로움만 생각하여 임금은 잊어버리고 남과 틀어지는 짓을 하기에 힘쓰며 기필코 조정에 틈을 만들려 하거나, 혹시라도 편하기만을 도모하고 편당 짓기만을 일삼아 교묘하게 회피하는 짓을 하며 번번이 공부公府에 사진仕進하지 않으려는 생각만 한다면, … 이는 교화敎化 밖의 민중과 다를 것 없기에 내가 감히 가볍게 용서하지 않겠다.

아! 그대 신료臣僚들은 모름지기 각자 나의 탕탕평평蕩蕩平平한 뜻을 체득體得하여 거의 후회함이 없도록 하고, 그대 정부政府는 이 말을 중외中外에 포고布告하여 모두가 듣고 알도록 하라" 하였다.

**原文** 以朴世采所製敎文, 頒布中外. "… 惟我列聖, 聖繼神承, 式至于宣廟朝, 始有朝紳東西之目, 初亦未嘗不爲之調劑, 至其相失之端. … 及乎癸亥中興, 宗祊再正, 群彦畢集, 庶幾有保合之美, 而亦旣四紀, 遂乃大激于己亥服制之論. 雖以四朝之明聖導率, 猶有所未盡底平者. … 粤自甲寅以來, 世運屢變, 一進一退, 適足以助其傾軋之勢, 遂使當時治事者, 亡論彼此, 各主黨習而不已. 淸濁老少, 槪可推見.

每念及此, 心焉如傷, 究厥所由, … 亦莫非黨習之爲崇 …今將大袪私意, 大恢公道, 與國更始, 一視同仁, 痛懲前日之事, 亡論彼此, 惟才惟賢, 是崇是用, 託以心腹之親, 任以手足之要. …其或懷私忘上, 務爲崖異, 必欲生釁於朝著, 或圖便事黨, 巧爲回避, 每思不仕於公府, … 是無異於化外之民, 予不敢輕貸, 咨爾臣隣! 須各仰體予蕩蕩平平之志, 庶無後悔, 惟爾政府, 其以此言, 布告中外, 咸使聞知."

_『숙종실록』권27, 숙종 20년 7월 20일 병술

**자료7**

정유년(숙종 43) 가을, 왕세자에게 명하여 서무庶務를 대리代理하라고 하였다. 세자는 갑신(숙종 30)에서 을유년(숙종 31) 사이에 점차 병이 빌미가 되어 때때로 벽을 향하고 앉아서 조그만 소리로 중얼거려 다른 사람과 대화하는 것처럼 하였으며, 혹은 한밤중에 뜰에서 서성거리기도 하였고, … 정신도 안정되지 못하였고 지각도 간혹 분명하지 않았다. 또 하체의 기운이 마비되고 약해서 남녀의 일을 알지 못하여 나이 30세에도 여색을 가까이 할 수 없었다. …

주상은 계사년(숙종 39) 이후부터 병환이 더욱 심해져 갑자기 나아졌다가 더 심했다가 하였는데 해가 갈수록 더욱 위독해졌다. … 어느 날 약방이 입진할 때에 좌의정 이이명과 함께 들어오라고 명하였다. … 이이명이 들어오자 승지가 미처 들어오지 않았는데도 내시가 갑자기 문을 닫아 버렸다. 이이명이 들어와 엎드리니 주상이 손을 잡고 탄식하면서, "내가 죽을 날도 며칠 남지 않았다. 내가 죽은 후에는 세자가 결코 무거운 책무를 감당할 수 없을 것 같은데 어찌하면 좋겠는가?" 하였다. … (당시 청나라 황제가 태자太子를 폐하고서 다시 책봉하지 않았었다.) 주상이 "내가 매번 말하지만, 금일의 (청나라) 태자와 우리 세자가 어찌 그렇게 비슷한가?" 하였다. … 주상이 "내가 병든 후부터 이러한 생각을 하고 있었는데, 지금은 눈의 병이 이와 같기 때문에 … 이러한 말을 하지 않을 수 없다."…

이에 소론들이 떠들썩하여, 이이명의 독대가 장차 세자를 바꾸는 역수易樹의 거사를 만들 것이라고 생각하였다. … 세자의 질환의 실상은 세상이 모두 알지 못하는데, 이때 갑자기 역수의 거사가 있다면 반드시 큰 변고가 있을 것이므로 여러 대신들이 모두 죽기를 맹세하고 감히 따르지 않았던 것이다. … (숙종 44년) 겨울에 왕자 연령군延齡君 훤이 죽었다. 연령군은 온유하고 영민하여 주상도 연잉군보다 더 사랑하였으니, 정유독대할 때 주상의 의중도 대개 연령군에게 있었다고 한다.

**原文** 丁酉秋, 命世子代理庶務. 世子自甲申乙酉間, 漸有病崇. 有時向壁而坐細語諄諄, 有若與人酬答者然. 或中夜彷徨於階庭之間, … 精神不能照管, 知覺或不分明. 且下氣痿病, 不知有男女之事. 春秋三十, 不能近女色. …

上自癸巳以後, 疾患沈綿, 乍歇乍劇, 積年彌留. … 一日藥房入診時, 命左相李頤命同入. … 先入則承旨未及入, 而內侍遽闔閉門. 頤命進伏, 則上幄手而歎曰 : "予死亡無日. 予死之後, 世子決不可堪荷, 奈何?" … (時胡皇不更立廢太子) 上曰: "予每言之矣. 今日太子. 世子, 何其相似耶矣 …予自病後, 久有此意矣. 今則眼病如此, 故不得不發語矣." …

於是, 少論譁然以爲頤命獨對將成易樹之擧. … 且世子疾患之實狀, 中外皆不知之. 此時遽有易樹之擧, 則必生大變, 故諸大臣皆矢死不敢從. … 冬, 王子延齡君昍卒. 延齡君爲人溫柔警敏. 上鍾愛之過於延礽君. 丁酉獨對時, 上意皆在於延齡云.

_ 「단암만록」

**출전**

「숙종실록(肅宗實錄)」

『단암만록(丹巖漫錄)』: 조선 후기의 문신이자 숙종비 인현왕후(仁顯王后)의 동생 민진원(閔鎭遠)이 1728년(영조 4)에 재직 시 궁중에서 일어난 모든 사건을 초록한 책이다. 2책이며 당쟁과 이로 인한 인현왕후의 복위, 장희빈의 사건 등 많은 풍파의 내막을 노론의 입장에서 기록한 것이다.

『당의통략(黨議通略)』: 조선 시대 당쟁을 역사적으로 정리한 당론서(黨論書)다. 소론 준론(峻論)인 이건창(李建昌)이 조선 시대 선조대에 발생한 동인과 서인의 분당(分黨)부터 영조대까지를 대상으로 하여 당론(黨論) 전개의 줄기를 조부 이시원(李是遠)의 『국조문헌(國朝文獻)』을 토대로 정리한 것이다.

### 찾아읽기

이태진 편, 『조선시대 정치사의 재조명』, 범조사, 1985.

이태진, 『조선 후기의 정치와 군영제 변천』, 한국연구원, 1985.

이은순, 『조선 후기 당쟁사 연구』, 일조각, 1988.

이성무 · 정만조 외, 『조선 후기 당쟁의 종합적 검토』, 한국정신문화연구원, 1994.

이희환, 『조선 후기 당쟁연구』, 국학자료원, 1995.

홍순민, 『한국사30』, 국사편찬위원회, 1998.

이성무, 『조선시대 당쟁사2』, 아름다운날, 2007.

문중양 외, 『17세기-대동의 길』, 민음사, 2014.

정경희, 「숙종대 탕평론과 '탕평'의 시도」, 『한국사론』, 30, 1993.

이상식, 「조선 후기 숙종의 정국운영과 왕권 연구」, 고려대 박사학위 논문, 2005.

# 9 탕평의 그림자, 아들을 삼키다
### 영조대의 탕평과 임오화변

경종은 질병으로 인한 무기력함 때문에 군주의 역량을 발휘하지 못하였다. 이로 인하여 노론과 소론의 대립이 극으로 치달아 영조대 이후 정치의리를 규정지은 신임옥사가 발생하였다. 이무렵 노·소론의 충역을 가리는 신임의리가 영조대 중반까지 최대의 쟁점이었고, 그 향방에 따라 탕평의 주도 세력이 결정되었다. 영조는 31년 을해옥사를 계기로 신임의리를 완전히 정리할 수 있었으나, 그 과정에서 여러 차례 의리를 변경하여 세자 및 보호세력과 관계가 원만하지 못하였다. 세자를 뒤주에 가두어 죽인 임오화변은 그 여파였다. 세손은 영조대 중반 이후 성장한 척신들의 영향력과 '영조의 임오의리'라는 무거운 짐을 떠안으며 정치적 역량을 키워야 했다.

    숙종대 말에는 붕당에 따라 지지하는 왕자가 나뉘어 있었다. 소론이 지원하는 세자가 경종으로 즉위하였으나, 불행히도 경종은 국정 수행에 장애가 되는 질병이 있었고 후사도 기대할 수 없었다. 노론은 세자의 이복동생인 연잉군延祁君을 지원하고 있었다. 이러한 상황에서 왕실은 경종의 후사를 효종·현종·숙종, 즉 삼종三宗의 혈맥血脈인 연잉군으로 정하자는 논의와 종친 가운데 한 사람을 경종의 양자養子로 들이자는 논의로 분열하였다. 삼종혈맥론은 소론 가문의 왕대비인 인원왕후仁元王后 김씨金氏가, 양자론은 노론 가문의 왕비인 선의왕후宣懿王后 어씨魚氏가 주도하였다. [자료1] 이 같은 왕실의 분열은 기왕의 노·소론 당쟁을 더욱 복잡한 양상으로 만들었다. [자료2]

    경종대에 노론과 소론은 모두 자기 당파의 정치의리를 기준으로 온건한 논의인 완론緩論과 준엄한 논의인 준론峻論으로 분화되어 있었다. 대체로 왕비 측 인물들을 제외하고, 다수의 노론은 완론·준론에 관계없이 소론 완론과 협력하여 연잉군의 승계를 적극 추진하였다. 반면 소론 준론은 병약하고 판단력에도 문제가 있는 경종의 보호에 주력하였기 때문에, 연잉군 승계를 위한 신하들의 시도를 경종에 대한 불충不忠으로 보면서 저지하고 있었다. 그러나 소론 준론이 연잉군을 반대한 것은 아니었다. 다만 준론 가운데 가장 과격한 일파인 급소急少는 양자론養子論을 견지하는 왕비 측 세력도 끌어들여 강력한 세력으로 부상하고 있었다. [자료3]

이러한 상황에서 숙종 말 이래 정국을 이끌었던 노론 대신들은 숙종의 국상이 끝나지도 않은 시점에서 연잉군의 세제世弟 책봉을 성사시켰고 곧이어 세제 대리청정까지 추진하였다. 소론은 정당한 절차를 거치지도 않은 노론의 시도를 경종에 대한 불충不忠으로 비판하며 대리청정을 저지하였고, 결국 신축년(경종 1)에 단행된 환국을 계기로 노론을 쫓아내고 정국을 주도하였다. 이어서 김일경金一鏡이 지휘하는 급소는 임인년(경종 2)에 노론이 숙종 말년 이래 세 가지 수단[삼급수(三急手)]을 동원하여 경종을 제거하고 연잉군을 즉위시키려 하였다는 옥사를 주도하여, 김창집金昌集·이이명李頤命·이건명李健命·조태채趙泰采 등 노론 4대신大臣과 그 자제들을 포함한 다수의 인사들을 역모죄로 죽이거나 유배 보냈다. 이를 신임옥사辛壬獄事라 한다.

급소의 계획에 의하면 신임옥사는 결국 연잉군까지 연루시켜 제거하기 위하여 기획된 것이지만, 연잉군은 인원왕후 세력의 보호와 조현명·송인명 등 소론 완론 출신의 궁료들에 의지하여 천신만고 끝에 즉위할 수 있었다. 이 시기에 소론 준론은 연잉군의 계승에 찬동하였기 때문에 급소를 견제하기도 하였지만, 한편으로는 변칙적인 수단까지 동원하여 대리청정을 추진하는 노론의 시도 역시 경종에 대한 불충으로 보았기 때문에 노론을 제거하기 위하여 급소와 협력하기도 하였다. 숙종 말에서 경종대에 연잉군을 둘러싼 노·소론 내 여러 정파의 대처는 다양한 양상을 띠었고, 왕실의 분열은 이러한 상황을 더욱 복잡하게 만들었던 것이다.

영조(英祖, 1724~1776)는 즉위 직후에 신임옥사를 주도한 김일경 등 급소의 핵심을 역적으로 처단하고 소론에서 노론으로 정권을 교체하는 을사년(영조 1)의 환국을 단행하였다. 정권을 장악한 노론은 경종대에 급소에 협력한 유봉휘柳鳳輝·조태구趙泰耈·이광좌李光佐·조태억趙泰億·최석항崔錫恒 등 소론 5대신, 즉 준소에게 토역討逆을 확대하고자 하였다. 영조는 노론의 토역론에 끌려다니게 되면 정국을 제어할 수 없다고 판단하여 다시 정미년(영조 3)에 소론으로 정권을 교체하는 환국을 단행하였다. 이에 소론은 다시 노론 4대신 가운데 임인년 옥사 당시 경종을 제거하는 삼급수의 핵심으로 지목된 김창집·이이명과 그 자질子姪들에 대한 토역을 주장하였다. 국왕의 정통성이 걸린 의리 문제에서 환국의 결과에 따라 충역이 뒤바뀌는 상황이 반복된 것이다. 이 문제를 해결하지 않고서는 국정을 운영할 수 없었다.

영조는 숙종과 같이 한쪽의 의리를 옳다고 판정하는 것이 아니라 노·소론의 의리를 절충하는 조정론調停論에 입각한 탕평을 추진하였다. 탕평책의 추진 주체는 조문명·조현명 형제와 송인명 등 궁료(宮僚, 왕위 계승자인 동궁東宮을 보좌하는 신료로서, 통상 시강원侍講院의 보덕輔德·문학文學·설서說書 등을 가리킴) 출신 소론 완론이었고, 노론 완론이 이에 호응하였다. 이들은 급소와 일부 영남남인이 영조가 경종 독살에 관여하였다는 의혹을 제기하며 일으킨 무신년(영조 4)의 반란을 진압함으로써 국정을 확실히 장악하였다. 준소는 소론 탕평파와 협력하여

영조

급소가 주도한 무신란을 진압함으로써 경종대에 급소에 협력했던 전력에도 불구하고 세력을 보존할 수 있었다. 무신란 진압으로 급소는 제거되었지만, 소론의 주류인 준론 세력은 보존되었기 때문에 노론 4대신과 소론 5대신을 둘러싼 충역 논쟁은 지속되었다. 정국 안정을 위한 탕평의 필요성이 더욱 절실하게 된 것이다.

영조는 노·소론 탕평파의 협력을 바탕으로 노·소론의 의리를 대등하게 절충하였다. 의리론의 절충은 노·소론 양쪽을 균형 있게 등용한다는 특유의 '쌍거호대雙擧互

對'라는 인사 정책으로 나타났다. 이를 위하여 영조는 노·소론의 영수들을 압박하거나 설득하여 몇 차례에 걸쳐 충역 의리의 절충을 유도하였다. 신유(辛酉, 영조 17년)에 반포한『대훈大訓』은 영조의 이러한 노력이 잠정적으로 결실을 맺어 선포된 것이다.

『대훈大訓』에서 합의된 바는 '신축년의 건저(建儲, 세제 책봉을 가리킴)와 대리청정은 왕실의 정당한 수수授受이다. 임인년 옥안은 소론 과격파가 세제世弟를 제거하기 위해 조작한 것이므로 소각하고, 노론 4대신과 연루된 피죄인은 모두 신원한다. 다만 숙종이 지었다는 가짜 시[위시(僞詩)]까지 내세워 세제를 추대하려 한 김용택金龍澤·이천기李天紀 등 노론 명가의 자제 5인의 패역한 행위는 역逆으로 단정한다'는 것이다.[자료4]『대훈』의 초점은 경종에 대한 영조의 혐의·무함을 완전히 벗기는 데 있었지 노·소론의 충역을 판정하는 데 있는 것은 아니었다. 노론 명가의 자제 5인은 여전히 반역으로 규정된 반면, 임인년 옥안을 근거로 역적 김일경과 협력하여 노론을 제거하고 세제를 위태롭게 한 소론 5대신에 대해서는 아무런 언급이 없었기 때문이다. 이에 대하여 소론 5대신에 대한 토역을 강조하는 노론 준론의 의리와, 노론 4대신에 대한 토역을 강조하는 소론 준론의 의리는 여전히 대립하고 있었다. 그러나『대훈』에서 노·소론의 충역이 반반씩 거론되었듯, 정치에서도 노·소론을 병용한다는 탕평의 기조는 계속되었던 것이다.

노·소론 탕평파는『대훈』의 합의를 바탕으로 노·소론 준론의 도전에도 불구하고 정국 주도권을 유지한 가운데 각종 개혁 사업을 추진할 수 있었다. 이 가운데 16세기 이후 오랜 관행이었던 이조전랑의 통청권通淸權을 폐지한 인사권의 개혁이 주목된다. 이는 각 관서의 장관과 대신급으로 성장한 탕평파의 권한을 안정적으로 강화시켰다. 이를 바탕으로 탕평파는 숙종대 중반 이래 최대의 현안이지만 시행 방식을 둘러싸고 갖가지 이견으로 표류하고 있던 양역변통良役變通 사업을 균역법均役法의 형태로 시행할 수 있었다. 홍계희洪啓禧 등

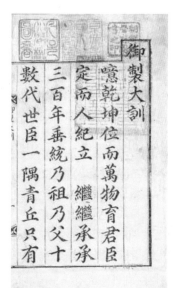

『어제대훈』

탕평파가 주도한 균역법은 양정良丁의 군역 부담을 2필에서 1필로 줄이되, 이에 따른 부족분을 보충하기 위하여 지방에서 거두던 어염선세漁鹽船稅를 중앙 재정화하는 한편 별도로 선무군관포選武軍官布와 결전結錢 등을 수취하게 한 것이다.

균역법은 군사제도의 개혁을 동반해야 했으나, 양역의 감축과 재정 보전책에만 초점이 맞추어졌기 때문에 한계도 분명한 사업이었다. 이 때문에 노·소론 준론 인사들은 군제 개혁 혹은 국가 재정 절감이라는 근본적 차원에서 균역법의 한계를 제기하였다.[자료5] 그러나 영조의 강력한 의지에 따라 이러한 비판은 배척되고, 탕평파의 실무 능력을 바탕으로 균역법은 시행될 수 있었다. 영조는 균역법이 정착되자 노·소론 완론 세력이 주축인 탕평파에 대한 신뢰를 더욱 강화하였다. 노·소론 탕평파는 정치적 입지가 강화되자 자기 정파의 주류인 준론 세력을 흡수하여 세력을 키우고자 하였다. 노론 탕평파는 노론 준론과 함께 노론의 의리론을 강화하고자 한 반면, 소론 탕평파는 소론 준론의 의리론을 비판하며 그 기세를 꺾어 흡수하고자 하였던 것이다.

이러한 상황에서 영조 31년에 나주 객사客舍에 조정을 비방하는 괘서掛書가 내걸리고, 이 사건 진압을 축하하는 과거 시험에서도 조정을 비방한 괴시권怪試卷이 제출된 사건이 연이어 발생하였다. 이로 인해 국문이 진행되던 중에 죄인들은 급소인 역적 김일경의 흉론을 옹호할 뿐 아니라 이광좌 등 준소 영수의 충절을 칭송하기도 하는 등 급소와 준소가 연결되어 있음을 드러냈고, 특히 영조의 면전에서 경종의 죽음이 인원왕후와 영조가 올린 게장 때문이라고 하는 말까지 나왔다. 30여 년이 지나서도 여전히 잠복해 있던 군주 무함의 실체를 목도한 영조는 격분하여 이들을 대역률로 참형하였다.[자료6] 이 사건으로 인하여 500여 명에 이르는 급소와 준소 관련자가 죽거나 유배되었다. 이를 을해(乙亥, 영조 31년)옥사라 한다.

영조는 을해옥사를 마무리하면서 기존의 『대훈』에 소론 5대신의 죄역罪逆을 논한 교서를 첨가하여 『첨간대훈添刊大訓』을 간행하고, 신임옥사 이래 을해역옥의 전 과정을 근본적으로 정리한 『천의소감闡義昭鑑』을 편찬하게 하였다. 여기에서 영조는 경종 질병의 명시, 숙종의 유지대로 삼종혈맥의 계승을 지시한 인원왕후의 공정함, 이에 따라 건저·대리를 요청한 노론 4대신의 충성을 명시하게 했다. 반면 신축년 이래 대리청정을 저지하고 세제를 해치려 하였던 소론 5대신의 죄역罪逆을 분명히 하였다. 이로써

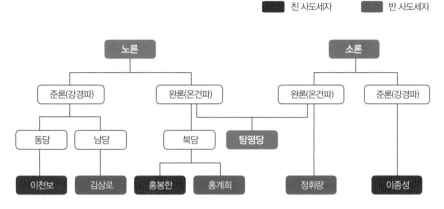

_ 김백철 외, 『18세기: 왕의 귀환』, 민음사, 2014, 49쪽.

노론 대신은 충이고 소론 대신은 역이라는 국시國是가 명백히 확정되었다.

영조는 노론과 소론 가운데서 완론자緩論者들을 위주로 탕평파를 육성하였고, 이들 가문과 혼인을 맺어 척신 세력으로 활용하였다. 이렇게 완론을 중심으로 탕평의 기반을 다져서 준론까지 포용하고자 한 것이다. 영조의 방식은 국시를 확정하여 탕평을 정착시켜 정치 안정을 이루고, 이를 바탕으로 균역법과 같은 국가 차원의 사업을 신속히 추진하는 데 효과적이었다. 그러나 이 과정에서 노·소론 탕평 관료와 척신戚臣 가문에 권세가 집중되었을 뿐 아니라, 노·소론을 타협시키기 위한 차원의 정치의리 변경도 잦았다. 결국은 급소에 동조한 준소의 죄역을 물어 노·소론의 충역을 분명히 한 것으로 귀결되었다. 정치의리의 측면에서 준소에 대한 포용은 한계가 분명하였다.

정치 세력에 따라 의리를 조정하는 영조식 탕평의 부작용은 세자 보호세력과 반反세자 세력의 갈등으로 나타났다. 근본 원인은 세자가 영조의 의리 변경에 기민하게 대응하지 못하여 부왕父王의 신임을 얻지 못하고 노론 강경 세력의 반감을 초래한 데에 있었다. 기왕에 영조가 주도하는 의리 조정의 방향에 대한 찬반이 노·소론 완론 위주의 탕평파와 노·소론 준론의 분화로 전개된 위에서, 이제는 세자에 대한 찬반을 기준으로 기존의 정치 세력이 재차 분화하는 복잡한 양상이 전개되었다. 대체로 노론 탕평파 및 노론 준론의 일부가 결합한 남당南黨과 소론 탕평파가 반 세자 세력을 형성하였고, 노론 탕평파인 북당北黨과 노론 준론의 일부인 동당東黨과 소론 준론은 세자 보호 세력을 형성하였다. 반 세자의 핵심은 김상로金尙魯 · 홍계희洪啓禧 등이었고, 세자 보호의 핵심은 홍봉한 · 이천보李天輔 · 이종성李宗城 등이었다.

그나마 왕실의 큰 어른인 인원왕후仁元王后와 왕비인 정성왕후貞聖王后는 세자의 강력한 보호세력이었으나, 이들은 영조 33년에 연이어 사망하였다. 이후 반 세자 세력과 연계된 궁중 세력의 핵심인 문녀文女의 참소讒訴에 기울게 된 영조는 상황을 적절히 통제하지 못하였고, 부자父子 간의 간극과 갈등도 점점 깊어졌다. 이 틈을 타 반 세자 세력은 세자의 신임의리관辛壬義理觀이 잘못되었다고 하는 등 온갖 이간 책동을 벌였고, 극심한 압박감에 시달리던 세자는 영조 33, 34년 무렵부터 발병하여 병세가 악화되었다. 결국 영조는 왕조를 위하여 세자를 죽음으로 폐위시킬 수밖에 없는 임오년(영조 38)의 화변禍變을 겪었다. 그나마 다행히 이 사태는 역모 사건으로 비화되지 않은 채 마무리되었다.

영조는 자신의 처분을 '종사宗社를 위하여 사적인 애통을 끊었다'고 정당화하는 '영조의 임오의리'로 정리하였고, 이에 의거하여 사도세자의 아들인 세손을 백부伯父인 효장세자孝章世子의 양자養子로 변경하여 후사를 확정함으로써 사태를 수습하였다.[자료7] 이는 세손을 향하여 '죄인의 아들은 왕통을 이을 수 없다[罪人之子 不可承統]'는 8자字 흉언이 유포되는 상황에서 세손의 지위를 안정시키기 위한 특단의 처분이었다. 임오년 처분 당시에도 사도세자는 죄인으로 죽은 것이 아니었지만, 이제 세손이 효장세자의 아들이 되었으므로 흉언은 발붙일 데가 없게 된 것이다.

영조의 이러한 처분에도 불구하고 세손은 생부인 사도세자를 위태롭게 하였던 척신 벌열 세력들의 도전으로 한동안 그 지위가 흔들렸다. 영조대 후반기는 홍봉한洪鳳漢 · 홍인한洪麟漢 등 구舊 외척이 주도하는 북당北黨과 김한구金漢耉 · 김귀주金龜柱 등 신新 외척이 주도하는 남당南黨의 갈등 · 대립으로 점철되었다. 이에 따라 사대부들도 부홍파扶洪派와 공홍파攻洪派로 분열되었다. 이들은 영조의 세손 보호 의지가 확인된 후에는 모두 세손 보호를 표방하였지만, 실제 목적은 세손을 위험에 빠뜨리거나 영향력을 행사하여 세손을 좌우하려는 것이었다. 세손은 정치적 위기가 발생할 때마다 척신들과 타협하지 않고 영조와 정순왕후貞純王后에게 직접 호소하여 국면을 타개함으로써 정당한 계승권자의 역량을 보여주었고, 홍국영洪國榮 · 정민시鄭民始 등 노 · 소론 궁료들의 도움을 받아 사대부의 지지를 확보함으로써 난관을 헤쳐 나갔다.

이 시기에 홍봉한을 대신해 북당을 이끌던 홍인한과 남당을 이끌던 김귀주, 소론 탕평파를 이끌던 정후겸 등 척신들이 모두 세손에게 위협이 되었지만, 세손의 즉위를 결정적으로 방해한 것은 홍인한과 정후겸 세력이었다. 탕평파가 주도하였던 국가적 사업들도 단기적 성과만 드러낸 후 졸속으로 귀결되는 등 영조대의 정치는 말년으로 갈수록 한계를 노정하였다. 급기야 영조의 정신마저 극도로 혼미해져 정상적인 판단이 어려워져 정국은 한 치 앞도 내다볼 수 없게 되었다. 영조는 통치의 한계를 절감하며 대리청정을 지시하는 전교傳敎를 내렸고 세손 역시 이를 반포할 것을 청했다. 그러나 좌의정 홍인한은 세손의 대리청정을 반대하였을 뿐 아니라 조정에 이 사안이 알려지는 것도 막았다. 신하에 의해 대리청정이 저지되고 있었던 것이다.

세손은 궁중에서는 정순왕후에게 도움을 요청하는 동시에 조정에서는 궁료 정민시와 연결된 소론 서명선徐命善을 물색하여 대리청정 방해를 자행한 홍인한 탄핵 상소를 올리게 하였다. 탄핵 상소 이후에 홍인한 · 정후겸 등이 역공세를 펴는 등 반발도 만만치 않았으나, 결국에는 영조의 단호한 의지에 따라 대리청정이 결정되었다. 대리청정은 왕후의 협찬과 홍국영 · 정민시 등 궁료의 활약을 배경으로, 서명선의 탄핵 상소에 의해 성사된 것이다. 그 석 달 후에 세손은 즉위하였다.

**자료1**

지평 이정소李廷가 홀연히 상소하여 건저建儲<sup>주1</sup>를 청하니 묘당(廟堂, 의정부)에서 아뢰어 처리하라고 비답을 내렸다. "왕대비 김씨(金氏, 인원왕후)는 종묘사직을 근심하여 연잉군으로 건저하려고 하였으나, 왕비 어씨(魚氏, 선의왕후)는 종친의 아들로 나이가 어린 자를 구하여 길러서 자기 자식으로 삼으려 하였다. 그런데 좌의정 이건명이 대비의 밀지密旨를 받아 영의정 김창집에게 기별하고, 이정소로 하여금 상소하게 하였다"고 한다. …

잠시 후에 비로소 여러 신하들에게 낙선당樂善堂 침소에 입시하라고 명하니, 대신들이 나아가 "자전(慈殿, 왕대비)의 교지를 받으셨습니까?"라고 물었다. 주상은 다만 입으로 서안書案 위를 가리킬 뿐이었다. 서안에 종이 두 장이 있어서 대신이 가져다보았다. 한 장은 어필로 직접 '연잉군延祊君 모某'라고 쓰여 있었고, 한 장은 언문으로 '효종 및 선왕의 골육에 다만 연잉군 한 사람만 있으니 건저의 자리가 어디로 돌아가겠는가? 그로 곧 대책大策을 정하라'고 쓰여 있었다. …

세상에 전하기로는 그날 밤 주상이 자전에게 입시하니 자전이 주상으로 하여금 친히 '연잉군 모' 네 글자를 쓰게 하였고 자전 역시 친히 언문 교지를 써서 주었는데, 주상이 나와서 낙선당에 이르자 중전이 노하여 두 장을 다 찢어 버렸으며 주상은 이어 곧 취침하였다고 한다. 자전은 새벽에 조정에서 다시 승전색承傳色에게 청했다는 말을 듣고 크게 놀라 친히 낙선당에 가서 다시 두 장을 쓴 연후에야 비로소 여러 신하들을 입시하라고 부른 것이라고 한다.

**原文** 持平李廷燸猝然上疏, 請建儲 以令廟堂稟處下批. 或言王大妃金氏以宗社爲憂, 欲以延祊君建儲, 王妃魚氏欲得宗室子年幼者, 鞠爲己子. 而左相李健命得大妃密旨, 通于領相金昌集, 仍使廷燸上疏云. …

移時後, 始命諸臣入侍於樂善堂寢所. 大臣進曰: "已得慈旨乎?" 上只口指書案而已. 書案上有二紙, 大臣取見之. 一紙, 則御筆親書'延祊君某'四字; 一紙, 則諺書曰'孝廟及先王骨肉, 只有延祊君一人, 儲位安歸乎? 其卽定策.' …

世傳其夜上入侍慈殿, 慈殿令上親書延祊君某四字, 慈殿亦親書諺敎而授之, 上出至樂善堂, 則中殿怒之, 裂破兩紙. 上仍就寢. 慈殿曉聞朝廷更請承傳色, 大驚親詣樂善堂, 更書兩紙, 然後始召入諸臣云.

_『단암만록』_

주1 건저(建儲) : 제왕(帝王)의 계승자로 황태자(皇太子)나 왕세자(王世子)를 세우는 일.

주2 동조(東朝) : 왕대비(王大妃)를 일컬음. 한(漢)나라 때 태후가 미앙궁(未央宮)의 동쪽 장락궁(長樂宮)에 거처하였으므로 대비를 동조라 칭하였다.

## 자료2

바야흐로 이때 인원왕후는 동조東朝주2에 있었는데, (그 부친인) 경은부원군慶恩府院君 김주신金柱臣은 본래 소론이었으나 마음이 일찍부터 노론에 향하였다. 임금의 장인인 함원부원군咸原府院君 어유귀魚有龜는 본래 노론이었으나 노론과 함께 일하지 않았다.

**原文** 方是時, 仁元王后在東朝, 慶恩府院君金柱臣, 本少論而意嘗響老論; 上國舅咸原府院君魚有龜 本老論而老論不與共事.

_『당의통략』

## 자료3

주3 회맹(會盟) : 공훈(功勳)이 있는 사람의 이름을 책에 써 올릴 때 군신(君臣)이 모이어 서로 맹세하는 일.

주4 저사(儲嗣) : 국왕의 뒤를 이을 예비 후보자. 아들인 세자(世子)가 일순위이지만, 친아들이 없을 경우에는 동생인 세제(世弟), 손자인 세손(世孫)도 가능하였다.

김일경金一鏡이 아뢰기를, "함원부원군 어유구를 원훈元勳으로 삼도록 이미 하교하였으니, 회맹제會盟祭주3를 뒤로 미루어 거행할 것을 감히 아룁니다" 하니, 답하기를, "아뢴대로 하라" 하였다.

신은 삼가 살펴보건대 어유구는 왕실과 가까운 친척으로서 명릉(明陵, 숙종)의 알아줌을 받았는데, 경종景宗이 저사儲嗣주4를 세울 적에 아들을 세우자고 의논한 자들이 모두 어유구를 구실口實로 삼았으니, 진실로 이와 같다면 어떻게 후세의 의혹을 풀 수가 있겠는가? 그리고 이삼석이 어유구와 문답한 말이 국청鞫廳에서 나왔는데도 영조가 어유구를 살려주었으니, 매우 성대한 덕이었다.

**原文** 一鏡曰: "咸原府院君魚有龜爲元勳事, 旣已下敎, 會盟祭退行之意, 敢啓." 答曰: "依爲之."
臣謹按, 魚有龜以肺腑之臣, 受知於明陵, 當景廟建儲之時, 議立子者, 皆以有龜爲口實. 苟如是, 則何以解後世之疑也? 且李三錫與有龜問答之言, 發於鞫廳, 而英宗保全有龜, 甚盛德也.

_『경종수정실록』 권3, 경종 2년 11월 4일 을유

## 자료4

승지承旨 조영국趙榮國에게 명하여 『대훈大訓』을 쓰도록 하였다. 그 글에 이르기를, "… 아! 슬프고 원통하도다. 경자년(1720, 숙종 46) 이후로 삼종혈맥(三宗血脈, 효종 · 현종 · 숙종의 혈통)은 위로는 황형(皇兄, 경종) 그리고 과인寡人이 있었다. … 신축년(1721, 경종 원년)에 저사儲嗣를 세운 것은 자성(慈聖, 인원왕후)이 하교하신 것이며 황형께서 분부하신 것이다. 그 하교가 지극히 간곡하고 그 수여授與가 지극히 공평하였으니, 지난 역사에 구하여도 드물게 있는 일이고 후세에 질정하여도 정대正大하였다.

그 명령을 받드는 자는 그 당시의 대신大臣에 불과하고 그것을 거행하는 자는 그 당시의 유사有司에 지나지 않는다. 그런데 하루살이 같은 선비와 하찮고 훈련도 받지 않은 군졸들이 그 사이에서 무슨 자잘한 간섭을 할 수 있었겠는가? 그런데 감히 평소 품고 있던 마음으로 정대하게 수수授受했던 순간의 사실을 덮어버리려고 외람되게 분수에 넘친 공을 바라고 나쁜 계책을 가지고 어두운 곳에서 뒤섞여 무지개가 일월日月을 가리듯이 배반한 목호룡으로 하여금 삼수三手의 흉악한 말을 내도록 하여 종사宗社가 이 때문에 망할 뻔하였으니, 말을 하여 여기에 미치면 나도 모르게 오싹하게 된다. …

그런데 아! 당습黨習으로 세상이 온통 캄캄한 밤중이 되었도다. 그리하여 한편으로는 김용택 무리만으로는 부족하다고 여겨 연차聯箚주5를 올린 대신들까지 일안一案에 몰아넣었고, 한편으로는 조금도 허물이 없게 하고자 하여 김용택의 무리까지 신원伸冤주6하기를 청하였도다. 그러니 만일 가짜 시詩[僞詩]가 출현出現하지 않았다면 다만 과인[寡躬]을 무함할 뿐만 아니라 감히 말할 수 없는 곳까지도 무함하였을 것이다. 세상의 용서받기 어려운 죄를 짊어진 자가 요행히 단서(丹書, 죄인의 죄상을 기록한 문서)에서 빠지고 온 세상을 현혹시키려 하였으니, 통탄스러움을 금할 수 있겠는가? 김용택·이천기李天紀·이희지李喜之·심상길沈尙吉·정인중鄭麟重 등은 가짜 시에 근거하여 거짓말과 패역한 행위로 한통속이 되어 하나이면서 둘이요, 둘이면서 하나이기에 특별히 그 이름을 거론하여 모두 역적으로 단안斷案하노라.”

**原文** 遂命承旨趙榮國, 書大訓. 其文曰: “… 庚子以後, 三宗血脈, 上有皇兄, 暨夫寡躬 … 辛丑建儲, 慈聖攸敎, 皇兄所命. 其敎至懇, 其授至公, 求諸往牒而罕有, 質諸後世而正大.

其奉令者, 不過伊時大臣, 其擧行者, 不過伊時有司, 蜉蝣布衣, 蟣蝨白徒, 有何毫分干涉於其間? 而敢以素所稔蓄之心, 欲蠛正大授受之際, 濫希功於匪分, 挾不逞之邪謀, 暗地糾結, 蝃蝀日月, 致令反噬之虎龍, 做出三手之凶言, 宗社以之幾亡, 興言及此, 不覺懷慄. …

吁嗟! 黨習, 渾世長夜, 一則猶澤輩而不足, 驅聯箚於一案, 一則欲一邊之無累, 竝澤輩而請伸, 若非僞詩之現出, 非特誣寡躬, 矯誣不敢言之地, 負覆載難赦之罪者, 幾將倖免於丹書, 誑惑於一世矣, 可勝痛哉? 金龍澤·李天紀·李喜之·沈尙吉·鄭麟重等, 假托藉重, 矯誣悖逆, 腸肚相連, 一而二, 二而一, 特擧其名, 竝斷以逆.”

_『영조실록』 권54, 영조 17년 9월 24일 병술

주5 연차(聯箚) : 두 사람 이상이 서로의 이름을 서명하여 임금에게 시사(時事) 및 비밀스런 일 등에 대하여 비밀스럽게 올리는 차자(箚子). 연명차자(聯名箚子)의 줄임말.

주6 신원(伸冤) : 원통한 것을 풀어 버림.

**자료5**

대사간 이존중李存中을 거제巨濟에 귀양 보냈다. 이때에 이존중이 상서上書하여 당시의 일을 의논하였는데, 그 글에 이르기를, "…우리나라의 양역良役의 폐단은 그 형세가 반드시 나라를 망치게 하고야 말 것입니다. … 그런데 지금의 구획하고 강정講定한 것은 단지 변방에서 약간의 전곡錢穀을 거둬들이고, 주군州郡에서 약간의 여결餘結을 긁어모아 동쪽이 터지면 서쪽을 보수하는 데 지나지 않고 그래도 충족하지 않으면 또 별군관別軍官이란 명목名目을 만들어, 처음에는 세족世族의 잔예(殘裔, 미약한 후손)로부터 향품鄉品의 서얼庶孽에 이르기까지 하나도 면하지 못하게 되었습니다. 호칭은 비록 편오編伍와 다르지만 수포收布는 실로 첨정簽丁과 같았으니, 조삼모사朝三暮四하는 것을 누가 믿겠습니까? … 먼 지방의 풍문을 비록 다 믿을 수는 없지만 감포減布의 효과는 드러나지 않고 수포收布의 원성은 지금 일어나게 되니, 민정民情이 좋아하지 않음을 역시 알 수가 있습니다. 우리나라의 규모規模는 다른 나라와는 달라서 상민常民들은 이미 천역賤役에 익숙해져 있기 때문에 곤궁하여도 반드시 탐심을 내지는 않고, 사대부들은 도리를 잘 알기 때문에 힘들어도 원망이 없습니다. 유독 저 두 계층의 중간에 위치한 자들은 이미 항산恒產이 없고 또 항심恒心이 없으므로, 평소에도 홀로 분수를 편안하게 지키지 못하는 마음이 있었는데, 지금 마침내 한꺼번에 납포納布를 독촉하니, 그 형세는 결국 반드시 '곤란함이 극도에 달하면 난亂을 생각한다'는 데에 이르고야 말 것입니다. … 감필減疋하라는 명령이 이미 공포되었고 많은 백성들의 바람이 바야흐로 간절하니, 지금은 중지할 수가 없습니다. 진실로 마땅히 정신을 모아 가다듬어 좋은 계책을 연구하여 완전무결하게 영구히 준행할 계획을 만들어야 하며, 이처럼 자질구레하게 주워 모아 되는 대로 처리해서 생민生民의 원망을 증폭시켜서는 안 됩니다."

**原文** 竄大司諫李存中于巨濟. 時存中上書論時事, 其書曰: … 我國良役之爲弊, 其勢必至於亡國而後已. … 而今之所區劃講定者, 不過曰收藩閫之若干錢穀, 括州郡之若干餘結, 東破西補, 猶未充足, 則又創別軍官名目, 始自世族之殘裔, 以至於鄉品之庶孽, 無一得免. 稱號雖別於編伍, 收布實同於簽丁, 朝三暮四, 其孰信之? … 遠外風聞, 雖未可盡信, 而減布之效未著, 收布之怨方起, 民情之不悅, 亦可知矣. 我東規模異於他國, 常民旣慣賤役, 故窮未必濫, 士夫頗識道理, 故勞而無怨. 獨彼處於兩間者, 旣無恒產, 又無恒心, 在平時獨有不安分之心, 今乃一併驅之於納布之科, 則其勢終必至於困極思亂而已. … 減疋之令已布, 輿民之望方切, 則今不可中止. 誠宜聚精會神, 研究善策, 以爲萬全無弊, 永久遵行之圖, 不可如此零瑣湊合, 草率了當, 以益生民之怨也.

_『영조실록』 권73, 영조 27년 3월 2일 기해

**자료6**

역적 신치운申致雲이 복주되었다. …

사신史臣은 말한다. "세도가 불행하여 난역亂逆이 거듭 일어나 아주 흉악하고 도리에 어긋났는데, 신치운에 이르러 극에 달했다. 갑진년(1724, 경종 4) 8월에 경묘景廟께서 병환이 다 낫지 않고, 수라水刺를 들기 싫어하는 징후가 점차 더했기 때문에 궁중에서 근심한 나머지 20일에 어주御廚에서 수라에 게장을 올렸었다. 이는 가을철 신미新味인데, 경묘께서 이 게장으로 수라를 많이 들었기 때문에 궁중에서 모두 기뻐하였다. 그후에 게장을 지나치게 많이 들었다는 말이 밖으로 전해지자 이유익李有翼과 박필현朴弼顯의 무리가 이를 가탁하여 간사한 말을 만들어내고, 몰래 심유현沈維賢을 사주하여 전파시켰다. … 그때 동조(東朝, 인원왕후)께서 설사 게장을 보냈다 하더라도 이는 당연한 예삿일이요, 더군다나 올린 바가 또 어주御廚에서 올린 것이겠는가? …저 흉당凶黨들은 우리 전하가 저위儲位를 잇는 것을 바라지 않아서 반드시 위란을 도모하고자 했기 때문에 흉패한 말로써 성궁聖躬을 욕한 것에 이르지 않음이 없었다. 또 저위를 세워 대리시키라는 전교가 모두 우리 자성에게서 나왔는데도, 감히 원망하는 마음을 품고서 차마 이처럼 음참하고 망측한 말을 돌려가면서 서로 터무니없는 거짓말을 하여 신치운에게 이른 것이다. … 그들이 우리 자성의 지극히 인자한 덕德을 무함함은 바로 경묘의 지극히 효성스런 덕을 무함하는 것이다. 이는 단지 자성과 전하의 역신逆臣일 뿐만 아니라 실로 숙묘와 경묘의 역신이다."

**原文** 逆賊申致雲伏誅. …

史臣曰: 世道不幸, 亂逆層生, 而窮凶絶悖, 至致雲而極矣. 甲辰八月, 景廟違豫彌留, 水刺厭進之候漸加, 故宮中憂遑, 二十日御廚於水刺, 供蟹醬. 乃秋節新味, 故景廟以此多進水刺, 宮中皆歡喜. 其後過進之說, 流傳於外間, 有翼. 弼顯輩假此而做出凶測之說, 陰嗾維賢而傳播之. … 伊時, 東朝設有所送, 此乃當然之常事, 而況所進又是御廚所供者乎? … 而惟彼凶黨, 不欲我殿下承儲, 必欲圖危, 故凶言悖說, 所以誣辱聖躬者, 無所不至. 而又以建儲代理之敎, 皆出於我慈聖, 敢懷怨懟之心, 忍爲此陰慘罔測之言, 轉相譸張, 以至於致雲耳. … 其所以誣我慈聖至慈之德者, 乃所以誣我景廟至孝之德也. 是不但爲慈聖與殿下之逆臣, 實爲肅廟. 景廟之逆臣也.

_『영조실록』 권84, 영조 31년 5월 21일 갑오

**자료7**

지금 나는 너를 효장孝章의 후사로 삼았다. 아! 몇 년이나 끊어졌던 종통宗統이 다시 이어졌으니, 동궁의 칭호를 이전대로 쓰는 것은 마땅치 않다. 의당 근본부터 바루어야 하는 것이다. 아! 막중한 3백 년 종통에 나는 자식의 자리가 없었고 너에게는 아비의 자리가 없었으니, 이것을 중절中絶이라고 하는 것이다. … 아! 위호位號를 회복하고 묘우廟宇를 세웠으니 너의 아비에게는 더없이 곡진曲盡하다 하겠다. 이 뒤에 만일 다시 이 일을 들추어내는 자가 있다면 이는 아비도 없고 임금도 없는 역신逆臣인 것이며, 너도 혹 그러한 말에 동요되면 이 또한 할아비를 잊고 아비를 잊은 불효가 된다. 나의 이 뜻을 간직한다면 어찌 한갓 물리칠 뿐이겠는가? 중률重律로 처단해야 한다. '중률' 두 글자는 너를 살륙殺戮으로 인도하려는 것이다. … 사도思悼로 말하자면 너도 그날 너의 어미가 나에게 아뢴 말을 듣지 않았느냐? "지금에 이르러서는 이렇게 된 것도 성상의 은총이옵니다"라고 하였으니, 그 말이 효성스러웠다. … 아! 너의 할머니는 대의大義로써 능히 이를 판단하였으니, 재작년의 일은 너의 어미의 효심으로써 또한 간극이 없었을 것이다. 아! 지금 나는 종국(宗國, 나라)을 위하여 쇠미한 가운데에서도 벌떡 일어나 이 일을 하였으니, 비록 전국全國에 보이고 1백 대에 전한다 해도 부끄러움이 없을 것이고 길이 내세울 말이 있을 것이다.

**原文** 今予使爾爲孝章嗣. 噫! 幾年宗統絶而復續, 東宮稱號, 不宜仍舊, 其宜端本. 嗚呼! 莫重三百年宗統, 予無子位, 爾無禰位, 是謂中絶也. … 嗚呼! 復其號置其廟, 於爾父曲盡無餘 此後如有更提此事者, 此無父無君之逆臣也, 爾又或動於此說, 則此亦忘祖忘父之不孝也. 將予此意, 豈徒嚴斥? 置諸重律. 重律二字, 非導汝以殺也. … 以思悼言之, 爾其日豈不聞爾母奏予之言乎? 今至於此, 是亦恩也云, 孝哉其言. … 嗚呼! 爾祖母以大義能辦此, 再昨年事, 爾母孝心, 亦無間焉. 而吁嗟! 今予爲宗國, 衰中蹶然而爲此事, 雖示諸八域, 垂之百代, 可無愧而永有辭焉.

_『영조실록』영조 40년 2월 23일 을사

**출전**

『단암만록(丹巖漫錄)』

『당의통략(黨議通略)』

『영조실록(英祖實錄)』

『경종수정실록(景宗修正實錄)』: 조선 제20대 왕 경종대의 역사 기록인 『경종실록』을 수정한 책으로 5권 3책이다. 『경종실록』 편찬을 소론이 주도한 탓으로 노론에 불리한 기사가 많아, 노론 측의 주장으로 다시 편찬된 것이다.

『경종실록』과 『경종수정실록』이 모두 전한다.

### 찾아읽기

이태진, 『조선 후기의 정치와 군영제 변천』, 한국연구원, 1985.

이은순, 『조선 후기 당쟁사 연구』, 일조각, 1988.

이성무 · 정만조 외, 『조선 후기 당쟁의 종합적 검토』, 한국정신문화연구원, 1994.

박광용, 『영조와 정조의 나라』, 푸른역사, 1998.

이영춘, 『조선 후기 왕위계승 연구』, 집문당, 1998.

이성무, 『조선시대 당쟁사2』, 아름다운날, 2007.

정만조 외, 『영조의 국가정책과 정치이념』, 한국학중앙연구원, 2012.

김백철 외, 『18세기-왕의 귀환』, 민음사, 2014.

정만조, 「영조대 초반의 정국과 탕평책의 추진」, 『진단학보』56, 1983.

정만조, 「영조대 중반의 정국과 탕평책의 재정립」, 『역사학보』111, 1986.

박광용, 「조선 후기 탕평 연구」, 서울대 박사학위 논문, 1994.

박광용, 「영조대 탕평정국과 왕권체제의 정비」, 『한국사32』, 국사편찬위원회, 1997.

이근호, 「영조대 탕평파의 국정운영론 연구」, 국민대 박사학위 논문, 2001.

최성환, 「임오화변 관련 당론서의 계통과 '정조의 임오의리'」, 『역사와 현실』, 2012.

# 10 합의와 설득의 고단한 길
## 정조의 의리 탕평과 의리 변경

정조는 노·소론의 조정에 치우친 영조식의 탕평을 반성하고 공론에 의거한 의리탕평을 추진하였다. 의리탕평에서 '의리'란 영조대에 확립된 신임의리와 '영조의 임오의리', 그리고 자신의 즉위와 관련된 『명의록』 의리였다. 정조는 이 가운데 '영조의 임오의리'를 수정하고자 하였으나, 신하들의 합의에 기반한 '영조의 임오의리'를 멋대로 바꿀 수는 없었다. 그러나 정조는 주도면밀한 의리 해석과 정국 주도력을 발휘하여 결국 '정조의 임오의리'에 대한 주요 합의를 이끌어냈다. 남은 것은 자신이 상왕으로 물러나 아들인 순조의 손으로 사도세자 추왕을 이루는 것이었다. 그러나 그 꿈은 정조의 때 이른 서거로 실현되지 못하였다.

鍾秀覆土九 錦揆使率役夫
製誌文曰 顯隆園在水原府
舊園體制多疏顯請改厝遠卜
移葬于是年冬十月已未政上
不死至于今宜然苟然頑然如
顧至祝天下後世乎人欲天從小
辭於天孝大王之孫仍奉狀德
蕭宗元血脉將絶今則有歸及誕
自誕前數日有星雲之瑞 英宗顯
三宗血脉將絶今則有歸及誕拜
于之定就爲元子即乙卯正月

정조(正祖, 1776~1800)는 영조의 정당한 계승자로서 현명하게 처신하였기 때문에, 사도세자의 아들이어서 받아야 했던 의혹을 불식하고 척신·벌열의 도전도 물리치며 즉위할 수 있었다. 정조는 즉위 직후에 충역의 범위를 정리한 『명의록明義錄』을 반포하였다. 『명의록』에 역적으로 명시된 홍인한·정후겸 등은 각각 노론 북당과 소론 탕평파를 이끌며 영조대의 탕평을 뒷받침했던 핵심 세력이었다. 이들을 제거함으로써 정조는 영조대 탕평을 주도하였던 노·소론 완론緩論 위주의 척신·벌열 세력이 아니라 각 당파의 준론자峻論者까지 포함된 사대부 중심의 정국 운영 방향을 천명한 것이다.

정조는 영조가 확정한 의리, 곧 신임의리와 '영조의 임오의리'를 철저히 준수하겠다는 의지를 보였다. 즉위 직후에 정조가 "나는 사도세자의 아들이나, 선대왕이 효장세자를 잇도록 명했기에 근본을 둘로 하지 않을 것[불이본(不貳本)]이니, 사도세자 추숭을 논하는 자들을 형률로 다스리겠다"고 한 것은 영조가 확립한 의리를 철저히 준수하겠

『명의록』

다는 선언이었다.[자료1]

실제로 정조는 "김상로金尙魯는 너의 원수이다"라고 했던 영조의 전교를 근거로, 임오화변을 양성釀成한 핵심인 김상로의 관작을 추탈하고 문녀文女·문성국文聖國을 처단하였을 뿐 더 이상 토역을 확대하지는 않았다. 반면 정조 즉위 직후 사도세자 추숭追崇을 권유한 이덕사李德師·조재한趙載翰과 이도현李道顯·이응원李應元 등 준소와 남인계 인사들을 사형에 처하였다. 또한 정조는 을해(乙亥, 영조 31)옥사 직후에 노론 4대신의 충忠과 소론 5대신의 역逆을 분명히 한 신임의리에 의거하여, 영조대 초반 소론 탕평파의 의리론에 입각해 충역을 절충하였던 『경종실록』을 수정해 『경종수정실록』을 편찬하게 하였다.

정조는 재위 전반기에는 영조대에 확립된 정치의리를 계승하면서 국정을 이끌었다. 정조는 즉위 초에 홍국영에게 국정 전반을 의존하기도 하였으나 이러한 상태는 오래가지 않았다. 홍국영은 정치력이 부족했던 정조를 보좌하면서 군국軍國 기무와 인사권을 장악하였기 때문에, 한동안 각 정파의 대신들까지 좌우하며 권세를 행사할 수 있었다. 이를 바탕으로 자신의 누이를 원빈元嬪으로 들이고 중전의 지위를 위협하기까지 하였으나, 결국 왕실의 후사 문제에 개입하는 죄를 범하여 3년 만에 정조에게 축출되

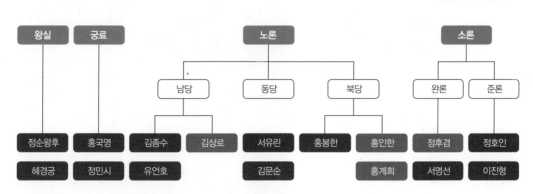

_김백철 외, 『18세기: 왕의 귀환』, 민음사, 2014, 201쪽.

고 말았다.

홍국영에게 집중되었던 권한은 소론 서명선徐命善과 정민시鄭民始, 노론 동당계東黨係 서유린·서유방, 노론 남당계南黨係 김종수金鍾秀 등으로 분산되었다. 이 가운데 영조 말년 홍인한을 탄핵하는 데 공헌한 바 있던 서명선이 정국을 주도하였다. 그는 『명의록』 의리를 표방하며 탕평 정국을 주도하였는데, 노론 동당계 인사들을 적극 끌어들인 반면 노론 남당계와 채제공계蔡濟恭係 청남淸南을 배제하였다. 채제공계는 사도세자 추숭 세력이라 지목받았기 때문에 배제될 만하였지만, 노론 남당은 이러한 정국 운영에 불만을 드러냈다. 누구보다도 『명의록』 의리에 기여하였다고 자부하던 노론 남당은 서명선에게 협력하는 세력은 시세에 편승하는 시배時輩에 불과하며, 자신들이야말로 궁벽窮僻한 처지에서도 의리를 지탱하는 세력이라고 주장하였다.

대체로 영조대 후반 이래의 노론 북당北黨·동당은 시파時派로, 노론 남당은 벽파僻派로 분립한 것이다. 홍국영 축출 이후의 이러한 대립은 불가피한 면이 있으며, 이는 정조가 서명선이 이끄는 시파에 힘을 실어주며 정국을 운용하였다는 의미이기도 하다. 그러나 정조가 시파와 같은 특정 집단에 전적으로 의존한 것이라고 할 수는 없다. 이 기간 동안 정조는 규장각奎章閣·장용영壯勇營 등 국왕을 시종·시위하는 문·무의 기관을 새로이 설치하여 척신·권신에 의존하지 않고도 문무 신료들을 친히 장악할 수

있게 되었다. 규장각과 장용영 등 정조대의
탕평을 상징하는 새로운 기구가 그것이다.

규장각은 즉위 직후 역대 군왕들의 어제
御製·어필御筆 봉안을 위하여 설립되었으나,
정조 5년부터 그 기능이 한층 확대되어 근시
近侍·사관史官·시관試官·경연관 등의 역할
을 아울러 수행했다. 또한 각신들에게 초계
문신抄啓文臣 선발의 권한도 부여하여 인재의
범위를 넓히고 이들을 친히 교육·양성함으
로써 조정의 중추 역할을 담당하게 하였다.
규장각이 역대 국왕의 상징을 관장하고 명실
상부한 내각內閣의 역할을 담당하도록 한 것
이다. 본래 '고문顧問에 대비하고 사명詞命을
관장한다'는 내각의 기능은 집현전이 폐지된
이래 홍문관弘文館이 담당하였지만, 홍문관
은 청요직의 핵심으로서 언관의 역할에 치중

김홍도의 「규장각도」

하면서 당파의 각축장이 되었고 내각의 기능은 약해졌다. 이러한 상황에서 정조는 내
각의 역할과 인재 양성 기능을 대폭 강화한 규장각 제도를 새로 만들어 군신 간에 정
치적 이상을 공유하고 핵심 사대부들을 친히 양성함으로써 우현좌척右賢左戚의 이상을
실현하고자 한 것이다.[자료2]

장용영의 설치 과정 역시 규장각과 같은 맥락이다. 정조는 금군禁軍과 5군영으로 구
성된 기존 도성 방위 체제 외에 별도로 새로운 친위 군영을 만들었다. 정조는 홍국영
이 관장하던 숙위소宿衛所를 철폐하고 그 대신 정조 6년에 훈련도감에 소속된 무과武科
출신자와 금군 정원의 일부를 재편하여 무예출신武藝出身이라고 하였다가, 이를 꾸준
히 증액하고 장용위壯勇衛로 개칭하여 국왕을 호위하게 하였다. 이는 장용위를 통해 무
과 출신의 정예병을 국왕이 직접 장악하고 엄격한 훈련으로 질적 향상을 꾀함과 동시
에, 장용위 출신의 장교들을 활용해 여타 군영도 장악하겠다는 구상이었다. 이후에는

이를 확대 개편하여, 17년에 장용영 내영內營을 두어 궁성을 호위하게 하고 이어서 경기 지방의 향군鄕軍을 재편하여 장용영 외영外營을 두어 수원을 지키게 하였다.[자료3] 이러한 장용영의 기초가 확립된 것이 정조대 전반이었다.

이렇듯 정조는 국왕권을 뒷받침할 수 있는 새로운 제도를 활용하여 문·무의 신료들을 장악할 토대를 만들어두었다. 이러한 역량을 바탕으로 정조는 10년(1786)에 연이어 발생한 왕실의 변고에 주도적으로 대응하며 정국 변동을 이끌 수 있었다. 이 해에 문효세자文孝世子가 홍역으로 사망한 데 이어 세자의 생모인 의빈 성씨宜嬪成氏가 사망하였으며, 또한 12월에는 정조의 조카인 상계군常溪君이 음독자살한 사건이 발생한 것이다. 그런데 상계군의 죽음에는 영조대 이래 군권軍權을 좌우하여 '무종武宗'이라고까지 칭해지던 구선복具善復의 상계군 추대 역모가 원인이었다는 사실이 드러났다. 구선복은 영조대 후반 이래 노·소론의 핵심 세력과 밀접한 관계를 유지하였을 뿐 아니라, 임오화변 당시 영조에게 뒤주를 바쳤고 그 속에 갇힌 사도세자를 희롱한 전력까지 있는 인물이다. 정조는 그의 비중이 워낙 컸던 데다가 '영조의 임오의리'를 준수한다는 상징성 때문에 계속 그를 중용하였지만, 이 사건을 계기로 그를 제거할 수 있었다. 이로써 정조는 그동안 특정 세력에 의존하던 정국 운영 방식에서 벗어나 명실상부한 국정 주도력을 과시하였다.

정조는 10여 년간 유지하던 탕평의 규모를 다시 설정하였다. 정조는 기존의 노·소론 시파 세력 대신 노론 벽파, 소론 준론, 채제공계 청남 등 그동안 시파와 대립하던 인사들을 삼정승에 등용하였다. 정조는 이들에게 무신란戊申亂 평정 60주년을 맞아 신임의리 문제와 직결된 무신란 진압 공훈자에 대한 추증追贈 작업을 맡겼다. 이 과정에서 그동안 소홀히 평가되었던 사항, 즉 소론 준론과 청남 세력의 공적이 뒤늦게 인정되었다. 더 나아가 무신란 당시 영남남인 조덕린趙德鄰의 의병 창의 공적을 재평가하는 과정에서, 그의 손자 조진도趙進道가 조부에 대한 잘못된 평가 때문에 영조 36년의 과거에서 합격이 취소되었던 일[삭과사(削科事)]도 재조명되었다. 당시 김상로·홍계희 등은 조진도 삭과에 소극적이던 세자의 신임의리관이 잘못되었다며 문제 삼았고, 결국 이 일이 영조의 노여움을 사서 임오화변의 근본 원인으로 작용하였던 것이다. 정조는 '영조의 임오의리'를 내세우던 노론계 신료들의 강한 반발을 압박·설득하여 결국 조덕

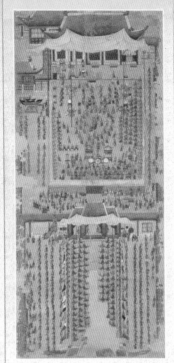

「화성능행도」

린 복관復官과 조진도 복과復科를 이끌어낼 수 있었다.

이후에 정조는 '영조의 임오의리'를 수정하여 세손 시절 이래 숙원이었던 '정조의 임오의리'를 확립하기 위한 사업에 본격적으로 착수하였다. 정조는 양주에 있던 사도세자의 영우원永祐園을 수원으로 옮기면서, 세자의 과오를 중심으로 기술된 영조의「묘지문墓誌文」을 폐기하고 대신「현릉원顯隆園 지문誌文」을 친히 작성하였다. 그것은 민생과 군사 제도 개혁을 위해 노력한 생부生父의 공功과 비판적인 언론까지 너그럽게 포용한 생부의 덕德을 기리면서,[자료4] 몇몇 역적들이 기획하여 영조를 오도誤導한 임오화변의 전말을 상세히 기술한 것이었다. 사도세자의 공덕功德에 대한 재평가를 공론화하기 위하여, 정조는 채제공과 연계된 영남인들이 사도세자 신원을 요구하며 올린 만인소萬人疏가 초래한 격렬한 정쟁 국면을 적절히 활용하면서 신하들을 설득하였다.

그러나 이러한 정조의 재평가만으로 '영조의 임오의리'를 수정하는 데는 한계가 있었다. 결국 정조는 임오화변 당시 지나친 처분을 한 과오를 후회하는 심회를 담은 영

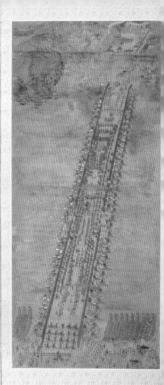

조의 「금등金縢」 문서를 공개하였다. [자료5] 이것은 영조가 사도세자의 효심孝心이 담긴
물건들을 역적들의 모함 때문에 역심逆心의 증거로 오인하여 그릇된 처분을 내린 자신
의 과오를 인정하는 넉넉한 은덕恩德을 보여주는 것이었다. 이로써 사도세자의 공덕과
역적들의 모함을 중심으로 재평가된 '정조의 임오의리'는 영조의 본뜻과도 부합하게
되는 것이다. 이는 임오화변 재평가의 방향이 영조와 사도세자의 미덕은 한껏 높이되
그동안 정국에서 소외되어 있던 세자 보호 세력의 공로를 적극 평가하는 데에 있으며,
이미 처벌한 세자를 모함한 역적 이외에 사도세자 비판 세력에 대한 뒤늦은 처벌에 있
는 것이 아님을 보여준 것이기도 하였다.

정조의 탕평에서 정치의리의 핵심인 임오의리를 수정하는 것은 정국 운영의 근본
을 수정하는 것이기도 하다. '정조의 임오의리'는 그동안 서로의 정당성을 인정하지 않
았던 선세자 보호 세력과 비판 세력을 폭넓게 수용될 수 있는 정치의리로 작용할 수 있
었다. 결국 노·소론 완론 탕평파 위주로 전개된 영조대의 탕평에 비하여, 정조대 후

수원 화성

반의 탕평은 노·소론 완론과 준론 및 청남 세력에 이르기까지 그 참여의 범위가 훨씬
넓어졌다. 정조대에 노·소론 시파는 물론이고, 김종수·심환지 등 노론 벽파와 채제
공 등 청남 정치 세력이 번갈아 집권하였을 뿐 아니라, 노·소론의 정통 산림山林 학자
들부터 박지원·박제가 등 북학파北學派와 이가환·정약용 등 서학파西學派에 이르기
까지 다양한 학파의 인재들이 활약할 수 있었던 것도 정조의 정치의리가 폭넓었기 때
문에 가능한 것이었다.

　이러한 '정조의 임오의리'에 근거하여 정조는 국왕보다는 한 단계 낮지만 세자보다
는 한 등급 높은 격식의 8자존호八字尊號로서 사도세자를 위한 추숭追崇 의식을 거행하
였다. 이는 사도세자의 공덕을 최대한 존숭하되, 그를 왕으로 올리는 추왕追王은 당장
은 단행하지 않겠다는 뜻을 보이는 것이기도 하다. 그의 손으로 추왕을 시행하는 것은
세손世孫 시절 이래 영조와 신하들에게 누차 다짐했던 신의를 부정하는 것이기 때문이
다. 이 과업은 새로운 시대를 다스릴 세자의 손에 넘겨주었다. 이를 위해 정조는 세자
가 성년이 되는 갑자년甲子年에 왕위를 버리고 상왕上王으로 물러나고자 하였다. 시대

가 바뀌면 의리도 변경할 수 있다는 수시변역隨時變易의 원리에 따라, 신왕新王의 시대에는 선세자에 대한 추왕도 가능하다고 기대하였기 때문이다. [자료6] 정조 18년에 시작된 수원 화성華城 건설 사업은 정조가 물러나 거처할 상왕의 도시로 구상된 것이었다.

정조가 시도한 상왕의 정치는 왕실 영역의 확장을 의미한다. 그러나 정조는 상왕의 공간인 화성을 단순히 왕권 강화의 표상이 아니라 제도 개혁의 시험장으로 만들고자 하였으니, 이는 화성에서 입증된 성과를 전국으로 확산시켜 국가 개혁의 모범으로 삼으려는 것이었다. [자료7] 화성에 북학北學 · 서학西學의 최신 성과까지 두루 활용한 성제城制와 도시 · 상업 시설, 조선 후기 군제 개혁의 성과인 장용영, 이를 지탱할 둔전 제도와 수리시설 등이 집중되었던 것은 정조의 이러한 구상과 실행이 있었기 때문에 가능한 것이었다.

실제로 장용영과 둔전 제도는 숙종대 이래 양역변통과 균역법 등으로는 해결할 수 없었던 문제, 즉 정예 군사의 확보와 이를 지원할 생산 기반 구축을 통한 군사재정 확보라는 문제를 상당 부분 해결한 것이었다. 또한 화성이라는 군사시설과 신도시 기반 시설의 사례 역시 법고창신法古創新의 정신에 입각한 실학實學의 성과를 입증한 것이기도 하였다. 이러한 의미에서 탕평 정치를 통해 구현된 정조대 국정 개혁의 방향과 성과는 영조대의 한계를 뛰어넘는 성취라 할 수 있다. 그러나 정조의 서거로 인해 군신이 합심하여 추진하던 국가 개혁의 실험은 중단되었고 그 성과 역시 무산될 위기에 처했다.

**자료1**

윤음을 내리기를, "아! 과인은 사도세자思悼世子의 아들이다. 선대왕께서 종통宗統의 중요함을 위하여 나에게 효장세자孝章世子를 이어받도록 명하신 것이다. 아! 전일에 선대왕께 올린 글에서 '근본을 둘로 하지 않는 것[不貳本]'에 관한 나의 뜻을 크게 볼 수 있었을 것이다. … 이미 이런 분부를 내리고 나서 괴귀怪鬼<sup>주1</sup>와 같은 나쁜 무리들이 이를 빙자하여 추숭追崇하자는 의논을 한다면 선대왕께서 유언하신 분부가 있으니, 마땅히 해당 형률로 논죄하고 선왕의 영령英靈께도 고하겠다."

주1 괴귀(怪鬼) : 도깨비. 동물이나 사람 형상을 한 잡된 귀신.

原文 下綸音曰: 嗚呼! 寡人思悼世子之子也. 先大王爲宗統之重, 命予嗣孝章世子. 嗚呼! 前日上章於先大王者, 大可見不貳本之予意也. … 旣下此敎, 怪鬼不逞之徒, 藉此而有追崇之論, 則先大王遺敎在焉, 當以當律論, 以告先王之靈.

『정조실록』 권1, 정조 즉위년 3월 10일 신사

**자료2**

우리 조정은 나라를 세우고서부터 오로지 사대부를 숭상하였으니, 임금이 정치를 함에 있어 이 사대부들을 버리고 어떻게 할 수 있겠는가? … 대저 국조國朝에서 근밀近密한 직책의 벼슬을 설치한 것이 진실로 한두 관사官司가 아닌데, … 옥당玉堂<sup>주2</sup>은 관사를 설치한 처음을 상고하여보면 지극히 맑고도 화려하여 묘선妙選이요 극간極揀이었는데, 근래 이래 그 선발이 점점 넓어지고 그 숫자가 점점 많아져 조정에 벼슬하는 신진新進들이 삼사(三司, 사헌부·사간원·홍문관)라고 하는 일로 一路를 통하지 않고서는 실로 진신進身할 길이 없다. 이제 만일 고제古制를 수복修復하여 내각에 대신하려 해도 또한 행할 수 없는 일이 있으므로, 고금의 사의를 참작하여 부득이 내각을 따로 설치하게 된 것이다. 내가 본디 문묵文墨에 종사하는 것을 즐기는 성벽性癖이 있어, 매양 기무機務 사이에 여가가 나면 애오라지 각중閣中의 여러 신하들과 경사經史에 대해 토론하고 생민의 질고疾苦, 정치의 득실得失, 전대前代의 치란에 관해 뜻에 따라 찾아서 섭렵하고 있으니, 실상 보필輔弼로 여기는 뜻이 있는 것이다. 내가 내각을 건립한 본의는 오로지 여기에 연유한 것이다.

주2 옥당(玉堂) : 홍문관(弘文館)의 별칭. 홍문관원 가운데 특별히 홍문관의 부제학(副題學) 이하 교리(校理)·부교리(副校理)·수찬(修撰)·부수찬(副修撰) 등을 총칭함.

原文 我朝立國, 專尙士夫, 則人君爲治, 捨此士夫而何以哉? … 大抵國朝設官近密之職, 固非一司, … 玉堂則若稽設官之初, 則至淸且華, 妙選極揀, 而挽近以來, 其選漸廣, 其數漸多, 立朝新進, 若非三司一路, 則實無進身之路. 今若修復古制, 用代內閣, 則亦有所行不得之事, 參古酌今, 不得已有內閣之別置矣. 且予素癖於文墨間從事, 每於機務之暇, 職與閣中諸臣, 凡於經史討論, 生民疾苦, 治政得失, 前代理亂, 隨意搜獵, 實有隣哉之意焉. 惟予建閣之本意, 職由是也.

－『정조실록』권13, 정조 6년 5월 29일 을축

### 자료3

**주3** 척계광(戚繼光, 1528~1588) : 명나라 산동(山東) 등주(登州) 사람. 왜구를 물리치는 데 특화된 병기와 저술을 개발하여 큰 성과를 거둠. 병서인 『기효신서(紀效新書)』를 남겼다.

**주4** 진위(振威) : 평택의 옛 지명.

**주5** 양성(陽城) : 경기도 안성의 옛 지명.

앞서 임인년(정조 6)에 명하여 무예 출신武藝出身과 무예별감으로 장교를 지낸 사람 30명을 선발하여 번을 나누어 명정전明政殿 남쪽 회랑에 입직하게 하였다. 그리고 을사년(정조 9)에 장용위라 호칭하고 20명을 늘리니 이것이 장용영이 설치된 시초이다. 이때부터 해마다 인원을 늘려왔는데, 척계광주3의 남군(南軍, 중국 남방 지역의 군사) 제도를 본받아 5사司에 각기 5초哨를 두는 것으로 규례를 삼고 3초는 초마다 1백 15명으로 하였다. 정미년(정조 11)에 처음으로 27명을 두기 시작해서 무신년(정조 12)에 88명을 증원하여 좌초左哨를 만들었고, 신해년(정조 15)에 우초右哨를 늘렸으며, 계축년(정조 17)에 중초中哨를 늘렸다. 5초는 서울에 있었으니 초마다 1백 23명이었다. 정미년에 전초前哨를 처음으로 두고 무신년에 중초와 후초를 늘렸으며 계축년에 좌초와 우초를 늘렸다. 5초는 수원水原에 있었는데, 기유년(정조 13)에 5초를 처음으로 창설하였는바 전초는 진위振威주4에 있고, 좌초는 양성陽城주5에 있고, 중초는 용인龍仁에 있고, 우초와 후초는 광주廣州에 있다.

**原文** 先是壬寅, 命抄擇武藝出身及武藝別監之間經將校者三十人, 分番入直於明政殿南廊, 乙巳, 號壯勇衛, 仍增二十人, 此壯勇營設施之權輿也. 自是逐年增置, 倣戚氏南軍之制, 以五司各五哨爲例, 三哨每哨一百十五名. 丁未, 創二十七名, 戊申增八十八名爲左哨. 辛亥增右哨. 癸丑增中哨. 五哨在京, 每哨一百二十三. 丁未, 創前哨, 戊申增中後哨, 癸丑增左右哨, 五哨在水原. 己酉, 創五哨, 前哨在振威, 左哨在陽城, 中哨在龍仁, 右後二哨在廣州.

－『정조실록』권37, 정조 17년 1월 12일 병오

### 자료4

이때 장신將臣들이 무예에 익숙하지 못한 것을 걱정하여, 책 하나를 엮어 『무기신식武技新式』이라고 이름하여 반포하였다. 이는 대체로 척계광戚繼光의 책에 실려 전하는 무예는 단지 6가지 기예뿐이다. 곧 곤봉棍捧·등패藤牌·낭선狼筅·장창長槍·당파·쌍수도雙手刀인데, 연습하는 규정에 그 방법이 대부분 잘못되었으므로, 옛 책을 가지고

| 정치 기구와 정국 변동 **163**

모조리 고증하여 바로잡았다. 또 죽장창竹長槍 · 기창旗槍 · 예도銳刀 · 왜검倭劒 · 교전

월도交戰月刀 · 협도挾刀 · 쌍검雙劒 · 제독검提督劒 · 본국검本國劒 · 권법拳法 · 편곤鞭棍

등 열두 가지 무예를 새로 만들어 그림을 그려가지고, 찌르고 치는 자세를 예시하였

다. 이 책을 전서全書로 편찬하여 훈련도감에 주어 연습하게 하였다. … 사직司直 박치

원朴致遠이 글을 올려 힘쓸 것을 진언하니, 너그러운 비답을 내려 답하였다. 후에 중신

重臣 서지수徐志修가 연석筵席<sup>주6</sup>에서 진계陳戒한 것과 관련하여 말하기를 "이는 정말 나

를 사랑하는 것이다"라고 하였다. 전후로 세자의 덕德에 관련된 말을 한 자들은 다들

장려하는 말씀을 받았다. … 그 이튿날 수원부水原府에 이르렀다. … 행차가 지나는 길

가에서, 부로들이 에워싸고 막아서서 다투어 바라보면, 번번이 행차를 멈추고 애로사

항을 물어보고는 조세와 부역을 감해주라고 명하였으므로, 일로가 크게 기뻐하였다.

어느 호위 군사의 말이 달아나 콩밭에 들어가서 마구 짓밟고 뜯어먹었는데, 지방관을

불러 밭주인에게 값을 후하게 갚아주라고 하였으며, 호위 군사의 죄를 다스렸다.

주6 연석(筵席) : 임금과 신하가 모여서 경연하거나 정사를 논의하는 자리.

原文 至是, 憂將臣之不閑武技, 編成一書, 名以『武技新式』以頒之, 蓋戚志所載武技, 所傳

者, 只六技. 曰棍捧曰藤牌曰狼筅曰長槍曰銳鈀曰雙手刀, 而演習之制, 多失其方, 就舊書悉證正

之. 又以竹長槍 · 旗槍 · 銳刀 · 倭劍 · 交戰月刀 · 挾刀 · 雙劍 · 提督劍 · 本國劍 · 拳法 · 鞭棍凡

十二技, 創演爲圖, 以示擊刺之勢. 彙成全書, 付之訓局, 使肄習之. … 司直朴致遠上書陳勉, 優批

答之. 後因重臣徐志修筵席陳戒, 教曰: '是, 誠愛我.' 前後以睿德言事者, 咸被嘉奬之教. … 翌日,

至水原府. … 輦路所過, 父老擁遮爭瞻, 輒住駕, 詢疾苦, 命減征徭, 一路大悅. 有一衛士馬, 逸入

菽田, 蹂且吃, 招地方官, 厚償田主, 治衛士.

_『정조실록』 권28, 정조 13년 10월 7일 기미

**자료5**

피묻은 적삼이여 피묻은 적삼이여, 오동梧桐나무여 오동나무여.

누가 안금장安金藏과 전천추田千秋인가? 나는 귀래망사대歸來望思臺를 마음에 품고 있

노라.

原文 血衫血衫, 桐兮桐兮.

誰是金藏千秋, 予懷歸來望思.

*영조가 역적들의 무함을 깨닫고 선세자의 효성孝誠을 인정하여 자신의 처분을 후회

하는 자애로움을 표현한 것이다. 정조는 이「금등」속의 말이 영조의 지극한 자애로움

과 선세자의 지극한 효성을 가리킨다고 말했다. 해당 구절의 의미는 다음과 같은 고사를 함축한다. 안금장은 당나라 측천무후 때의 충신으로 황사皇嗣로 있던 예종睿宗이 반역을 꾀한다는 무고誣告를 당하고 그의 측근들이 고문에 못 이겨 거짓 자백하려 할 때, 칼로 자신의 배를 갈라 창자를 꺼내 예종의 결백을 주장하였고 그 결과 측천무후가 국문을 중지시켜 예종이 화를 면하게 한 인물이다.『신당서(新唐書)』권191 안금장전(安金藏傳)] 전천추는 한 무제 때의 충신으로 여태자戾太子가 강충江充의 모함으로 죽은 뒤에 상소하여 무제가 크게 후회하게 하는 데 기여했던 인물이다. 한 무제는 마침내 사자궁思子宮을 짓고 아들이 돌아오기를 기다린다는 귀래망사대歸來望思臺를 쌓았다고 한다.[『한서(漢書)』권63 무오자 열전(武五子列傳)] 피문은 적삼[血衫]과 오동나무[桐]는 채제공에 따르면, 영조의 비 정성왕후貞聖王后 서씨徐氏의 상례 때 입었던 사도세자의 피눈물이 묻은 상복[衰服]과 오동나무를 깎아 만든 지팡이[削杖]를 말한다. 그런데 문녀文女와 김상로金尚魯는 사도세자가 영조를 저주하는 도구로 사용하였다고 무함하는 데 썼다고 한다.

### 자료6

매번 임금의 자리에서 물러날 뜻이 계시더니, 성자聖子를 얻어 종국宗國의 부탁이 사람이 있고, 화성華城을 크게 쌓아 경성京城의 버금이 되게 하고, 집 이름을 노래당老來堂과 미노한정未老閒亭이라 하시고, 나더러 말하시되, "갑자년(甲子年, 1804)에 원자(元子, 순조)의 나이 15세니 족히 위位를 전할 것이니, 처음 마음을 이루어 마마를 모시고 화성으로 가고 평생에 경모궁(景慕宮, 사도세자) 일에 직접 행行치 못한 지한至恨을 이룰 것이니, 이 일이 나는 영묘(英廟, 영조) 하교下敎를 받자와 행行치 못하는 것이 비록 지극히 원통하나 또한 의리義理요, 원자元子는 내 부탁을 받아 내 마음을 이뤄내 행치 못한 것을 제 대신하여 행하는 것이 또한 의리요, 오늘날 신하들은 나를 좇아 아니하는 것이 의리요, 훗날 신하들은 새 왕을 좇아 봉승奉承하는 것이 의리이니, 의리가 일정한 것이 없어 때를 따라 의리가 되는 것이니, 우리 모자母子가 살았다가 자손의 효도로 이 영화榮華와 효양孝養을 받으면 어떠하겠습니까? … 을묘년(1795)에 경모궁에게 존호하실 때 팔자존호八字尊號를 하시고, … 이제는 다 되고 한 글자만 남았으니, 이는 훗날 새 왕을 기다리자 하시고, 인하여 존호 글자를 외우시며 '장륜융범 기명창휴章倫

隆範 基命昌休'라 하시거늘, 내 무식한 여편네라 자세히 알아듣지 못하고 '기명창효基命
昌孝입니까?' 하니, 선왕이 웃으시며, '효자孝字는 장래에 무슨 효대왕孝大王이라 할 때
쓸 것이기에 아직도 효도 효자孝字는 남겨두었으니, 그러므로 우리 조정의 역대 존호
에 효孝라는 글자는 쓰지 아니하옵니다' 하시었다."

_『한듕록』, 민중서관, 1961

### 자료7

장용위 외사에게 유시하였다. "… 주周나라는 정전법井田法을 통해 병부兵賦를 정하였
고, 한漢나라는 남군南軍과 북군北軍을 두어 중외中外를 통어하였으며, 당唐나라는 부
위府衛를 두어 병농兵農을 겸관兼管하게 하였다. 그러다가 아조我朝에 이르러서는 삼대
三代의 모범적인 제도를 참작하여 오위五衛가 총괄하는 군제軍制를 창설, 바다 동쪽 수
천 리 땅에서 창을 들거나 활을 멘 무리들은 모두 여기에 소속되게 하였다. … 그런데
그 사이에 군영軍營의 제도가 생겨 오위五衛의 편제가 폐지되자 고금古今이 서로 같지
않은 것이 하늘과 땅처럼 판이해지면서 농사를 지어도 먹지 못하고 길쌈을 해도 입지
못해온 지가 어언 2백 년이나 되었다. … 이번에 이 한 가지 일을 거행함으로써 여러
효과를 거둘 수 있으니, 삼보(三輔, 경기)의 능읍(陵邑, 왕릉이 있는 읍)에 대해서는 근본
을 강하게 하고 곁가지를 약하게 하는 바람직한 방책이 여기에 있고,… 한 지방에서
부터 무비武備를 닦고 식량을 충분히 확보할 수 있게 하는 성전盛典이 바로 여기에 있
다 하겠다."

**原文** 諭壯勇外使曰:…周因井田, 以定兵賦, 漢軍南北, 以統中外, 唐置府衛, 以兼兵農. 及至
我朝, 參酌三代之懿範, 創置五衛之總轄, 擧海左方數千里, 荷戈負羽之徒, 莫不隷焉. … 間者軍
營出, 而五衛罷, 則古今之不相侔, 不翅若星淵, 而夫耕不食, 婦織不裳, 且二百年于玆矣. … 惟玆
之擧一擧, 而衆美具焉, 三輔陵邑强幹弱枝之長策在此,… 一區邱井, 足兵裕食之盛典在此.

_『정조실록』 권49, 정조 22년 10월 19일 기유

### 출전

『정조실록(正祖實錄)』

『한듕록』

## ■ 찾아읽기

이태진 편, 『조선시대 정치사의 재조명』, 범조사, 1985.

이태진, 『조선 후기의 정치와 군영제 변천』, 한국연구원, 1985.

유봉학, 『꿈의 문화유산 화성』, 신구문화사, 1996.

김성윤, 『조선 후기 탕평정치 연구』, 지식산업사, 1997.

박광용, 『영조와 정조의 나라』, 푸른역사, 1998.

정옥자 외, 『정조시대의 사상과 문화』, 돌베개, 1999.

박현모, 『정치가 정조』, 푸른역사, 2001.

이성무, 『조선시대 당쟁사2』, 아름다운날, 2007.

김백철 외, 『18세기 : 왕의 귀환』, 민음사, 2014.

박광용, 「조선 후기 탕평 연구」, 서울대 박사학위 논문, 1994.

박광용, 「정조대 탕평정국과 왕정체제의 강화」, 『한국사32』, 국사편찬위원회, 1997.

최성환, 「정조대 탕평정국의 군신의리 연구」, 서울대 박사학위 논문, 2009.

# 11 군주제 뒤로 숨은 세도 권력
## 외척의 세도 정치

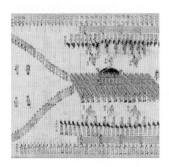

순조대 초반 정순왕후의 수렴청정은 영·정조대 탕평 정치의 부정이었다. 정치는 사라지고 경주 김씨 외척의 힘을 빌린 벽파의 전횡이 횡행하여, 정치는 시벽(時僻) 당쟁으로 축소되었다. 이 와중에 왕실의 군사·경제적 기반은 급속히 와해되었다. 이는 순조의 친정으로 진정되는 듯했지만, 순조 역시 외척의 득세를 막지는 못하였다. 조선 후기 정치는 방향을 상실한 채 표류하였다.

영·정조의 탕평 정치는 순조대 이후 시파와 벽파의 정치 보복을 거치면서 세도勢道 정치로 전환되었다. 세도 정치는 군주가 정치 세력을 조정하거나 교체하는 등 정치를 주도하는 역할을 하지 못하고 외척 및 소수의 경화 벌열 가문이 권력을 과점寡占 혹은 독점하는 정치를 말한다. 본래는 군주가 특정 세력에게 세도를 위임하여 보좌를 받는다는 훌륭한 뜻으로 출발한 세도世道는 특정 세력이 위임받은 권력을 장악하고 전횡한다는 의미의 세도勢道로 변질되었다. 군주제 국가인 조선에서 세도 정치는 책임 정치의 실종을 의미한다. 그것은 정순왕후의 수렴청정 과정에서 탕평 정치의 성과를 부정한 데서 출발하였다.

순조대 정치 세력은 노론 내 분파인 시파時派와 벽파僻派로 구성되었는데, 이들은 영조대 후반 홍봉한의 북당北黨과 김귀주의 남당南黨을 각각 연원으로 한다. 시파는 경복궁 인근의 벌열가 중심으로 구성되었으며 시세의 변화에 유연하고 국왕의 정책에도 순응하는 경향인 반면, 벽파는 시파의 타협적 노선을 비판하며 노론 사대부의 의리론을 견지하고 국왕을 견제하는 경향이 강하였다.

순조 즉위 직후 벽파는 정조대 후반 정조의 탕평 정치에 일시 호응하던 태도를 변경하여 영조대 후반 이래 '영조의 대의리'를 대변했던 정순왕후貞純王后의 수렴청정에 기대어 권력을 장악하였고, 이를 발판으로 '정조의 임오의리'에 호응하였던 서유린계 노·소론과 채제공계 남인 등 의리 변통 세력을 정적 제거의 차원에서 대거 축출하거나 처형하는 등 정국 운영에 일대 파란을 일으켰다. 더 나아가 벽파는 정조가 순조비로 김조순金祖淳의 따님을 내정한 국혼國婚까지 저지하는 무리수를 시도하다가 저지되기도 하였다. [자료1]

벽파의 무리한 정국 운영은 정조대에 정착된 탕평의 인사원칙과 사회·정치적 기반을 부정하였을 뿐 아니라 정치 세력 간의 신의 역시 뿌리부터 흔들어놓았다. 이로 인하여 벽파는 노론 시파뿐 아니라 지배층 전반의 반발을 초래했다. 벽파의 후원자 정순왕후는 순조의 친정親政에 따른 철렴撤簾 이후 재차 수렴청정을 시도했다가 시파에 의해 저지당했고 얼마 후 서거했다. 벽파는 왕실의 후원을 잃자 새로운 국구國舅 김조순金祖淳을 필두로 한 시파의 반격을 받아 급속히 몰락했다. 이는 김조순이 이끄는 시파의 집권으로 귀결되었다.

그러나 시파의 집권이 '정조의 임오의리' 실현을 의미하는 것은 아니었다. 김조순은 특유의 포용력으로 노론 시파뿐 아니라 김귀주계를 제외한 벽파 및 소론까지 아우르며 순조의 정국 운영을 보필하였다. 그러나 국구國舅인 그의 처지에서도 '정조의 임오의리'는 영조 이래 확립된 의리론의 재정립과 그에 따른 정치세력의 변동을 의미하는 것이기 때문에 결코 원하는 바가 아니었다. '정조의 임오의리'를 실현할 수 있는 주체는 국왕인 순조이어야 했다. 순조 5년(1805) 12월 순조가 사도세자를 비난한 윤재겸과 박치원에 대한 우의정 김달순金達淳의 추증 요구를 거부한 결과, 순조 6년에는 순조의 외가 반남 박씨潘南朴氏와 처가 안동 김씨安東金氏의 연합 정권이 성립하게 되었다.

이처럼 순조는 친정 이후 세도정권의 판도를 바꾸어놓는 등 한동안 국정을 주도할 수 있었다. 그러나 홍경래洪景來의 난순조 11년(1811)~순조 12년(1812)을 전후로 찾아온 병마로 인하여 순조의 국정 주도력은 급속히 감퇴하고 급기야 국정 의욕마저 상실하고 말았다. 이미 순조 초 벽파집권기 때에 정조가 구축했던 왕실의 경제적·군사적 유산은 벽파 신료들의 주도와 시파 신료들의 협조로 해체되었기때문에, 이를 다시 복구하는 것은 왕실 영역의 축소를 지향하는 신료들의 반대를 극복해야 하는 지난한 과제였다. 순조가 국정을 명실상부하게 주도하기 위해서는 이 과제를 해결해야 했다.

실제로 순조는 한동안 그러한 노력을 하였으나 번번이 시파 신료들의 반대로 무산되었다. 순조는 군정軍政의 폐단이 심해진 문제를 경장하기 위해 애썼던 정조를 본받아 『만기요람萬機要覽』까지 편찬하도록 하며 군제 개혁에 지대한 관심을 보였으나 정작이 책의 편찬자 심상규는 신법新法을 만들 필요가 없다며 반대했다. 또한 순조는 정조의 장용영 창설을 본받아 무예청武藝廳 신설을 추진했다가 안동 김씨 병조판서에 의해 저지당하기도 하였다.[자료2] 이후 국왕의 호위 병력을 포함한 최소한의 군사력마저 거듭된 흉년이나 민심의 안정을 위한다는 명목으로 감축되기 일쑤였다. 그 결과는 한말韓末에 국왕 호위의 군사력마저 일제日帝에 의존해야 하는 처지로 귀결된 것이다.

안동 김씨의 세도世道는 순조대 중반 이후 안정되었고, 왕실의 권위를 회복하려 했던 효명세자의 대리청정을 계기로 일시 위기에 빠지기도 하였다. 그러나 효명세자가 의문의 죽음을 당한 이후 다시 외척의 세도勢道가 복원되었으니, 이는 군주의 국정 주도권 상실의 과정이기도 하다. 세도 정치 시기의 정국 변동을 정리하면 다음과 같다.

제1기 경주 김씨, 안동 김씨, 반남 박씨 3척戚 세도 : 순조 즉위~순조 5년
제2기 안동 김씨, 반남 박씨 2척戚 세도 : 순조 6년~순조 18년
제3기 안동 김씨, 풍양 조씨 2척戚 세도 : 순조 19년~헌종 15년
제4기 안동 김씨 단독 세도기 : 철종 즉위년~고종 즉위년

순조 17년에 세도의 한 축을 이루던 순조의 처가妻家 반남 박종경朴宗慶이 사망하자, 순조 12년 박종경 탄핵의 선봉에 섰던 풍양 조득영趙得永의 일가에서 세자빈世子嬪이 간택되어 세도가문으로 부상하였다. 풍양 조씨는 효명세자孝明世子의 대리청정으로 한때 안동 김씨를 압박할 정도로 성장하였다. 그러나 순조 30년 효명세자의 갑작스런 서거로 풍양 조씨 세력은 커다란 타격을 받고 다시 안동 김씨가 주도하는 세도 정치로 정

착되었다.

그러다가 헌종憲宗의 즉위로 안동 김씨인 순원왕후純元王后가 수렴청정을 하고 외가인 풍양 조씨가 다시 세력을 신장하면서 두 가문이 경쟁하는 정국을 이룰 수 있었다. 순조가 말년에 헌종의 외가인 조인영趙寅永에게 세손(헌종) 보도를 당부하였기 때문이다. 헌종대에는 두 가문을 주축으로 관직을 과점하면서 서로 각축하는 정세가 이어졌다.

풍양 조씨는 안동 김씨에 비하여 천주교 배척에 매우 엄하여서 헌종대 두 차례의 사옥邪獄을 주도하는 등 노론 청론을 더욱 중시하는 정책적 차별성을 보이기도 하였다. 그러나 헌종이 친정親政한 뒤에 친위군 양성과 같은 군주권 강화 시도를 저지하고자 하였다는 점에서 순조대 안동 김씨의 행보와 다를 바가 없었다. 세도가들의 견제에도 불구하고 헌종은 정조 사후 중단되었던 규장각의 초계문신제를 부활하고 친위군영인 총위영摠衛營을 설치하는 등 정조의 탕평 정치를 모델로 국정 주도권을 회복하고자 하였다.

그런데 헌종이 후사 없이 젊은 나이에 돌연 서거하자 세도정권의 구성에 다시 변동이 생겼다. 왕실의 큰 어른인 순원왕후는 역모죄로 죽은 정조의 이복동생인 은언군恩彦君의 서손庶孫 이원범李元範을 자신의 양자로 들이고 철종哲宗으로 입승대통入承大統시킨 뒤에 재차 수렴청

「헌종가례진하도」

정을 하였다. 물론 철종이 정조의 혈손血孫이라는 점이 강조되기는 하였지만, 이는 허울만 정조를 계승하려는 세도정권이 내세운 명목일 뿐 종법상 여러 모로 무리한 승계였다. 철종은 혈통血統으로는 조카뻘인 헌종을 이어서 왕이 되었지만 종통宗統으로는 순조를 계승하였던 데다가, 19세의 나이에 왕손 교육도 제대로 받지 못한 무능한 인물이었기 때문이다. [자료3]

이로 인하여 진종眞宗을 철종의 5대조로 보아 종묘 곁의 영녕전永寧殿으로 옮길 것인지[조천(祧遷)], 아니면 3대조로 보아 종묘에 그대로 둘 것인지를 둘러싼 전례 논쟁이 크게 벌어졌다. 결국 종통의 계승에 문제가 없다는 순원왕후의 뜻대로 진종을 조천하기로 결정하였다. 논쟁에서 풍양 조씨 측을 대변하던 영의정 권돈인 세력이 패퇴하였다. 이로써 안동 김씨는 풍양 조씨의 견제를 뿌리치고 독주 체제를 굳혔으며, 이후에는 안동 김씨를 제어할 수 있는 세력이 더 이상 등장하지 못하였다. 정통성과 능력이 없는 군주에게 정국 주도를 기대할 수는 없었다. 이러한 세력 구도는 고종의 즉위를 계기로 종실宗室인 흥선대원군興宣大院君이 전면에 등장하기 전까지 이어진다.

이상의 추이에서 알 수 있듯, 세도 정치勢道政治는 국왕 또는 선왕先王의 위임을 받은 외척을 중심으로 18세기의 당쟁과 탕평의 과정을 거치면서 살아남은 노·소론 경화거족京華巨族들이 조정의 주요 관직과 권력을 과점寡占한 채 세력을 떨치면서 왕권조차 무력화시켰던 정치 형태를 말한다. 세도 정치 시기에는 서울의 벌열 가문을 단위로 하는 권력집단이 국가 권력을 장악하였지만, 그 가운데서 핵심 세도가勢道家는 관료제 밖의 사적 영역에서 권력을 행사하였다.

그렇다고 세도가들이 왕권 자체를 부정하고 새로운 질서를 만든 것은 아니었다. 세도가가 되기 위해서는 어린 국왕을 잘 보필해달라는 선왕의 당부가 필수적이었기 때문이다. 세도 정치가 계속되기 위해서는 미약하나마 상징적인 국왕의 존재가 필수적이었다. 본래 국왕의 위임을 거쳐서 성립할 수 있었던 세도世道는 국왕의 뜻을 저지할 수 있는 세도勢道로 변질되더니, '강화도령'에 지나지 않았던 무능한 인물을 철종에 앉힌 것으로 상징되듯 마침내 국왕을 선택하는 지경에 이르렀던 것이다.

세도 정치의 폐해는 조정의 공적 운영에 의해 확립되던 권위가 사적私的 집단의 타협 혹은 농단의 결과 형해화形骸化하였다는 점이다. 그것은 국가적 권위의 추락을 의

미할 뿐 아니라, 건전한 상호 비판과 견제가 불가능해지고 그 결과 언로마저 닫혀 국가 · 사회의 개혁 가능성이 막히는 결과로 이어진다.[자료4] 이에 따라 붕당정치 혹은 탕평 정치 시기에는 공론의 대결과 정치적 계기에 따라 권력 집단의 교체도 가능하였지만, 세도 정치 시기에는 세도가의 사적인 판단에 따른 인력의 재배치만 있을 뿐 정치 세력의 교체는 불가능해졌다. 조선이라는 국가는 현상 유지만 할 뿐, 책임 있는 정치 세력이 등장할 수 없게 된 것이다. 정치사의 시각에서 볼 때 이는 명백한 후퇴이다. 세계 열강이 제국주의적 팽창을 향해 치열하게 경쟁하던 시점에 조선의 19세기는 이렇듯 정치적 역동성을 상실한 채 표류하고 있었다.

**자료1**

수십년 이래로 남당南黨에 접근하는 자를 벽파僻派라 일렀고 북당北黨에 접근하는 자를 시파時派라 일렀는데, 논의가 분열되어 싸우기를 그치지 않았다. 경신년(1800, 순조 즉위)에 대왕대비께서 수렴청정垂簾聽政할 때에는 대신들이 김귀주金龜柱의 관작을 회복시키자는 청으로 인하여, 그의 아우 김용주金龍柱 및 아들 김노충金魯忠과 김한록의 아들 김관주金觀柱 · 김일주金日柱 등이 다시 일어나 일을 주무르고 심환지와 같이 모의를 꾸며 홍봉한의 아들 홍낙임洪樂任을 죄로 얽어 죽였다. 무릇 자기들에게 빌붙지 않는 자는 모두 의리에 배치되고 추숭追崇을 주장한다 하여 그 죄를 성토해 쫓아내거나 죽였으므로 조정이 텅 비게 되었다. … 이보다 앞서 정조正祖 경신년에는 왕세자의 대혼大婚을 김조순金祖淳의 딸에게 정하여 이미 재간택再揀擇을 행하였는데, … 김용주의 무리는 김조순이 그 당이 아니라서 대례大禮를 치룬 뒤에는 마침내 자신들의 우환이 될까 두려워하여, … '삼간택三揀擇을 하지 않는다'는 등의 말을 발표하여 온 세상을 위협하였는데, … 정순대비께서 확고하게 흔들리지 않았기 때문에 감히 일을 이루지 못하였다.

> **原文** 蓋數十年來, 追南者謂之 '僻', 近北者謂之 '時', 論議分裂, 傾軋不已. 庚申垂簾, 因大臣請復龜柱官, 其弟龍柱. 子魯忠, 漢祿之子觀柱 · 日柱等, 復起用事, 與煥之協謀, 構殺鳳漢之子樂任. 凡不附己者, 竝以背馳義理, 主張追崇, 聲其罪, 竄逐廢黜, 朝著爲空. … 先是正廟庚申, 定王世子大婚於金祖淳女, 已行再揀, … 龍柱輩, 以祖淳非其黨, 恐大禮之後, 終爲己患, … 又發 '三揀不爲' … 誘脅一世, …貞純大妃確然不動, 未敢售.
>
> _『순조실록』 순조 6년 6월 25일 신축

**자료2**

대사헌 김이도金履度가 상소하였는데, … "근래 여항閭巷에 전파된 말을 듣건대, … 새로 무예청武藝廳의 군병軍兵을 뽑아들이는 일이 있다고 합니다. 비록 어떤 곳에다 소속시키고 명목이 무엇인지는 모르겠으나, 참으로 이런 일이 있다면, 혹 숙위宿衛가 소홀한 것을 염려해서입니까, 아니면 미관상 좋게 꾸미기 위해서입니까? … 오늘날 이러한 일은 아마도 전하께서 먼저 할 일은 아닌가 싶습니다. 이처럼 흉년의 춘궁기를 당해 민생民生이 거꾸로 매달린 듯하고 굶어 죽은 시체가 길에 깔려 있습니다. … 군신君臣 상하는 날로 안정시킬 계책을 강구하되, 마치 젖은 손으로 불에서 구해주면서 다른 일에 겨를이 없는 것처럼 해야 합니다. 또한 병력은 한갓 설치만 해놓아서는 안 되고 반드시 재화財貨에 의지해야 하는데, 재화는 그냥 생기는 것이 아니라 반드시 백성들에게서 나오는 것입니다. 비록 부고府庫의 축적이 넘쳐서 여유가 있더라도 군사의 정원이 늘어나는 것을 옛사람이 근심하였습니다. … 백성을 사랑하는 마음과 절약해서 쓰는 전하의 덕으로 혹 쓸데없는 비용을 제거하여 간약簡約하게 하지는 못하시더라도 또 어찌 무사無事한데도 비용을 늘리고 급하지 않은 일에 정신을 써 쓸데없는 곳에다 내탕고의 재물을 소모해야 되겠습니까? 누累 됨이 이미 크고 손해 됨이 적지 않습니다. … 임금의 일동 일정一動一靜 … 그 광명光明을… 한 나라의 사람이 모두 우러러보게 해야 하는데, 이 일은 그렇지 못합니다.

**原文** 大司憲金履度上疏, 略曰: 近聞閭巷播傳之說,… 新有武藝廳軍兵抄入之擧云. 雖不知隷付之何所, 名色之何稱, 果有是乎, 則或慮宿衛之疎虞歟? 抑爲觀瞻之賁飾歟, 伏見北苑寶座之際、陵園禮展之時, 儀衛之盛. … 今日此擧, 恐非殿下之所先務也. 當此歲歉春窮, 民生倒懸, 僵殍載路. … 君臣上下, 日講奠安之策, 如濡手救焚, 莫遑他及也. 且兵不可以徒設, 必藉於財, 財不能以徒生, 必出於民. 雖使府庫之積, 充溢有餘, 兵額之增, 古人所憂. … 以殿下愛民節用之德, 縱不能汰冗而就簡, 又豈可無事而廣費, 留精神於不急之務, 耗帑藏於無用之地? 爲累旣大, 所損不細. 此猶末耳. … 人主之一動一靜, … 其光明 … 使一國之人, 咸得以仰見, 而此擧則不然.

_ 『순조실록』 권13, 순조 10년 3월 7일 신유

**자료3**

헌종이 붕어했으나 후사가 없었다. 순원왕후 김씨가 대신을 모아서 대통大統을 이을 일을 논의하니, 정원용鄭元容은 전계군全溪君의 셋째 아들 변을 세우자 하고 권돈인權敦仁은 도정都正 이하전李夏銓을 세우자 하여 오래도록 결정하지 못하였다. … 정원용이 아뢰기를, "성심聖心에 먼저 결정하신 다음에 권돈인에게 알리는 것이 마땅합니다" 하였다. 왕후가 그 말대로 윤허하고, 내지內旨를 내려 정원용에게 강화부로 가서 전계군의 셋째 아들을 맞이하도록 하였다. … 6월에 관례冠禮를 거행하고 왕위에 나아가니 이분이 바로 철종이다. 전계군을 추봉해서 대원군大院君으로 삼고 김문근金汶根의 따님으로 왕비를 삼았다. 김문근을 영은부원군永恩府院君으로 삼아 대정大政을 협찬하도록 하였다. 순원왕후가 수렴垂簾하였으나 모든 정사는 먼저 영은부원군에서 결정되었다. 조카인 김병국을 훈련대장으로 김병학을 대제학으로 김병기를 좌찬성으로 삼았고, 아들인 김병필을 대교로 삼았으며, 표질表姪인 남병철을 승지로 삼았다. 김씨의 권세가 궁내와 궁외를 압도하였다.

原文 憲宗崩, 無嗣. 純元王后金氏會大臣, 議繼統. 相臣鄭元容議迎立全溪君第三子昇, 相臣權敦仁議立都政夏銓, 久不能決. … 元容奏, 宜先決於聖衷, 而後報於敦仁. 后允其奏, 因下內旨, 使元容迎全溪君第三子於江華府. … 六月行冠禮, 卽王位, 是爲哲宗. 追封全溪君爲大院君, 以金汝根女爲王妃, 封汝根爲永恩府院君, 協贊大政. 純元王后垂簾於內, 而萬機皆先決於永恩. 以永恩之姪金炳國爲訓練大將, 金炳學爲大提學, 金炳冀爲左贊成, 永恩之子炳翊爲待教, 永恩之表姪南秉哲爲承旨. 金氏權傾內外.

_『근세조선정감』권상

자료4

조선에서는 통상 정권政權 잡은 것을 세도世道라 한다. … (순조대) 이후부터는 임금의 외척인 후비后妃 가문이 세도로 되었고 이를 답습하여 일정한 예例로 되어서, 사람들은 세도가 있는 것을 그르게 여기는 것이 아니라 도리어 세도가 없음을 걱정하게 되었다. 우연히 세도가에게 강한 상대가 생겨서 이전 세도가를 거꾸러뜨리면, 정권이 바로 새 세도가로 돌아가게 된다. 그러나 그 비밀한 속사정을 외인外人으로서는 자세히 알지 못하므로 모두들 헤매면서 바라볼 뿐이고 가야 할 방향을 알지 못한다. 건의建議하고자 하는 일이 있어도 임금의 뜻을 헤아릴 수가 없어서 주저하면서 발의하지 못한다. 여러 담당 관원들은 오직 관례대로 하기만 일삼아서 모든 사무가 정체되고 형벌과 포상도 결정되지 못한다.

原文 朝鮮俗語, 以政權爲世道. … 自此以後, 率以外戚后家爲世道, 而蹈襲成例, 不惟人不以有世道爲非, 反以無世道爲憂. 偶有世道家之强敵, 起而顚覆之, 則政權已歸於新世道. 然內情秘密, 外人或未悉知, 咸彷徨觀望, 莫知方向. 有欲建白, 而莫測上意, 趑趄不發, 諸有司惟事因循, 以致庶務壅滯, 刑賞不決.

_『근세조선정감』권상

出전

『근세조선정감(近世朝鮮政鑑)』: 1886년(고종 23) 박제경(朴齊絅)이 흥선대원군(興宣大院君) 집정 전후의 정치와 개화파의 고뇌에 대해 서술한 야사(野史)로 흔히 『조선정감』으로 불린다. 원래 상·하권으로 쓰였으나 상권만이 1886년 일본 동경의 중앙당(中央堂)에서 발간되어 지금까지 전해지고 있다.

『순조실록(純祖實錄)』: 조선 제23대 국왕 순조의 재위 기간(1800년 7월~1834년 11월) 동안의 역사를 기록한 책이다. 본래는 부록이 1책이었으나, 1865년(고종 2) 윤5월 『철종실록』 편찬 때 추가 편찬해 2책이 되었다.

### 찾아읽기

이태진, 『조선 후기의 정치와 군영제 변천』, 한국연구원, 1985.

한국역사연구회, 『조선정치사(상·하)』, 청년사, 1990.

박광용, 『조선 후기 탕평 연구』, 서울대 박사학위 논문, 1994.

유봉학, 『연암일파 북학사상연구』, 일조각, 1995.

이영춘, 『조선 후기 왕위계승 연구』, 집문당, 1998.

김명숙, 『19세기 정치론 연구』, 한양대출판부, 2004.

김병우, 『대원군의 통치정책』, 혜안, 2006.

변원림, 『조선의 왕후』, 일지사, 2006.

이성무, 『조선시대 당쟁사2』, 아름다운날, 2007.

최완수, 「추사실기(秋史實紀)」, 『간송문화』30, 1986.

홍순민, 「19세기 왕위의 승계과정과 정통성」, 『국사관논총』40, 1992.

오수창, 「세도정치의 성립과 운영구조」, 『한국사』32, 국사편찬위원회, 1997.

오수창, 「세도정치의 전개」, 『한국사』32, 국사편찬위원회, 1997.

임혜련, 「19세기 수렴청정 연구」, 숙명여대 박사학위 논문, 2008.

# II.

# 경제 구조의 변화

# 1 위험하지만 소출이 많은 농사법으로

농법의 발달과 농서 편찬

양란 이후 조선의 농업이 재건되는 가운데 논농사에서는 이앙법이 급속히 보급되어 농업 노동력을 절감할 수 있게 되었고 밭농사에서는 작무법이 발전하면서 견종법이 확산되었다. 이로 인해 전반적으로 사회 생산력이 발전하였으며 이는 사회 변화의 기반이 되었다. 조선 국가와 양반 지배층은 농업 변화, 사회 변화에 직면하여 그 변화의 방향을 농서로써 제시했는데 사회 문제가 심화됨에 따라 국가와 전통적인 양반 지배층과는 다른 입장의 농서가 편찬되었다.

## 이앙법의 보급

임진왜란과 병자호란으로 인해 수많은 사람이 죽거나 다치고 토지경작 면적은 전쟁 전의 4분의 1로 줄어들었다. 경작지 복구와 인구 안집安集은 조선 국가의 최우선 과제였으며 숙종 말까지 가히 대개간의 시대라 할 정도로 대대적으로 개간이 이루어졌다. 개간의 주체는 국가와 양반 사대부였다. 더구나 조선 초기 이미 수조권 분급제가 해체된 상황에서 양반 사대부는 스스로 경제기반을 마련해야 했으며, 개간에 필요한 노동력과 물력物力을 충분히 조달할 수 있는 주체 역시 양반 사대부였다.

조선 국가는 법적·행정적인 지원을 아끼지 않았다. 우선 개간된 토지의 소유권을 보장하고 개간된 토지의 세금을 한시적으로 줄여주었다. 또한 무주진황지無主陳荒地를 각급관청과 궁방에 절수折受해주고 개간의 실적으로 지방관의 치적을 평가했다.

이와 같은 개간과 인구 안집을 위한 노력이 경주되는 가운데 농업기술에서도 괄목할 만한 변화와 발전이 이루어졌다. 수전水田에서는 이앙법移秧法이 전국적으로 확산되었고 한전旱田에서는 견종법畎種法이 새로운 파종법으로 각광을 받았다.

본래 이앙법은 조선 전기 이전에도 익히 알려진 파종법으로서 관개시설이 잘 갖춰진 땅이나 토질상 이앙이 더 유리한 곳에서 행해졌다. 직파법直播法은 특히 첫 김매기를 할 때 가라지와 도묘稻苗를 구분하기 어렵기 때문에 많은 시간과 노동력을 들여야 했던 반면 이앙을 하게 되면 사실상 첫 김매기가 필요 없어서 농민의 입장에서 매우 편리한 농법이 아닐 수 없었다. 또한 모판과 본전의 땅 힘을 모두 이용할 수 있으며 이앙하는 과정에서 불량한 모를 솎아낼 수 있어서 수확량 증대도 기대할 수 있었다. 다만 큰 가뭄에 몹시 취약했기 때문에 이앙을 할 수 있는 경우는 경작조건이 좋은 논에 국한되고 있었다. [자료1]

따라서 이앙법을 확대 적용하기 위해선 수리 문제, 모 관리 기술, 비료 문제를 해결해야 했다. 소규모 수리시설인 보洑가 증가했으며 봄철 가뭄을 최대한 피할 수 있도록 파종 시기와 품종을 조정해갔다. 아울러 가뭄에 취약한 이앙법의 위험에 대비하여 건앙법乾秧法이라는 독특한 농법도 개발해갔다. 건앙법은 물이 없는 모판에 모를 키우다가 이앙하기에 적당한 비를 만나면 비로소 이앙하는 농법으로서 이앙법의 보급과 안정에 크게 기여할 수 있었다. [자료2]

이러한 농민의 노력에 힘입어 이앙법은 실농失農을 우려하는 조선 국가의 금령을 무력화시키면서 16세기에는 삼남 지방 전역으로, 18세기경에는 거의 전국으로 확산될 수 있었다. [자료3] 이앙법은 전 농민 계층이 원하는 바였지만 대토지를 소유하고 있는 부농富農 또는 대농大農에게 특히 유리했다. 이들은 보 건설을 주도하고 밭을 논으로 바꾸는 번답反畓을 할 수 있을 정도로 물력과 노동력이 넉넉한 계층이었다. 이들이 차지하고 있는 대토지를 효율적으로 경작하기 위해선 이앙법이 필수적이었다. 수파水播나 건파乾播에 비해 이앙은 4배의 토지를 경작할 수 있었다. [자료4] 게다가 이들이 차지하고 있는 토지는 수리시설이 제대로 갖춰진 경우가 많아 가뭄에도 상대적으로 덜 취약했으며[자료5] 비료 획득에도 유리했기 때문에 벼를 거둬들인 뒤 보리를 심는 1년 2모작도 가능했다.

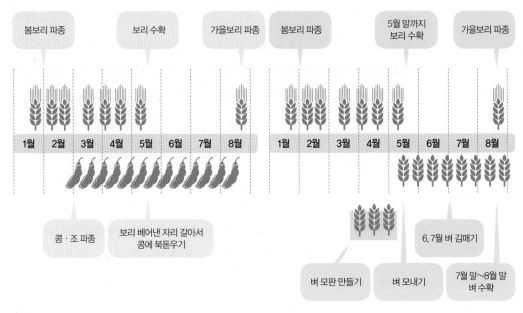

| 이모작

이앙법의 보급으로 노동력이 절약되고 1인당 경영 규모가 그만큼 확대될 수 있었다. 그리고 벼농사 자체의 수확량이 늘어나면서 미곡의 상품화가 가속되었고, 경영 규모의 확대 여부에 따라 농촌 사회 내 계층 분화를 한층 촉진시켰다. [자료6]

## 작무법의 발전과 견종법의 확산

우리나라는 밭농사의 비중이 논농사보다 높았으며, 특히 황해도 이북 지역은 밭농사의 비중이 절대적이었으므로 경기를 포함한 하삼도 지역에 비해 밭농사 기술이 일찍부터 발달했다. 조선 후기 들어 농사에서 농우 사용이 확대되고 시비법施肥法이 발전함에 따라 경기 이남의 밭농사도 한층 효율적으로 행해졌다.

밭농사를 짓기 위해 밭을 갈면 자연스럽게 밭에 이랑[壟]과 고랑[畎]이 생기는데, 높게 올라온 둔덕이 이랑이고 낮게 파인 부분이 고랑이다. 이랑에 씨를 뿌리면 농종법壟

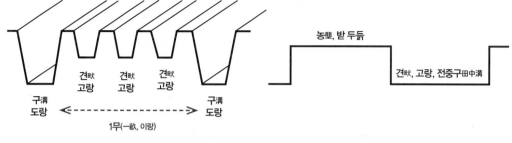

| 『농상집요』의 이랑과 고랑

| 『훈몽자회』의 농(壟)과 견(畎)

種法이라 하고 고랑에 씨를 뿌리면 견종법畎種法이라 한다.

조선 전기에는 밭이랑이 낮고 넓어 고랑과 제대로 구분되지 않아 이랑과 고랑을 아울러서 무畝라 했다. 밭을 이랑과 고랑으로 엄격하게 구분하고 배구수인 구溝를 두고 있는『농상집요農桑輯要』에 보이는 중국 화북지방의 밭농사법과 다른 조선 독자의 작무법이었다. 그런데 경우에 따라 무를 도톰하게 솟은 둔덕이라는 점에서 농壟이라고도 했고 무와 무 사이인 무간畝間 역시 본래 고랑처럼 파였다는 점에서 견畎으로 표현하기도 했다. 이처럼 요철의 형태에 주목하여 농과 견으로 구별했기 때문에 실제로는 무에서 자라는 곡식을 농에서 자란다고 묘사할 수 있었던 것이다.[자료7] 무간의 폭은 매우 넓어 토지가 적은 사람은 이곳에 곡식을 심을 수 있을 정도였다.[자료8] 비료가 부족한 탓에 해마다 이랑과 고랑을 바꾸어 농사를 지을 수밖에 없었던 것이다. 그리고 무 위에 씨앗을 흩어 뿌리고 흙을 덮어주거나 경우에 따라 발꿈치로 밟아 파종처를 만들어 씨를 뿌리고 흙을 덮어주었다. 하지만 이와 같은 형태의 농종법은 토지를 효율적으로 이용할 수 없었을 뿐만 아니라 김매기에 많은 공을 들여야 했다.

조선 후기에 이르러 밭의 고랑과 이랑은 이전 시기에 비해 작고 좁고 세밀하게 만들어졌다. 인분뇨人糞尿를 효과적으로 수집할 수 있는 저류시설을 확대하는 한편 비료의 성분을 극대화할 수 있는 발효법이 개발되어 비료의 양도 많아지고 그 종류도 다양해졌기 때문이었다.

아울러 조선 전기에 토지가 적은 사람들이 무간을 효과적으로 이용하기 위해 행했던 간종법間種法이 조선 후기에 들어 가을보리를 매개로 하여 견종법으로 보급되기 시작했다. 좁고 깊은 고랑을 만들고 고랑에 가을보리를 심고, 이듬해 봄에 가을보리가 자라고 있는 사이의 땅에 콩이나 조 등을 심었다가 5월에 가을보리를 거둔 뒤 그 자리를 갈아서 콩이나 조에 북을 돋우는 방식으로 중, 남부 지방에서 널리 시행되고 있었다.[자료9]

이렇게 가을보리를 견종법으로 재배하면 깊은 고랑 속에서 겨울철 추위와 가뭄을 견딜 수 있었으며 자루가 긴 호미를 쓸 수 있어서 김매기에 드는 노동력을 아낄 수 있었다. 또한 싹에 통풍이 잘되고 거름 주기에 낭비가 덜해서[자료10] 농종에 비해 노력은 절반으로 줄고 수익은 두 배가 되었다.[자료11] 물론 비료를 더욱 많이 들여야 했지만 1년 2모작 또는 2년 3모작을 할 수 있어서 그 효과는 배가 되었다.[자료12]

## 농서의 편찬

농서는 당대의 농업 문제와 사회 문제를 해결하기 위한 방편으로 일찍부터 편찬되었다. 양란 이후 국가재조를 위해 농업재건은 시대적 과제였으며 이를 위해 정부와 민간에서 다양한 농서가 발간·보급되었다. 『농가집성農家集成』이 정부의 대답이라면 『농가월령農家月令』과 『한정록閑情錄』 「치농편治農編』은 민간의 제안이었다. 양란 직후 대표적인 농서는 『농가집성』이었다. 본래 권농勸農은 관료의 본령이었으며 국가재조기에는 국정 농업지침서가 절실했기 때문이다.

『농가집성』은 1655년(효종 6) 공주목사 신속申洬이 『농사직설農事直說』을 중심으로 이를 증보하고 여기에 세종의 「권농교문勸農教文」·주자朱子의 「권농문勸農文」 및 『금양잡록衿陽雜錄』·『사시찬요초四時纂要抄』를 한 권의 책으로 집성한 농서였다.[자료13] 그리고 농서의 목표를 논과 밭 모두에서 생산을 더욱 집약화하고 합리화하여 농업 생산력을 제고하려는 데 두었다. 이를 위해 논농사에서는 직파법 중심에서 이앙법 중심으로 바꿀 것을 제안했고 밭농사에서는 이랑과 고랑을 세밀하게 만들 것을 주문했다. 또한 『농가집성』에서는 송시열의 충고에 따라 주자의 「권농문」을 수록함으로써 이를 통해 농민층을 교화하려 했음을 분명히 했다.[자료14] 즉 대지주·대농층을 중심으로 이 시기

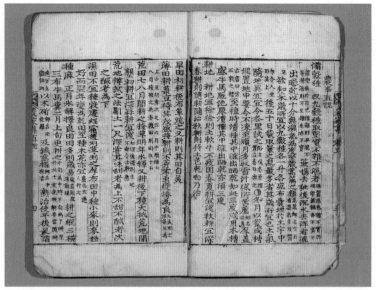

『농가집성』

농업 문제를 해결하려 한 것이다.

하지만 지주층을 기반으로 하는 『농가집성』의 농학은 얼마 지나지 않아 반발에 직면한다. 『농가집성』이 양식작물, 그중에서도 삼남지방을 대상으로 한 논농사에 치중했다는 내용상의 한계 때문이기도 했지만 양란 이후 조선의 재건이 지주층을 기반으로 이루어짐에 따라 농민 몰락이 촉진되고 있었기 때문이었다.

이미 『농가집성』이 간행·보급되던 시기에도 이와 다른 입장의 사찬 농서가 있었는데, 17세기 말에서 18세기 중엽에 이르면 『농가집성』의 농정관과 뚜렷하게 차이를 보이는 『색경穡經』·『산림경제山林經濟』·『후생록厚生錄』 등의 농서가 편찬되었다. 이 중에서도 『산림경제』는 후학에 의해 대폭 증보되어 새로운 차원의 농서로 보급되었다.

이들 농서에서 제시하고 있는 농업기술은 농업생산의 집약화를 추구했다는 점에서 앞선 『농가집성』의 그것과 일맥상통했으며 이전 시기의 농업기술을 한층 발전시켰다. 집약적 농업을 위해 시비施肥를 별도의 항목으로 다루고 밭농사에서 밀작세무密作細畝할 것을 강조했으며 그 파종 방법도 견종법으로 할 것을 주문했다. 또한 한반도 중부 이북의 발달된 밭농사 농업기술을 농학체계에 포섭했으며 농업경영에 있어서도 상업적 농업으로 할 것을 권유했다.

하지만 이들 농서는 농업생산의 주체를 자경소농민自耕小農民으로 설정하고 있다는 점에서 앞선 시기에 나온 『농가집성』의 농정관과는 차이가 있었다. 그리고 이러한 입장은 양란 뒤 사회 경제가 발전하는 가운데 심화된 사회 모순에 직면하면서 소농 중심의 자세가 보다 분명해졌다. 봉건적인 지주제 · 대토지 소유제를 해체하고 자경소농 경제를 안정시키기 위해 토지 개혁을 주장한 것이다.

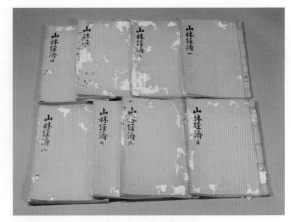

『증보산림경제』

물론 이 시기 농업생산이 현실적으로 지주층에 의해 주도되었고 그에 따라 농학에서 지주층이 농업생산의 주체가 되어야 한다는 학문 흐름이 건재하고 있었다. 그리하여 소농 중심의 농학은 농업기술을 발전시키고 이를 상품 화폐 경제와 연관시켜 농업 생산력을 발전시킬 것을 추구했다는 점에서는 지주층 중심의 농학과 그 궤를 같이했지만, 전통 농업과 그 사회를 변혁하여 소농 경제를 바탕으로 한 새로운 합리적 농업과 그것이 농업생산의 중심이 될 수 있는 사회로 전환시키려 했다는 점에서는 지주 중심의 농학과 대립하고 갈등하게 된다.

**자료1**

이 법(이앙)은 김매기에 매우 편하나 만일 큰 가뭄을 만나면 실수하니 농가에 위험한 일이다.

原文 此法便於除草 萬一大旱則失手 農家危事也

_「농사직설」종도

**자료2**

건앙법乾秧法은 봄에 가뭄이 들어 모판에 물이 없으면, 마른 논을 잘 갈아 흙덩이가 없도록 하고 작은 이랑을 친다. 볍씨에 인분과 재를 섞어 건파하듯이 파종하는데, 한 마지기 땅에 7두를 심을 수 있다. 비가 내려 이앙을 하면 물못자리 한 것보다 낫다.

原文 乾秧法 春旱秧基無水 熟耕乾畓 治令無塊作小畦。將稻種和灰糞。種如乾播。而一斗落地。可種七斗。得兩移秧。則勝於水秧

_「산림경제」권1, 치농, 종도

**자료3**

이앙법은 노동력을 크게 덜어주기 때문에 지금은 삼남 지방 외에 다른 도에서도 모두 이를 본받아 이미 풍속이 되었다.

原文 移秧之法 大省功力 卽今三南之外他道亦皆慕效 已成風俗

_「증보문헌비고」권47, 전부고7, 무농, 조선 숙종 24년

**자료4**

지금 진언하는 사람 가운데 혹자가 말하길, 이앙을 금지하고 오로지 수종과 건파로써 농사를 지어야 한다고 하는데, 이는 진실로 하나만 알고 둘은 모르는 것입니다. 대농大農은 4석락의 논농사를 지을 수 있으며, 5석락을 짓게 되면 (그 땅은) 반드시 농사지을 능력을 넘어 황폐해질 것입니다. 그런데 만약 오로지 수종과 건파로써 농사짓게 한다면 4석락 농사를 지을 수 있는 농가가 1석락의 농사도 짓지 못할 것입니다.

原文 今之進言者或曰 禁其注秧, 專以水種乾播爲農, 是誠徒知其一, 未知其二。夫大農之家, 僅治四石畓農, 至於五石, 則必有廣地之荒, 若專以水種乾播爲農, 則四石之家, 不能治一石

_「승정원일기」1806, 정조 23년 3월 28일 병술

**자료5**

이른바 부민富民은 겸병에 힘쓰고 경작 규모를 늘리는 데 탐욕스러워 적으면 3·4석 락石落이고 많으면 6·7석락이다. 일시에 모판을 만들어 그 힘을 덜어내고 일시에 모내기를 하여 그 수고를 덜어낸다. 혹시 가뭄을 만나더라도 좋은 논을 많이 가지고 있어서 가을에 거두는 바가 자못 많다.

**原文** 所謂富民者 務其兼竝 貪於多作 小而三四石 大而六七石 而一時注秧 以省其力 一時 移種 以除其勞 雖或遇旱 多有美畓 所收者 至秋夥然

_『승정원일기』1082, 정조 22년 12월 16일 을사 洪州 幼學 申在亨 上疏

**자료6**

이앙은 본래 그 금령禁令이 매우 엄하다. 근래 소민들이 농사를 게을리하고 이익을 탐하여 광작廣作을 하는데 그 형세가 매년 늘어나 지금은 여러 도에 가득 퍼져 있으니 (이앙을) 모두 금지할 수가 없다.

**原文** 移秧本來禁令至嚴 而近來小民 懶於農而貪於利 爲其廣作 逐歲增加 今則遍滿諸道 莫 可盡禁

_『비변사등록』138, 영조 36년 6월 19일

**자료7**

가을 고랑에 바람이 거세게 부니, 메조와 차조의 향기가 날리는구나

**原文** 秋壟風高 禾夥香

_『매월당집』시집 2, 전가즉사

**자료8**

또 한 가지 방법이 있다. 밭이 적은 사람은 양맥(보리와 밀)의 이삭이 나오기 전에 이랑 사이를 얕게 갈고 콩을 심었다가 양맥을 거둔 뒤 다시 보리 그루를 갈아 콩의 뿌리를 북돋아준다. 콩밭 사이에 가을보리를 심거나 보리밭 사이에 조를 심는 것도 모두 이 방법과 같다.

**原文** 又一法 田少者 兩麥未穗時 淺耕兩畝間 種以大豆 收兩麥訖 又耕麥根 以覆豆根大豆 田間種秋麥 麥田間種粟 皆同此法

_『농사직설』종대두 소두 녹두

**자료9**

우리나라 사람들이 조를 심을 때 산간의 화경 외의 들판에서는 모두 9월에 밭을 갈아 고랑에 보리를 심고, 다음 해 3월에 이랑에 조를 심는다.

**原文** 東人種粟也 除峽鄕山顚火耕外 野衍之地 率皆九月耕田 種麥于畎 明年三月種粟于壟

_『행포지』 권2, 종식 종속조

**자료10**

대전은 고랑에 파종하기 때문에 그늘 지고 움푹 파인 곳에 습기가 있어 씨앗이 쉽게 흙에서 나올 수 있다. 이것이 나은 점의 첫 번째이다. … 김매는 법에 자루가 긴 호미로 선 채로 이랑의 흙을 좌우로 나누어 갈라 밀쳐 놓으면 잡초가 뿌리 뽑히고 자연스럽게 북을 돋을 수 있으니 장정이 하루 일해서 가히 수십 무를 다스릴 수 있다. 이것이 나은 점의 두 번째다. … (파종할 때) 치수에 규범이 있고 열과 행이 바르고 곧아 통풍이 고르게 되기 때문에 곡식이 고르게 익는다. 이것이 나은 점의 세 번째이다. … 고랑에 거름을 줄 때 거름이 뿌리에 집중될 수 있다. 이것이 나은 점의 네 번째이다. … 두텁게 북을 돋을 수 있고 뿌리가 깊이 박히기 때문에 바람과 가뭄을 잘 견딜 수 있다. 이것이 나은 점의 다섯 번째이다.『행포지杏蒲志』

**原文** 代田 種之畎中 陰坳潤澤 種易出土 其勝一也 … 坳法 以長柄鋤 立劃壟土 分堆左右 雜草倒拔 自然培根 壯夫一日之力 可治數十畝 其勝二也 … 代田 尺寸有範 行列正直 通風旣勻 穀熟齊一 其勝三也 … 代田 鋪糞畎中 糞田於根 其勝四也 … 培厚根深 耐風與旱 其勝五也 杏蒲志

_『임원경제지』 본리지 권1, 전제 제전 대전

**자료11**

신이 일찍이 요동의 평야를 지나가면서 그 밭을 봤더니 모두 세밀한 이랑을 만들었는데 찰기장, 메기장, 조, 콩이 모두 이랑에서 자라고 있었습니다. … 유형원의 『반계수록』에서 말하기를 우리나라 밭에서 한 마리 소가 나흘 갈아야 하는 땅은 요동의 경우 엿새를 갈아야 한다고 했는데 이는 이랑 하나에 두둑이 셋이라서 농우가 왕복하기를 배로 하기 때문이라 했습니다. 그렇기 때문에 요동의 일일경은 우리나라 일일경의 4분의 3이지만 수확은 여러 배에 그치지 않는 까닭은 단지 땅이 비옥하기 때문만이 아니라 경종하는 방법이 적절하기 때문입니다. 그런즉 일무삼견의 방법을 오로지 우리나라 백성들이 꺼려하는 까닭은 다름이 아니라 학문이 없음이 지나치기 때문입니다.

原文 臣嘗過遼野 見其田 皆作細壟 黍稷粟豆 挾壟而生 柳馨遠隨錄曰 我國旱田 一牛四日耕者 遼人可耕六日 盖是一畝三畝 耕牛往復倍之 故如此 然遼田一日耕. 不過我田一日耕之强半. 而所收不啻數倍者. 非但土厚. 實以耕種之法得宜而然云爾. 然則一畝三畝之法 … 獨我東民不肯爲者 何也. 亦無學問之過也

_『연암집』 권16, 별집, 과농소초, 경간

**자료12**

지금 관서 해서에서 조를 심을 때 왕왕 이랑 대신 고랑에 심는데 그 수확이 고랑에 심을 때에 비해 몇 배나 된다.

原文 今關西海西之種粟 往往有棄隴種畝者 其收輒倍蓰於種隴

_『풍석전집』 금화집비집 권12, 책, 의상경계책 하

**자료13**

농사직설은 신이 시골에 있을 때 시험해봤는데 증험하여 믿을 만했으니 농가의 귀감입니다. 다만 한스럽게도 인본이 전해지지 않아 지식이 있는 사람이 그대로 방치하고 있습니다. 이에 판각하여 속방을 더하되 한 행을 낮추어 본문과 구별함으로써 성지를 찬양하고자 했습니다. (이제) 세상 사람에게 널리 보급하여 쓰이게 하고자 합니다.

原文 農事直說 臣於居鄕試之 有驗信 農家之龜鑑也 第恨 印本無傳 知者蓋寘 玆乃鋟梓 添以俗方 低其一行 以別本文 思欲讚揚聖旨 廣布於世人 得以行之也

_『농가집성』 발

**자료14**

나는 일찍부터 주부자(朱夫子, 주희를 높여 부르는 말)의 글을 즐겨 읽었다. … 오로지 그 가운데 권농문勸農文 몇 조목만은 진실로 백성들이 일용日用하는 것이었으므로 농부를 만날 때마다 이를 얘기해 마지않았다. 금년 겨울에, 공주 목사公州牧使 신속申洬이 자신이 편집한 농사에 관한 책을 보내왔다. 내가 이를 받아서 읽어보니, 농사에 관한 금고今古의 시사時事를 수집, 망라하여 변별辨別한 것으로서 크고 작은 것이 남김없이 갖추어져 있어 … 신속은 이의 편찬에 마음을 씀이 매우 부지런했다고 할 수 있다. 그러나, 사마천史馬遷이 말한 것처럼 학자는 서적이 매우 많더라도 오히려 육예(六藝, 육경을 말함)에서 고신考信하는 것이니, 이제 이미 이러한 책을 지으면서 어찌 부자(夫子, 주자를 가리킴)의 글을 소홀히 할 수 있겠는가. 곧 나의 이러한 뜻을 신속에게 전하니, 신속은 급히 이를 가져다 아울러 판각板刻하였다.

**原文** 余嘗喜讀朱夫子書 … 惟其中勸農文數條 固群黎百姓之所日用者 故每遇田翁野夫 即以談說而娓娓矣 今年冬公州牧使申侯湅以其所編農事說見寄 余受而卒業 則其所以搜羅今古時事辨物者 巨細不遺 … 申侯於是乎其用意勤矣 雖然史遷不云乎 學者載籍極博 而猶考信於六藝 今旣有此書 則夫子之文而可少哉 遂以諗于申侯 則申侯亟取以竝刻之

_『농가집성』 서

**출전**

『비변사등록(備邊司謄錄)』

『승정원일기(承政院日記)』

『농가집성(農家集成)』 : 조선 중기의 문신 신속(申湸)이 편술한 농서로, 1655년(효종 6)에 간행되었다.

『농사직설(農事直說)』 : 1429년(세종 11) 정초와 변효문이 세종의 명을 받아 우리나라에서 실제로 행해오고 있는 농업 관행을 조사하고 중국 농서를 참작하여 정리한 농서이다.

『매월당집(梅月堂集)』 : 조선 전기의 문인이며, 생육신의 한 사람인 김시습(金時習)의 시문집. 시집 15권 4책, 부록 2권 1책, 도합 23권 6책 신활자본.

『산림경제(山林經濟)』 : 17세기 말에서 18세기 초에 걸쳐 홍만선이 편찬한 책으로, 농업기술 이외에 향촌생활에 필요한 내용을 정리한 일종의 향촌 경제서이다.

『연암집(燕巖集)』 : 노론 북학파로서 패관 문학을 선도한 박지원(朴趾源)의 산문집이다. 저자의 사후 아들 종간(宗侃)이 편집하여 필사본으로 전해오다가, 김택영(金澤榮)이 1900년과 1901년에 원집과 속집을 간행하였다. 이 초간본은 고활자본으로 되어 있고 김택영의 관점에서 문장을 골라 실은 것이다. 박영철(朴榮喆)이 1932년에 간행한 중간본은 박지원의 문장을 빠짐없이 싣는다는 취지 아래 종간의 필사본을 저본으로 『열하일기』 · 『과농소초』 등을 별집으로 덧붙인 것이다.

『임원경제지(林園經濟志)』 : 조선 후기 실학자 서유구(徐有榘)가 저술한 박물학서. 113권 52책, 필사본. 일명 『임원십육지』 또는 『임원경제십육지』라고도 한다.

『증보문헌비고(增補文獻備考)』 : 조선 최말기까지 전례와 고사를 분류하여 정리한 일종의 백과사전으로서, 18세기 말 편찬된 『증정동국문헌비고』를 수정, 보충하여 1908년(순종 2)에 간행되었다.

『풍석전집(楓石全集)』 : 조선 후기의 문신 · 실학자 서유구의 문집.

『행포지(杏蒲志)』 : 1825년(순조 25) 서유구가 본인의 대표작인 『임원경제지』 저술에 앞서 농업기술과 토지경영에 관해 저술한 책으로, 이 책의 내용은 『임원경제지』의 「본리지」, 「관휴지」에 대부분 수록되어 있다.

**■ 찾아읽기**

김태영, 『실학의 국가개혁론』, 서울대학교 출판부, 1998.

김용섭, 『(신정 증보판) 조선 후기 농업사 연구』(Ⅱ), 지식산업사, 2007.

김준석, 『조선 후기 정치사상사 연구』, 지식산업사, 2003.

정호훈, 『조선 후기 정치 사상 연구』, 혜안, 2004.

김용흠, 『조선 후기 정치사 연구』, 혜안, 2006.

연세대 국학연구원, 『한국 실학사상 연구』1, 2006.

한림대 한국학연구소, 『다시, 실학이란 무엇인가』, 푸른역사, 2007.

한명기, 『정묘·병자호란과 동아시아』, 푸른역사, 2009.

김용섭, 「조선 후기의 사회 변동과 실학」, 『동방학지』 58, 1988.

오영교, 「17세기 국가재조문제와 향촌지배정책」, 『한국 고대·중세의 지배체제와 농민』(김용섭교수정년기념논총 2), 지식산업사, 1997.

김준석, 「양란기의 국가재조 문제」, 『한국사연구』 101, 1998.

한명기, 「'재조지은'과 조선 후기 정치사」, 『대동문화연구』 59, 2007.

# 2 농사를 잘 지어 돈을 벌자

경영형 부농과 상업적 농업

경영형 부농은 조선 후기 이래 이앙법의 보급 등 농업기술의 발달, 임노동자층의 등장 등 농촌사회의 분화, 상품 화폐 경제의 발달, 사회 신분제의 동요를 배경으로 등장한 농민계층이다. 이들은 기존 양반 지주층과 본질적으로 대립할 수밖에 없었지만 동시에 소빈농층과 임노동자층의 희생을 기반으로 성장할 수밖에 없다는 점에서 조선 후기 사회 변화의 흐름 속에서 중간자적인 입지를 차지하게 된다.

## 광작농의 대두

양란 이후 농업 생산력이 발달하고 상품 화폐 경제가 확대되면서 토지소유 구조와 농업 경영의 변동이 가속화되고 있었다. 대토지를 소유하고 경작하는 대농大農 · 부농富農 등이 등장함에 따라 자작농이나 작인층의 경우는 경작지를 확보하지 못해 몰락해 갈 수밖에 없었다. 아예 한 조각의 땅조차 가지지 못하는 농민이 늘어났고 그중에는 소작지조차 얻지 못하고 농촌에서 품을 팔아 생계를 이어가는 농민까지 등장하기 시작했다. 경작지의 불균 문제가 토지의 소유뿐만 아니라 토지의 경영에서도 심화되고 있었다. 17세기 이후 이른바 광작이 사회 문제로 대두하기 시작한 것이다.

광작이 전반적으로 확대된 시기는 대체로 이앙법의 보급 시기와 일치한다. 17세기 이래 수리시설 등 농업기반 시설이 보완되고 새로운 농업기술이 고안되었으며 일시에 대규모로 동원할 수 있는 무전무전無田無佃의 노동력이 점차 늘어났기 때문이다. 광작농은 이를 기반으로 노동력을 줄일 수 있는 이앙법을 적극 수용하면서 토지 경영 규모를 늘려갔다.[자료1]

정약용은 당시 집안 내에 성인 노동력 2~3인을 확보하고 있는 단혼소가족 농가의 경우 20두락斗落(대략 50부負)[자료2]는 경작해야 생활이 가능하다고 판단했다. 이는 작인층의 경우 최소한의 생계 유지가 가능한 규모이고, 자작농의 경우 약간의 잉여축적도 가능했을 것이라 보았다. 이에 비해 광작농은 3~4인 혹은 5~6인의 성인 노동력을 가지고 40두락에서 80두락, 즉 표준농가의 2배 내지 4배에 달하는 농경지를 경작하고 있었다. 이때의 성인 노동력은 가족 노동력만을 의미하는 대가족일 경우도 있었고 노비 또는 고공을 포함하는 경우도 있었을 것이다.[자료3] 노동력을 충분하게 확보했다 하더라도 모내기·추수 등 일시에 많은 노동력이 필요할 때는 반드시 고인雇人, 즉 고용 노동력이 필요했다.[자료4]

이들 광작농 중에는 토지의 소유 규모 자체를 늘려 가며 경영 규모를 키우는 경우도 있었겠지만 대부분 자기 소유의 토지 이외에 다른 사람의 토지를 빌려서 경영 규모를 늘려갔다. 미곡과 농지의 가격이 동반 상승하는 상황에서 토지 집적보다는 토지 임대에 자금을 투자하는 편이 수익성이 더 나았기 때문이었다. 게다가 지주층 역시 노동력과 자금력이 월등한 이들을 선호했기 때문에 차경借耕 경쟁에서도 유리했다.[자료5]

반면에 광작농이 증가하고 이들이 지주 토지의 차경에서 뚜렷하게 우위를 보이면서 소빈농층은 물론 지주층에서도 문제가 나타나기 시작했다. 우선 소빈농층이 차지 경쟁에서조차 탈락하면서 몰락했다. 더구나 이들은 토지 매매가 증가하는 가운데 여러 가지 사연으로

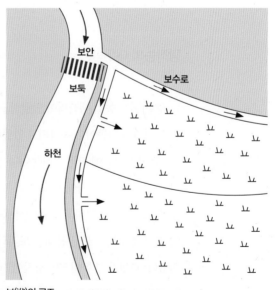

**보(洑)의 구조**
우리나라 전통의 보는 하천에 가로로 말뚝을 박고 그 위에 돌과 흙으로 물을 막아 물은 흘러가되 수위를 높인 뒤 옆으로 수로를 내어 관개하는 시설이다.

인해 그나마 가지고 있던 토지도 팔게 되어 결국 무전무전無田無佃의 처지로 전락하고 있었다.

소빈농층의 몰락은 조선 국가와 양반 지주층에게 우려되는 바가 아닐 수 없었다. 조선 국가의 각종 부역을 안정적으로 담당해야 할 이들의 몰락은 전국적인 민부民富의 감소와 국가재정의 축소를 의미했다. 또한 광작농의 경영 규모가 노동력이나 시비의 측면에서 그들이 감당할 범위를 넘어 조방적인 수준에까지 이르게 되면 토지 생산성의 하락은 피할 수 없는 일이었다. 토지 생산성이 하락하여 광작농의 이윤이 확보되지 못한다면 궁극적으로 안정적인 지주제 경영도 보장받을 수 없었던 것이다. [자료6] 게다가 조방적인 농업생산은 결국 지력 약탈적인 농업생산이 될 수밖에 없었고 경우에 따라서는 만성적인 생산 감소까지 초래할 수 있었다. [자료7]

광작농에 대한 경계는 농업기술과 농업정책 양 측면에서 동시에 제기되었다. 농업기술의 측면에서는 이앙법으로 인해 절감된 노동력을 광작보다는 밭작물 경작에 투입해야 한다고 주장했다. 조방적인 광작 경영은 단위 면적당 생산성이 떨어질 수밖에 없으니 『농사직설』에서부터 강조되어 왔던 정농精農, 즉 집약적인 농업 경영이 농가 경제에 더 유리하다는 것이다. [자료8] 다른 한편 농업정책의 측면에서는 경작지의 분배라도 고르게 해야 한다는 '균병작론均並作論'이 제안되었다. 토지의 소유권을 제한하는 대신 국가 권력이 나서서 토지 소유 규모의 다소多少나 신분의 귀천에 상관없이 노동력에 걸맞은 경작지를 조정해줘야 한다는 주장이었다. [자료9]

이렇듯 반광작론은 광작 경영을 소농민의 몰락의 원인으로 지목하고 집약 경영을 통해 단위 면적당 토지 생산성을 늘려야 한다고 주장하고 있었다. 하지만 광작화의 방향은 이미 거스를 수 없는 대세로 자리 잡았다. 조선 국가는 가뭄에 취약하다는 점을 들어 광작의 전제조건인 이앙법을 억제 또는 금지하려 했지만 수원水源이 불확실한 곳에서조차 밭을 논으로 바꾸는 번답反畓이 일상화된 현실에서 국가의 금령은 공염불에 지나지 않았던 것이다.

오히려 광작농 중에서 18세기 이래 상품 화폐 경제의 발전을 적극 이용하고 조선 후기 사회 신분제의 동요 · 지주제의 변동에 편승하면서 새로운 사회 세력이 두각을 드러내고 있었다. 이른바 경영형 부농층이었다. 이들 경영형 부농층의 신분은 대개 평민인 경우가 많았다. 개개의 부력富力만 놓고 보면 전통적인 양반 지주층의 부력에 미치지 못했지만, 이를 사회 전체적으로 놓고 보면 지주층의 부력에 필적했고 나아가 농촌 사회에서 농사에 밝은 농촌 지식인으로서 사회적 영향력이 적지 않았다. 이런 까닭에 18세기 말 19세기 초에 이르러 조선 사회의 사회 모순을 타개하는 방법으로 이들을 권농관勸農官 또는 전농관典農官으로 삼고[자료10] 궁극적으로 중앙정치의 일부로 참여시켜야 한다는 주장[자료11]까지 진지하게 논의되었던 것이다.

이들 경영형 부농층은 광작농의 범주에 포함되지만 다음 몇 가지 점에서 농업 경영에 적극 참여하는 독농가篤農家로서의 양반 경영 지주와 차이를 보인다. 경영형 부농층은 그 신분이 평민 또는 그 이하였다. 일부 양반층도 있을 수 있겠지만 그들의 경제적인 처지는 평민과 크게 다를 바 없는 한사소농寒士小農이었다. 따라서 이들은 자세는 양반 가문으로서의 지체를 유지하기 위해 경제기반을 마련하더라도 사대부로서의 체통을 지켜야 했던 양반 경영 지주와 달랐다. 이들의 경영 목표는 농업자본을 효율적으로 투자하고 경영을 합리적으로 운영하여 최대의 이윤을 얻는 데 있었다. 이를 위해 지주층의 소작 농민이 되는 것도 마다하지 않았으며 가능한 한 지대를 인하해 이익을 극대화하고자 했다. 또한 노동 능력을 초과하여 차경한 농지는 다른 농민에게 다시 빌려주고 스스로 중간에서 잉여를 취하는 중답주中畓主가 되기도 했다.

17세기 이래 농업 생산력이 발전하고 인구가 증가함에 따라 상품 화폐 경제가 확대되었고, 농업 경영 역시 상품 화폐 경제와 무관할 수 없었다. 이 상황에서 애초부터 명농자였던 경영형 부농층은 이재에도 밝았다. 자가소비를 하고 남은 곡물·면포 등 일반 농작물을 판매할 때도 시장 가격의 변동을 적극적으로 고려했을 뿐만 아니라[자료12] 농작물의 주산지를 형성하여 자가소비를 위한 농업생산의 비중을 줄이는 대신 담배·채소·염료·약재 등의 상품작물을 전업재배하고 판매하여 높은 수익을 올리고 있었다.[자료13]

하지만 경영형 부농층의 가장 큰 특징은 농업 노동에 절실한 노동력을 효과적으로 조달하고 최대한 활용하는 데 있었다. 노동력 문제는 농업 경영의 관건이었다. 일시에 대량의 노동력이 필요한 이앙법의 기술적 특성 탓이기도 했고 자체 보유한 노동력 이상으로 광작하고 있는 탓이기도 했다. 조선 후기 이래 농촌사회가 분해되면서 소빈농층은 농촌사회에서 대량의 임노동층으로 존재하고 있었다. 경영형 부농층은 풍족한 자금을 바탕으로 이들에게 임금을 주고 단기고공으로 부리거나[자료14] 소빈농층에게 농기구나 농우를 대여하고 '품앗이'로써 보상노동을 받기도 했다.[자료15]

고용자로서의 경영형 부농과 피고용자로서의 농민의 관계는 적어도 신분적으로 상하관계일 수밖에 없었고, 그러한 까닭에 노동의 대가로서 임금 또는 다른 보상이 반드시 지급되어야 했다. 하지만 경영형 부농층의 노동력 통제는 지려智慮를 갖춘 경영자로서 철저했고[자료16] 때에 따라선 소빈농의 농시農時를 뺏고 노동자를 노복처럼 부린다는 악평을 들을 정도로 혹독했다.[자료17] 이런한 연유로 이들은 본질적으로 양반지주층과 이해관계가 대립되고 있었으나 여기에는 소빈농층과 임노동층의 희생이 전제되어야 했다.

결국 경영형 부농층은 이러한 중간자적인 입장으로 말미암아 조선 후기 사회신분제의 동요를 틈타 합법 또는 비합법적으로 양반 신분으로 상승하여 양반지주층에 편입되기를 갈구하기도 했으며 반면에 중세 사회 해체 과정에 주체적으로 참여하여 새로운 사회의 단서를 개척하는 양면성을 동시에 갖게 된다.


## 상업적 농업의 발전

조선 후기 농업 경영이 확대되어 광작농이 출현하기 위해선 자가소비 이외의 농업 생산물을 판매하기 위한 시장이 필수 조건이었다. 당시 농촌사회가 분해되고 도시가 발달하고 사회 전반적으로 인구가 증가함에 따라 비농업 인구의 농산물 수요가 늘어났으며 각종 기호 식품 및 특수 작물에 대한 소비가 증가했다. 더구나 화폐경제가 확대되고 국가의 부세 제도 역시 이에 조응하면서 소빈농층도 일용품을 구매하고 조세를 납부하기 위해 자가생산물을 억지로 판매해야 하는 경우가 나타났다. 상업적 농업의 주류는 소작료를 처분해야 하는 지주층이나 처음부터 시장판매를 목적으로 경영 규모를 확대하고 있었던 경영형 부농층이었다.

상품작물에서 상업적 농업에서 가장 큰 비중을 차지했던 것은 곡물이었고, 그중에

1890년대 개성에서 인삼을 수확하는 장면. 따비로 보이는 농기구를 이용해서 인삼을 수확하고 있다.

서도 쌀을 먹는 풍조가 만연해지고[자료18] 도시가 발달하면서 수요가 급증했던 미곡이 으뜸이었다. 지주층과 부농층은 넉넉한 형편을 이용하여 곡가의 지역적·시간적 차이를 이용하여 이익을 극대화할 수 있었다. 다음으로 이 시기 의생활衣生活의 중심은 면이었으나, 목면은 어디서나 그리고 모든 농가가 생산할 수 없었기 때문에 상품화하기 유리했으며 그 이익도 더 많았다.[자료19]

하지만 이 시기 상품적 농업의 특성을 가장 잘 드러내는 작물은 부식, 기호품, 약재 등이었다. 17세기 중엽만 해도 소채는 농업에서 큰 비중을 차지하고 있지 않아『농가집성』에도 수록되지 못했는데, 18세기에 이르면 사회 전반적인 생활수준 향상, 도시 발달을 배경으로 도시 근교에서 판매를 목적으로 재배되었고 그 이익은 논농사보다 좋았다.[자료20]

약재로는 지황地黃, 홍화紅花, 천궁川芎, 자초紫草, 인삼人蔘 등이 재배되었고 그 이익은 가장 좋은 논의 열 배에 이른다고 했지만 그중 가장 이익이 큰 작물은 인삼이있다.

인삼은 본래 야생에서 천연으로 자라는 약재였으나 18세기 들어 국내외 모두 수요가 급증하면서 인공재배가 이루어진다. 그런데 인삼은 그 자체로서 고가의 약재인데다가 고도의 재배기술이 필요하고 파종해서 채취하기까지 4~6년이 소요되었기 때문에 많은 자본을 가진 부농층만이 경작할 수 있었고 그 이익은 다른 농작물과 동격으로 논할 바가 아니었다.[자료21]

남초, 즉 담배의 재배는 조선 후기 생활수준의 향상과 상품작물의 재배를 가장 확실하게 보여준다. 남초는 우리나라에 16세기 말 17세기 초 무렵 전래된 이래 그 즉시 전국적으로 재배되기 시작했다. 18세기 들어 기존의 비옥한 농지도 담배밭으로 바뀌어서 담배재배 농가의 경작 규모를 제한해야 한다는 주장까지 제기될 정도였다.

이와 같은 비양곡의 상품작물은 대체로 주산지主産地를 형성하고 있었고, 또한 그 산지에서 생산되는 제품은 마치 지금의 고유 상표처럼 전국 시장에서도 통용되었다. 즉 사회적 분업이 진전되면서 작물재배 역시 지역적인 분화를 보였으며 그 생산은 철저하게 시장을 대상으로 한 것이었다. 그리고 이와 같은 상업적 농업은 전업재배라는 점에서 기존의 지주층보다는 경영형 부농층이 주도하고 있었다.

**자료1**

지금 남쪽에서는 모두 모내기를 통해 농사를 짓는다. 모내기법은 노동력이 직파법直播法보다 5분의 4나 절약이 된다. 따라서 노복이 많은 자는 경작을 무한으로 할 수 있으나 땅이 없는 자는 땅을 빌려 농사를 지을 수도 없다.

原文 南方是盡移秧 移秧功力 比播種減五之四 故僅手指多者 耕作無限 無田者 不得售矣

_「성호사설」7. 인사문. 본정서

**자료2**

1결의 토지에서 많으면 8백 두의 곡식을, 적으면 6백 두를, 가장 적으면 4백여 두를 얻을 수 있다. 땅이 없는 농부는 모두 다른 사람의 땅을 경작해야 하는데, 한 해 동안 열심히 고되게 일해도 여덟 식구의 양식을 마련하고 이웃에 품삯을 줘야 하는데다가 추수 때가 되면 땅주인에게 수확의 절반을 떼어줘야 한다. 6백 두를 수확하는 자도 제몫으로 겨우 3백 두만 가져갈 수 있다.

原文 一結之田其得穀。多者。八百斗也。少者。六百斗也。下者。四百斗而已。農夫無田。皆耕人田。終歲勤苦。八口食糧。四鄰酬傭 及秋之成。田主割其半矣。六百斗者。其所自領三百斗而已

_「여유당전서」. 제5집 정법집 제21권 목민심서 권5 호전육조 세법 하

**자료3**

광작에 힘쓰는 자는 … 10석락 토지에 10명의 노복을 기르는 자이다.

原文 務廣地者 … 種十石穀 養十奴僕

_「승정원일기」443, 숙종 34년 7월 8일 임오

**자료4**

대농은 겨우 4석락을 경작할 수 있고 5석락을 경작하면 반드시 능력에 부쳐 황폐하게 됩니다. 만약 수종水種이나 건파乾播로써 농사짓는다면 4석락을 짓던 농부도 1석락도 지을 수 없습니다. 농부 중에 8식구를 거느리는 집안도 밭갈이, 김매기, 수확하기가 동시에 겹치면 반드시 일꾼을 고용해야 합니다.

原文 大農之家 僅治四石畓 至於五石 則必有廣地之荒 若專以水種乾播爲農 則四石之家 不

能治一石夫 農夫 雖以八口之家 至於三農竝劇之時 必須雇人

_『일성록』 정조 23년 3월 28일


**자료5**

부자가 전부佃夫에게 땅을 빌려줄 때, 반드시 건장하고 농사에 힘쓰는 자로서 부인과 자식이 있고 부릴 노동력이 있어 농사에 도움을 받을 수 있는 자를 택하여 빌려준다.

**原文** 富人之授田于佃夫也 必擇其健壯勤嗇 有婦子傭奴可助其功者授之

_『경세유표』 5, 전제1 정전론 3


**자료6**

여덟 식구를 거느린 상농 집안도 부자에게 토지를 빌려 경작을 하면 필경 고생해서 수확한 곡식을 거의 다 부자의 창고에 날라준다고 했으니 이는 마치 소위 부자가 부세의 태반을 가져간다는 것입니다.

**原文** 八口之上農家 借田於富人 而畢竟辛苦之粒 盡輸於富人之庫 殆朱夫子所謂富人輸其賦太半者也

_『일성록』 정조 23년 2월 11일


**자료7**

근래 지력이 점차 척박해져 일해서 먹고살 수 있는 능력이 없으면 지탱하기 어려워졌다.

**原文** 近來地力漸薄 所出極尠 非食力者 不可爲也

_『산림경제보유』 생재절용지법


**자료8**

근래의 민심은 애초부터 힘써 농사지으려는 계책은 없고, 오로지 광작을 능사로 삼고 있다. … 이 때문에 이미 밭에 거름도 하지 않고, 또 힘써 김을 매려고도 하지 않아 답주畓主로 하여금 손해를 보게 하는 반면에, 그 자신은 광작으로 말미암아 자못 영리를 얻는다.

**原文** 近來民心 元無力穡勤之計 專以廣作爲能事 … 以此之故 旣不糞田又不力耘 使畓主失利 而渠則因其廣作 頗獲嬴利

_『관수만록』하, 구왈(九曰) 광둔존민지책(廣屯奠民之策)

토지제도는 매년 동지 후에 군읍의 수령이 그 읍의 토지 수에 따라 그 읍의 민인에게 분급해준다. 이때 반드시 호구의 많고 적음과 건장함과 유약함에 따라야 하는데 건장한 노동력 1인은 몇 부, 유약한 노동력 1인은 몇 부로 계산해야 한다. 토지의 등급을 나누어 호구의 노동력 수에 따라 귀천을 가리지 않고 고르게 지급하며 공사의 세금은 모두 지금의 제도를 따른다.

> **原文** 蓋田制則每年冬至後 郡邑之長 各以其邑之卜數 分給其邑之民人 而必從戶口之多寡 壯弱 以壯口一人幾卜 弱口一人幾卜 分其田等 逐其口數 無貴賤均給 而公私之稅 一依今制

_『오주연문장전산고』권13, 인사편

농관을 건립한다. 무릇 천하의 일은 직무를 나눔이 없으면 안 되는데 감독하는 직분에 어찌 농민이 없을 수 있겠는가. 청컨대 농사를 담당하는 관청을 창립하여 관청의 관리를 뽑을 때 서울에는 대사농을, 향鄕에는 면사농을, 동洞에는 리사농을 두게 하며, 대사농은 묘당에서 의논하여 천거하고 향사농은 면리에서 각자 인망에 따라 반드시 지도력과 지식이 있는 자를 관가에 천거하여 보고하게 하옵소서.

> **原文** 建農官 凡天下之事 莫不有職掌 而司察者豈惟農者而無乎哉 請自令刱立司農之寺 肇建司農之官 京置大司農 鄕置面司農 洞置里司農 而大司農自廟堂議薦 鄕司農各自面里 從人望 必以有風力有知識者 望報于官家

_『일성록』 정조 23년 3월 22일

이제 만약 따로 과목科目을 마련하여 지방의 수령으로 하여금 힘써 농사짓는 사람을 천거하게 하고, 그중 우수한 자를 등용하되 이를 현창하고 비속鄙俗하게 여기지 않는다면 호걸들도 점차 이를 즐겨 하게 되고 나라에도 마침내 이들에게 힘입게 될 것이다.

> **原文** 今若別立科條 令州郡擧力田之人 就其中拔其尤 而顯之不此鄙夷 則豪傑將稍稍屑爲之 而國終賴之矣

_『성호사설』 11, 인사문, 역전법

## 자료12

시장의 곡물 값은, 전 1냥에 미米가 1말 5되이고 적두赤豆가 2말 2되이며 황두黃豆가 2말 5되이지만 곡식을 파는 사람들이 도성의 곡가가 매우 높다는 소식을 듣고는 모두 직접 서울 시장으로 가기 때문에, 장시에 곡식을 내놓지 않고 잠시 보류하고 있습니다. 심지어는 같은 동네에서도 매매되지 않아 백성들이 매우 걱정하고 있습니다.

原文 場市穀直則錢一兩米爲一斗五升 赤豆爲二斗二升 黃豆爲二斗五升 而賣穀人聞京直 甚高 擧皆直往京市 故場市之不出穀姑捨之 雖同里之間亦無賣買 民甚患之

_『일성록』 정조 18년 11월 16일

## 자료13

진안의 담배밭, 전주의 생강밭, 임천과 한산의 모시밭, 안동과 예안의 왕골밭은 우리나라에서 첫째로 손꼽히는 곳으로서 부유한 자들이 이익을 독점하는 원천이 된다.

原文 鎭安之烟田 全州之薑田 林川韓山之苧田 安東禮安之龍鬚田 爲國中第一 爲富人權利之資

_『택리지』 복거총론, 생리

## 자료14

신이 호서에 오래 있었으므로 민폐를 익히 알고 있어 감히 이를 앙달합니다. 농민의 일을 말씀드리면 전답은 모두 사부·향족·부호富戶가 가지고 있어서 그들이 경작하는 땅은 병작이 아님이 없고 많이 얻는 자도 10두락의 논에 불과합니다. 하루 일에는 반드시 10인이 필요한데, 김을 매는 한 사람은 세량貰糧으로는 쌀 3되요, 품삯으로는 돈 5푼입니다. 3차례 김을 매야 하고 한 차례 수확하고 한 차례 타작해야 하므로 이에 들어가는 노동력이 50인 가까이 들어갑니다. 마침내 소득이란 것은 20석에 지나지 않는데 그중 10석은 땅주인에게 들어가고 단지 10석만이 그들이 가질 수 있습니다.

原文 臣久居湖西 習知民弊 敢此仰達 以農民事言之 田畓盡入於士夫鄕族富戶 故其所耕作之地 無非竝作 而多得者 不過十斗畓 一日之役 而必以十人 一鋤手之貰糧米三升 雇價五分錢而三次鋤耘 一次刈穫 一次打場 所入近五十人 畢竟所得 不過二十石 十石則歸於本主 十石只爲渠物

_『비변사등록』82, 영조 3월 10월 22일

여덟 식구를 가진 집안이라도 밭갈이, 김매기, 수확이 한꺼번에 겹치게 되면 반드시 노동력을 고용해야 합니다. 한 사람을 고용하는 가격은 열 푼이 넘고 세 끼를 배불리 먹인 뒤라야 겨우 부릴 수 있습니다.

**原文** 雖以八口之家 至於三農竝劇之時 必須雇人 雇人一夫價過十文 饋飽三時然後可以得治

_『일성록』 정조 23년 3월 28일

**자료15**

조금 가난하든지 많이 가난하든지 부자의 농기구에 의지하여 농사를 짓는데 그 하루 빌려 농사지은 대가로 며칠 동안 가서 일을 해줘야 하는데 그나마 부자는 매우 인색하게 빌려준다. 이 때문에 가난한 사람은 농사를 망친다.

**原文** 少貧者多貧者 資富者之農器 以爲耕業 而以其一日之耕 報以數日之雇 猶多靳借 使之失農

_『일성록』 정조 22년 12월 16일

**자료16**

가진 바는 없으나 능히 농사에 힘써서 집안을 일으킬 수 있는 자는 그 됨됨이가 모두 영리하고 일솜씨가 있으며 마음에 품은 계책이 있으니 그 재주와 능력이 족히 일을 하여 공을 이룰 만하고 지혜와 사려가 족히 노동자[莊戶]를 부릴 만하다.

**原文** 其無所資 而能以力穡起家者 類皆精僕有心計 其材力足以趨事赴功 智慮足以役使莊戶

_『풍석전집』 금화지비집 권12 책 의상경계책 하

**자료17**

부자는 땅을 많이 차지하기를 천맥을 연접하고 빈민을 부려먹기를 마치 노복처럼 하고 농사짓지도 수확하지도 않으면서 부호의 즐거움을 앉아서 향유한다. 빈자는 송곳 꽂을 땅도 없이 부자의 땅을 빌려 힘을 다해 농사를 지어도 겨우 그 절반을 얻을 수 있다.

**原文** 其富者地大業廣 連接阡陌 驅役貧民 有若奴僕 不耕不穫 而坐享富豪之樂 其貧者 無立錐之地 只賃富人之田 竭力耕耘 而僅得其半

_『농포문답』 균전제

**자료18**

백성의 풍속이 쌀을 귀하게 여기고 조粟를 귀하게 여기지 않는다. 지극히 빈궁하고 가난한 무리들까지도 반드시 쌀밥을 먹으려고 하며 조밥을 먹지 않는다.

原文　土俗貴租不貴粟 雖至窮至殘之類 必飯稻秔 不食脫粟

_『승정원일기』 1798, 정조 22년 10월 15일

**자료19**

목면 밭은 이익이 오곡의 배이다.

原文　木棉之田 利倍於五穀也

_『경세유표』 권8, 지관수제 전제 11, 정전의 3

**자료20**

근년 이래 도하의 민인이 미나리와 채소를 짊어지고 부내에 가서 파는 자가 도로에 서로 잇게 되었다. 미나리를 키우는 일을 직업으로 삼는 자는 밭의 경우 불과 십여 두락 논의 경우 불과 삼사 두락만 있어도 가히 대여섯 식구의 생업을 유지할 수 있다.

原文　近年以來 都下民人之夯芹蔬而轉販於府內者 相續於道路 大抵以治圃種芹而爲業者 田不過十餘斗 沓不過三四斗 可爲五六口之生業

_『관수만록』 팔월(八日) 경세권농지책

서울 안팎과 대도회지의 파 밭, 마늘 밭, 배추 밭, 오이 밭에서는 10묘의 땅에서 수만 전을 벌 수 있다(10묘는 논 4마지기임. 1만 전은 100냥이다).

原文　京城內外 通邑大都 葱田蒜田 菘田瓜田 十畝之地 算錢數萬(十畝者 水田四斗落也 萬錢爲百兩)

_『경세유표』 권8, 지관수제 전제 11, 정전의 3

**자료21**

근년에는 인삼도 모두 밭에다 심는데 그 남는 이익이 혹 천만이나 되니, 이것은 토지 등급으로 말할 수 없다.

原文　近年以來 人蔘又皆田種 論其贏羨 或相千萬 此不可以田等言也

_『경세유표』 권8, 지관수제 전제 11, 정전의 3

### 출전

『목민심서(牧民心書)』

『택리지(擇里志)』

『관수만록(觀水漫錄)』: 취석실 우하영(1741~1812)이 1793년 수원부사가 유수(留守)로 승격되고 유수영이 장용외영(壯勇外營)으로 정해지자 수원의 군사체제 강화 방안과 도시 발전 방안을 건의한 책자이다. 그의 문집인 『천일록(千一錄)』에 수록되어 있다.

『경세유표(經世遺表)』: 다산 정약용(1762~1836)이 유배지인 강진에서 1808년(순조 8)부터 10년 동안 쓴 미완성작으로 『방례초본(邦禮草本)』이라고도 한다. 『주례』의 이념을 근거로 하면서 이를 조선의 현실에 맞추어 정치, 사회, 경제 제도의 개혁방안을 제시했다. 체제상 개혁의 대강과 원리를 제시한 후 기존 제도의 모순, 실제의 사례, 개혁의 필요성 등을 논리적이고 실증적으로 설명하여 설득력을 가질 수 있도록 하였다.

『산림경제보유(山林經濟補遺)』: 조선 숙종 때 저술된 홍만선의 『산림경제』는 그 뒤로 유중림에 의해 증보되고 서유구에 의해 대대적으로 인용되는데 이 책은 19세기 초 용남공(榕南公)이 『산림경제』를 바탕으로 소농의 입장에서 상업적 농업 생산과 농업 경영을 추가하여 편찬한 것이다. 그가 죽고 나서 종질자 규섭(從姪子 圭燮)이 1852년 발문을 달아 공개했다.

『성호사설(星湖僿說)』: 성호 이익(1682~1763)이 40세 전후로 보고 들은 것 중에서 생각나고 의심나는 내용을 메모 형식으로 기록해두었다가 팔순에 이르렀을 때 집안 조카들이 정리한 책이다. 사설이란 매우 가늘고 작은 이야기란 뜻이지만 그 내용에는 경사(經史)에서 시무(時務)에 이르는 해박한 지식과 고증 및 비판이 담겨 있다.

『오주연문장전산고(五洲衍文長箋散稿)』: 오주 이규경(五洲 李圭景, 1788~?)이 우리나라와 중국, 기타 외방의 문물·제도를 망라하여 연혁과 내용을 백과사전식으로 기록한 책으로서 『지봉유설(芝峰類說)』, 『성호사설(星湖僿說)』, 『청장관전서(靑莊館全書)』 등 백과사전 기술의 흐름을 계승하였고 청나라 고증학과 그 학문 자세를 같이한다. 저자가 충청도 일대의 농촌에 거주하면서 당시까지의 각종 사항을 자세히 기록하여 전통문화의 이해에 큰 도움을 주고 있지만 항목의 편차가 저자의 정리를 거치지 못한 관계로 일정한 체계 없이 산만해 쉽게 내용을 파악할 수 없는 아쉬움이 있다.

『풍석전집(楓石全集)』, 『의상경계책(擬上經界策)』: 풍석 서유구(1764~1845)의 문집에 수록되어 있는 상소문 형식의 글로서 조선의 전제, 양전, 농정 등 조선의 농업 전반에 관한 자신의 지론을 피력하였다. 경계책이라 한 것은 농정을 바로 잡기 위해선 경계를 분명히 해야 한다는 뜻이기도 하며 주자의 이와 유사한 제하의 상소를 올린 사실과도 관련이 있다.

### 찾아읽기

이영훈, 『조선 후기 사회경제사』, 한길사, 1988.

송찬식, 『조선 후기 사회경제사의 연구』, 일조각, 1997.

이세영, 『조선 후기 정치경제사』, 혜안, 2001.

김용섭, 『(신정 증보판)한국근대농업사연구』(Ⅰ), 지식산업사, 2004.

김용섭, 『(신정 증보판)한국근대농업사연구』(Ⅱ), 지식산업사, 2004.

김건태, 『조선시대 양반가의 농업경영』, 역사비평사, 2005.

최윤오, 『조선 후기 토지소유권의 발달과 지주제』, 혜안, 2006.

이윤갑, 『한국 근대 상업적 농업의 발달과 농업변동』, 지식산업사, 2011.

# 3 세상이 변해가니 지주 노릇도 새롭게

## 지주제의 변동

양란 이후 조선의 농촌사회에서는 소농민층과 지주층 모두 변화를 피할 수 없었다. 농업 생산력의 발달, 상품 화폐 경제의 진전 등 시대의 변화에 적응하지 못할 경우 몰락은 피할 수 없었다. 이 시기 지주층의 농업 경영은 부재지주와 재지지주 모두 상품 화폐 경제의 발전을 적극 활용하고 있었다. 지대 수취방식 역시 전통적인 병작반수 외에 집조, 도조 등 여러 형태가 등장했고 수취 내용에서도 화폐로 거두는 금납조세가 점차 늘어나기 시작했다.

## 토지 상품화의 진전

양란 이후 농업 생산력의 발달, 상품 화폐 경제의 진전, 사회 신분제의 동요가 진전되면서 조선 국가의 기저를 이루고 있었던 농촌사회는 농민층은 물론 양반 지주층 역시 분해 · 재편되어갔다.[자료1] '소농=중농'은 상층의 부농과 하층의 빈농 또는 임금노동자로 양극화되어갔으며 지주층 역시 사회 변화의 물결을 거스르게 될 경우 몰락하는 경우도 적지 않았다. 그 결과 조선 후기 농촌사회 내의 신분제와 부력富力 간에 괴리가 심화되었고 이에 따라 신분제의 해체는 더욱 가속화되었다.

이와 같은 부익부 빈익빈 현상의 핵심은 토지 소유의 불균不均 문제였다. 조선 초기 이래 전시과 · 과전법으로 이어지는 수조권적 토지지배가 해체 · 소멸되면서 양반 관료층은 토지를 자체적으로 소유하지 않으면 안 되었는데, 양반 관료층은 타인에게 토지를 매득하거나 주인 없는 땅을 개간함으로써 지주가 될 수 있었다. 그리고 양란 이후 전개된 대개간 시대에 양반 지배층은 가장 유리한 조건에서 토지를 집적할 수 있었다. 조선 국가는 무주지의 개간 과정에서 기경자起耕者, 즉 경작자의 소유권을 우선하고 나아가 양안에서 기주起主 곧 기경자를 분명히 밝힘으로써 납세자와 소유자를 일치시켜나갔다. 국가는 이를 통해 납세자를 분명히 할 수 있었고, 개별 토지소유권자는 국가로부터 소유권을 확인받을 수 있었다. 토지소유권은 사적 권력의 침탈에 대한 막강한 보호막을 얻게 되었던 것이다.

다른 한편 기왕의 토지 집적 욕구에 더하여 상업적 농업의 발전에 따라 토지의 가격과 투자가치가 상승하고, 그 결과 토지는 그 자체가 주요한 상품으로 등장한다. 토지를 방매하는 원인과 매매의 주체는 다양했다. 간난艱難이나 흉년 등의 자연재해나 조세납부, 부채, 관혼상제 등 어쩔 수 없이 방매하는 경우도 있었고 이작移作·이답移畓·이매移買 등 농업 경영상 필요에 의한 경우도 있었다. 토지를 방매하는 자는 노비, 서민층에서부터 양반에 이르기까지 다양했고 토지를 사들이는 자 역시 왕실·궁방·아문뿐만 아니라 양반·서민·노비 등 모든 계층을 아울렀다. 즉 이때 토지의 매매와 집적은 일반 상품의 매매의 경우와 같이 본질적으로 신분제와 무관했던 것이다.

이제 같은 양반이라도 토지를 소유하지 못하는 경우가 생겼고 농업 경영의 문제, 정치 변동과 관련하여 일반 농민보다 못한 처지에 놓일 수도 있었다. 반면에 양민층의 경우 자신의 식견과 노력을 통해 토지를 집적할 수 있는 기회를 갖게 되었다. 서민층에서도, 심지어 노비층에서도 대토지 소유자가 등장할 수 있게 된 것이다. 이에 따라 기왕의 노주지분奴主之分을 탈피한 새로운 형태의 지주경영이 등장했으며, 구래의 지주경영에서도 변신은 피할 수 없는 과제가 되었다.

## 지주 경영의 변동

조선 후기 지주 경영은 토지의 상품화와 신분제의 변동에 적응하면서 전개되었고 이러한 변화는 부재지주不在地主와 재지지주在地地主 모두에게서 나타난다. 대지주는 대부분 서울이나 기타 도회지에 거주하고 그렇지 않더라도 주로 읍소재지에 살고 있었다.<sup>[자료2]</sup> 경기, 강원(남부), 충청 남북 지방은 서울의 부재지주의 땅이 많았고 경상도와 전라도는 각 지방의 문벌門閥 및 권세가들이 장악하고 있었다. 이들 부재지주는 거주지와 무관하게 매매·개간을 통해 전국 각지에 대토지를 집적하고 있었는데, 그 과정에서 장시 유통망과 해운·수운을 염두에 두고 토지를 집적하고 있었다. 소작료를 신속하고 저렴하게 거주지로 옮길 수 있었고, 경우에 따라 현지에서 판매하기 유리했기 때문이었다. 이러한 형태의 부재지주, 특히 경거지주京居地主는 서울을 중심으로 한 전국적인 교역망과 유통망의 발전에 따라 지주 토지 소유의 전형으로서(특히 18·19세기) 급격하게 발달하게 된다.

부재지주의 토지는 중간 관리인인 마름을 두어 관리하고 있었는데 마름과 마름을 통한 작인 통제에 소홀할 경우 유통경제를 통해 아무리 많은 수익을 얻는다 해도 경영상 위기에 처할 수 있었다. 이에 부재지주는 마름에게 토지 가까이 살고 성실한 작인을 공정하게 선택하고 함부로 이작하지 말 것을 당부하는 등 작인의 선택과 관리에 만전을 기할 것을 주문하고 있었다.<sup>[자료3]</sup>

궁방전宮房田도 대표적인 부재지주 경영의 하나였다. 궁방전은 양란 이후 급격하게 확대되어 18세기 말 19세기 초에 이르면 전 경지면적의 3퍼센트인 4만여 결에 이르게 되었다. 궁방 직속으로 현지에 감관監官과 마름舍音을 두어 이들로 하여금 조세를 수합하여 궁방에 상납하게 했다. 그리고 궁방의 관리는 궁차宮差를 파견하여 직접 관리하거나 도장導掌과 같은 청부인을 통해 운영권을 위임했다. 이때 도장에게는 역가役價가 지급되는데다가 사실상 중간 수탈이 허용되었기 때문에 상당한 이권으로 간주되었고 직위 자체가 권리로서 매매되었다.<sup>[자료4]</sup>

다른 한편 자신의 거주지 근처에 경작 토지를 마련함으로써 중간 관리자를 배제하고 토지 경영에 적극 참여하는 지주도 있었다. 이른바 경영지주經營地主였다. 이들은 원거리 토지를 계속 팔고 근거리 토지를 사들임으로써 토지의 소재지와 거주지를 당일 거리 내로 일치시키고 있었다. 지주가 수시로 농지와 작황을 살펴야 토지 경영을 제대로 할 수 있고 소출도 증가하기 때문이었다. 그리하여 오랜 시일에 걸쳐 계획적으로 토지를 사들인 결과 한 지역 내에 가히 농장農場이라고 칭할 수 있을 만한 대지주로 성장한 경우도 있었다.

이들 경영지주는 지주경영에서 반분타작半分打作의 병작제를 되도록 줄이고 그 대신 자작경영을 확대해갔으며, 필요한 노동력은 노비·머슴·임노동을 적극 활용했다. 이때 노동력 동원 방식으로서 이른바 호외집(지역에 따라 호저집, 가랍집, 하배집 등으로 불린다)의 노동력 이

경북 경주 양동마을 전경. 양동마을은 지형의 변화가 큰 마을로 높은 곳에는 양반지주 주택, 낮은 곳에는 호외집이 배치되어 있다.

용이 주목된다. 호외집은 지주에게 토지와 주택을 제공받는 몰락농민인데, 한 지주의 토지 주변에 50~60세대에 이르는 경우도 있었다. 이들 호외집 농민은 땅을 빌린 대가로 소작료를 지급하는 동시에 농번기에 약간의 임금과 식사를 제공받고 지주의 농업경영에 우선적으로 동원되었다. 소작인이자 농업 노동자였던 것이다. 호외집 농민은 지주의 보호 아래 최소한의 생계를 보장받을 수 있었고 지주층은 농업 노동에 절대적으로 필요한 노동력을 안정적으로 확보할 수 있었다.

이들 경영지주 가운데는 양반 출신도 있었지만, 중소 지주층의 경우 신분적으로 평민 출신도 많았다. 이른바 서민지주庶民地主였다. 이들의 지주경영은 신분적으로 소작인과 다르지 않기 때문에 쌍방 간에는 경제적인 관계로 지대 수취가 이루어졌고, 또한 그렇기 때문에 서민지주는 경영의 합리화에 한층 적극적일 수밖에 없었다.


## 지대의 변동

소작지의 지대는 고래로부터 수확량의 분배율만 미리 정해뒀다가 매년 수확한 생산물을 이에 따라 분배하는 방식, 즉 타조법打租法으로 수취했다.[자료5] 지주는 땅을, 작

김득신의 「추수타작」

인은 노동력을 내어 병작竝作하고 수확물을 각기 50퍼센트씩 나누는 병작반수竝作半收였다. 종자와 각종 지세 등 부대비용은 조선 전기에는 종자와 각종 지세는 지주가 부담하는 것이 원칙이었으나[자료6] 조선 후기에 이르러 중부 이남에서는 이를 소작인이 부담하고 북부 지방에서는 여전히 지주가 부담했다.[자료7] 타조법은 수확량에 따라 수익이 결정되었으므로 작인은 조도早稻와 만도晚稻의 수확 시간차를 이용하여 경작지에서 지주 몰래 작물을 베어내 가기도 했고 수확하고 타작할 때 농간을 부리기도 했으며 지주의 땅에 소작료와 상관없는 특수작물을 지주 몰래 재배하기도 했다.[자료8] 이와 같은 작인층의 조직적인 항조抗租에 부재지주는 사실상 제대로 대응하기 어려웠다.

18세기 들어 지주 측의 사정과 작인층의 요구에 따라 정액지대인 도조賭租 또는 도지賭地가 등장했다. 봄철에 지주와 작인 간에 미리 소작료를 정해놓는데 그 액수는 평균 예상 수확량의 3분의 1 정도였고 종자와 지세를 모두 작인이 부담했다.[자료9]

도조는 풍흉과 상관없이 고정적인 수입과 지출을 고려해야 하는 지주의 입장, 특히 궁방이나 관청에 편리한 수취방식이었으며, 그럴 필요가 없는 부재지주에게도 원격지 토지에 대한 관리 부담이나 지대 수취 문제를 덜어줄 수 있었다. 농민의 입장에서도 도조는 선호되었다. 도조의 지대 자체가 타조에 비해 적은데다가 영농을 잘해서 총 생산량이 늘어나면 그만큼 자신의 수익을 늘릴 수 있었기 때문이었다. 그렇기 때문에 전토를 개간하는 과정에서 작인이 노동력을 제공하는 등의 기여를 했을 경우 지주는 그에 대한 보상으로 도조를 적용하는 경우가 일반적이었다. 또한 그럴 경우 도조액은 보다 저렴했고 그 권리도 보장받을 수 있었다.

하지만 당시 여전히 풍흉에 따른 수확 변동이 극심했기 때문에 모든 토지에서 도조를 적용할 수는 없었다. 생산량이 풍흉에 크게 좌우되지 않고 일정했던 밭에서 도조가 우선 적용되었으며 논의 경우 수리시설이 제대로 갖춰진 경우라야 도조를 적용할 수 있었다. 또한 이앙법의 보급에 따라 소출이 증가하자 도조에서 타조로 돌아가는 경우도 있었다.[자료10]

이에 따라 타조와 도조의 중간 형태인 집조執租도 전라도 지방에서 성행하고 있었다. 집조는 수확이 임박했을 때 지주와 작인이 그해의 작황을 살피고 그 현장에서 지대를 책정하는 방식이다. 종자와 세금은 작인이 부담했고 지대는 실제 수확량의 3분의 1이었다. 집조는 예상 수확량의 3분의 1을 납부하는 도조보다는 부담이 컸지만 풍흉에 따른 위험요인을 줄일 수 있다는 점에서 작인에게 불리하지는 않았다.

상품 화폐 경제가 발전하고 잉여곡물은 최종적으로 상품 판매를 목적으로 하고 있었다는 점에서 지주의 지대도 화폐금납의 형태로 수취될 수 있었다. 화폐지대는 지역에 따라 돈도지, 도지전賭地錢, 전도지錢賭地 등 여러 가지로 불렸는데 그 명칭에서 알 수 있듯이 도지에서 먼저 발생했다. 화폐경제가 확대되는 가운데 안정적인 화폐수입을 얻고자 했던 것이다.

그런데 18세기 말 19세기 초에 들어 상품 화폐 경제가 더욱 발전하게 됨에 따라 부재지주의 경우에도 도지에서 다시 타작제로 회귀하는 가운데 현물지대를 선호하는 경향이 새롭게 나타나고 있었다. 이는 지주제의 위기를 극복하기 위해 부재지주라도 지주경영에 적극 참여하고 나아가 지대를 상품 판매하는 과정에서 이익을 극대화하기 위한 방책이었다. 전국적인 곡물유통 시장이 형성되었지만 여전히 곡가의 시간차 · 지역차가 상당했던 상황에서 곡물을 현물로서 확보하고 시가에 맞춰서 판매하는 편이 유리했던 것이다.

**자료1**

(공주) 유학 임박유가 올린 농서에 이르길, 정전제井田制가 한번 멀어진 뒤 토지에는
정해진 제도가 없고 경계가 행해지지 않았다. 토지 소유에 한계가 없어 호족의 토지
소유가 천맥의 넓음에 이르게 되었다. 가난하여 업이 없는 백성은 송곳 꼽을 땅도 없
으며 비록 여덟 식구의 상농 집안이라도 부자에게 땅을 빌리면 끝내 고생해서 수확한
곡식을 대부분 부자의 창고에 날라주게 됩니다.

> 原文 (公州) 幼學林博儒農書册子 井田一遠而田無定制經界不行 而土無限界豪右之專封者
> 競至連阡之廣 窮民之失業者曾無立錐之土 雖使八口之上農家借田於富人 而畢竟辛苦之粒 盡
> 輸於富人之庫
>
> _ 『일성록』 정조 23년 2월 11일

**자료2**

물산의 풍부함은 영남이나 호남에 미치지 못하지만 산천이 험준하지 않고 아름답고
서울에서 가까운 남쪽에 있기 때문에 사대부들이 모여 사는 곳이다. 서울의 세가들은
충청도 내에 전택을 마련하여 생활의 근거지로 삼고 있다.

> 原文 物産之多 不及二南 然山川平嫩 居國之近南 玆爲衣冠之淵藪 京城世家 無不置田宅於
> 道內 以爲根本之地
>
> _ 『택리지』 팔도총론 충청도

**자료3**

하나. 전답이 있는 곳과 집이 가까운 작인이 가장 좋다. 토지가 가까이 있으면 자연히
　　　아침저녁으로 살피게 되기 때문에 수확할 때 그 곡식이 훨씬 낫다. …

하나. … 나태하고 협잡하는 경우 외에는 이유 없이 작인을 바꾸지 않는다.

하나. … 노련한 농부들에게 널리 물어 성실하고 농사를 잘 짓는 작인을 골라 보충하
　　　는데 사사로운 안면에 구애되어 자신의 뜻을 굽혀 좇지 않아 후폐를 막는다.

> 原文 一 田畓所在之處 家近作人則最善 田地至近 自然朝夕看檢 故所收之時 其穀超勝 …
> 一 … 怠懶與挾雜之外 無故移作
> 一 … 廣問其老農 以勤耕善作之人塡代 而拘於顔私 勿爲曲從 以杜後弊事
>
> _ 「권농절목」(奎 3261, 1887년)

**자료4**

궁차와 도장이 차견되는 것을 좋은 벼슬을 얻는 것처럼 여겨서 혹 뇌물을 바쳐 차임되기를 도모하거나 값을 내고 사들인다. 그리하여 차임되어 오면, 혹 천 석을 먹고 혹은 천 냥을 먹는데 또한 그 사람의 직업이 된다.

**原文** 差導掌之等 得此差遣 如得好官 或納賂而圖差 或納價而折買 及其來也 或食千石 或食千兩 亦其人之生涯也

_「경세유표」 지관수제 전제 12 정전의 4

**자료5**

품관과 향리들이 토지를 널리 점령하고, 떠돌아다니는 사람을 불러 모아 병작하고 수확의 반을 거두니 그 폐단이 사전보다도 심합니다.

**原文** 品官鄕吏廣占土田招納流亡 竝作半收 其弊甚於私田

_「태종실록」 권12, 태종 6년 11월 23일 기묘

**자료6**

경기의 여러 지역에서는 민간의 소작료로 비록 그 반을 취하나, 나라의 세금과 종자는 모두 땅주인이 부담하기 때문에, 실제 먹는 것을 계산하면 대개는 소작인이 더 많으니, 이것은 괜찮습니다. 지금 이곳 호남의 풍속에서 땅주인은 이미 그 절반을 가져가서 베개를 높이 베고 편안히 잠을 자지만 소작인은 이미 그 반을 잃은데다가, 또 남은 반 가운데서 종자를 제하고 세미를 제하는 등 이리저리 제하고 나면 남은 것이 얼마나 되겠습니까. 이 때문에 호남의 농부가 다른 지방보다 곤궁한 것입니다.

**原文** 京畿諸路私門之租 雖取其半 王稅穀種 皆田主出之 計其實食 佃夫蓋多 此猶可矣 今此湖南之俗 田主旣領其半 無不高枕而臥 佃夫旣失其半 又就留半之中 除其穀種 除其稅米 左割右削 餘者幾何 此湖南農夫之困於諸路者也

_「여유당전서」 제1집 시문집 제9권 의엄금호남제읍전부수조치속차자

**자료7**

옛 풍속에 남의 토지를 경작하는 것을 병작이라 한다. 대개 지주와 소작인이 각각 수확량의 반을 거두어들인다. 한 사람처럼 힘을 합쳐 경작하는 것이기 때문에 그 반을

거두어가는 데 있어서 세금과 종자는 지주의 부담이고, 소작인이 관여하지 않는데 이 또한 옛 풍속이다. 근래 들으니 호서, 호남에는 점점 소작인 부담으로 되어 지주가 도리어 관여하지 않는데도, 사람들은 오히려 뇌물을 주고도 소작지를 얻지 못하고 있다고 한다.

原文 舊俗耕于他人之田者 爲之幷作 盖以主與客各收其半 而一人合作也 及其半收也 其納賦貯種主需 而客無與亦舊俗也 近聞湖西南稍漸爲客之所需 而主反不與 人猶賂遺 而不得耕作

_「성호사설」7, 인사문 본정서

**자료8**

작인들의 습성이 교묘하게 남을 속이고, 오로지 속이고 숨기고 도적질하는 것을 일로 삼는다. … 토지의 등급이 좋은 곳을 골라 올벼를 심어 궁속이 오기 전에 수확하여 먹게 되면 남은 것은 단지 소출이 가장 적은 논과 이전에 베어 먹은 논만 남게 되는데 그 소출을 통산하여 소작료를 계산하니 잃은 바가 적지 않다. … 벼를 거두어들일 때 작인과 일꾼들은 궁속이 보는 곳에서 벼를 묶는데, 볏단에 큰 것과 작은 것이 있는 것은 간사한 꾀를 쓰기 때문이다. 볏단을 말릴 때 밤을 틈타 볏단을 가려 훔쳐간다. 타작할 때에 낱알을 피해 볏짚만 털거나 타작을 대충 해뒀다가 나중에 다시 타작할 여지를 남겨둔다. 이 또한 곡식을 잃는 길이다.

原文 作人之風習巧詐 專事欺隱偸竊 … 擇其田品之優者 種早稻 宮屬未來之前 穫而食之 打作時 只存所出最小者而前所刈取者 視此爲例 所失不小矣 … 穫稻之時 作人役軍輩 束禾於宮屬所見處 而束有大者小者 以售奸計 及其乾正之際 乘夜分束而偸出 打租之時 或裏出於穀草 或打之不精 以爲追後更打之地 此亦失之之道也

_「黃海道載寧郡餘勿勿坪所在庄土明禮宮提出圖書文績類」

**자료9**

병작이라 함은 가을 추수 뒤에 논주인과 절반을 나누어 먹는 것이고 도지라 함은 그 토지의 비옥함과 척박함에 따라 1마지기에 몇 두의 지대를 줄지 미리 정해놓는 것이다.

原文 幷作者 秋後與畓主分半以食 賭地者 隨土之厚薄 約給一斗落幾斗稅

_「관양집」권9, 계 호남어사서계별단

도지의 관례는 소작하는 사람이 세금을 낸다.

原文 賭地之規 時作者納稅

_『후재집』, 후재선생별집 권1, 잡저 제사직결포사의후

**자료10**

지금 백성 중 능히 자기 땅을 갈아 먹을 수 있는 자는 천 명 중에 한두 사람도 없고 대부분 모두 부호들의 전답을 경작합니다. 그런데 근래 도지가 없어지고 병작하지 않는 곳이 없습니다. 병작의 관례는 작물을 수확한 후에 그 절반을 나눠 가지며 전세는 전주가 내고 소작인은 관여하지 않습니다.

原文 今之小民 能自食其土者 千百無一二 皆是富戸之田畓 而近來則賭地亦絶 無非竝作 竝作之規 收穫後爲分其半 田主納其稅 作者無所與

_『비변사등록』 106, 영조 16년 윤6월 26일

**출전**

『경세유표(經世遺表)』

『비변사등록(備邊司謄錄)』

『성호사설(星湖僿說)』

『택리지(擇里志)』

『관양집(冠陽集)』 : 조선 후기 문신 이광덕(李匡德 1690~1748)의 시문집으로서 권9의 호남어사서계별단은 영조대 호남지방의 실상을 자세하게 전하고 있다.

『권농절목(勸農節目)』 : 1887년(고종 24)에 완성한 저자 미상의 권농에 관한 절목.

『여유당전서(與猶堂全書)』 : 정약용(丁若鏞, 1762~1836)의 대표적인 저술인 『목민심서(牧民心書)』, 『경세유표(經世遺表)』, 『흠흠신서(欽欽新書)』 등 이른바 1표 2서(一表二書)에서 시문에 이르기까지 방대한 저술을 총망라한 문집이다. 활자본이며 154권 76책이다. 외현손 김성진이 편집하고, 정인보와 안재홍이 교열에 참가하여 1934~1938년에 신조선사(新朝鮮社)에서 간행하였다.

『일성록(日省錄)』 : 1760년(영조 36) 1월부터 1910년(융희 4) 8월까지 151년간의 국정에 관한 제반 사항들이 기록되어 있는 일기로, 필사본이며, 총 2,329책이다.

『태종실록(太宗實錄)』 : 조선 제3대 왕인 태종 재위기간의 역사를 기록한 책. 1401년 1월부터 1418년 8월까지 태종의 재위 17년 8개월간의 국정전반에 관한 역사를 싣고 있다. 36권 16책.

『후재집(厚齋集)』 : 조선 후기 문신 김간(金榦, 1646~1732)의 시문집으로서 별집의 잡저에는 성리론에 대한 변설이 많으나 제사직결포사의후에는 영조대 군정 등 사회 경제 연구에 도움이 되는 내용이 많다.

**■ 찾아읽기**

송찬식, 『조선 후기 사회경제사의 연구』, 일조각, 1997.

김용섭, 『(증보판) 조선 후기 농업사연구』( I ), 지식산업사, 1995.

김건태, 『조선시대 양반가의 농업경영』, 역사비평사, 2005.

최윤오, 『조선 후기 토지소유권의 발달과 지주제』, 혜안, 2006.

김용섭, 『(신정 증보판) 조선 후기 농업사연구』( II ), 지식산업사, 2007.

# 4 전세 제도를 개편하다

영정법과 비총제

조선 국가의 재정은 대부분 농업에 기반하고 있었기 때문에 토지에 대한 공평한 과세는 국가의 안위와 직결된 중요한 문제였다. 이를 위해 세종대에 공법이 마련되었지만 오히려 부세 불균이 심화되었다. 이에 조선 국가는 토지 측량에 보다 정확을 기하는 한편 전세의 수취액을 최저로 하여 토지에 부과하는 총세액중 그 비중을 축소시킴으로써 상대적으로 부세 부담을 고르게하고자 했다.

## 영정법

세종대에 십수 년에 걸쳐 고심 끝에 마련한 공법貢法은 전분田分을 6등으로 연분年分을 9등으로 하며, 세액을 20분의 1로 낮추는 동시에 별도로 급재給災할 수 있는 여지를 남겨두는 것이었다. 전국의 토지를 정확하게 파악하는 대신 소농민의 부담을 경감시킴으로써 토지소유권을 조정하지 않은 채 전세 제도의 개혁만으로 토지 문제를 해결하고자 했던 것이다. 하지만 당초의 취지와 달리 운영상의 폐단이 드러나면서 오히려 소농민의 몰락과 지주층의 토지겸병이 가속화되었다. 전분田分과 연분年分은 지주층에게 유리하게 결정되었고 반면 소농층은 재상災傷을 입어도 제대로 혜택을 받지 못했던 것이다.

이에 따라 공법을 시행한 지 얼마 되지 않아 상상년에서 하하년까지 9등으로 파악하기로 했던 연분은 점차 강등되기 시작했고 16세기 후반에는 매년 농사의 풍흉과는 상관없이 대부분 논의 연분은 하하년下下年 또는 하중년下中年으로 결정되고 있었다.[자료1]

전분 6등은 그대로 통용되지만 연분 9등은 매년 전토마다 답험하여 연분을 정하기 어렵기 때문에[자료2] 대토지 소유자의 인하 요구와 소농민층의 몰락을 막기 위해 전세의 부담을 줄여준 것이다. 더구나 각종 삼수미三手米, 대동미大同米 등 세역稅役이 정액세로서 토지에 집중되고 있었기 때문에 전세의 부담을 최소로 하지 않을 수 없었다.[자료3]

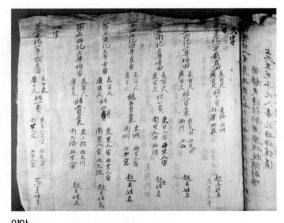

**양안**
양안은 조세 부과를 목적으로 토지를 측량하여 만든 토지대장으로 원칙적으로 20년에 한 번씩 작성하여 호조 및 해당 도와 읍에 1부씩 보관해야 했으나 실제로는 그렇게 하지 못했다.

본래 조선 국가는 공법을 제정할 때 조세를 공평하게 부과하기 위해 그 기준이 되는 토지의 측량, 즉 양전을 정확하게 실시해야 했고, 이를 위해 부정확한 지적指尺 대신 주척周尺을 양전척으로 사용했으며 연분등제에 공평을 기하기 위해 수조권자가 직접 답험하는 대신 경차관을 파견했으며 연분등제도 협잡이 용이한 개별토지 단위가 아니라 면을 단위로 하였다.

임진왜란 이후 국가의 전결이 크게 감축하고 그나마 남아 있던 전적田籍마저 제대로 파악할 수 없었다.[자료4] 이에 따라 1601년 10월(癸卯年, 선조 34년)에 양전을 실시했지만 당초 계획대로 끝마치지 못하고 도중에 중단했다가 1603년 가을 다시 시작하여 이듬해 봄에 마칠 수 있었다. 하지만 전국 모든 군현을 대상으로 하지 못하고 각 도별로 몇 개의 군현을 뽑아서 실시한 데다가 양전 과정에서 재지 유력자에게는 유리하게 소농층에게는 불리하게 토지의 전품과 면적이 획정되었다.[자료5]

이와 같이 국가의 토지 파악이 부실한 상황에서 애초 공법의 규정대로 연분을 엄격하게 적용하지 못하고 으레 하하년 하중년으로 책정하였으며 그 결과 국가 재정의 부실을 면할 수 없었다. 이에 따라 1634년(甲戌年, 인조 12년) 다시 양전을 실시하였는데, 이때에는 토지를 보다 정확하게 측량하기 위해 등급마다 길이가 다른 이전의 양전척

[隨等異尺] 대신 6등전 모두 단일양전척單一量田尺으로서 일등전척一等田尺만을 사용했으며 양전 중 실무자의 농간을 방지하기 위해 한 도 내에서 군현을 바꾸어 토지를 측량하게 했다.

갑술양전의 결과 임진왜란 전 파악한 토지결수의 80퍼센트까지 양안에 등재할 수 있었지만 여전히 토지 측량이 공평하지 않았던 데다가 전반적으로 전품이 상승하고 있었다. 전품의 상승은 앞선 선조대의 계묘양전 때 워낙 전품이 낮게 등제되었던 탓에 갑술양전 때 이를 원래대로 회복시킨 것에 불과했지만 연분을 원칙대로 적용할 경우 소농민의 몰락은 불 보듯 뻔한 일이었다. 더구나 이 시기에는 많은 부세가 토지를 기준으로 부과되고 있었기 때문에 더욱 그러하였다.

16세기 이해의 연등분제 포기 관행은 결국 갑술양전 이후 법제로서 추인되었고 이는 뒷날 『속대전』에 등재된다.[자료6] 영정법永定法의 실시였다.


## 비총제


조선 국가는 공법을 통해 토지의 등급에 따라 1결의 면적을 달리하여 결당 20두를 정액 수취하려 했다. 하지만 토지의 등급과 면적을 정확하게 파악할 수 없었고 그나마 지주층의 반발에 직면하면서 부세 불균과 소농민 몰락이 심화되었다. 이에 조선 국가는 양전을 정확하고 공평하게 하는 대신 연분등제를 포기하고 수취의 최저선인 결당 4두를 거두게 된다.

하지만 연분등제에서 추구했던 재해에 따른 전세감면 조치, 즉 급재給災는 다른 형식으로 보완되어야 했다. 이전 시기에 비해 농업 생산력이 발전하고 있었지만 이 시기 농업은 여전히 기후와 자연조건의 영향을 크게 받았기 때문에 풍흉이 수시로 교차했던 것이다. 급재하기 위해 매년 호조에서는 그해의 풍흉을 살펴 급재할 대상과 양을 결정하고 해당 지역 수령이 재해의 실정을 조사하여, 수령, 관찰사, 호조 순으로 보고를 하면, 중앙정부에서 경차관敬差官·도사都事를 파견하여 답험踏驗하고 그 결과에 따라 호조에서 세액을 정해주었다. 이른바 경차관답험제였다.[자료7]

그런데 호조에서 반포한 급재의 범위는 각 지역의 현실과 부합하지 않아 대부분 그 범위를 늘려야 했다. 하지만 그 혜택은 이서를 비롯한 중간층의 농간 탓에 경작자인 농민에게 미치지 못했다. 또한 경차관은 추수 전에 파견되었어야 했으나 일반적으로 추수 후에 파견되었기 때문에 답험은 형식적으로 이루어지고 그 실익이 없었다. 게다가 재해를 입은 지역에서는 경차관에 대한 접대 비용까지 부담해야 했기 때문에 농민의 부담이 오히려 증가했다.

이에 따라 18세기 초반부터 조선 국가는 경차관 파견을 중지하고 감사와 수령에게 답험을 포함한 전 과정을 주관하게 했다. 아울러 급재의 형평을 기하기 위해 호조에서는 매년 가을 그해의 풍흉이 이전 어느 해의 풍흉과 비슷하다고 간주하고, 비교한 해의 전세 수취를 기준으로 하여 각 도의 실결수와 재결수를 정한 뒤 이를 연분사목年分事目으로 반포했다. 그리고 각 읍에서는 수령이 직접 답험하여 이를 감사에게 보고하면 감사는 이를 다시 호조에 보고하게 되는데 호조에서 정해준 급재가 부족하면 추가로 요청하는 급재, 즉 가청재加請災를 요구했다. 이와 같은 전세 수취방식은 총액을 비교한다는 뜻에서 비총제比摠制라고 하는데 1760년(영조 36) 법제화되었다가[자료8] 『대전통편大典通編』에서 명문화된다.

비총제는 사실상 여러 해의 수확을 비교하여 수취한다는 점에서 세종대 공법의 원리를 충실하게 구현했지만 실제 운영 과정에서는 중앙정부의 안정적인 재정 수취가 최우선 목표였다.[자료9] 중앙정부에서는 지방 군현과 각 도에서 보고하는 재결 결수를 충실하게 반영하지 않은 채 급재하는 면적을 최소로 하고 당초 목표했던 총액만 수취하면 그만이었다. 재결의 부족분은 지방 차원에서 해결해야만 했기 때문에 감사와 수령, 수령과 향촌 사회 간의 힘겨루기가 이어졌고 다른 한편 향촌 사회에서는 감영에서 할당된 총액만 납부하면 되었기 때문에 국가권력은 실제 수세과정을 향촌 지배세력에게 일임한 셈이 되었다.

**자료1**

전결수는 전라도가 40여만 결, 경상도가 30여만 결, 충청도가 27만 결인데, 근세 이래로 연이어 하지하下之下로 세를 받아들여 비록 평시라 해도 세입이 겨우 20만 석이니 국초에 비하면 절반이 줄어든 것입니다. 그런데 난 후에 팔도의 전결이 겨우 30여만 결로, 평시 전라도 한 도에도 미치지 못하니 어떻게 나라의 모양을 이룰 수가 있겠습니까. 이번 양전 이 일은 반드시 큰 어려움을 물리치는 것처럼 해야 성공할 수 있습니다.

> **原文** 田結數 全羅道四十餘萬結 慶尙道三十餘萬結 忠淸道二十七萬結 近世以來 連以下之下收稅 雖在平時 而稅入僅二十餘萬石 比於國初 則減半矣 而亂後八道田結 僅三十餘萬結 則不及平時全羅一道矣 其何以成國之模樣乎 今此量田一事 必須若排大難而爲之 然後可成

_『선조실록』 권140, 선조 34년 8월 13일 무인

**자료2**

전후로 양전할 때 모두 전품 6등의 전척을 쓰게 되어 지금은 전국에 통용되고 있습니다. 연분의 법규도 농사의 풍흉을 구별하기 어렵고 전정의 허실을 서로 속여서 매년 변통하기 때문에 매 전 답험할 때 정확을 기하기가 어렵습니다. 이에 따라 병자년 이전까지는 이 법(연분)을 이어서 쓰다가 정축년 이후에는 폐하여 쓰지 않습니다.

> **原文** 前後量田時 皆用田分六等之法 至今通行於八路 至於年分之規 稽事之豐歉難的 田政之虛實相蒙 每年變通 每田踏驗 亦難得正乙仍于 丙子以前 連行此法 丁丑以後 廢閣不用

_『병와집』 병와선생문집 권지18첩 첩 성주전정변통첩

**자료3**

국납의 계판計版. 1결마다 전세미가 6두, 대동미가 12두, 삼수미가 1두 2승, 결미가 3두이다(지금은 결전 5전과 이전 1문으로 한다. 이상은 모두 결렴結斂이다). 해서에는 또한 별수미 3두가 있다(역시 결렴이다). 또한 창작지미가 2석, 호조작지미가 5석, 공인역가미가 5석이다(이상은 모두 쇄렴이다). 또한 1석마다 가승미가 3승, 곡상미가 3승, 경창역가미가 6승, 하선입창가미가 7홉 5작이다(이상은 모두 석렴이다). 결렴이란 1결마다 이와 같이 거두는 것이고, 쇄렴이란 이 2석을 수천여 결에 배당 부과하고 이 5석을 각각 수천여 결에 배당 부과하는 것이니, 그 액수가 쪼개어져 부과되는 것이다. 그리고 석렴이라는 것은 상납할 원석수를 잡아 1석마다 이와 같이 거두는 것이다.

國納之計 ○每一結田稅米六斗 大同米十二斗 三手米一斗二升 結米三斗 (今作結錢

五錢耳錢一文 ○已上皆結斂) ○海西又有別收米三斗 (亦結斂) ○又倉作紙米二石 戶曹作紙米

五石 貢人役價米五石 (已上皆碎斂) ○又每一石 加升米三升 斛上米三升 京倉役價米六升 下船

入倉價米七合五勺 (已上皆石斂) ○ 結斂者 每一結斂之如是者也 碎斂者 以此二石 分播於數千

餘結 以此五石 分播於數千餘結 其數破碎者也 石斂者 執上納原石之數 每一石斂之如是者也

_『목민심서』권5, 호전 6조 세법 하

### 자료4

백성들은 서로 도모하여 전결을 줄이는 것을 양책으로 삼았고, 하리는 이를 기회로

삼아 증감했는데도 수령은 그것을 금지시키지 못하였다. 병란을 겪은 땅에 토지문서

가 흩어지고 없어져 적은 것을 많다 하고 갈아 먹고 있는 땅을 묵정밭이라 해도 규율

과 질서가 없었으니 전제의 문란이 극도에 이른 것이다. 이에 경차관을 갈라 보내 바

로잡으려 하였으나 끝내 바꾸지 못했다.

民相與謀 以縮其田結 爲良策 下吏因緣增減 而守令亦不能禁 經兵之地 田籍散失 以

寡爲多 以起爲陳 莫有統紀 田制之紊亂 極矣 至是 分遣敬差官 欲有所釐正 而終不得猝變

_『선조실록』권131, 선조 33년 11월 24일 갑자

### 자료5

계묘년(癸卯年, 1603년 선조 36) 무렵에 이르러 양전의 법을 시행하게 되었는데, 그때 각

관아에서 오로지 고식책만을 일삼아 능히 지난날의 폐단을 통절히 개혁하지 못하고

대략 감관과 서원을 내보내어 마치 연분과 답험할 때처럼 했습니다. 전품등수의 승강

과 결부의 증감이 모두 그들의 손에 있었기 때문에 토호는 힘으로 자기 맘대로 하고

간민은 뇌물을 주니, 혹 평시의 1, 2등이 5, 6등으로 내려지고, 혹 평시의 1, 2결이 수삼

십 부로 줄거나 전체가 누락되기도 했습니다. 반면에 곤궁하고 힘없는 백성들은 당초

의 4, 5등이 1, 2등으로 올라가고 당초의 수삼십 부가 1, 2결로 늘어나게 되거나 다른

사람의 결부를 덧붙여 기록되기도 했습니다. 한 고을 안에서 긴헐이 각각 다르고 한

도 안에서 경중이 현격하게 다르게 되어, 양전의 고르지 못한 것이 이때보다 심한 적

이 없었습니다.

及至癸卯年間 施行量田之法 而其時各官專事姑息 不能痛革前弊 略出監官書員 有若

年分踏驗之爲者 而等數之乘降結負之增減 皆付其手 故土豪武斷奸民行賂 或以平時一二等降

屬五六等 或以平時一二結 減之三數十負 亦或沒數落漏 而至於窮民無勢者 則初以四五等陞爲
一二等 初以數三十負 增爲一二結 亦或添錄他人結負 一邑之中 緊歇各異 一道之內 輕重懸殊
量田之不均 未有甚於此時也

_『증보문헌비고』 권148, 전부고 8 조세 1 조선

**자료6**

인조仁祖 12년 삼남에서 양전한 뒤로 상하로 전품을 나누는 법이 결국 혁파되었다. 삼
남에서는 상의 하에서부터 하의 중에 이르기까지는 결수의 가감이 없이 분등에 따라
수세하고, 그 나머지는 모두 하의 하로 정했고, 5도에는 단지 하의 하 한 등급만이 있
을 뿐입니다.

**原文** 仁祖十二年三南量田後 分等上下之法遂罷 三南則自上之下至下之中 結數無加減 依
分等收稅 其餘皆以下之下爲定 五道則只有下之下一等而已

_『증보문헌비고』 권148, 전부고 8 조세 1

무릇 토지 1결에는 전세로서 4두를 걷는다(모든 전답 중 하의 중 이상의 수세는 이 규정에
따르지 않는다).

**原文** 凡一結 收田稅四斗 (凡田畓下之中以上收稅 不在此限)

_『속대전』 호전 수세

**자료7**

매년 본조(호조)는 그해의 풍흉을 살펴 연분사목을 각 도에 내려 보내고 재해를 만나
면 급재의 명목을 반포한다(전재상이나 처음부터 파종하지 못한 전지는 비록 그해가 풍년
이라 할지라도 급재한다. 연분사목 외에 함부로 재해명을 내려주는 경우 경차관과 도사를 먼
저 파직한 뒤에 나포한다).

**原文** 每歲本曹視年之豐凶 頒年分事目于各道 遇災年則頒災名 (全灾傷初不付種之類 雖豊
年亦給災 事目外擅給灾名者 敬差官都事先罷後拿)

_『속대전』 호전 수세

옛날의 제도는 조정에서 경차관을 여러 도에 나누어 보내서 재실을 살펴 조사하고 마감하여 계문하거나, 호조에서 비총하여 급재하였다. 영종 경진(1760, 영조 36)에는 경차관을 보내지 아니하고, 비총법을 사용하여, 지금까지 시행한다. 매년 가을 8월이면 호조에서 각 도의 강수량과 농사 형편을 참고하되, 상당년相當年과 비교하여 정총을 결정하고, 급재를 구별하여 사목을 만들어내어 대신들이 의논하게 한 뒤 입계하여 윤허를 얻은 뒤에, 비변사에 등초하여 보고하고, 사헌부에 이문한 뒤 그대로 각 도에 사목을 반포해서, 이로 하여금 재결을 나누어주게 한다.

**原文** 舊制朝家分遣敬差官于諸道 考驗灾實 磨勘啓聞 或自戶曹比摠給灾 英宗庚辰不送敬差官用比摠法 至今行之 每年秋八月 戶曹參考各道雨澤農形狀 比較於相當年 商量定摠 區別給灾 成出事目 就議大臣 入啓蒙允後 謄報備局 移文憲府 仍頒事目于各道 使之分俵灾結

_『만기요람』 재용편 2, 연분

해마다 호조에서 반포하여 내려주는 연분사목은 국가의 중요한 정사이다. 위로는 제사지내는 비용을 대고 다음으로는 백관의 봉록을 나누어주고 아래로는 삼군의 식량을 대주어야 하므로 일을 맡은 관원이 앞선 총액을 삼가 지키고 지나치게 덜어주지 못하는 것은 역시 부득이하게 국가의 경비 때문이다.

**原文** 每歲度支之頒降年分事目 即有國大政也 上而供祀典之用 中而頒百官之祿 下而資三軍之食 有司之謹守前摠 無欲濫觴 亦出於爲經費不得已

_『정조실록』 권33, 정조 15년 8월 24일 병인

**出典**

『목민심서(牧民心書)』

『선조실록(宣祖實錄)』

『정조실록(正祖實錄)』

『증보문헌비고(增補文獻備考)』

『만기요람(萬機要覽)』: 서영보, 심상규 등이 순조의 명으로 1808년(순조 8) 편찬한 책이다. 조선 시대 국왕이 각종 정무(政務)를 일목요연하게 파악할 수 있도록 각 관청과 제도의 연혁, 통계자료, 법규 등을 수록하였다.

『병와집(瓶窩集)』: 조선 후기의 문신 이형상(李衡祥, 1653~1733)의 시문집으로 1744년 손자 만송이 목판본으로 간행했다. 권18의 「성주전정변통첩(星州田政變通牒)」은 성주 지역의 양전 관행과 토지 상황을 이해하는 데 많은 도움을 준다.

『속대전(續大典)』: 『경국대전』 편찬 이후 최초로 개정된 정식 법전으로 이후의 『대전통편』, 『대전회통』과 함께 조선 시대 4대 법전의 하나이다. 1740년경부터 편찬이 진행되었으며 1746년(영조 22) 인쇄, 반포되었다.

**▇ 찾아읽기**

김옥근, 『조선왕조재정사연구』, 일조각, 1984.

이철성, 『17 · 18세기 전정 운영론과 전세제도연구』, 선인, 2003.

최윤오, 『조선 후기 토지소유권의 발달과 지주제』, 혜안, 2006.

한국역사연구회 토지대장연구반, 『조선 후기 경자양전 연구』, 혜안, 2008.

이경식, 『(증보판) 한국 중세 토지제도사 : 조선전기』, 서울대학교출판문화원, 2012.

정선남, 「18 · 19세기 전결세의 수취제도와 그 운영」, 『한국사론』, 22, 서울대, 1990.

박종수, 「16 · 17세기 전세의 정액화 과정」, 『한국사론』, 30, 서울대, 1993.

# 5 나라에서 필요한 물건은 이제 사다 쓴다

대동법

조선 건국 이래 공물과 진상은 조선의 재정과 세금에서 차지하는 비중이 절반 이상이었다. 하지만 애초부터 공물의 수취 기준이 합리적이지 않았으며 그나마 사회 경제적인 변화로 인하여 편법, 즉 방납이 횡행하여 농민의 부담은 가중되었다. 이에 따라 양란 이후 농민 안정이 절실해지면서 새로운 방식의 공물 수취 방식이 모색되었고 그 결과 대동법이 오랜 시일을 거쳐 전국적으로 시행될 수 있었다.

## 방납의 폐해

조선 시기에 부세 제도는 '토지에서는 조세를, 개인에게는 역役을, 가호에서는 공물貢物을' 징수하여 국가 경비를 조달하는 것이 원칙이었다.[자료1] 이 가운데 공물은 관아에서 필요한 물품을 현물로 직접 수취하는 것인데, 국가기관에서 군현을 단위로 그 지방의 산물과 토지결수의 다소를 기준으로 하여 부과하고 군현에서는 이를 각 민호에 배정했다.

그런데 군현에서 각 민호에 공물을 분정하는 기준이 모호했으며 또한 반드시 그 지방에서 나는 물산으로 거두어야 하는 임토작공任土作貢의[자료2] 원칙도 지켜지지 않았다. 우선 공물 가운데 민인이 구하기 어려운 품목도 적지 않았으며 분정 초에는 토산이었지만 시일이 경과함에 따라 더 이상 해당 지방에서 생산되지 않는 경우도 적지 않았는데 그런 경우에도 일단 각 사에 바치는 공물로서 공안에 등재되어 있으면 무조건 상납해야 했다.[자료3] 더구나 특정 산물이 산출되는 지역에 부담이 집중되는 폐단을 방지하기 위하여 애초부터 임토작공의 원칙이 무시되기 일쑤였다.[자료4]

이와 같은 상황에서 조선 국가는 민인이 자비自備할 수 없는 공물에 한해 부분적으로 대납을 허용하다가 나중에는 민호에서 희망할 경우에도 대납을 허용하게 된다. 하지만 대납의 이익이 크자 국가권력과 결탁하여 공납하는 물품을 고의로 점퇴하여 특정인의 공납만을 허용하거나[자료5] 민인의 뜻과 상관없이 대납하는 경우가[자료6] 늘어났다. 이른바 방납防納의 폐단이었다.

방납의 이익은 적어도 두세 배, 많으면 열 배에 이르렀던 반면 농민의 부담은 이전보다 더욱 무거워져 파산하여 유망하는 경우도 적지 않았다. 이에 조선 국가는 국초부터 방납인을 북계사민北界徙民하거나 심지어 사형까지 시키고 있었지만 방납은 근절되지 않고 오히려 공적으로나 사적으로 공공연하게 행해지고 있었다. 그만큼 방납은 양반 지주층의 경제활동에 중요했던 것이다.

우선 방납은 지주층의 잉여생산물 처분 통로로 요긴했다. 당시 양반 사대부층은 수조권 분급제도의 해체 이후 토지에 대한 집적과 더불어 산지 어전 등의 생산수단도 불법으로 점유하고 있었다. 그리고 사점한 산림천택에서 나온 잉여생산물을 방납을 통해 손쉽게 처분할 수 있었다.[자료7] 또한 자신이 주도하여 생산한 물건이 아니더라도 서울을 중심으로 전국 시장이 형성된 상황에서[자료8] 부상대고의 방납을 도와주고 이익을 취할 수도 있었다.[자료9] 다른 한편으로 공물을 상납해야 하는 농민의 입장에서도 공물 조달 때문에 강제로 동원되었다가 농사를 전폐하기보다는 방납가만 적당하다면 대납이 오히려 유리할 수 있었다.[자료10]

이와 같이 임토작공과 억말을 근간으로 하는 국가적 유통체계가 더 이상 유효하지 않은 상황에서 공안을 개정하거나 방납금단을 천명하는 조치로는 공납제의 문제를 해결할 수 없었다. 오히려 당시 상품 화폐 경제의 발전과 요역 노동의 물납화 추세를 그대로 인정한 가운데 방납을 국가제도로 수용하는 방안이 자생적으로 일부 군현에서 실시되고 있었다. 대동제역大同除役으로 일컬어졌던 이른바 사대동私大同이 그것인데, 사대동은 군현 내의 토지에서 균등하게 쌀을 거두고 이를 가지고 공물을 시장에서 구입함으로써 기존 방납인의 중간 수탈을 막을 수 있었다. 이이李珥는 사대동을 국가가 주도하여 전국적으로 시행할 것을 건의하고 실제로 황해감사로 부임한 뒤 도 내 각 군현에서 사대동을 실시하려 했으나 끝내 실패했다.[자료11]

한편 조선 국가는 1581년(선조 14)과 1604년(선조 37) 공안을 개정했지만 방납을 포함한 공납문제를 여전히 해결하지 못했다. 그러는 사이에 임진왜란이 잠시 소강상태로 접어드는 1594년(선조 27) 군량의 확보와 민생의 안정을 기하기 위해 종래의 공물 진상제도를 폐지하고 대동법의 선구라 할 수 있는 공물작미貢物作米를 전격 실시한다. 하지만 공물작미, 곧 대공수미법은 1년도 못 되어 폐지되었다. 기존 방납인의 불만이 적지 않았던 데다가 징수한 쌀의 수량이 예상보다 매우 적어 군량 확보는 고사하고 국가기관에서 필요한 물품을 제대로 구입할 수 없어 수시로 원래의 현물로 징수하는 경우가 잦았기 때문이다.[자료12]

결국 공납제의 폐해는 그대로 이어져 표범가죽으로 만든 깔개阿多介 한 채의 값이 면포 200필(백미 70여 석), 표범가죽 한 장의 가격이 면포 60필로 터무니없이 치솟는 가운데 농민의 유망은 그칠 줄 몰랐고 빈부의 격차는 날로 심해졌다.


## 대동법의 실시


이와 같은 상황에서 광해군은 즉위한 지 석 달 만에 당시 공납의 폐단이 가장 심했던 경기도에 대공수미법을 재추진했다. 광해군 즉위년(1608) 5월 담당관서로서 선혜청을 설치했기 때문에 선혜법이라 불렸지만 다른 한편으로는 대동법으로 불렸다. 임금에서 서민에까지, 당대에서 자손만대까지 모두 고르게 태평을 누릴 수 있다는 의미였다.[자료13]

그 뒤 대동법은 방납인의 반대로 인해 경기도 이외 지방으로 확대실시 되지 못하다가 1623년 반정으로 인조가 즉위한 뒤 민심 위무책의 일환으로 강원도에 실시되었고(인조 원년), 17세기 중엽에는 충청, 전라, 함경, 경상도 순으로 확대되었다. 1708년(숙종 34) 황해도까지 실시되어서 사실상 전국적으로 시행되기에 이른다.

대동법은 공납을 해야 하는 민인의 전폭적인 지지를 받고 있었고 17세기 중엽에 이르면 이미 하삼도 대부분의 지방에 사대동이 자율적으로 실시되고 있었음에도 불구하고 전국적으로 실시되는 데 100여 년의 시간이 걸렸다. 지역마다 공납하는 사정이 달랐던 탓도 있었지만 방납으로 이익을 보는 양반 지주층 부상대고의 반발이 그만큼 거세었던 것이다.[자료14] 하지만 다른 한편으로 보면 점차 상품 화폐 경제가 발전하면서 방납 이외의 방법으로 잉여생산물을 처분할 수 있는 통로가 마련되고 있었기 때문에 굳이 방납을 고집할 필요가 없어졌기 때문이기도 했다.

대동법을 실시하면서 공물을 본색本色, 즉 각종 현물로 거두는 대신 미米로 통일하여 징수하였고, 과세의 기준도 분명해져서 종전의 막연한 가호家戶에서 보다 확실한

**| 대동법의 실시**

| 시기 | | 주요 사건 | 법 규정 | 사회적 관행 | 주요 쟁점 | 주요 인물 |
|---|---|---|---|---|---|---|
| 조선 전기 | 1471년 이후 | – | • 역민식(1471) | 8결 윤회분정 제역 | • 수미법<br>• 대동제역 | 이이 |
| | 1592~1608년 | 임진왜란 | • 역민식<br>• 충청, 전라 연해 지역의 공물작미 (1607) | 사대동 확산 | • 공물작미 | 유성룡 |
| 조선 후기 | 광해군대 (1608~1623) | – | • 역민식<br>• 경기선혜법(1608) | | • 경기선혜법 | 이원익, 조익 |
| | 인조대 (1623~1649) | • 이괄의 난(1624)<br>• 정묘호란(1627)<br>• 병자호란(1636)<br>• 4차례의 조선군 해외 파병<br>• 명의 멸망, 청의 입관(1644) | • 역민식<br>• 경기 선혜법<br>• 삼도 대동청의 설립 · 폐지<br>• 강원 대동법(1625)<br>• 갑술양전(1634)<br>• 재생청 설립(1645) | | • 안민론<br>• 경대동/반대동<br>• 양전 실시론<br>• 군비 마련책<br>• 공안 개정론<br>• 대동법 실시론 | 이원익, 조익, 김장생, 장유, 최명길, 김신국, 김육, 윤황, 이식, 조복양, 유백증, 이시방, 조석윤, 이후원, 박지계 |
| | 효종대 (1649~1659) | • 산림의 조정 복귀와 퇴진<br>• 청나라의 간섭 | • 경기 선혜법<br>• 강원 대동법<br>• 충청도 대동법 (1651)<br>• 전라도(연해) 대동법(1658) | 대동법 확대 | • 호서 대동법<br>• 호남 대동법<br>• 충청 · 전라도 유생들의 상소 | 김육, 김집, 민응형, 이시방, 조석윤, 원두표, 유계, 허적, 남선, 김홍욱 |
| | 현종대 (1659~1674) | 경신 대기근 (1670~1671) | • 경기도 대동법 (1664)<br>• 전라도(산군) 대동법(1666)<br>• 결당 12두로 대동미 통일 | | • 호남 대동법(산군)<br>• 경기도 대동법<br>• 공안 개정론 퇴조 | 홍명하, 송시열, 허적, 김좌명, 조복양 |

토지의 결수로 바꾸었다. 따라서 무전농민이나 영세농민은 일단 이 부담에서 벗어날 수 있었고 토지를 가진 농민들도 토지소유수에 따라 1결당 미 12두(처음에는 16두)만을 납부하고 종래 방납인의 중간 수탈을 면할 수 있었으므로 종전의 공납제에 비해 부담을 덜 수 있었다.

대동법은 봄과 가을에 절반씩 쌀로 납부함이 원칙이었으나 지역에 따라 쌀보다 포[麻布], 목[綿布]으로 납부하는 편이 유리한 지역에서는 대납을 허용했다.[자료15] 특히 충청 · 전라 · 경상 · 황해의 4도에서는 운송여건을 감안하여 연해읍沿海邑과 산군山郡으로 구별하고 조운을 쉽게 이용할 수 있는 연해읍은 계속 쌀로 납부하고 그렇지 않은 산군 지역은 상대적으로 운송이 편리한 포로 납부하게 했다. 포납지역은 상평통보가 활발하게 유통

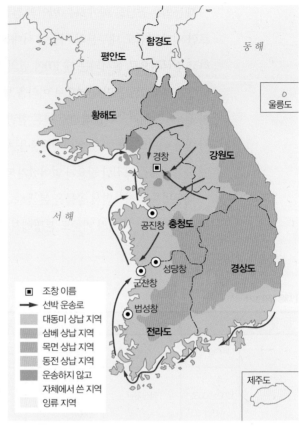

**대동법의 징수와 운송**

된 뒤에는 경우에 따라 동전으로 납부할 수도 있었다.

대동미는 크게 상납미上納米와 유치미留置米로 나뉘었다. 상납미는 서울의 선혜청으로 운반되어 공물, 세폐, 진상 등으로 사용되었고 유치미는 지방 군현에 남겨져서 상납 물종의 수송비와 지방 경비로 사용되었다. 상납미와 유치미의 비율은 1652년(효종 3)에 충청도에 대동법이 실시된 이후로는 대체로 반분半分을 정식으로 하였다. 하지만 18세기 중엽 이후 상납미의 비중이 증가하면서 유치미가 부족해지자 본래 유치미를 가지고 사용되던 경비는 다시 농민 부담이 된다. 한번 납부하면 일절 과외 징수를 금지했던 대동법의 근본정신이 무너지게 된 것이다.

상납미를 관리하는 기관으로 애초부터 선혜청宣惠廳이 신설되었는데 여기에 상평

청이 합속되었고 숙종과 영조 때에 진휼청과 균역청까지 합속됨으로써 선혜청은 호조를 능가하는 조선 후기 최대의 재정아문이 되었다. 그런 까닭에 삼정승이 도제조都提調를 겸하고 호조판서를 비롯한 종2품 이상의 관원이 제조提調를 겸했다. 그리고 전임 제조 1명(선혜청 당상)과 산하 각 청에 낭청이 있었고, 각 낭청 산하에 수명의 이서가 배치되고 있었다.

종래 공납제에서는 해당 지방에서 공물을 수시로 가징하고 견감하는 등 재정운영이 자의적으로 이루어졌으나 선혜청에서는 매년 각 도 대동청에 상납할 수량을 정한 다음 이를 토대로 각도 영읍의 상납분과 유치분을 사전에 조정 배분함으로써 양출정입量出定入에 입각한 예산제도의 기틀을 마련했다.

아울러 종전에 궁방·관청별로 무계획적으로 행해지던 공물조달 방식을 선혜청을 중심으로 일원화했다. 즉 물종에 따라 지정된 공인貢人에게 공물가를 지급하고 공인에게서 필요한 물품을 받아 해당 궁방과 관청에 공급했던 것이다. 공인이 서울 시장은 물론 지방 시장에서 정부 관청에서 필요한 물자를 구입하고 이를 조달하게 됨에 따라 상품 화폐 경제와 수공업의 발달은 한층 진전될 수 있었다.

**자료1**

전지田地가 있으면 조세租稅가 있고, 몸이 있으면 역役이 있으며, 호戸가 있으면 공물貢
物이 있으니, 이미 옛날의 조租·용庸·조調의 법에 부합한다.

原文 今有田則有租, 有身則有役, 有戸則有貢物, 已合古者租庸調之法

_『세종실록』권32, 세종 8년 4월 28일 신묘

**자료2**

풍토에 따라 공부貢賦를 정하는 것은 고금의 아름다운 법입니다. 우禹 임금이 9주九州
를 나누어 그 공부貢賦에 차이를 두었는데 이는 그 지방에 알맞은 바를 거둔 것입니다.
우리나라 조정에서도 풍토에 따라 공부貢賦를 거두는데, 그 제도는 오래되었습니다.

原文 任土作貢 古今令典 禹別九州 厥貢惟錯 蓋因方土所宜而取之 惟我國朝 隨土收貢 其
制尚矣

_『태종실록』권26, 태종 13년 11월 5일 신사

**자료3**

전의감典醫監에 바치는 녹용鹿茸이 10쌍이고, 제생원濟生院에 바치는 것이 30쌍인데, 애
초에는 땅이 넓고 백성이 적어서 고라니와 사슴이 번성하여 각 관청에서 공납물을 쉽
게 마련할 수 있었습니다. 지금은 태평한 세월이 오래되어, 인구가 날로 불어나서, 고
라니와 사슴이 드물어져서 며칠 동안 사냥을 다녀도 한 마리도 잡지 못하니 농사를
방해하고 백성을 괴롭힘이 이보다 심할 수가 없습니다. 더군다나 의약醫藥 관서에서
약을 짓는 데 녹용이 쓰이는 곳이 드물다 하니, 바치는 수량을 감하여 그 폐를 없게 하
기를 청합니다.

原文 典醫監所納鹿茸十對 濟生院三十對 當初地廣民少 麋鹿繁息 所貢各官 易得措辦 今昇
平日久 生齒日繁 麋鹿稀少 數日驅獵 未獲一禽 妨農病民 莫此爲甚 況醫司劑藥 罕有鹿茸用處
請蠲減除弊

_『세종실록』권36, 세종 9년 4월 4일 임술

**자료4**

만약 벌꿀이 강원도에서 난다 하여 다른 도에 배정하지 아니하고 모두 강원도에 배정

한다면 강원도에서 반드시 능히 감당하지 못할 것입니다. 용궁龍宮·예천禮泉은 돗자리를 만드는 곳인데 모두 이곳에서 배정한다면 또한 반드시 감당하지 못할 것입니다. 모든 물건이 이와 같으니, 나는 곳이라 하여 배정할 수는 없습니다.

**原文** 若以蜂蜜 産於江原道 不定他道 而皆定於江原 則江原必不能當 龍宮醴泉席子所産 皆定於此 則亦必不能當矣 凡物類此 不可以所産爲定

_『문종실록』 권4, 문종 즉위년 10월 10일 경진

**자료5**

여러 관청의 교활한 노복들이 연줄로 뭉쳐 도모하기를, 비록 가히 받아들일 수 있는 물건이라도 생트집을 잡아 관리에게 고하면 관리도 또한 술수에 빠져 그 꾀에 빠져서 찍어내어 물리칩니다. 공리는 그 관청의 노복에게 대신 공납할 것을 청하면 노복은 체지帖紙를 받아가지고 가서 몇 갑절의 값을 거두게 되니, 백성들이 매우 고통스럽게 여깁니다.

**原文** 諸司黠奴夤緣爲謀 雖可納之物 吹毛求疵 以告官吏 官吏亦陷術中點退 貢吏請其司奴子代納 奴子受帖而去 倍蓰收價 民甚病焉

_『세조실록』 권17, 세조 5년 9월 7일 병술

**자료6**

무릇 채소 하나 과일 하나 같은 소소한 것도 모두 전결에 부과하기 때문에, 전결이 있는 백성들은 비록 바칠 만한 토산물이 있더라도 일체 방납하는 관리들에게 저지당하여 감히 그 본색本色의 물건을 바치지 못하고는 10배의 값을 치르고 있다 합니다.

**原文** 凡一蔬一果之細 皆賦之於田結 田結之民 雖有土産之可供者 一切爲防納吏所遏 不敢納其本色 而輸以十倍之直焉

_『우계집』 권3, 장소 2, 경인봉사

**자료7**

여러 도감에 바치는 물선物膳은 각 고을에서 비록 본색本色으로 바치려고 해도 여러 궁가宮家에서 방납防納하는 것을 이롭게 여겨 각 고을에다 협박을 가하여 손을 쓸 수 없도록 합니다. 그러고는 그들의 사물私物로 자신에게 납부하고 억지로 높은 값을 정하는데 거위나 오리 한 마리의 값이 소나 말 한 마리이며 조금만 시일을 지체하면 갑절로 징수합니다. 이 때문에 경기도의 잔파된 백성들이 더욱 그 괴로움을 견디지 못하여 여기저기서 원망하고 있는데 그 소리를 차마 들을 수 없을 지경이니, 경기 감사로 하여금 각별히 신칙하여 일체 금단하도록 하소서.

原文 諸都監所納物膳 各官雖以本色欲納 而諸宮家 利其防納 脅飭各官 使不得下手 以其私物 經自納之 勒定高價 一鵝一鴨 直至牛馬 稍延時日 則輒益倍徵 以此畿甸殘破之民 尤不勝其苦 怨讟朋興 所不忍聞 請令京畿監司 各別申飭 一切禁斷

_『선조실록』, 권118, 선조 32년 10월 7일 계미

### 자료8

진상할 즈음에 녹미鹿尾·녹설鹿舌 같은 것을 민간으로 하여금 다른 곳에서 사오게 하는데, 만약에 사지 못하면 반드시 면포綿布를 거두어서 서울에 와서 구매합니다.

原文 進上之際 如鹿尾鹿舌 使民間轉貿他處 若不得貿 必聚斂縣布 來京貿

_『중종실록』, 권29, 중종 8월 12일 을묘

### 자료9

공물방납의 폐단이 갈수록 심해진다. 궁가가 처음 시작했고 사대부가 이를 본받았다. 요로에 뇌물을 바치고 청탁하여 도점한 후에 결탁한 모리배를 군읍에 보낸다. 수령이 된 자는 친분에 이끌리거나 권세에 눌려 그 요청을 따르지 않음이 없다. 값을 많이 받고 본색을 헐하게 주거나 또는 그 남은 이익을 독점하고 주인에게 적게 주거나 한다. 그 해가 외방에만 있는 것이 아니라 각사의 주인배들도 또한 원한이 많다.

原文 貢物防納之弊 愈往愈甚 宮家創始 士夫效尤 關節請托 圖占然後 締結牟利之徒 資送郡邑 爲守令者 或牽於顏情 或怵於權勢 無不曲從其願 或有受其重價而輕貿本色者 或有占其剩餘而減給主人者 不但貽害於外方 各司主人之輩 亦甚怨咨

_『락정선생문집』, 권14, 계 청통혁공물방납지폐계

### 자료10

본도本道에서 바치는 담비 가죽은 국용國用에 가장 긴요하지만, 사람들이 말하기를, 이 물건은 남방南方에서는 생산되지 않는데도 남방의 백성들로 하여금 채집採集하여 바치게 하므로, 해마다 멀리 북도北道에 가서 사들여야 하니 이로 인하여 본업을 잃는

사람이 있다고 한다.

原文 本道所進貂鼠皮 國用最緊 然人言此物不産於南 而令南民採納 每歲遠貿北道 因此失業者有之

_『세조실록』권18, 세조 5년 11월 10일 무자

**자료11**

해주海州의 공물법을 보면, 논 1결마다 쌀 한 말을 징수하고 관청에서 스스로 준비한 물품을 서울에 납부하기 때문에 백성들은 쌀을 낼 줄만 알지 물건값을 올리는 폐단은 거의 듣지 못하게 되었다. 이는 참으로 오늘의 백성을 구하는 좋은 법이다. 만약 이 법을 전국에 반포한다면 방납의 폐는 얼마 지나지 않아 저절로 개혁될 것이다.

原文 余見海州貢物之法 每田一結 收米一斗 官自備物 以納于京 民間只知出米而已 刁蹬之弊 略不聞知 此誠今日救民之良法也 若以此法 頒于四方 則防納之弊 不日自革矣

_『율곡전서』권15, 잡저2 동호문답

**자료12**

서애 유성룡이 영의정이 되었을 때 공물 납부를 쌀로 대신하여 국용에 보태려고 노력했다. 대공수미법을 행한 지 1년 만에 시정의 방납모리배 무리가 실망하여 영의정을 크게 원망하였다. 이로 인하여 불편하다고 하는 자가 내외로 뇌동하여 부득이하게 대공수미법을 폐지했다. 일찍이 어느 사람이 유성룡에게 말하길, "종이붙이 이 한 가지로 말한다면 대공수미법을 시행한 뒤 서울의 종이값이 매우 올라서 각 관청에서 쓸 종이가 바닥났다"고 했다.

原文 柳西厓爲首相 力主貢物作米以贍國用 行之一年 市井防納牟利之徒失望 大怨首相 因此言不便者內外雷同 不得已罷之 嘗有一客言於西厓曰 以紙地一事言之 自作米之後 京城紙地甚貴 各司所用乏絶

_『벽오유고』권7, 벽오선생유고

**자료13**

대동大同이란 기자箕子의 홍범洪範 칠계의七稽疑에 있는, 전체 의사가 다 같다고 하는 것이다. 그 일이 천리天理와 인정人情에 꼭 맞아서 위로는 임금과 벼슬아치부터 아래로는 서민 부녀자까지, 그리고 물신物神이나 초령草靈까지도 다 따르고 거역함이 없으며, 해와 달이 비치는 곳과 서리와 이슬이 내리는 곳이면 모두가 극極에 모여 극으로 돌아가게 되고, 그 효과는 자기 한 몸에서 시작하여 천만 자손들 모두에게 강령과 길상이 미치고 다 함께 태평을 누리게 되는데, 대동법大同法이라는 이름은 거기에서 취한 것이다. 그러한 이름은 옛날 삼대三代 이전에도 없었고, 삼대 이후에도 없었으며, 중국에서도 없었던 이름이고, 이웃나라에도 그러한 이름이 있는 곳은 없다. 오직 우리나라만이 가지고 있는 이름인 것이다.

> **原文** 大同者 箕範七稽疑之純同者也 其事也允合乎天理人情 上而后王卿士 下而匹庶婦孺 物之神草之靈 有從無逆 日月所照 霜露所墜 莫不會極歸極 其效也自一身而及 萬子孫 康彊逢吉 與同太平 大同法之取名 蓋出於此 其在于古三代以前無此名 三代以後無此名 中國無此名 與國 無此名 惟我朝有之
>
> _「홍재전서」 권12, 서인 5 익정공주고재부유서 대동법

### 자료14

강원도에는 대동법을 싫어하는 자가 없는데, 충청도·전라도에는 좋아하는 자와 싫어하는 자가 있습니다. 그 까닭은 강원도에는 토호가 없으나 충청도·전라도에는 토호가 있기 때문입니다. 특히 전라도에 싫어하는 자가 더 많은데 이는 토호가 더 많기 때문입니다. 이로써 볼 때 단지 토호들만 싫어할 뿐, 백성들은 모두 대동법을 좋아합니다.

> **原文** 江原道則無不悅者 兩湖則有悅之者 有不悅者 是由江原道無豪強 而兩湖有豪強也 兩湖之中 湖南不悅者尤多 以其豪強尤多也 以是觀之 則唯豪強不悅 而小民皆悅之也
>
> _「포저집」 2. 논대동불의혁파소

### 자료15

여러 도道의 공물貢物은 지금은 쌀과 면포로 환산하여 상납한다. 서울 각 방의 백성 중에서 택하여 주인으로 정하고 그 가격을 넉넉하게 산정算定하여 주고 그들로 하여금 미리 준비시켜 바치도록 하되, 본색으로 상납하는 경우는 기한에 맞추어야 한다.

> **原文** 諸道貢物 今作米布上納 擇坊民定爲主人 優定其價 使之預備以供 而以本色上納者趁時
>
> _「속대전」 2. 호전 세공

**출전**

『선조실록(宣祖實錄)』

『속대전(續大典)』

『중종실록(中宗實錄)』

『태종실록(太宗實錄)』

『홍재전서(弘齋全書)』

『락정선생문집(樂靜先生文集)』: 낙정재 조석윤(樂靜齋 趙錫胤, 1606~1655)의 문집이다.

『문종실록(文宗實錄)』: 조선 제5대 왕 문종의 재위 기간의 역사를 기록한 책이다. 1450년 3월부터 1452년 5월까지 문
종의 재위 2년 3개월간의 국정 전반에 관한 역사를 다루고 있다. 12권 6책. 인본(印本). 정식 이름은 『문종공순대왕
실록(文宗恭順大王實錄)』이다.

『벽오유고(碧梧遺稿)』: 벽오 이시발(碧梧 李時發, 1569~1626)의 문집으로서 8권 4책의 필사본이다. 문집에 대한 서
발이나 여타 편찬 과정을 알 수 있는 기록이 없다.

『세조실록(世祖實錄)』: 조선 제7대 왕 세조 재위 기간의 역사를 기록한 책이다. 1455년 7월부터 1468년 9월까지 세조
의 재위 13년 3개월간의 국정 전반에 관한 역사를 싣고 있다. 본문은 47권이며 말미에 편찬자의 명단을 수록하였
다. 49권 18책. 인본(印本). 정식 이름은 『세조혜장대왕실록(世祖惠莊大王實錄)』이다.

『세종실록(世宗實錄)』: 조선 제4대 왕 세종의 재위 기간의 역사를 기록한 책이다. 세종의 재위 기간인 1418년 8월부
터 1450년 2월까지 세종의 재위 31년 7개월간의 국정 전반에 관한 역사를 다루고 있다. 163권 154책. 활자본. 본래
이름은 『세종장헌대왕실록(世宗莊憲大王實錄)』이다.

『우계집(牛溪集)』: 조선 선조 때의 유학자 성혼(成渾, 1535~1598)의 문집으로 원집은 1621년에, 속집은 1682년 간행
되었다.

『율곡전서(栗谷全書)』: 조선 중기의 학자 이이의 문집으로 1742년 이재가 시집, 문집, 속집, 외집, 별집을 한데 합하
고, 『성학집요』, 『격몽요결』 등을 보태어 1749년 『율곡전서』라는 이름으로 바꾸어 간행하였다.

『포저집(浦渚集)』: 포저 조익(趙翼, 1579~1655)의 시문집으로서 1691~1692년에 손자 지항·지정이 간행했으며
35권 18책의 목판본이다.


**찾아읽기**

윤용출, 『조선후기의 요역제와 고용노동』, 서울대학교 출판부, 1988.

김옥근, 『조선왕조재정사연구』 3, 일조각, 1997.

백승철, 『조선후기 상업사연구』, 혜안, 2000.

이정철, 『대동법 조선 최고의 개혁』, 역사비평사, 2010.

박도식, 『조선전기 공납제 연구』, 혜안, 2011.

고석규, 「16·17세기 공납제 개혁의 방향」, 『한국사론』 12, 1985.

한영국, 「대동법의 시행」, 『한국사』 30, 국사편찬위원회, 1988.

이지원, 「16·17세기 전반 공물방납의 구조와 유통경제적 성격」, 『이재룡박사환력기념한국사학논총』, 1990

# 6 군역을 고르게 한다더니, 양반은 왜 빠져
## 균역법

양역은 국가에서 신분제에 기반하여 양인에게 부과한 신역인데, 당초 노동력을 직접 징수하였으나 점차 대립이 일반화되면서 물납으로 전환되어가고 있었다. 16세기 이래 지주전호제의 발달, 상품 화폐 경제의 발전, 신분제의 동요로 인해 양인층의 몰락과 군역 불균이 심화되어감에 따라 조선 국가는 양역 문제 해결에 부심하게 된다. 결국 토지 개혁을 통한 자영 농민층 육성 방안은 물론이고 신분제의 일정 개혁도 유보한 채 양역문제는 균역법으로 정리되었다.

## 균역법의 실시 배경

원칙상 조선 시기의 군역은 법제상 양인이면 양반이든 평민이든 모두 부담해야 하는 신역身役으로서의 국역國役이었다. [자료1] 이른바 유신즉유역有身則有役으로서의 양역良役이었기 때문이다. 그런 까닭에 양역에서 공사천公私賤은 제외되었지만 공사천의 역은 양역보다 더 천하고 무거운 노역奴役 또는 노역으로서의 군역을 지고 있었다.

다른 한편 이 시기는 신분제 사회이니만큼 양반이나 평민이 모두 같은 형태의 군역에 종사하지는 않았다. 말 그대로의 양반, 즉 문반과 무반은 왕실의 번병藩屛으로서 직역職役에 종사했고 국가는 그 반대급부로서 과전科田을 분급했다. 관료예비군인 양반의 자제는 군역을 져야 했지만, 이는 일종의 음서로서 충순위忠順衛나 충찬위忠贊衛 같은 특수 병종이었다.

그런데 16세기 들어 과전 분급의 양이 줄다가 마침내 그 지급 자체가 중단되었고 세조대 보법이 시행되면서 원칙적으로 양반도 정병正兵 · 갑사甲士에 편입되었지만 신분제가 엄존하는 상황에서 양반층이 군역에 순순히 응할 수는 없었다. 그리고 국가로서도 과전을 지급하지 못하면서 군역만을 강요할 수도 없었으며 군역의 면제는 우문책右文策의 일환으로서 관료예비군에 대한 배려이기도 했다. 그러는 가운데 양반층은 점차 자연스럽게 군역에서 면제되고 군역은 이제 양민이 부담하는 신역으로 고착된다.

이와 함께 양역을 부담하는 방식도 점차 입역立役에서 포납布納으로 변화하고 있었다. 본래 조선 전기의 정군正軍은 그들에게 배속된 2~4명의 보인保人에게 포를 받아 직접 번상 입역하여 군무를 수행하도록 되어 있었다. 그러나 정군의 입장에선 자신의 고향을 떠나 본업인 농업을 폐하면서까지 연 중 4~5개월을 번상하거나 유방하는 일은 고통스러운 일이었다. 더구나 오랫동안 전쟁이 없다 보니 번상 정병들은 각종 토목공사에 동원되었고, 고된 노역에 시달린 정병들은 보포로 다른 사람을 사서 대신 입역시키는 편법, 즉 대립代立을 시도하게 된다.[자료2] 마침 16세기에 들어 지주제가 강화되면서 토지에서 이탈한 농민들이 서울로 모여들고 있어서 대립인을 구할 여건도 마련되어 있었다.

그런데 대립이 번상 정병과 대립인 간의 사적인 관계인데다가 중간에 각사의 말단 관속들이 개입하면서 대립가代立價가 폭등하게 되자, 16세기 중엽 정부에서는 개인적으로 이루어지는 대립을 금지하고 번상 보병에 한하여 번상을 면해주고 대신 포를 병조에 납부하게 하고, 병조에는 가포를 각 역처役處에 보내어 필요한 군사를 값을 주고 고용하는 제도가 나타났다. 이 같은 대역납포 방식은 1541년(중종 36) 군적수포법軍籍收布法으로 법제화되어 기병을 제외한 보병에서는 수포가 일반화되었다. 또한 지방의 유방정군留防正軍에게는 본래 군적수포법이 적용되지 않지만 이와 상관 없이 자의적인 대립代立이 일상적으로 일어나고 있었다. 이른바 방군수포放軍收布였다. 결국 군적수포나 방군수포를 통해 조선의 군역수취 방식은 농민의 직접 입역立役에서 물납物納으로 전환되었다.

임진왜란을 겪으면서 조선 국가는 이름만 남은 5위제 대신 훈련도감을 필두로 하여 인조반정 이후 총융청摠戎廳 · 수어청守禦廳 · 어영청御營廳 · 금위영禁衛營 등 점차

5군영제를 갖추었다. 아울러 종래 군역에서 제외되었던 천인도 속오군에 편입시켜 군역 대상자로 삼았다. 그리고 양인 농민들은 임진왜란 전의 보병이 그러했던 것처럼 여전히 대부분 직접 군대에 가는 대신 군적수포법에 따라 군포를 바치는 납포군納布軍이었다.

그런데 인조반정 이후 군영의 설치는 전쟁의 위기 속에 급히 이루어졌기 때문에 계획적일 수 없었다. 게다가 그 과정에서 군문을 자기 당파의 영향력 아래에 놓으려는 정치세력 간의 알력이 있었다. 이 때문에 각 군문은 단일 관청에 의한 체계적인 조정을 거치지 않은 채 자기 군영의 유지를 위해 행정체계를 무시하고 직접 군보를 정하거나 정군으로 하여금 직접 자신의 보인을 모집하게 했다.

이와 같이 군영의 설치와 양역의 편성이 체계도 원칙도 없었기 때문에 한 사람의 장정이 이중, 삼중으로 수탈당하는 경우가 적지 않았고, 그들이 바치는 군포의 양 역시 소속 기관에 따라 2필 혹은 3필 등으로 일률적이지 못했으며, 1필의 규격도 5승포升布 35척, 6승포 40척 등으로 일정하지 않았다. [자료3] 이에 더하여 조선 초부터 각 지방에 일정한 군액軍額, 즉 군총軍摠이 배정되면 그 지방에서는 이유를 불문하고 그 군액에 해당되는 세금을 납부해야 했다. 그런데 당시 조선 정부는 재정 사정이 곤란해짐에 따라 전국의 군액軍額을 정확하게 파악하지 못한 채 각 군현 단위로 군액을 증액 배정하였다. 설상가상으로 양역을 지는 백성이 도망갈 경우에도 군포의 책임량은 무조건 채워야 했으므로 수령은 불법임을 알면서도 백골징포白骨徵布, 황구첨정黃口簽丁, 인징隣徵, 족징族徵 등을 자행할 수밖에 없었다.

다른 한편 전세는 결수에 따라 납부하면 되었지만 군역은 16살에서 60살의 장정마다 납부해야 했기 때문에 한 집안에 부자·형제가 있는 경우 몇 배를 납부해야 했다. 또한 면포를 짤 수 있는 농가는 한정되어 있어서 상당수 농민은 쌀을 가지고 면포를 구매해야 했는데 쌀값이 헐한 가을철에는 그만큼 부담이 증가되었다. [자료4]

그 결과 양인 농민 중 경제적 형편이 조금 나은 사람은 향리에게 뇌물을 주어 조금이라도 부담이 적은 역으로 투속했고 경우에 따라선 아예 호적을 고치거나 공명첩空名帖 등을 사서 양반 신분을 얻은 뒤 이로써 양역에서 벗어나려 하였다. 총액제로 운영되는 군역 제도 아래에서 이들이 빠진 액수는 그대로 가난한 농민층에게로 전가되어 그들의 파산과 유망을 촉진했다. 군역의 폐단, 곧 양역의 폐단은 조선 후기에 농민 몰락의 가장 큰 요인이었고 국가의 존립까지 위태롭게 하고 있었다.[자료5]

## 양역변통론

이러한 까닭에 효종조 이래로 그 수습 방안이 여러모로 모색되었다. 이른바 '양역변통론良役變通論'이었다. 그 기본 방향은 소변통小變通으로 개량함으로써 양역제를 유지·재건하는 방안과 근본적인 대변통大變通으로 개혁함으로써 전면적으로 새로운 군역제를 마련하는 방안으로 나뉜다.

소변통론은 양역 폐단의 원인을 양정 부족과 불합리한 운영에 있다고 보고 피역자를 찾아내거나, 군사의 수를 줄이고 이를 양정으로 확보하거나, 양역제의 운영을 중앙과 지방 차원에서 조정하거나, 양역의 부담을 절반으로 줄이자는 주장이었다.

반면 대변통론은 역을 부담하는 호가 전체의 5분의 1에 불과한 상황에서 양역 문제를 해결하기 위해서는 양역에 응하지 않고 있는 양반 사족층도 군역을 부담해야 한다는 방안이었다. 이를 위해 양반호도 군포나 구전口錢을 납부하거나, 군포 대신 토지에 부과세를 부과하거나, 양반 자제나 유생에게도 군포를 거두자는 방안이었다. 대변통론의 핵심은 양반호도 호포를 부담해야 한다는 호포론이었지만 그렇다고 완전한 평등을 의미한 것은 아니었다. 유계俞棨의 주장처럼 사족은 군적에 이름을 올리지 않는 대신 1필씩을 납부하도록 배려하거나 이사명李師命의 주장처럼 인정人丁은 신분을 반영하지만 가호家戶는 전결田結처럼 신분과는 무관하다는 주장이 그것이다.[자료6] 하지만 호포는 사족층의 사회적 지위와 경제적 이해관계와 관련되었기 때문에 반대여론의 기세는 대단했다. 성리학적 명분론을 앞세워 양반층의 군역 면제 그 자체가 양반 신분의 표상이라고 하거나[자료7] 심지어 만약 유포를 양행한다면 양반층의 불만으로 국가의 안위가 우려된다는 은근한 협박도 있었다.[자료8]

이와 같은 양역변통 문제는 오랜 시간 동안 논의되었고 소변통으로는 사실상 양역 문제를 해결할 수 없다는 점이 분명해졌지만 숙종대 이래 계속되는 정국 불안과 집권

세력 기반의 취약으로 인해 대변통을 주장하는 세력은 소신 있게 정책을 추진할 수 없었다.[자료9] 이에 조선 정부는 양역 문제로 야기된 농민 몰락에 대처하기 위해 한정閑丁을 철저하게 수괄하여 양역을 부담하는 양인良人의 수를 늘려서 양역 문제를 완화하고자 했다. 오가작통법, 호패법이 시행되었고 숙종 초반과 영조 초반에는 대대적인 한정 수괄 정책이 시행되었던 것이다. 이와 아울러 국가 재정상 이유로 한없이 늘어나던 역총을 고정하거나 줄이는 정책도 함께 추진되었다. 그러나 한정 수괄과 역총 조정으로는 양역 문제를 근본적으로 해결할 수 없었다. 결국 조선 국가는 양역 자체를 어떤 형태로든 조정하지 않을 수 없었던 것이다.

## 균역법의 시행

영조는 양역변통이 정치 세력 간의 갈등으로 제대로 추진되지 않고 있음을 질책하면서 다시 한 번 양역변통 문제의 해결을 강조했다.[자료10] 이미 무신란이라는 미증유의 위기를 겪은 영조로서는 자기 치세의 성과가 시급했던 것이다. 영조의 촉구는 소위 탕평 정치기 정국 운영이 불안정한 가운데 실효를 거두지 못했지만 다른 한편 숙종 중기 이래 계속되어 왔던 아문별, 지역별 양역인구 조정과 확정 작업이 마무리되었다. 『양역총수』와 『양역실총』의 간행이었다. 이를 토대로 양역변통론 중 감필론을 중심에 두고 유포론과 결포론이 추가된 정책, 즉 균역법이 시행된다.[자료11]

균역법으로 인해 농민들이 연간 2필씩 바치던 군포는 1필로 줄어들었고, 반감된 군포 수입에 대해서는 결작미結作米와 어염선세漁鹽船稅, 은여결세隱餘結稅, 선무군관포選武軍官布 등을 통해 보충하게 되었다. 결작미는 평안도와 황해도를 제외한 전국의

**『균역청사목(均役廳事目)』**
조선 영조대 시행된 균역법의 주요 내용과 균역청에서 관장하던 사무를 수록한 책으로서 1752년(영조 28)에 균역청에서 활자로 간행하였다.

전결田結에 1결당 쌀 2두(혹은 돈 2전)를 부과 징수하는 것이었고, 어염선세는 종래 왕실에 속해 있던 것을 정부 재정으로 돌린 것이며, 은여결세는 전국의 탈세전을 적발하여 수세하는 것이었다. 한편 선무군관포는 양민으로서 여러 가지 방법으로 군포 부담에서 벗어났던 사람들을 선무군관으로 편성하여 다시 수포收布한 것으로, 균역법의 실시로 전국에서 24,500명을 편입시켰다.

이와 같이 균역법은 신분제 하에서 양반불역兩班不役의 원칙을 고수하면서 토지 소유자에게는 결작을 징수하고, 왕실에서는 어염선세를 빼내고, 양인 상층에게도 수포함으로써 일반 농민의 군포 부담을 반감시킨 것이었다. 따라서 균역법 실시 직후 농민의 부담은 가벼워졌고 농민의 불만도 다소 누그러졌다. 영조가 평생의 치적으로 자랑스럽게 균역법을 내세울 만했다.

그러나 중앙의 통제가 이완된 틈을 타서 어염세를 사적으로 징수하는 경우가 늘어났고 18세기 후반부터는 집단 피역의 한 형태로서 계방촌이 나타나고 1필보다도 역가가 헐한 사모속이 성행하는 등 균역의 이념이 퇴색되었다. 또한 토지에 부과되는 결작미 부담이 소작농민에게로 돌아가고 정부의 군액 책정이 급격히 많아짐으로써 농민 부담은 다시 가중되었다.

18세기 말부터 일부 지방에서는 군역전이나 군포계가 관행으로 이루어지고 북방 지역에서는 호포제가 지방관과 군현민의 협의에 의해 시행되는 등 이미 중세 신분제에 기반한 부세 제도는 내부에서부터 붕괴되고 있었다. 이후 19세기 세도 정치 시대로 들어가면서 신분제가 사실상 파탄에 이르면서 군정軍政의 문란은 삼정 문란의 하나로 되살아나서 전국적인 농민 저항, 즉 민란民亂을 불러일으키는 원인이 되었다.

**자료1**

국초國初에는 신역법身役法이 매우 엄하여 위로 공경公卿의 아들에서부터 아래로 평민에 이르기까지 각각 소속처가 있었습니다. 음덕蔭德이 있는 사람은 충순위忠順衛나 충찬위忠贊衛에 소속되고, 음덕이 없는 사람은 정병正兵이나 갑사甲士가 되었으므로 민지民志가 안정되고 민역民役이 고르게 되었습니다.

> 原文  國初則身役之法甚嚴 上自公卿之子 下至編氓 莫不各有屬處 有蔭者爲忠順衛爲忠贊衛 無蔭者爲正兵爲甲士 民志以定 民役以均

_『영조실록』 권75, 영조 28년 1월 13일 을해

**자료2**

역사役事하는 곳의 정병正兵이 어찌 스스로 입역立役할 줄 몰라서 반드시 재산을 기울여 대립시키겠습니까? 오로지 객지에서 먹고살기가 매우 어렵고 시키는 일은 매우 힘이 드는데 조금이라도 더디게 일하면 어지러이 매질하고 속屬을 거두는 것도 괴롭기 때문이니, 이들은 참으로 가엾다고 하겠습니다.

> 原文  役處正兵 豈不知自立而必傾財代立乎 專由旅食甚艱而役事至重 少有遲緩 鞭撻狼藉而徵贖亦煩 此誠可哀

_『성종실록』 권277, 성종 24년 5월 25일 무자

**자료3**

황해도의 병영은 포를 2필 거두는데 감영은 1필을 거두기 때문에 감영군은 앞을 다투어 들어오려고 하고, 병영군은 모두 싫어하여 달아나려고 한다. … 평안도와 함경도에서는 신역이 무겁고 헐함이 매우 크다. 병영군은 정군이기 때문에 2필을 거두는데 감영군은 당초 끌어들일 때 정군이 아니기 때문에 단지 1필만을 거둔다.

> 原文  西路兵營則收二疋 監營則收一疋之故 監營軍則爭先投入 兵營軍則人留厭避 … 關西南北道身役 苦歇懸殊者 兵營軍則正軍 故收二疋 監營軍則當初募入 而非正軍 故只收一疋

_『비변사등록』 59, 숙종 34년 12월 초1일

**자료4**

신역身役에 대한 일입니다. 포 2필을 바치는 경우 만약 풍년이라면 쌀 20여 두를 내어

야만 겨우 2필을 마련할 수 있습니다. 따라서 한 집안에서 혹 아버지와 아들 3~4인이 포를 바치게 될 경우 내어야 하는 쌀이 많으면 5~6석이나 되니, 가난한 백성들이 어떻게 목숨을 보존하여 살아갈 수가 있겠습니까?

原文 身役事也 納布二疋者 若當豐歲 則出米二十餘斗 方可辦二疋 而一家之內 或父子三四人納布 則所出米多或五六石 殘民安得保活

_「숙종실록」권60, 숙종 43년 8월 30일 신해

### 자료5

양역, 이 한 가지 일은 오늘날의 막대한 폐단이 되고 있으니, 만일 제때에 변통하지 않는다면 국가 멸망의 위기는 서서 기다릴 정도에 이를 수 있습니다.

原文 良役一事 爲今日莫大之弊 若不及時變通 則國家之危亡 可立而待也

_「영조실록」영조 24년 9월 27일 무인

### 자료6

의논하는 자가 말하기를, "벼슬이 있고 직임이 있는 자가 아래 백성과 같이 편호되어 함께 호역을 바친다면 군자와 야인의 구별이 너무나 없는 것이다"고 하였는데, 이 말은 진실로 그렇지 않습니다. 귀천을 나누지 않고 균일하게 신포를 바치게 한다면 의논하는 자의 말이 옳을 수 있겠지만, 가호마다 세금을 바치는 것은 전지의 조세와 다름이 없으니, 재상의 전지도 이미 세금을 면제받지 못하는데 이 같은 가호가 어떻게 홀로 누락될 수 있겠습니까?

原文 議者曰 有官有職者 下同編戶 俱輸戶役 殊無君子野人之別 此言有所不然 不分貴賤 均捧身布 則議者之說猶或近之 家調戶征 與田租無異 宰相之田旣不免稅 則有此家戶 安得獨漏

_「숙종실록」권12, 숙종 7년 12월 15일 갑오

### 자료7

대사헌大司憲 이단하李端夏가 상소하기를 … 사물이 고르지 못한 것은 사물의 실정이니, 귀천貴賤 · 후박厚薄 · 대소大小 · 경중輕重이 만 가지 같지 않은 바가 있습니다. 이 때문에 성왕聖王이 천하와 국가國家를 다스림에 있어서, 반드시 그 실정이 고르지 않기 때문에 귀貴한 자는 귀하게 대하고, 천賤한 자는 천하게 대하고, 후厚한 자는 후하게 대하고, 박薄한 자는 박하게 대했습니다. 대소大小와 경중輕重도 모두 그렇지 않은 바가 없으므로, 각기 사람들로 하여금 있어야 할 곳에 있도록 하고 감히 그 분수를 넘지 못하게 한 것입니다. 그런데 지금의 경우 귀천은 물론이고 모두 호포를 내게 한다면, 조신의 경우는 국가의 위태로운 상황을 위하여 비록 힘써내어 거리끼는 바가 없어야 한다고 하더라도 만약 사자士子로 말한다면, 평생 근면하고 고생하며 책만 읽은 사람이 한 글자도 읽지 않는 사람과 동일하게 포를 내야 한다면 이 또한 어찌 억울하지 않겠습니까?

> **原文** 大司憲李端夏上疏 … 物之不齊 物之情也 貴賤厚薄 大小輕重 有萬不同 是以聖王之治天下國家 必因其情之不齊 貴者貴之 賤者賤之 厚者厚之 薄者薄之 大小輕重 莫不皆然 使各得其所而無敢踰其分 今者無論貴賤 皆出戶布 朝紳則爲國家危亡之勢 雖勉出而無所憚 若以士子言之 平生勤苦讀書者 與不讀一字者 同出其布 不亦冤乎
>
> _『숙종실록』권11, 숙종 7년 4월 3일 병술

**자료8**

대사헌大司憲 이무李袤가 상소上疏하기를 … 금년에는 크게 흉년이 들었고 호서湖西 지방이 더욱 심한데, 지금이 어느 때라고 또 이러한 법[戶布]을 세워서 그 원망을 더 크게 하려 합니까? 적미赤眉·황소黃巢 같은 무리가 혹시라도 같은 무리들을 불러모아 일어난다면 형세로 보아 걷잡을 수 없는 위험이 반드시 닥치게 될 것입니다.

> **原文** 大司憲李袤上疏 … 今年大無 湖西尤甚 此何等時 而又設此法 益增其怨哉 赤眉黃巢之徒 或嘯聚而起 則土崩之患 勢所必至
>
> _『숙종실록』권6, 숙종 3년 12월 16일 무오

**자료9**

요즈음 일을 주장하는 자가 생각이 이에 미치지 못하는 것은 아닙니다만 감히 입 밖에 내지 못하는 것은 진실로 경장更張을 꺼려서이고, 또 오늘날 나라 기강이 그 일을 해낼 수 없을까 두려워하기 때문입니다. 그 뜻은 진실로 노성老成하고 충후忠厚한 뜻에 가깝습니다. 그러나 무릇 크게 변통하기 위한 경우에는 반드시 큰 경장更張이 있어야 하는 것입니다. 지금 1백 년 동안 고질화된 폐단을 바로잡아 만백성의 거의 끊어지게 된 목숨을 구하려면 팔짱을 끼고 입을 다문 채 인순因循해서야 일이 순성順成되기를 바랄 수가 있겠습니까? 그 나라의 기강을 세우는 것은 오직 임금과 정승이 하기에 달렸을 뿐입니다. 무엇 때문에 스스로 주저하고 계시는 것입니까? 혹 자질구레한 것을 주워모아 미봉책으로 꾸려가면서 구차하게 마무리지을 계획을 한다면, 이는 명목名目이 이미 정당하지 못하고 사체事體 또한 매우 구간苟簡하게 될 것이니, 그렇게 되면 시행한 지 1, 2년도 안 되어 온갖 병폐가 생기게 됨에 따라 마침내 도로 정지하게 될 것입니다.

> **原文** 今之主事者 非不慮及於此 而不敢發之於口者 誠以更張爲憚 而又懼夫今日國綱 不足以了得此事 其意誠近於老成忠厚 而凡爲大變通者 必有大更張 今欲矯百年已痼之弊 救萬民垂絶之命 其可以拱默因循 望其就緒乎 若夫國綱之立 惟在君相之爲之耳 又何自沮焉 厥或捃摭零碎 牽補遷就 苟爲姑且了當之計 則名目旣不正當 事體又甚苟艱 行之未一二年 而病敗百出 終至於還寢

_『영조실록』 권1, 영조 즉위년 10월 3일 계유

<br>

나라의 백여 년에 걸친 고질 병폐로 가장 심한 것이 양역이다. 호포, 구전, 유포, 결포 등등의 방안이 분분하게 제기되었으나 적절하게 따를 바가 없었다. 백성은 날로 가난해지고 폐단은 날로 심해지니, 한 집에 아버지, 아들, 할아버지, 손자가 군적에 편입되어 있거나, 혹은 한 집안에서 서너 명의 형제가 군포를 납부하게 된다. 또한 이웃의 이웃이 군포 납입을 독촉받고 어린 아이는 젖을 떼지도 못했는데 군적에 편입되고 이미 죽은 사람은 무덤에서 징수를 당하며 한 사람이 도망가면 열 집이 보존하지 못하니 비록 좋은 재상과 현명한 수령이라도 어찌할 바를 모른다.

> **原文** 國家百年痼弊 最是良役 戶布口錢遊布結布之說 紛然迭出 而莫適所從 民益日困 弊日益深 或一家而父子祖孫 名編軍籍 或一室而三四兄弟 身應軍布 又以隣之隣而見責 族之族而被徵 黃口有乳下之括 白骨被地下之徵 一人在逃 十家不保 雖良宰賢守 亦末如之何矣

_『영조실록』 권66, 영조 23년 10월 23일 경진

**자료10**

임금이 말하기를, 내가 마땅히 가슴속의 것을 널리 말하겠다. 신임옥사 이래 나라 일을 한결같이 포기한 채 내버려두어 군신 상하가 당쟁 외에는 다른 일이 없었는데, 백성과 나라의 폐단이 모두 여기에서 말미암았으니, 예로부터 망하지 않은 나라가 없었다.

原文 上曰予當敷告心腹矣 辛壬以後 國事一任抛棄 君臣上下 時象外無他事 民國之弊 皆由於此矣 自古未有不亡之國

_『영조실록』, 권36, 영조 9년 12월 19일 병인

**자료11**

구전口錢은 한 집안에서 거두는 것이니 주인과 노비의 명분이 문란하며, 결포結布는 이미 정해진 세율이 있으니 결코 더 부과하기가 어렵고, 호포戶布가 조금 나을 것 같아 1필을 감하고 호전戶錢을 걷기로 하였으나 마음은 매우 불쾌하다. … 호포나 결포나 모두 구애되는 사단은 있기 마련이다. 이제는 1필은 감하는 정사로 온전히 돌아가야 할 것이니, 1필을 감한 대체를 경 등은 잘 강구하라

原文 上曰口錢則徵於一家 主奴名分紊矣 結布則已有定稅 決難加賦 戶布雖似差勝 減一疋而收諸戶 心甚不快 … 戶布結布皆有掣肘之端 今則全歸於減一疋之政 其減疋之代 卿等善爲講究也

_『영조실록』, 권71, 영조 26년 7월 9일 기유

출전

『비변사등록(備邊司謄錄)』

『숙종실록(肅宗實錄)』

『영조실록(英祖實錄)』

『성종실록(成宗實錄)』: 조선 제9대 왕 성종의 재위 기간의 역사를 기록한 책으로, 1469년 11월부터 1494년 12월까지 성종의 재위 25년 2개월간의 역사를 다루고 있다. 297권 47책. 활자본. 정식 이름은 『성종강정대왕실록(成宗康靖大王實錄)』이다.

찾아읽기

정연식, 『영조 대의 양역정책과 균역법』, 한국학중앙연구원, 2015.

차문섭, 「임란 이후의 양역과 균역법의 성립」 상·하, 『사학연구』 10·11, 1961.

정만조, 「조선후기 양역변통논의에 대한 검토」, 『동대논총』 7, 1977.

정만조, 「균역법의 선문군관」, 『한국사연구』 18, 1977.

김용섭, 「조선후기의 부세제도 이정책」, 『(신정증보판) 한국근대농업사연구』(Ⅰ), 지식산업사, 2004.

김종수, 「17세기 군역제의 추이와 개혁론」, 『한국사론』 22, 1990.

# 7 늘어가는 사상을 어떻게 관리해야 할까
### 상업 발달과 신해통공

조선 후기에는 농업 생산력이 증대되고 수공업 생산이 활발해지면서 상업도 발달하였다. 장시의 발달, 포구 상업의 발달, 사상 도고의 성장은 이를 단적으로 보여준다. 아울러 도성에서는 시전과 난전 간의 갈등이 극심해지고 물가가 크게 오르자 정부는 일부 금난전권을 제한하는 통공발매 정책을 실시했는데, 그중에서 신해통공이 가장 유명하다.

## 장시의 발달과 상설 시장의 증가

조선 후기 교환경제의 변화 중에 지방 농촌에서 일기 시작한 장시의 발달이 무엇보다 두드러졌다. 조선 전기에는 일부 지역에서 매달 두 차례 정도 열렸으나 계속 늘어나 조선 후기에 이르면 고을마다 5일장이 열려서 농민들은 농산물로 수공업 제품 등을 교환할 수 있게 되었다. 또한 지방마다 2·7일장이나 3·8일장 식으로 여는 날을 달리하였으므로 행상들이 순회할 수 있었다. 이 중 보부상은 장시와 장시를 연결하는 상행위 전업층으로서 전국 단위로 조직된 상인 조합을 결성하고 엄격한 규율 밑에서 상행위를 하였다.[자료1]

이들의 상행위를 배경으로 장시에는 여인숙, 음식점을 경영하면서 상품 위탁 판매, 보관업, 운수업, 금융업을 겸하는 객주 여각이 등장하였다.[자료2] 그리하여 19세기

에는 이러한 장시가 전국에 1천 곳이 넘을 정도였다.[자료3]

또한 장시들은 지역과 지역 사이, 지역 내에서 상호 연계성이 강화되는 가운데 소시장들이 대시장들에 흡수되거나 없어져 시간이 갈수록 장시 수가 오히려 줄어들기도 하였다. 그 결과 대도시나 그 주변의 경제 요충지와 지방의 행정 및 상업 중심지에서는 장시가 점차 상설 시장으로 바뀌어갔다. 광주의 사평장, 안성의 읍내장을 비롯하여 전주의 읍내장, 평창의 대화장, 박천의 진두장 등의 대시장大市場이 발달하였던 것이다.[자료4]

장시가 발달하고 길이 생기면서 강과 바다가 만나는 지점의 포구들이 물류가 모이는 상업 중심지로 성장하였다. 이들 포구는 강이 많고 바다에 둘러싸인 지형적 조건에 힘입어 내륙 장시들의 상품을 강과 바다를 통해 전국 각지로 실어 나르는 물류 거점으로 부각되었던 것이다. 은진의 강경장, 덕원의 원산장, 창원의 마산포장 등의 포구 장시가 가장 대표적인 상업도시로 성장하였다.[자료5]

이처럼 교통 요지에 있는 장시가 유통의 중심지로 성장하고 장시들이 서로 연결되자 전국을 무대로 활동하는 상인들이 등장하였다. 경강상인들은 서울에서 소비하는 쌀을 전국 각지에서 조달하였고 개성상인들은 송방을 차려놓고 주로 인삼을 재배, 판매하였으며 의주상인과 동래상인들은 각각 청, 일본과의 무역으로 부를 쌓았다.

또한 서울에서는 남대문 밖 칠패七牌 시장과 동대문 부근의 이현梨峴 시장이 생겨나 종로시전과 함께 3대 시장이 되었다.[자료6] 서울이 팽창하면서 도성 밖으로 한강 유역까지 서울로 편입되었고 이런 지역에도 시전이 설치되었다. 그리고 서울 외곽에서도 고양의 누원점, 광주의 송파장시가 새로운 유통 거점으로 발달하였다. 이곳은 모두 지방의 상품이 서울로 돌아오는 길목으로서, 서울 북쪽 도봉산 기슭에 있던 누원은 어물, 포물布物이 동북 지역인 원산에서 서울로 반입되는 길목이었고[자료7] 광주의 송파, 삼전도의 일대는 관동 지방과 삼남 지방에서 상품이 들어오는 길목이었다.[자료8] 이들 장시에서는 고객을 유치하기 위한 다양한 노력을 하여, 송파에서는 산대놀이가 벌어지기도 하였다.

또한 시장은 아니지만 길거리나 골목에 가게를 차리고 건염어乾鹽魚 등의 상품을 거래하는 점포들이 늘어났다. 이들 점포는 소소한 생활용품을 대상인에게서 물건을 사

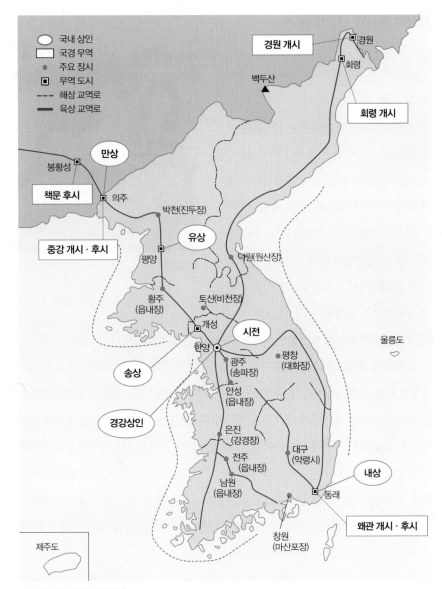

**조선 후기의 상업과 대외무역**

다가 도시 주민들에 판매하였던 것이다. 그 밖에 책을 판매하는 책사冊肆, 약을 판매하는 약국, 쇠고기를 판매하는 현방懸房 등이 늘어났다.

## 사상의 성장과 난전의 증가

상업이 발달하면서 상인과 점포 중에서 시역市役을 지지 않으면서도 시전상인의 취급 물종을 사사로이 매매하는 사상들이 적지 않았다. 그리하여 당시 국가나 시전상인들은 이러한 사상들이 기존의 상업 질서를 문란하게 한다고 하여 난전亂廛이라고 불렀다.[자료9]

난전의 발생 시기는 16세기까지 거슬러 올라간다. 시전상인이 아닌 영세 소상인이 이미 시전 외곽에서 도성민의 조석 마련과 관련된 교환활동을 전개했다.[자료10] 그러나 이러

옹기장수

한 난전은 시전 중심의 도성상업 질서를 교란시킬 정도는 아니었다.

난전은 임진왜란 이후 도성 인구의 증가와 상업 발전에 힘입어 시전상인의 상권을 위협할 만큼 크게 성장하였다. 훈련도감 군인들이 그 선구였다. 그들은 국가가 지급하는 급료가 매우 적기 때문에 생계를 유지하기 위해 봉급으로 받은 면포를 팔거나 수공업 제품을 만들어 시장에 내다팔았다. 그럼에도 이들 군인은 시전상인과 달리 전안廛案에 오르지도 않고 시역을 지지 않았다.[자료11] 또 숙종 연간에는 국가의 통제를 자주 받게 되자 난전상인과 결탁하여 난전활동을 벌이기도 하였다. 그밖에 많은 도성민들이 상업 활동을 통해 크고 작든 생계를 도모하였다. 여기에는 각 관청의 관리, 노비 외에 여타 도성민들도 적극 가담하였다.[자료12]

그 결과 시전상인과 여타 비시전계 상공인들 사이에서 물종 매매를 둘러싸고 여러 분쟁이 야기되었다. 시전상인과 사상私商의 상권 분쟁, 시전상인 사이의 취급 물종 다툼 그리고 시전상인과 수공업자 사이의 판매권 다툼 등이 그것이다.

우선 사상私商의 대표라 할 경강상인들은 수도 한성의 젖줄인 경강을 중심으로 매점활동을 통해 부유한 상업 자본가로 성장하였다. 예컨대 이들 중에는 어물전魚物廛에 대항하여 강상江上에 시전의 창설을 시도하는 여객주인층旅客主人層도 나왔다.[자료13] 그

리고 도성 안에서는 중소 신흥상인들이 계방契房을 하고 처음에는 시전에서 취급하지 않은 상품들을 매점하여 치부하였으나 그 후 경제력이 강화됨에 따라 마침내 시전의 상권까지 침해하여 진출하였다.

또한 지방의 일부 상인들은 세력가 양반과 결탁하여 난전 행위를 벌이기도 하였다. 예컨대 어느 지방 상인은 모시 명산지인 충청도의 일곱 고을까지 진출하여 그곳에서 생산되는 모시천들을 매점하여 서울 창고에 쌓아두고 소매하는 난전을 벌임으로써 포전布廛상인들의 영업을 파산 지경에 이르게 할 정도였다.[자료14]

그 결과 많은 난전이 칠패와 이현에 자리 잡아 이곳이 상거래의 새로운 중심지로 각광받기 시작했다. 어물의 경우, 이현과 칠패에서 거래되는 어물이 내·외물전의 거래량보다 10배나 많았다.[자료15] 이처럼 비시전계 상인들이 난전을 차리고 시전 주도의 도성상업 질서에 도전하였던 것이다.

이러한 난전 분쟁은 시전상인 사이에서도 일어났다. 모자전帽子廛과 상전床廛의 경우, 취급물종을 둘러싸고 분쟁이 야기되었다.[자료16] 바늘이 각자 자기 시전의 취급상품이라 주장하면서 상대방을 정부에 고소하였던 것이다. 또 중국산 비단 가게인 선전線廛과 국내산 명주 가게인 면주전綿紬廛 사이에서도 물종을 둘러싸고 분쟁이 치열하였다.

수공업자들이 시전상인들과의 동업을 배격하고 독자적인 상공업자로 성장함으로써 시전상인들과 치열하게 분쟁하였다. 18세기 철물전과 야장 사이에 벌어진 중방철中方鐵 다툼이 대표적인 경우이다.[자료17] 그밖에 말총을 둘러싸고 상전床廛상인과 총장驄匠 사이에서 분쟁이 야기되었다.

정부는 난전의 성행을 막고 시전을 보호·육성하기 위해 난전을 금하는 권리인 금난전권禁亂廛權을 확립하였다. 처음에는 형조와 한성부의 금제조에 난전 항목이 신설되었다.[자료18] 이때 단속 대상이 된 것은 평시서 시안에 등록하지 않고 장사를 하는 사상들의 난전 상업이었다. 그러나 이러한 조치만으로는 시전상인이 난전상인을 체포할 수 없었다. 대부분의 사상들이 궁가나 세력가와 결탁하고 있었기 때문이다. 이에 정부는 시안에 오르지 않고 장사하는 난전에 한해서 시전상인의 고발 없이도 삼법사에서 직접 단속할 수 있도록 규정을 바꾸었다.[자료19]

이러한 금난전권은 크게 난전인亂廛人을 잡아들일 수 있는 착납권捉納權과 난전물亂廛物을 관에서 압수할 수 있는 속공권屬公權으로 이루어져 있다. 이런 권리는 조선 전기에 보이는 난전권과 달랐다. 이는 단지 도량형 사기 등의 불법 행위를 금하는 것이 아니라 비시전계 상인의 상업 활동을 금하는 권리였던 것이다. 비시전계 사상인들의 성장에 따른 시전상인의 피해를 최대한 예방하고 나아가 이들을 보호 · 육성함으로써 국가 수요에 필요한 물자를 원활하게 공급받고자 했기 때문이다. 그러나 정부의 금난전권은 난전의 반발과 이들과 손잡은 세력가들에 의해 번번히 좌절되었다.[자료20] 특히 난전의 자본력과 판매력에 압도되어 사실상 무력화되기에 이르렀다. 오히려 난전의 활동을 묵인하는 가운데 기존의 시전 보호 방침을 완화시켰다.[자료21]

## 금난전권의 폐해와 통공발매의 단행

사상도고를 중심으로 새로운 상인들이 성장하고 있었지만 경강변에 칠목전漆木廛, 잡물전, 간수전艮水廛, 고초전藁草廛 등이 생기면서 금난전권 역시 확대되고 있었다. 그 결과 18세기에 들어와 정부가 시전상인의 상행위를 보호하기 위해 시전에 부여한 금난전권은 많은 폐단을 야기하였다.

무엇보다 이런 시전이 경강의 사상들을 간섭하고 통제했다. 예컨대 시전의 어물전 상인들은 어물을 실은 선박이 포구에 도착하면 최우선으로 매입할 수 있는 권한을 갖고 있었고, 이들을 거치지 않고 중간도매상이나 소비자에 상품을 넘기는 행위를 모두 난전으로 몰아붙였다.[자료22] 이후 어물전의 구매 독점권이 어물에 대한 수세권으로 변하면서 경강상인들의 상행위가 활발해졌지만 수세량 문제가 여전히 남아 있어 사상들의 영업 활동에 제약이 있었다.

또한 시전상인들이 마소바리나 배편으로 서울에 흘러 들어오는 물품들은 물론이고 머리에 이고 손에 들고 다니며 파는 소소한 물건까지도 난전으로 몰아 몰수하였다. 심지어 이들 상인은 중소상인들을 폭행한 후 관청에 납치하고 구류하는 등의 횡포를 감행하였다. 따라서 중소상인들은 일자리를 잃거나 채소나 소금과 같은 일용필수품

조차도 마음대로 팔 수 없게 되었다.[자료23]

한편 사상도고들도 시전을 새로 설치하여 물건을 독점 판매하거나 우세한 자본력으로 많은 물건을 독점 구매하여 물가를 조종하였다. 그 결과 서울의 물가는 치솟아 서울 사람의 생활이 매우 어려웠다.[자료24]

이에 정부는 이러한 폐해를 완화시키기 위해 영조 연간에 민인 보호를 명분으로 시전상인들의 금난전권을 제한하고 농민이나 소상인들의 소규모 상행위를 용인하기에 이르렀다.[자료25] 그러나 이러한 논의는 시전 보호정책에서 벗어날 뿐만 아니라 도고, 특히 시전도고의 반발로 지속되지 않았다.

정조대에 들어와 금난전권과 도고 문제가 다시 제기되었다. 시전상인에 대한 도시빈민층, 영세상인, 소생산자층의 저항과 물가 문제가 심각하였기 때문이다. 그 결과 정조 15년(1791)에 통공발매通共發賣를 단행하였다.[자료26] 이른바 신해통공이다. 비록 육의전의 품목은 제외되었지만 소상인과 생산자들은 상품을 자유롭게 판매할 수 있게 되었다. 또한 서울의 상품 거래가 활발해지면서 물가의 앙등을 막을 수 있게 되었다.[자료27] 이런 정책은 이후에도 견지되어 시전상인의 침탈로부터 중소 상인들을 보호할 수 있었다.[자료28] 특히 경강사상도고의 활동은 더욱 활발해져 허락 없이 어물전을 설치해 어획물을 대량으로 판매하기에 이르렀다.[자료29]

그러나 사상도고의 경우, 우세한 자본력과 광범한 유통망에 바탕하여 상권을 장악하고 있어

신해통공을 건의한 채제공

정부의 통제에서 벗어나 있었다. 그만큼 교환경제가 발전하면서 정부의 상공업 관리
는 한계를 가질 수밖에 없을 뿐더러 시전상인의 쇠퇴로 말미암아 사상도고의 성장이
더욱 촉진되었던 것이다.

한편 사상도고는 이처럼 경제력에 바탕하여 상권을 장악해가는 과정에서 물가를
앙등시켜 도시 소상인 및 빈민들과 마찰을 빚기도 하였다. 1833년 '쌀폭동'이 이를 잘 보
여준다. 즉 1833년 동막주인 김재순이 시전상인과 공모하여 쌀값을 앙등시키자 도시
소상인과 빈민들이 김재순과 싸전 상인들을 공격하고 창고를 불태웠던 것이다.[자료30]

이처럼 신해통공은 자유 상행위를 조장함으로써 조선 후기 교환경제의 발달을 가
져다주었다. 나아가 통공이 애초에 도고를 단속하기 위해 취해졌음에도 불구하고 오
히려 사상도고들이 자본력에 바탕하여 상권을 장악함으로써 도시 상인층의 분화 및
도시 빈민의 반발을 초래했던 것이다.

**자료1**

소위 부상負商 무리는 각처를 부평같이 떠돌아다니면서 그 삶을 도모하는 자이다. 오랫동안 길에 있으면서 동쪽에서 먹고 서쪽에서 자며 남으로 가고 북으로 다니면서 의식을 팔방에서 얻기 때문에 잡기에 빠지고 술주정을 하고 행패를 부린다. 봄가을을 살펴 회합에서 두목을 선택하여 뽑고, 공원과 집사를 뽑아 술주정을 하거나 잡기에 물드는 폐를 막는다. 또 부상 중 도중에서 질병을 얻거나 상을 당하는 자가 있으면 서로 구호하기를 형제와 같이 한다. 그 의리와 예의가 심히 가상하여 마음을 다하여 준행하는 것이 마땅할 것이다.

原文 所謂負商之徒 以各處浮萍之踪 爲其圖生 長在道路 東食西宿 南去北走 寄衣食於八方 各者爲心 是如濟 雜技訟酒作絮 攷春秋其會擇出頭目 又出公員執事 禁斷其弊酒雜技作絮之弊 目有負商中疾病喪葬間 互相救護 誼若兄弟 其義其禮極甚嘉尙 不可泯默

_『임홍청금록』권1

**자료2**

(객주는) 일본에서 보통 여관업자라 부르는 자이다. 만약 객상客商이 화물을 가지고 오는 일이 있으면 이를 소개하여 판매한다. 또한 그 외 일체의 응수應酬를 행하고 구문口文을 취한다. 이것이 곧 객주이다. 객주는 여객의 주인을 이르며, 여객가旅客家 또는 여각집이라 부르기도 한다. 이는 곧 여객이 주로 고객이 되는 집이다. 여각이라 부르기도 하는데 이것은 객주가 아니다. 강와 해포, 항에는 선상객주가 있는데 선상이 주로 찾는 집이다. 도시에는 화물객주와 여객객주가 있다.

_점패방지진 「시전고」, 『조선』334, 1943

**자료3**

| 18세기 후반·19세기 전반 장시의 도별 분포

| 도 \ 시기 | 1770년 | 1780년 | 1808년 | 1830년 |
|---|---|---|---|---|
| 경기 | 101 | 100 | 102 | 92 |
| 충청 | 157 | 160 | 157 | 158 |
| 전라 | 216 | 216 | 214 | 188 |

| 경상 | 276 | 279 | 276 | 268 |
|---|---|---|---|---|
| 황해 | 82 | 82 | 82 | 109 |
| 평안 | 134 | 134 | 134 | 144 |
| 강원 | 68 | 67 | 68 | 51 |
| 함경 | 28 | 28 | 28 | 42 |
| 총계 | 1,062 | 1,066 | 1,061 | 1,052 |

1770년은 『동국문헌비고』, 1780년 『증정동국문헌비고』, 1808년은 『만기요람』, 1830년대는 『임원십육지』에 각각 근거함.

**자료4**

경기의 광주廣州 사평장沙坪場과 송파장松坡場 그리고 안성 安城 읍내장邑內場과 교하交河 공릉장恭陵場, 충청도의 은진恩津 강경장江景場과 직산稷山 덕평장德坪場, 전라도의 전주 全州 읍내장, 남원南原 읍내장, 강원도의 평창平昌 대화장大化場 그리고 봉산鳳山의 은파 장銀波場, 경상도의 창원昌原 마산장馬山場, 평안도의 박천博川 진두장津頭場, 함경도의 덕원德源 원산장元山場이 가장 큰 장들이다.

> **原文** 京畿之廣州沙坪場 松坡場 安城邑內場 交河恭陵場 公忠道之恩津江景場 稷山德坪場 全羅道之全州邑內場 南原邑內場 江原道之平昌大化場 黃海道之兔山飛川場 黃州邑內場 鳳山 銀波場 慶尙道之昌原馬山浦場 平安道之博川津頭場 咸鏡道之德源元山場 此其最大者也
>
> _『만기요람』 재용 5, 향시

**자료5**

우리나라는 동, 서, 남의 3면이 모두 바다이므로, 배가 통하지 않는 곳이 없다. … 배에 내왕하는 장사꾼은 반드시 강과 바다가 서로 통한 곳에서 이득을 얻고 외상거래도 한다. … 충청도 은진의 강경포는 충청도와 전라도의 육지와 바다 사이에 위치하면서 금강 이남 평야 중에서 가장 큰 도회이어서 바닷가 사람과 산골 사람이 모두 여기에서 물건을 교역한다.

> **原文** 我國東西南皆海 船無不通 … 舟商出入 必以江海相通處 管利脫貰 … 唯恩津江景一村 居忠全兩道陸海之間 海夫峽湖 皆於此 出物交易
>
> _『택리지』 생리

## 자료6

무릇 시市에 향하는 자는 새벽에는 이현梨峴과 소의문昭義門 밖에 모이고 낮에는 종가鐘街에 모이며, 서울에서 필요한 것으로 동부에서는 채소, 칠패七牌에서는 어물이 번성한다.

原文 凡趨市者晨集于梨峴及昭義門外 晝集于鍾街 一城之所需者 東部菜 七牌魚爲盛

_『경도잡지』 시포

## 자료7

주1 누원점막(樓院店幕) : 경기도 양주 누원에 있는 주막. 점막은 술이나 밥을 팔기도 하고 나그네를 묵게 하는 일로 업을 삼는 집을 가리킨다.

주2 중도아(中都兒) : 거간꾼.

양주楊州 누원점막樓院店幕주1은 곧 어상魚商이 왕래하는 요충지입니다. 본전本廛에 들어오는 어물魚物을 소위 점한店漢이란 자가 모두 모으는데 이름을 건방乾房이라 합니다. 안으로는 중도아中都兒주2와 체결하고 밖으로는 송파장松坡場과 부동하여 끊임없이 나누어 보내 통화通貨하는 문으로 만들어 한 세상의 어물에서 얻는 이문이 모두 돌아가도록 조종하는 바람에 본전의 백성에게 국역國役의 생업을 영위할 수 없게 합니다. 이것도 부족해서 장차 전에 없던 장시場市를 열어서 이문을 독점하는 교묘한 계획으로 삼고 있습니다.

原文 楊州樓院店幕 卽魚商往來要害之處也 本廛入來魚物 所謂店漢 一倂都集 名曰乾房 內以締結中都兒 外以符同 松坡場 絡繹分送 以作通貨之門 一世魚利 都歸操縱 致令本廛之民 不得應國役而資生業 此而不足 將設無前之場市 以爲権利之妙計

_『비변사등록』 정조 6년 8월 7일

## 자료8

송파松坡는 거민배居民輩, 중도아배中都兒輩가 난전의 무리와 체결하여 삼남 및 북도, 영동 상고商賈를 유인하여 모두 여기에 모여들 뿐만 아니라 서울의 난전상인으로 금전을 두려워하는 자도 여기에 모인다. 이름은 비록 1달 6차례이지만 실은 서울 시전의 각전 물종을 마을 가운데 쌓아놓고 날마다 매매하고 있다. 경시京市를 실리失利케 하는 것으로 혁파하지 않으면 경시는 영업을 할 수 없게 된다.

原文 至於松坡 居民輩締結京外中都兒輩及亂廛之類 誘引三南及北道嶺東商賈 皆聚會於此 而京人之以亂賣爲業 畏禁吏者 亦往於此 名雖一月六次 而實則積置各廛物種於村中 日日買賣 以致京市之歲漸失利 若不罷此場 則京市無以爲業

_『비변사등록』 영조 31년 정월 16일

여러 시전市廛에는 분역分役[주3]이 있고, 또 서울 주민이 일정한 직업에 매어 있으므로 각 전의 물종을 시전상인이 아니고서 사사로이 매매하는 자는 시전상인이 법사法司[주4]에 잡아들이도록 허락하니 이를 난전亂廛이라 한다.

**原文** 諸廛旣有分役 且是都民恒業之所係 故各廛物種之非廛人而私自買賣者許令廛人捉納 法司 謂之亂廛

_『만기요람』 재용, 각전

대저 왕이 수도를 정하고 앞에는 행정 관서를, 뒤에는 시전을 두는 것이야말로 옛날의 제도이다. 우리나라의 제도로서 이것을 보면 종루로부터 종묘까지 시전을 만들었으나 지금은 도성 내 도처에 장사하지 않은 곳이 없다. 이 때문에 물가가 오르니 모름지기 상업에 종사하는 것을 금지하여 농업을 중시한다는 뜻을 보여주어야 한다.

**原文** 夫王者定都 前朝後市 乃古制也 以我國之制見之 則自鍾樓至宗廟 爲市廛 而今則坊坊曲曲無不出市之地 以此而物價踊貴 須禁抑逐末 以示務本之意也

_『중종실록』 권15, 중종 13년 정월 임자

훈련도감訓鍊都監의 포수砲手에게 시민市民의 (5, 6자 원문 빠짐)을 허락하였는데 신은 옳지 않다고 생각합니다. 포수 4,000여 명이 각각 그 친속親屬에게 이름을 빌려주어 행세하게 한다면 시민들이 어떻게 감당할 수 있겠습니까. 이 때문에 지난번에 포수가 자신의 족속을 이끌고 시전 사람을 마구 난타하는 일이 발생하였던 것입니다.

**原文** 訓鍊都監砲手 許市(缺五六字)臣以爲不可者 砲手四千餘名 各以其親屬 假名行之 則市民何以支當 以此之故 頃有砲手 率其族屬 亂打市人

_『승정원일기』 인조 3년 5월 20일

도성민의 본업은 농사가 아니었다. 각 관청의 관리, 노비는 싼 물건을 사서 비싸게 팔음으로써 얻는 이익으로 살아가는 사람이 대부분이었다. 전국 방방곡곡의 물건들이 서울에 모여드니, 가격이 쌀 때 사들이고 비쌀 때 팔고 유무를 상통하여 아침, 저녁으로 이익을 얻으니 이것이 서울 백성의 생업이었다.

原文 都下之民, 本無農作之業 故各司吏隷外 率皆貿賤販貴 興利資生者 十之八九 蓋四方之物 輻湊都下 故方其賤也 人得以貿之 方其貴也 人得以賣之 懋遷有無 朝夕食利者 此實都民生涯之本也

_「정조실록」 권12, 정조 5년 11월 기해

## 자료13

마포에 사는 오세만吳世萬, 이동석李東石, 차천재車天載, 임번林蕃, 이세흥李世興, 이차만李次萬, 강세주姜世柱 등이 감히 욕심을 부려 삼강三江[주5] 무뢰배 70여 인을 이끌고 스스로 소책자를 만들어 행수行首[주6] 소임을 내어 강상江上에 시전을 설치하여 도처에서 오는 어상魚商의 물건을 매입하여 도거리한다.

原文 麻浦居吳世萬李東石車天載林蕃李世興李次萬姜世柱等 敢生無厭之心 唱率三江無賴之輩七十餘人 自作小名成冊 又出行首所任 贅設廛於江上 都執各處魚商之物

_「각전기사」 계축(1793)

주5 삼강(三江) : 한강·용산강·서강을 가리킴.

주6 행수(行首) : 여럿이 모인 집단에서 우두머리를 가리켜 이름.

## 자료14

저포전苧布廛[주7] 시민이 상언하길 '근래 난전이 치열해지는 가운데 모시 생산지 7읍에 사대부의 농장이 아닌 곳이 없어 시골의 완고하고 사나운 무리가 거짓으로 아무개 댁 무역貿易이라 핑계 대고 이리저리 모두 사모으고 행랑방을 설치하고 마음대로 난매하니 장차 파시罷市의 경지에 이르렀습니다. 각별히 엄칙해서 보존의 혜택을 받게 하소서' 하였다.

原文 苧布廛市民 以爲近來亂廛熾盛之中 苧産七邑 無非士夫農庄 而鄉曲頑悍輩 假托某宅貿易 狼藉都執 輸置廊底 恣意亂賣 將至罷市之境 各別嚴飭 俾蒙保存之澤云

_「승정원일기」 정조 11년 정월 2일

주7 저포전(苧布廛) : 모시와 베를 취급하는 시전.

## 자료15

대저 이현梨峴, 칠패七牌는 모두 난전으로서 이익을 빼앗고 도고하고 몰래 팔아대는 무리입니다. 심지어 집방하여 장사를 하는데 매매하는 것이 저희 전(어물전)의 10배에 이르렀습니다. 또한 이들은 누원점樓院店의 도고都庫[주8] 최경윤崔景允, 이성노李聖老,

주8 도고(都庫) : 큰 규모로 상품을 판매하는 도매상인을 가리킴.

엄차기嚴次起 등과 체결하여 동서 어물이 서울로 들어오는 것을 모두 매입하여 쌓아 두었다가 서서히 이현, 칠패의 중도아에게 보내 난매토록 합니다.

原文 大柢梨峴七牌兩處 無非亂廛 奪利都庫隱賣之類 甚至於執房行貨 買賣十倍於本廛 其 矣等 乃與樓院都庫崔景允李聖老次起等 符同締結 東西魚物之向京城八來者 每每邀執都貿 積 置都庫 徐徐八送于七牌梨峴中都兒 使之亂賣

_「각전기사」, 건륭 46년(1781) 4월

### 자료16

모자전帽子廛[주9] 상인 강덕일康德一 등이 위외衛外에서 격쟁擊錚[주10]하였기에 그 원정原情[주11]을 취고取考한즉 다음과 같습니다. "저희 시전은 국초에 설립한 시전으로 시안市案에 들어 있습니다. 판매하는 물화는 각종 향좁, 삼승三升, 전축氈軸[주12], 모자帽子, 침자針子 등 여러 종인데 침자 일종을 근래 상전床廛 상인이 몰래 판매합니다. 동상전東床廛이 평시서 서원書員[주13]과 부동하여, 시전 대장을 몰래 훔쳐 상전 물화 중 관자의 '관貫'자를 칼로 도려내고 우리 시전 물화 중 침자의 '침'자를 거짓으로 올렸다가 마침내 발각되어 환롱한 시전상인 및 해당 관리 등의 자복自服과 다짐이 아직 평시서에 있습니다. … 난전에 관한 법규는 한결같이 시전 대장을 따르는 것을 가히 알 수 있습니다. 바라건대 해조(형조)로 하여금 시안과 전후 문안文案을 보고 먼저 칼로 긁어 환롱한 죄를 다스리고 법을 멸시하여 난매亂賣한 풍습을 금하십시요"라 하였습니다.

原文 帽子廛市民康德一等 擊錚於衛外 故取考其原情 則以爲渠廛 以國初設立之廛 載在市案 行賣之物貨 卽各色香三升氈軸帽子針子等諸種 而針子一種 近爲牀廛人所盜賣 蓋東牀廛人 符同本署書員 偸竊市案 刀擦牀廛物貨中貫子之貫字 冒錄渠廛物貨中針子之針字 事竟發覺 幻 弄之廛人及該吏等 遲晩侤音 尙在本署 … 亂廛之規 一從市案可知 伏乞令該曹 取閱市案與前 後文案 先治其刀擦幻弄之罪 仍禁其蔑法亂賣之習云矣

_『비변사등록』 정조 12년 9월 4일

### 자료17

잡철전雜鐵廛[주14] 상인 유종욱柳宗郁 등이 위외격쟁하였습니다 … "중방철中方鐵은 외읍 철점 소산인데 주관하는 시전이 없습니다. 저희들 시안에 재록되어 있으나 야장배가 저희 시전에서 사다가 두드려 그릇을 만들면 저희들이 다시 야장에게 사들여 각자 전업하여 서로 자생합니다. 연전에 야장배가 특별히 이익을 오로지할 계책을 내어 외읍

주9 모자전(帽子廛) : 청나라에서 방한모자를 수입하여 판매하는 시전

주10 격쟁(擊錚) : 조선 시대에 억울하고 원통한 일을 당한 사람이 궁궐에 난입하거나 국왕이 거동하는 때를 포착하여 징·꽹과리[錚]·북[鼓] 등을 쳐서 이목을 집중시킨 다음 자신의 사연을 국왕에게 직접 호소하는 행위임. 호위대 밖에서 하는 격쟁을 위외격쟁이라고 함.

주11 원정(原情) : 사정을 하소연함.

주12 전축(氈軸) : 솜털로 만든 모직물.

주13 서원(書員) : 아전의 하나로 서리보다 낮음.

주14 잡철전(雜鐵廛) : 각종 철물을 파는 시전.

에서 서울로 오는 철상鐵商을 중간에서 맞이하여 물건을 사들여 몰래 숨겨놓고 이익을 도모하기에 그들을 잡아다가 난전법으로 다스렸습니다. 이에 야장들이 원한을 품고 한성부에 거짓으로 고소하였으나 이치에 맞지 않다 하여 패소하고 또 비변사, 평시서, 형조 세 곳에 고소하였으나 모두 패소했습니다. 그런데도 허물을 뉘우치지 않고 작년에 국왕에게까지 아뢰어, 야장 등이 중방철 주인이 되는 바람에 저희들은 장차 멸망할 지경에 이르렀습니다. 야장 등이 그릇을 만들어 저희 시전에 화매하지 않고 각기 주조하여 난만히 판매하고 잡철신전이 우연히 각립한다면 저희들은 매매할 물건이 없어 실업자가 됩니다. … 바라건대 야장들이 전사廛肆를 벌이고 이익을 오로지하는 폐단을 금단하고, 이전처럼 화협和協하여 서로 매매하도록 하여 균등하게 생활의 혜택을 입도록 해주십시오"라 하였습니다.

**原文** 雜鐵廛市民柳宗郁等 擊錚於衛外 … 則以爲中方鐵 以外邑鐵店所産 主管無廛 故渠等 載錄市案 而冶匠輩 買得於渠廛 打造成器, 則渠等 還爲買得於冶匠處 各專其業 彼此資生矣 年前冶匠輩 別生專利之計 自外邑入京鐵商 中間邀執 藏置射利 被捉於渠等 以亂廛勘律 則冶匠以此含憾 誣訴京兆 以非理見屈 又訟於備局本署刑曹三處 見屈 則冶匠輩 所當自新之不暇, 而昨年至煩天聽 冶匠等 爲中方鐵主人 而渠等 將至於不攻自罷之境矣 冶匠等手造成器 不爲和賣於渠廛 各其冶爐 爛熳列賣 雜鐵新廛 優然角立 渠等則賣買無物 作一失業之民 … 伏乞冶匠等 列肆專利之弊 特令禁斷 依前和協 互相買賣 均被生活之澤云矣

_『비변사등록』 정조 12년 11월 25일

### 자료18

형조의 금제조禁制條가 이루어졌다. 모두 8개 조항인데, 소와 말을 도살하는 일[牛馬屠殺], 술을 금하는 일[酒禁], 난전에 대한 일[亂廛], 상놈이 성 안에서 말을 타는 일[常漢城內騎馬], 신사의 고중에 대한 일[神祀高重], 조운선에 대한 일[漕船], 음녀에 대한 일[淫女], 성 안의 승려들에 대한 일[城中僧人] 등이다. 한성부의 금제조가 이루어졌다. 모두 6개 조항인데, 각전의 고중에 대한 일[各廛高重], 소와 말고기를 금지하는 일[牛馬肉禁], 네 산의 소나무를 베지 못하게 하는 일[四山松禁], 난전에 대한 일[亂廛], 되와 말의 크기를 규제하는 일[大小升斗], 동·서활인서의 무녀를 적간하는 일[東西活人署巫女摘奸] 등이다.

**原文** 刑曹禁制條成 凡八條 牛馬屠殺 酒禁 亂廛 常漢城內騎馬 神祀高重 漕船淫女 城中僧人 漢城府禁制條成 凡六條 各廛高重 牛馬肉禁 四山松禁 亂廛 大小升斗 東西活人署巫女摘奸

_『현종실록』 권15, 현종 9년 8월 계유

평시서平市署 제조提調가 아뢰기를, "국가에 어떤 일이 있으면 반드시 시민市民에게 경비의 변통을 책임지웁니다. 그렇다면 시민이란 국가의 근본이 될 뿐만 아니라 곧 모든 일에 경비의 변통을 의지하는 백성입니다. 이들에게는 반드시 살아갈 길을 염려해주고 그 폐단을 없애준 뒤라야 그들의 목숨을 보전하고 국가의 역役에 응하게 할 수 있습니다. 불행히도 근년 이래로 난전亂廛의 무리들이 각 전인廛人들의 이익을 불법적으로 빼앗고 있는데, 난전이라고 하는 자들은 궁가宮家의 사람이 아니면 반드시 재상가宰相家의 사람입니다. 그래서 각 전인이 난전하는 자를 잡아 형조에 고발하여 죄를 다스리게 하면 궁가와 재상가에서는 공공연히 고발한 사람을 잡아다가 노골적으로, '네 어찌 감히 그 사람을 고발하였느냐?' 하며 과중하게 매를 때리거나 공사公事를 빙자하여 본래의 전인에게 꼬투리를 잡고 암암리에 붙들어다 고발한 사람을 중상합니다. 그래서 비록 난전하는 사람을 보더라도 그가 궁가나 재상가에 출입하는 사람이면 감히 붙들어다 고발하지 못하여 점점 이익을 잃게 되니, 요즘 들어 시민들의 형편이 메마르게 된 것은 실로 이에서 연유한 것입니다. 형조에서 이러한 폐단이 있음을 알고 곧바로 금지시키면 난전의 무리들은 실없는 말을 조작하여 여러 재상가에 가서 하소연하여 저들이 난전을 하다가 금지당한 일은 말하지 않고 다만 형조의 하인들이 세력을 빙자하여 폐단을 일으킨다는 말만 하게 됩니다. 이리하여 듣는 자는 살피지도 않고 도리어 형조가 잘못이라고 말하기 때문에 형조는 손을 쓰지 못하고 움츠러들게 되는 것이 이와 같습니다. 이에 난전이란 자들은 더욱 득의하게 되고 시민들은 더욱 이익을 잃게 되는 것입니다. 요즈음 각 전인들이 실업하게 된 가운데 포전布廛이 더욱 심하므로 신이 법에 의거하여 형조에 공문을 보내서 난전을 금지시켜줄 것을 칭하니 형조에서 답하기를, '새로 반포된 금제조禁制條에는 반드시 붙들어다 고발한 자가 있은 뒤라야 죄를 다스리게 하였고, 형조에서 곧바로 금지시키라는 말이 없어 시행할수 없다' 하였습니다. 그렇다면 난전을 금지시킬 기약이 없고 시민들도 소생될 날이 없습니다. 지금부터 난전하는 무리들을 본 전인이 붙들어다 고발하기를 기다리지 말고 형조와 한성부 및 사헌부로 하여금 법전에 의거하여 통렬히 금지시키게 하는 것이 어떻겠습니까?" 하니, 답하기를 "묘당으로 하여금 사목 중에 참작하여 첨가하여 넣게 하는 것이 좋겠다"고 하였다.

原文 平市提調啓曰 國家凡有事 必責辦於市民 然則所謂市民 不但爲邦本 乃倚辦凡事之民 必念其生道 除其弊端然後 可以保其命而應國役也 不幸近年以來 亂前之徒 橫奪各前之利 而所謂亂前者 若非宮家之人 必宰相家人也 各前人執其亂前者 告於法曹治罪 則宮家及宰相家 或公然捉致其捕告之人 明言汝何敢告某人 而重加笞杖 或憑依公事執頉於本前 而陰中其捕告之人故 各前之人 雖見亂前之人 若是其宮家及宰相家出入之人 則不敢捕告 漸致失利 近日市民之凋弊 實由於此矣 法曹知有此弊 直爲禁斷 則亂前之輩 造作浮言 往訴於諸宰相家 不言渠亂前被禁之事 只言法曹下人依憑作弊之事 聽者不察 反以法曹爲非 以致法曹之歛手退縮 又如此 此所謂亂前 尤得意而市民 尤失利也 近日各前失業之中 布前尤甚故 臣據法移文於刑曹 請禁亂前 則刑曹答以新頒禁制條 必待捕告後治罪 無自法曹直禁之語 不可施行云 然則亂前無可禁之期 而市民無蘇復之日矣 自今亂前之輩 不待本前人捕告 令刑曹漢城府司憲府 依法典痛禁何如 答曰 令廟堂事目中參酌添入可也

_「비변사등록」 현종 12년 5월 18일

### 자료20

국가가 백성을 부리는 방법은 외방에서는 농민을 중시하고 서울에서는 시전상인을 중시하여 마땅히 일에 따라 두둔하였습니다. 그러나 근래 난전의 폐단이 날로 증가하고 달로 성해지니 장차 교정할 수 없기에 이르렀습니다. 군문 소속과 세력가의 노자들은 잡혀서 심문을 받으면 해당 아문에서 오히려 잡아들인 사람을 심문하는 일이 있으며 잡혔을 때 놓칠 것을 번거롭게 여겨 찾아서 내어줄 때 침책이 매우 많습니다. 따라서 시전상인들이 장차 파시의 경지에 이릅니다.

原文 國家使民之道 外方則重農民 京中則重市民 當隨事斗護 而近來亂廛之弊 日加月盛 將至莫可救正 而軍門所屬勢家奴子 被捉推治 則該衙門反有推治捉納人之擧 而諉以被捉時見失推給之際 侵責多端 故市民將至罷市之境

_「비변사등록」 영조 17년 6월 10일

### 자료21

비변사에서 난전의 폐단에 관해서 올리기를, "근래 난전의 폐단은 진실로 어려운 바가 됩니다. 난전을 금지하면 도민이 손을 쓸 수 없고, 금지하지 않으면 시전상인이 실업을 합니다.… 한성부에서 전명廛名의 대소물종이 중요한지 그러하지 않은지를 구별한 후 크고 긴한 것은 엄금하고 그렇지 않은 것은 금지하도록 해야 합니다. 또한 시전인이 착고할 수 없도록 해야 합니다. …그리고 난전이 금물일지라도 서울 금표禁標

주15 밖에 나가서는 이를 금할 수 없으며 설령 전인이 착고한 자가 있어도 시전상인의

처벌 행위를 심리할 수 없도록 하는 일을 정식으로 삼아야 합니다"라고 하였다.

주15 금표(禁標) : 도성 외곽 경기도 일원에 민간인 통제구역을 설정하고 그 경계에 세운 통행금지 표지

原文  備陳亂廛之弊 近來亂廛之弊 誠爲難處 禁之則都民無所措手 不禁則廛人失業呼冤 …
令京兆區別廛名大小物種緊歇 大且緊者則 一切嚴禁 小且歇者勿禁 而亦令廛人 毋得捉告事 …
雖是亂廛應禁之物 京城禁標之外 則毋得出禁 而設有廛人捉告者 廛人治罪 勿爲聽理事 亦爲
定式

_『비변사등록』, 영조 17년 9월 19일

**자료22**

한성부漢城府에서 아뢰기를, "어선漁船이나 상선商船이 경강京江에 와서 정박하면 내외

內外의 어물전魚物廛 사람들이 염가로 억매抑買하고 조금이라도 혹 논가論價하게 되면

난전亂廛하려는 것이라고 협박하게 됩니다"라고 하였다.

原文  漢城府啓 漁商船到泊京江 則內外魚物廛人 廉價抑買 小或論價 脅稱亂廛

_『영조실록』, 권24, 영조 5년 9월 경인

**자료23**

난전에 금제를 둔 뜻은 이러합니다. 한 판의 시전이 이익을 독점하도록 한 것에서 나

왔지만 근래 시전배가 법령을 빙자하여 사상을 침해하는 것이 한 줌의 채소, 한 판의

누룩에까지 이르렀습니다. 이를 난전亂廛이라 칭하고 잡아 물건을 압수하여 매매하

지 못하게 합니다. 대개 서울 사람이 자생하는 길이 시전에만 속하는 것은 아니므로

소소한 매매가 없을 수 없는데 물건 하나라도 몰래 팔다 잡히면 속전贖錢주16을 거둡니

다. … 이 때문에 많은 물건의 등귀함이 갈수록 심합니다.

주16 속전(贖錢) : 죄를 면하기 위해 바치는 돈.

原文  亂廛設禁之意 雖出於爲市民專利之意, 而近來市民輩 憑藉法意 廣侵私商 甚至一把菜
一圓麴之屬 稱以亂廛 驅捉徵贖 使不得私相賣買 大抵都民資生之路 不必盡屬於列廛 不得不
有小小賣買 而一物潛賣 輒被徵贖 … 以此之故, 百物翔貴

_『승정원일기』, 정조 14년 2월 19일

**자료24**

요즈음 모리배들이 각각 물화를 차지하여 서로 도고가 되었습니다. 물가가 점차 오르

게 되고 서울 백성들이 먹고살기 어렵게 되었습니다. 장사의 이익이 모두 한 곳으로

가니 시장 상인들이 실업할 뿐만 아니라 부자는 더욱 부유해지고 가난한 자는 더욱 가난해지는 현상이 고질화되어 그 폐단을 이루 말하기 어렵습니다. … 서울 안팎의 부유한 자들이 교역한 곡식을 쌓아두고 마음대로 가격을 조종하고 가게를 열고 장사를 하는 상인도 제멋대로 가격을 부릅니다. 감히 누구도 어찌할 수가 없어 풍년에도 굶주림을 면할 수가 없습니다.

> **原文** 近來牟利之輩 各執物貨 轉相都庫 使物價漸至騰貴 都民有艱食之憂 使貨利 都歸一處 市人有失業之歎 富者益富 貧者益貧 流習成痼 爲弊難言 …此蓋京外富民 貿穀積置 惟意操縱 而坐市販賣之人 亦任其指使 莫敢誰何如是而民何免樂歲之飢寒乎
> _『비변사등록』 정조 10년 1월 23일

### 자료25

한성부가 이전처럼 나가서 금지하는 9개 시전 외에 어물전魚物廛·혜전鞋廛[주17]·사상전四床廛[주18]·진사전眞絲廛[주19]·의전衣廛[주20]·발리전鉢里廛[주21]·우전隅廛[주22]·내세기전內貰器廛[주23]의 8개 시전은 단지 본전인이 잡아 보고하여 법률 규정대로 처벌하는 것만 허락한다. 그 외 각 시전은 단지 본전인의 착납이 허락되지 않는다. 지금부터 가난한 동네의 남녀 행상들이 소소 잡물雜物을 서로 매매하는 것은 모두 묻지 않는다. 그런데 많은 시전민도 또한 돌아보지 않을 수 없다. 많이 쌓아서 전적으로 이익을 모조리 차지하는 것은 이른바 도고이므로 그 폐해는 도리어 시전민의 조종操縱을 부추기게 된다. 그러나 만약 본부 혹은 본전에서 임의로 금단하면 말썽을 일으키는 단서가 일어나지 않을 수 없게 된다. 따라서 평시서가 시전인의 호소를 기다려 엄격하게 조사하여 많은 물종으로 잠매까지 하여 심각하게 해를 끼치면 본부에 이송하여 징벌하여 다스려야 한다.

만일 진위가 분명하지 않으면 소민이 피해 입은 사건은 당상관과 낭청郎廳은 발각되는 대로 엄벌하고, 이예吏隷는 반좌본율反坐本律[주24]로 시행한다. 대개 각항 금제禁制는 한 달에 6번 출금하는데 이는 나라의 법이다. 법사法司 관원이 적극적으로 조절하지 않고 금리禁吏가 농간하는 것은 각별히 금하고 폐단의 근원을 제거한다.

> **原文** 京兆從前應出禁九廛外 魚物廛鞋廛四牀廛眞絲廛衣廛鉢里廛隅廛內貰器廛八廛 則只許本廛人捉告而勘律 其外各廛段 方當革弊釐正之時 本廛捉納 亦不可許 自今窮村僻巷之男女行商小小雜物之私相買賣 一倂勿問 以爲京外小民生涯之資 而許多市民 亦不可不顧 若其多數

주17 혜전(鞋廛) : 각종 가죽신을 판매하는 시전.

주18 사상전(四床廛) : 말총, 가죽, 초, 실과 서책을 판매하는 잡화점.

주19 진사전(眞絲廛) : 중국실, 조선실과 갓끈, 주머니끈 등을 판매하는 시전

주20 의전(衣廛) : 의류를 판매하는 시전

주21 발리전(鉢里廛) : 놋그릇을 판매하는 시전

주22 우전(隅廛) : 과일을 판매하는 시전

주23 내세기전(內貰器廛) : 도성 내 세를 받고 그릇을 빌려주는 시전

주24 반좌본율(反坐本律) : 무고나 위증으로 타인을 죄에 빠지게 한 자에게 그와 동일한 형에 처하도록 규정한 형률.

積置 都執專利者 是所謂都庫 其爲害 反有加於廛人之操縱 然如自本府或本廛 任意禁斷 則猶
不無搔撓之端 此則平市署待廛人所訴 嚴查覈實 眞有多儲物種 流伊潛賣 貽害尤甚者詑 移送
本府懲治 而若有眞僞相蒙 小民受弊之事 該署堂郞 隨現重繩 吏隸以反坐本律施行 大抵各
項禁制之一朔六出 自是國典 法司官員 如不猛加操切 禁吏之從中弄奸 勢所必至 各別痛禁 以
淸弊源爲白齊

_『비변사등록』 영조 40년 11월 27일, 보민사절목

자료26

채제공이 아뢰길, "… 민폐 중에서 도고都庫가 가장 큰 문제로서 백성에게 혜택을 주
기 위해선 도고를 혁파하는 것이 급합니다. 조정의 난전에 대한 법은 육의전으로 하
여금 국역에 응하게 하고 전리專利를 누리게 하기 위해 제정한 것입니다. 근래 민심이
옛날 같지 않아 오로지 형식만 따지게 되니 유수무뢰배들이 삼삼오오 스스로 전호廛
號를 만들어 일용 물종의 권리를 주장하는데 크게는 말이나 배가 실어온 상품을, 작
게는 머리에 이거나 손에 들고 온 물건을 주요 길목에서 싸게 억지로 판매합니다. 그
리고 물건 주인이 말을 듣지 않으면 난전이라 하여 결박하여 형조와 한성부에 잡아가
탈탈 털어 벗겨먹으니 물건 주인이 밑질지라도 눈물을 흘리며 억지로 팔고 가지 않
을 수 없습니다. 여기에서 각기 시전들이 가격을 배로 취합니다. 평민들은 사지 않으
면 그만이지만 만약 사지 않을 수 없는 자는 그 시전을 떠나서는 다시는 다른 데서 구
득할 수 없습니다. 그러므로 그 가격이 날로 증가합니다. 물건의 귀함을 신이 젊었을
때와 비교함에 3~5배나 되었고, 근일에는 심지어 채소나 옹기 등의 물건에도 전호를
만들어 마음대로 매매하지 못하게 할 정도였습니다. … 이러한 현상은 오로지 도고를
금하지 않은 데에서 온 것입니다. … 평시서로 하여금 지금부터 30년 이내에 신설된
영세한 시전을 모두 혁파하고, 형조와 한성부에 분부하여 육의전 외에는 난전이라고
하여 잡아들이지 못하게 할 뿐만 아니라 만약 잡아들일 경우 반좌율을 적용하면 상인
들은 곧 물종을 화매和賣하는 이익이 있을 것이며 민생에는 먹고살기 어려운 근심이
없어질 것입니다. 시전상인의 원한은 제가 감당할 것입니다."

**原文** 左議政蔡所啓 … 若論民瘼 都庫爲最 若欲惠民 罷都庫爲急 蓋我朝亂廛之法 專爲六
矣廛之上應國役 使之專利而設矣 近來民心不古 惟慾是循 遊手無賴之輩 三三五五 自作廛號
凡係人生日用物種 無不各自主張 大而馬駄船載之産 小而頭戴手提之物 伏人要路 廉價勒買 而
物主如或不聽 輒以 亂廛結縛 驅納於秋曹京兆 使之剝膚而後已 故所持者雖或落本 不得不垂

涕泣賣去 於是乎各列其肆 以取倍價 平民輩不買則已 若係不得不買者 則捨其廛 更不可從他 求得 以故 其價日增 凡物之貴 較視於臣之年少時 所聞知不啻爲三倍五倍 近日則甚至於蔬菜甕 器 亦有廛號 不得私自和賣 … 此無他 專是都庫不禁之致也 … 宜使平市署 考出數三十年以來 零瑣新設之廛號 一竝革罷 分付秋曹京兆 六矣廛外 以亂廛捉納者 非徒勿施 施以反坐 則商賈 有和賣物種之利 民生無生理艱窘之患 其怨則臣可自當之矣

_「비변사등록」 정조 15년 정월 28일

## 자료27

제(채제공)가 장단에 있을 때 해서 면포 상인의 왕래가 끊이지 않은 것을 보았는데 길 가는 사람들이 통공발매의 효과라 했습니다. 작년 겨울 서울의 면포 가격이 이 때문 에 등귀하지 않아 서울사람들이 생업을 즐길 수 있게 되었습니다.

原文 臣在長湍謫所 見海西綿商 絡繹過去 道路之言 皆以爲通同發賣之效 昨冬都下綿價 以 此之故 不至騰踊 民情之樂業

_「승정원일기」 정조 17년 3월 10일

## 자료28

주25 행상(行商) : 이동하면서 장 사하는 상인.

주26 좌판(坐販) : 앉아서 장사하 는 상인.

도성 내 사람과 도성 주변의 사람이 같은 국가의 백성이니 행상行商주25과 좌판坐販주26 이 물품의 있고 없는 것을 매매하는 것은 떳떳한 일인데, 진실로 시전에 속해 있지 않 다고 해서 자기 물건을 가지고 매매하는 자를 잡아 쫓아내 서울 내에 발을 붙일 수 없 게 하는 것은 도리가 아니다. 이도 백성 저도 백성인데 국가에서 무휼하는 도리에 어 찌 피차의 차이를 두겠는가.

原文 匝域之民 均是赤子 則行商坐販 有無貿遷 固是常事 而苟非編名市廛 則人之持己物買 賣者 縛之驅之 使不得接跡於輦轂之下者 寧有如許道理 爾亦民彼亦民 在朝家撫恤之道 豈有 彼此之殊

_「정조실록」 정조 17년 3월 계묘

## 자료29

외어물전의 등장에 이르길, … 마포에 거주하는 오세만, 이동석, 차천재, 임번, 이세 홍 이차만 강세주 등이 감히 무엄한 마음을 품고 창졸간에 3강의 무뢰배 70여 명을 불 러 모아 스스로 소명성책小名成册주27하고, 행수라는 소임을 두어 강상에 함부로 어전

주27 소명성책(小名成册) : 이름을 적어 책을 만듦.

을 설치하고, 각처 어상들의 물건을 도집都執주28해 도고라 하니, 어찌 전에 없던 변괴

를 허락할 수 있겠습니까?

주28 도집(都執) : 독점적으로 사들임.

**原文** 外廛等狀內 … 麻浦居吳世萬李東石車天載林蕃李世興李次滿姜世柱等 敢生無嚴之

心 唱卒三江無賴之輩七十餘人 自作小名成冊 又出行首者所任 贅設魚廛於江上都執各處魚商

之物 謂之都賈 豈有如許 無前變怪乎?

_『각전기사』지 정조 17년 2월 계축

## 자료30

이전에 강상[江商] 및 싸전米廛 사람들을 형조에서 철저히 조사하여 보고하도록 초기草

記하고 분부한 바 있습니다. 지금 형조에서 보고한 바를 보니, 동막東幕주29의 여객주인

旅客主人인 김재순金在純은 실제로 강상의 주모자로서 곡식을 감추고 물을 섞은 두 가

지 죄가 모두 적발되어 여러 사람의 미움을 사게 되었고, 간사한 행동을 한 현저한 정

상이 있어 사안査案에서 이미 수괴首魁로 정하였습니다. 하미전下米廛 사람 정종근鄭宗

根은 쌀이 있으면서도 팔지 않았으므로 할 말이 없다고 공초를 하였고, 도성 안 수많은

백성들의 집에서 밥을 짓지 못하는 지경에 이르게 하였으니, 난동을 부린 사람들의 변

고는 그 가게로부터 나온 것입니다. 하미전 사람 이동현李東顯은 크고 작은 되를 뒤섞

어 사용한 일로 이미 포도청에서 곤장을 맞았으니, 비단 길거리가 떠들썩하니 소문이

퍼졌을 뿐 아니라 당해 가게의 증거는 다시 의심할 만한 것이 없습니다. 잡곡전 사람

최봉려崔鳳麗는 곡식에 물을 섞은 자취를 알면서도 그대로 숨겼으며, 9석石을 지금도

쌓아두고 있다고 하였으니, 궁색하게 피하려고 꾸며낸 말이 아닌 것이 없습니다.

주29 동막(東幕) : 한강변에 있는 지명으로 현재 서울 마포구 관란동에 소재.

**原文** 頃以江商及米廛人 令秋曹究覈論報之意 有所草記分付矣 卽見刑曹所報 則東幕旅客

主人金在純 實爲江商之孤注 藏穀和水 兩罪俱發 衆惡所萃 作奸昭著之狀 査案旣以首魁爲定

下米廛人鄭宗根 以有米不賣 無辭納招 而使都下許多民戶 至於絶火之境 亂民之變 出自渠廛

下米廛人李東顯 以大小升互用事 已經捕廳棍治 而不但街路喧傳 該廛之證 更無可疑 雜穀廛

人崔鳳麗 知其和水之跡 而仍爲掩匿 九石之尙今積置云者 無非窘遁粧撰之辭矣

_『비변사등록』순조 33년 4월 10일

**출전**

『만기요람(萬機要覽)』

『비변사등록(備邊司謄錄)』

『승정원일기(承政院日記)』

『영조실록(英祖實錄)』

『정조실록(正祖實錄)』

『중종실록(中宗實錄)』

『택리지(擇里志)』

『현종실록(顯宗實錄)』

『각전기사(各廛記事)』 : 조선 후기 어물전 등의 각종 소장과 관의 판결 내용을 기록한 관문서로, 현재 일본 교토대학
　　교가 소장하고 있다.

『경도잡지(京都雜志)』 : 조선 영 · 정조 때 문신 유득공(柳得恭, 1749∼1807)이 지은 서울 지지(地誌).

『임원십육지(林園十六志)』 : 조선 순조 때 서유구가 펴낸 저술로 농업과 관련된 내용이 수록되어 있다. 『임원경제지』
　　라고도 한다.

『임홍청금록(林鴻靑衿錄)』 : 1895년 임천 홍산 지역의 보부상 명단이다.

### 찾아읽기

강만길, 『조선후기 상업자본의 발달』, 고려대학교 출판부, 1973.

홍희유, 『조선상업사(고대중세)』, 과학백과사전출판사, 1989.

김동철, 『조선 후기 공인(貢人)연구』, 한국연구원, 1993.

김대길, 『조선 후기 장시연구』, 국학자료원, 1997.

고동환, 『조선 후기 서울상업발달사연구』, 지식산업사, 1998.

이태진 외, 『서울상업사』, 태학사, 2000.

백승철, 『조선 후기 상업사연구 : 상업론 · 상업정책』, 혜안, 2000.

변광석, 『조선 후기 시전상인 연구』, 혜안, 2001.

고승희, 『조선 후기 함경도 상업 연구』, 국학자료원, 2003.

고동환, 『조선시대 서울 도시사』, 태학사, 2007.

오호성, 『조선시대의 미곡유통시스템』, 국학자료원, 2007.

박은숙, 『시장의 역사』, 역사비평사, 2008.

이헌창 편, 『조선 후기 재정과 시장 : 경제체제론의 접근』, 서울핵가교출판문화원, 2010.

고동환, 『조선시대 시전상업 연구』, 지식산업사, 2013.

조영준 역해, 『시폐 : 조선 후기 서울 상인의 소통과 변통(비편사 편)』, 아카넷, 2013.

고민정 외, 『집담과 빙고 : 경기 · 충청 장토문적으로 보는 조선 후기 여객주인권』, 소명출판, 2013.

한상권, 「18세기 말∼19세기 초의 시장발달에 관한 기초연구」, 『한국사론』 7, 서울대, 1982.

이경식, 「16세기 장시의 성립과 그 기반」, 『한국사연구』 57, 1987.

# 8 민간 자본이 공업과 광산에 뛰어들다

## 수공업과 광업

조선 후기에는 농업의 변동, 상품 화폐 경제의 발달과 함께 수공업도 발전하였다. 이때 수공업은 종래의 관영 수공업이 쇠퇴하고 민간 수공업이 성장하는 추세를 보였다. 한편 금, 은, 동 등의 광물에 대한 수요 또한 날로 증가하였는데, 관영 광업이 이런 수요를 충족시키지 못하자 민영 광업이 점차 발달하면서 '덕대'라고 하는 새로운 광산 경영자층이 등장하였다.

## 관영 수공업의 쇠퇴와 민영 수공업의 성장

본래 관영 수공업은 공장안工匠案에 등록된 장인匠人이 관영 수공업장에 복무하여 제품을 생산함으로써 운영되었다. 이에 정부는 이들 관장官匠에게 보인을 붙여주는 급보제給保制와 잡다한 국역을 면제하는 복호제復戶制를 실시하는 한편 체아직遞兒職을 수여하고 급료를 지급함으로써 장인들의 안정을 도모하였다. <sup>[자료1]</sup>

그러나 16세기 이후 국역체제의 전반적인 해이로 급보제와 복호제는 유명무실해진 가운데 국가 재정의 부족으로 체아직의 수여와 급료의 지급 역시 중단되면서 관장이 관영 수공업장에서 이탈하는 현상이 빈번해졌다. 이러한 현상은 임진왜란과 병자호란을 겪고 난 17세기에 이르러서는 더욱 두드러졌다. <sup>[자료2]</sup> 그리하여 조선 초기에 2,800여 명에 달하던 서울의 경공장京工匠은 18세기 후반에는 약 10분의 1로 줄어들었으

김홍도의 「대장간」

며, 지방의 외공장外工匠도 사정은 비슷하였다.

　17세기 이후 관영 수공업장에서 이탈한 장인들은 국가에는 단지 장인세匠人稅만을 납부하면서 독자적인 수공업장 경영자로, 혹은 민간 수공업장의 기술 노동자로 포섭되어갔다. 이들 민간 수공업자, 즉 사장私匠들의 제품은 품질과 가격 면에서 관장들의 그것보다 월등히 우수하여, 결국 정부로서도 몇몇 물종을 제외하고는 모두 사장을 임용하는 고용제를 채택하지 않을 수 없었다.[자료3·4] 이러한 현상은 지방 관아도 마찬가지였다. 대표적인 공업제품인 종이의 경우, 지방 관아는 민영 지소紙所에서 만든 종이를 시장에서 종이를 구입해야 할 정도였다.

## 선대제의 등장과 농촌 수공업의 발달

　조선 후기 민간 수공업의 발달은 대체로 두 가지 양상으로 전개되었다. 하나는 상인 자본이 수공업품을 생산·판매하는 양상이다. 다른 하나는 사장들이 자신의 제품을 직접 생산·판매하는 양상이다.

　전자의 경우, 조선 후기 도시 경제가 발달하면서 수공업품의 수요가 증가하자 시전상인들은 수공업품을 확보하고자 하였다. 이를 위해 시전상인들은 자신들의 경제력과 금난전권禁亂廛權이라는 특권을 이용하여 원료의 구입과 제품의 판매를 독점하여 사장들이 자신의 제품을 직접 판매하는 길을 봉쇄하려 하였다. 즉 시전상인이 전매권으로 사재기한 원료를 장인에게 제공하여 그것을 상품으로 제조하게 한 뒤 장인에게 일정한 임금賃金만을 지불하고 그 제품을 전부 인수하는 이른바 선대제先貸制가 나타났다.[자료5] 나아가 시전상인이 장인을 직접 고용하여 수공업품을 생산하는 단계, 즉 상업 자본에 의한 상품 생산도 이루어졌다.

후자의 경우, 장인들이 상인 자본의 굴레에서 벗어나 스스로 독자적인 생산자이자 판매자로 성장하고자 하였다. 특히 이러한 장인의 독립 현상은 철기와 유기 제조업에서 두드러졌다. 솥을 만드는 수철장水鐵匠의 경우나 안성·납청(정주) 등 유기 명산지의 수공업자들은 임노동자를 고용해서 제품을 생산하고 직접 판매까지 하고 있었다. 이들은 제

유기 장수

품의 판로를 확보하고자 시전상인들과 치열한 분쟁을 벌이기도 하였다. 17세기 후반에 나타난 이엄전(耳掩廛, 귀덮개를 만드는 곳)·도자전刀子廛·상전床廛 등이 대표적인 것이었다.

수공업의 발달은 주로 도시를 중심으로 나타났지만 점차 농촌에서도 나타났다. 농촌의 수공업은 일부가 자영 수공업으로 성장하여갔고, 농가 부업으로 하던 수공업도 전업화되었다. 자영 수공업의 성장이 앞선 곳은 수공업 지역인 점촌店村을 이루었는데 철기점과 유기점을 비롯해서 자기점·와기점이 대표적이었다.[자료6] 특히 일부 유기점은 민간의 유기 수요가 커지면서 생산 과정에서 분업이 발달하고, 제조장의 규모도 49대의 기계를 갖출 정도로 확대되어갔다.[자료7] 농촌의 부업 수공업은 면직·견직·모시·마직업 등 직물을 중심으로 발전하였는데, 종전에 자가 수요와 조세 납부를 위해 생산하던 정도에서 벗어나 점차 상품생산의 단계로 접어들었고 이를 전업으로 하는 농가도 증가하였다. 이에 따라 직포기기의 개량도 추진되었다.

## 광업의 발달과 덕대의 등장

수공업이 발달함에 따라 원료를 공급하는 광업도 함께 발달하였다. 특히 전국의 장시에서 동전이 널리 유통되고 청, 일본과의 무역에서는 은이 결재수단이 되면서 동광과 은광의 개발이 촉진되었다.

광산은 본래 정부가 농민을 부역시켜 채굴하였지만 이 시기에 들어와 점차 부역 동원이 어렵게 되자,[자료8] 정부는 효종 2년(1651) 민간인에게 광산 채굴을 허용하고 세금을 받는 설점수세제設店收稅制를 시행하였다.[자료9·10] 이것은 정부가 일정한 지역을 지정하여 민간 경영을 허가한 다음 광산을 위하여 모집하는 인부의 수를 정해주고, 그 수효에 따라 세금을 받는 제도였다. 그러나 광산 개발이 활기를 띠는 가운데 정부의 허가 없이 몰래 광물을 채굴하는 잠채도 성행하였다. 이처럼 광업 역시 수공업과 마찬가지로 관영 광업은 쇠퇴하고 사적으로 채굴하는 잠채 또는 정부의 허가를 받아 세금을 내고 광산을 개발하는 형태가 성행하였던 것이다.

상인들은 광물에 대한 수요가 늘어나고 광업 기술의 발전에 따른 수익성이 높아지자 광산에 자본을 적극적으로 투자하였다. 특히 이 시기에 농촌에서 몰락한 농민들이 광산으로 몰려오자 이들을 저렴한 임금으로 고용하여 많은 이익을 남겼다.[자료11·12] 이들 상인을 물주라고 불렀다. 18세기 말경 황해도 수안 홀동 광산의 경우, 장마철이어서 태반의 일꾼이 흩어졌는데도 550여 명이 채광에 종사하고 있었고 점막의 수가 700여 동이나 이를 정도로 광산의 규모가 컸다.[자료13]

또한 광산의 개발과 경영은 많은 비용과 전문 능력이 요구되는 까닭에 '덕대德大'라고 불리는 경영 전문가가 등장하였다.[자료13] 이들 덕대가 개발에 필요한 막대한 비용을 물주로부터 조달할 뿐더러 광맥을 찾아 채굴과 제련을 하며, 거친 일꾼을 다룰 수 있었기 때문이다. 그리하여 광산에서는 자본을 가진 물주와 경영을 하는 덕대가 분리되었고 수백 명이 넘는 많은 노동자를 고용하여 분업과 협업으로 채굴작업을 벌였다. 이처럼 조선 후기 광산 경영에서는 자본, 경영, 노동이 분리되는 근대적 생산 방식이 나타나고 있었다.

**자료1**

약장藥匠 오금吳金 등이 글을 올려 말하기를, "세종 때에는 약장들에게 두 끼를 먹여주고 봉족 2명을 주었으며, 양인은 6품에서 거관去官[주1]하고, 천인은 장원서직掌苑署職을 제수하였으므로 사람들이 다투어 들어오려고 하였습니다. 그러나 지금(성종 때에는)은 점심과 봉족을 주지 않고 거관수직去官受職하는 법도 없어졌습니다. 또 『경국대전經國大典』의 약장의 원래 수는 모두 180명인데, 그 체아직遞兒職[주2] 수는 8품 2명과 7품 1명에 불과하며 그것마저 여러 장인들과 협의하여 수직受職하도록 되어 있어서 종신終身토록 체아직을 받지 못하는 자가 있으니 참으로 민망스러운 일입니다"라고 하였습니다.

주1 거관(去官) : 일정한 임기가 차서 다른 직으로 옮기거나 사임하는 것

주2 체아직(遞兒職) : 일정한 녹봉을 받는 정직(正職)과는 달리 정해진 녹봉 없이 근무 성적에 따라 고하를 달리하여 녹봉을 지급받는 관직.

原文 藥匠吳金等狀告 世宗朝 藥匠饋兩時 給奉足二名 良人則六品去官 賤人則掌苑署受職 以故人爭投屬 今則無點心奉足 又革去官受職之法 且大典 藥匠元數一百八十 而只有八品遞兒二七品遞兒一 與雜匠和會受職 或終身未受遞兒者 誠爲可悶

＿『성종실록』, 권75, 성종 8년 정월 무진

**자료2**

여러 관청 중에서 사섬시·전함사·소격서·사온서·귀후서 등은 지금 없어졌고, 또 내자시·내섬시·사도시·예빈시·제용감·전설사·장원서·사포서·양현고·도화서 등은 소속 장인이 없어졌으며, 그밖의 여러 관청들은 장인의 종류도 서로 달라졌고, 정해진 인원도 상당히 들쑥날쑥하다. 그리고 장인들을 공조에 등록하던 규정들은 점차 폐지되어 시행되지 않고 있다. 이러한 변화가 있음에도 불구하고 『속대전』에서 이것을 밝혀 말하지 않았기 때문에 지금 그대로 두고 고치지 않는다.

原文 以上諸司中 司贍寺典艦司昭格署司醞署歸厚署 今皆革罷 內資寺內贍寺司䆃寺禮賓寺濟用監典設司掌苑署司圃署養賢庫圖畫署 今無工匠 其外諸司 則名色之新舊互異 額數之加減無定成 籍藏本曹之法 寢廢不行 續典時不爲擧論 故今並仍舊不改

＿『대전통편』 공전 경공장

**자료3**

『경국대전』에는 각 도 각 읍에 공장이 있었다. 지금은 외공장에 등록하여 그 장적을 본도에 보관해두는 법이 없어져서 지방관청들에서는 일이 있으면 품값을 주고 사공

私工을 고용한다. 그러므로 『속대전』을 편찬할 때에 외공장에 대해서는 말하지 않았다.

原文 原典各道各邑 皆有工匠名色 今則外工匠無成籍藏本道之規 官有使役 則賃用私工 故續典時 亦不擧論

_『대전통편』 공전 외공장

### 자료4

관청에서 필요하면 기술이 있다는 사람을 강제로 데려다가 일을 시키고 관청일이라고 하여 값을 주지 않는다. 지방에서도 무세, 유세를 막론하고 재주가 있다는 소문이 있으면 억지로 위협하여 일만 시키고 대가를 주지 않는다. 관청에서 이렇게 하기 때문에 권세 있는 양반들도 이것을 본떠 함부로 일을 시키고 값을 주지 않는다. 형편이 이러하므로 수공업자들은 자기의 기술이 남에게 알려질까 두려워하게 된다. 이로 말미암아 모든 수공업이 발전하지 못하고 제품이 조잡해졌다. 이것이 전국적으로 하나의 관습이 되었다.

原文 只官有役則隨聞捉致役之 稱以官役 少給其價 外方則勿論有稅無稅 直隨所聞威勒役之而已 公府旣如此 勢家兩班又從而效之 價不當直 是以業工匠者 猶恐其技之聞於人 此所以百工無度 麤惡不成樣也 因以通國成俗

_『반계수록』1, 전제상

### 자료5

주3 조리목전(條里木廛) : 가공된 목재를 파는 시전.

주4 인거장(引鉅匠) : 두 사람이 밀고 당기는 큰 톱을 사용하여 목재를 가공하는 장인.

조리목전[주3]의 시민들이 등소하길, "인거장引鉅匠[주4]은 곧 저희 전에서 값을 쳐주고 부리는 공인工人입니다. 전부터 매달 9냥을 내어준 예가 있는데, 갑자기 작년에 매달 26냥을 받아갔다고 선공감에 터무니없이 호소하고 또 저희 전의 이름과 매매물종을 빼앗으려고 하니, 실로 그지없이 억울하여 특별히 처분을 내려주는 일입니다. 전의 이름이 시안市案에 기재되어 있고 예例로 보내는 것은 본래 정해진 규정이 있지만, 과외科外의 돈을 함부로 침탈하고 전廛의 이름과 매매하는 것을 빼앗으려고 하는 것은 '겨를 핥다가 쌀까지 이른다'고 할 수 있으니, 어찌 수공업자와 상인에 구별이 있습니까? 당해 서署의 완문完文이 있으니, 앞의 정식定式에 따라 시행해야 하겠습니다."

原文 條里木廛市民等以爲 引鉅匠卽矣廛給價使喚之工也 自前有每朔九兩出給之例 而忽於昨年以二十六兩逐朔受去之意 誣訴繕工監 且欲奪矣等廛號與買賣物種 誠極冤抑 特賜處分事也 廛號旣載市案 例送自有定規 而橫侵科外之錢 欲奪廛號買賣者 可謂舐糠及米 焉有工商

之別乎 旣有該署完文 一依前式施行

_『비변사등록』 철종 8년 정월 23일

**자료6**

지금 각 지방에는 무쇠점, 옹점, 침점 등 여러 가지 점촌들이 생겨나 그 수를 헤아릴 수 없다. 군역을 도피하여 적지 않은 사람들이 점촌으로 밀려들고 있어 일반 부역 대상자들과 군역 대상자들이 날로 줄어들고 있다. 지방관들은 오히려 이들을 비호하고 점촌들에서 바치는 물건들로 자기 욕심을 채우고 있다.

**原文** 列邑有店舍之弊焉 所謂(半行缺)水鐵店焉 有針店甕店 而其他雜店 不可勝(四五字缺) 軍役者 亦多投入於店舍之中 而爲其守令者 斗護數字缺民煙役軍役 盡爲減除 而捧其朔望所納 之物 爲私(一字缺)焉

_『승정원일기』 현종 8년 윤4월 10일

**자료7**

건륭 42년 정미(1777) 5월 16일 김생원 중옥 앞 명문기

우명문사右明文事 내가 긴히 쓸 곳이 있어서 구산리九山里 소재 유기점 기기 49좌, 백철 白鐵 126근, 동철銅鐵 123근, 황철黃鐵 273근, 초가 39칸을 가격 270냥을 받고 옛 문기 2, 새 문기 1을 영구히 방매하는 뜻으로 이와 같이 작성한 것이다. 이후 혹시 다른 말이 있거든 이 문기를 증거로 할 것이다.

점주店主 도경춘

증필證筆 최중대

_일본 교토대학교 소장 고문서

**자료8**

단천端川의 은광銀礦은 조종조祖宗朝 때부터 엄금하여 채광을 허락하지 않았으니, 그 뜻이 깊고도 원대하였다. 임진왜란 뒤부터 의리義理가 완전히 없어지고 오직 마음 내키는 대로 하였으므로 유사有司가 감히 취리聚利할 계획을 세우고 본 고을로 하여금 은을 캐게 하였다. 그리하여 마음대로 하도록 맡겨둔 채 채취하는 수량에 대해 다시 관섭하지 않았으니, 그간의 일은 이미 헤아릴 수도 없다. 본군本郡의 백성들은 이 은

광 채취의 역사로 인하여 피해를 입어 뿔뿔히 흩어졌다. 중외의 모리배들이 멋대로 속임수를 쓰기 때문에 그 폐단을 이루 다 말할 수 없을 뿐 아니라, 비난하는 소리가 간혹 조신朝臣들에게까지 미치니 더욱 통분하다. 이 뒤로는 종전대로 봉폐封閉하여 사적인 채광을 엄금하라. 사실이 탄로되면 본인과 전 가족을 사변徙邊할 것이고, 수령은 장죄贓罪로 논단論斷할 것이며 감사는 파직하라.

原文 端川銀礦, 自祖宗朝嚴禁, 不許開採, 其意深遠。 亂後義理都喪, 惟意是徇, 有司乃敢爲聚利之計, 令本官採銀, 任其所爲, 不復管其收採之數。 其間之事, 已爲叵測。 本郡之民, 因此採銀之役, 受其侵毒, 逃散相繼, 中外牟利之徒, 恣其姦驅, 其弊有不可言, 而或至訪及朝臣, 尤爲痛憤。 今後, 依前封閉, 嚴禁私採, 現露則本人, 全家徙邊, 守令以贓罪論斷, 監司罷職。

_『선조실록』 권124, 선조 33년 4월 정유

**자료9**

효종 신묘년(1651, 효종 2)에 호조에서 계품하여 은을 채취케 하되, 관官에서 파주·교하·곡산·춘천·공주 등지에 점店을 설치하고 백성을 모집하여 채취함을 허가하되 수세收稅케 하였으며, 숙종 정묘년(1687, 숙종 13)에 호조로 하여금 은점銀店을 전관專管하고 별장別將을 차송差送하여 간검하고 수세케 하니 이 뒤로부터 은점이 제도諸道에 두루 있게 되어 전후에 설치한 것을 합하면 68읍이다.

原文 孝宗辛卯 戶曹啓稟 令採銀 官設店于坡州交河谷山春川公州等地 募民許採 使之收稅 肅宗丁卯 令戶曹專管銀店 差送別將 看檢收稅 自是以後 銀店遍於諸道 前後所設合六十八邑

_『만기요람』 재용, 금은동연

**자료10**

우리나라는 물력이 부족하여 요역이 매우 무겁습니다. 마냥 나라의 힘으로 채굴한다면, 노동력과 비용이 많이 들어갑니다. 채은관採銀官에게 명하여 광산을 개발한 연후에 백성을 모집하여 허급하고 그로 하여금을 세금을 받게 합니다. 세금의 크기를 적당하게 정한다면 관에서 힘을 들이지 않아도 세입이 저절로 많아질 것입니다. 파주坡州에서 산출되는 은은 땅이 가깝고 품질이 좋아 관채官採로 봉하고 그밖에 교하·곡산·춘천·공산 등의 은 생산지는 채은관이 모두 이미 알고 있으므로 그로 하여금 가서 개발하고 민으로 하여금 세금을 가져오게 쓰도록 한다면 부상대고富商大賈들이 반드시 즐기며 좇는 자가 있을 것입니다.

原文 我國 物力不足 徭役甚重 每以國力採之 則亦多勞費矣 令採銀官 得穴開鑿 然後募民 許給 使之收稅 稅之多少 量宜定數 則官不費力 稅入自多 坡州之銀 地近而品好 封爲官採 其他 交河谷山春川公山等地産銀處 採銀官皆已知之 使往察開穴 令民輸稅採用 則富商大賈 必有樂 趣者矣

_「승정원일기」 효종 2년 8월 11일

**자료11**

현재 소민小民들의 절박하고 고질적인 폐해는 낱낱이 들어 말할 수가 없지만, 지금 철 파撤罷하지 않을 수 없는 것은 곧 관서關西의 금점金店입니다. 몇 년 전에 호판이 아뢴 것으로 인하여 양서兩西의 두서너 고을에 시험 삼아 설치했었는데, 해서海西는 곧 정 지하여 철폐하였고, 단지 관서 한 고을만 아직 금점을 혁파하지 않았습니다. 그런데 한번 금점을 설치한 후부터 간사한 백성들이 시기를 틈타 이익을 다투어 사사롭게 몰 래 채굴採掘하고 있습니다. 비록 금점을 설치하지 않은 고을일지라도 그렇지 않은 고 을이 없어 구묘邱墓와 전답田畓을 헤아리지 않고 곳곳에서 채광採礦하느라 토지를 뚫 어 여리閭里가 소란스러운 것은 거의 말할 수 없으며, 미곡米穀의 값이 올라서 도둑질 이 서로 잇달고 있습니다. 농사에 있는 힘을 다하는 백성들에 이르러서도 생업을 버 리고 영리를 좇는 까닭에 광산에서 가까운 들은 묵혀서 황폐해진 땅이 더욱 많았고 만부灣府와 통하는 곳은 몰래 국경을 넘는 일이 점차 심해졌는데, 근래에는 각자 경외 京外의 아문衙門에서 서로 금점을 설치하여 그 이익을 다투고 있어서 무릇 토지에서 산출되는 것에 관계되는데도 호조에서 알지 못하는 세금은 곧 사복을 채우고 숨기고 있습니다. 명색이 아문이라는 곳에서 이미 스스로 법法을 범하고 있으니, 소민들이 더욱 어찌 돌아보아 꺼리겠습니까? 경외의 관원들이 몰래 채광하는 풍습에 이르러서 는 더욱 지극히 놀라운 일로서, 죄가 장오贓汚에 관계되는데, 후에 이러한 폐단을 통 렬하게 혁파하지 않는다면, 해당 도신·수령 및 각 해사該司의 당상·낭청은 곧바로 찬배竄配의 율을 시행하는 것이 마땅합니다.

原文 目今小民切痼之弊 不可枚擧 而不可不及今撤罷者 卽關西金店也 年前因戶判所奏 試 設於兩西數三邑 而海西則卽爲停撤 但關西一邑 尙未罷店 而一自設店之後 奸民乘時爭利 私自 潛採 雖非設店之邑 無邑不然 不計邱墓田畓 在在掘礦 土地之穿鑿 閭里之騷繹 殆無可言 而米

穀騰貴 偸竊相續 至於服田力農之民 棄業趨利 近礦之野 陳荒滋多 通灣之地 潛越漸甚 而近則
各自京外衙門 互相設店 爭執其利 凡係土地所出 而地部所不知之稅卽私也潛也 名以衙門 已自
犯法 則小民尤何所顧忌乎 至於京外官潛採之習 尤極驚駭 罪關贓汚 後若不痛革此弊 當該道
臣 守令及各該司堂郞, 直施竄配之典宜矣

_『순조실록』 권11, 순조 8년 2월 신미

**자료12**

비변사에서 아뢰기를, "우통례 우정규가 상소하여 아뢰길, '대체로 은이 있는 곳에 점을 설치하면 부상富商, 대고大賈가 각각 물력物力을 내어 용인傭人을 모집할 수 있어서 토지가 없어 농사를 지을 수 없는 백성이 점민店民이 되어 생계를 의뢰하기를 원하며, 호조에 세를 납부하게 되면 공사公私가 양쪽으로 편리할 것입니다. 특별히 은점을 널리 설치하도록 허가하여 재화를 생산하는 도를 다하게 하십시오' 하였습니다. 근래 은화銀貨가 점차 귀해지고 있는데 참으로 적은 근심이 아닙니다. 은의 산지에 따라 광산을 설치하고 채취하는 것은 진실로 재화를 생산하는 방도가 됩니다. 그러나 다만 전후로 점을 설치한 것을 생각해보면 무뢰배가 포도逋逃하는 소굴이 되고 있어 이익은 보지 못하고 한갓 민폐만 끼칠 뿐입니다. 조정에서 사채私採를 엄금하고 개점을 허가하지 않는 까닭은 대체로 이에서 말미암은 것입니다. 지금 부상과 대고에게 물력을 내어 점을 설치하고 세를 납부하게 한다면 상업으로 쏠리고 이익을 탐하는 무리들이 반드시 사방에서 분분하게 일어나 그 폐단을 감당할 수 없을 것이니 참으로 이른바 얻는 것은 작고 잃는 것은 많은 것입니다. 참으로 은의 생산이 풍성하여 나라의 계획에 크게 관련된 곳이 있다면 유사의 신하가 그때에 가서 품지하고 스스로 마땅히 거행할 것이니 이 한 가지 사안은 그대로 두는 것이 어떻겠습니까?" 하니, 임금이 답하기를 "윤허한다" 하였다.

**原文** 蓋有銀處設店 則富商大賈 各出物力 募得傭人 無土不農之民 願爲店民 賴爲資生 而
納稅於地部 則可謂公私兩便 特許廣設銀店 俾盡生財之道云矣 近來銀貨之漸貴 誠非細憂 隨
其産銀之地 設礦採取 固爲生財之道 而第念前後設店 適足爲無賴輩逋逃之淵藪 未見其利 徒
貽民弊 朝家所以嚴禁私採 不許開店者 蓋由於此 今若許令富商大賈 出物力設店納稅 則逐末牟
利之類, 必將紛 紜四起, 不勝其弊, 眞所謂所得者小, 而所失者多, 苟 有産銀豐盛 大關國計處 則
有司之臣 臨時稟旨自當擧行 此一款置之何如 答曰 允

_『비변사등록』 정조 12년 8월 18일

**자료13**

수안군遂安郡의 금혈金穴은 갑인년 호조에서 적간한 뒤 화성부華城府로 관문을 보내 금점을 옮겼는데, 금점 5곳 가운데 두 곳의 금맥은 이미 다 되어 거의 철폐하기에 이르렀고, 세 곳의 금맥은 넉넉하고 많아 올 여름에 새로 뚫은 혈이 39개이고 비가 와서 사역을 정지한 혈이 99개입니다. 현재 광부는 5백50여 명이고, 도 내 무뢰배뿐만 아니라 농사에 실패하여 투입하였거나 사방에서 이익을 좇는 무리가 소문을 듣고 몰려들었다가 올 여름 장마를 만나 태반이 뿔뿔이 흩어졌는데 현재 막사 수는 아직도 7백여 개이고 사람 수 역시 1천5백쯤 됩니다. 총 인원수는 일정하지 않아 세금을 걷는 수 역시 그에 따라 늘었다 줄었다 하는데, 가장 왕성하게 점을 설치할 때는 하루아침에 받는 세금이 수천여 냥이나 되며, 그중 7백 냥은 화성부에 상납하고 50여 냥은 점 안의 소임所任 등의 급료 값으로 제하고, 남은 1천 냥은 차인差人이 차지합니다.

原文 遂安郡金穴 甲寅自戶曹摘奸後 華城府移關移店 而金店五處中 兩庫金脈旣盡 幾至撤店 三庫金脈豐盛 今夏新鑿之穴 爲三十九 値雨停役之穴 爲九十九 目下鉛軍 爲五百五十餘名 非但道內無賴之輩 廢農投入四方逐利之類 聞風還至 値今夏潦 太半零散 而見在幕數 猶爲七百餘 人口亦爲一 千五百零 人摠多寡無常 收稅之數 亦隨以贏縮 而店設最盛時 一朝捧稅數千餘兩內七百兩 華城府上納五十餘兩 店中所任等料價除下一千餘兩 差人次知

_「비변사등록」 정조 22년 7월 27일

**자료14**

운산 촉대봉에 금점이 처음 만들어졌는데 점장이 서울에서 내려와 이같이 금점설을 퍼뜨리고 광부를 모을 즈음 내 아들 득황이 덕대편수[邊首]로 역시 그 안에 들어갔다.

原文 雲山燭臺峰 金店設始 而店將自京下來 如是 唱出其說 招集採軍之祭 矣子得黃以德大邊手[邊首] 亦入其中

_「관서평란록」 15, 임신 2월 11일, 강윤택 공소

**출전**

「만기요람(萬機要覽)」

「반계수록(磻溪隨錄)」

「비변사등록(備邊司謄錄)」

「선조실록(宣祖實錄)」

『성종실록(成宗實錄)』

『순조실록(純祖實錄)』

『승정원일기(承政院日記)』

『관서평란록(關西平亂錄)』 : 안주목사 조종영이 쓴 홍경래의 난 진압 보고서이다. 현재 일본 국회도서관에 소장되어
있다.

『대전통편(大典通編)』 : 『경국대전(經國大典)』과 『속대전(續大典)』 및 그 이후에 임금이 내린 교명(敎命)과 현행법을
정리하여 편찬한 법전이다. 정조 9년(1785) 김치인(金致仁) 등이 왕명에 의해 편찬하였다.

### 찾아읽기

고승제, 『한국근세산업사 연구』, 대동문화사, 1959.

유원동, 『이조후기 상공업사 연구』, 한국연구원, 1968.

송찬식, 『이조후기 수공업에 관한 연구』, 한국문화연구, 1973.

강만길, 『조선후기 상업 자본의 발달』, 고려대학교 출판부, 1973

강만길, 『조선시대상공업사연구』, 한길사, 1984.

홍희유, 『조선수공업사2』, 공업종합출판사, 1991.

유승주, 『조선시대 광업사연구』, 고려대학교 출판부, 1993.

송찬식, 『조선후기 사회경제사의 연구』, 일조각, 1997.

김덕진, 『조선후기경제사연구』, 선인, 2002.

김삼기, 『조선후기 제지수공업 연구』, 민속원, 2006.

김영호, 「조선후기 수공업의 발전과 새로운 경영형태」, 『대동문화연구』 9, 1972.

김민영, 「조선후기 광업경영형태의 발전에 대한 연구 : 잠채와 덕대제도를 중심으로」, 전남대학교 석사학위 논문,
1986.

# 9 큰돈을 벌려면 무역을 해야 한다

대외무역의 발전

양란 이후 조선은 청나라의 비단과 일본의 은을 중계하면서 큰 이득을 볼 수 있었으며 이로 인해 조선은 신속하게 전쟁의 상처를 딛고 재기할 수 있었다. 중계무역이 쇠퇴한 이후에 조선은 홍삼 등 새로운 수출품목을 개발하여 청나라와 활발하게 교역하고 있었다. 무역 과정은 사대교린이라는 외교관계의 외피를 쓰고 있었으므로 자연스럽게 역관들이 주도하는 사행무역이었으나 점차 송상, 만상, 래상 등 사상층이 활발하게 무역에 참여했으며 이들이 점차 무역을 주도하게 된다. 무역을 통한 사상의 성장에 자극받아 조선의 국내 산업은 한층 더 발전할 수 있었다.

## 청나라와의 무역

조선 시기 해외무역은 원칙적으로 사대교린이라는 정치 외교적 의례에 수반하여 이루어졌다. 조선이 사대의 예로써 중국에 방물, 즉 조공물을 바치면 중국은 이에 대한 답례로 회사품을 주었으며, 이와 함께 중국으로 사신이 오가는 과정에서도 교역이 진행되었다. 조공과 회사의 형식으로 이루어지는 의례적인 무역 외에 사행 과정에서 각급 관아의 공용을 교역하기 위한 공무역, 반합법적인 사무역 및 불법적인 밀무역이 존재했다. 이때 사무역과 밀무역은 조선과 청나라의 공인 여부에 따라 수시로 변동될 수 있었다. 이러한 형식의 사행무역 외에 중국과의 국경 지역에서는 사행무역에 비해 경제 논리가 강조되는 무역 형태인 개시무역이 존재했다.

일본과의 교역 역시 조공의 주체와 객체가 바뀌었다는 점, 즉 양국의 외교를 중개하는 대마도주의 조공을 조선이 받고 반대급부로서 회사품을 주었다는 점을 제외하고 사행무역인 점에서는 동일하였다.

사행은 크게 정기사행과 임시사행으로 나뉜다. 정기사행은 삼절연공행(동지행)과 황력재자행(역행)으로 나뉘는데 동지행은 매년 음력 11월에 출발하여 이듬해 4월에 귀국하였고, 역행은 매년 음력 8월에 출발하여 10월 북경에 도착하여 청나라의 달력인 시헌력을 받아오게 되는데 귀국길의 역행과 출국길의 동지행이 압록강 건너 책문 어름에서 만나 그간 양국의 사정을 주고받게 된다. 임시사행은 사은, 진하, 진주, 주청, 진위, 진향, 변무, 문안, 참핵, 고부, 재자 여러 명목의 사행이 존재했는데 사건의 비중과 파견 시기에 따라 정기사행편에 함께 보내거나 비중이 높은 임시사행편에 겸행하도록 했다. 그리하여 청나라가 북경으로 천도한 1644년부터 조선의 국교가 확대된 1876년까지 각기 다른 목적의 사행이 총 612회, 즉 대략 2년에 5번 정도의 사행이 있었다.

사행 과정에서 통역과 사행단 운영의 실무를 맡은 역관이 각기 짐꾼과 짐말을 배당 받아 공무역과 사무역을 주도했다. 우선 조선과 청나라는 역관들이 인삼 80근을 청나라에 가져가서 이를 팔아 사행에서 필요한 제반 경비를 마련하게 했는데 인삼을 10근씩 포장하여 8꾸러미를 가지고 갔다 하여 팔포八包라는 이름이 붙었다.[자료1] 이른바 팔포무역이었다. 그 뒤에 일본 은의 유입이 늘어나자 숙종 8년에 이르면 아예 인삼 대신 은을 가지고 가서 청나라 소주와 항주에서 생산된 백사白絲와 필단疋段을 수입해 이를 동료역관인 훈도訓導와 별차別差가 주관하던 왜관倭館에서 일본상인에게 팔아 두 배 이상의 큰 이익을 봤다.[자료2] 다음으로 역관은 서울의 각 군문이나 아문의 은화를 빌려 중국에서 가서 약재, 필단 등 사치품, 함석含錫, 유납鍮鑞, 두석豆錫 등 병기 및 동전 주조 원료 등의 수입을 대행하였다. 이는 팔포와는 별개의 무역이었기 때문에 별포別包 또는 포외월송包外越送이라 하였다. 역관에게는 별포 자체의 이익은 그다지 크지 않았다.[자료3] 역관의 이익은 오히려 군문 아문의 별포를 빙자하여 더 많은 은화를 가지고 중국에 가서 더 많은 중국 상품, 즉 연화燕貨를 사올 수 있는 데 있었다.[자료4]

또한 역관들은 사행 중 공용은公用銀을 부담하는 조건으로 각급 관아에서 은화를 대출받을 수 있었다. 공용은은 팔포로 마련하는 반전盤纏, 즉 여행 경비와는 달리 중국의 각급 관료와 교류할 때 쓰이는 경비, 뇌물, 각종 정보수집 비용 등 공식적으로는 비용으로 청구할 수 없는 항목이었다.[자료5] 그렇기 때문에 조선 국가는 역관이 경외 아문에서 관은을 빌려 무역하는 것을 눈감아주고 대신 그 이익의 일부를 공용은으로 사용했다.

이상과 같이 역관은 팔포, 별포, 공용은 마련 등의 명목으로 무역자금을 조달한 뒤 이로써 중국의 백사, 필단 등을 구입해서 이를 다시 일본에 파는 중계무역으로 치부할 수 있었다. 이 때문에 당시 조선에서는 이들 역관을 통역이란 의미의 상역象譯에 빗대어 상역商譯이라고도 칭했다.

그런데 17세기 중반 이후 청일 간의 중계무역이 쇠퇴하면서 대외무역의 양상이 급변하게 된다. 조선에서는 1684년(숙종 10) 청의 해금령이 해제되면서 청나라 상인이 일본의 나가사키에 직접 가서 교역하기 때문에 중계무역이 쇠퇴했다고 생각했다.[자료6] 하지만 나가사키에서 청-일 상인이 직교역한 이후에도 조선의 중계무역은 여전히 30여 년 이상 유지되고 있었다. 조선이 중계하는 백사의 가격이 나가사키를 거쳐 일본 경도에서 판매되는 가격보다 십분지일 내지 삼사분지일 이상 저렴했기 때문이었다. 나가사키 무역에서는 중국 상선이나 네덜란드 상선에서 백사를 인도받은 뒤 여러 층의 중간상인을 거쳐야 했기 때문에 가격이 비쌀 수밖에 없었던 것이다.

청일 간의 중계무역이 쇠퇴한 이유는 다른 데 있었다. 우선 일본의 은 산출이 현저하게 감소하여 일본의 구매력이 떨어져 있었다. 이에 더하여 일본 내의 생사 생산이 증가하였고 영국 동인도회사가 중국의 생사를 대량 수입하면서 생사 가격이 폭등하였으며 중국 정부가 생사 수출을 통제했기 때문이다. 이로 인하여 조선을 경유하여 일본으로 판매되는 생사의 물량 확보도 어려워지고 가격까지 비싸졌기 때문에 조선의 생사 중계무역은 쇠퇴할 수밖에 없었다. 이제 조선의 무역 환경은 동아시아에 상황에 국한되는 것이 아니라 세계무역시장 특히 지리상의 대발견 이후 동진하던 서유럽 여러 나라의 무역 상황과 직·간접으로 영향을 주고받게 되었다.

중계무역이 쇠퇴하자 청나라에서 수입한 상품의 판로를 잃었고 무역을 위해 빌린 자금의 상환도 지연되었다. 결국 1722년(경종 2)에는 중앙과 지방의 각 아문에서 역관에게 대여한 무역자금을 회수하기 위해 상채청償債廳까지 설치하기에 이른다.

사행무역이 침체되자 사행무역에 필요한 경비 마련이 곤란해졌고 아울러 역관 응시를 꺼리는 풍조까지 생겨서 직업 외교관인 역관의 충원까지 문제가 될 지경이 되었다.[자료7] 공용은 마련과 역관 생계 보장을 위해 조선 정부는 중계무역을 대신할 수 있는 새로운 수출상품을 발굴하고 17세기 후반 이후 사행무역에 반합법적으로 참여하고 있던 역관 이외의 상인, 즉 사상에 대한 통제를 강화하였다.

사상들은 사신이나 역관과 결탁하여 마부, 심부름꾼 등의 이름을 빌려 사행단에 끼거나 관부의 대청무역을 대신하는 무역별장의 명목으로 참여하고 있었다. 그런데 사행단의 인원수가 한정되어 있기 때문에 여기에 끼지 못한 사상들은 사행단이 출국할 때 필요한 짐말의 여분을 준비한다거나[餘馬] 귀국할 때 사행단의 짐을 나른다는 명목으로[延卜] 압록강 너머에 있는 책문에 출입하여 각종 상품을 교역했고 여기에 심양에 바치는 방물의 운반 인원을 지휘하는 단련사까지 합세하게 되었다. 이처럼 책문에 상품과 상인이 몰리게 되자 중국 관동의 상인뿐만 아니라 중국 남방의 상인들도 책문시장으로 폭주하고 있었기 때문에 조선의 상인들은 일부러 북경까지 갈 필요 없이 필요한 상품을 책문에서 구할 수 있을 정도였다. 당시에 이미 존재하고 있었던 중강, 회령, 경원 등 북관개시처럼 국경무역시장의 하나가 되었지만 이는 여전히 양국이 공식적으로 인정한 무역의 형태가 아니었기 때문에 책문후시柵門後市라고 불렸다.

책문후시는 사행무역 과정에서 자연스럽게 탄생한 국경무역이었지만 사행무역의 규모를 훨씬 능가하고 심지어 정상적인 외교행위까지 방해하고 있었다. 이에 조선 정부는 청나라와 협상하여 청나라 상인인 난두와 단련사를 혁파하고 아울러 1725년(영조 1)과 1727년(영조 3) 연복제와 심양팔포를 폐지하여 사실상 책문후시를 통한 사상의 대청무역을 봉쇄하였다. 하지만 그간 책문후시를 통해 재정을 보충하고 있었던 황해 평안감사 및 의주부윤 등 지방관부의 무역 재개 요청이 끊이지 않았고 여기에 책문후시를 다시 열어달라는 청나라의 요청까지 겹쳐 1754년(영조 30)에 의주부의 채무변제와 변경민의 생계 지탱을 명분으로 삼아 다시 책문후시를 허용하게 된다. 하지만 이 때의 책문후시는 의주상인[만상]에게만 허락했기 때문에 만상후시灣商後市라고도 불리는데 수출품은 가죽, 종이 등으로 제한했고 산해관 동쪽의 물화만을 수입하게 했다. 아울러 이전과 달리 수출품뿐만 아니라 수입품과 수입액을 동시에 검사하는 등 사상에 대한 통제책을 마련했다.

하지만 사상의 후시무역을 제한함으로써 역관에 의한 사행무역을 지원하려는 정책은 큰 효과를 볼 수 없었다. 서울 상인과 개성, 평양, 안주, 의주 등의 사상, 소위 서상西商 들은 만상후시를 통해 수출되는 상품을 매집하는 과정과 수입된 청나라 상품을 국내에 판매하는 과정에서 역관−시전상인을 압도하고 있었다. [자료8]

결국 조선 정부는 1754년(영조 34) 당시 조선에서 인기 상품이었던 방한용 털모자의 수입독점권을 역관에게 주었지만 정부의 은 재고가 부족한 상황에서 큰 효과를 보지는 못했다. 대청 무역의 활로는 중국 사람들이 좋아할 만한 새로운 상품의 개발, 즉 홍삼에서 찾아졌다. 본래 인삼은 그 약효가 뛰어나기 때문에 삼국시대 이래 중국과 일본 모두 탐을 내는 우리나라의 특산품이었지만 그간 무분별한 채취로 인하여 거의 멸종 상태에 이르러 가짜 인삼까지 나돌 정도로 국내 수요조차 감당할 수 없었다. [자료9]

그런데 18세기 초 · 중반 영남지방을 중심으로 인삼의 인공재배, 즉 가삼 재배가 시도되다가 중후반에 이르면 가삼 재배법이 전국적으로 보급되고 농서에 정리 수록되기에 이른다. 또한 가삼은 산삼에 비해 약효가 떨어지고 장거리 운송할 때 부패하는 경우가 많았는데 18세기 후반에 가삼을 찐 후 말려서 운반하기에도 쉽고 약효까지 증진시킨 고부가가치 상품, 즉 홍삼이 개발되었다. 홍삼은 고가의 사치품이었지만 수출 이익이 3배에서 열 배가 넘는 고수익 상품이었으며 홍삼의 국내 생산 능력을 감안하면 생산에 대한 중국 내 수요도 사실상 무한대였다. 이에 1797년(정조 21) 사행팔포에 홍삼을 은과 함께 포함시켜 홍삼무역을 공식화하였다. 동시에 조선 국가는 제조장인 증포소蒸包所를 파악하여 홍삼 제조량을 조정하고 홍삼 무역량과 세금 액수를 조종함으로써 홍삼 무역 전반

요동인삼　　　　조선인삼　　　　미국산 야생인삼

**인삼의 종류**
인삼은 우리나라에서 나는 것 이외에 중국 요동이나 아메리카에서 나는 품종이 있었고 이들 모두 조선 후기 중국 인삼시장에서 널리 거래되고 있었다. 하지만 우리나라에서 나는 인삼은 특별히 고려인삼이라 칭했으며 요동인삼이나 아메리카인삼과는 같은 드릅나무과에 속하지만 속이나 종이 다른 별개의 품종이며 중국시장에서도 다른 품종에 비해 특별히 고가품이었다.

을 통제하고자 했다. 하지만 인삼의 재배와 홍삼 제조는 막대한 자본과 기술력이 뒷받침되어야 했으므로 애초부터 개성상인 등 사상들이 이를 장악하고 있었다. 또한 홍삼은 소규모로 은밀히 제조될 수 있었으며 부피가 작고 가벼워 운반하기에도 편리했기 때문에 육로뿐만 아니라 바다를 통해 밀무역되는 일이 빈번했다.

홍삼이 조선의 주요 수출품으로 각광을 받은 반면 주요 수입품목으로 서양포가 대두된다. 서양포는 당목唐木 내지 옥양목玉洋木이라고도 하는데 주로 영국에서 직조기로 제조된 폭이 넓은 면포로서 수입된 지 얼마 지나지 않아 대량으로 수입되기 시작하여 전국의 장시에서 흔히 볼 수 있는 상품이 되었고 급기야 국산 면포의 지위를 위협하기까지 하였다.[자료10] 조선의 무역 환경은 물론 국내 시장까지 세계 무역과 서구 자본주의의 영향을 직접 받게 된 것이다.

이상과 같이 중국과의 무역은 청나라와 일본을 매개하는 중계무역에서 시작하여 홍삼을 필두로 하여 국내 생산물을 수출하고 비단 등 사치품 외에 서양목 같은 생활필수품까지 수입하게 되면서 국내 산업 전반에 큰 영향을 끼치게 되었다. 조선 국가는 무역에 직접 참여하거나 수출입 단계에서 과세하여 막대한 은화를 확보할 수 있었다. 재정 수입 중 상당 부분이 현물이던 상황에서 유동자산인 은화의 대량 확보는 재정 전체에서 차지하는 비중은 작을지언정 조선 재정의 유동성 확보에 큰 역할을 하였다. 하지만 무역의 주인공은 의주상인과 개성상인을 필두로 하는 서상이었다.[자료11] 이들 중 특히 개성상인은 초피, 인삼 등 중국 수출품의 생산 및 수집 과정을 장악하여 사실상 수출 전반을 조종하고 있었으며 이와 동시에 중국 수입품의 국내 판매망도 장악하고 있어서 막대한 자본을 집적할 수 있었다. 그리고 이러한 자본을 상업 이외에 인삼 재배업과 가공업 및 광산업 등에 투자함으로써 국내의 산업 생산을 자극하고 있었다.


## 일본과의 무역

일본과의 무역은 중국과의 무역과 마찬가지로 사행무역을 통해 이루어졌으나 임진왜란으로 일본과의 국교가 단절되어 사행무역 역시 끊어지게 된다. 하지만 조선의

「동래부사접왜사도」

입장에서는 후금 성장과 함께 북쪽 변경에 대한 위기감이 고조되자 적어도 남쪽 국경을 안정시켜야 할 필요가 커졌고 재정의 빈곤을 타개할 방법도 절실했다. 일본의 입장에서는 동아시아의 외교와 무역관계에 다시 복귀해야 했기 때문에 이러한 양국 사이의 이해관계가 맞아떨어져 두 나라 간의 외교관계 복구는 급물살을 타게 된다.

1607년(선조 40) 회답겸쇄환사回答兼刷還使라는 명목의 외교사절이 일본으로 가고 1609년(광해군 원년) 기유약조己酉約條가 체결되기에 이른다. 기유약조에서는 외교창구를 대마도로 일원화하고 사행무역은 대마번의 진상과이에 대한 회사의 형식으로 이루어졌으며 그 장소도 왜관으로 제한되었다. 이 과정에서 조선이 필요로 하는 관아의 물품도 매매되었으며 이와는 별도로 사무역과 밀무역이 행해졌다.

왜관은 1607년(선조 40) 두모포에 설치되었다가 1678년(숙종 4) 초량으로 확장 이전했다. 민간인과의 사사로운 접촉을 방지하기 위해 높이 6척 둘레 1,273보의 돌담이 둘레에 처져 있었으며 담 밖에는 일종의 초소 역할을 하는 6개의 복병막伏兵幕이 있었다. 무역은 왜관에 한정되었으며 개시일은 매월 3일과 8일이 들어 있는 날(3, 8, 13, 23, 28)에 열렸는데 이는 주변 읍내장(27일)과 부산장(49일)과 연계되고 있었다. 개시에 참여할 수 있는 상인은 미리 동래부의 허가를 받고 세금을 납부해야 했다. 이들 상인을 동래상인 또는 줄여서 내상萊商이라 했는데 초기에는 동래 출신의 상인보다는 대개 서울에 근거를 둔 부상富商들이었으나 조청일 간의 중계무역이 쇠퇴되면서 무역활동만으로는 생계가 어려워지자 19세기 중엽에는 동래상인의 대다수가 동래부의 각종 무임직이나 향리직을 겸하는 경우가 많아지는 등 동래 출신 내지 동래 거주자로 바뀌게 된다.

개시일에는 왜관의 정문에 해당되는 수문守門 앞에서 훈도와 별차 그리고 수세관과 개시감관이 상인의 물품을 검사하고 장부에 기록하였다. 그리고 훈도와 별차가 개시대청에 나가면 일본 측에서는 조선과의 무역을 담당하는 별차가 나가 이를 맞이했다. 교역이 시작되더라도 흥정과 매매는 모두 개시대청의 공개된 장소에서만 가능했다. 하지만 관청의 허가를 받은 상인 외에 소상인 내지 잠상인들이 몰래 개시에 참여했으며 매일 아침 수문 밖 찬거리를 매매하는 조시朝市와 매달 5일 식량 조달을 위한 오일개시五日開市를 이용하여 소상인들도 무역에 참여하고 있었다.

17세기 이후 18세기 중엽까지 중계무역이 활발하게 전개되었을 때 주요 수출품은 중국산 백사와 조선 인삼, 쌀이었고 주요 수입품은 은, 구리, 물소뿔, 단목이었다. 거래되는 물품은 모두 10분의 1을 수세했다. 이때의 인삼은 자연삼이었으므로 국내 수요를 고려하여 대일 수출을 제한하거나 인삼 재배가 일반화된 뒤에는 재배삼으로 대신하려 했으나 일본 상인은 여전히 자연삼을 선호했다. 이에 따라 도라지에 인삼껍질을 씌우거나 인삼에 금속심을 박아 무게를 늘리거나 아니면 인삼 실뿌리를 아교로 붙여

**인삼대왕고은(人蔘代往古銀)**
17세기 이래 일본의 은 산출량이 떨어지자 순도 20퍼센트의 은화까지 발행했지만 막부에서는 조선과의 인삼 무역을 위해 순도 80퍼센트의 특별은화를 주조했다. 왕고은(往古銀) 또는 인삼정은(人蔘丁銀)이라고도 한다.

모양을 만드는 위조삼의 문제가 발생하기도 했다.[자료12]

쌀은 일본에서 공무역을 통해 수입한 물품의 결제대금의 형식으로 수출되었다. 본래 결제대금은 면포였으며 이를 공목(公木)이라고 칭했다. 1651년(효종 2)부터 5년을 기한으로 하여 공목 중 일부를 쌀로 대신 지급하기 시작했는데 5년의 지급기한은 사실상 무기한 재연기되고 있었지만 조선의 기본 입장은 공작미 지급은 한시적인 특혜이며 상시적인 조약이 아님을 분명히 하고 있었다.

백사, 인삼—은의 수출 형태는 18세기 후반 중계무역이 쇠퇴하면서 변동된다. 19세기에 이르면 소가죽, 소뿔, 한약재인 황금(黃苓), 마른 해삼이 주요 수출품이 되었는데 이 중에서 막부 말기부터 일본에서 군수품으로 수요가 급증한 소가죽이 가장 큰 비중을 차지했다. 수입품으로는 조선에서 주전 원료로 절실했던 동이었다.

이상과 같이 조선과 일본의 사행무역은 기본적으로 대마도를 매개로 한 교린외교라는 2중의 외피를 쓰고 진행되었다. 숙종 10년부터 36년까지 통계이지만 연평균 7톤의 은이 거래되는 등 조선은 이를 통해 막대한 이득을 얻을 수 있었으며 이로 인해 양란으로 피폐한 조선의 경제가 재기하는 데 큰 도움을 받았다. 중계무역이 쇠퇴되면서 대일 무역 규모는 크게 축소되었고 동래상인의 위상도 격하되었지만 일본에서 수입하는 동과 물소뿔 등은 조선의 동전주조와 군수품 생산에 없어서는 안 되는 중요한 물자였다.

대외무역은 17세기 이래 국내 농업 생산력의 발전과 상품 화폐 경제의 진전에 힘입어 확대 진전되었으며 동시에 국내 산업과 교환경제에 자극을 주었다. 무역은 형식상 여전히 사행무역에 수반하여 행해지고 있었으나 점차 내용상 외교 절차와 무관한 국경무역의 형태로 발전하고 있었다. 또한 18세기 중반 이래 조선의 무역은 동아시아의 범위를 벗어나서 세계무역시장과 직·간접으로 영향을 받으며 진행되고 있었다. 이제 조선은 경제적으로도 세계자본주의와 정면으로 대면할 상황에 도달하게 된 것이다.

**자료1**

국초에는 연경燕京에 가는 인원人員이 은화銀貨를 지니고 가서 반비盤費·무역의 자금으로 하였었는데 선덕(宣德, 명 선종의 연호)연간에 이르러서 금은은 국산이 아니므로 주청奏請하여 면공免貢하였다. 이로부터 연경에 가서 매매하는 데에는 은화를 가져가는 것을 금하고 인삼으로 대신하여, 한 사람에 10근씩으로 하였는데, 뒤에 점점 넘쳐서 그 수량이 많아지므로, 숭정崇禎 초년(初年, 명 의종 원년, 1628, 인조 6)에 이르러서 매인에게 80근을 가져가게 허락하니, 이것을 '팔포八包'라 이르는 것이다. 그 뒤에 또 은자를 지니고 가는 것을 허락하여, 삼 매근에 절은(折銀, 은으로 환산함) 25냥, 80근에 은 2,000냥을 1인人 팔포로 하였다.

原文 國初。赴京人員帶銀貨。以爲盤費, 貿易之資。至宣德年間以金銀非國產奏請免貢。自是赴京買賣。禁賣銀貨。代以人蔘。人各十斤。後漸濫觴。其數浸多。至崇禎初每人許賫八十斤。此所謂八包也。其後又許帶銀子。蔘每斤折銀二十五兩。八十斤共銀二千兩。爲一人八包。

_『만기요람』재용 5. 연행팔포 변천연혁

**자료2**

우리나라 사람이 청나라에서 무역해오는 백사白絲가 모두 왜관으로 들어가는데, 바로 큰 이익을 얻기 때문입니다. 백사 1백 근斤을 60금金에 무역해와서 왜관에 가서 팔면 값이 1백 60금이나 됩니다. 이런 큰 이익이 있기 때문에 백사는 비록 수만 근이라도 모두 팔 수가 있습니다.

原文 我人之貿白絲於淸國者, 皆入倭館, 則輒得大利。白絲百斤, 貿以六十金, 而往市倭館, 則價至一百六十金。此大利, 故白絲雖累萬斤, 皆能售之矣

_『현종개수실록』권22, 현종 11년 3월 3일 경신

**자료3**

대저 사신으로 떠날 때 상방(尙方, 상의원)과 내국(內局, 내의원)에서 무역을 하는 것은 폐지할 수 없습니다만 군문軍門에서는 군복軍服과 기치旗幟를 사용하기 위해 무역을 해야 한다고 말하고 모든 상사(上司, 상급관청)에서도 약재藥材를 무역해야 한다고 말하면서 각각 은화銀貨 2, 3천 냥을 보내달라고 간청하고 있습니다. 이것이 만약 실로 그 이익이 있다면 할 만한 일입니다만 그 가격이 도리어 우리 시장에서 구입한 것보다 못하므로 한갓 통역관들에게만 영리의 재물이 되어 결국 국법이 이행되지 않게 되니 참으로 개탄스럽습니다.

**原文** 大抵使行時, 如尙方內局貿易則固不可廢, 而軍門, 以軍服旗幟所用爲辭, 諸上司則以藥村貿 易爲言, 各請送二三千兩銀貨, 此若實有其利, 則猶 或可爲, 而其折價, 反不如貿用於市上, 徒爲譯舌輩 牟利之資, 致令國法不行, 誠爲慨然矣

_『비변사등록』 90, 영조 7년 11월 13일

**자료4**

정사正使 윤순尹淳이 아뢰기를, "근래 사행 때 5상사上司 및 군문에서 공팔포空八包를 입송入送하는 일이 있습니다. 신이 일찍이 금위낭청으로 있을 때 보니, 군수軍需만을 위해서 그렇게 하는 것이 아니라 지금 만약 남은 은銀의 명목만 있으면 앞으로 반드시 이름을 빌려가지고 들어가는 자가 있을 것이니 이후에는 일절 막아야 할 듯합니다. 원래 숫자 이외에 남은 숫자를 더 보태 보내는 일이 없도록 분부하는 것이 어떻겠습니까?" 하였다.

**原文** 正使尹淳所啓, 近來使行時五上司及軍門, 有 空八包入送之事, 臣曾爲禁衛郎廳時見之, 則非但爲軍需, 而卽今若有剩銀名目, 前頭必有借名 入去者, 此後則似當一切防塞, 元數之外, 不以剩 數添送事, 申飭, 何如

_『비변사등록』 84, 영조 4년 11월 4일

**자료5**

사행이 책문에 도착하면, 심양에서 온 낭중[瀋陽郎中] 한 사람은 물품세를 주관하고, 문대사門大使 한 사람은 사찰과 수색을 주관하는데, 대개 우리들에게는 오직 나귀나 노새에 한하여 세稅를 물게 하고, 나머지 물품은 불문에 붙였으니, 이것은 대개 가는 사람들을 후하게 해준 것이다. 사행이 돌아올 때에는, 어느 사행이나 서적·물소뿔[黑角] 등 어느 것 하나 금지품 아닌 것이 없는데, 근년에 와서는 매양 공용은公用銀으로 그들에게 뇌물을 써왔기 때문에 짐이 나올 때 다만 한두 개의 꾸러미만을 풀어 보아, 금법이 있는 형식만을 보여줄 뿐이었다.

**原文** 使行到柵. 瀋陽郎中一人主其貨稅. 門大使一人主機察搜驗. 凡我人惟騾驢有稅. 餘外不問. 盖以厚往也. 使回. 書籍黑角等凡禁物. 無行無之. 近年每以公用銀略之. 出卜

時。只解一二包。以存其法而已。

_「담헌서」 외집 8권, 燕記 沿路記略

**자료6**

영묘英廟 정묘년(1747, 영조 23) 이전에는 청나라 사람들이 왜인倭人들과 서로 사고파는 일이 없었기 때문에 왜인 중 중국산[唐産]을 사려는 자들은 반드시 동래東萊에서 구해야 했다. 그런 연유로 동래부東萊府에는 다른 곳보다 은이 월등히 많아 우리나라에 유통되는 은은 대부분 왜은倭銀이었고, 우리나라의 여러 광산에서 나는 은도 풍부하여 중국에 가서 교역해오는 것을 허락하지 않았었다. 그 뒤 청나라 사람들이 왜인들과 교역을 시작하자 왜인들은 직접 장기도長崎島로 가 교역하고 다시 동래로 오지 않았다.

原文 英廟丁卯以前, 淸人不與倭人互市, 故倭人之貿唐産者, 必求之東萊, 以此, 萊府銀甲於他處。 行於國中者, 多倭銀, 國中諸礦産亦豐, 而不許赴燕交易。 其後淸人與倭通市, 倭人直至長崎島交易, 而不復向東萊

_「정조실록」 권36, 정조 16년 10월 6일

**자료7**

영의정 유척기가 말하기를, "저들의 자질子姪들은 역과譯科를 보지 않는 자가 많이 있다고 하니 어려움이 있는 것을 알 수 있습니다. 이 어찌 난처한 일이 아니겠습니까?" 하니, 좌의정 신만申晩이 말하였다. "역관들의 지금 형세는 반드시 변통하는 도리가 있어야만 지탱하여 보전할 수 있을 것입니다."

原文 兪曰, 渠輩子枝, 多有不見譯科者云, 倒懸可知, 此豈非難處乎, 左議 政申曰, 譯舌輩, 卽今形勢, 必有變通之道, 然後庶 可支保矣

_「비변사등록」 135책, 영조 34년 10월 26일

**자료8**

이는 삼남三南의 방물지계方物紙契와 지전紙廛 공시인貢市人들의 소회입니다. 이르기를, "사대事大하는 물품 중에 가장 조판措辦하기 어려운 것은 방물지인데 근래에는 승도僧徒의 액수(額數, 정원수)가 전보다 감소하여 방물의 미수未收가 1년이면 만萬으로 헤아리고 거기에다 더하여 감영과 본읍本邑의 지역紙役이 매우 많아지고 과외科外로 바치는 것도 해마다, 달마다 증가하여 방물에 쓰일 자료로 각종 지물紙物을 만들어 감영과 본읍에 실어다 바친 수량이 이루 헤아릴 수 없습니다. 또 송상(松商, 송도의 상인)의 무리가 승도와 짜고 방물 중에서 가장 좋은 것만 가려 몰래 매매하고 또 별장지別壯紙와 설화지雪花紙 등속을 구입하여 연속 책문(柵門, 봉황성의 책문을 말함)으로 들여보내서 하나의 관시(關市, 국경의 무역 시장)를 이루고 있으므로 앞으로 일이 생길 염려가 다분히 있으니 각별히 엄금하라는 뜻으로 해도該道에 분부하소서" 하였습니다.

**原文** 此三南方物紙契 · 紙廛貢市人等所懷也, 以爲, 事大物種中, 最所難辦者, 方物紙一種, 而近來僧額, 比前數少, 方物未收, 歲以萬計, 加以營本官 紙役滋甚, 科外責納, 歲加月增, 以方物所需, 換作各 樣紙地, 輸納營本官, 不可勝計, 又有松商輩, 締結僧 徒, 擇其方物中最優者潛買, 又求別壯紙. 雪花紙等物, 陸續入柵, 作一關市, 實有前頭生事之慮, 各別嚴 禁之意, 分付該道云矣

_『비변사등록』 172책, 정조 12년 1월 8일

**자료9**

### 강삼변통절목江蔘變通節目

근래 삼화蔘貨가 점점 귀하여 거의 씨가 마를 지경에 이르렀다. 전에는 강삼의 품질이 좋은 것도 많아야 매 1전錢에 2냥의 돈에 불과했는데 지금은 나날이 더욱 뛰어 정한 값이 거의 없다. 그 폐단의 근원을 찾아보면 오로지 왜인倭人들이 사들이려고 하는 것이 모두 강삼이기 때문이다. 그리하여 송상(松商, 개성상인)이나 내상(萊商, 동래상인)을 막론하고 강계江界한 고을의 삼을 모두 몰아다 내관(萊館, 동래의 왜관)에 사사로이 몰래 팔게 된다. 이른바 경국京局에는 그림자 하나 보이지 않게 되었고 나라 안 약용藥用으로 쓸 길도 거의 단절되었다. 그리하여 아무리 비싼 값을 주고 사려고 하여도 역시 살 방법이 없게 되었다.

**原文** 江蔘變通節目 近來蔘貨漸貴, 幾至絶種之境, 曾前, 則江蔘品 好者, 極不過每錢二兩之錢, 而今, 則日益刁蹬, 殆無定價, 究其弊源, 則專由於倭人求貿者, 乃是江蔘, 故 勿論松商於萊商, 盡括江界一府之蔘, 潛自私賣於萊館, 而所謂一一形影於京局是白乎等, 以國中藥用之路, 幾乎節絶, 雖以重價求貿, 亦無可買之路是白置

_『비변사등록』 124책, 영조 28년 6월 10일

## 자료10

백목전 시민이 말하길, "서양목이 나온 이후 토산 면포가 소용이 없게 되어 망할 지경이 되었습니다. 연상의 수입을 일절 금지하거나 아니면 우리 전에 오로지 속하게 하게 해주십시요"라고 하였다. 서양목이 날로 치성하여 토산 면포가 세력을 잃게 되었으니 진념하지 않으면 안 된다.

原文 白木廛市民等以爲西洋木出來之後土産之木自歸無用以致失業燕商貿來一切防禁而不然則專屬渠廛事也洋木歲益熾盛以致土産之無勢不可不軫念

_『일성록』 헌종 13년 1월 25일

## 자료11

개성상인은 비록 직접 중국에 가지 못하지만 이전부터 서울 및 의주 상인과 동업하면서 중국과의 무역 이익을 보지 않음이 없었다.

原文 松商則雖不赴燕, 自來與京, 灣商同事料理, 未嘗不沾漑於燕利

_『승정원일기』 2232, 순조 28년 8월 30일

## 자료12

하교하기를, "이번에 조삼造蔘을 보았는데, 족두리풀 부리[細辛]로 가짜 형체를 만들어 삼蔘 껍질을 풀로 붙여 봉했으니, 납鉛을 바친 것과 어찌 다르랴?"

原文 教曰今覽造蔘, 以細辛作塑, 以蔘皮糊封, 何異納鉛乎

_『영조실록』 권77, 영조 28년 6월 13일 임인

출전

『만기요람(萬機要覽)』

『비변사등록(備邊司謄錄)』

『승정원일기(承政院日記)』

『영조실록(英祖實錄)』

『일성록(日省錄)』

『정조실록(正祖實錄)』

『담헌서(湛軒書)』: 조선 후기의 실학자 홍대용(洪大容)의 시문집으로 15책이며 필사본이다. 5대손 영선(榮善)이 1939년 7책으로 활자화하여 신조선사(新朝鮮社)에서 발간하였다. 권수는 내집 4권, 외집 10권, 끝에 부록이 있다.

『현종개수실록(顯宗改修實錄)』 : 조선 제18대 왕인 현종대의 역사 기록인 『현종실록』을 수정한 책으로 정식 이름은
『현종순문숙무경인창효대왕개수실록(顯宗純文肅武敬仁彰孝大王改修實錄)』이다.

찾아읽기

강만길, 『조선 후기 상업자본의 발달』, 고려대학교 출판부, 1973.

홍희유, 『조선상업사 : 고대중세』, 과학백과사전종합출판사, 평양, 1989.

김종원, 『근세 동아시아관계사 연구』, 혜안, 1999.

이철성, 『조선 후기 대청무역사연구』, 국학자료원, 2000.

정성일, 『조선 후기 대일무역』, 신서원, 2000.

유승주 · 이철성, 『조선 후기 중국과의 무역사』, 경인문화사, 2002.

고승희, 『조선 후기 함경도 상업연구』, 국학자료원, 2003.

연갑수, 「19세기 중엽 조청간 교역품의 변화」, 『한국사론』 41 42합, 1999.

김동철, 「17~19세기 부산 왜관의 개시와 조시」, 『한일관계사연구』 41, 2012.

# 10 온 나라에서 누구나 동전을 쓰게 되다
### 상평통보의 발행과 전황

조선 후기에는 농업 생산력의 발달, 교환경제의 진전으로 인해 화폐경제에서도 금속을 소재로 하는 명목 화폐의 발행이 절실해졌다. 이에 국가에서 상평통보를 주조하여 발행했는데, 상평통보는 급속하게 화폐경제의 중심통화로 자리 잡게 된다. 그 결과 상품 화폐 경제는 한층 더 발전하게 되고 상인 내의 분화도 심화되었다.

## 상평통보의 발행

우리나라 전근대 사회에서는 돈을 한자로 천화泉貨나 폐幣 또는 전錢이라 하였다. 화貨나 폐幣는 돈의 소재를 앞에 표기하여 직물로 된 돈이면 포화布貨 포폐布幣, 닥종이로 되었으면 저화楮貨, 저폐楮幣라고 하였고, 은이나 동으로 되었으면 은화, 동화라고 하였다. 그런데 전錢은 돈의 소재 중에서 금속 소재에 국한하여 사용하여 동전, 은전 등을 지칭했다.

조선 개국 이래 조선 국가는 태종대의 저화, 세종대의 조선통보朝鮮通寶, 세조대 철전의 일종인 전폐箭幣 등 각종 화폐를 발행 및 유통하려 했으나 모두 실패했다. 조선은 별개의 경제권역을 허용하지 않는 강력한 중앙집권국가인데다가 국내 경제에서 가장 큰 비중을 차지하는 국가재정에서 쌀과 면포가 주요한 지불수단이었고 국가에서 필요한 물자를 직접 현물로 징수하는 공납제가 존재하고 있었기 때문이었다. 더구나 대외교역 역시 국가에서 철저하게 통제하고 있었기 때문에 당시 국제화폐였던 은화의 국내 유통 역시 제한되었다.

이에 따라 조선 경제에서는 국가와 민간에서 물품 화폐로서 면포와 쌀을 이용했는데, 조선 국가는 5승 35척인 면포를 정포正布로 규정하고 조세를 거둘 때 반드시 정포를 거두게 했다.[자료1] 국가 주도의 화폐, 특히 금속 화폐의 보급이 난망한 상황에서 쌀, 콩 등 곡물과 달리 생산과 유통과정에서 균질성을 유지하기 어려운 면포를 국가가 주도하여 목품木品을 유지하고 규격화함으로써 조선 국가는 면포를 물품 화폐로 삼아 화폐경제를 유지·통제하려 했던 것이다. 가히 '국가면포수취체계'라 할 만했다.

그런데 양란 이후 농업 생산력이 회복되고 경강선상 등 부상대고의 활약으로 서울을 중심으로 하는 전국시장이 형성·발전되고 있었다.[자료2] 전국시장의 기반은 16세기 이래 전국적으로 확대되고 있던 농촌의 장시였다. 본래 장시는 농민과 수공업자가 그들이 생산한 물품을 직접 교역하는 시장이었기 때문에 유통되는 화폐 또한 그들을 기반으로 하고 있었다. 법정 화폐인 정포는 가치가 커서 소규모 거래가 일반적이었던 장시에서는 적절하지 않았다. 이에 15세기 후반부터 정포를 잘라서 쓰거나 품질이 낮은 2승포, 3승포를 화폐로 사용하다가 조량목助粮木이라는 이름의 손수건만 한 추포까지 유통되었다.[자료3] 장시에서의 상품 거래가 항상화하고 일반화하는 형편에서 사용가치가 없는 물품 화폐가 이용될 수 있었던 것이며 더욱이 추포는 농민들이 직접 직조할 수 있었기 때문에 농민들의 입장에서는 가장 적합한 화폐가 아닐 수 없었다.

이상과 같이 장시의 교역체제는 생산, 교환은 물론 화폐까지도 직접 생산자인 농민과 소상공업자에 의해 독립적으로 편성되고 있었으며 양란 이후 농업 생산력의 발전에 짝하여 그 규모와 국가경제에서의 비중 역시 날로 확대되고 있었다.

화폐경제에서 추포가 광범위하게 사용되고 있었지만 조선 국가는 오히려 추포를 배제하고 양포良布인 정포正布의 사용을 강제했다. 17세기 후반 삼남 지방에서 대동법 실시가 완료되고 군역의 포납이 일반화되어 국가재정에서 면포의 비중이 커진 실정에서 규격화하기 어렵고 사용가치도 없고 축장수단으로 삼을 수 없는 추포를 법정 화폐로 인정할 수 없었던 것이다.

국가재정에서 추포가 배격되는 가운데 법정 화폐인 정포 수취 과정에서 부작용이 나타나기 시작했다. 정포를 징수할 때 목품이 점차 올라가 심지어 8승 45척의 면포를 억지로 징수하기도 했고 이 때문에 면포를 생산하는 지역조차 조세를 납부하기 위해 승세척장升細尺長한 고품질의 면포를 구매해야 했다. 즉, 국가의 정포와 농민의 추포가 경합하는 가운데 농민의 부담이 나날이 증가하였고 그 결과 농민 몰락이 촉진되었던 것이다.

이에 따라 조선 국가는 화폐경제에서 사용가치가 있는 물품 화폐인 정포를 그대로 유지하면서 민간의 화폐경제에서 추포를 대신할 수 있는 화폐 발행을 모색하게 된다. 그것은 동전 유통이었다. 더욱이 17세기 이래 추포를 매개로 이루어지는 민간의 교환경제가 날로 성장하고 있는 실정에서 국가 주조의 화폐를 유통시키고 추포를 구축한다면 이에 대한 통제력을 확보할 수 있는 방안이기도 했다. [자료4]

일찍이 유형원은 사용 가치가 없는 추포가 화폐로 사용되는 현실을 목도하고 국가에서 주전하여 이를 국가재정에 활용하면 반드시 동전이 쓰일 것이라고 확신했다.[자료5] 또한 교환경제가 발달한 서울과 특정 지역에 한정된 현상이었지만 화폐경제에서 추포 대신 은화가 사용되고 있는 현상은 주전론자의 주장에 힘을 실어주고 있었다.[자료6] 이에 따라 1678년(숙종 4) 동전이 주조·발행되었다. 동전의 명칭은 상평통보常平通寶라 했고 동전의 뒷면에는 주전소의 약칭을 표기하여 동전의 품질을 관리했다. 상평통보 1개는 1문(文, 푼)이고, 10문이 1전錢, 10전이 1냥兩, 10냥이 1관貫이었다. 상평통보가 처음 주조되었을 때 1푼의 무게는 2돈(7.5그램)이었으나 1746년(영조 22)에 편찬된『속대전』국폐조에서는 2돈 5푼(9.4그램)이 되었다. 그 뒤 상평통보 주전 때 재료 무게의 73퍼센트를 차지하는 동의 가격이 상승함에 따라 동전 1푼의 무게는 1742년 7.5그램, 1752년 6.4그램, 1757년 4.5그램으로 줄었다.

국가에서 진휼자금 마련 등 재정상 특별한 경우를 제외하고 주전 이익은 평균 20퍼센트에 머물렀으며 기타 비용을 고려하면 국가의 주전 수익은 그리 많지 않았다. 동전의 실질가치와 액면가를 일치시켜야 화폐경제에서 동전 유통이 제대로 이루어질 수 있었다. 동전의 실질가치가 액면가치보다 현저하게 낮으면 화폐 위조가 성행할 수 있었고 그 반대의 경우에는 동전을 녹여 금속으로 활용하는 훼전이 나타날 수 있었던 것

상평통보 당일전과(좌) 상평통보 당이전(우).

이다.

국가의 정책도 동전 유통을 촉진했다. 국가는 동전을 시전에 무이자로 빌려주거나 관리들에게 녹봉으로 지급했다. 조세를 거둘 때도 운반 비용이나 쌀과 면포의 생산 조건을 고려하여 동전으로 대신 납부할 수 있도록 했다.

그 결과 동전은 몇 번의 우여곡절이 있었지만 소액 거래에서 추포를 구축하면서 농민과 농촌시장의 화폐로 자리를 잡았다.[자료7] 아울러 전답, 노비 같은 고가물의 거래에서도 은화는 점차 동전에 밀려나서 국제 통화의 기능만 남게 된다.[자료8]

우리나라에서 금속 화폐의 보급과 유통은 중국, 일본 및 유럽에 비해 외면상 매우 늦었다. 하지만 16세기 이전 유라시아 대륙의 농촌 사회에서는 일반적인 거래 수단으로서 비금속 화폐를 사용했고 그 이후에야 금속 화폐가 농촌시장에 보급되었다는 사실을 감안하면 우리나라 농촌의 화폐경제 발달단계는 다른 나라, 다른 문명과 대동소이하다고 할 수 있다.

## 동전의 보급과 전황

동전에 기반을 둔 화폐경제가 정착됨에 따라 교환경제에서 필요 통화량은 증가하고 있었다. 교환경제의 발전 양상은 장시 수의 증가에서 확연하게 나타난다. 17세기 말 18세기 초 장시는 읍치 중심의 한정된 범위를 넘어 농민이 거주하고 생산하는 지역에 확산되었고 장시에서의 화폐는 동전이 주류였다. 또한 동전은 거래수단뿐만 아니라 축장수단으로서도 각광을 받고 있었다. 이에 발맞춰 국가의 재정운영 역시 금납조세와 화폐지출의 비중이 증가하고 있었다.

이와 같이 동전 수요량이 증가하고 있었지만 1698년 이후 동전의 공급, 즉 주전이 중단되었다. 동전에 대한 수요와 공급의 괴리가 확대되고 동전에 대한 투기적 수요까지 겹치면서 결국 숙종 말 영조 초에 화폐경제에서 전반적인 물가의 하락, 즉 동전의 가치가 상승한 반면 다른 상품의 가치가 하락하는 문제가 발생했다.[자료9] 당시 사람들은 이를 농사가 흉년 든 것에 비유하여 돈 가뭄, 즉 전황錢荒이라고 불렀다.

이미 동전이 교환경제에서 화폐로 정착한 상황에서 농민들은 동전을 얻기 위해 자신의 생산물을 헐값으로 팔아야 했고[자료10] 동전을 매개로 한 고리대로 인하여 이전보다 몇 배의 수탈을 당해야 했다.[자료11] 또한 전황으로 인해 화폐경제가 교란되면서 전국적으로 교환경제가 위축되고 있었다.[자료12]

조선 국가는 전황에 신중하게 대처했다. 동전 유통 이후 교환경제의 발전으로 인한 부익부 빈익빈의 심화와 사회 동요를 목도하고 있었기 때문에[자료13] 국가에서 화폐경제에 대한 통제력을 강화해야 이를 해결할 수 있다고 여기고 있었다. 이에 지주 부상대고가 축장하고 있는 동전의 가치를 떨어뜨리기 위해 고리대를 통제하고 국가의 동전 사용을 축소하는 한편 동전 대신 다른 화폐를 사용할 것을 모색하기도 했다.

하지만 이미 동전에 기반을 둔 화폐경제가 정착되어 있었기 때문에 1742년(영조 7) 조선 국가는 진휼을 명목으로 다시 대규모로 주전을 하게 된다. 동시에 조선 국가는 국가의 화폐경제에 대한 통제를 강화하기 위해 동전 주조를 원칙적으로 호조나 진휼청 같은 중앙의 재정아문으로 일원화하고 동전의 주조 규정을 엄격하게 정하는 한편 이후 주전을 정기적으로 실시할 것을 천명함으로써 동전 축장에 대한 투기 수요를 차단했다.

이와 같은 조선 국가의 대규모 통화 공급에 따라 전황은 해소될 수 있었다. 그러나 18세기 후반에 이르러 또다시 전황이 발생했는데, 이 시기에는 이전과 달리 화폐 부족으로 인한 교환경제의 교란도 없었고 오로지 서울 시장, 그중에서도 공시인 등 국가의 어용상인이 주대상이었다. 그것은 교환경제의 주도권이 특권상인인 공인貢人 및 시전상인市廛商人에서 사상私商으로 넘어가는 시점에서, 사상의 상업자본이 공인 및 시전상인의 그것을 압도하면서 공시인貢市人의 자금이 부족하게 되면서 발생하였다. 이른바 공시전황貢市錢荒이었다. [자료14]

정부는 총 통화량 증가를 주요 내용으로 한 전황 대책을 마련하였지만 전황은 해결되지 않았다. 정조 연간의 공시전황이 영조 연간의 그것과는 성격이 판이하였던 까닭이다. 이에 정부는 공시인의 요구대로 자금을 대여하여 공시인을 직접 지원하기 시작하였다. 그러나 이런 지원책도 그 효과는 일시적이었다. 시전상인의 몰락과 사상의 대두가 계속되는 한 동전의 불균등한 편재는 여전히 계속되었고, 따라서 전황의 요인이 항상 잠재하였기 때문이다. 이에 따라 정부의 전황 대책은 공시인과 달리 화폐를 많이 축장한 부상대고, 즉 사도고私都賈를 포함한 교환경제 전반에 대한 재조정으로 그 중심이 옮겨졌다. 조선 국가는 자금 지원을 통해 공시인의 몰락과 공시체제의 동요를 막아보고자 하였지만, 이들 지원책은 도리어 물가상승, 서울 시장의 고립 등 교환경제의 왜곡을 초래할 따름이었다.

조선 정부는 주교사를 설치하여 사상도고에 대한 통제를 강화하는 한편 조세 금납 확대를 억제함으로써 당시 가장 주요한 상품이었던 쌀과 면포에 대한 국가의 지배력을 유지했다. 이와 함께 모든 상인의 독점행위, 즉 도고를 억제하여 상인 간에 경쟁을 유도하고, 이를 통해 화폐의 원활한 유통을 도모하고자 했다. [자료15] 우선 기존 시장감독 관청인 평시서 외에 포도청을 동원하여 사상의 도고 행위를 강력하게 단속할 것을 천명했다. 또한 기존의 통공발매 정책을 재정비한 신해통공을 통해 국가의 비호 아래 합법적으로 시장을 독점할 수 있었던 시전의 도고 행위까지 금지하게 된다.

그러나 상인 간의 공정 경쟁을 보장하기 위해서는 국가가 상인층을 관장하고 교환경제를 통제할 수 있는 정치·경제적 능력을 갖추어야 했다. 만약 그렇지 않을 경우

통공발매通共發賣 조치가 도리어 사상층의 불공정 경쟁, 즉 도고都賈 행위의 가열로 치달을 것이기 때문이다. 이 같은 상황에서 전황을 명목으로 한 대규모 공시인 지원은 기대할 수 없었다.

신해통공에서 표방한 바와 같이 조선 국가의 공시인에 기반을 둔 교환경제 장악 정책이 포기된 상황에서 사상의 대두와 공시인의 세력 약화된 국면에서 조선 국가가 이전처럼 공시인에 대해 무조건적인 지원을 할 수는 없었다. 공시전황 논의의 해소였다. 아울러 순조 연간 이후 주전이 지속적으로 진행되면서 숙종 말년, 영조 초반에 화폐경제에서 나타났던 통화량 부족 문제 역시 나타나지 않게 된다.

**자료1**

『경국대전』국폐조의 해당 절목에, "국폐는 3등으로 나누어 5승포를 상등으로 하고 3승포를 중등으로 하고 저화를 하등으로 하고, 폐포幣布의 양끝에 반드시 관인을 찍는다" 하고, 그 주에 이르기를, 서울에서는 사섬시司贍寺에서, 지방에서는 각기 그 고을에서 조선통폐朝鮮通幣의 도장을 함께 사용한다.

　**原文**　經國大典國幣條節該 國幣分三等 五升布爲上等 三升布爲中等 楮貨爲下等 幣布兩端 須經官印 註云京中司贍寺 外方各其官 竝用朝鮮通幣之印

_『세조실록』 권21, 세조 6년 8월 12일 을묘

**자료2**

서울은 모든 물건이 모여드는 곳이어서 제값만 주면 물건들이 다리가 없이도 다 오고 있다.

　**原文**　京中卽百物輸委之地, 有價則物皆無脛而至

_『현종실록』 권8, 현종 5년 3월 14일 병자

**자료3**

추목의 쓰임이 이미 오래되어 전국에서 통용되지 않는 곳이 없는데 지금 이를 금지한다면 화폐의 근원을 막게 된다. … 추목은 나라에서 보면 진실로 필요하지 않지만 농민과 수공업자가 이를 써서 교역을 하고 상인이 이를 써서 재산을 늘린다. 부모를 봉양하고 장례를 치르는 일, 세금과 부역을 내는 일 등 일용의 모든 물건의 수요는 추포 없이 마련할 수 없다.

　**原文**　麤木之行 爲日已久 遠近中外 莫不通行 今而禁之 則是塞其貨泉之源也 … 夫麤疏之木 自國家視之 誠爲無用 而農工用之 以資交易 商賈用之 以殖貨財 以至養生送死 供租賦給徭役 日用凡百之需 莫不以是取辦

_『남파집』남파선생문집 권4, 疏應旨封事 任禮安時 辛卯

**자료4**

만일 곡식의 가격이 비싸면 관가에서 곡식을 내어 값을 헐하게 하여 돈을 받아 팔고, 곡식 가격이 떨어지면 관가에서 돈으로 값을 비싸게 주고 곡식을 사들여 항상 편향되게, 갑자기 값이 뛰지 않게 한다면 백성을 편하게 할 수 있습니다.

原文 若值穀貴之日 則自官出穀 減價而貿錢 錢貴之日 則自官出錢 減價而貿穀 常令不得偏有涌貴 則其爲便民

_『지암집』 권2, 소차 擬陳平壤成修築錢貨復立疏

### 자료5

지금 추포로 교역하는 것을 보니 다른 말을 기다리지 않고 동전이 반드시 행해질 수 있음을 알 수 있다. 지금 추포는 겨우 1~2승이어서 애초부터 옷감이 아니고 쓸모가 없는데도 상거래에서 서로 통하기 때문에 이를 금지하려 해도 그치지 않는다. 동전을 만약 한번 행한다면 비록 이를 금지하려 해도 반드시 그렇게 할 수 없을 것이다.

原文 今麤布交易觀之 則不待他言而知錢之必行無疑矣 今麤布僅一二升 元不成布 百無所用 而貿遷相通 故禁之而不止 錢若一行 則雖欲禁止 亦不可得矣

_『반계수록』 권8, 田制後錄攷說下 本國錢貨說附

### 자료6

전폐錢幣는 곧 천하만국에서 통용하는 화폐임에도 우리나라에서는 여러 번 시도하다가 곧 중지하여 아직도 통용되지 못하고 있는 것은 대체로 동銅이 토산土産이 아닌 것에 말미암으며, 또 추목이 유통에 편한 점이 있기 때문입니다. 그러나 근년에 와서는 추목이 단절되어 공사公私의 모든 매매에 오로지 은화銀貨만을 의지하고 있으며, 땔감·채소 등 미미한 물건까지도 반드시 은화가 있어야만 교역할 수 있습니다.

原文 錢幣 是天下萬國通行之貨 而我國之累試旋停 尙不得通行者 蓋緣銅非土産 且有麤木之便於懋遷是白如乎 近年以來 麤木斷絶 公私百物之買賣 專靠於銀貨 如柴炭蔬菜之微物 必有銀貨 然後乃可交易

_『비변사등록』 권34, 숙종 4년 윤3월 24일

### 자료7

호조판서 이태좌李台佐가 말하기를, "이른바 조량목助粮木이라는 것은 바로 시장에서 쓰는 상목常木인데, 신이 어릴 적에 본 바로는 길이나 너비가 너무 짧아서 세간에서 이른바 함산포咸山布라는 것과 같아서 오래 쓰면 거칠고 검게 되니, 이것은 사가私家에서 아침저녁으로 시장에서 쓰는 것에 불과할 뿐이고 다른 데에 쓸 수가 없습니다. 병진년에 처음 소전小錢을 주조했는데 소전 네 푼이 대전大錢 한 푼의 값에 해당된다고 합니다" 하니, 임금이 말하기를, "저폐楮幣와 조량목助糧木은 내가 아직 보지 못했는데, 일단 돈을 사용한 뒤로 인심人心과 세도世道가 날로 괴려乖戾되어가고 있으니, 이는 특별한 물건이라고 할 수 있다" 하였다.

**原文** 台佐曰 所謂助糧木 卽市上常木 臣幼時見之 則長廣甚短 如世所謂咸山布 而久用則麤黑 此不過爲私家朝夕市上之用 而不可他用 丙辰年間 始造小錢 小錢四分爲大錢一分之價云 上曰楮幣與助糧木 予未及見 而一自用錢之後 人心世道 日漸乖謬 此可謂尤物

_『영조실록』 권13, 영조 3년 9월 12일 을축

### 자료8

옛날에는 집이나 전답을 매매할 때 모두 은화로 거래했는데 지금은 은화가 없어서 집의 값이 수천 냥이라도 모두 동전으로 거래한다.

**原文** 古者家舍田畓買賣, 皆以銀爲之, 今則無銀, 故家舍價, 雖千兩, 皆以錢代之

_『승정원일기』 814책, 영조 11년 12월 5일 경오

### 자료9

근래 물가가 높지 않은 이유는 풍년 때문이 아니라 동전이 희귀하기 때문이다.

**原文** 近來市價之不高, 非由年豐, 而實由於錢貨之稀貴

_『비변사등록』 85책, 영조 5년 4월 28일

### 자료10

호좌湖左 10여 읍의 대동大同을 이전에는 절반을 작목作木하여 바쳤으나 금년에는 목화가 흉작이기 때문에 정목正木은 몹시 귀하고 미곡은 천하여 돈의 가치도 1냥의 값이 거의 쌀 8두에 이르고 있습니다. 이로 미루어보면 백성들이 쌀로 돈과 바꾸고 또 돈으로 작목할 즈음 1필의 값은 거의 20여 두에 이르니 이럴 때에는 시세에 따라 변통하는 것도 불가할 것은 없겠습니다.

**原文** 湖左十餘邑大同, 前此分半作木以納矣, 今年則木花失稔, 故正木甚貴, 米穀爲賤, 故錢價亦騰, 一兩錢直幾至八斗米, 以此推之, 則民間 以米貿錢, 以錢作木之際, 一疋之價, 殆過二十餘斗, 如此之時, 則隨時推移未爲不可

_『비변사등록』 76책, 영조 즉위년 10월 24일

전폐를 시정하는 데는 이르기를, "돈을 유통시킨 이후 가난한 백성은 봄에 대출할 때에 반드시 돈으로 대출하는 것이 허용되어 있습니다. 가령 봄에 1냥의 돈을 대출하면 봄의 시가市價로 2두의 쌀로 논하는데 가을에 가서 돈 1냥 5전으로 따져서 미곡을 바치는데 가을의 시가는 5두로 논하여 이식利殖을 아우르면 7두 5승이 되므로 그 본자本資로 볼 때에 이미 3배가 넘으며 농사가 풍년인 경우에는 또 몇 배뿐만 아니니 가난한 백성은 그 고통을 이기지 못합니다. 지금 마땅히 전화錢貨의 대출 규정을 정하여 10분의 2로 규례를 삼되 영원한 규정으로 정할 것이며 혹시라도 고치는 일이 없어야 합니다. 만약 조정의 명령에 따르지 않는 자가 있으면 대출받은 사람으로 하여금 관에 고발하여 치죄해야 한다"고 하였습니다. 돈을 유통시킨 뒤 봄에 대출하고 가을에 가서 배로 징수하는 폐단은 서울이나 지방이 같습니다. 근래 조정이나 관가에서는 10분의 1을 이자로, 사채私債는 10분 2를 이자로 영구히 규례로 정할 것을 이미 각도에 분부하였으므로 지금 논할 것이 없습니다.

**原文** 矯錢弊, 則有曰, 行錢以後, 貧民, 當春出貸, 必 以錢許貸, 設令春貸一兩之錢, 則以春市直二斗 米論, 到秋, 以錢一兩五錢, 計捧米穀, 而以秋市直 五斗論, 竝殖爲七斗五升, 視其本, 已過三倍, 年事 登熟, 則又不啻幾倍, 貧民, 不勝其苦, 今宜酌定錢 貨出貸之規, 以十分之二爲式, 定爲永規, 無或撓 改, 如有不遵朝令者, 令貸出人, 告官治罪亦爲白 有置, 行錢之後, 當春出貸, 至秋倍徵之弊, 中外同 然, 近來朝家, 以官家則什一之利, 私債則什二 之利, 永爲定式事, 旣已分付諸路, 今無可論

_『비변사등록』73책, 숙종 46년 3월 15일

농공상은 나라의 세 보물이다. 돈을 유통한 이후 앉아서 갑리의 이득을 얻기 때문에 상인의 활동이 점점 끊어졌고 백성이 생산한 물품이 나라에서 서로 통하지 않게 된지 오래되었다.

**原文** 農。工。商, 國之三寶也。行錢以後, 坐取甲利之利, 故商販之路漸絶, 民産不能相通於國中者, 久矣

_『승정원일기』614책, 영조 2년 4월 12일

**자료13**

임금이 이르기를, "돈은 예전부터 폐단이 있었으며 현재 민간에는 도적이 횡행하고 있고 부익부富益富 빈익빈貧益貧이 모두 돈을 쓴 폐단 때문이다" 하였다.

原文 上曰, 錢貨自古有弊, 卽今民間盜賊肆行, 而富益富 貧益貧, 皆由於行錢之弊

_『비변사등록』 69책, 숙종 42년 12월 25일

**자료14**

호조판서 이성원李性源이 말하기를, "종전에 허다하게 주조한 돈이 결코 작년과 금년에 다 써버렸을 리가 없고, 경외 각 아문의 봉부동인 동은 역시 작년과 금년에 새로 창설한 것이 아닙니다. 작년과 금년에 전황이 극심한 것은 신의 생각에는 아마도 부상富商과 대고大賈가 이 시기를 틈타 갈무리해두고 이익을 취하려는 것으로 보이는데, 그 폐단을 바로잡을 방책이 없습니다" 하였다.

原文 戶曹判書李 性源曰, 從前許多鑄成之錢, 決無昨今年盡用之理, 京外各衙門封不動錢, 亦非昨今年創始之事, 而昨 今年錢荒忒甚, 臣意則此決是富商大賈, 乘時閉藏, 必欲射利之致, 而矯救無策

_『비변사등록』 165책, 정조 6년 11월 7일

**자료15**

곡물 값을 관에서 획일적으로 정한다면 불편한 점이 있게 될 뿐만이 아닐 것이다. 전前 좌상左相도 경이 이번에 아뢴 하단下端의 일로 거조擧條를 내었으나, 백성들의 마음에 의혹만 일으키고 효과를 보지 못하였다. 대체로 사물은 고르지 않은 것이 본래 실정이다. 더구나 장사꾼들은 이익만을 좇는 자들이므로 만약 도성 내에서 이익을 얻지 못할 것을 안다면 정박하려던 세곡선을 도리어 빼돌려 다른 데로 가게 하지 않으리라고 어찌 보장하겠는가.

原文 穀價之自官劃定不但有難便之端前左相亦以卿之今番所奏下端事出擧條而徒致民情之訝惑不見其有效蓋物之不齊之情也且況商販之徒唯利是逐若知都下之不售其利則安知不向泊之船粟反爲回棹而之他乎

_『일성록』 정조 19년 2월 10일

### ▮ 출전

『반계수록(磻溪隨錄)』

『비변사등록(備邊司謄錄)』

『세조실록(世祖實錄)』

『승정원일기(承政院日記)』

『영조실록(英祖實錄)』

『일성록(日省錄)』

『정조실록(正祖實錄)』

『현종실록(顯宗實錄)』

『남파집(南坡集)』: 조선 후기 학자인 이희석(李僖錫, 1804~1889)의 시문집으로 1898년 손자 대원, 정원 등이 편집·
　간행했다. 8권 3책의 목활자본이다.

『자암집(自庵集)』: 조선 전기의 문신 김구(金絿)의 시문집이다. 1669년(효종 10) 외현손 안응창(安應昌) 등이 편집·
　간행하였다. 권두에 정두경(鄭斗卿)의 서문이, 권말에 안응창의 발문이 있다. 2권 1책의 목활자본이다.


### ▮ 찾아읽기

송찬식, 『이조의 화폐』, 한국일보사, 1975.

백승철, 『조선 후기 상업사연구』, 혜안, 2000.

국사편찬위원회, 『화폐와 경제활동의 이중주』, 두산동아, 2006.

원유한, 『조선 후기 화폐사』, 혜안, 2008.

이재윤, 「18세기 화폐경제의 발전과 전황」, 『학림』, 18, 1997.

정수환, 「17세기 동전유통의 정책과 실태」, 한국학중앙연구원 박사학위 논문, 2007.

유재현, 「조선 후기 주전정책과 재정활용」, 서울대학교 국사학과 박사학위 논문, 2014.

# III.

# 사상과 문화

# 1 조선 성리학의 순정한 토양
### 조선 후기 성리학의 연원

조선 성리학은 동아시아에서 주자 성리학의 순정성이 가장 강하였다. 이는 이황·이이가 주자와 육상산의 조화를 꾀한 원·명 성리학을 거부하고 조선 성리학을 확립한 결과였다. 이기이원론에 기반을 둔 사단칠정 논쟁은 조선 성리학의 두 학파를 성립시킨 계기였고, 서인과 남인이 연합한 인조반정을 계기로 두 학파는 조선 후기 학계를 주도하였다.

조선의 성리학은 여말선초부터 원元·명明 성리학의 영향을 받아 출발하였다. 원·명 성리학은 주자학의 연원인 소강절·주렴계·장횡거·정이천·정명도의 학설은 물론 주자와 대립했던 육상산陸象山의 학설 등 다양한 계열의 성리학설이 주자학과 육학陸學의 지향은 일치한다는 취지, 즉 주륙화회적朱陸和會的 경향에 따라 혼합되는 양상을 띠었다. 많은 학자들이 원나라 이래 관학官學의 지위를 확보한 주자 성리학의 존숭을 표방하면서도 실제로는 육상산이 정립한 심학心學의 논리를 차용하였다. [자료1] 성리학의 심학화心學化와 실천성 강조는 원·명 이래 유학의 주요한 흐름이었다. 여기에 명나라에서는 육상산의 심학을 더욱 철저하게 발전시킨 양명학이 16세기 이래 급속히 유행하면서 주자학의 외피마저 벗고 있었다.

조선 전기의 성리학이 조선 후기에 비해 다양한 성향을 보이는 것은 주자 성리학의 정체성이 정립되지 않은 상태에서 성리학과 심학의 다양한 사조가 혼재되어 있었기 때문이다. 당시에는 주자를 포함한 송·원·명 유학자들의 학설이 집성集成된 『성리대전性理大全』, 『사서오경대전四書五經大全』 및 『심경부주心經附註』 등 명나라에서 유행하던 대표적인 저술들이 수입·출간되었다. 조선 전기의 학자들에게 중요한 것은 성리학의 성과를 실용·실천 차원에서 활용하는 것이지 그 연원을 따지는 것은 아니었기 때문에, 원·명 이래 주자학과 육학의 관점이 혼합된 저술들은 다양하게 활용된 것이다.

16세기 이후 부상한 사림파의 문제의식에 따르면, 당시 사회는 주자학을 내세우면서도 실제로는 정치·경제적 이해득실에 따라 행동하는 훈구 관학파의 행태가 병폐의 근원이었다. 이에 대한 대응은 주자 성리학의 근본을 다시 세워 통치 윤리를 바로잡는 것이었다. 당시에는 이미 성리학의 심학화가 전개된 상태였기 때문에 이기심성론의 정립은 자기 수양과 실천의 방향을 가늠한다는 면에서 각별히 중요한 의미를 지닌 것이었다. 그 방향은 이기일물론理氣一物論과 이기이원론理氣二元論으로 나타났다. 이황이 정립하고 이이가 정밀하게 가다듬은 이기이원론은 서경덕과 조식이 계승하던 이기일물론을 비판·대체하는 과정의 산물이었다. 이황과 이이가 확정한 주자학은 '순정 주자학'이라 해도 좋을 만큼 주자의 이기심성론에 투철한 것이었다.

이기일물론은 조선 전기 이래 많은 학자들에 영향을 끼친 주륙화회론에 입각한 이기론이다. 육상산은 리의 절대성과 순선함을 확신하였다는 점에서 주자와 같은 리학理學 계열이지만, 본심本心의 차원에서 리가 완전히 실현될 수 있다고 보아 악의 근원인 기질氣質 개념을 설정하지 않고 심은 곧 리[心卽理]임을 주장한 심학心學의 창시자이기도 하다. 육상산을 계승한 주륙화회론자들은 리기의 이원적二元的 대립 구도에 기반을 둔 주자의 이기론을 우회하기 위하여 이기일물설을 내세웠다.

서경덕徐敬德과 조식曺植의 이기론은 여러 가지로 불확실한 면모가 많지만, 조선 전기에 유행한 이기일물론의 영향이 곳곳에서 드러난다. 이들은 리기가 본체의 차원에서 분리될 수 없는 일물一物이며, 기의 본연本然은 선악의 혼재가 아니라 청허淸虛한 원기元氣이므로 마음과 현실에서 리는 완전한 형태로 실현될 수 있다고 보았기 때문이다.

이기이원론은 이황李滉과 이이李珥가 주도하였다. '리발理發' 여부를 둘러싼 양자의 견해는 끝내 대립하였지만, 선과 악의 근원인 리와 기의 이원성二元性을 상정한 주자의 이기론에 기반을 두었다는 점에서는 공통된다. 이들은 리와 기가 본체론상 근원을 달리하는 별개의 존재이기 때문에 '서로 분리되지도 않고, 서로 섞이지도 않는다不相離, 不相雜'고 하였으니, 선악이 공존하는 기의 세계는 리의 순선純善에 입각하여 지속적으로 통제되어야 한다고 보았다. 이들 역시 마음의 수양을 위하여 심학을 중시하였지만, 이는 주자학적 이기론, 즉 성즉리性卽理에 의해 제어되는 심학이었다.

이에 입각하여 이황과 이이는 육학적·양명학적 심학과 연결되기 쉬운 이기일물론을 매우 경계하였다. 이기일물론자들은 심즉리설에 입각하여 마음과 세계의 본질을 낙관하는 경향이 있어서, 완전한 리의 세계가 현실에서 실현될 수 있다는 확신으로 독선獨善에 빠지거나, 아니면 사리·사욕이 횡행하는 현실을 외면한 채 관념적 상수학象數學이나 도가적道家的 탈속으로 흐르곤 하기 때문이다. 이기이원론에서 중요한 것은 현실에 대한 낙관적 전망이나 관념적 도피가 아니라 선악이 혼재된 기의 세계를 제어하는 것이다. 이를 위해서는 순선한 리의 지위를 확보하고 늘상 깨어 있는 상태를 유지하여 선악이 혼재된 심을 제어할 수 있는 이론이 필요했다. 이황과 이이가 순정한 주자 성리학에 근거한 심학을 확립하고자 노력한 것은 이 때문이다. [자료2]

선조대에 사림파가 정권을 장악하게 되자, 이제는 사림파 내에서 주자 성리학의 방향을 둘러싸고 학문적·정치적 경쟁이 전개되었다. 이는 광해군대에 조식 계열의 회퇴변척晦退辨斥 사건에서 드러나듯 격렬한 대립의 양상까지 보이다가, 인조반정을 계기로 순정純正 주자학을 추구한 이황·이이의 문인들이 학계를 주도하게 되었다. [자료3] 남인은 이황, 서인은 이이와 성혼의 학맥을 표방하는 집단이다. 북인은 조식과 서경덕의 문인들로 구성되었는데, 반정을 계기로 도태되거나 남인 혹은 서인 학맥으로 흡수되었다. 이후 이들은 조식·서경덕보다는 이황·이이의 연원을 내세웠지만, 가학家學으로 전승된 이기일물적 심성론을 바탕으로 남인과 서인의 학풍에 다양성을 불어넣었다.

이황과 이이는 본래부터 주자 성리학 정립을 위하여 평생을 바쳤을 뿐 아니라, 이 과정에서 16세기 이후 더욱 유행하던 육학·양명학과 불교 등 이단異端 비판에도 단호하였다. 성혼은 이황과 이이의 장점만 흡수하려는 성향에서 드러나듯 여타 학문에 대하여 비교적 포용적이었으나, 주자학에 대한 독실한 실천은 자타가 공인한 바였다. 이

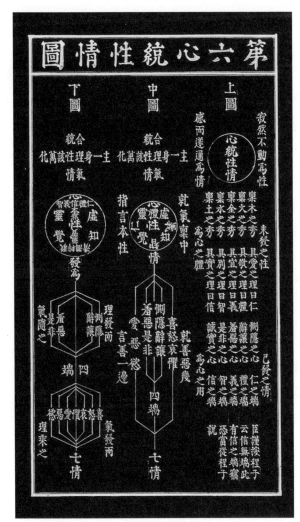

『성학십도(聖學十圖)』의 여섯 번째 도인 「심통성정도」

들의 문인들이 조선 후기 학계·정계를 주도하였으므로, 조선은 명나라와 달리 순정 주자학에 기반을 둔 국정 운영 이념을 확립할 수 있었다.

인조반정의 주도 세력인 서인과 협력 세력인 남인은 주자학에서 강조한 존화양이尊華攘夷의 척화론에 의거하여 호란胡亂을 치렀다. 비록 그 결과는 참담한 패배였지만, 전란 후에도 척화의 명분은 더욱 강화되었다. 이제 조선만이 중화의 문물을 유지하고 있다는 문명적 소명까지 더해졌기 때문이다. 더구나 효종은 인조대 후반의 친청책親淸策을 부정하고 북벌을 추진하였던 바, 이에 가장 부합되는 학문은 존화양이를 남송南宋의 시대정신으로 설정한 순정 주자학이었다.

조선 후기 학자들은 이황과 이이가 확립한 순정 주자학의 이기심성론理氣心性論을 기반으로 연구를 거듭하였다. 본래 두 사람은 리기의 이원성과 리에 의한 기의 통제에 대해서는 같은 생각이었지만, 리理·기氣·심心·성性 등 기본 개념에 대한 이해가 달랐다. 이는 마음의 순선純善한 감정인 사단四端과 선악을 겸한 감정인 칠정七情을 중심으로 전개된 이기심성 논쟁으로 드러났는데, 이 주제는 조선 후기 성리학의 전개에 결정적인 영향을 끼쳤다.

이황은 심을 리와 기가 합한 것[心合理氣]으로 보아서, '사단四端은 리가 발한 것'이고 '칠정七情은 기가 발한 것'이므로 그 근원을 달리한다는 양발설兩發說 혹은 그 보완인 '사단은 리가 발할 때 기가 따라간 것[理發而氣隨之], 칠정은 기가 발할 때 리가 올라탄 것[氣發而理乘之]'이라는 호발설互發說을 주장하였다. 이황 학설의 특징은 선善의 근거로서 리발을 상정한다는 것이다.

리발설에 정면 도전한 이는 이이였다. 이이는 리는 형이상形而上의 준칙으로서 온 갖 사물에 관통되지만 본질상 스스로 발동할 수는 없고 기의 제한을 받는다는 리통기국설理通氣局說을 주장하였으며, 심은 기[心是氣]일 뿐이고 심기心氣에 깃든 본연本然 혹은 기질氣質의 성性이 발하여 사단·칠정이라는 정情이 되는 것이라고 보았다. 또한 칠정 가운데 선한 것을 사단이라 부를 뿐 사단이 별도로 발하지는 않으며, 칠정은 리가 아니라 성性에서 발하므로 '기가 발할 때 리가 타는 한 가지 길'만 있을 뿐이라는 기발리승일도설氣發理乘一途說을 주장하였다. 성혼은 이기론에서는 '기발리승일도'가 옳지만, 수양론의 차원에서는 '리발'의 관점도 필요하다는 절충설을 제시하였다.

이러한 학설 차이는 본래 주자의 성리학이 이기론을 통해서 인간을 포함한 세계의 존재 원리를 설명하고 심성론을 통해서 인간이 지향하는 당위적 가치를 설명하고자 하는 것, 즉 존재론과 가치론의 두 측면을 통합하여 설명한 것이기 때문에 발생할 수 밖에 없는 문제이다. 정약용丁若鏞도 설명하였듯이, 이황은 인간의 심성에 집중하여 도덕 주체의 능동성을 강조하였고 이이는 자연과 인간을 두루 포괄하여 존재의 원리를 설명하고자 하였으니, 양 학설의 강조점이 다를 뿐 한쪽만 절대로 옳다고 할 수 없는 문제이다.[자료4] 이 때문에 성혼이 양 학설을 절충하고자 하였고, 이황과 이이의 후학들도 자파 학설의 약점을 보완하며 존재와 당위를 적절히 설명하고자 노력하였다. 그 결과 주자학의 심성론을 기준으로 본다면 조선의 성리학은 동아시아에서 가장 치열한 논쟁을 거쳐 훌륭한 학문적 성취를 이루었다고 할 수 있다.

**자료1**

| 주자 · 육상산 · 왕양명의 비교표

| 구분 | 주자 | 육상산 | 왕양명 |
|---|---|---|---|
| 이기理氣와 심성心性 | 성즉리性卽理 | 심즉리心卽理 | 심즉리心卽理 |
| | ① 심心에 이기理氣가 혼재되어 있음. ② 리理를 궁구窮究하여 심성心性 수양의 근본으로 삼아야 함. | ① 심心을 밝히면 리理는 절로 이해됨. ② 진정한 지식은 오직 심에 존재함唯理論. | ① 심心을 밝히면 리理는 절로 이해됨. ② 진정한 지식은 오직 심에 존재함唯理論. |
| 학문의 주력 | 궁리窮理 | 덕행주의德行主義 | 성의誠意, 치양지致良知 |
| | 격물치지格物致知하여 덕행德行의 방법을 탐구함. | ① 덕행을 먼저 하고 학문을 뒤로 함. ② 덕행 그 자체가 학문의 목표임. | ① 덕행을 먼저 하고 학문을 뒤로 함. ② 덕행 그 자체가 학문의 목표임. |
| 주지 · 행知 · 行 | 지선행후知先行後 | 지선행후知先行後 | 지행합일知行合一 |
| 이 · 기理 · 氣 | 이기이원론理氣二元論 | 이기합일론理氣合一論보다 리일원론理一元論에 가까움 | 이기합일론(기氣의 중시) |

권중달, 『중국근세사상사연구』, 중앙대학교 출판부, 1998, 16쪽 참조하여 일부 수정

**자료2**

이황의 이기일물설 비판 :

주자朱子가 평소 리理와 기氣를 논한 허다한 말씀 가운데 한 번도 두 가지[理氣]가 같은 것이라고 한 적이 없었다. 이 편지에서는 곧장 '리와 기는 결단코 두 가지이다'라고 하였고, 또 '성性이 비록 기 속에 있더라도 기는 기이고 성은 성이어서 서로 섞이지 않으니, 기 중에서 정밀한 것[精]을 성이라고 하거나 성 중에서 거친 것[粗]을 기라고 해서는 안 된다'고 하였다. … 그러나 화담의 설을 성현의 설에 비추어보면 하나도 부합하는 곳이 없다. 매번 '화담이 일생을 이 일에 힘썼다'라고 하고, 스스로 '(이치를) 깊이 궁구하고 미묘한 곳에 이르렀다'고 하지만, 결국 리理란 글자를 투철하게 알아내지 못한 것이다. 이 때문에 비록 죽을힘을 다하여 기묘한 것을 말하였을 지라도, 거칠고 얕은 형기形器 한쪽으로 떨어질 수밖에 없었던 것이다. 애석하다!

**原文** 朱子平日論理氣許多說話, 皆未嘗有二者爲一物之云. 至於此書, 則直謂之理氣決是二物. 又曰: '性雖方在氣中, 然氣自氣性自性, 亦自不相夾雜, 不當以氣之精者爲性, 性之粗者爲氣.'

… 然嘗試以花潭說, 揆諸聖賢說, 無一符合處. 每謂花潭一生用力於此事, 自謂窮深極妙, 而終見得理字不透. 所以雖拚死力談奇說妙. 未免落在形器粗淺一邊了, 爲可惜也.

_『퇴계선생문집』 권41, 비이기위일물변증

이이의 이기일물설 비판:

(화담은) '리와 기가 서로 분리되지 않는다理氣不相離'는 신묘한 이치에 대해서 분명히 깨달았다. … 그러나 그는 그 위에 다시 '리는 통하고 기는 국한된다理通氣局'라는 한 단계가 더 있다는 것, 즉 도道를 계승한 것이 선善이고 완성한 것이 성性이라는 이치는 없는 곳이 없지만, 담일청허湛一淸虛[주1]한 기는 없는 곳이 많다는 것을 몰랐던 것이다. 리는 변하지 않지만 기는 변한다. 원기元氣는 끊임없이 낳고 낳아서 가는 기가 지나가면 오는 기가 그 뒤를 잇는다. 이미 지나간 기는 간 곳이 없다. 그러나 화담은 일기一氣가 계속 남아 있어서 간 것이 지나가지 않고 오는 것이 이어지지 않는다고 여겼다. 이것이 화담이 기를 리라고 잘못 이해한 문제이다. … 오직 퇴계가 화담을 공파攻破한 설만이 그 병통의 핵심을 지적한 것이므로 후학들의 잘못된 견해를 구제할 수 있다.

原文 其於理氣不相離之妙處, 瞭然目見. … 而殊不知向上更有理通氣局一節. 繼善成性之理, 則無物不在, 而湛一淸虛之氣, 則多有不在者也. 理無變而氣有變. 元氣生生不息, 往者過來者續, 而已往之氣, 已無所在. 而花潭則以爲一氣長存, 往者不過, 來者不續. 此花潭所以有認氣爲理之病也. … 惟退溪攻破之說, 深中其病, 可以救後學之誤見也.

_『율곡전서』 권10, 답성호원

**주1** 담일청허한 기: 맑고 순일純一하며 깨끗이 텅 비어 있는 상태로서, 기氣의 불연성을 표현한 것이다. 서경덕의 기론氣論에서 핵심이 되는 개념이다.

## 자료3

정인홍鄭仁弘이 차자箚子를 올려 문원공文元公 이언적李彦迪과 문순공文純公 이황李滉을 문묘에 종사하는 것이 잘못이라고 비방하였다. …【사관史官이 말하기를, 정인홍이 이러한 논변을 한 것은 대개 이황이 일찍이 자기의 스승인 조식曺植에 대해 논한 것을 분하게 여겼기 때문이다. … 조식의 학문은 의리를 강론하는 것에 대해 크게 꺼렸는데 이는 주자가 육상산을 공격한 이유였고, 경敬을 논할 때 심식心息이 서로 의지하는 것을 요체로 삼았으니, 이는 도가道家의 수련법에서 나온 것이다. … 대개 그 사람은 절개가 높고 기상이 곧아 자부심이 너무 지나쳤지만 실상은 한 번도 학문의 공력에 깊이 들어간 적이 없었다. 그 때문에 이황이 높고 뻣뻣한 노장老莊으로 지목하였던 것이다. … 이황의 학문은 한결같이 주자를 표준으로 삼아 논변과 저술에서 매우 상세하게 설명하였고, 또 그의 기상이 화평하고 신밀愼密하여 자연히 도에 가까웠다. … 그가 사문斯文에 기여한 공이 매우 컸기 때문에 학자들이 우리 동방의 주자라고 일컬었으니, 대체로 근사하다 하겠다. … 대개 정인홍의 사람됨이 편협하고 사나우며 식견이 밝지 못한데 방자하게 함부로 지어내어 다시는 돌아보고 거리끼는 것이 없었다. … 일찍이 자기 편의 무리를 사주하여 상소를 올려 성혼成渾을 헐뜯었고 또 이이李珥를 매우 심하게 비방하더니, 이때에 이르러 다시 두 유현을 이처럼 힘써 공격하였다. 저 정인홍 같은 자는 사문의 쓸데없는 가라지나 사류士類를 해치는 좀도둑이 아니고 무엇이겠는가.】

**原文** 鄭仁弘上箚, 毁譏斥文元公李彦迪·文純公李滉從祀之非. 【史臣曰: … 仁弘之爲此論, 蓋憤滉嘗論其師曺植也. … 植之學, 以講論義理爲大忌, 此朱子所以攻陸氏者也, 論敬, 以心息相依爲要, 此出於道家修鍊法. … 蓋其人, 有高節·直氣, 自許太過, 實未嘗深於學問之功. 故滉以高亢老莊目之. … 滉之學, 一以朱子爲標準, 論辨·著述, 大有發明, 且其氣像和平·愼密, 自然近道. … 其有功於斯文甚大, 故學者稱爲我東朱子, 蓋近之矣. … 蓋仁弘之爲人偏狹狼戾, 識見不明, 肆意妄作, 不復顧忌. … 嘗嗾其黨, 上疏毁成渾, 又極詆李珥, 至是又力攻二儒如此. 若仁弘者, 謂非斯文之稂莠·士類之蟊賊, 何哉?】

_『광해군일기』39권, 3년 3월 26일 병인

### 자료4

대개 퇴계는 오로지 사람의 마음에 대해 명백하게 밝힌 것이다. 퇴계가 말하는 리理란 본연지성本然之性이요 도심道心이요 천리天理의 공정함이며, 기란 기질지성氣質之性이요 인심人心이요 인욕人欲의 사사로움이다. 그러므로 퇴계는 사단과 칠정이 발함에는 공公과 사私의 구분이 있으니, 사단은 리발理發이고 칠정은 기발氣發이라고 한 것이다. 율곡은 태극 이래 이기를 총괄하여 공정하게 논한 것인데, '천하의 사물은 발하기 전에 먼저 리가 있더라도 발할 때에는 기가 반드시 앞선다'고 하였다. 비록 사단칠정이라도 오직 공례公例에 따라서 예를 들었으므로 '사단과 칠정은 모두 기발이다'라고 말한 것이다. 율곡이 말하는 리理란 형이상자形而上者요 사물의 본칙本則이며, 기氣란 형이하자形而下者요 사물의 형질形質로서 간절하게 심心·성性·정情으로 말하는 것이아니다. 퇴계설은 비교적 정밀하고 자세하며, 율곡설은 비교적 포괄적이고 간단하다. 그러나 그 뜻을 두어 가리켜 말한 것이 각각 다르다. 그러니 둘 가운데 어찌 하나가 틀린 것이겠는가?

原文 蓋退溪專就人心上八字打開. 其云理者是本然之性, 是道心, 是天理之公. 其云氣者是氣質之性, 是人心, 是人欲之私. 故謂四端七情之發, 有公私之分, 而四爲理發, 七爲氣發也. 栗谷總執太極以來理氣而公論之. 謂凡天下之物, 未發之前, 雖先有理, 方其發也, 氣必先之. 雖四端七情, 亦唯以公例例之, 故曰四七皆氣發也. 其云理者是形而上, 是物之本則. 其云氣者, 是形而下, 是物之形質. 非故切切以心性情言之也. 退溪之言較密較細, 栗谷之言較闊較簡. 然其所主意而指謂之者各異, 卽二子何嘗有一非耶?

_『여유당전서』 제1집 제12권, 이발기발변(일)

출전

『광해군일기(光海君日記)』

『여유당전서(與猶堂全書)』

『율곡전서(栗谷全書)』: 조선 중기의 학자 이이의 문집으로 1742년 이재가 시집, 문집, 속집, 외집, 별집을 한데 합하고, 『성학집요』, 『격몽요결』 등을 보태어 1749년 『율곡전서』라는 이름으로 바꾸어 간행하였다.

『퇴계선생문집』: 퇴계 이황(退溪 李滉, 1501~1570)의 시문집 및 별집·외집을 합한 목판본으로, 원집 49권, 별집 1권, 외집 1권, 속집 8권 총 59집으로 되어 있다. 퇴계 사후에 제자인 월천 조목과 서애 유성룡 등이 퇴계의 저술문자를 모아 간행한 것으로 현재 도산서원 장판각에 판본이 보존되어 있다.

찾아읽기

현상윤, 『조선유학사』, 민중서관, 1949 ; 현음사, 1982.

이병도, 『한국유학사』, 아세아문화사, 1987.

이수건, 『영남학파의 형성과 전개』, 일조각, 1995.

최영성, 『한국유학사상사』Ⅱ, 아세아문화사, 1995.

이상익, 『기호성리학연구』, 한울아카데미, 1998.

권중달, 『중국 근세사상사 연구』, 중앙대 출판부, 1998.

이동희, 『조선조 주자학의 철학적 사유와 쟁점』, 성균관대 출판부, 2006.

이동욱, 『육구연 철학 연구』, 서울대 박사학위 논문, 2010.

정도원, 『퇴계 이황과 16세기 유학』, 문사철, 2010.

이상익, 『영남 성리학 연구』, 심산, 2011.

김항수, 「16세기 사림의 성리학 이해」, 『한국사론』7, 서울대, 1981.

추제협, 「이학(異學) 비판을 통해 본 퇴계심학」, 『동양철학』40, 2013.

권오영, 「조선 주자학의 리학적 담론과 특성」, 『조선시대사학보』69, 2014.

# 2 조선 성리학의 주요 학풍
## 남인과 서인 성리학의 전개

조선 후기 성리학은 학파와 정파를 기반으로 분화하면서 재생산되었다. 남인은 영남과 근기 지역을 중심으로, 서인은 충청과 한양·경기를 중심으로 전개되다가 노론과 소론 성리학으로 나뉘었다. 초기에는 이황의 사단칠정론에 이이가 도전하는 양상이었으나, 이이를 계승한 송시열의 등장으로 서인-노론계가 정치적 우위에 이어 학술까지 주도하였다. 노론 내 학술논쟁인 호락논쟁은 조선 성리학의 성취와 한계를 동시에 보여준다.

## 조선 후기 남인 성리학의 전개

이황의 제자들 가운데 영남에서는 유성룡柳成龍과 김성일金誠一, 근기近畿에서는 정구鄭逑의 문인들이 남인 학맥을 주도하였다. 이들은 이황의 리발설을 견지하는 가운데, 학풍에 따라서 '리발'의 설을 더욱 강조하여 리의 운동성運動性까지 주장하거나 반대로 약화시켜 리의 주재성主宰性만 인정하기도 하였다. 본래 주자의 이기론에서 리는 세계에 대한 형이상形而上의 근거[所以然]와 당위[所當然]의 역할만 인정될 뿐 실제로 리가 발동한다고 본 것은 아니었기 때문에, 주자의 '리발'에 대하여 형이상의 차원을 넘어 때로는 능동能動의 의미까지 부여하는 것은 이황의 독창적 해석이라 할 수 있다. 즉 관점에 따라서 리발설은 이황의 학문적 경지를 보여주는 주장인 동시에, 주자의 이기론을 벗어난 약점이 될 수도 있다.

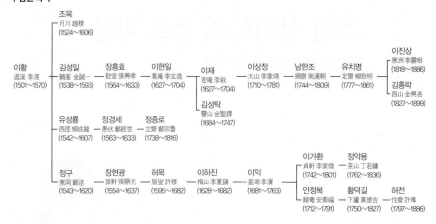

_최완기, 『한국성리학의 맥』 96쪽을 토대로 수정, 보완

주자의 이기론에 논리적으로 좀 더 충실했던 이이가 '리발'을 부정하고 '기발일도'만 가능하다는 주장을 편 것은 타당했을 뿐 아니라, 인조반정 이후에는 서인이 정국까지 주도하였기 때문에 영향력도 상당하였다. 남인 학계는 이이의 학설에 적극 대응하였 다. 그 양상은 시기별로 다르게 나타났으니, 17세기까지는 기발설을 이단의 차원으로 공격하는 양상을, 그 이후로는 리발설의 본래 취지를 강조하며 기발설의 한계를 지적 하는 경향을 띠었다.

서인과 남인은 인조반정 전후로 협력하였지만, 반정 이후에는 대결 구도를 형성하 였다. 이는 서인이 역대의 성현聖賢들을 모시는 문묘文廟에 이이와 성혼 종사從祀를 추 진하자 이를 둘러싼 격렬한 찬반 논쟁으로 표출되었다. 양인에 대한 문묘종사는 인조 대부터 꾸준히 제기되었으며, 숙종대에 정국 변동에 따라 종향從享과 출향黜享을 거친 후 갑술환국(甲戌換局, 숙종 20) 이후 복향復享 결정으로 종결된 사안이다. 이황의 적통 으로서 조선 성리학의 주류를 자부하던 남인은 서인이 이이의 학설을 기치로 결집하 고 문묘종사까지 추진하자, 이를 제압하기 위하여 이이의 학설이 기氣에 편중된 이단 異端에 불과하다고 강하게 비판하였던 것이다. [자료1]

17세기에 이이 학설의 문제점을 공세적으로 비판한 이현일李玄逸은 숙종 초 남인 집권기에 산림으로 초치될 만큼 명성이 높았고, 이황 이후 지리멸렬하던 영남학계에 강력한 구심이 되었다. 그는 리가 기의 작용 없이도 발동發動할 수 있다고 한 것이 이황 학설의 핵심이라고 주장하는 등 리발설에 입각해 이이의 기발일도설을 비판하였을 뿐 아니라,[자료2] 『홍범연의洪範衍義』를 저술하여 이황이 주력하지 못했던 경세론까지 정리하였다. 그러나 갑술환국 이후 이현일이 인현왕후를 핍박하였다는 명의죄名義罪를 뒤집어썼고, 이후 영남남인은 중앙에서 배제되고 학계에서도 그 영향력이 퇴조하였다.

게다가 영조대에는 영남남인들이 무신란戊申亂에 가담하였다가 철퇴를 맞았기 때문에 영남의 학계 역시 더욱 위축되었다. 서인의 정치적·학문적 우위가 분명해졌기 때문에, 18세기 이후 남인은 이황의 학설을 주자학의 보편적 틀 속에서 정밀하게 설명하려는 경향을 보였다. 이상정李象靖은 이현일과 달리 '리발'의 의미를 발동이 아닌 주재主宰의 의미로 약화시키되, 리와 기가 '호발'하므로 기를 위주로 말할 때도 있지만 리를 위주로 말할 때도 있다는 이황의 설을 강조하며 '기발일도'만 인정한 이이 설의 편협함을 비판하였다.[자료3]

그는 주자의 이기설에 부합하면서 '리발'의 취지도 잘 살렸기 때문에 소퇴계小退溪라 불렸다. 이후 근대에 이르기까지 영남의 뛰어난 유학자들은 대개 이상정을 연원으로 배출되었다. 그러나 이상정은 끝내 조정에 출사하지 않았으니, 그 영향력 역시 영남권에 한정되었다.

인조반정 이후 남인 가운데 정계와 학계를 주도한 것은 경기 인근의 근기近畿 남인이다. 영남남인은 근기남인이 서인과 맞서는 구도를 형성하고 있을 때 배후 기지 역할을 하였다. 근기와 영남의 남인은 언제든 연대할 수 있는 관계를 유지하고 있었던 것이다. 그런데 근기남인은 그 연원인 정구鄭逑 이래로 이황의 제자이면서 동시에 서경덕·조식에게도 배운 북인계 인사들의 후손들이 많았을 뿐 아니라, 거주지의 특성상 서인과 학문적 교유도 활발하였다. 이 때문에 근기남인은 영남에 비하여 학풍도 다양한 편이었다.

이들은 이기심성론에서 이황의 학설을 존중하면서도 때론 수정하는 등 비교적 자유로운 성향을 드러냈다. 정구의 문인 장현광張顯光은 리기 '호발' 설을 거부하고 '리기일원理氣一原'을 주장하여 리와 기를 분리할 수 없다고 보았다. 그러나 그 역시 '리가 경

經이고 기가 위緯'라든가, '기가 동정動靜하는 것은 리에 동정의 원리가 있기 때문이다'고 하였듯, 실리實理 · 활리活理로서 리의 실질적 우위를 분명히 하였다. 이들은 서경덕의 영향을 받았지만 결국 리의 우위를 강조하는 이황의 학설을 따른 것이다.

근기남인의 대표 학자들로서 허목은 고학古學으로 유형원 · 이익 등은 경세학으로 유명하여 이기론이 전공 분야는 아니지만, 이들이 이기론을 거론할 때면 모두 '리'의 주재성 · 능동성을 강조하였다. 허목은 '기는 리에서 나오고, 리는 기를 타고 유행한다'고 하였다. 유형원은 리의 실질적인 주재성을 강조하기 위하여 사물事物에 실리實理가 내재하여 있다고 주장하였다. 이익李漢은 『사칠신편四七新編』을 저술하였을 정도로 이기심성론에도 큰 관심을 보였다. 그는 심을 기氣라고 보아 이황의 '심합리기' 설은 거부하였지만, 심의 본성本性에 내재한 리의 신묘한 작용에 주목하여 사단과 칠정 모두 '리발기수理發氣隨'로 보았다.

이처럼 근기남인의 학설은 '기발'을 인정한다든가 리와 기가 분리될 수 없음을 강조하여 이이나 서경덕의 영향을 보이기도 한다. 그러나 궁극에는 이황의 설을 좇아 리가 기에 비하여 가치나 실재의 차원에서 우위에 있다고 하여, 결국 리의 주재성을 강조하는 경향을 보인다. 근기남인의 이기심성론은 이황의 학설을 일부 수정하고 이 과정에서 이이의 학설을 수용하기도 하였으나, 리의 주재성을 강조하는 이황의 학설은 견지하였던 것이다.


## 조선 후기 서인 성리학의 전개


서인 학맥은 이이가 이황의 이기심성론을 비판하는 과정에서 학파의 정체성을 확립하였다. 이이의 학설은 리의 운동성을 부정하였던 주자학의 이론에 충실하기는 하였다. 그러나 동시에 심성 수양의 근거로서 성선설의 핵심이기도 한 사단을 칠정 가운데 일부로 설명하여 그 위상을 흔들었을 뿐 아니라, 리의 발동을 인정하지 않은 결과 선과 악을 청기淸氣와 탁기濁氣의 발현으로 설명하는 한계가 있었다. 리는 사물死物에 불과하게 되어 기질의 변화만 내세운다는 것은 이이의 학설에 대한 일반적 비판이었다. 이이의 평생 지기였던 성혼조차 이황의 호발설을 일부 수용했던 이유도 심기心氣의 내부에 리를 연원으로 하는 순선純善의 지위를 확보하기 위해서였다.

서인 학맥 가운데 김장생金長生 문하의 호서湖西 학인들은 온전히 이이의 학맥을 계승한 반면, 그밖의 경기京畿 학인들은 이이·성혼·윤근수尹根壽의 문인뿐 아니라 서경덕 계열도 혼재했다. 서인의 학풍 역시 단일한 연원으로 설명할 수는 없는 것이다. 그런데 서인은 김장생 단계에서 예학禮學의 전문성을 확보하고, 송시

송시열

열 단계에 이르러 성리학·예학·경세론 등에서 주자학의 완결성을 성취하였다. 서인은 남인에 비하여 늦게 정체성을 완성하였으나 인조반정을 계기로 정국을 주도하였고, 송시열 단계에 이르러서는 학문적 주도권까지 확보하였다. 그러나 서인은 정계와 학계에 걸친 송시열의 독존적 영향에 반발하여 결국 노론과 소론으로 분립하였다. 소론은 송시열 비판과 맞물려 주자학 이념을 각박하게 내세우지 않으면서 다양한 학문적 모색을 하였던 반면, 노론은 송시열을 이어서 주자학 연구를 더욱 심화시켰다. 서인의 주자학 연구는 노론이 주도하였다.

송시열은 이이의 성리학 연구를 심화하기 위하여 주자의 전체 문헌으로 연구 범위를 넓혀 『주자대전차의朱子大全箚疑』, 『주자어류소분朱子語類小分』을 완성하는 등 주자학을 가장 체계적으로 정리하였다. 송시열 이전의 주자학 연구는 이황이 주자의 서간문을 요약·해설한 『주자서절요朱子書節要』에 기반을 둔 것이었고, 영남남인은 이 전통을 묵수하고 있었다. 송시열은 이황 이래의 기존 성과를 흡수하되 연구 범위를 주자의 문

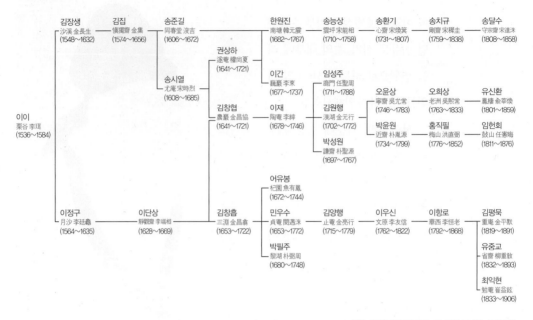

헌 전체로 확대하였다. 이를 계기로 주자학 연구는 서인–노론계가 주도하게 되었다. 이러한 학문적 성취를 바탕으로 송시열은 척화론과 대명의리론에 기반을 둔 시대 이념을 선도하였다. 그는 병자호란 패전 후의 시대적 과제를 남송南宋 당시 주자가 금나라에 대해 설정한 존왕양이尊王攘夷의 이념에서 찾았고, 수신에서 경세의 방략에 이르기까지 주자가 제시한 내용을 일일이 실천할 것을 주장하였다.[자료4]

송시열의 성리설은 이이의 이기심성론을 더욱 밀고 나가 사단四端은 칠정 중 선한 것이라는 이이의 설까지 수정하였다. 사단 역시 객관적 규범인 리에 맞는지 여부에 따라 선과 악이 나뉜다고 주장한 것이다.[자료5] 이에 따르면 사단은 선한 것이 아니므로 심성 수양의 근거가 될 수 없었다. 이는 맹자 이래 확고하였던 성선의 근거를 흔드는 것이므로 큰 논란을 야기했다. 그러나 『주자대전』을 정밀하게 연구한 송시열이기에 이렇게 주장할 수 있었던 것이니, 주자는 이미 사단이라는 정情의 차원이 아니라 심心의 차원에서 성선性善의 근거를 제시한 바 있었기 때문이다. 그것은 주자가 평생토록 고

심하였던 심통성정(心統性情, 마음이 성과 정을 통섭함)의 과제, 곧 심의 '미발(未發, 발동하기 이전의 성性)'과 '이발(已發, 발동한 이후의 정情)' 상태에서 일관되게 거경궁리居敬窮理를 관철시키는 문제였다.

이이를 따라 심은 기라고 본 송시열은 심기心氣의 허령虛靈한 곳에 '중정中正한 미발未發' 즉 심이 아직 발동하지 않아 기의 간섭을 받기 이전의 중정한 상태인 본연지성本然之性의 영역을 설정하고, 이를 성선性善의 근거로 삼아 함양과 성찰이 가능하게 하였다. 심기의 허령虛靈한 곳에 깃든 본성은 모든 사람이 갖추고 태어나므로, 이제 '리발' 개념을 폐기해도 '중정한 미발'에 의해 심의 도덕적 주체는 확보될 수 있다고 본 것이다. 물론 주자학의 미발 개념은 일찍이 이황·이이도 주목하였지만, 사단칠정 논쟁의 와중에 심·성·정의 엄밀한 개념에 의거하여 제대로 논의되지는 못하였다. 이황은 미발을 리의 발현이라고 보아 사단이 가능한 근거로 확신하였고, 이이는 미발을 심기의 고유한 능력으로 설명하였을 뿐 사단칠정론과 연계하여 설명하지는 않았다. 송시열은 '리발'을 부정한 이이의 설을 심화시켜, 심기 본연의 영역에 성선性善의 근거를 확보함으로써 정情의 일종인 사단보다 더 근본적 차원에서 수양론의 준거를 제시할 수 있었다.

송시열은 순정한 주자학을 기준으로 이단異端 배척에도 철저하였기 때문에, 이러한 학풍은 문인들에게도 영향을 주었다. 그런데 이는 송시열뿐 아니라 이황 이래 조선 주자학의 대체적인 성향이기도 하며, 특히 주자·이황·이이와 같은 선현先賢에 대한 모독에 민감하게 반응하였다. 게다가 숙종이 조정에서 벌어진 학자들의 사문斯文 시비, 곧 학문 논쟁을 정치적으로 이용하였기 때문에 한때 부작용이 크기도 하였다. 유학의 경전을 멋대로 변개하였다는 혐의로 박세당의 『사변록思辨錄』과 최석정의 『예기류편禮記類篇』 판본이 훼손된 것이 대표적인 사례이다. 그러나 영조의 사문 시비 불개입으로 이러한 현상은 사라졌으므로 조선 학계가 이단 배척으로 점철된 것처럼 곡해해서는 안 된다. 18세기까지도 서양이 신·구교의 종교 갈등과 마녀 사냥이라는 이단 심판의 광기에 휩쓸리거나, 중국의 사대부가 청조淸朝의 혹심한 문자옥文字獄에 걸려 다수의 희생자를 냈던 사정과 비교할 때 조선의 이단 배척은 그 정도가 훨씬 덜한 편이었다. 다만, 송시열 이래 노론이 순정 주자학의 정통을 자부하였기 때문에 조정의 학문적 분위기가 좀 더 경직된 것은 사실이다.

　이상에서 보았듯 주자학을 가장 정밀하게 연구하였던 송시열은 '심=기氣'의 현실적 존재의 차원에 '중정한 미발=성선性善'의 당위적 가치를 설정함으로써 존재론과 수양론의 문제를 통합하려 하였다. 그런데 이는 존재론과 가치론을 통합하려 했던 주자학 이기심성론 자체의 문제로서 이황과 이이 등 선현들도 합의를 보지 못했던 문제였다. 송시열의 통합 시도가 완전한 것일 수는 없었다. 그의 사후 노론은 서울의 낙론洛論과 충청의 호론湖論으로 분화하여 조선 후기 학술 논쟁을 대표하는 호락湖洛 논쟁을 벌였다. 논쟁은 본래 권상하의 문인인 이간李柬과 한원진韓元震 사이에 발생하였으나, 서울·경기와 호서의 학자들이 가담하여 각각 이간과 한원진을 옳다고 하면서 확대되었다.

　쟁점은 미발 상태의 심에 기질의 청·탁이 간여하는지 여부, 그 연장으로서 미발 상태에서 성인과 범인의 마음이 같은지 다른지 여부, 그리고 인성人性과 물성物性에 갖추어진 오상(五常, 인·의·예·지·신)의 동이同異 여부였다. 이에 대하여 낙론은 동론同論을 호론은 이론異論을 주장하였다. 인·물성 문제는 근거의 차이만 있을 뿐 인성은 물성과 다르다고 본 것은 마찬가지이므로, 논쟁은 결국 '심=기氣'에 얼마나 특별한 지위를 부여할 것인가를 둘러싼 관점 차이에서 비롯된다. 낙론은 심기心氣의 본질을 청탁이 혼재한 여타의 기질과 구별되는 본연本然의 기氣, 즉 청허(淸虛, 맑고 허령虛靈)한 기로 보면서 본연지성[理]와 기의 합일 상태를 심기의 한 국면인 미발의 상태에서 확보하려 하였다. 호론은 심기 역시 본질상 여타의 기질氣質과 다를 것이 없다고 보아 기질에 의한 본연지성의 제한에 주목하기 때문에 리의 객관성을 심기의 밖에서 확보하고자 하였다.[자료6] 양자 모두 이이의 리통기국설理通氣局說을 일부씩 계승하여, 낙론은 리통理通에 호론은 기국氣局에 각각 강조점을 둔 것이다.

　낙론은 이황·이이·성혼 등에 연원을 둔 박세채·조성기趙聖期·김창협金昌協·이재李縡·김원행金元行 계열로 구성되었다. 낙론의 심성론에서 심을 리와 기의 합습으로 보는 이황, 심을 기로 보지만 청허한 본연의 심에도 주목한 이이, 그리고 양자를 절충하려 했던 성혼 등의 영향이 간취되는 것은 이 때문이다. 낙론에는 리발설에 입각한 이황 수양론의 취지를 수용하여 이이·송시열이 수양론에서 사단의 의의를 경시했던 약점을 보완한 '절충파'의 면모도 보이지만, 미발 상태의 심을 성선의 근거로 확보하여 주자학 심성론의 체계를 바로 세우고자 했던 이이—송시열의 문제의식을 발전시킨 것도 분명하다. 이는 서울·경기에 거주하는 노론으로서 낙론이 이이—송시열의 학설을 위주로 하여 서경덕·이황 계열의 문제까지 종합하겠다는 포부를 드러낸 것이라 하겠다.

반면 호론은 이이—송시열의 단일 연원을 둔 권상하權尚夏·한원진韓元震 계열로 구성되었다. 호론은 이이의 심즉기설을 더 밀고나가 본연의 심 역시 기질의 제한을 받는 형태로 실현될 수밖에 없음을 강조하였다. 특히 호론은 자신들이 이이—송시열의 학설을 철저히 관철시켜 성리학의 난제를 해결했다고 자부하였기 때문에, 송시열을 모시는 화양서원華陽書院의 묘정비廟庭碑에 인물성이론人物性異論으로 해석되는 송시열의 글까지 새겨넣었다. 이는 송시열의 적통임을 자부하는 호론의 의식을 드러낸 것이지만, 동시에 논란이 되는 학설을 자파 정통의 근거로 내세우는 호론의 편벽됨을 보여주는 일면이다.

호락논쟁은 권상하의 제자인 이간과 한원진의 논쟁에서 발단한 데서 알 수 있듯, 송시열의 학설에 입각하더라도 주자 심성론의 근본 문제가 해결될 수 없기 때문에 발생한 것이다. 따라서 호론의 편벽된 자부심만으로 이 난제가 해소될 수 있는 것이 아니다. 한편, 호락논쟁에서 낙론의 견해가 물성의 객관적 탐구를 가능케 한다든가, 중화·이적의 구별 관념에 근본적인 변화를 보였다는 등 학계 일각에서 제기하는 적극적인 의미 부여도 인정하기 어렵다. 호론과 낙론은 심기를 설명하는 관점에 미세한 차이를 보였을 뿐, 격물치지와 심성수양을 근본으로 하는 주자학에 대한 견해는 같았기 때문이다. 노론 이외의 다른 학파에서도 호락논쟁과 비슷한 주제가 논란이 된 바 있었기 때문에, 논쟁의 원인은 존재론과 가치론을 통합하려 했던 주자학 자체에 있었던 것이다.

다만, 호락논쟁은 이이—송시열의 학통을 둘러싼 정통성 논쟁이기도 하므로, 18세기 이후 분화되고 있던 노론의 동향을 반영한다. 호락논쟁은 합의될 수 없는 사안이었으나, 정치적 성쇠의 영향으로 19세기 이후 학계는 낙론이 장악하였다. 이는 곧 영조대 후반에서 순조대에 걸쳐 학문과 정치 분야에서 호론계 외척 김귀주 계열과 연계된 벽파僻派의 일시적 성장과 쇠퇴, 그리고 홍봉한의 우호세력으로 간주된 안동 김씨 등 낙론계 경화京華 사족 곧 시파時派의 꾸준한 우세 상황을 반영한다.[자료7] 대체로 영조대 후반 이래 벽파의 산림인 호론이 시파의 산림인 낙론에 거세게 도전하는 국면이다가, 순조 6년 이후 벽파의 몰락으로 인하여 낙론이 대세를 장악하고 호론은 호서 지역 일각에 더욱 국한되는 결과를 낳았던 것이다.

한편, 서인 학맥은 숙종대에 송시열의 주자학 독점 경향에 반발하여 박세채, 윤증, 박세당, 남구만, 최석정 등이 이끄는 일군의 학자들이 새롭게 분화하였다. 박세채 계열은 노론과 소론으로 나뉘었으나, 나머지 계열은 모두 소론 학맥을 형성하였다. 이들 역시 이이·성혼을 존숭하였지만, 그밖에 명대에 유행하던 다양한 학풍을 수용한 윤근수·신흠·조익·최명길 등의 영향도 많이 받았다. 이 때문에 소론 학통은 이이–김장생–송시열로 이어지는 노론의 순정 주자학풍과는 잘 맞지 않았다. 박세당과 최석정이 주자학적 경전 해석에 이의를 제기하다가 노론의 이단 배척 공세로 인해 큰 타격을 입었던 것이 그 사례이다. 그러나 소론 가운데 독실한 주자학자들도 많았다.

소론 가운데 학파의 정체성을 분명히 한 이는 스승 송시열에 대하여 '왕도王道와 패도霸道를 함께 구사한다'는 비판까지 제기하며 사제 관계를 끊었던 윤증尹拯이다. 그는 송시열과 대립하는 와중에 그 연원까지 거슬러 올라가, 이제껏 이이의 그늘에 가려 있었던 성혼의 학술을 재조명하여 소론 학파를 정립하였다. 그러나 윤증은 송시열의 주자학 의리 및 북벌 이념 독점에 반발한 것일 뿐 성리학에 대해서는 독실하였기 때문에, 윤증계 소론 역시 이이·성혼 이래의 성리학풍을 충실히 계승하였다. 제자 정제두鄭齊斗가 양명학에 빠진 것을 강하게 비판하였을 정도로 주자학을 확신한 것이다. 다만 윤증은 노론과는 달리 이기심성론에 대한 정밀한 분석보다는 '무실(務實, 실질에 힘씀)'을 표방하며 성리학적 실천에 치중하였다.

박세채 역시 송시열이 세도世道를 맡을 것을 당부할 정도로 순정 주자학의 정립에 힘썼던 인물이다. 그는 성리학과 예학에 관한 방대한 저술을 남겼을 뿐 아니라, 노·소론의 중재를 자임하였고 붕당 타파를 위하여 황극탕평설皇極蕩平說을 제안하는 등 정치 이념의 창출에도 힘썼다. 박세채계 가운데 소론은 황극탕평설을 적용하여 영조대 탕평을 주도하는 등 세력을 떨치기도 하였으나, 탕평파의 정치적 실패로 인하여 학문

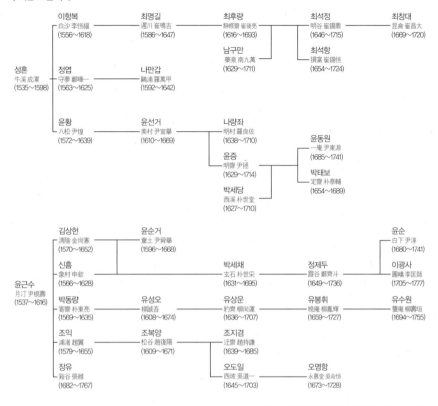

성혼
牛溪 成渾
(1535~1598)

이항복
白沙 李恒福
(1556~1618)

최명길
遲川 崔鳴吉
(1586~1647)

최후량
靜修齋 崔後亮
(1616~1693)

남구만
藥泉 南九萬
(1629~1711)

최석정
明谷 崔錫鼎
(1646~1715)

최석항
損窩 崔錫恒
(1654~1724)

최창대
昆侖 崔昌大
(1669~1720)

정엽
守夢 鄭曄
(1563~1625)

나만갑
鷗浦 羅萬甲
(1592~1642)

윤황
八松 尹煌
(1572~1639)

윤선거
美村 尹宣擧
(1610~1669)

나량좌
明村 羅良佐
(1638~1710)

윤증
明齋 尹拯
(1629~1714)

박세당
西溪 朴世堂
(1627~1710)

윤동원
一庵 尹東源
(1685~1741)

박태보
定齋 朴泰輔
(1654~1689)

윤근수
月汀 尹根壽
(1537~1616)

김상헌
淸陰 金尙憲
(1570~1652)

윤순거
童土 尹舜擧
(1596~1668)

신흠
象村 申欽
(1566~1628)

박세채
玄石 朴世采
(1631~1695)

정제두
霞谷 鄭齊斗
(1649~1736)

윤순
白下 尹淳
(1680~1741)

이광사
圓嶠 李匡師
(1705~1777)

박동량
寄齋 朴東亮
(1569~1635)

유성오
柳誠吾
(1608~1674)

유상운
約齋 柳尙運
(1636~1707)

유봉휘
晩庵 柳鳳輝
(1659~1727)

유수원
聾庵 柳壽垣
(1694~1755)

조익
浦渚 趙翼
(1579~1655)

조복양
松谷 趙復陽
(1609~1671)

조지겸
迂齋 趙持謙
(1639~1685)

장유
谿谷 張維
(1682~1767)

오도일
西坡 吳道一
(1645~1703)

오명항
永慕堂 吳命恒
(1673~1728)

_최완기, 「한국성리학의 맥」 228쪽을 토대로 수정, 보완

적 영향력도 위축되었다.

이처럼 소론은 순정 주자학에서 비판적 학풍에 이르기까지 다양한 학문적 개성을 발휘하였고 포용력도 넓은 편이었으나, 그렇다고 이를 새로운 학풍으로 뚜렷하게 정착시키지는 못하였다. 소론은 학파로서 정체성이나 결속력을 형성하지는 못하였기 때문에, 노론이 자임하였던 순정 주자학의 공세를 극복하지 못한 것이다.

서인 학맥은 인조반정 이래 조선 말기까지 학계와 정계를 모두 주도하였다. 서인은 효종·현종대에 한당漢黨과 산당山黨으로 분화하였다가, 결국 숙종대에는 노론과 소론으로 분립하였다. 이러한 분화는 본질상 정치 노선의 차이 때문이지만, 여기에는 학문 성향의 차이도 작용하였다. 집권 세력으로서 한당은 대동법을 주관하였고, 노론은 북벌론과 대명의리론을 주도하였다. 노 · 소론 탕평파는 균역법을 주도하였다. 이렇듯 서인 학맥은 학파에 따른 학문적 축적을 바탕으로 해당 시기의 경제 정책을 현실에 맞게 조정하는 경장 사업을 추진하기도 하고, 지배 이념을 창출하여 조선 후기의 학문과 정치를 주도하기도 하였다.

**자료1**

경상도의 진사進士 유직柳稷 등 9백여 인이 상소하기를, "근래에 홍위·이원상 등이 여러 차례 소장疏章을 올려서 고 문성공 이이李珥와 문간공 성혼成渾을 성묘聖廟에 종사從祀할 것을 청하였는데, 신들은 삼가 의혹스럽게 생각합니다. … 이이의 학문은 오로지 '기氣'자만을 주장하여 기氣를 리理로 알았습니다. 이 때문에 리와 기를 같은 것으로 여겨 다시 분별함이 없었으며, 심지어 '마음이 바로 기이고 사단四端과 칠정七情은 모두 기가 발한 것이다'라고 하였습니다. 이러한 문제의 근본은 원래 도道와 기器를 구별하지 않은 육구연陸九淵의 견해에서 나온 것으로서 그 폐해는 작용作用을 성性의 체體라고 한 석씨釋氏의 주장과 같습니다. … 성혼成渾의 학문은 대체로 이이와 핵심이 같은 것으로, 이른바 '리와 기는 같이 발한다'는 등의 말은 필경 큰 근본에 깨달은 바가 없는 것입니다" 하였다.

**原文** 慶尙道進士柳稷等九百餘人上疏曰: 邇者, 洪葳·李元相等累陳疏章, 請以故文成公臣李珥·文簡公臣成渾, 從祀聖廟, 臣等竊惑焉. … 且珥之學, 專主氣字, 認氣爲理, 故以理氣爲一物, 而無復分別, 至以爲'心是氣也, 四端·七情, 皆氣之發.' 是其病根, 元出於陸家不分道·器之見, 其爲害, 同歸於釋氏作用爲性之體也. … 成渾之學, 大抵與珥, 同一關捩, 所謂理氣一發等語, 畢竟於大本上, 未有得力.

_「효종실록」 권3, 효종 1년 2월 22일 을사

**자료2**

나는 이렇게 생각한다. 이이李珥가 '음양의 동정動靜은 그 자체의 작용이 절로 그러한 것이지 따로 그렇게 하도록 시키는 자가 있는 것이 아니다. 양陽이 동動하면 리가 동에 타고, 음陰이 정靜하면 리가 정에 타는 것이지 리가 동정하는 것이 아니다'고 하였다. 이것은 실로 이이의 주지가 담긴 본원의 강령이다. … 그러나 주자의 「정자상에게 답한 편지」에서 '리에 동정이 있으므로 기에 동정이 있다. 만약 리에 동정이 없다면 기는 무엇에 연유하여 동정이 있겠는가?'라고 하였다. … 또한 (주자의 제자) 면재勉齋 황간黃幹은 … '태극은 리이고, 음양은 기이다. 그러나 리는 형체가 없으나 기는 자취가 있다. 기에 동정이 있다면, 기를 타고 있는 리에 어찌 동정이 없다고 하겠는가?'라고 하였다. 무릇 이런 몇 가지 논설들이 '리에 동정이 있다'는 의미를 상세하게 설명한 것이 분명하다. 그런데 이이가 논한 '음양의 동정은 그 자체의 작용이 절로 그러한 것이지 따로 그렇게 하도록 시키는 자가 있는 것이 아니다. 리가 동정을 타는 것이지 리 스스로 동정하는 것은 아니다'라고 한 설과는 정말 서로 어긋나지 않는가?

原文 愚謂李氏謂'陰陽動靜, 機自爾也, 非有使之者也. 陽動則理乘於動, 陰靜則理乘於靜, 非理動靜也.' 此實李氏主意所在本原綱領. … 其「答鄭子上書」曰: '理有動靜, 故氣有動靜. 若理無動靜, 氣何自而有動靜乎?' … 又勉齋黃氏 … 曰: '太極是理, 陰陽是氣. 然理無形而氣有迹. 氣旣有動靜, 則所載之理, 安得謂之無動靜?' 凡此數說, 發明理有動靜之義, 如此分曉. 其與李氏所論'陰陽動靜, 其機自爾, 非有使之者也. 理乘於動靜, 非理自有動靜'之說, 果不相戾耶?

_「갈암집」 권18, 율곡이씨논사단칠정서변

### 자료3

살펴보건대 퇴계 선생이 일찍이 말하기를, "리와 기는 서로 따르고 떨어지지 않으니, 서로 필요로 하여 체體가 되고 서로 의지하여 용用이 된다"라고 하였고, 또 말하기를 "리가 없는 기는 없으며 기가 없는 리도 없다"라고 하였으니, 이른바 '둘이면서 하나'라는 것이다. 또 말하기를 "같음에서 다름을 본다"라고 하였으니, 이것은 리와 기가 뒤섞인 곳에서 나뉜 것을 본다는 것으로 이른바 '하나이면서 둘'이라는 것이다. 그런데 율곡은 반드시 저것[둘이면서 하나]을 주장하고 이것[하나이면서 둘]을 배척하려고 하니, 어째서인가?

原文 按退陶嘗曰: '理氣相循不離, 相須以爲體, 相待以爲用.' 又曰: '未有無理之氣, 亦未有無氣之理.' 卽所謂二而一者也. 又曰: '就同而見異.' 卽渾淪而見分開, 卽所謂一而二者也. 而栗谷之必欲主彼而斥此, 何也?

_「대산선생문집」 권40, 독성학집요

### 자료4

임금이 말하기를, "주자의 말을 과연 하나하나 시행할 수 있는가?" 대답하기를, "고대 성현의 말씀은 더러 시세時勢의 차이 때문에 실천할 수 없는 부분도 있습니다. 그러나 주자의 경우는 시세가 매우 비슷할 뿐 아니라 그가 처한 상황이 오늘날과 아주 흡사합니다. 따라서 신은 주자의 말들은 하나하나 모두 실행할 수 있다고 생각합니다."

原文 上曰: 朱子之言, 果可一一行之乎? 對曰: '古聖之言, 或以時勢異宜而有不能行者. 至於朱子, 則時勢甚近. 且其所遭之時, 與今日正相似. 故臣以爲其言一一可行也.

_「송자대전습유」 권7, 악대설화

**자료5**

사단과 칠정은 모두 성性에서 나오지만, 모두 절도에 맞거나 또는 맞지 않는 경우가 있다. 절도에 맞는 것은 모두 공정한 도심道心이지만, 절도에 맞지 않는 것은 위태로운 인심人心이다. 사단 중에서 절도에 맞는 것을 확충하면 온 세상을 보호하는 데까지 이르며, 칠정 가운데 절도에 맞는 것을 미루어 이루면 만물을 교화하고 양육하는 데까지 이른다.

> **原文** 四端七情, 皆出於性, 而皆有中節不中節. 其中節者, 皆是道心之公, 而其不中節者, 皆人心之危也. 擴充四端之中節者, 則至於保四海, 推致七情之中節者, 則至於育萬物.
>
> _「송자대전」 권33, 퇴계사서질의의의

문성공(文成公, 이이)이 맹자의 말을 근거로 사단四端의 선한 측면만 말한 것은 정자程子가 맹자의 설명은 완비되지 못했다고 논한 것처럼 완비되지 않은 설명이다. 주자가 측은惻隱과 수오羞惡의 사단에 선악이 있다고 설명한 것은 주자가 정자의 설명이 (맹자보다 더) 자세하다고 평한 것과 같이 정밀한 설명이다. 이 점을 후학들이 알아야 한다.

> **原文** 今文成公因孟子之言, 而專言善一邊, 則正如程子所論孟子之不備, 朱子兼言惻隱羞惡之有善惡, 則正如朱子所謂程子爲密, 此後學不可不知者也.
>
> _「심경석의」 권2, 사단

**자료6**

주자 이후 심心의 뜻이 더욱 분명해졌다. … '심의 본체本體는 태극이고, 심의 동정動靜은 음양이다'와 같은 말은 리와 기를 겸하여 심을 말한 것이다. 이이는 '심이란 성性과 기氣가 합하여 몸에서 주재하는 것'이라 하였다. … 조성기趙聖期는 '심이란 리와 기의 합'이라 하였고, 김창협은 '사람의 심은 리와 기의 합'이라 하였고, 이재李縡는 '심이 리와 기의 합이라는 설은 의심할 것이 없다'고 하였다. 집사執事께서 말한 '기 가운데 영활靈活한 곳이 심'이라 한 것 또한 김원행金元行의 『미호집渼湖集』에 보이는데, 기 가운데 영활한 곳은 순수하고 지선至善한 성性으로서 사람의 태극이 그곳에 있는 곳이다. 이러한 사례들은 기氣만 말한 것보다 훨씬 많은데, 유독 한원진韓元震의 설은 '심은 곧 기이다心卽氣'라는 세 글자를 평생의 명맥命脈으로 삼았다. 그래서 한편으로는 이간李柬

과 이재의 '심은 본래 선하다'는 설을 배척하였고, 다른 한편으로는 주자와 이황의 이 발설理發說을 논박하였다. 무릇 편벽되게 한 가지 설만 주장하여 다른 사람들을 이기려고 한 것은 이치상 타당하지 않아서, 끝내 사람들의 마음을 승복시키지 못하였다.

原文 至朱子以後, 心字之義益明. … 心之本體是太極, 心之動靜是陰陽, 則是兼理氣而言心者也. 栗谷曰: '心者合性與氣而爲主宰於一身者也.' … 拙修齋曰: '心者理氣之合.' 農巖曰: '人之一心, 理與氣合.' 陶庵曰: '心合理氣說無疑也.' 執事所云: '氣之靈處爲心.' 亦嘗見於『渼湖集』中, 而氣之靈處純粹至善之性, 人之太極存焉. 其與單言氣者, 不啻多矣, 而獨南塘之說, 則以'心卽氣'三字, 爲平生命脈. 一以斥魏陶'本善'之說, 一以駁朱李理發之旨. 夫偏主一說, 求以勝人者, 理有未當, 終無以服人心之所同然.

_『한주선생문집』 권7, 답심치문

**자료7**

지금 노론만이 성대해지자 또 스스로 분열되어 동당東黨·남당南黨이 있고 또 북당北黨이 생겨났다. … 대개 조정 신하들이 서로 다투며 그칠 때가 없자, 산림의 의론 또한 낙론洛論과 호론湖論의 두 파가 생겨났다.

原文 今則老論獨盛, 而亦自分黨, 有曰東村·南村, 又有北村. … 大抵搢紳相軋無已時, 而山林議論, 又有圻湖二派.

_『이재난고』 권15, 경인(1770) 6월 14일(3책, 260쪽)

화양서원 비문의 일과 심성동이心性同異의 의론이 홍봉한洪鳳漢과 김귀주金龜柱 두 척신 사당私黨의 나뉨과 무슨 관계가 있는가? 김원행金元行은 평소에 홍봉한을 배척하지도 않았으나 그를 돕지도 않았다. … 지금 김한록金漢祿 일파는 스스로 한원진韓元震의 문도라 자칭하면서 김귀주 한 사람만 끼고서 홍봉한 일파를 해치려고 한다. 그 뜻은 전적으로 다투는 데 있을 뿐이다. 그러나 화양비문의 일과 심성동이의 설을 빌미로 먼저 김원행을 공격하면서 홍봉한을 돕는 파라고 지목하였다. … 조만간 반드시 홍봉한과 김귀주 두 파가 서로 도륙하는 화가 있을 것이다.

原文 華陽碑事, 與夫心性同異之論, 何與於洪金兩戚畹私黨之分乎? 且渼上平日, 固非斥洪, 亦非扶洪. … 今金漢祿一邊, 自稱南塘門徒, 挾一金龜柱, 欲戕洪相一邊. 其意專在於傾軋. 而乃假華陽碑事與夫心性同異之說, 先功渼上, 謂以扶洪. … 早晚必有兩邊相屠之禍.

_『이재난고』 권19, 갑오(1774) 8월 14일(4책, 184쪽)

## 출전

『송자대전(宋子大全)』

『심경석의(心經釋疑)』

『효종실록(孝宗實錄)』

『갈암집(葛庵集)』: 1811년(순조 11)에 간행된 조선 후기의 학자 이현일(李玄逸)의 시문집으로 40권 21책이다.

『대산선생문집(大山先生文集)』: 조선 후기의 문신 · 학자 이상정(李象靖)의 시문집으로, 1802년(순조 2)에 조카에 의해 발행되었다.

『심경석의(心經釋疑)』: 조선의 거유 이황(李滉)이 송나라 진덕수(眞德秀)의 『심경(心經)』을 해석한 책으로 『심경부주석의(心經附註釋疑)』라고도 한다.

『이재난고(頤齋亂藁)』: 조선 후기의 학자 이재(頤齋) 황윤석(黃胤錫)의 일기이다. 저자가 10세부터 63세로 서거하기 2일 전까지 보고 듣고 생각한 정치, 경제, 사회상 등 제반 사항을 투철한 기록 정신으로 정리하였다.

『한주집선생문집(寒洲先生文集)』: 조선 후기 성리학자 이진상(李震相)의 시문집으로 『한주전서』의 제1책에 정미본에 『한주선생문집』이 실려 있다.


## 찾아읽기

현상윤, 『조선유학사』. 민중서관, 1949 ; 현음사, 1982.

이병도, 『한국유학사』. 아세아문화사, 1987.

정옥자, 『조선 후기 문화운동사』. 일조각, 1988.

최완기, 『한국성리학의 맥』. 느티나무, 1989.

허권수, 『조선 후기 남인과 서인의 학문적 대립』. 법인문화사, 1993.

최영성, 『한국유학사상사』. III · IV, 아세아문화사, 1995.

이봉규, 『송시열의 성리학설 연구』. 서울대 박사학위 논문, 1996.

유봉학, 『조선 후기 학계와 지식인』. 신구문화사, 1998.

이상익, 『기호성리학연구』. 한울아카데미, 1998.

김준석, 『조선 후기 정치사상사 연구』. 지식산업사, 2003.

권오영, 『조선 후기 유림의 사상과 활동』. 돌베개, 2003.

조성산, 『조선 후기 낙론계 학풍의 형성과 전개』. 지식산업사, 2007.

문석윤, 『호락논쟁 형성과 전개』. 동과 서, 2008.

이상익, 『영남 성리학 연구』. 심산, 2011.

김준석, 「17세기 기호주자학 연구」. 『손보기 박사정년기념논총』. 1988.

김태년, 「낙론계의 지각론 연구」. 고려대 석사학위 논문, 1993.

이경구, 「영조~순조 년간 호락논쟁의 전개」. 『한국학보』 93, 1998.

# 3 조선 성리학의 변주
주자 절대주의 비판 학풍

조선 성리학은 순정 주자학을 위주로 전개되었으나, 그 범위 내에서 다양한 변주가 존재하였다. 이들은 조선 중기에 양명학·고학(古學)·상수학(象數學) 등의 영향을 받은 일군의 학자들을 연원으로 하며, 주로 한양과 경기 일대의 노론·소론·남인계비판 학풍에 두루 영향을 끼쳤다. 이들 역시 주자학을 긍정하였지만, 순정 성리학에 비하여 다양한 학풍에 개방적이었으며, 특히 주자학을 절대화하는 풍조에 비판적이었다.

조선 성리학은 순정 주자학을 위주로 전개되었으나, 그 범위 내에서 다양한 변주가 존재하였다. 이들은 조선 중기에 양명학·고학古學·상수학象數學 등의 영향을 받은 일군의 학자들을 연원으로 하며, 주로 한양과 경기 일대의 노론·소론·남인계 비판 학풍에 두루 영향을 끼쳤다. 이들 역시 주자학을 긍정하였지만, 순정 성리학에 비하여 다양한 학풍에 개방적이었으며, 특히 주자학을 절대화하는 풍조에 비판적이었다.

조선은 중국과 학술 교류가 빈번했기 때문에 원대 성리학의 영향으로 조선의 성리학이 성립하였을 뿐 아니라, 개국 이후에도 명나라와 교류가 빈번했기 때문에 명의 최신 학술 성과가 꾸준히 유입되어 큰 영향을 끼치고 있었다. 그러나 조선은 16세기에 이황과 이이가 조선 성리학의 범위를 확정한 이래 중국의 학술 동향을 평가하는 기준을 확립하게 되었다. 앞에서 살펴본 대로 이는 순정 주자학이라 명명할 만한 것이었다. 조선 후기의 학자들은 학파를 불문하고 이황과 이이가 확정한 범위를 준수하였기 때문에 대체로 주자학에 대한 정면 대결은 없었다고 보아야 한다. 다만 송시열 이래 확립된 주자 절대주의에 대한 비판적 대응은 서울·경기 지역을 중심으로 비교적 활발하게 전개되었다.

그 연원 역시 이황·이이가 활약하던 16세기 후반으로 거슬러 올라간다. 이 시기 명나라에서는 원대 이래 황실의 태평성대를 찬미하는 유려한 형식미에 치우친 문풍을 관각체館閣體라 규정하며 부정하고, 그 대신 중화 문물의 정수를 훌륭하게 표현했다고 평가받는 진秦·한漢 이전의 문학 전통을 회복하기 위하여 '문필진한文必秦漢'을 내세우는 복고復古의 학풍이 유행하고 있었다. 이들은 원대 이후 잃었던 고문古文의 전통을 진·한 이전의 고문에서 찾고, 이를 본뜨는 문장을 짓곤 하였기 때문에 '진한고문파秦漢古文派' 혹은 '의고파擬古派'라 불린다.

의고파는 중국 문명의 이상인 상고上古 시대를 기준으로 계속해서 하강한 송대 이후보다는, 시대적으로 가까워 아직 그 유풍이 남아 있는 진·한 이전의 문장을 높이 평가하였다. 이전까지 통상 고문이라 함은 당唐·송宋의 고문을 가리켰으나, 이들은 더욱 소급하여 진·한 이전의 고문에서 전범을 찾았던 것이다. 이들에게 송대의 일상어인 어록체語錄體로 쓰인 성리학의 주석서註釋書들은 문체의 하강을 의미하기 때문에 관심사가 아니었고, 이기심성론으로 대변되는 주자학 역시 육경六經의 해석에 불과하기 때문에 연구의 자료일 뿐 존숭의 대상은 아니었다. 이에 따라 송대에 성립된 사서四書보다는 그 근원인 육경, 노장老莊·순자荀子와 같은 선진先秦 시대의 제자백가서, 『사기史記』, 『한서漢書』, 『전국책戰國策』과 같은 고대의 역사서 등 다양한 저술들이 문장 학습의 대상이 되었다.

물론 명대 중기의 문풍을 의고파의 유행으로만 설명할 수 없다. 의고파는 진한 이전의 문투를 본떠서 흉내만 낼 뿐 창의적인 문장을 짓지 못하였기 때문에, 한때의 유행이 지난 후에는 비판의 대상이 된 것이다. 이들을 비판하며 등장한 공안파公安派는 문학의 본질은 진실한 마음을 있는 그대로 표출하는 개성적인 창작에 있지 의고의 겉모습에 있는 것이 아니라고 주장하였다. 명나라의 공안파는 명대에 성행하였던 양명학陽明學 가운데서도 양지良知·진심眞心·진정眞情의 진면적 표출을 강조한 자유분방함을 기반으로 하고 있었기 때문에, 심心보다는 성리性理를 강조한 주자학에 대해서 더욱 비판적이었다.

명대 중반 이후의 이러한 문풍文風을 조선으로 적극 소개한 이들은 중국 사행使行의 기회가 잦았던, 경기京畿 지역에 세거하던 관료 문장가들이었다. 게다가 명나라의 임진왜란 참전을 계기로 명나라에 대한 동문同文 의식과 숭앙심도 고조되어, 당시에 명나라에서 유행하던 동시대의 문화는 조선이 지향할 문화의 표준으로 인식될 정도였다.[자료1] 이들은 주자학에 대한 철저한 탐구와 실천에 매진하던 순정 성리학자들과는 지향하는 바가 달랐다.

조선의 성리학자들은 학파를 불문하고 주자학뿐 아니라 이를 배양하였던 송대의 문화와 정치 체제 역시 존숭하였으며, 이는 성리학 이념에 의해 건국된 조선 전기 이래의 학문 전통이기도 하였다. 이에 따라 16세기 이전에는 조선의 성리학자들이 일반적으로 추구한 당·송의 고문에 입각하여 도학과 문장이 일치하는 순리적인 문장이 보편적으로 확립된 터였다. 게다가 이황과 이이는 명대에 새롭게 유행하던 육상산과 왕양명의 학술·문풍을 비판하며 순정한 주자학을 확립하였다.

이에 비하여 명대의 새로운 학술의 영향을 받은 이들은 성리학과 송대 문화에 대한 존숭의 정도가 상대적으로 약하거나, 의고파와 마찬가지로 한대漢代를 모범으로 설정하기도 하였다.[자료2] 이들은 주자학에 대한 비판적인 주장도 자유롭게 개진하였던 명대의 학술 풍토를 긍정하였기 때문에, 주자학 일색이던 조선의 학계에 학문적 다양성을 제공하고자 하였던 것이다.[자료3] 이는 16세기 후반 이후의 새로운 학풍이었다. 이를 주도했던 인물들도 당파를 막론하고 존재했으나, 대체로 명나라의 문화와 접촉이 잦았던 서울·경기 지역 관료 가문들이 그 중심에 있었다.

서인에서는 윤근수尹根壽를 필두로 그를 따르던 신흠申欽·김상헌金尙憲·조익趙翼·김육金堉·최명길崔鳴吉·장유張維 등이 있었는데,[자료4] 이들은 인조반정 이후 정국을 주도한 한당漢黨으로서 문장에도 뛰어나 상당한 영향력을 행사하였다. 남인에서는 이수광李睟光·조경趙絅·허목許穆·윤휴尹鑴 등 서경덕 계열 북인에서 전향한 근기 지역의 남인들이, 북인에서는 한백겸韓百謙·유몽인柳夢寅·허균許筠 등 주요 인사들이 새로운 학풍을 주도하였다. 인조반정 이후 효종대까지 서인의 한당이 주도하던 정국에서 남인·소북계 인사들이 광범위하게 교류하였던 데에는 이러한 새로운 학풍에 대한 공감이 작용하고 있었다.

그러나 이황과 이이 이래 조선의 학풍은 양명학이 득세하고 주자학이 비판받던 명나라와는 분명히 달랐기에, 이들은 대개 고학古學의 시기를 진·한 이전의 시대로 한정하거나 단순히 그 문체의 외형만 본뜨는 것에는 반대하였다. 고금古今을 관통하는 이학理學의 영역을 창도하고 그 성과를 집대성한 주자학은 조선의 학문적 기준이 되어 있었다. 이들 역시 당·송의 고문과 주자학을 더욱 중시하는 주류 학계의 문제의식에는 공감하고 있었기 때문에 한때의 유행에 불과할 수 있는 중국의 문풍에 기대어 이를 경시할 수 없었던 것이다. 다만 이들은 공통적으로 성리학자들이 이기심성론에 지나치게 천착하는 것은 공허하다고 보았기 때문에, 실용적인 문장학과 지식 확장의 차원에서 양명학·육경고학六經古學·노장학老莊學·상수학象數學 등을 강조하거나, 경제·역사와 같이 실제의 사업·사실을 토대로 사공事功을 성취하는 데 주력하였던 것이다.

그러나 이들은 주로 실용적 지식을 추구하였으므로 국정 이념의 설정을 회피하였고 현안에 대해서도 실무 관료적 대응에 그치는 경우가 많았다. 이는 대동법과 같은 정책 추진 과정에서는 현실을 고려한 유연한 대응을 가능하게 하였지만, 명·청 교체기 국정 운영의 큰 방향을 설정하는 데는 취약하였다. 특히 17세기는 양란 후 국정의 방향이 북벌론과 대명의리론에 입각하여 설정되고, 이를 위하여 존왕양이와 복수설치를 강조한 정통 주자학의 이념이 재차 강화되는 추세였다. 성리학과 예학 등에 전념하는 산림 학자들은 문인 양성과 주자학 연구의 심화에 주력하였고, 이를 바탕으로 정파적 대결과 이단 배척까지 불사하면서 국정 이념을 주도하고 있었다. 이처럼 주자학 전통이 더욱 강해지는 상황에서 다양한 학문적 배경에 입각한 비판적 학풍이 영도력을 발휘하기는 어려웠던 것이다.

그 결과 16세기 후반 이후 한동안 국정을 주도했던 한당漢黨 중심의 비판적 학풍은 그 영향력이 약화되었을 뿐 아니라, 17세기 후반, 즉 숙종대부터 치열해지는 정쟁의 와중에 한당 자체도 노론·소론·남인의 대립 구도로 빨려 들어가 분리·소멸되었다. 당색에 크게 구애되지 않고 교류하였던 이들의 비판적 학풍은 주로 소론과 근기 남인 계열로 전승되었고, 일부는 노론으로 흡수된 것이다. 그러나 그 후예들 역시 명대의 새로운 학풍을 수용하는 데 적극적이던 가학家學의 전통을 계승하였기 때문에,

18세기 이후에도 고염무顧炎武 · 이광지李光地 · 모기령毛奇齡 · 대진戴震 등과 같은 명말 · 청초 학자들의 저작을 연구하고 자신들의 기준으로 수용 · 비판하는 등 당파는 다르지만 최신 학술 정보에 민감한 경화의 학자로서 순정 주자학에 국한되던 조선의 학계에 다채로움을 더하였다.

앞서 보았듯 이황과 이이를 연원으로 하는 영남남인과 노론의 학풍은 16세기 후반의 비판적 학풍과 거리가 멀었다. 이들은 이단 배척의 기준을 확립한 이황과 이이를 철저히 계승하였고, 17세기 후반 이래 노론의 송시열과 영남남인의 이현일 등 순정 주자학을 계승한 학자들이 학파를 영도하였기 때문이다. 이에 비하여 성혼은 이황과 이이의 장점만 흡수하는 포용적인 성향을 보였는데, 그 문인들 역시 여타 학문에 대하여 비교적 관대하였다. 성혼의 후학들은 16세기 후반 이래 명대 학술을 적극 수용한 한당계漢黨系 학풍과 조화를 이루었고, 이들이 노론과 대립하는 과정에서 소론으로 결집하였다. 한편 이황뿐 아니라 서경덕을 연원으로 하였던 근기남인 역시 영남의 순정한 주자학과 구별되는 비판적 학풍을 형성하였다. 이렇듯 서울 · 경기 지역은 비판 학풍의 중심이었다.

소론은 순정 주자학을 주도한 노론과 대립하며, 주자학뿐 아니라 그 외의 다양한 학풍을 전승하였다. 소론에는 윤증과 같이 성혼의 학풍을 이은 주자학자도 있었지만, 명대 중반 이후 비판적 학풍을 흡수한 한당계漢黨系 학풍의 영향을 받은 학자들이 많았다. 이들은 노 · 소론의 분기 이후에 더욱 강화된 순정 주자학의 공세에 위축되기는 하였지만, 주자의 저작만을 주된 연구 대상으로 삼는 노론 학자들과는 다른 시도를 하였다. 박세당이『사변록思辨錄』에서 주자의 사서집주 해석을 비판하고, 최석정이『예기류편禮記類編』으로 유학의 주요 경전인『예기』의 장구章句에 변개變改를 가하였던 것은 주자의 예학을 상대화하려는 시도였다. 또한 박세당이『노자도덕경주老子道德經註』와『장자남화경주해莊子南華經註解』를 저술하여 노장老莊을 연구하고, 정제두가 강화도를 거점으로 양명학 연구에 몰두하여 강화학파江華學派를 창도한 것도 주자학 이외에 새로운 학문을 모색하는 시도였다.

노론의 경우에도 서울 · 경기 지역에는 한당의 학풍이 일부 계승되어 충청 지역과 다른 성향을 보였다. 그 대표격인 김석주와 김창협 · 김창흡 형제는 김육과 김상헌

박세당

의 후손으로서 노론에 합류하여 소론의 비판적 학풍을 배척하는 데에 앞장서는 등 순정 주자학을 지향하였다. 그러나 이들은 중국의 학술 동향에 민감했던 한당계漢黨系 학풍과도 혈연·지연 등으로 연관되었기 때문에, 송시열의 학문을 고수하던 호서의 학풍과는 구별되어 서울 중심의 낙학洛學을 형성하였다. 낙학계는 왕실과 혼인을 맺거나 고관을 연이어 배출하는 등 경화京華 벌열로 성장하여 노론의 주류가 되었다. 대부분의 낙학파는 순정 주자학자였지만, 그 가운데 홍대용·박지원 등 북학파北學派는 순정 주자학의 바탕 위에 명·청의 최신 학술 경향도 흡수하여 법고창신法古創新이라는 새로운 이념을 제시하기도 하였다.[자료5] 이는 조선 성리학의 전통을 기반으로 고古의 이상을 재해석하여 시대적 과제와 조화를 모색한 시도라 하겠다.

근기남인은 중앙과 가까운 지역적 특성상 명·청의 최신 학술 동향을 민감하게 수용하였고, 노론 낙론이나 소론 인사들과도 비교적 활발히 교류하였다. 이들을 통해 육경고학六經古學을 위주로 하는 고학풍古學風이 가장 온전하게 전승될 수 있었다. 유형원은 『반계수록磻溪隨錄』을 저술하여 『주례周禮』를 위시한 삼대의 고제古制와 그 변천의 역사를 두루 밝힘으로써 경세학에서 삼대의 이상을 회복하려는 복고復古의 학풍을 열었다. 조선 후기 고학古學의 대명사인 허목은 단군檀君·기자箕子 이래의 상고사도 연구하여 『동사東事』를 저술하였으니, 이는 중국에 비견되는 조선의 상고시대를 연구하여 그 이상을 회복하려는 것이었다. 윤휴는 『독서기讀書記』를 저술하였는데, 이는 『중용』과 『대학』의 본문을 새롭게 배열하는 등 사서의 핵심 경전을 변개하고 주자의 주석보다 고주古註를 중시한 것이었다. 이익은 사서·삼경과『소학』,『가례家禮』등 당대에 통용되던 기본 경전에 대한『질서疾書』를 저술하여 주자의 경전 해석을 보완하고자 하였고, 서학西學을 위시하여 유학에서 관심을 갖는 각종 분야에 대한 고찰인『성호사설星湖僿說』을 편찬하여 조선 학술의 범위를 넓혀놓았다.

그러나 조선의 학풍은 서인과 남인을 불문하고, 이황과 이이가 정립한 순정 성리학의 전통을 정면에서 부정한 적이 없었다. 16세기 후반 이후 의고擬古와 양명학 등을 지향한 명말 청초의 새로운 학술이 유행하기도 하였지만, 기존의 주자학 전통 역시 이기 심성론을 중심으로 깊이를 더하며 공고해졌기 때문이다. 이러한 풍토에서 조선의 비판적 학풍은 주자학과 정면 대결하는 방식이 아니라, 노론과 영남남인의 주자학 절대주의 경향을 비판하며 창의적 해석을 강조하는 방향으로 발전하였다. 이들은 대개 '의리는 무궁한 것이므로 앞사람이 드러내지 못한 것을 밝힌다'거나 '주자의 해석에 의문나는 점을 제기할 뿐이다'라고 표방하였으니[자료6] 이는 주자의 해석을 대체하는 새로운 체계를 구축하여 관철시키려는 것은 아니었다. 이러한 주자학 존중의 태도는 주자학 이외의 새로운 학문을 모색할 때도 관철되었다. 예컨대 소론 일부가 주창한 양명학은 주자와 양명의 조화를 강조한 양명 우파右派의 전통을 특징으로 하였다. 이익과 정약용 역시 주자학의 한계를 보완하는 차원에서 서학西學을 연구한 것일 뿐, 스스로 이황 학통의 일원임을 자부할 정도로 조선의 주자학 전통도 인정하였던 것이다.

**자료1**

삼대 이전에는 … 왕기王畿 천 리 이외에는 모두 제후의 땅이어서, 비록 성덕盛德으로 삼대三代를 칭송하지만 천자가 소유한 땅은 매우 협소하였다. 진나라가 천하를 군현郡縣으로 편성한 뒤에야 중국이 모두 천자의 토지가 되었다. 진나라 이후에 오래 지속된 것은 한, 당, 송이다. 그러나 당나라는 현종 천보 연간에 이르러 안녹산의 난으로 하북河北 지역을 잃게 되었다. … 송나라는 개국하기 전에 이미 연운燕雲 16주州를 잃었고, 휘종徽宗과 흠종欽宗이 금나라에 사로잡히고 고종高宗이 임안臨安으로 어가를 옮기고 나서는 결국 중원 지역을 잃고 끝내 멸망할 때까지 회복하지 못했다. … 유독 양한兩漢만이 4백여 년간 나라를 존속했지만 서한 말 214년 만에 왕망에게 나라를 빼앗겼다. (이에 비해) 명나라는 원년 무신년부터 지금 만력 정유년까지 모두 230년이다. 중간에 정통제가 비록 오랑캐에게 잡혀간 일이 있으나 곧 남쪽으로 돌아와서 영토는 조금도 잃지 않았으니, 천하가 편안하다. 아, 성대하도다.

**原文** 三代以上, … 王畿千里之外, 皆是諸侯之地, 雖以盛德而稱三代, 天子所有之地固已狹小. 至秦郡縣天下, 然後中國皆天子之土地. 自秦以後歷年長久者漢唐宋. 而唐至明皇之天寶, 有祿山之亂, 因失河北. … 宋則開國之前, 已失燕雲十六州, 至徽·欽被虜於金, 而高宗移蹕臨安, 遂失中原, 終宋之亡不能恢復. … 獨兩漢享國四百餘年, 然西漢之末二百十四年而爲王莽所纂. 大明則洪武元年戊申, 去今萬曆丁酉, 凡二百三十年. 中間正統皇帝, 雖陷虜中, 旋卽南還, 疆土則靡有尺地之見失者, 而天下晏然. 嗚呼! 盛矣哉!

_『월정선생별집』 권4, 만록

임진왜란으로 사신이 줄을 잇고 양국이 합하여 일가一家가 되어 동인東人의 누추한 습속이 없어졌습니다. … 선친[신흠(申欽)]께서는 평생 공맹孔孟의 학문에 자신을 맡기고 『주역』의 이치를 깊이 연구하여 거칠게나마 저술을 남겼으니, 이것은 혹 중국에 전해질 만한 것입니다. 상자에 들어 있는 유고도 모두 정신이 집중된 것이므로, 인멸되어 전하지 않게 할 수는 없습니다. 이것들이 국내에만 전해져서 한 모퉁이에만 갇혀 있다면 세상에 전하지 않는 것이나 마찬가지일 것입니다. 저를 비방하거나 칭찬하는 것도 중국의 고아高雅한 문인들에게 제대로 된 평가를 맡겨 동문同文의 아름다움을 이루게 하는 것입니다. 이것이 제가 태어난 이유를 저버리지 않는 것이어서 죽어도 눈을 감을 수 있습니다.

壬辰之役, 冠蓋結轍, 合爲一家, 東人之革陋盡矣. … 先大夫生平委己於鄒魯之學, 深造乎羲文之理, 粗有著述, 或可以進於中國. 而在筍遺草, 亦皆精神所注, 不可使湮滅無傳. 傳之域中, 隘塞一隅, 猶無傳也. 罪我知我, 當質之中國大雅, 歸之同文之美. 是不肖不負所生, 而死得瞑矣.

_「낙전당집」권9, 상강학사월광왕급사몽윤_

### 자료2

유자儒者가 리理를 말한 것은 주돈이周敦頤에 이르러 분명해졌고 수數를 말한 것은 소옹邵雍에 이르러 환해졌다. … 그러다가 주희朱熹 이후로는 대강大綱과 소절小節 모두 하나도 빠짐없이 샅샅이 분석되었으니, 여러 학자들은 이를 준수하기에 겨를이 없어야 할 것인데 오히려 논설이 많고, 말할 필요가 없는데 말하므로 군자가 병통으로 여긴다. … 사事에 나아가고 물物에 나아가는 것 모두가 이기理氣이니, 번다히 논설할 것도 없고 널리 비유할 것도 없다. 많이 설하고 널리 비유하기 때문에 설할수록 더욱 깨닫지 못하게 되고 분석할수록 더욱 참되지 못하게 되는 것이다. … 한漢나라는 삼대三代 이후로 보면 가장 고대古代에 가깝고, 유자儒者들 또한 대부분 학식이 넓고 풍부하였다. 가령 한나라에 유자가 없었던들 후세에 옛일을 상고할 길이 없었을 것이다. 송宋나라의 현인들도 한나라 유자들이 전한 바에 기초하여 수정 보완하였으니, 한나라 유자들의 공이야말로 크다 할 것이다. 그런데 후대의 사람들은 한나라 유자들의 공이 큰 것은 알지도 못하고서 그저 헐뜯으려고만 힘쓰니 이상한 일이다.

儒者之言理, 至周子而晢焉 ; 言數, 至康節而炳焉. … 紫陽之後, 大綱小節, 毫分縷析, 諸學者不暇於遵守, 而論說反多, 不必言而言也, 君子病之. … 卽事卽物, 皆理氣也, 不必多爲之說, 廣爲之譬. 多而廣也, 故愈說而愈不曉, 愈析而愈不眞. … 漢之立國, 三代以後最爲近古, 儒者亦多弘博. 如漢無儒者, 則後世無以稽古. 宋賢亦本漢儒所傳而刪潤之, 漢儒之功多矣哉. 後之人, 不知漢儒之功大, 而唯務詆譽, 異矣

_「상촌고」권57, 구정록 상_

### 자료3

중국의 학술은 다양하다. 정학(正學, 유가의 학문)이 있는가 하면 선학(禪學, 불가의 학문)과 단학(丹學, 도가의 학문)이 있고, 정주程朱주1를 배우는 자도 있고 육구연陸九淵을 배우는 자도 있는 등 학문의 길이 한 가지만 있는 것이 아니다. 그런데 우리나라의 경우는 유식하건 무식하건 막론하고 책을 끼고 다니며 글을 읽는 자들은 모두가 정주만

주1 정주(程朱) : 정호(程顥), 정이(程頤) 형제(兄弟)와 주희(朱熹)를 일컬음.

을 칭송할 뿐 다른 학문이 있다는 말을 들어 보지 못하였다. 어쩌면 우리나라의 사습士習이 중국보다 정말 훌륭한 점이 있어서 그런 것인가? 아니다. 중국에는 학자가 있는 반면에 우리나라에는 학자가 없기 때문이다. 대체로 중국의 인재들은 그 의지가 결코 만만하지를 않아서, 이따금씩 큰 뜻을 품은 인사가 나오면 성실한 마음가짐으로 학문의 길에 매진하기 때문에, 그의 취향에 따라 학문의 성격은 서로 같지 않을지라도 각자 실제로 터득하는 바가 왕왕 있게 되는 것이다. 그런데 우리나라는 그렇지를 못하다. 도량이 워낙 좁아 구속을 받은 나머지 도대체 의지와 기백이라는 것을 찾아볼 수가 없다. 그저 정주程朱의 학문이 세상에서 귀중하게 여겨진다는 말을 듣고는 입으로 뇌까리고 겉모양으로만 높이는 척하고 있을 따름이다. 그런 까닭에 소위 잡학雜學이라는 것이 없을 뿐만 아니라 어떻게 정학正學 방면에 소득이 있겠는가?

**原文** 中國學術多岐, 有正學焉, 有禪學焉, 有丹學焉, 有學程朱者, 學陸氏者, 門徑不一. 而我國則無論有識無識, 挾筴讀書者, 皆稱誦程朱, 未聞有他學焉. 豈我國士習果賢於中國耶? 曰非然也. 中國有學者, 我國無學者. 蓋中國人材志趣, 頗不碌碌, 時有有志之士, 以實心向學, 故隨其所好而所學不同, 然往往各有實得. 我國則不然, 齷齪拘束, 都無志氣, 但聞程朱之學世所貴重, 口道而貌尊之而已. 不唯無所謂雜學者, 亦何嘗有得於正學也.

_『계곡집』 권1, 「만필」 아국학풍경직

**자료4**

우리나라의 문학계는 변계량卞季良 이래 대부분 당송唐宋을 본받아 말랑하고 아름다운 것만을 즐겨 익혀 관각체館閣體라고 하였다. 그러나 이는 상고上古의 문장과는 아주 어긋나는 것이었다. 선생이 개연히 분발하여 사림을 향해 외치고 손수 붉은 깃발을 높이 들어 전범을 보여 뒷날의 글을 짓는 사람들이 거취를 알 수 있게 하였다. 이로부터 다투어 진한秦漢 이전의 문장을 숭상한 나머지 큰 변화가 일어나게 되었다. 명나라 홍치·가정 연간의 여러 대가들이 힘써 고도古道를 만회하여 앞 시대의 선배들과 짝을 이룬 것과 비교해보건대 그 공이 어금버금하다.

공의 문하에서 일시에 세 명의 대제학이 나왔으니, 장유張維, 정홍명鄭弘溟이 앞뒤로 이어 나왔고, 비록 나 김상헌처럼 재주가 없는 사람도 또한 대를 이어 토론, 윤색하여 다행히도 명을 더럽히지 않았던 것이다. 정엽鄭曄, 조익趙翼, 김육金堉도 아울러 경술經術로 알려진 분들인데, 실로 선생께서 성취시킨 힘이다.

**原文** 竊槪我朝文苑, 自卞春亭以下, 率皆規唐藻宋, 樂習軟美, 號爲館閣體. 顧於古文辭, 大有徑庭. 先生慨然自奮爲詞林倡, 手揭赤幟. 啓示指南, 使後來操觚之徒, 知所去就. 自是爭尙先秦西京之文, 幾乎一變. 視諸皇明弘嘉諸大家力回古道, 追配前烈者, 其功上下. 門下一時出三大提學, 張右相維·鄭同樞弘溟, 後先嗣興. 雖以尙憲之不才, 亦嘗代匱, 討論潤色, 幸不辱命. 若鄭參贊曄·趙太宰翼·金宗伯堉, 竝以經術著聞, 實先生成就之力也.

_「청음선생집」 권39, 월정선생집발

**자료5**

문장을 어떻게 지어야 할 것인가? 논자들은 반드시 '법고法古'해야 한다고 한다. 그래서 마침내 세상에는 옛것을 흉내 내고 본뜨면서도 그것을 부끄러워하지 않는 자가 생기게 되었다. … '법고'가 어찌 가능하겠는가? 그렇다면 '창신創新'이 옳지 않겠는가. 그래서 마침내 세상에는 괴벽하고 허황되게 문장을 지으면서도 두려워할 줄 모르는 자가 생기게 되었다. … '창신'이 어찌 가능하겠는가? 그렇다면 어떻게 해야 옳단 말인가? 나는 장차 어떻게 해야 하나? 아니면 문장 짓기를 그만두어야 할 것인가? 아! 소위 '법고'한다는 사람은 옛 자취에만 얽매이는 것이 병통이고, '창신'한다는 사람은 상도에서 벗어나는 게 걱정거리이다. 진실로 '법고'하면서도 변통할 줄 알고 '창신'하면서도 능히 전아하다면, 요즈음의 글이 바로 옛글인 것이다.

**原文** 爲文章如之何? 論者曰 '必法古.' 世遂有擬摹倣像而不之恥者. … 法古寧可爲也? 然則創新乎? 世遂有恠誕淫僻而不知懼者. … 創新寧可爲也? 夫然則如之何其可也? 吾將奈何, 無其已乎? 噫! 法古者, 病泥跡; 創新者, 患不經. 苟能法古而知變, 創新而能典, 今之文, 猶古之文也.

_「연암집」 권1, 초정집서

**자료6**

나(윤휴)의 저술 의도는 주자의 해석과 다른 설을 제기하는 것이 아니고 의문 나는 점을 기록했을 뿐이다. 설사 내가 주자의 시대에 태어나 제자의 예를 갖추었더라도, 구차하게 뇌동하여 의문점을 해소하고자 전혀 노력하지 않고 찬탄만 늘어놓는, 그런 행위는 감히 하지 않았을 것이다. 반드시 반복하여 어려운 것을 묻고, 여러 번 생각하여 분명하게 이해하기를 기약했으리라. 만약 전혀 의심치 않고 모호한 것을 놓아둔 채 뇌동한다면, 그 존신하는 것이 허위에 돌아갈 것이다. 주자가 어찌 이와 같았겠는가?

**原文** 吾之所著, 非欲與朱訓立異, 乃記疑耳. 設使我生於朱子之時, 執弟子之禮, 亦不敢苟且雷同, 都不反求而只加贊歎而已. 必且反復問難, 思之又思, 期於爛慢同歸矣. 若都不起疑, 含糊雷同, 則其所尊信者, 歸於虛僞, 朱子豈如是也.

_「도학원류찬언속」

주2 육경(六經): 『시경(詩經)』·『서경(書經)』·『예기(禮記)』·『악기(樂記)』·『역경(易經)』·『춘추(春秋)』의 6가지 경서.

성인聖人이 육경六經주2을 후세에 남겼는데 선유先儒가 그 의미를 드러내어 펼쳤으니 미흡한 점이 거의 없었다. 그러나 수천 년 뒤에 태어나서 수천 년 전의 일을 연구하는 데 어찌 능히 후대 사람에게 의지할 만한 것이 없겠는가. 대개 천하의 의리義理는 무궁한 법이다. 독서의 여가에 얻는 대로 기록해두어 이전 사람들이 미처 설명하지 못한 것을 이어서 나의 작은 견문을 엮어, 이로써 도를 아는 군자에게 나아가 바로잡는 바탕으로 삼고자 할 뿐이다.

**原文** 聖人垂六經, 先儒發其義而暢之, 殆亦無遺憾矣. 然生於數千載之後, 而講討於數千載之上, 又烏能無待於後之人者? 蓋天下義理無窮也. 讀書之暇, 隨得隨筆, 因前人未發, 綴我謏聞, 用作就正之地云爾.

_「백호전서」 권41, 독상서

**출전**

『연암집(燕巖集)』

『계곡집(谿谷集)』: 조선 중기의 문신·학자 장유(張維)의 시문집으로 36권 16책이다. 1643년(인조 21) 그의 아들 선징이 약간의 시문을 추가하여 다시 편집·간행하였다.

『낙전당집(樂全堂集)』: 조선 중기의 문신 신익성(申翊聖)의 시문집으로 그의 사후 10년 뒤인 1654(효종 5)에 편찬되었다. 이 책에 수록되지 않은 시 등을 모아 그의 외손인 김석주(金錫胄)와 생질인 박세채(朴世采) 등이 간행한 『낙전당귀전록(樂全堂歸田錄)』도 전한다.

『도학원류찬언속(道學源流纂言續)』: 조선 후기의 학자 황덕길(黃德吉)이 중국과 조선 도학의 원류를 기록한 책으로 『도학원류찬언』과 『도학원류찬언속』이 있다. 전자에서는 중국 유학을 후자에서는 한국 유학의 흐름을 정리하였다.

『백호전서(白湖全書)』: 조선 후기의 문신·학자 윤휴(尹鑴)의 시문집이다. 『백호문집』으로 후손들에 의해 비전되어 오던 것을 1974년 경북대학교 도서관에서 『백호전서(白湖全書)』라는 이름으로 간행하였다.

『상촌고(象村稿)』: 조선 중기의 대표적 문장가인 신흠(申欽)의 시문집이다. 명칭이 '상촌선생문집(象村先生文集)·상촌집(象村集)' 등으로 된 것이 있다.

『월정선생별집(月汀先生別集)』: 조선 중기의 대표적 문장가 윤근수(尹根壽)의 문집으로 4권 2책으로 구성되어 있다. 미국 버클리대학교 동아시아도서관에 소장되어 있다.

『청음선생집(淸陰先生集)』: 조선 중기의 문신이자 학자인 김상헌의 문집으로 전 40권 14책이다. 병자호란 전후에 척

척화파(斥和派)의 대표적인 김상헌의 저작으로 당시의 정치적인 형편 및 시대상과 여러 가지 사회상을 알 수 있다.

**찾아읽기**

현상윤, 『조선유학사』, 민중서관, 1949 ; 현음사, 1982.

이병도, 『한국유학사』, 아세아문화사, 1987.

정호훈, 『조선 후기 정치사상 연구 : 17세기 북인계 남인을 중심으로』, 혜안, 2004.

황의동, 『우계학파 연구』, 서광사, 2005.

송혁기, 『조선 후기 한문산문의 이론과 비평』, 월인, 2006.

신승훈, 『조선 중기 문학사의 적층과 단면』, 신지서원, 2012.

강명관, 「16세기말~17세기초 의고문파의 수용과 진한고문파의 성립」, 『한국한문학연구』18, 1995.

박희병, 「신흠의 학문과 그 사상사적 위치」, 『민족문화』20, 1997.

정만조, 「17세기 중반 한당의 정치활동과 국정운영론」, 『한국문화』23, 1999.

우경섭, 「월정학파의 형성과정 및 학풍에 관한 시론」, 『한문학논집』36, 2013.

장유승, 「전후칠자 수용과 진한고문파 성립에 대한 비판적 고찰」, 『한문학논집』36, 2013.

# 4 실학은 유효한가?

실학 연구론

'실학'은 한말 이래 근대 국가 건설의 필요성에서 주목되었으며, 1930년대 조선학 운동을 계기로 그 개념을 분명히 정립하였다. 이러한 의미에서 실학은 만들어진 개념이다. 주자학과 실학을 둘러싼 논쟁의 결과 실학 개념을 부정하는 추세가 강력히 형성되었다. 그러나 조선 후기 실학은 주자학 전통이 강한 조선의 현실에서 국가 · 사회를 개혁하고자 하는 주요 흐름을 반영한다는 점에서 여전히 유효하다.

## 실학 연구의 동향

한말 이후 근대 국가의 수립이 지상 과제가 되면서 조선의 학술 전통 가운데 성리학보다는 '경세학經世學=경제학經濟學'의 성과가 주목되는 것은 당연한 일이었다. 고종대 이후 부국강병이 본격적으로 의식되면서 조선을 대표하는 경세가로 유형원 · 박지원 · 정약용 등이 조정에서도 새삼 주목되었다. 박지원의 손자 박규수朴珪壽를 스승으로 삼아 문명개화 정책에 많은 도움을 받았던 고종은 『여유당집與猶堂集』을 읽으며 정약용과 같은 인물의 부재를 탄식하기도 하였다.[자료1] 1900년대에는 고종 및 개혁 관료들의 후원과 최남선崔南善 · 박은식朴殷植 · 장지연張志淵 등의 주도로 실학자들의 각종 저술이 서구 활자로 출간되거나 신문 지상을 통해 적극 소개되기도 하였다.

조선 혹은 대한제국 정부는 부국강병을 위한 근대 개혁에 몰두하고 있었기 때문에,

선진적 서구 문명을 낳은 근대 자연과학과 이에 바탕을 둔 농·상·공업 등 실용학, 그리고 근대 국가 모델 탐구를 위한 정치·경제학 등을 강조하고 있었다. 정부는 지식층을 향하여 조선 후기 이후 성리학이 세상에 쓸모없는 허학虛學으로 되었으니 경세의 학문인 유학儒學 본래의 전통을 살려 실학實學에 종사할 것을 독려한 것이다. 따라서 한말 이후 실학이 주목되었던 것은 애초부터 조선이 주체가 되는 근대 국가 건설의 과제와 떼어놓고 볼 수 없는 문제였다. 이는 국망의 위기가 점점 다가올수록 시대적 과제로서 실학이 더욱 강조되는 현상에서도 여실히 드러났다.[자료2]

일제에 국권이 강탈된 후에 조선인은 모든 분야에서 주체가 아닌 객체로 전락했기 때문에, 조선은 일본 제국의 강점 정책 수행을 위한 식민지 조선의 습속·관행 조사와 같은 지역학·민속학의 차원에서 연구될 뿐이었다. 이러한 상태에서 1930년대에 사회 운동의 차원에서 조선인을 주체로 한 조선학 운동이 제창되어,

정약용

조선 후기 국가 혁신을 위한 새로운 학문 동향이 '실학實學'으로 주목되었다. 조선학 운동은 정인보·백남운 등 민족주의와 사회주의를 대표하는 지식인들이 민족국가 재건의 내재적 동력을 확보하기 위하여 제창된 것이고, '실학'은 조선학의 핵심 연구 과제였다. 이에 따라 '실학'의 연구 대상은 조선 후기의 경세학뿐 아니라, 역사학·지리학·어문학 등에 걸친 국학國學의 영역까지 포괄하게 되었다. 조선 후기의 국정 개혁론과 국학 등과 같은 실학 연구의 주요 범주는 이런 과정을 거쳐 정착된 것이다.

해방 이후의 '실학' 연구는 특히 1960년대 이후 자본주의 혹은 사회주의 산업화 과정

과 결부되어 근대화론이나 자본주의 맹아론에 입각한 역사 서술에서 주체적 근대화 혹은 개혁 운동의 증거로서 더욱 강조되었다. 이에 따라 조선 후기 사회 체제의 모순은 봉건 이데올로기인 주자학에 기인한 것으로 설정하고, 봉건사상에 대한 부정 혹은 비판으로서 반反 주자학의 도전, 서학이나 북학 등 서구에 기원한 신사상의 유입, 상공업 진흥론과 토지 개혁론 등 자본주의 혹은 사회주의적 근대 경제 구축에 필요한 요소들을 최대한 추출하여 제시하는 경향이 한창 유행하였다. 조선 후기 사상사는 자유·과학·현실 등의 정신을 갖추었다고 하는 실학이 허학인 주자학에 대항하여 근대적 사회사상으로 형성되는 과정으로 서술된 것이다. 이 과정에서 '실학'의 범주는 확장되었고, 어떤 학자가 현실 비판론만 개진하면 '실학자'로 간주되는 등 '실학'이 남용되기도 하였다.

그러나 1990년대 이후에는 산업화의 성취 및 사회주의의 몰락에 따라 학계에서는 자본주의 혹은 사회주의와 같은 서구적 근대를 지향하였던 지난날의 연구 경향 자체를 반성하는 시각이 팽배하였고, 이에 따라 '실학'에 대한 연구는 현저히 줄어들었다. 최근 연구자들은 실학의 개념이 서구적 근대를 지향한 근현대 한국의 학술계가 만든 허구이므로 '실학' 담론 자체를 부정하는 경향이 강하다. 그러나 '실학'이 1930년대 조선학 운동에 의해 만들어진 것이라 할지라도 '실학'이 조선 후기의 새로운 학풍인 것은 부인할 수 없다. 게다가 근대 민족 국가의 내적 전통을 확인하기 위해서는 '실학'의 개념이 여전히 필요하다는 연구자들도 많다.

오늘날 개설서들에서는 1960년대 이후 정착된 '실학' 서술이 의연히 계속되고 있으나, 연구서에서는 '실학' 개념에 대한 반성과 폐기의 목소리만 무성할 뿐 정작 새로운 연구 방향은 제시되지 못하고 있는 형편이다. 이러한 사정을 전제로 그간의 연구 성과를 바탕으로 '실학'에 대한 몇 가지 오해를 되돌아보고, 이에 대한 반론을 제기하는 방식으로 '실학'의 개념이 여전히 유용하다는 점을 제시하고자 한다.

첫째, 그간의 연구에서는 주자학과 실학을 대립적 개념으로 보는 관점이 지배적이었다. 즉 주자학을 봉건 이데올로기로 규정, 근대를 지향하는 '실학'은 반反 혹은 탈脫 주자학이라고 설정한 것이다. 그러나 조선은 주자학을 본류로 한 사회이므로, 실학자들은 대부분 주자학을 기반으로 한 학자들이며 여기에 일부의 양명학자들도 있었다.

**박지원의 초상화**

예컨대 실학자들 가운데 홍대용·박지원은 노론의 주자학, 이익·정약용은 남인의 주자학, 정제두 등은 소론의 양명학 전통을 계승한 학자들이다. 조선학의 주창자인 정인보가 말하였듯, 실학의 기준은 주자학·양명학 등과 같은 학문의 외형이나 특정 학파만 내세워 자파를 높이려는 데 둘 것이 아니라, 조선을 중심에 두고 사고하는 국가·사회 개혁의 정신에 잣대를 두어야 할 것이다. [자료3]

이러한 맥락에서 볼 때, 실학을 양명학·북학·서학·고증학 등 주자학이 아닌 특정 학문의 영향으로 규정하는 것 역시 이러한 관점의 변형이다. 그러나 조선에서는 이처럼 새로운 학풍을 모색한 이들이 주자학을 전면 배척하지는 않았다. 『송자대전』 편찬에 주도적으로 참여했던 박지원을 '실학'의 대표학자로 꼽아도 이상하지 않은 것이 조선학계의 풍토였다. 조선의 양명학은 수양 방식의 차이가 두드러질 뿐 본질상 주자학의 지향과 다를 것이 없었다. 이 점은 명말의 급진적 양명학풍을 청산한 청대 이후의 양명학도 마찬가지였다. 다만 일본의 양명학은 반 주자학의 지향이 분명했지만, 그 역시 명치유신을 성공시킨 사무라이 출신 근대 개혁가들이 양명학의 영향을 받았기 때문에 뒤늦게 일본적 근대 사상의 원형으로 추앙된 것이었다. 동아시아 사상계의 일반적 풍토와 달랐던 일본을 잣대로 조선 후기 사상계를 설명할 수는 없다. 북학 역시 학문 담론의 체계를 갖추었다기보다는 청나라 문물을 도입하는 태도의 전환을 강조한 데 지나지 않았다. 북학론자들은 주자학이나 양명학을 기반으로 하는 학자들이다. 서학은 서양 문물과 학문의 체계적 수용보다는 이용 가치가 있는 서기西器의 선별적 수용, 즉 북학의 일환이었다. 게다가 조선 후기에 서학을 표방한 학자는 없었다. 고증 역시 청대의 소위 '고증학자'만 독점하는 것이 아니며, 주자학의 고증 전통 역시 그 뿌리가 깊었다.

둘째, 그동안의 연구에서 '실학'은 곧 불우한 재야在野 지식층의 학문이라는 관점이 깔려 있었다. 이는 조선 국가와 지배층이 유능한 실학자들을 탄압하는 무능한 세력이고 그로 인해 조선이 망국에 이르렀다는 역사상에 기초한 것이다. 그러나 학자가 곧 관료였던 전근대 동아시아 사회에서 대개의 저술은 조정에 있을 때보다는 은거나 유배 상태에서 이루어지는 경우가 많다. 이는 집중된 시간을 요하는 저술의 특성 때문에 발생하는 현상이지 국가나 지배층이 실학자들의 사상을 배제하거나 탄압해서 그런 것은 아니다. 조선 후기 실학자들은 당파를 불문하고 중앙의 고급 관직을 역임한 국정 운영 경험이 있거나, 그러한 경험이 인적 관계에 의해 전수되었던 명문가 출신이 대부분이다. 이러한 경험을 바탕으로 국정 개혁을 위한 요체를 알 수 있었기 때문이다. 무엇보다 실학은 조선 후기 세도世道를 자임한 사대부들의 우국憂國 의식에서 기원한 학문이다. [자료4]

영조와 정조는 실학자들을 발탁해 등용하였을 뿐 아니라, 때로 적절할 과제를 부여하여 그들의 구상을 구체화하도록 독려하기도 하였다. 실학자들의 연구 성과가 조정에서 적극 활용되었음은 물론이다. 예컨대 영·정조대에 편찬·수정되고 고종대까지 증보된 『증보문헌비고』는 국왕과 조정에서 국정 각 분야의 사안을 수시로 참고하기 위하여 만든 유서類書인데, 그 편찬은 영조대 신경준申景濬·서명응徐命膺, 정조대 이만운李萬運·서호수徐浩修, 고종대 김택영金澤榮·장지연張志淵 등 당대 최고 수준의 학자들이 실학자들의 연구를 포함한 최신의 학술 정보를 취사 선택하고 논평을 덧붙이는 방식으로 이루어졌다. 조선 정부가 실학자와 그 연구 성과들을 배척할 이유는 없었다. '실학 군주' 정조가 규장각을 통해서 중국에서 들어온 새로운 문헌을 제공하고 함께 연구하며 실학자들의 스승 역할까지 한 것도 잘 알려진 사실이다. 이러한 사회 정치적 배경이 있었기 때문에 영·정조대에 실학자들이 대거 배출될 수 있었던 것이다.

셋째, 근래의 연구에서는 '실학'이 서구식 근대화를 추구한 후대인들의 필요성에 따라 만들어진 허구에 불과하므로, 실학이라는 개념 자체를 부정하는 경향이 강하다. '실학'이 식민지 조선의 극복 혹은 해방 이후 서구식 근대화의 필요성과 연관되어 재발견되고 다시 주목된 분야인 것은 사실이다. 그러나 조선이 유형원·박지원·정약용 등에게 주목한 것은 개혁의 과제가 절실했던 고종대부터였던 데서 알 수 있듯, 실학은 조선 내부의 개혁 전통을 확인하고 그 자산을 활용하기 위하여 조선 스스로 제기한 문제의식의 소산이다. 이러한 학술 전통을 '실학'으로 개념화한 것은 1930년대 조선학 운동이 계기였지만, 조선 후기 사상의 흐름에서 근대 사상과의 연관성을 찾으려는 노력은 그 자체로 의미가 있을 뿐 아니라, 이렇게 해서 발견된 '실학'의 정치 · 경제 · 신분제 개혁론이 허구인 것도 아니다.

물론 '실학'의 개혁론은 일부를 제외하고는 대부분 동시대에 시행되지 않았고, 실학자들이 정치 세력을 형성해 국정 운영을 주도하지도 못하였기 때문에, 개혁론의 전체상이나 실현 가능성 등 그 실체를 확인하기는 어렵다. 그러나 동서고금을 막론하고 국가 · 사회의 개혁은 소수의 주장만으로는 불가능하며, 근본적 개혁을 요구할 정도의 변동성과 위기의식이라는 시세時勢의 뒷받침이 있어야 가능한 문제이다. 이러한 시세가 조성되지 못했던 조선 후기 사회를 객관적으로 평가하는 것은 중요한 과제이기는 하지만, 이와 관계없이 실학자들의 존재와 주장은 분명한 사실의 영역이다. 오늘날의 기준으로 보았을 때에, '실학'의 정치 · 경제 · 신분제 개혁론이 조선 국가가 추구해야 할 개혁의 방향을 정확히 짚어냈다는 것은 근대 국가 건설이 외부의 충격뿐 아니라 내부의 요청에 부응한 것이었음을 보여주는 근거이기도 하다.


## 실학 개념의 유용성


조선 후기의 '실학'은 조선 후기 성리학의 일반적 경향을 비판하며 새로운 학풍을 형성하고 있었다. 조선 후기 성리학의 진전은 동아시아 사상사 특히 주자학의 발달에서 의미 있는 것이었으나, 이기심성론을 집요하게 파고드는 경향에 비하여 여타 사회 · 경제 · 정치적인 사안들에 대해 소홀한 것도 분명한 사실이었다. 다만, 17세기 송시열 단계의 성리학은 복수설치 · 대명의리라는 시대정신을 선도하며 정통 주자학을 확고히 정착시키는 등 강력한 지도력을 행사하였다. 그러나 18세기 이후의 성리학은 순정 주자학을 자처하는 노론 학파 상호 간에도 호론이 낙론에게 육학陸學 · 선학禪學과 다름없는 이단이라 하고 낙론은 호론에게 '천하에 선善을 실행하는 길을 막는' 반反

유학이라고 비난하는 등 주자학 내부의 미세한 차이에 과도한 의미 부여를 하는 데 몰두하였다. 이는 19세기까지도 이황의 학통에서 유성룡과 김성일의 우열 여부를 두고 병호시비屛虎是非까지 벌이며 대립하였던 영남남인 학계라고 해서 다를 바 없었다. 학파를 불문하고 주류 성리학계는 지난날의 성과를 묵수하며 정통성의 우위를 따지는 데 몰두하고 있었던 것이 사실이다.

이런 점에서 18세기 이후의 성리학계가 주자학의 심성론을 발전시킨 공로는 있을지 몰라도, 시대를 선도하는 새로운 이념을 제시하는 데에는 실패한 것이다. '실학'의 관점에서 볼 때 주류 학계의 순정한 주자학은 심성론을 소재로 정학正學 논쟁에 몰두하는 허학虛學에 불과한 셈이었다. 이러한 의미에서 18세기 이후 심성 개념에 대한 집요한 논쟁으로 인해 정작 현실 문제에는 어두워 유학儒學의 본령을 벗어나 있던 성리학은, 문장이나 암기하는 기송학記誦學, 앞 사람의 해석이나 반복하는 훈고학訓詁學, 허무맹랑한 주장이나 일삼는 술수학術數學 등과 다를 바 없는 허학虛學 혹은 속학俗學이라 지목되면서 극복의 대상이 되었던 것이다.[자료5]

시대적 전환기에 주류의 학문을 허학으로, 자신들의 학문을 실학으로 규정하는 것은 언제나 그러했다. 여말선초에 성리학도 불교를 허학이라 하면서 등장한 학문이며, 17세기에는 일상생활에서 실천하는 예학을 실학으로 규정하기도 하였다. 이런 의미에서 조선 후기에 등장하는 일군의 개혁가들이 농상공업 등 민생民生 진흥을 포함한 국가 체제 개혁론을 동시대에 실질적으로 필요한 학문 곧 '실학'이라고 여겼던 것은 조선 후기 학술의 방향을 새롭게 설정하기 위한 진정한 제안이었다.[자료6] 이때 유학의 겉모습이 주자학인지, 양명학인지, 삼대의 고학古學인지 여부가 중요한 것은 아니었으며, 본질은 주체적인 개혁의 정신과 실질임은 물론이다. 조선 후기 학술의 동향을 설명할 때에 이러한 시대정신을 '실학'으로 드러내고자 했던 것은 근대 역사학의 중요한 성취임이 분명하다. 따라서 '실학' 연구 과정에서 노정된 여러 난점으로 인하여 실학론 본래의 문제의식을 포기할 수는 없다.

이상에서 살펴본 바, '실학'은 조선 후기의 학문 전통과 사회·정치 구도를 기반으로 더욱 정밀하게 접근하되, 근대 민족국가 건설이라는 보편적 내재적 요구와 연관 지어 조선 후기사를 설명하기 위하여 좀 더 적극적으로 연구할 필요가 있다. 실학은 주자학적 학문 전통에서 성장한 조선 후기의 개혁적 사대부들이 국가 사회를 개혁하기 위하여 제기한 것이되, 이 과정에서 중국·서양의 새로운 학문 성과까지 흡수한 것이라 할 수 있다. 만주족 지배 하에 정치적으로 무기력했던 청의 한족 유학자들이나, 무사들에게 예속된 시신侍臣으로서 불교와 신도神道의 영향도 많이 받았던 일본의 유학자들에 비하여, 조선의 실학자들은 주자학 혹은 양명학적 이념에 입각한 사론士論을 기반으로 국가·사회 운영을 주도한 사대부였다는 특징이 있음에 유의해야 한다. 조선 후기 '실학'은 동아시아권이라도 중국·일본과는 구별되었던 조선 사상계의 특징을 드러낼 수 있는 개념적 설정이 될 수 있다. 향후에도 '실학' 연구의 본질적 문제의식에 입각한 연구는 더욱 필요하다고 하겠다.

**자료1**

지금 임금이 부국강병에 대한 의지가 절실하여 서둘러 제도를 변경하였으나, 여러 신
하들 중에 믿고 의지할 만한 사람이 없음을 한탄하였다. 을유·병술년간(1885~1886)
에 『여유당집』을 들여오라는 명을 내리면서, 정약용과 같은 시대에 살지 못했음을 깊
이 탄식하였다. 얼마 후에 그의 증손 문섭文燮을 대과大科에 합격시켜 기용하였다. 지
금 정한 13부제府制 또한 정약용의 뜻을 미루어 펼친 것이다.

**原文** 今上銳志富强, 紛紛變更, 恨群臣無可伏者, 乙酉丙戌間, 命進『與猶堂集』, 慨然有不
同時之嘆. 已而擢其曾孫文燮大科, 今所定十三府制, 亦推演其意也.

_「매천야록」 권_

**자료2**

오늘날 우리 대한이 이러한 처지에 떨어진 것은 누구의 책임인가? 실로 유림儒林의
책임이다. 저 부귀를 탐하는 무리들은 모두 몸에 비단 옷을 걸치고 오장육부에 기름
기가 가득하다. 가슴속엔 원래 반 줄의 글조차 없고 눈앞엔 수많은 돈만 보이는 자이
니 그 지위가 고귀하고 기세가 등등하나 지식이 있는 자의 입장에서 보자면 개돼지의
부류이니 어찌 나라를 보호하고 백성을 살리는 대사업을 이 무리에게 기대하고 바랄
수 있겠는가. 사류士類의 경우는 평소 문자의리에 물들어 있고 가난과 근심에 뭐든 해
보려는 마음이 있는 자이다. 그러니 어떻게 민국民國을 잊어버리고 만회하고 구제하
려는 책임을 자신의 어깨에 짊어지지 않으리오. 우리 대한大韓은 원래 사론士論의 나
라이다. 우리 열성조가 사기士氣를 배양하시며 사풍士風을 권장하여 국시國是를 모두
사론에서 해결하였다. …

선정과 선유들이 자기주장을 펼친 글을 살펴보면 율곡 이이李珥의 소차疏箚에 경세제
민經世濟民의 정책을 깊이 진술하였으며 통렬히 개혁의 적절함을 주장한 것은 정말 뛰
어났다. 중봉 조헌趙憲이 서얼을 허통하고 노비의 매매를 금지하고 과부의 재가를 허
락하자는 주장과 택당 이식李植의 공경公卿 자제도 공평하게 병적兵籍에 예속하자는
주장과 잠곡 김육金堉의 대동법大同法 시행과 반계 유형원柳馨遠의 『반계수록』과 다산
정약용의 『경세유표』가 모두 시의時宜에 통달하고 경세제민에 조예가 깊었던 분들이
었거늘 오늘날 세상 물정에 어두운 유자들은 시의에 대해 말하면 양陽을 부축하고 음

陰을 억눌러야 한다고 말하고, 성리性理에 대해 논하면 호론湖論이니 낙론洛論이니 말하는 수많은 말들이 어찌 인민의 생활과 국가 경제에 조금이라도 보탬이 된단 말인가. 현대의 형세는 국가가 보존한 뒤에 인류의 생활이 보전하니 국가사를 어찌 다른 사람의 일이라 말하겠는가. 원컨대 유림 가운데 세로世路에서 배회하는 자들은 평소에 온갖 방법으로 관직을 얻고 녹을 구하려는 망상을 모두 끊어버리고, 초야에 은둔한 자들은 고집스럽게 변하지 않는 잘못된 견해를 뉘우치고 깨달아 서슴없이 대장부의 세도世道를 맑고 깨끗하게 하고 시대의 어려움을 바로잡는 대사업을 몸에 짊어져야 할 것이다. 먼저 현대의 역사歷史를 두루 섭렵하여 대동大同의 형세를 고찰하고, 각종 실학實學을 깊이 연구하여 실업實業을 발현하며, 학교를 설립하여 자제를 교육하며, 사회를 단결하여 동포를 사랑하며, 인민에게 권유하여 발달로 인도하되 시간을 헛되이 보내지 말고 서둘러 착수하여 자기의 생명을 보존하고 국가의 독립 기초를 완전히 공고하게 하여야 일반인사가 노예의 치욕을 면할 것이니 생각해보고 힘쓸지어다.

**原文** 今日我韓이 如斯한 境遇에 墮陷한 者는 伊誰之責고 實로 儒林之責이로다 彼貪戀富貴之輩는 皆綺紈身軆오 膏粱腸胃라 胸中에 原無半行文字하고 眼前에 只有千箱金錢한 者니 雖其資格이 崇貴하고 勢焰이 薰灼하나 自有識者觀之하면 狗彘之類라 엇지 保國活民의 大事業으로써 此輩를 向하야 企圖하고 責望하리오. 至若士類하야난 文字義理에 濡染之素가 有하고 貧寒憂慨에 憤悱之念이 有한 者라 奈何로 民國을 忘却하고 其挽回拯濟之責을 自己肩上에 擔任치 아니하리오 我韓은 원래 士論之國이라. 惟我列聖朝가 士氣를 培養하시며 士風을 鼓勵하사 國是를 皆決於士論케 하시고. …

蓋嘗先正先儒의 言論文字를 觀하면 栗谷疏箚의 深陳經濟之策하며 痛論更張之宜가 何等高明하며 重峯의 庶孼을 疏通하며 奴婢賣買를 禁하며 寡女許嫁之論과 澤堂의 公卿子弟로 均隷兵籍之論과 潛谷의 大同法實行과 磻溪의 隨錄과 茶山의 經世遺表가 皆其通達時宜하고 深於經濟者어늘 今之迂儒는 時宜를 言하면 曰扶陽抑陰이라 하며 性理를 論하면 曰湖論洛論이라하는 千言萬語가 有何少補於民生國計乎아. … 現代情形은 國家가 保存한 然後에 人類의 生活을 保全하나니 國家事를 엇지 他人의 事라 謂하리오. 惟願儒林中徊翔世路하는 者는 平日獵官干祿의 妄想을 一切斷置하고 隱伏草野한 者는 固執不變하는 謬見을 改悟하야 慨然히 大丈夫의 澄淸世道하고 匡濟時艱하는 大事業으로써 身上에 擔着하야 先히 現世歷史를 涉獵하야 大同의 情形을 攷察하고 各種實學에 留心硏究하야 實業을 發明하며 學校를 設立하야 子弟를 敎育하며 社會를 團結하야 同胞를 親愛하며 人民을 勸諭하야 發達에 引進하되 時刻을 放過치말고 急急히 着手하야 自己의 生命保存과 國家의 獨立基礎를 完全鞏固케 하여야 一般人士가 奴隷之辱을 免하리니 念之哉免之哉어다.

_『황성신문』, 광무 9년(1905) 9월15·16일 「경고유림」

**자료3**

근세 조선학의 계파가 대략 3파派가 있으니 성호星湖를 도사導師로 하고 농포農圃의 전서傳緖까지 아우른 일계一系가 있고, 이이명李頤命, 김만중金萬重으로부터 유연된 일계[담헌 홍대용이 이 계에 속함]가 있고, 하곡霞谷 정제두鄭齊斗의 학문을 승수承受한 일계가 있다. … 그러나 세 계열의 취향이 야릇하게도 얼없이 합하여 거의 한 선생의 지수指授인 것 같음은 다른 연유가 아니라 당시 조선인의 특별한 고민에서 생기는 진정한 각성이 피차 서로 다를 리 없는 까닭이다. … 곳이 다르다고 딴 싹이 아니다. 때가 좀 칭등난다고 딴 싹이 아니다. 그러므로 교유交遊와 친인親姻이 서로 가까움으로 인하여 계파의 분별이 없지 못하나, 그 시대 그 지역의 자연한 발아發芽임을 알 것 같으면 취향趣向의 일치됨을 의심하지 아니할 것이다.

_「담원정인보전집」2 「초원유고」

**자료4**

신臣 박지원은 삼가 상고하건대, 옛날에 백성에는 네 가지 부류가 있었으니, 즉 사농공상입니다. 사의 업은 오래되었습니다. 농공상의 일은 처음에 역시 성인의 견문과 생각에서 나왔고, 대대로 익힌 것을 전승하여 각기 자신의 학문이 있었습니다. 예컨대 『주례』「동관冬官」과 태사 사마천이 저술한 『사기』「화식」한 편에서 대략 장인과 상인의 실정을 볼 수 있으며, 『한서』「예문지」에 실려 있는 구가九家 144편은 농가의 기술입니다. 그러나 사의 학문은 실제로 농공상의 이치를 포괄하는 것으로 세 가지 업은 반드시 사를 기다린 뒤에 완성됩니다. 일반적으로 이른바 농업에 힘쓰는 것이나 상업을 유통시켜 공업에 혜택을 준다고 했을 때 그 힘쓰게 하고 유통시키고 혜택을 주게 하는 것은 사가 아니라면 누가 하겠습니까? 그러므로 신의 생각에는, 후대에 농공상이 자신의 생업을 제대로 갖추지 못한 것은 사에게 실학이 없는 잘못입니다.

**原文** 臣謹按, 古之爲民者四, 曰士農工賈. 士之爲業尚矣. 農工商賈之事, 其始亦出於聖人之耳目心思, 繼世傳習, 莫不各有其學, 如『周禮』冬官及太史遷所著貨殖一篇, 槪見工賈之情, 而漢藝文志所載九家百十四篇, 卽農家之藝術也. 然而士之學, 實兼包農工賈之理, 而三者之業, 必皆待士而後成. 夫所謂明農也通商而惠工也, 其所以明之通之惠之者, 非士而誰也? 故臣窃以爲後世農工賈之失業, 卽士無實學之過也.

_「연암집」권16, 과농소초 제가총론

옛날에는 도道를 배우는 사람을 사土라 이름하였는데, 사란 '벼슬하다[仕]'의 뜻이다. 위로는 공公에게 벼슬하고 아래로는 대부大夫에게 벼슬하여 임금을 섬기고 백성에게 은택을 베풀면서 천하와 국가를 다스리는 사람을 사라 하는 것이다. … 지금 성리학을 공부하는 사람들은 스스로 은사라고 자칭하면서 거드름을 피우고 있다. … 이들 사가 벼슬하는 경우를 보면, 경연經筵의 강설관講說官이나 세자의 보도관輔導官에만 추천할 뿐이다. 만약 이들에게 재정, 군사, 형정, 빈상 등의 일을 맡기면, 떼지어 들고 일어나서 '유현儒賢의 대우를 이렇게 해서는 안 된다'고 떠들어댄다. … 주자는 육경六經을 깊이 연구하여 진위를 변별하였고 사서四書를 표장하여 심오한 뜻을 열어보였다. 그리고 조정에 들어가 관각의 벼슬에 임명되어서는 올바른 말과 격렬한 논쟁으로 생사를 돌보지 않은 채 임금이 은밀한 허물을 공격하고 권신들이 꺼리는 것을 침범하였으며, 천하의 대세와 군사상의 기미에 대해서도 거침없이 논하면서 복수하여 치욕을 씻음으로써 대의를 역사에 펴려고 하였다. 외직으로 나와서 주군州郡의 수령이 되어서는 인자한 규범을 세우고 백성들의 은미한 고통을 속속들이 살펴 부역을 공평하게 하고 흉년과 역병을 구제하였다. … 주자가 어찌 일찍이 지금 선비들 같은 짓을 한 적이 있는가?

지금 세속 학문에 빠져 있으면서도 주자를 끌어대어 자신을 정당화하려는 자들은 모두 주자를 무함하는 사람들이다. 주자가 어찌 일찍이 그런 적이 있었는가? 비록 이들이 외모를 꾸미고 행실에 제재를 가하는 것이 방종하고 음란함을 즐기는 자들보다는 나은 점이 있기는 하다. 그러나 알맹이 없는 고고한 마음으로 스스로 옳다고 오만을 떨고 있으니, 끝내 이들 성리학 하는 사람과는 같이 손잡고 요순과 주공, 공자의 문하로 들어갈 수 없는 것이 지금의 성리학이라 하겠다.

**原文** 古者學道之人, 名之曰士. 士也者仕也. 上焉者仕於公, 下焉者仕於大夫. 以之事君, 以之澤民, 以之爲天下國家者謂之士. … 今爲性理之學者, 自命曰隱. … 其爲官也, 唯經筵講說及春坊輔導之職, 是注是擬. 若責之以錢穀·甲兵·訟獄·擯相之事, 則羣起而病之, 以爲待儒賢不然. … 研磨六經, 辨別眞僞, 表章四書, 開示蘊奧. 入而爲館閣則危言激論, 不顧死生, 以攻人主之隱過, 犯權臣之忌諱, 談天下之大勢, 滔滔乎軍旅之機, 而復讎雪恥, 要以伸大義於千秋. 出而爲州郡, 則仁規慈範, 察隱察微, 以之平賦徭, 以之振凶札. … 朱子何嘗然哉? 沈淪乎今俗之學, 而援朱子以自衛者, 皆誣朱子也. 朱子何嘗然哉? 雖其修飾邊幅, 制行辛苦, 有勝乎樂放縱邪淫者, 而空腹高心, 傲然自是. 終不可以携手同歸於堯舜周孔之門者, 今之性理之學也.

_『여유당전서』 1~11권, 오학론

### 자료6

농사를 소중히 여기고 근본에 힘쓰는 것은 실로 우리 열성조의 가법家法이었습니다. 국초 이래로 사대부들은 집안을 운영하는 데 근면함과 검소함을 원칙으로 하였고, 국가를 운영하는 데 원대한 계획을 세웠습니다. 이리하여 조정이나 지방에 기풍이 돈후하고 질박하여 산업에 바른 도가 있었습니다. 그러나 점차로 안일한 시대가 오래되자 차츰 문文이 질質을 이기고, 말단이 근본을 뒤집어버렸습니다. 선비들은 현실과 거리가 먼 성명性命만 논의하고 경세제민經世濟民은 거들떠보지 않거나, 쓸데없이 문학적 재주만 숭상하고 백성 다스리는 정치를 베풀지 않았습니다. 부자는 배부르고 등 따시고 편안히 살 뿐, 옷과 음식이 만들어지는 곳을 알지 못합니다. 가난한 자는 또한 농사를 배우고 채소 심기를 배울 송곳 꽂을 만한 전지도 없습니다.

그리하여 농사에 대한 학문이 거칠어지고, 농사에 대한 학문이 거칠어지자 그 효과는 더욱 없어질 지경입니다. 모든 백성 중에 조금이라도 지혜와 기교가 있는 자는 날마다 말업末業과 놀고먹는 길에 따라가고 있으니, 열심히 밭고랑에 붙어 앉은 자들은 모두 천하의 지극히 어리석고 지극히 서툴 뿐입니다. 그러니 어찌 집집마다 흙의 성질을 변화시키는 글을 외우게 하여 사람들에게 화전을 일구는 묘한 방법을 깨우치게 할수 있겠습니까? 오직 사士가 된 자만이 유실된 상태를 구제하여, 그들을 이끌고 적절한 방법을 터득할 것입니다.

**原文** 洪惟重農務本, 實我列聖朝家法. 而國初以來, 士大夫莫不立家勤儉, 體國經遠. 朝野之間, 風流敦樸而産業有常. 逮至豫泰盈盛之日久, 而駸駸然文滅其質, 末傾其本, 士或高談性命而遺於經濟, 或空尙詞華而罔施有政. 富者, 旣飽煖逸居而不知衣食之所自出. 貧者又無卓錐之業可以學稼而學圃. 於是乎, 農之學荒矣. 農之學荒而其效益蔑如.

則凡民之稍有智巧者, 日趨於末業遊食之塗, 而其屈首緣畝, 皆天下之至愚至拙也. 是豈可使戶誦土化之經而人喩火耨之妙哉? 惟在爲士者, 有以救其流失而率之得其方也.

_『연암집』 권16, 「과농소초」

### ■ 출전

『여유당전서(與猶堂全書)』

『연암집(燕巖集)』

『담원정인보전집(薝園鄭寅普全集)』 : 일제강점기 독립운동가이자 국학 연구자인 정인보의 저술들을 묶은 책으로
　　1983년 연세대학교에서 발간되었다. 『담원국학산고(薝園國學散藁)』, 『조선사연구』, 『담원문록(薝園文錄)』 등의
　　저술이 수록되어 있다.

『매천야록(梅泉野錄)』 : 황현이 1864년~1910년까지 47년의 역사를 편년체로 서술한 한말의 야사(野史)로 6권 7책으
　　로 간행되었다. 특히 갑오경장 이후의 기록이 많다.

『황성신문(皇城新聞)』 : 1898년에 9월 5일에 창간된 국한문 혼용 일간신문이다. 남궁억(南宮檍) 등이 국민 지식의 계
　　발과 외세 침입에 대한 항쟁의 기치 아래 창간하였다. 1910년 8월 29일 한일합방이 강행되자 신문제호가 강제로
　　『한성신문(漢城新聞)』으로 바뀌었고, 결국 9월 14일(제3470호)까지 발행되고 폐간되었다.

### ■ 찾아읽기

천관우, 『조선근세사연구』, 일조각, 1979.

임형택, 『실사구시의 한국학』, 창작과 비평사, 2000.

유봉학, 『한국문화와 역사의식』, 신구문화사, 2005.

한영우 외, 『다시 실학이란 무엇인가』, 푸른역사, 2007.

임형택, 『21세기에 실학을 읽는다』, 한길사, 2014.

전해종, 「석실학(釋實學)」, 『진단학보』20, 1969.

이우성, 「실학연구서설」, 『실학연구입문』, 일조각, 1973.

김용섭, 「조선 후기의 농업문제와 실학」, 『동방학지』17, 1976.

김현영, 「'실학' 연구의 반성과 전망」, 『한국중세사회 해체기의 제문제(상)』, 한울, 1987.

이우성, 「초기 실학과 성리학과의 관계」, 『동방학지』58, 1988.

이황직, 「위당 조선학의 개념과 의미에 관한 연구」, 『현상과 인식』34, 2010.

# 5 법고창신의 쇄신안, 실학

### 실학의 사회 개혁론

실학의 이념은 구습에 안주하는 낡은 조선을 혁신하는 것이었고, 이는 학파와 당파를 불문하고 공유하는 문제의식이었다. 주요 내용은 토지·농업 개혁론, 상공업 개혁론 등을 포함한 국가 개혁론이다. 이 가운데 영·정조대에 일부 실현된 것도 있고 실현될 수 없는 내용도 포함되어 있으나, 신분제·토지제도 개혁 등은 근대 국가 건설을 위해서는 반드시 필요하였을 뿐 아니라 오늘날에 대부분 실현되었을 만큼 선구적인 주장들이다.

## 실학의 이념과 범위

조선 후기 '실학'의 이념은 정약용이 제기하고 정인보가 강조했던 '우리의 오랜 나라를 혁신한다[新我舊邦]'는 것, 좀 더 구체적으로는 국가와 민생民生을 위한 유신維新을 지향하는 것이라 할 수 있다.[자료1] 따라서 '실학'의 주된 연구 주제는 국가·사회 개혁론이며, 구체적으로는 토지 개혁론과 신분제도 개혁론, 상공업 진흥론, 기술 개혁론 등이 포함된다. 여기에 국가·사회 개혁의 바탕일 뿐 아니라 근대 민족 국가의 전제이기도 한 자국 정체성을 연구하는 학문 분야, 곧 역사·지리·어문 등에 걸친 조선 후기 국학國學의 성과 역시 실학 연구의 대상에 포함될 수 있다. 이 분야는 명나라와 조선의 문명적 보편성이 강조되던 조선 전기에 비해서, 청나라와 다른 조선의 독자성을 추구하며 국가 개혁을 강조하였던 17세기 이후에 집중적으로 연구되었다.

실학자들은 대개 17 · 18세기 무렵의 인물들이다. 간혹 그 기원을 거슬러 올라가 이이 · 김육과 같이 민생民生의 안정을 위하여 활약한 경세가들을 거론하기도 한다. 그러나 이들의 핵심 정책은 동시대에 대동법으로 시행되었을 뿐 아니라, 18세기 이후에는 새로운 차원의 개혁책이 요구되는 상황이었으므로 시대를 뛰어넘는 소급은 적절하지 않다. 조선 후기 국가 개혁론의 이념적 지향을 근대 국가 건설의 자산으로 삼고자 했던 조선학 운동 본래의 문제의식을 생각한다면 '실학'의 범주는 영 · 정조대 무렵에 본격적으로 제기되었으나 동시대에는 실현되지 못하였던 국가 · 사회 개혁론을 핵심으로 한다.[자료2]

17세기 인물들 가운데 이수광李睟光, 김육金堉, 유형원은 실학의 비조鼻祖로 거론할 수 있겠다. 김육은 선진 과학기술의 도입과 상공업 진흥을 위하여 서양 역법에 기반을 둔 시헌력時憲曆 수용과 화폐 · 수레 사용을 주장하였고, 이수광은 『지봉유설芝峯類說』에서 천하의 중심인 중국 이외에 서양 여러 나라의 사정을 포함하여 천문 · 역사 · 지리 · 의약 · 기술 · 풍속 등 실로 다방면에 걸쳐 새로운 문물의 동향을 소개한 바 있었다. 또한 실학자들은 학파와 당파를 불문하고 국가 · 사회 개혁론을 전개할 때면 유형원의 『반계수록』을 개혁론의 모범으로 삼는 경우가 많았다.[자료3] 이들의 주장은 아직 현실화되지 않았기 때문에 18세기에도 여전히 유효한 것이었다. 이런 점에서 국가 · 사회 개혁론에서는 유형원을, 상공업 진흥과 기술 개혁론에서는 김육과 이수광을 실학의 비조로 꼽을 수 있겠다.

'실학'의 개혁론은 당파를 불문하고 제기된 것이다. 그러나 실학자들도 노론, 소론, 남인 성리학의 전통 속에 있었기 때문에 개혁론을 표출하는 학풍의 차이는 있었다. 그동안 실학자들을 토지 · 농업 개혁론(중농학파)과 상공업 개혁론(중상학파)으로 분류하거나, 경세치용학파經世致用學派와 이용후생학파利用厚生學派, 실사구시학파實事求是學派로 분류하기도 하였다. 그러나 국정 운영에서 농 · 상 · 공업은 별도의 문제가 아닐 뿐더러 실제로 실학자들은 국가 개혁을 위하여 토지 · 농업과 상 · 공업 개혁론을 함께 거론하는 경우가 많고, 경세치용과 이용후생 등의 경계를 구분할 수도 없기 때문에 이러한 분류는 적절하지 않다고 판단된다. 이 글에서는 학파 · 당파에 따른 특성을 고려한 후에 국가 · 사회 개혁론을 설명하기 위하여, 근기남인 · 소론 · 노론 실학이라는 분류를 사용하면서 개혁론의 개요를 설명하겠다.


## 실학적 개혁론의 주요 내용

이익李瀷을 연원으로 하는 근기남인 실학자들은 유형원의『반계수록磻溪隨錄』을 모범으로 삼아 토지 개혁론을 주장한 것으로 잘 알려져 있다. 근기남인 실학자들은 영남남인과 성리설은 공유하였지만, 학문의 규모가 크고 경세에 치중한다는 점에서는 상당히 달랐다. 이익의『성호사설星湖僿說』,『곽우록藿憂錄』, 정약용의『경세유표經世遺表』는 '실학'의 저술을 상징하기도 한다. 이 저술들은 정전井田의 실질을 갖춘 공전제(公田制, 유형원)·균전均田을 위한 한전제(限田制, 이익)·여전閭田 혹은 정전제(井田制, 정약용)라는 토지 개혁론을 기반으로, 정치제도·신분제도·상공업·과학기술 등 국정 각 분야에 걸친 혁신의 내용을 담고 있다.[자료4]

그런데 토지 개혁론은 근기남인 실학의 전유물은 아니었다. 노론 실학자인 박지원은『과농소초課農小抄』에서 한전제를, 홍대용은『임하경륜林下經綸』에서 정전제를 주장하였으며, 소론 실학자인 서유구는『의상경계책擬上經界策』에서 둔전제屯田制를 강구한바 있었다. 이러한 토지 개혁론은 모두 조선 후기의 지주-전호제 확대로 인한 토지 소유의 집중 현상과 이로 인한 농민층의 유리와 빈곤 문제를 해결하기 위한 방안으로 강구된 것인데, 국가·사회 개혁의 기본으로 중시된 토지·농업 문제에 대하여 실학자들의 관심은 당연한 것이기도 하였다.

사실 토지 개혁론은 국가·사회의 혁명에 가까운 주장으로서 대단히 원리적인 접근이다. 조선 후기로 갈수록 더욱 심해지는 지주층의 토지 확대 문제에 대한 해결 방안을 고심하는 실학자들은 정전제의 이상을 간직한

이익의『성호사설』

유학자로서 토지제도의 근본적 개혁안을 진지하게 모색하였던 것이다. 그러나 개혁
군주 정조마저도 유형원의 토지 개혁론을 '우활迂闊하다'고 평가했을 만큼 토지 개혁론
은 실현 가능성이 없는 이상론에 불과하다. 토지 개혁론은 역설적이게도 조선 후기의
현실에서는 실질적인 실학이 아니었던 것이다. 주자도 인정했듯 토지 개혁은 전란이
나 혁명이 일어난 후에나 시도해볼 만한 것이기 때문이다.

그러나 오늘날의 시점에서 보면, 토지 개혁은 근대 국가 건설 과정에서 어떤 형식
으로든 해결해야 할 과제였으며, 실제 해방 후 남북한의 농지 개혁을 정당화하는 과정
에서 실학자들의 토지 개혁론이 활용되기도 하였으므로, 그 구상은 경자유전耕者有田
의 형태로나마 실현된 셈이다. 이처럼 근본적인 시세의 변혁을 대비하여 구상된 개혁
론이 있었다는 것은 우리의 소중한 자산이다. 따라서 실학자의 개혁론이 현실과 동떨
어진 이상에 불과한 것이 아니라 시대 상황에 따라 활용될 수 있는 자산임을 인정할 필
요가 있다.

토지 개혁의 문제를 제외하면 붕당의 타파, 관료제의 효율적 정비와 운용, 인재의
차별 없는 등용, 노비제 혁파, 서얼 차대 해소, 상공업 진흥과 기술 혁신 방안에 대한
주장 등이 있었다. 이 역시 실학자라면 학파를 불문하고 으레 제기하는 것들이고, 실
제로 영·정조대에는 관료제·신분제·노비제 등에 걸친 개혁 과제들을 일부나마 실
천하기도 하였으며, 정조는 상공업의 진흥을 위하여 북학北學과 서학西學의 성과들을
적극 실천하도록 독려하기도 하였다. 그만큼 조선 후기 국가 사회의 개혁을 위해서는
이 과제들이 반드시 시행되어야 한다는 공감이 있었던 것이고, 오늘날의 관점에서 보
아도 이는 근대 국가로 전환하기 위한 당연한 전제들이다.

토지 개혁론을 포함한 각 분야에 대한 개혁의 필요성은 18세기 이후 조선에서 이미
제기된 바 있었다. 다만 이것이 조선 사회의 역량으로 실현되지 못하였다는 한계는 분
명하다. 그러나 서구의 충격에 따른 국가적 위기와 국권 상실이라는 시세의 대변동은
이러한 식견에 한층 힘을 실어주었으며, 한말 이래 식민지 시기에 실학자들의 선구적
인 주장에 더욱 주목하게 되었던 것이다.

개혁 과제들에 대한 실학자들의 주장은 대동소이하지만, 문명 지향 의식에는 차이
가 있었다. 문명 지향 의식의 차이는 개혁론의 전개에도 영향을 미치기 마련이다. 대

체로 근기남인계 실학자들은 개혁의 이상을 상고上古의 삼대三代나 그에 가까운 전한前 漢의 제도를 회복하는 것에서 찾았다. 반면 노·소론계 실학자들은 대개 상고의 문물을 외형 그대로 회복하는 것은 불가능할 뿐 아니라 문물이란 후대로 계승되는 것이기 때문에, 명·청의 발전된 문물을 도입하여 조선의 문명 수준을 높이는 것을 목표로 삼았다. 비록 두 계열이 외형적인 방향에서는 달랐지만, 문명의 향상이라는 목표는 같았다. 실학자들은 동시대의 다수 관료·학자들이 조선의 국가 규모를 송대宋代에서 찾았던 것과는 달리, 삼대·전한이나 명·청 등 송대 이외에 다른 체제를 모색하였다는 점에서 공통된 면모를 보인 것이다.

이는 중국의 선진 문물을 적극 수용하기 위하여, 중화의 원형을 상고의 정신으로 이상화하거나 시대의 진전에 따른 중화 문명의 발전상을 기준으로 재해석함으로써 문물 수용의 기준을 적극적으로 제시한 것이다. 다만, 그 모델은 학파에 따라서 고학古 學이나 북학이 되기도 하였고, 좀 더 급진적으로는 서학西學이 되기도 하였다. 즉, 고학은 상고의 이상 회복을, 북학은 상고의 이상을 현실에 구현한 명·청의 문명을, 서학은 상고의 이상, 특히 과학·기술의 측면에서 구현한 서양의 문명을 높이 평가한 것이라 하겠다. 18세기에 서학은 북학의 일부로서 조선에 수입되었기 때문에 북학자들은 서학에도 지대한 관심을 보였다. 서학자였던 정약용은 『경세유표』에서 북학론을 인용하며 이용감利用鑑 설치를 주장하였다. 이러한 점에서 상공업 진흥과 기술 혁신에 대한 관심은 북학론자와 서학론자 모두가 공유하는 인식이었다.

정약용의 『경세유표』

이들은 중화中華의 기준을 혈통이나 지역보다는 문화의 수준에 둔다는 점에서도 공통된 의식을 보였다. 박지원·박제가가 명·청대의 기술 문명을 상고 이래 중화 문명의 계승으로 본 것이나, 이익李瀷이 서양 오랑캐인 마테오 리치를 성현聖賢에 빗대어 설명하고 정약용이 선비족인 탁발씨拓拔氏의 중화 문물 도입을 높이 평가한 것 등이 그 예이다. 따라서 이들에게 중화와 고학, 북학, 더 나아가 서학은 충돌하는 것이 아니라 서로 조화·공존할 수 있었던 것이다.[자료5] 이들 역시 조선 중화주의에 반대하는 것은 아니었지만, 중화란 화이華夷를 구분하는 이념에 한정되는 것이 아니라 현실 문명의 발전에 맞추어 계속 향상되어야 한다고 보았던 것이다. 이처럼 실학자들은 동시대의 다수가 조선 중화주의에 안주하는 것을 넘어서서, 조선 문명의 실질적 향상을 도모하기 위하여 다양한 제안을 했던 것이라 하겠다.

**자료1**

주1 마정(馬政) : 말의 사육, 개량, 번식, 수출입 따위에 관한 행정.

『경세유표』는 어떤 내용인가? 관직제도, 군현제도, 토지제도, 부역, 공시, 창저, 군사 제도, 과거제도, 해세, 상세, 마정주1, 선박 관리 등 국가를 운영하는 제도에 대해 현재 실행 가능 여부에 구애되지 않고 경을 세우고 기를 나열하여 우리의 옛 나라를 새롭 게 하려고 하는 것이다.

原文  『經世』者何也? 官制·郡縣之制·田制·賦役·貢市·倉儲·軍制·科制·海稅·商稅·馬政·船法 營國之制, 不拘時用, 立經陳紀, 思以新我之舊邦也.

_『여유당전서』 1–16권, 자찬묘지명

선생의 독특한 위대함은 오직 민국과 일신을 갈라보지 아니함에 있으니, … 선생 저 술의 종지宗旨는 '新我舊邦'의 네 글자가 그 두뇌頭腦이다. … 오래되어 낡은 것을 혁신 함의 일대 관건은 다른 것이 아니오, 실實로써 부실不實함을 대체함에 있을 뿐이다. 그 러므로 학學이면 실학實學, 행行이면 실행實行, 정政이면 실정實政, 사事면 실사實事, 심 지어 일서一書 일물一物에 이르기까지 한 점의 어두움이나 거짓됨을 용납하지 않는 삼 엄森嚴함과 성실誠實함에 근본한 것이라고 하였다

_정인보, 「다산선생의 생애와 업적」, 『양명학연론(외)』(삼성문화문고, 1972)

**자료2**

국조 이래 시무時務에 대해 아는 분을 손으로 꼽으면 율곡栗谷 이이李珥와 반계磻溪 유 형원柳馨遠 두 분이 있을 뿐이다. 율곡의 논의는 그 태반이 당시에 시행될 수 있는 것 이었으나, 반계의 경우 시무의 본원을 끝까지 연구하여 모든 것을 새롭게 함으로써 왕정의 시초로 삼았으니, 진실로 그 뜻이 크다.

原文  國朝以來, 屈指識務, 唯李栗谷·柳磻溪二公. 在栗谷太半可行, 磻溪則究到源本, 一齊刬 新爲王政之始, 固大矣.

_『성호사설』 권11, 인사문, 변법

**자료3**

이 책(『반계수록』)이 나온 지 이미 오래되었고, 또 이처럼 당론이 엇갈리는 때를 당해 서도 피차를 막론하고 한결같이 칭송하여 초연히 당론의 국외局外에 서 있는 완인完人

으로 대접을 받고 있으니, 이 역시 기이한 일이라 할 것이다.

_「담원국학산고」

### 자료4

'우리나라는 … 임진왜란이 있은 이후로는 온갖 법도가 타락하고 모든 일이 어수선하였다. 군문軍門을 자꾸 증설增設하여 국가 재정이 탕진되고 전제田制가 문란해져서 부세賦稅의 징수가 편중되었다. 재물이 생산되는 근원은 힘껏 막고, 재물이 소비되는 길은 마음대로 터놓았다. … 털끝만큼 작은 일이라도 병폐 아닌 것이 없다. 지금에 와서 고치지 않으면 반드시 나라를 망치고야 말 것이다. 이것이 어찌 충신과 지사가 팔짱 끼고 방관할 수 있는 것이겠는가. … 오직 관서官署를 120개로 한정하고, 육조六曹가 각각 20관서를 거느리도록 하는 것은 변동할 수 없다. … 고적考績<sup>주2</sup>하는 법을 엄하게 하고 고적하는 조목을 상세하게 하여, 당우唐虞 시대의 옛 법대로 회복하는 것은 변동할 수 없다. … 전지 10결結에서 1결을 공전公田<sup>주3</sup>으로 삼아 농부에게 조력助力토록 하고 세稅를 별도로 거두지 않는 것은 변동할 수 없다. 군포軍布의 법을 없애고 9부賦의 제도를 정리하여 민역民役을 크게 고르도록 하는 것은 변동할 수 없다. 둔전屯田<sup>주4</sup>의 법을 제정하여 경성京城 수십 리 안은 모두 삼군三軍의 전지로 만들어 왕도王都를 호위하고 경비를 줄이고, 읍성邑城 2~3리 안은 모두 아병牙兵<sup>주5</sup>의 전지로 만들어 군현郡縣을 호위하도록 하는 것은 변동할 수 없다.

… 이용감利用監을 개설開設하고, 북학北學의 방법을 의논하여 부국강병富國強兵을 도모하는 것은 변동할 수 없다. 무릇 이와 같은 것들이 진실로 결단하여 행하여지기를 바라거니와, 소소한 조례條例와 자잘한 명수名數 중에 간혹 구애되어 통하기 어려움이 있는 것들이야 어찌 군이 내 소견을 고집하여 한 글자도 변동할 수 없다 하겠는가.

**原文** 我邦 … 自壬辰倭寇以後, 百度隳壞, 庶事搶攘. 軍門累增, 國用蕩竭, 田疇紊亂, 賦斂偏辟. 生財之源, 盡力杜塞, 費財之竇, 隨意穿鑿. … 蓋一毛一髮, 無非病耳. 及今不改, 其必亡國而後已. 斯豈忠臣志士所能袖手而傍觀者哉? … 唯限官於一百二十, 使六曹各領二十, 斯不可易也. … 嚴考績之法, 詳考績之條, 以復唐虞之舊, 斯不可易也. … 於田十結, 取一結以爲公田, 使農夫助而不稅, 斯不可易也. 罷軍布之法, 修九賦之制, 使民役大均, 斯不可易也. 立屯田之法, 使京城數十里之內, 皆作三軍之田, 以衛王都, 以減經費, 使邑城數里之內, 皆作牙兵之田, 以護郡縣, 斯不可易也. … 開利用之監, 議北學之法, 以圖其富國強兵, 斯不可易也. 凡如此類, 誠願其

주2 고적(考績) : 관원의 업적을 평정(評定)하는 일. 이조(吏曹)나 병조(兵曹)에서 매년 두 차례 실시함.

주3 공전(公田) : 정전법(井田法)에서 한복판에 자리 잡고 있던 공유(公有)의 전답.

주4 둔전(屯田) : 지방에 주둔한 군대나 관청의 경비에 쓰기 위하여 경작(耕作)하는 전답.

주5 아병(牙兵) : 대장(大將)의 휘하(麾下)에 직속한 병사.

斷而行之矣. 若夫小小條例, 瑣瑣名數, 其或有掣碍而難通者, 顧何敢膠守己見, 謂不可易其一字乎?

_『다산시문집』 권12, 방례초본서

## 자료5

순임금이나 공자는 성인이면서 동시에 기예技藝에도 능하신 분이다. ⋯ 만약 제대로 배우고 묻고자 한다면 중국을 제쳐두고 어디로 갈 것인가? ⋯ 법이 훌륭하고 제도가 좋다면 진정 오랑캐에게라도 찾아가서 스승으로 섬기며 배워야 할 것이다. 더구나 저들은 규모가 광대하고 사고가 정미하며 제작이 원대하고 문장이 빼어나서, 여전히 하夏·은殷·주周 삼대 이래 한漢·당唐·송宋·명明의 고유한 문화를 간직하고 있지 않은가? ⋯ (박제가는) 농사와 잠업, 목축, 성곽과 궁실의 축조, 배와 수레의 제작 등을 ⋯ 일일이 눈여겨보고 마음으로 따져 보았다. ⋯ 한번 책(『북학의』)을 펼쳐보면, 내가 『열하일기』에 쓴 내용과 조금도 어긋남이 없어 마치 한 사람의 손에서 나온 듯하였다.

**原文** 雖以舜孔子之聖且藝. ⋯ 如將學問, 舍中國而何? ⋯ 苟使法良而制美, 則固將進夷狄而師之. 況其規模之廣大, 心法之精微, 制作之宏遠, 文章之煥爀, 猶存三代以來漢唐宋明固有之故常哉? ⋯ 自農蚕畜牧城郭宮室舟車, ⋯ 莫不目數而心較. ⋯ 試一開卷, 與余日錄, 無所齟齬, 如出一手.

_『연암집』 권7, 북학의서

## 자료5

현재 국가의 큰 폐단은 한마디로 가난입니다. 이 가난을 어떻게 구제하겠습니까? 중국과 통상하는 길밖에 없습니다. ⋯ 그러면 영남의 면화와 호서의 모시, 서북의 실과 삼베를 비단과 담요로 바꿀 수 있고, ⋯ 배와 수레, 가옥, 집기와 같은 이기利器에 관해 그들로부터 배울 수 있을 것입니다. 천하의 도서圖書를 국내로 들여오게 할 수 있으므로 조선의 풍속에 얽매인 선비들의 편벽되고 고루하며 좁은 견해가 공격하지 않아도 저절로 깨뜨려질 것입니다. ⋯ 저는 중국의 흠천감欽天監주6에서 역서曆書를 만드는 서양 사람들은 모두 기하학에 밝고 이용후생의 방법에 정통하다고 들었습니다. 국가에서 관상감의 한 부서의 비용으로 그들을 초빙하여 근무하게 하고, 나라의 우수한 인재들을 그들에게 보내 천문의 운행, ⋯ 농상農桑, 의약醫藥, ⋯ 벽돌 제조, 가옥과 성곽

주6 흠천감(欽天監) : 명·청대(明淸代)의 천문대(天文臺). 천문·월력(月曆) 계산, 역서(曆書) 편수, 시보(時報) 등 천문·기상 현상의 관측·기록을 맡아 봄.

의 축조, … 수레를 통행시키고 배를 건조하는 방법 … 등을 학습하도록 조치하십시오. 그렇게 한다면 몇 년이 지나지 않아 나라를 다스리는 데 알맞게 쓸 인재가 배출될 것입니다.

**原文** 當今國之大弊, 曰貧. 何以捄貧? 曰通中國而已矣. … 則嶺之綿·湖之苧·西北之絲麻, 可化爲綾羅織罽, … 舟楫車輿宮室器什之利可學矣. 天下之圖書可致, 而拘儒俗士偏塞固滯織瑣之見, 可不攻而自破矣. … 臣聞中國欽天監, 造歷西人等, 皆明於幾何, 精通利用厚生之方. 國家誠能授之以觀象一監之費, 聘其人而處之, 使國中子弟, 學其天文躔次, … 農桑醫藥, … 與夫造瓴甓, 築宮室·城郭, … 行車裝船. … 不數年, 蔚然爲經世適用之材矣.

_「북학의」「병오년(정조 10)에 올린 소회」

**출전**

『북학의(北學議)』

『성호사설(星湖僿說)』

『연암집(燕巖集)』

『다산시문집(茶山詩文集)』 : 조선 후기 대표적인 문인이자 실학자인 다산 정약용이 저술한 전집 『여유당전서(與猶堂全書)』 중 제1집에 해당하는 시문집이다.

『담원국학산고(薝園國學散稿)』 : 정인보의 국학관계 논문집으로, 1955년 발행되었다.


**찾아읽기**

천관우, 『조선근세사연구』, 일조각, 1979.

정인보, 『담원정인보전집』, 연세대출판부, 1983.

최익한, 『실학파와 정다산』, 청년사, 1989.

강만길 외, 『다산의 정치경제사상』, 창작과비평, 1990.

유봉학, 『연암일파북학사상 연구』, 일지사, 1995.

김태영, 『실학의 국가 개혁론』, 서울대출판부, 1998.

임형택, 『실사구시의 한국학』, 창작과 비평사, 2000.

임형택, 『문명의식과 실학』, 돌베개, 2009.

실시학사 편, 『성호 이익 연구』, 사람의무늬, 2012.

실시학사 편, 『다산 정약용 연구』, 사람의무늬, 2012.

실시학사 편, 『담헌 홍대용 연구』, 사람의무늬, 2012.

실시학사 편, 『연암 박지원 연구』, 사람의무늬, 2012.

실시학사 편, 『반계 유형원 연구』, 사람의무늬, 2013.

실시학사 편, 『초정 박제가 연구』, 사람의무늬, 2013.

이우성, 「실학연구서설」, 『실학연구입문』, 일조각, 1973.

김용섭, 「조선 후기의 농업문제와 실학」, 『동방학지』17, 1976.

이우성, 「초기 실학과 성리학과의 관계」, 『동방학지』58, 1988.

# 6 동국의 역사와 지리를 연구하다

실학자의 역사 · 지리 연구

실학자들은 조선을 포함한 동국의 역사와 지리에 많은 성과를 남겼다. 조선을 개혁하기 위해서는 조선의 역사와 지리에 근거해야 했기 때문이다. 삼한정통론, 남북국론 등에 기반을 둔 역사 지리 연구는 영 · 정조대 이후 꾸준히 집대성되어 고종대 『증보문헌비고』에 이르렀으며, 이를 바탕으로 중국 · 일본과의 영토 분쟁에 대처하기도 하였다. 오늘날 통용되는 한국사 체계 역시 실학자들에 의해 정초된 것이다.

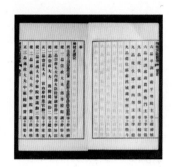

## 실학의 동국 역사 · 지리 연구

조선 문명의 향상을 도모하기 위해서는 조선을 알아야 했다. '실학'의 주요 연구 대상이 개혁론에 한정되지 않고, 동국의 역사 · 지리 등을 연구하는 국학 분야로 확대되었던 것은 조선의 연원과 실체를 연구하는 과정이기도 하였다. 이를 위해서 중국과 조선의 역대 역사서와 지리서를 포함한 각종 문헌자료를 동원할 뿐 아니라, 그 배후에 있는 이치를 격물치지格物致知하여 진실을 구명하기 위한 노력이 진지하게 경주되었다. 국학 분야를 연구 주제로 설정하게 한 계기는 무엇일까? 그것은 임진 · 정유왜란으로 남왜南倭에 곤욕을 치른 후에, 얼마 안 되어 정묘 · 병자호란으로 북로北虜에 치욕을 당하던 17세기 전반의 상황에 대한 자기반성에서 출발한 것이었다.

조선 후기의 뜻있는 사대부들은 연속된 전란을 겪으면서 국방의 중요성을 절감하였기 때문에 중앙과 각 지역 요충지의 지정학적 위상을 깊이 탐구하였고, 동국 역대 왕조의 역사 및 대외 관계와 강역疆域에 대해서도 새롭게 연구하게 되었다. 특히 병자 호란의 치욕 이후 북벌론과 대명의리론이 강조됨에 따라 중국(청나라)과 구별되어 전 개되어 왔던 동국 문명의 역사적 정통성을 새삼 밝혀내고자 하였다. 물론 이러한 인식 은 조선 전기에 정립된 단군檀君—기자箕子 이래의 동국東國의식을 기반으로 하고 있다. 그러나 조선 후기에는 이를 좀 더 분명하고 강렬한 역사의식, 자기의식으로 정립하였 던 것이다.

조선 전기에는 개국의 시조로서 단군을, 문명의 시조로서 기자를 거론하는 역사상 이 확립되어 있었다. 그러나 단군조선 이래 고조선과 삼한의 강역에 대해서는 그 실상 을 알기 어려울 정도로 사료가 부족하여 잘 정리하지 못하고 있었다. 15세기 건국 초에 는 정부가 부국강병을 추구하여 북방의 영토 문제에도 관심이 많았기 때문에 상고기 국가들의 강역을 연구하는 풍토가 있었으나, 16세기에 들어서 도학과 절의를 강조하 는 사림파의 경향으로 인하여 이에 대한 관심은 약해졌다. 이로 인해 16세기에는 기자 箕子 통치의 도덕성이 강조될 뿐, 우리 고대 북방 국가들의 강역을 한반도 안에서만 비 정한 『삼국사기三國史記』의 수준으로 퇴보하기도 하였다. 이는 김부식이 내치內治를 우 선시하며 서북 지역에 대한 관심을 소홀히 하였던 현상과 같은 것이었다. 그 결과는 국가적 전란에서 무기력한 대응으로 드러났다.

조선 후기의 역사학은 이러한 상황에서 출발하였다. 조선 후기 역사 지리학의 비조 라 할 수 있는 인물은 단연 한백겸韓百謙이다. 그는 『동국지리지東國地理誌』에서 고조선 이래 한강을 경계로 '남쪽은 남쪽대로, 북쪽은 북쪽대로[南自南, 北自北]' 진행되었던 동국 사의 대강을 분명히 제시하였다.[자료1] 그 이전에는 상식이었던 '단군—기자조선—위만 조선—한사군—삼한—삼국'의 일원적 역사인식을, 북은 '단군—기자조선—위만조선— 한사군—고구려', 남은 '삼한—신라·백제·가야'의 두 계열로 정립한 후, 문명의 선진 이었던 서북과 한쪽에 치우친 동남이 결합하여 동국사가 성립하였다고 정리한 것이 다. 이후의 역사학은 대부분 한백겸의 역사 지리 고증에 입각해 새롭게 출발하였다.

이는 삼한의 강역을 바로 잡은 것일 뿐 아니라, 고조선에서 고구려—발해로 계승된 북방의 강역에 대한 인식을 요동 지역으로 확대한 계기이기도 하였다. 사실 조선 전기까지는 고조선과 고구려의 강역을 대부분 한반도 내에서 찾는 것이 일반적이었는데, 특히 16세기의 지리서인 『동국여지승람東國輿地勝覽』에서 그러한 경향이 더욱 두드러졌다. 이러한 상황에서 한백겸은 '삼한=삼국설'에 입각한 통설을 부정하여 오늘날 통용되는 삼한의 강역을 고증했을 뿐 아니라, 고조선 멸망 후 한사군漢四郡의 위치와 고구려의 강역까지 고증하여 압록강 이북 지역을 동국 북방사의 영역으로 확실히 끌어들였던 것이다.

한백겸의 연구는 역사 지리에 그치지 않았다. 그는 주나라 정전제의 원형이라 할 수 있는 은나라의 토지제도를 상정하고, 기자가 동래東來했다는 평양에 남아 있는 밭고랑 유적을 답사하고 실측하여 기전箕田이라고 명명하였다. 오늘날에는 이를 평양의 고구려 시가지 유적이라고 보지만, 한백겸으로서는 동국사가 이미 기자조선 때부터 중국과 대등한 문명 제도를 갖추었음을 확인한 것이었다. 기자조선에 대한 인식은 조선 전기부터 있었지만 그는 이를 문헌의 차원에 그치지 않고 토지제도로써 입증하려 한 것이다. 그의 탁월한 역사 지리 고증은 유형원의 『동국여지東國輿地誌』에 영향을 주는 등 근기남인을 중심으로 전승되다가 이후로는 학파를 불문하고 동국 역사 지리 연구자들에게 확산되었다.

한편, 조선 후기 역사 서술의 주된 특징은 강목체綱目體의 유행이었다. 특히 17세기 이후로 순정 주자학의 확산에 따라 정통론에 입각한 강목체 역사 인식은 상식이 되었고, 이를 동국의 역사에 적용하려는 시도도 잇달았다. 그런데 주된 연구 시기는 학파에 따라 달랐다. 대체로 남인과 소론은 동국사 서술에서 상고시대에 많은 관심을 기울였으나, 노론은 특별한 관심을 기울이지 않거나 제외하는 경향이었다.

노론 계열은 유계兪棨가 강목체로 『여사제강麗史提綱』을 써서 고려가 자강自强에 힘쓰며 북방 오랑캐에 항거한 사실을 강조하는 방식으로 중화의 적통인 조선의 역할을 제시하거나 조선의 문물을 중화의 기준에 맞게 재정비하는 데 치중하였다. 그는 상고사의 자료들이 황탄한 신화적 서술이 많아서 역사 서술의 대상으로 삼기 어렵다는 성리학적 합리성을 철저히 견지하였기에, 고려사 이후로 역사 서술을 한정한 것이다. 이러한 이유로 조선 후기에 상고시대 이래의 동국사에 대한 연구는 비非 노론 계열이 주도하게 되었다.

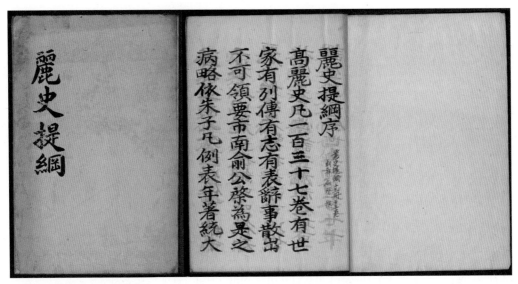

**『여사제강(麗史提綱)』의 표지와 본문**
조선의 유학자인 유계(俞棨, 1607~1664)가 1637년에 강목체(綱目體)로 지은 고려(高麗)의 역사서이다.

강목체 역사 서술의 관건은 주자사학朱子史學의 근간인『자치통감강목資治通鑑綱目』의 편찬 원칙, 즉「범례凡例」를 실제 역사에 적용하는 것이고, 이를 위해서는 각 국가의 계승관계와 주요 인물의 행적을 분명히 밝혀야 했다. 이를 위해서는 치밀한 고증 작업이 수반되어야 한다. 역사학의 기준에서 보면, 이는 조선 전기의 역사 서술이 사마광司馬光의『자치통감』에 따른 편년체 서술에 그쳤던 한계를 넘어서는 진전이기도 하다. 편년체를 강목체로 전환하기 위한 첫 번째 관건은 동국 역대 국가의 통서統緒, 즉 계통을 바로잡는 일이었다. 이를 위해서는 동국사의 정통을 어디부터 잡을 것인지에 대한 기준이 서야 했고, 그러자면 고대 제국들의 강역과 흥망의 사실이 분명히 확인되어야 했다. 한백겸의 연구 성과는 이 작업에 가장 크게 기댈 수 있는 정보를 제공한 것이다.

동국사 정통의 기원을 확립하는 데 영향을 끼친 인물로서 주목할 사람은 근기남인인 허목許穆이다. 그는 중국의 상고 시대를 숭앙한 고학자古學者로서 동국의 상고 이래 전승되던 선가仙家・도가道家의 기록에도 관심을 기울여, 성리학적 역사서술에서 황탄함으로 인해 배제되어왔던 단군신화 등 상고의 건국 설화들을 역사의 영역으로 끌어 들였다. 그는 기전체紀傳體로『동사東事』를 저술하여, 단군 · 기자 · 위만 · 신라 · 고구려 · 백제의 세가世家에 부여 · 숙신 · 삼한 · 예맥 · 발해 등의 열전列傳을 부용附庸하는 방식으로 상고 이래의 역사를 서술하였다. 이 책에서 그는 동국의 여러 국가가 비록 본기本紀를 저술할 정도의 천자국天子國은 아니었지만, 단군조선 이래 중국과 구별되는 문명을 영위하던 별국別國이었음을 강조하였다. [자료2] 이는 단군을 개국의 시조로만 생각할 뿐 문명의 실질적 시작은 기자 이후로 보았던 조선 전기의 역사관에서 한 단계 더 진전한 것이다.

한백겸과 허목의 성과를 종합한 이익李瀷은 본격적인 역사서술이 없었지만 「삼한정통론三韓正統論」이나 「역사를 읽으며 성패를 생각함讀史, 料成敗」 등의 사론史論을 정립하였고, 고조선과 고구려의 강역을 요동 지역에 비정하기도 하였다. 그는 역사를 평가할 때 겉으로 드러난 세력과 성패에만 좌우되지 말고 의리 · 시비 · 시세 등을 종합한 공정한 안목이 중요함을 강조한 주자학적 역사 인식을 기반으로 하면서, 한백겸 · 허목 등의 연구 성과를 종합하여 동국사를 주체적으로 정리할 수 있음을 보여주었다. [자료3] 또한 그는 유학자들이 으레 공부하던 중국의 역사뿐 아니라 자국사를 특별히 중시하여, 과거제도 개혁안인 「공거사의貢擧私議」에서 시험 과목에 중국사와 더불어 조선의 역사를 포함시켜야 한다고 주장하였다.

이익의 입론은 안정복의『동사강목東史綱目』저술에 큰 영향을 끼쳤다. 이 책은 마한 정통론에 입각하여 엄정한 강목체로 서술된 체계적인 동국사 서술의 전범을 보여주었다. 안정복은 북방의 단군—기자조선의 역사와 그 정통이 마한으로 옮겨진 사실 등 상고 이래 고려까지의 역사를 분명히 정리하였다. 기실 마한 정통론은『삼국사기』이래 정착된 신라 정통론과도 잘 어울리는 입론이기도 하다. 그러나 그는 한백겸 · 허목 · 이익의 성과를 종합하여 심양 · 요동 등 북방을 중심으로 전개된 단군—기자조선의 역사와 강역을 동시에 강조하였으므로, 그 성과는 신라 정통론에 치우친 조선 전기이래의 수준을 뛰어넘은 것이다.『동사강목』은 조선 후기 이래 동국사 체계의 근간을 제시하였을 뿐 아니라, 근대 역사 서술에도 큰 영향을 끼쳤다.

여기에서 한걸음 더 나아가 소북계인 유득공은 당시의 보편적 인식이라 할 수 있는 신라 정통론을 정면으로 비판하며 남북국론을 제기하고 남북국사南北國史 서술의 필요

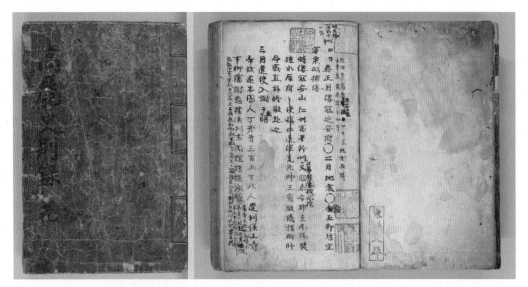

『동사강목고본(東史綱目稿本)』의 표지와 본문
순암 안정복(安鼎福, 1712~1791)이 편찬한 『동사강목』의 최종 교정본으로 추정되는 연세대 소장본 이전 단계의 저자 친필 수고본(手稿本)이다.

성을 제기하였다. 그러나 당시까지는 발해사 관련 자료가 거의 없었고, 발해사를 정리한 저술도 없었기 때문에 남북국론을 관철시킬 수 없었다. 이에 그는 남북국론을 정립하기 위하여 『발해고渤海考』를 편찬하였다.[자료4] 그의 남북국론을 계승한 김정호는 『대동지지大東地志』에서 고조선 이래 동국사를 논하면서 신라와 발해를 남북국시대로 이해하고, 그 연장선에서 동국 역사상 통일은 신라가 아닌 고려에 의해 이룩된 것이라고 주장하였다.

남북국론의 선구라 할 만한 연구는 이미 소론 양명학자인 이종휘李種徽의 『동사東史』에서도 보인다. 이 책은 미완이라서 체제가 혼란스럽기는 하나, 단군·기자·삼한·후조선의 순으로 「본기本紀」를 두고, 그 예하에 세가世家와 열전列傳을 배치한 기전체 역사서이다. 그는 동국사가 단군족檀君族의 후예들로 전개되었으며, 기자箕子를 통해 전해진 문명이 중화中華와 같다고 여겼기 때문에 이처럼 천자국天子國의 체제로 역사를 서술한 것이다. 이러한 파격적 체제는 그가 주자학이 아닌 양명학적 배경을 가졌던 것과 관련된다고 판단된다. 그는 명실상부한 조선중화론자라 할 수 있으니, 조선이 기자

조선의 멸망 이후 점차 약화되던 중화 문명의 정통성을 다시 회복한 나라라는 자부심이 대단했기 때문이다. 또한 그는 고조선·고구려·발해 등이 차지한 광대한 영토보다는 그들이 간직했던 중화 문명의 계승에 더 큰 의미를 부여하였다.[자료5]

이종휘는 기자조선의 멸망 이래 고구려가 기자 문명의 적통을 계승한 선진 지역인 반면, 동시대의 신라는 동쪽에 치우친 누추한 문명의 수준으로 설명하였다. 이처럼 북방 지역의 상고사를 중시하였기 때문에, 그 문화와 강역에 대해서도 최대한 많은 자료를 수집하여 상세히 설명하였다. 특히 고조선과 한사군의 중심 영역을 요서·요동 지역으로 설정하였고, 마한의 북단 역시 황해도 자비령이라고 보았다. 이는 조선과 삼한을 남북으로 구분하지만, 한백겸보다 그 강역을 훨씬 넓게 설정한 것이다. 그 역시 마한 정통론을 주장하였지만 신라에 정통을 부여하지는 않았다. 마한 이후의 정통을 어디에 두었는지 명확하지는 않으나, 기자조선의 영역에서 일어나 문명의 선진을 계승했을 뿐 아니라 마한의 일부를 차지하였던 고구려를 높이 평가한 것은 분명하다. 발해 역시 고구려의 유민이 세운 국가로 매우 중시되었다. 그의 상고사 연구는 근대 이후 신채호와 대종교大倧敎 계열의 역사학으로 계승되었다.

한백겸 이래 북방 지역에 대한 연구가 심화되어 요동·만주 일대의 역사를 상고사의 중심으로 편입하는 경향이 강화되는 추세였다. 그 정점은 이종휘와 유득공의 연구였다. 그러나 정약용은 이러한 추세와는 다소 다른 시각의 연구 성과를 『아방강역고我邦疆域考』로 제시하였다. 그는 압록강·두만강 이내 지역을 고조선 이래 우리 역사의 주요 강역으로 설정하였다. 아울러 우리 역사에서 말갈—여진족 계열의 역사를 분리하였으니, 발해사를 동국사와 구분하여 정리한 것도 그 일환이었다. 이는 18세기 이후에 상고사의 강역에 대한 연구가 요동·만주 지역으로 지나치게 확장되면서 도리어 동국사와 중국·북방족의 역사가 뒤섞이는 것을 우려하여 동국사의 강역을 재차 한반도로 제한한 것이다. 여진족의 청과 구분되는 조선의 문화적 정체성을 강역의 차원에서도 확보하기 위한 것이라고 해석된다. 그는 비록 성호학파의 일원으로서 삼한 정통론은 계승하였지만, 강역 고증에서는 이익—안정복의 성과를 선별적으로 수용한 것이다.

## 실학 연구 성과의 활용

　실학자들의 동국 역사 지리 연구 성과는 국가의 편찬 사업에도 대부분 반영되었다. 빼어난 역사 지리학자이기도 한 신경준申景濬과 이만운李萬運은 각각 영조대의『동국문헌비고東國文獻備考』와 정조대의『증정문헌비고增訂文獻備考』편찬을 주도하였다. 이 책은 국정의 분야의 주요 사항을 일람하기 쉽도록 편찬한 국정의 유서類書인데, 여러 관료 학자들이 전문 분야를 분담하여 편찬에 참여하였다. 이 가운데 신경준 · 이만운이 담당한「여지고輿地考」부분의 서술에 동시대의 연구 성과가 최대한 반영되어 있다. 정약용의 연구 역시 장지연張志淵에 의해『증보문헌비고增補文獻備考』에 추가로 반영되었다.

　이처럼 조선 후기에는 단군─기자조선에 근원을 둔 삼한 정통론이나 남북국론을 바탕으로 한국사를 정리하였다. 이는 중국과 구별되는 조선 역사의 유구함과 문명성을 강조한 조선 전기의 역사인식을 계승하고, 그 정통성의 승계 과정을 이후의 역사 속에서 밝혀나간 것이었다. 이를 위하여 중국과 동국의 역대 문헌을 활용한 치밀한 고증 작업을 진행하였음은 물론이다. 주자학적 역사 인식의 뼈대인 정통론은 각 왕조의 흥망과 인물의 행적을 평가하는 기준이기도 하였지만, 상고 이래 제국諸國의 계승관계와 동국사의 체계화를 위한 작업에도 적극 활용된 것이다.

　조선 후기의 역사 서술이 대체로 상고~고려시대를 대상으로 하는 가운데 조선의 당대사를 서술한 역사서도 등장하였다. 소론 강화학파 역사가 이긍익李肯翊의『연려실기술練藜室記述』은 조선시대 태조~숙종대에 이르는 각 왕대의 주요 사건을 기사본말체紀事本末體에 의해서 정리한 역사서이다. 그는 이 책에서 편년체 · 강목체 · 기전체가 전부였던 조선의 역사서술에서 기사본말체를 처음 시도하였을 뿐 아니라, 당대사 서술을 기피하였던 대부분의 역사서들과 달리 조선의 당대사를 소론 사대부의 시각으로 본격 정리하였다. 물론 이는 조선 후기에 당대사를 부분적으로 수많은 종류의 문집과 관찬 · 사찬의 역사서가 있었기 때문에 가능한 것이었지만, 태조~숙종대의 주요 사실을 기사본말체로 일목요연하게 서술한 것은 중요한 성과이다. 이 때문에『연려실기술』의 조선 시대사 서술은 현대 한국의 조선 시대사 인식에 큰 영향을 끼쳤다.

　조선 후기 실학자들의 동국사 서술은 조선인의 역사 인식뿐 아니라 대한제국大韓

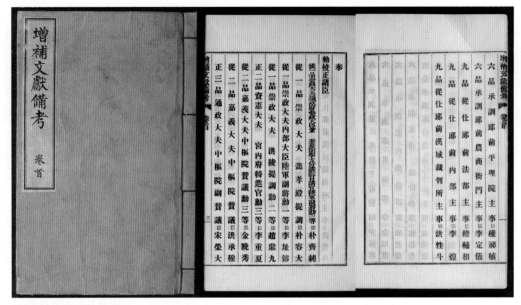

『증보문헌비고』의 표지와 본문

帝國이라는 국호의 결정에도 큰 영향을 끼쳤다. 이는 조선이 단군과 기자 이래의 정통을 이은 삼한 정통론을 바탕으로 제국의 위상을 지닌 대한大韓이 되었음을 강조한 것이다.[자료6] 실학의 역사 인식이 대한제국의 국호로 구현되었다고 하겠다. 또한 조선의 북방 지리에 대한 연구 결과는 한말과 대한제국 시기에 실제로 활용되어, 조선과 대한제국이 청나라와 간도를 둘러싼 국경 시비 곧 감계勘界 담판을 벌일 때에 큰 도움이 되었다. 대한제국 때에 증보된 『증보문헌비고』의 「여지고輿志考」에는 실학자들의 연구 결과 뿐 아니라, 그 연속선에서 '북간도강계北間島疆界'와 '서간도강계西間島疆界'가 수록되어 있다.

이처럼 조선 후기 실학자들의 국학 연구는 현실의 외교 정책뿐 아니라, 근대 국가를 수립한 한말 조선과 대한제국 정부가 국민들의 역사 교육을 위해 국사 교재를 편찬할 때에도 활용되었다. 또한 일제 강점기 때에는 민간의 조선사 편찬에 적극 활용되었으니, 국권은 상실하였지만 국혼國魂을 잃지 않으려는 애국지사들에게 커다란 도움이 되었다.

반면 일제日帝는 실학자들이 정립하여 상식이 되어 있던 역사상, 곧 단군-기자 이래 문명국가의 정통 계승이 곧 조선이라는 역사상을 무너뜨리고 식민사관을 창출하였다. 이를 위하여 일제는 그들만의 '문헌고증'을 내세워 단군-기자의 역사성을 부정하고, 연燕나라의 위만衛滿이 고조선을 무너뜨린 타율의 역사부터 한국사를 서술하였다. 이에 대항하여 신채호는 『동사강목』과 『동사』 등을 참고하고 자신의 창견을 가미하여 『조선상고사朝鮮上古史』를 썼다. 이 책이 우리 근대 역사학의 출발임을 생각한다면, 실학자들의 동국사 연구가 근현대 한국사의 원천임은 자명해진다.

실학자들의 역사·지리 연구에 비한다면 그 국가 개혁론이 조선 후기 정부에 의해 의식적으로 채택되었다고 보기는 어렵다. 이는 조선 후기의 형세가 위기의 징후를 보이기는 했으나 혁명적 상황이 아니었던 만큼 불가피한 현상이다. 한말이나 대한제국뿐 아니라, 근대 이후의 격변기에도 이러한 실학의 개혁론은 적극 활용되지 못했다. 이때는 이미 개혁의 준거가 전통적 지식보다는 서구의 사례로 바뀐 사정도 있었다. 그러나 동시대에 활용되지 못한 개혁론이라 해서 의미가 없는 것은 아니다. 이익의 말대로 역사학은 결과의 성패만 가지고 따지는 학문이 아니기 때문이다. 실학자들의 주장은 근대 민족 국가 형성의 방향과 맥락을 함께하는 것이었기 때문에, 그들의 문제의식과 연구 성과는 일제 강점기 이래 우리가 건설할 민족 국가의 비전으로 제시되기도 하였고, 해방 이후 신국가 건설 과정에서는 전근대적 봉건 질서 혁파의 당위성을 설파하는 데 적극 활용되었다. 이런 의미에서 실학은 허구의 가공이 아닌 역사적 실체라 할 수 있다.

**자료1**

우리 동방은 옛날에 남북으로 나뉘어 북쪽은 본래 세 조선朝鮮의 땅이어서 단군은 요임금과 나란히 섰고 기자 및 위만을 거쳐 나뉘어 사군四郡이 되고 합하여 이부二府가 되었다. 한나라 원제 건소 원년에 고주몽高朱蒙이 일어나 고구려가 되었다. 남쪽은 삼한의 땅이다. 한의 성격에 대해서는 그 시작을 알지 못한다. 그러나 한나라 초기에 기준이 위만에게 쫓겨나 바다로 해서 남쪽으로 갔다. 한韓의 땅인 금마군金馬郡주1에 도읍을 정하고 한왕韓王이라 칭했는데 이것이 마한馬韓이다. 진나라에서 도망한 사람들이 부역을 피해 한의 땅에 들어왔다. 한은 동쪽 경계를 떼어주었으니 이것이 진한辰韓이다. 그리고 그 남쪽에 변한弁韓이 있는데 진한에 속해 있고 각기 우두머리가 있다. …

왕망王莽의 신나라 원년에 온조가 마한을 멸망시키고 백제百濟가 흥기하였다. 한나라 선제 오봉 원년에 박혁거세가 진한의 육부六部 백성에게 추대되어 신라新羅가 시작되었다. 변한은 앞의 역사에 전하는 바를 언급하지 않았으나 신라 유리왕 18년에 수로왕이 가락駕洛에서 나라를 열었고, 진한의 남쪽 경계를 차지하고 있었다. 그 뒤에 신라에 편입되었는데 이곳이 변한의 땅인 것 같다. 그렇다면 남쪽은 남쪽대로 북쪽은 북쪽대로 본래 서로 개입하지 않았다. 비록 경계가 명확하게 어디인지 모르지만 한강 일대가 경계로서 남북을 가르는 강인 것 같다. …

대개 삼한은 동남의 한쪽 모퉁이 땅에 치우쳐 있어서 중국과의 거리가 가장 멀다. 비록 요순이 선양하였으나 교화가 미치지 않았고, 초나라와 한나라가 서로 다투었으나 전쟁으로 흔들리지 않았다. … 별도로 천지 사이에 하나의 태평성대가 이루어진 지역이었다. 그러므로 서북에서 난을 피해온 사람들이 많이 귀의하여 촌락을 이루었다. 각기 자기의 임소로 사는 곳을 이름하였다. 경주가 낙랑樂浪이란 이름을 얻은 것은 역시 진한이 간혹 '진한秦韓'이라고 불리는 것과 마찬가지이다. 후대인이 이 두 개의 낙랑을 구분하지 않아서 평양平壤을 변한이라고 여기는데 어찌 잘못이겠는가.

주1 금마군(金馬郡) : 현 익산.

原文 我東方在昔自分爲南北. 其北, 本三朝鮮之地, 檀君與堯並立, 歷箕子曁衛滿, 分而爲四郡, 合以爲二府. 至漢元帝建昭元年, 高朱蒙起而爲高句麗焉. 其南, 乃三韓之地也. 韓之爲韓, 不知其所始. 而漢初, 箕準爲衛滿所逐, 浮海而南. 至韓地金馬郡都焉, 稱爲韓王, 是爲馬韓.
秦之亡人, 避役入韓地, 韓割東界以與之, 是爲辰韓. 又其南有弁韓, 屬於辰韓, 各有渠帥. … 新莽元年, 溫祚滅馬韓而百濟興焉. 漢宣帝五鳳元年, 朴赫居世爲辰韓六部民所推戴而新羅始焉. 弁韓, 前史雖不言其所傳, 而新羅儒俚王十八年, 首露王肇國於駕洛, 據有辰韓之南界. 其後入於新羅, 疑此即爲弁韓之地也. 然則南自南, 北自北, 本不相參入. 雖其界限不知的在何處, 而恐漢水一帶爲限, 隔南北之天塹也.

… 蓋三韓僻在東南一隅之地, 去中國最遠. 雖堯舜揖遜而聲化不曁, 楚漢交爭而干戈不擾. … 別爲天地間一壽域, 故西北避亂之人多歸之, 仍成村落, 各以其本管名其居. 慶州之得號樂浪, 亦如辰韓之或名秦韓也. 後人不分此二樂浪, 因以平壤爲弁韓, 何其誤哉?

_「구암유고(상)」「동사찬요후서」

자료2

우의정 허목이 차자를 올리기를 … 또 동방東方의 사적 22가지를 지었습니다. 대개 동방 구역九域은 상고上古 때부터 임금을 두고 나라를 세워 대소大小 22곳이 (중국과는) 방외方外의 별국別國을 만들었습니다. 이에 관한 글들이 허황하고 괴이하여 믿을 수 없어서 후세에 전해지는 것은 겨우 열에 한둘뿐입니다. 산천山川도 구별되고 풍기風氣도 같지 않으며, 성음聲音ㆍ풍속ㆍ욕구도 각각 다릅니다. 그들이 나라 다스린 것을 논해 보면, 단군檀君은 순후淳厚하게 다스렸고, 기자箕子는 팔조八條로 가르쳐 각각 1천 년씩을 갔습니다. 위만衛滿은 병력兵力의 위엄과 재물財物을 가지고 수천 리의 땅을 개척했으나 갑자기 얻었다가 갑자기 망했습니다. 숙신씨肅慎氏주2는 호시楛矢와 석노石砮로 역사에 전해지고, 고구려는 강대해지게 다스려 나라를 7백 년이나 전했고, 백제는 강포하고 전쟁을 좋아하여 전사한 임금이 넷이나 되고 또한 나라가 먼저 망했으며, 신라는 충후忠厚하게 다스려 인의仁義의 나라로 불리며 58대나 전해 갔습니다.

**原文** 右議政許穆上箚曰: … 又作『東事』二十二. 蓋東方九域, 上古立后建國, 大小二十二, 爲方外別國. 其書荒怪不信, 其傳後世者, 僅十一二. 山川區別, 風氣不同, 其聲音·謠俗嗜慾各異. 論其治, 則檀君淳厖之治, 箕子八條之敎, 各千年. 衛滿以兵威財物, 拓地數千里, 暴得暴亡. 肅慎氏楛矢·石砮, 傳於史氏. 高句麗强大之治, 傳國七百. 百濟强暴好戰, 其君戰死者四, 國且先亡. 新羅忠厚之治, 稱仁義之邦, 傳五十八世.

_「숙종실록」권6, 3년 1월 12일 기축

자료3

동국東國의 역대 흥망은 대략 중국과 서로 역사의 전개를 같이한다. 단군檀君은 요堯와 동시에 일어났으며, 무왕武王이 천명을 받게 되자 기자箕子가 조선朝鮮에 봉해졌다. … 기자의 여덟 조목의 가르침[八敎] 가운데 지금 전해지는 것은 세 가지이다. … 이것은

주2 숙신씨(肅慎氏) : 고대 만주를 무대로 활동했던 퉁구스계 민족. 『국어(國語)』에 따르면, 숙신족이 화살을 공물로 바쳤다고 한다.

한고조漢高祖의 약법삼장約法三章[주3]과 딱 들어맞는다. … 단군과 기자 때에는 요하遼河 동쪽과 임진臨津 서쪽의 사이가 동방東方의 중심 지역이었고, 삼한三韓의 경계는 남쪽 변방의 변두리에 불과하였는데, 기준箕準이 도적을 피해 남쪽으로 옮겨 가서 마침내 마한馬韓이라고 칭하였다. … 성현聖賢의 교화가 실로 기자로부터 시작되었고 후손이 전통을 이어 변함이 없었는데, 위만衛滿이 속임수를 써서 기준을 내쫓았다. 이에 기준 이 오히려 자신의 백성을 이끌고 남쪽으로 달아나 영토를 개척하여 속국이 50여 개나 되었으니, 이것은 동방의 정통이 끊어지지 않은 것이다. … 강약强弱은 형세이고, 대 의大義는 천명天命이다. 익주[益州, 촉(蜀)]가 비록 피폐했지만 한漢의 정통의 계승을 높 이 내걸었으니, 이것은 『춘추』가 남긴 뜻이다. …

기준이 남하한 이후로 위씨는 비록 조선의 옛 땅을 차지했지만, 겨우 80여 년을 존속 하다 멸망하였다. 위만이 멸망한 뒤에도 마한은 117년을 더 오래 존속하였는데, 서북 쪽 한 방면은 사군 이부四郡二府에 편입되었지만, 동방에 나라를 세워 통서統緖[주4]를 전 한 것은 오직 마한뿐이다. … 마한이 망할 무렵에 백제에 땅을 빌려 주었는데, 백제가 술책을 써서 마한을 차지하였다. … 나라를 잃은 일은 참으로 어진 사람의 지나친 행 동으로 인한 것이니, 하늘의 뜻과 사람의 일이 충분히 서글퍼서 마음을 상하게 하는 점이 있다. …

동방이 예의가 있고 어진 나라라고 칭송된 지가 오래되었다. 논하는 자들은 반드시 '소중화小中華'라고 부르는데, 이것은 열국列國이 대적할 수 없는 점이다. … 그러므로 나는 마한이 바로 동국의 정통이라고 하는 것이다. 따라서 백제가 몰래 군대를 출동 시켜 마한을 습격한 것은 역사에 마땅히 "백제가 침입하여 노략질하였다"라고 써야 한다. … 이렇게 한 뒤에야 큰 법도가 어두워지지 않을 것이고, 권선징악勸善懲惡에도 근거할 바가 있을 것이다. …

저 진한과 변한은 바로 마한의 속국이다. 진한은 항상 마한 사람을 군주를 삼았는데, 비록 대대로 국가를 이어 나갔으나 자립하지는 못한 채 항상 마한의 통제를 받았으 며, 변한은 다시 진한에 예속되었다. … 기자가 평양平壤에 정전井田을 구획하였는데, 성인聖人이 아니면 그렇게 할 수 있는 역량이 없다. 지금 경주慶州는 바로 진한의 옛 땅 으로, 정사각형의 경계가 아직도 남아 있는데, 이것이 어찌 먼 변방의 오랑캐 풍속으 로 해낼 수 있는 일이겠는가. 그러므로 나는 이것은 필시 기자가 남긴 교화의 영향이

주3 약법삼장(約法三章) : 한고조 (漢高祖) 유방(劉邦)이 처음 관중 (關中)에 들어갔을 때, 간략한 법 세 조목만 시행할 것을 관중의 부 로(父老)들에게 약속하였음. 그 조 항은 "사람을 죽인 자는 사형에 처 할 것. 남을 상해한 자와 도둑질한 자는 처벌할 것. 진나라 때의 번다 (煩多)하고 까다로운 모든 법을 폐 기할 것"이 있음.

주4 통서(統緖) : 한 갈래로 이어온 계통.

라고 말하는 것이다.

原文 東國之歷代興廢, 略與中華相終始. 檀君與堯並興, 至武王受命, 而箕子定封. … 其八條之教, 所傳者三. … 此與漢高約法三章同符. … 當檀箕之世, 自遼以東臨津以西, 爲東方之中土, 而三韓之界, 不過南裔荒服之地, 箕準避寇南遷, 遂稱馬韓. …

夫仁賢之化, 實自箕子始, 而後孫傳業不替, 衛滿以欺詐屛逐之. 準猶率其人南奔, 開斥土彊, 屬國五十餘, 是則東方之正統不絶. … 強弱勢也, 大義天也. 益州雖弊, 漢統昭揭, 此春秋之遺意也. …

自準之南, 衛氏雖據朝鮮故地, 纔八十餘年而滅. 衛滅而馬韓惟延至一百有一十有七年之久. 西北一面, 付之四郡二府, 而東土之有國傳緖, 惟馬韓是已. … 其亡也, 借地百濟, 而百濟圖之. … 而前後失國, 實仁者之過也. 天意人事, 有足悽愴以傷心者矣. …

東土稱爲禮義仁賢久矣. 說者必曰小中華, 此列國之所不得與抗. … 余故曰馬韓者, 卽東國之正統也. 其百濟陰師襲之, 則當書曰'百濟入寇' … 如是而後大經不昧, 懲勸有據矣.

… 且夫辰弁二韓, 卽馬韓之屬國. 辰韓常用馬韓人作主, 雖世世相承, 而不得自立, 常制於馬韓. … 箕子畫井於平壤, 非聖人無此力量. 今之慶州, 卽辰韓之舊基, 而經界之正方, 尙猶未泯, 是豈荒裔夷俗所能辦哉? 余故曰是必箕子遺化之所覃.

_「성호선생전집」 권47, 삼한정통론

### 자료4

고려가 『발해사』를 편수하지 않은 것에서 고려가 떨치지 못했음을 알겠다. 옛날 고씨高氏가 북쪽에 터를 잡고 고구려라 하였고, 부여씨扶餘氏가 서남쪽에 터를 잡고 백제라 했으며, 박씨, 석씨, 김씨가 동남쪽에 터를 잡고 신라라 하고 이를 삼국三國이라 한다. 그러므로 『삼국사』가 있는 것이 마땅하고 고려가 이를 편수한 것은 옳다. 부여씨와 고씨가 망하고 김씨가 그 남쪽을 차지하고 대씨大氏가 그 북쪽을 차지하여 발해라 하고 이를 남북국南北國이라 한다. 그러므로 『남북국사』가 있어야 마땅한데, 고려가 이를 편수하지 않은 것은 잘못이다.

저 대씨는 어떤 사람인가? 바로 고구려 사람이다. 그들이 소유한 땅은 어느 땅인가? 바로 고구려 땅이니 고구려의 동쪽을 개척하고 고구려의 서쪽을 개척하고 고구려의 북쪽을 개척하여 넓힌 것뿐이다. 김씨가 망하고 대씨가 망하자 왕씨가 통일하여 차지하고 고려라 하였다. 남쪽 김씨의 땅은 온전하게 차지했다. 그러나 북쪽 대씨의 땅은 온전히 차지하지 못해서 여진에 편입되기도 하고 거란에 편입되기도 하였다. 이 당시 고려를 위해 도모하는 자가 마땅히 서둘러 『발해사』를 편수해야 했다. … 그러나 결국

『발해사』를 편수하지 않아서 토문강 북쪽과 압록강 서쪽이 누구의 땅인지 알지 못하게 하였다. 여진에게 따지고자 해도 해당 기록이 없고 거란에게 따지고자 해도 해당 기록이 없다. 고려가 마침내 약소국이 된 것은 발해 땅을 얻지 못했기 때문이다. 매우 한탄할 만한 일이다.

**原文** 高麗不修渤海史, 知高麗之不振也. 昔者, 高氏居于北, 曰高句麗. 扶餘氏居于西南, 曰百濟. 朴·昔·金氏居于東南, 曰新羅. 是謂三國. 宜其有三國史, 而高麗修之是矣. 扶餘氏亡高氏亡, 金氏有其南, 大氏有其北, 曰渤海, 是謂南北國. 宜其有南北國史, 而高麗不修之非矣. 夫大氏何人也? 乃高句麗之人也. 其所有之地何地也? 乃高句麗之地也. 而斥其東斥其西斥其北而大之耳. 及夫金氏亡大氏亡, 王氏統而有之曰高麗. 其南有金氏之地則全, 而其北有大氏之地則不全, 或入於女眞, 或入於契丹. 當是時, 爲高麗計者, 宜急修渤海史. … 竟不修渤海史, 使土門以北·鴨綠以西, 不知爲誰氏之地. 欲責女眞而無其辭, 欲責契丹而無其辭. 高麗遂爲弱國者, 未得渤海之地故也. 可勝歎哉!

_『영재집』 권7, 발해고서

### 자료5

천하에서 좋은 나라를 만들려면 어떻게 해야 하는가? 대체로 도덕이 있는 곳이라면 나라의 크기가 작은 것은 문제 삼을 수 없다. 우리 동방은 비록 작은 나라이지만, 예를 간직한 노나라이다. 기자 이래로 천하가 예의의 나라요, 인자한 나라라고 불렀다. 그러나 신라와 고려에 이르러 풍속이 비루해져 이적보다 심해졌다. 성조聖祖께서 난리를 평정시켜 이적[夷]에서 중화[夏]로 변하게 되었고, 예악과 문물이 한당漢唐과 비슷하게 되었다. 만주족이 중국을 다스리고 있지만 해동의 한 모퉁이에서는 예의제도가 살아있으니 천하가 변발하는 세상에서도 성대하다고 할 만하다. … 그러나 단군과 기자의 옛 영역에 비교할 때, 지금 우리가 완전히 차지하고 있는 것은 삼한 땅이고 고조선의 옛 땅은 겨우 2/5만 가지고 있다. … 이것은 매우 애석한 일이다. 그러나 우리의 영역과 세력의 크고 작음이 어찌 옛날 중국의 소국인 등藤[주5]·노魯에 비할 바이겠는가? 지금 세상의 사대부로서 동주를 좋은 나라로 만들고자 한다면, 조선이 아니고서는 불가할 것이다.

**原文** 思爲之天下之善國, 何也? 盖其道之所在, 國固無小爾. 我東雖小, 亦秉禮之魯也. 自箕氏以來, 天下號爲禮義之邦·仁賢之國. 然至於羅·麗之際, 而風俗鄙陋, 幾純乎夷. 聖祖撥亂, 變夷爲夏, 禮樂文物, 出入漢唐. 及夫滿人帝中國, 而海東一隅, 冠裳揖讓, 於天下薙髮之世, 亦可謂盛

**주5** 등(藤) : 중국 고대에 제(齊)와 초(楚)나라 사이에 끼어 괴로움을 당한 소국. 중국 산둥성 등현(藤縣) 지역에 있었음.

矣. … 然視檀·箕舊國, 全據者三韓也, 於朝鮮故境, 才得其五之二. … 此甚可惜者也. 然其大小偏全之勢, 豈古滕與魯之比哉? 士生今世, 欲爲東周爲善國, 則非朝鮮不可也.

_『수산집』 권6, 혁구속


**자료6**

짐은 생각건대, 단군檀君과 기자箕子 이후로 강토가 분리되어 각각 한 지역을 차지하고는 서로 패권을 다투어 오다가 고려高麗 때에 이르러서 마한馬韓, 진한辰韓, 변한弁韓을 통합하였으니, 이것이 '삼한三韓'을 통합한 것이다. 우리 태조太祖가 왕위에 오른 초기에 국토 밖으로 영토를 더욱 넓혀 북쪽으로는 말갈靺鞨의 지경까지 이르러 상아, 가죽, 비단을 얻게 되었고, 남쪽으로는 탐라국耽羅國을 차지하여 귤, 유자, 해산물을 공납貢納으로 받게 되었다. 사천 리 강토에 하나의 통일된 왕업王業을 세웠으니, 예악禮樂과 법도는 당요唐堯와 우순虞舜을 이어받았고 국토는 공고히 다져져 우리 자손들에게 만대토록 길이 전할 반석 같은 터전을 남겨주었다. … 국호를 '대한大韓'으로 정하고 이해를 광무光武 원년元年으로 삼는다. … 아! 애당초 임금이 된 것은 하늘의 도움을 받은 것이고, 황제의 칭호를 선포한 것은 온 나라 백성들의 마음에 부합한 것이다. 낡은 것을 없애고 새로운 것을 도모하며 교화를 시행하여 풍속을 아름답게 하려고 하니, 세상에 선포하여 모두 듣고 알게 하라.

**原文** 朕惟檀·箕以來, 疆土分張, 各據一隅, 互相爭雄, 及高麗時, 呑竝馬韓·辰韓·弁韓, 是謂統合三韓. 及我太祖龍興之初, 輿圖以外, 拓地益廣. 北盡靺鞨之界, 而齒革檿絲出焉, 南收耽羅之國, 而橘柚海錯貢焉. 幅員四千里, 建一統之業. 禮樂法度, 祖述唐·虞, 山河鞏固, 垂裕我子孫萬世磐石之宗. … 定有天下之號曰'大韓', 以是年爲光武元年, … 於戲, 初膺寶籙, 寔荷自天之祐, 渙斯大號, 式孚率土之心. 欲革舊而圖新, 化行而俗美, 布告天下, 咸使聞知.

_『고종실록』 권36, 34년 10월 13일


**출전**

『숙종실록(肅宗實錄)』

『고종실록(高宗實錄)』: 1863년 12월 8일 철종 승하부터 1907년(광무 11) 7월 19일 순종의 대리청정 직전까지의 일을 기록하였다. 실록 편찬의 실질적 총책임은 경성제국대학 교수 오다 쇼고[小田省吾]가 맡았으며, 1927년 4월 1일부터 1935년 3월 31일까지 만 8년에 걸쳐 이왕직(李王職) 주관 하에 편찬·간행되었다.

『구암유고(久菴遺稿)』: 조선 후기 실학자 한백겸(韓百謙)의 시문집으로 1640년(인조 18)에 아들 흥일(興一)이 간행하였다. 「동사찬요후서(東史纂要後敍)」, 「기전유제설(箕田遺制說)」, 「기전도(箕田圖)」 등이 수록되어 있다.

『성호선생문집(星湖先生文集)』 : 성호 이익의 문집으로 1922년 이좌(李佐)·안희원(安禧遠) 등에 의해 중간본이
68권 36책으로 간행되었는데, 이 중간본은 『성호선생전집』이라는 책제로 간행되었다. 그러므로 현전하는 문집은
『성호선생문집』과 『성호선생전집』 두 본이 있다.

『수산집(修山集)』 : 조선 후기의 학자 이종휘(李種徽)의 시문집으로 14권 7책이다. 1803년(순조 3) 아들 동환(東煥)이
편집 간행하였다.

『영재집(泠齋集)』 : 정조대 학파(北學派) 학자이자 규장각(奎章閣) 4검서(檢書)의 한 사람인 유득공의 시문집이다.
15권4책 필사본으로 전해지며 발문은 없다.

## 찾아읽기

이우성·강만길 편, 『한국의 역사인식』(상·하), 창작과 비평, 1976.

한영우, 『조선 전기 사회사상연구』, 지식산업사, 1983.

한국사연구회 편, 『한국사학사의 연구』, 을유문화사, 1985.

한영우, 『조선 후기 사학사연구』, 일지사, 1989.

진단학회 편, 『한국고전심포지움(제3집)—동국지리지·택리지·성호사설·해동역사·연려실기술』, 일조각, 1991.

강세구, 『동사강목연구』, 민족문화사, 1994.

한영우, 『한국 민족주의 역사학』, 일조각, 1994.

박인호, 『조선 후기 역사지리학연구』, 이회, 1996.

조동걸, 『현대한국사학사』, 나남, 1998.

박인호, 『조선시기 역사가와 역사지리인식』, 이회문화사, 2003.

조성을, 『조선 후기 사학사연구』, 한울, 2004.

이만열, 『한국 근현대 역사학의 흐름』, 푸른역사, 2007.

허태용, 『조선 후기 중화론과 역사인식』, 아카넷, 2009.

박광용, 「기자조선에 대한 인식의 변천」, 『한국사론』6, 서울대 국사학과, 1980.

# 7 신분 상승을 위하여 여전히 유력한 길

### 과거제의 변화와 교육

조선 후기 교육의 확대는 유교 교양층의 증대, 서원·서당의 확산, 과거제와 관학 교육의 변화 등으로 나타났다. 그러나 변화는 과거제와 느슨하게 연계된 조선 교육제도의 틀 안에서 진행된 현상이다. 세도정권 이래 조선의 과거제와 교육에 대한 부정적 인식은 이래 팽배하게 되었으나, 교양층의 확산, 신분상승 욕구의 확대, 시험을 통한 경쟁의 일상화 등 근대 이후 한국 교육의 특징은 조선 후기의 교육 체계에서 형성된 것이다.

## 과거제도의 '폐단'을 설명하는 시각

과거제도는 관리 등용뿐 아니라 교육에서 차지하는 비중이 절대적이었다. 조선 후기의 과거제 운용에는 여러 폐단이 있었지만 관료 선발 제도의 중심이라는 지위는 확고하였다. 조선 후기 과거제의 폐단에 대해서는 그동안 조선 후기 사회에 대한 부정적 시각에서 지나치게 강조된 측면이 있다. 조선 후기 과거제의 폐단으로 거론되는 것은 문학의 재능을 기준으로 관료적 능력을 제대로 평가할 수 없다는 것, 과거의 종류와 횟수가 현저히 늘어나 능력 없는 인물이 선발되는 한편으로 급제자의 적체가 심각하였다는 것, 응시생의 급증에 따른 시험장의 혼란과 이로 인한 관리 소홀과 시험 부정이 만연하였다는 등이 있다. [자료1] 이러한 폐단들에도 불구하고 조선의 지배층은 조선 후기의 사회 변화를 감안하여 과거제를 적절한 수준에서 관리하면서 국정을 운영하고 있었다.

과거 급제자의 증대 문제는 여러 가지 의미를 지닌다. 과거제는 최종적으로 관리 후보를 선발하기 위한 것이므로 본질상 정치적인 성격을 띨 수밖에 없다. 소과小科 합격자에게는 생원 · 진사라는 학위와 함께 성균관 입학 자격이, 대과大科 합격자에게는 관리 임용이 보장될 뿐이다. 관리 임용 후 전형銓衡 · 주의注擬 · 고과考課 · 승진 등은 과거제와는 별개이다. 과거는 예조禮曹에서 주관하나 인사는 이조 · 병조에서 주관하기 때문이다. 대과에 합격하고도 인맥의 지원이나 특출한 능력을 인정받지 못하면 미관말직만 전전하다가 잊힐 수 있다. 또한 과거뿐 아니라 음서蔭敍에 의한 관료 선발도 시행되고 있었고, 그 비중도 결코 적다고 할 수 없다. 이러한 관료 선발제 하에서 과거제는 관료 후보자 선발의 중요한 통로임은 분명하지만, 국왕의 은택을 과시하여 국가적 통합을 이루기 위한 수단으로도 활용될 수 있었다. 과거제는 운영의 공정성뿐 아니라 정치적 맥락도 함께 고려하여 평가되어야 한다.

조선 후기에 과거 시험의 종류와 횟수가 증가하는 것이나 대 · 소과 합격자의 숫자가 신축적으로 조정되었던 것은 국왕과 집권 세력의 정치적 지향과 연관된 문제이다. 따라서 과거 제도의 탄력적 운용으로 해석될 수도 있는 사안을 폐단의 차원으로만 해석해서는 안 된다. 통상 반정이나 환국 등 정치적인 격변이 발생하여 집권 세력이 기존 질서에 변화를 꾀하고자 할 때에 급제자 수가 급증하는 경향이 있다. 반면 국정의 안정기나 세도 정치 시기와 같이 기존 질서의 변동을 꺼릴 때에는 급제자 수도 유지되는 경향을 보인다. 조선 후기 과거 급제자의 증가가 관료제 자체를 위협할 수준은 아니었으므로, 이는 정치적인 맥락에서 그 의미를 따져 보아야 하지 그 자체를 문제 삼을 수는 없는 것이다.

그런데 과거제의 폐단 가운데 과장 관리 소홀과 시험 부정 문제는 과거제의 신뢰성과 직결되므로 신중한 평가를 요한다. 기존 연구에서 조선 후기 과거제가 시험 부정으로 점철된 것처럼 설명하는 것은 조선 후기 관료 선발제도의 근간을 흔드는 서술이기 때문이다. 조선 후기의 과거 시험 가운데 초시初試를 거치지 않고 시험 당일에 합격자를 발표하는 특별시나, 본래 통제가 느슨하고 관료 선발과는 무관한 시험인 소과에서 응시생의 급증과 과장의 문란 현상이 심하였다. 예컨대 숙종 33년 식년시 초시인 한

성시漢城試 11,190명, 영조 15년 알성시謁聖試 17,000여 명 등이었고, 정조 24년 인일제人日製에 10만여 명이 몰렸던 일도 있었다. 이는 과거 응시자가 늘었다는 조선 중기 한성시 1,900여 명(선조 33), 별시別試 초시 6,000여 명(중종 23)과 비교해 훨씬 늘어난 인원이다. 이로 인하여 정부는 응시자격을 강화하고 특별시 중 비중이 가장 큰 정시庭試에 초시를 신설하는 등 각종 대책을 마련하기도 하였다.

김홍도의 「평생도」 중 '소과응시'

게다가 정부는 과거제의 근간을 흔드는 시험 부정에는 엄히 대처하였다. 특히 대과大科의 경우는 지배층의 최대 관심사이므로 상호 감시의 눈도 매서웠다. 실제로 시험 부정이 문제되었을 경우에 국왕은 책임자와 가담자를 매우 엄중하게 처벌하고 합격을 취소하였음은 물론이다. 비록 크고 작은 폐단들이 있었다고 하더라도 조선 후기까지 과거제 특히 대과는 외형상 비교적 공정하게 관리되었다고 할 수 있다. 이런 점에서 본다면 조선 후기의 과거제도에 대해서는 운영상의 폐단 문제보다는 관료 선발의 기준과 방식 자체의 경직성을 문제 삼아야 할 것이다. 주자학에 기반을 둔 경서 이해와 문장 능력을 잣대로 선발된 인재가 국가의 경영과 혁신을 감당할 수 없다는 것이 분명해지자 갑오개혁을 계기로 과거제도가 폐지된 것이기 때문이다.


## 과거 응시생의 증가

조선 사회의 신분제에 대해서는 지배층인 양반 사대부가 세습 신분인지 성취 신분인지 여부를 둘러싸고 대립하는 관점이 있었다. 이에 대한 견해차로 인하여 조선 사회가 초기부터 양반·중인·상인·천인으로 고착되었다는 4신분설과, 천인을 제외한 양인 신분 내의 계층적 유동성을 강조하는 양천제설良賤制說이 대립하기도 하였다. 조선적 신분제의 본질과 긴밀히 연결된 과거제의 특성을 이해하기 위해서는 '집권적 봉건 국가론'을 참고할 수 있다. 전형적인 봉건제 신분 사회에서 신분은 특정 자격을 갖춘 자에게 세습되는 것이 원칙이다. 그러나 중국과 한국은 일찍이 중앙 집권적 관료 국가체제를 영위하였기 때문에, 지배층이라도 과거제를 통해서 꾸준히 사대부의 자격을 확보하지 않으면 그 지위를 유지할 수 없었다. 봉건 신분제의 본질이라 할 세습의 원리는 능력에 의한 경쟁을 원리로 하는 과거제에 의해서 깨진 것이다.

조선의 양반 사대부를 둘러싼 논쟁은 집권적 봉건 지배층으로서 양반 신분의 이러한 특징에서 연유한다. 엄밀히 말하면 조선의 양반은 신분이 아니라 과거 합격에 의해 성취되는 지위라고 할 수 있다. 물론 조선 후기에 양반의 후손이 신분을 세습하려는 사족화士族化의 경향도 분명하였지만, 중서인中庶人과 천인賤人들이 양반의 직역으로 상승하려는 풍조도 만연하였다. 이는 집권적 봉건제를 근간으로 하였던 조선 국가의 특징에서 기인하는 현상이다. 조선은 중국보다는 신분 변동이 어렵고 일본보다는 신분 변동이 유동적인 양상을 보인다. 고대 이래 엄격한 신분제를 고수하였던 일본에서는 과거제를 시행하지 않았던 반면, 송과 고려 이래로 과거제가 정착되었던 중국과 조선에서는 과거제를 매개로 양인 신분 내 계층 이동이 가능하였다.

조선 후기 과거 응시생의 급격한 증가 역시 유학儒學 지식층의 확대라는 측면에서 적극적으로 해석할 수 있다. 본래 조선에서는 초기부터 천인賤人, 서얼庶孼, 장리贓吏 자손 등 『경국대전』에서 금한 자가 아니라면 양인良人 이상 계층의 과거 응시는 허용되었다. 사조단자四祖單子와 보단자保單子는 부적격자를 가려내기 위한 절차일 뿐 응시 자격을 양반에 한정하기 위한 것이 아니었다. 이와 더불어 국가의 통치 이념인 유교 교양도 광범하게 확대될 수 있었다.

여기에 더하여 조선 후기 과거 응시생의 급증에는 몇 가지 요인이 있었다. 첫째, 조선 전기 이래 양반층 인구의 자연 증가와 더불어, 명종대에는 양첩良妾 소생의 손자부터 인조대에는 천첩賤妾 소생의 증손자부터 응시가 허용되는 등 서얼의 과거 응시가 가능해졌다. 둘째, 조선 전기의 오위제五衛制가 해체됨에 따라 군직軍職이 허구화되자 사대부의 출사로가 한정되었기 때문에 대·소 문과 합격은 사대부 자격 유지의 관건이 되었다. 셋째, 소과와 대과를 불문하고 과거 응시는 양인 이상으로 일정한 학력 기준만 통과하면 누구나 가능하였고 응시 행위 자체가 학생임을 보여주는 것이므로 유학幼學 응시자의 비율도 증가하였다.

조선 후기에는 '살아서는 유학이라 부르고 죽어서는 학생이라 부른다生稱幼學, 死稱學生'고 이를 정도로 유학 직역자가 대폭 증가하였다.[자료2] 이들은 전래의 양반 출신뿐 아니라, 납속품관納贖品階 · 업무業武 · 업유業儒 · 교생校生 · 원생院生 등 중인 직역과 보병步兵 · 수군水軍 · 군보軍保 등 다양한 계층에서 유학幼學 직역으로 변신한 자들, 곧 '모칭유학冒稱幼學'도 상당수였다. 중인, 양인, 천인들 가운데 어느 정도 경제력을 갖춘 자들까지 함부로 유학을 칭하기에 이른 것이다. 과거 응시층의 급증은 조선 후기의 사회적 변화를 반영하는 현상이었다.

그러나 유학의 급증은 군역 자원의 격감을 의미하기 때문에 정부로서는 이를 방치할 수 없었다. 인조대 이래 학생에 대한 고강考講을 강화하고 탈락한 자는 군역 충당이나 신포身布 징수의 조치가 시행된 것이다. 이 무렵 생원 · 진사는 물론이고 소과 초시 입격자는 고강이 면제되었기 때문에 유생들은 절박한 심정으로 소과를 비롯한 각종 과거 시험에 응시하였다.[자료3] 이런 차원에서 소과 초시 이상의 합격은 양반 신분의 획득을 의미하기도 한다. 신분제의 본질을 '세습'의 원리에서 찾는다면 조선 후기 과거제 역시 신분제의 원리를 부정하는 방향으로 발전하였던 것이다. 조선 후기 응시층의 급증은 초시 입격을 통해서 사족 신분을 유지 · 획득하려는 의지의 소산이라 하겠다.

## 과거제의 변화와 성균관의 부침

국초부터 교육의 주도권을 장악하였던 성균관과 향교는 사림이 정치를 주도한 이후로 그 교육 기능이 현저히 약화되었으며, 그 대신 각 지역에서 성장하여 학파의 거점이 된 서원 · 서재 등 사설 기관의 영향력이 현저히 강화되었다. 이러한 양상은 훈구 · 사림의 교체기인 16세기에 시작되어 17세기까지 지속되었으나, 국왕권이 강화되는 18세기 이후에는 다시 성균관과 향교의 기능이 다시 강화되고 서원의 영향력은 억제되는 형태로 조정되었다. 사회·정치적 변동과 국가의 정책 방향에 따라 과거제도와 관학官學·사학私學의 역할이 재조정된 것이다. 조선 후기에 향교의 교육 기능은 거의 없었지만 성균관의 교육 기능은 다시 강조되었기 때문에 관학이 허구화된 것은 아니었다. 특히 과거제도와 관련된 교육 행정에 있어서 관학은 조선 전기 이래 여전히 중심 역할을 다하고 있었다는 점에 유의할 필요가 있다.

물론 일부의 관료와 실학자들은 관학의 교육 기능을 근본적으로 강화하기 위한 시도를 하였으나, 이는 국가 영역의 강화보다는 사대부의 자율성을 중시하는 조선의 사회적 풍토와 맞지 않았기 때문에 실현되지는 않았다. 조선 후기에 실질적인 교육은 가문·서당·서재 등 사적인 영역, 즉 사학을 중심으로 이루어졌고, 서원은 그 지역의 인재들에게 학문적·사회적 연결망을 제공해주었으며, 향교·성균관 등의 관학은 학생들의 자격을 관리하여 과거제와 연계시키는 교육 행정적 기능을 하였다. 조선은 중국과는 달리 과거제와 학교제도가 비교적 느슨하게 결합된 구조였으므로, 이를 전제로 조선 후기 과거제와 관학의 관계 변화상을 살펴볼 필요가 있다.

조선 후기의 과거제도는 조선 전기 이래의 기본 틀을 유지하면서도 새로운 양상을 띠며 전개되었으니, 그 변화상은 『속대전』과 『대전통편』 등에 종합되어 있다. 과거 시험에는 3년마다 시행되는 정기시인 식년시式年試와 국가적 경사나 은택恩澤 등의 사유가 있을 때에 부정기적으로 시행되는 증광시增廣試·별시別試·알성시謁聖試·정시庭試·춘당대시春塘臺試·외방별과外方別科 등의 특별시特別試가 있었다. 또한 정식 과거는 아니지만, 권학勸學의 차원에서 일정한 원점圓點이나 도기到記의 자격을 갖춘 성균관 유생들을 평가하여 성적 우수자에게 직부直赴 전시殿試 또는 회시會試 등의 자격을 주는 유생전강儒生殿講·도기과到記科·절일제節日製·황감제黃柑製 등 다양한 시험이 시행되었다.

16세기부터 이미 특별시가 증가하여 식년시보다 비중이 높아지는 현상이 나타났다. 16세기 후반 선조대 이후로는 정시·춘당대시·외방별과 등이 새로 시행되거나 정식 시험으로 편입되는 등 이전에 비하여 시험의 종류와 시행 횟수가 증가하였으며, 식년시와 특별시의 응시층이 구별되고 성균관 권학 시험의 비중이 늘어나는 새로운 경향이 생겨났다.

| 조선 후기 문과 급제자의 거주지 분포

(단위 : 명, %)

| 시기 | 시종 | | 경 | 강원 | 경기 | 경상 | 전라 | 충청 | 평안 | 함경 | 황해 | 미상 | 합계 |
|---|---|---|---|---|---|---|---|---|---|---|---|---|---|
| 17세기 | 식년시 | | 258 | 62 | 63 | 248 | 126 | 124 | 77 | 40 | 11 | 40 | 1,049 |
| | | | 24.6% | 5.9% | 6.0% | 23.6% | 12.0% | 11.8% | 7.3% | 3.8% | 1.0% | 3.8% | |
| | 특별시 | 증광시 | 426 | 14 | 27 | 88 | 42 | 72 | 4 | 3 | 13 | 45 | 734 |
| | | | 58.0% | 1.9% | 3.7% | 12.0% | 5.7% | 9.8% | 0.5% | 0.4% | 1.8% | 6.1% | |
| | | 별시 | 253 | 5 | 24 | 36 | 25 | 34 | 2 | 1 | 2 | 43 | 425 |
| | | | 59.5% | 1.2% | 5.6% | 8.5% | 5.9% | 8.0% | 0.5% | 0.2% | 0.5% | 10.1% | |
| | | 친림시 | 360 | 2 | 24 | 10 | 16 | 34 | 4 | | 4 | 66 | 520 |
| | | | 69.2% | 0.4% | 4.6% | 1.9% | 3.1% | 6.5% | 0.8% | 0.0% | 0.8% | 12.7% | |
| | 권학 | 직부전시 | 69 | 2 | 5 | 12 | 20 | 2 | 6 | 4 | 6 | 3 | 129 |
| | | | 53.5% | 1.6% | 3.9% | 9.3% | 15.5% | 1.6% | 4.7% | 3.1% | 4.7% | 2.3% | |
| | 기타 | | 7 | 1 | 4 | 1 | 4 | 16 | 8 | 6 | | 4 | 51 |
| | | | 13.7% | 2.0% | 7.8% | 2.0% | 7.8% | 31.4% | 15.7% | 11.8% | 0.0% | 7.8% | |
| | 소계 | | 1,373 | 86 | 147 | 395 | 233 | 282 | 101 | 54 | 36 | 201 | 2,908 |
| | | | 47.2% | 3.0% | 5.1% | 13.6% | 8.0% | 9.7% | 3.5% | 1.9% | 1.2% | 6.9% | |
| 18세기 | 식년시 | | 126 | 41 | 98 | 216 | 142 | 165 | 235 | 36 | 23 | 1 | 1,083 |
| | | | 11.6% | 3.8% | 9.0% | 19.9% | 13.1% | 15.2% | 21.7% | 3.3% | 2.1% | 0.1% | |
| | 특별시 | 증광시 | 331 | 22 | 40 | 82 | 38 | 103 | 9 | 3 | 11 | | 639 |
| | | | 51.8% | 3.4% | 6.3% | 12.8% | 5.9% | 16.1% | 1.4% | 0.5% | 1.7% | 0.0% | |
| | | 별시 | 34 | 1 | 5 | 7 | 3 | 5 | | | | | 55 |
| | | | 61.8% | 1.8% | 9.1% | 12.7% | 5.5% | 9.7% | 0.0% | 0.0% | 0.0% | 0.0% | |
| | | 정시 | 128 | 5 | 21 | 9 | 5 | 28 | 6 | 1 | 1 | 1 | 205 |
| | | | 62.4% | 2.4% | 10.2% | 4.4% | 2.4% | 13.7% | 2.9% | 0.5% | 0.5% | 0.5% | |
| | | 친림시 | 561 | 8 | 72 | 11 | 19 | 93 | 4 | | 8 | | 776 |
| | | | 72.3% | 1.0% | 9.3% | 1.4% | 2.4% | 12.0% | 0.5% | 0.0% | 1.0% | 0.0% | |
| | 권학 | 직부전시 | 381 | 10 | 102 | 38 | 58 | 55 | 76 | 19 | 8 | | 747 |
| | | | 51.0% | 1.3% | 13.7% | 5.1% | 7.8% | 7.4% | 10.2% | 2.5% | 1.1% | 0.0% | |
| | 기타 | | 24 | | 36 | | 2 | 16 | 26 | 35 | | | 139 |
| | | | 17.3% | 0.0% | 25.9% | 0.0% | 1.4% | 11.5% | 18.7% | 25.2% | 0.0% | 0.0% | |
| | 소계 | | 1,585 | 87 | 374 | 363 | 267 | 465 | 356 | 94 | 51 | 2 | 3,644 |
| | | | 43.5% | 2.4% | 10.3% | 10.0% | 7.3% | 1.8% | 9.8% | 2.6% | 1.4% | 0.1% | |

| 19세기 | | | | | | | | | | | | | | |
|---|---|---|---|---|---|---|---|---|---|---|---|---|---|---|
| | 식년시 | | 71 | 27 | 43 | 238 | 125 | 135 | 385 | 19 | 20 | | 1,063 |
| | | | 6.7% | 2.5% | 4.0% | 22.4% | 11.8% | 12.7% | 36.2% | 1.8% | 1.9% | 0.0% | |
| | 특별시 | 증광시 | 331 | 12 | 44 | 59 | 18 | 57 | 20 | 16 | 10 | | 567 |
| | | | 58.4% | 2.1% | 7.8% | 10.4% | 3.2% | 10.1% | 3.5% | 2.8% | 1.8% | 0.0% | |
| | | 별시 | 72 | 5 | 15 | 13 | 8 | 20 | 7 | 8 | 7 | | 155 |
| | | | 46.5% | 3.2% | 9.7% | 8.4% | 5.2% | 12.9% | 4.5% | 5.2% | 4.5% | 0.0% | |
| | | 정시 | 47 | 3 | 3 | 6 | 2 | 4 | 2 | 2 | 2 | | 71 |
| | | | 66.2% | 4.2% | 4.2%R | 8.5% | 2.8% | 5.6% | 2.8% | 2.8% | 2.8% | 0.0% | |
| | | 친림시 | 198 | 20 | 106 | 77 | 41 | 78 | 54 | 17 | 17 | 2 | 610 |
| | | | 32.5% | 3.3% | 17.4% | 12.6% | 6.7% | 12.8% | 8.9% | 2.8% | 2.8% | 0.3% | |
| | 권학 | 직부전시 | 649 | 14 | 148 | 67 | 52 | 111 | 91 | 16 | 13 | 1 | 1,162 |
| | | | 55.9% | 1.2% | 12.7% | 5.8% | 4.5% | 9.6% | 7.8% | 1.4% | 1.1% | 0.1% | |
| | 기타 | | 6 | | 24 | 2 | 8 | | 33 | 40 | | | 113 |
| | | | 5.3% | 0.0% | 21.2% | 1.8% | 7.1% | 0.0% | 29.2% | 35.4% | 0.0% | 0.0% | |
| 소계 | | | 1,374 | 81 | 383 | 462 | 254 | 405 | 592 | 118 | 69 | 3 | 3,741 |
| | | | 36.7% | 2.2% | 10.2% | 12.3% | 6.8% | 10.8% | 15.8 | 3.2% | 1.8% | 0.1% | |

_박현순, 『조선 후기의 과거』, 소명출판, 2014, 311–312쪽 수정 · 보완

17세기 이후로는 식년시와 특별시의 구별이 좀 더 뚜렷해져서, 식년시는 강경講經 위주의 시험이 되어 명경과明經科로 불리기까지 하였고 특별시는 강경이 없는 제술과 製述科로 고착되었다. 이에 따라 식년시는 문장보다는 강경에 익숙한 지방의 한미한 유생들이, 특별시는 한양 · 경기 · 호서의 명문 자제들이 주로 급제하는 시험이 되었기 때문에, 강경을 경시하고 제술을 중시하는 경향이 분명해졌다. 이에 따라 18세기 이후 식년시는 고급 관료 지망생이 기피하는 시험이 되었으며, 과거 합격자의 지역 안배를 통한 국왕 은택의 과시와 국가적 통합의 목적에서 활용되기도 하였다.

이렇게 문과 내 식년시와 특별시에서 서울 인근과 지방의 격차가 커지는 경향인 경향분기京鄕分岐 현상이 정착되자, 영 · 정조 등 탕평군주는 선발 인원과 시험의 종류를 늘리고 제술 시험을 쉽게 출제하는 등 지방 인재 배려 정책을 쓰기도 하였다. 이를 통해 자신의 국정 운영 방향에 부합하는 인재를 다양한 방식으로 선발하고자 했던 것이다. 영 · 정조의 노력은 어느 정도 성과를 거두어서 특별시에서 지방 출신의 합격자가 늘어나는 등 분기 현상은 다소 완화되었다. 그러나 19세기에 들어 세도 정치가 전개됨

에 따라 세도정권은 과거제의 외곽에서 성균관 과시課試를 적극 활용하여 세도 벌열가의 자제들을 선발하였다. 이렇듯 조선 후기의 과거제는 정치 세력의 경향분기, 탕평 정치, 세도 정치라는 사회적·정치적 변동을 반영하면서 변화를 거듭하였다.

과거제의 선발 방식 변화는 군주 혹은 집권 세력이 자신의 정치적 재생산을 가능케 하는 기반을 마련하기 위한 정치적 의지의 소산이기도 하다. 이를 과거제도의 문란이라는 시각만으로 설명해서는 안 될 것이다. 실제로 정치 세력의 교체가 빈번하였던 숙종대 이후부터 탕평책으로 인하여 정치 참여폭이 넓어졌던 영조대에 걸쳐 특별시의 선발 인원이 증가하였고 과거제와 성균관의 연계도 강화되었다. 정조는 급증한 선발 인원을 정비하는 한편으로, 과거 출신의 37세 이하 총명한 관료를 대상으로 규장각에 초계문신제抄啓文臣制를 신설하여 인재 재교육 정책을 추진하였다. 이렇듯 과거제도는 조선 후기에도 인재 선발의 중심축이었다.

조선의 학교 가운데 대과大科와 가장 긴밀히 연결되어 있었던 성균관의 위상 역시 과거제의 변동과 긴밀히 연결되어 있었다. 사림이 국정을 주도하고 사학의 역할이 증대된 17세기 이래 성균관의 교육적 기능은 현저히 낮아진 바 있었다. 생원·진사가 식년시의 성균관시成均館試 응시에 요구되었던 300점의 원점圓點은 특별시의 중요도가 높아지고 성균관 재정 악화로 거주 환경도 나빠지자 유생들이 채우기 어려운 점수가 되었다. 이제 식년시의 관시를 제외한 문과에서 생원·진사와 유학幼學의 차이는 별 의미가 없었고, 영조대 무렵에는 문과 급제자의 전력에서 유학의 비율이 생원·진사보다 훨씬 높아진 상황이었다.[자료4] 성균관에는 한양 왕래가 어려운 먼 지역의 가난한 지방 유생들만 거재居齋할 뿐이었다.

그러나 국가가 최고의 인재 양성 기관인 성균관을 방치하지는 않았으니, 18세기 군주권의 강화와 더불어 성균관의 비중은 이전보다 훨씬 증대되었다. 영조는 식년시 성균관시의 원점 기준을 50점으로 대폭 낮추었고, 성균관 식당 명부인 도기到記를 기준으로 시취할 때에는 원점에 구애되지 말도록 하였다.[자료5] 원점 축소로 성균관의 거재 요건은 약화되었지만, 대신 더 많은 유생들에게 거재 기회를 부여하며 성균관을 통한 선발 기능을 강화하는 정책이 시행되었다. 군사君師를 자처한 영·정조는 성균관 거재 생의 권학을 위하여 시행된 각종 과시課試의 성적 우수자들에게 회시會試 혹은 전시殿試

에 바로 응할[직부(直赴)] 수 있는 자격을 주는 등 인재 교육과 선발에 직접 개입할 수 있는 통로를 정착시킨 것이다.

이에 따라 영조대 이후 문과에서는 성균관 직부전시直赴殿試로 급제한 인원이 상당수였고, 이들이 핵심 관료군을 형성하는 추세가 형성되었다. 이로써 17세기 이래 약해졌던 과거제와 성균관의 연계가 다시 강화되었을 뿐 아니라, 국왕이 눈여겨보던 주요 인재들을 성균관 시험을 통하여 친히 선발할 수도 있었다. 유생들도 여러 모로 불편한 거재를 기피하면서도 원점 획득이나 과시 자격 확보를 위한 방편으로 성균관을 중시하였다.

그러나 이러한 경향은 세도 정치와 함께 재차 변질되었다. 세도 정치기에 과거 합격자는 더 이상 늘지 않고 현상 유지만 하였다. 그러나 세도가들은 선발의 권한을 장악하였고, 군주의 선발권을 상징하였던 성균관 직부전시 역시 세도가 자제들의 주요 출사로出仕路로 변질되었다. 이 기간 서울 출신 문과 급제자 771명 가운데 직부전시直赴殿試 출신이 40퍼센트로 식년시나 증광시 출신자보다 훨씬 높아 직부전시의 서울 편중이 심해졌는데, 이는 안동 김씨와 풍양 조씨 등 세도가문 인사들의 비중이 60퍼센트 이상을 차지하였던 데에서 기인하였다. 과거제도가 겉으로는 공평하게 운영된 듯하였으나 실제로는 세도가문에 절대 유리하게 운영되었던 단적인 사례라 하겠다.

이러한 지나친 편중을 가리기 위하여 세도정권은 '통과統科'라는 눈속임까지 동원하였으나, 19세기 중반에 이미 많은 사람들은 과거가 공정성을 상실하여 고려 말과 같아졌다고 인식하기에 이르렀다.[자료6] 여러 문제에도 불구하고 탕평 정치 시기까지 공정성을 확보하고 있었던 문과의 권위가 헌종대 이후 추락 일로를 걷게 된 것이다. 그 결과 한말에 근대적 관료제도의 정비와 더불어 한때는 서구 관료 선발제도의 모델이기도 하였던 동아시아의 유구한 관료선발 제도인 과거제는 폐지되고 새로운 관료 선발제도가 도입되기에 이르렀다.

그러나 근대적 관료선발 제도 역시 고시考試와 같이 객관적으로 평가되는 능력에 의하여 인재를 선발한다는 과거제도의 원리를 근본적으로 부정한 것은 아니었다. 이러한 의미에서 과거제의 인재 선발 원리가 근대적 관료 선발과 모순되는 것은 결코 아니었다고 하겠다.

## 사학의 발달과 서원·향교의 역할

의무 교육을 기본으로 하는 근대 국가와는 달리 집권적 봉건국가인 조선에서 교육은 가문과 개인의 능력과 선택에 달린 것이지 국가가 적극 간여할 영역이 아니었다. 국가는 가문과 개인의 의지로 길러진 인재를 향교─성균관이라는 관학官學, 그리고 과거제도를 통해서 선발·배양하여 훌륭한 관인官人 사대부로 양성하는 것에 만족하였기 때문이다. 사학私學이 제도화된 것이 아니었기에, 사학의 범주는 매우 다양할 수밖에 없다. 학문적 능력이 풍부한 가문에서는 학교가 아닌 가학家學을 통해서도 높은 수준의 인재를 길러낼 수 있었다.

조선 시대를 대표하는 사학私學으로는 서재書齋·정사精舍·서당書堂·서숙書塾 등으로 불리는 사설 강학講學 기구와, 문중 혹은 향촌 단위에서 선사先師 또는 선현先賢에 대한 추모를 위하여 설립한 서원書院을 거론할 수 있다. 가학家學 역시 가문 차원에서 운영하는 교육기관으로 본다면 사학의 일종이라 할 수 있겠다. 이렇게 교육된 인재들은 사학·향교·성균관 등의 관학이나 서원에서 상호 교유하면서 과거를 준비하거나 학문적으로 성장하였다.

이 가운데 초등에서 고등 교육에 이르는 다양한 학문 수준을 가진 유학자·훈장이 운영하는 사설 강학소가 사학의 중심 역할을 하였다. 서재·정사·서당·서숙 등의 명칭을 띤 사설 강학소는 다양한 학문 수준과 교육 목표를 지닌 인사들에 의해 운영되는 순수 사설 교육 기구였다. 오늘날의 기준으로 볼 때 통상 서당·서숙은 초·중등, 서재·정사는 중·고등·대학 정도의 수준을 지닌 것으로 구분되며, 사설 강학소인만큼 입학에 법적인 신분 구별은 없었지만 대체로 교육 여건상 서재·정사에는 사대부의 자제들 위주로 학습이 진행되었다. 서재 사설 강학소는 고려 시대 이래로 있었지만, 조선 후기에는 과거제도와 성리학의 보편적 정착과 더불어 그 숫자가 더욱 늘어났다.

서당·서숙은 초·중등 수준의 교육을 담당하는 보편적 교육 기구였다. 조선 후기에 서당은 전국 각지의 향촌마다 산재하였던 만큼 그 수준도 훈장訓長에 따라 천차만별이었다. 초·중등 정도의 한문 지식을 필요로 하는 사람은 수업료만 내면 누구나 배울 수 있었고, 마음에 들지 않으면 다른 곳으로 가서 배우면 그만이었다. 훈장은 대개 재지의 하층 사족이었는데, 때로는 천수경千壽慶 같은 이름난 중인도 있었다. 조선 후기에는 향촌 단위에서 서당계書堂契를 조직하여 훈장을 모시고 지역의 자제들을 교육시킬 만큼 평민들의 교육열이 높았다.[자료7] 교육 내용은 기본적인 강독講讀·습자習字·제술製述이었고, 이를 위한 교재로는 『천자문』, 『동몽선습童蒙先習』, 『통감절요通鑑節要』, 『사서四書』 등과 당송문唐宋文의 선집 정도면 충분하였다. 서당에서 기본 교육을 이수한 학도는 직업에 종사하거나 더 높은 수준의 스승이 운영하는 서재·정사를 찾기도 하였다.

사대부의 경우 각 지역에 세거하는 가문들을 중심으로 가문·학파·당파의 인연을 따라 서재·정사에서 일정한 예법에 따라 평생의 사제師弟 관계를 맺어 교육을 받았다. 스승은 대개 일정 수준의 학문적 소양을 갖춘 사족 자제들을 제자로 삼았으나, 중인 이하의 사람이라도 가르칠 만하면 배제하지는 않았다. 사서四書와 삼경三經 위주로 서당 교육보다 한 단계 심화된 학습이 진행되었으며, 그 외에 스승과 제자의 관심사에 따라 성리학·역사학·문학의 논점들을 둘러싼 학습이 깊이 있게 진행되었다. 조선 후기의 명망 있는 유학자들은 자신들의 서재를 운영하여 제자를 양성하였고, 이렇게 길러진 인재들이 전국에 산재하여 강한 인적 네트워크를 형성하였다. 노론의 송시열宋時烈·이재李縡·한원진韓元震·김원행金元行 등, 소론의 박세채朴世采·박세당朴世堂·정제두鄭齊斗 등, 남인의 이현일李玄逸·이익李瀷·안정복安鼎福 등 주요 학자들이 학파의 학설을 생산하고 후진들을 양성하였다. 이 네트워크의 크기가 유학자들의 영향력을 좌우하였음은 물론이다.

서원은 서당이나 서재·정사 등 개인이

**김홍도의 「서당」**

운영하는 교육 기구와는 다소 성격이 달랐다. 서원은 문중 혹은 지역의 사대부들이 함께 운영에 참여하였기 때문에 특정 개인이 좌우할 수 없는 사회적 기구였다. 각 지역의 명망 있는 서원은 국가의 면세 혜택을 받기도 하고, 엄격한 규정에 따라 원장院長·유사有司·원생院生 등을 선발하여 운영하는 공적 기관이기도 하였기 때문이다. 서원은 설립자들이 공통으로 추앙하는 선사先師 또는 선현先賢에 대한 추모를 계기로 지역 사회 교유의 센터 역할을 하였다. 예컨대 도산서원陶山書院도 퇴계가 생전에 운영하던 도산서당을 모체로 한 것이다. 서원에서 진행되는 모임으로는 정기적으로 열리는 제향과, 원생院生들의 정기적 모임인 강학회講學會, 사회·정치적 목적을 띠는 각종 회합, 경학 혹은 문장 공부를 위한 거접居接 등이 있었다.

이렇듯 서원은 지역에서 사회·정치적 기능과 교육 기능을 모두 수행하였다. 17세기 이후로는 사림이 정권을 장악하였으므로 서원의 사회·정치적 기능이 강화되었고, 그에 따라 사족들의 회합 장소인 서원의 설립도 비약적으로 늘어났다.[자료8] 이에 비하여 서원의 교육 기능을 대표하는 강학회와 거접은 구성원들의 편의에 따라 향교·사찰이나 개인 건물 등에서도 이루어졌던 만큼 서원의 주된 기능에서 밀려났다. 때로는 서원의 지도층이 자체의 경비나 수령의 지원을 받아 교육 기능 강화가 시도되기도 하였지만, 이는 대부분 비용의 부담을 견디지 못하고 중단되는 경우가 많았다.

한양의 사학四學과 지방의 향교鄕校 역시 조선 후기에 교육 기능이 현저히 약화되었으나, 과거 응시와 직결된 교육 행정에서는 여전히 중심 역할을 수행하였다. 특히 과거 응시생 가운데 유학幼學의 비중이 늘어날수록 이들 관학官學의 역할은 더욱 중요했다. 과거 시험 응시를 위해서는 사학·향교의 유생 명부인 유적儒籍에 등록되어 있어야 하였기 때문이다.[자료9] 이로 인해 과거에 응시하려는 중인 이하의 사람들까지 향교의 교생안에 대거 등록하게 되자, 양반 사족들은 교생안과 별도로 사학과 같이「청금록靑衿錄을 작성하거나 교생안校生案 안에서 별도의 명단을 만들기도 하였다. 이를 통상「청금록」이라 한다.「청금록」에 등재된 자들은 군역 충정을 위한 고강考講에도 관행상 면제되는 등 향교의 교생안이나 서원의 원생안院生案에 등록된 자들이 고강을 통과해야 인정받을 수 있는 유생 자격을 실질적으로 유지할 수 있었다.[자료10] 조선 후기의 사학과 향교는 해당 고을의 사족士族 유생의 명부인「청금록」을 관리하였으니, 이들 관학이 교육 행정에서 차지하는 비중은 그만큼 컸던 것이다.

자료1

| 조선 후기 과거 급제자의 증가 양상

| 왕대<br>(재위기간) | 횟수 | | | | 인원 | | | | 연평균 |
|---|---|---|---|---|---|---|---|---|---|
| | 식년시 | 특별시 | | | 식년시 | 특별시 | | | |
| | | 증광시 | 각종<br>별시 | 계 | | 증광시 | 각종<br>별시 | 계 | |
| 선조(41) | 12 | 5 | 41 | 58 | 405 | 176 | 531 | 1,112 | 27.1 |
| 광해(15) | 3 | 5 | 17 | 25 | 100 | 189 | 165 | 454 | 30.2 |
| 인조(27) | 8 | 3 | 37 | 48 | 268 | 114 | 364 | 746 | 27.6 |
| 효종(10) | 3 | 2 | 9 | 14 | 101 | 66 | 78 | 245 | 24.5 |
| 현종(15) | 5 | 5 | 15 | 22 | 173 | 75 | 143 | 391 | 26.0 |
| 숙종(46) | 15 | 12 | 46 | 73 | 562 | 456 | 412 | 1,430 | 31.0 |
| 경종(4) | 2 | 2 | 5 | 9 | 69 | 73 | 41 | 183 | 45.7 |
| 영조(52) | 17 | 8 | 94 | 119 | 760 | 377 | 987 | 2,124 | 40.8 |
| 정조(24) | 8 | 3 | 27 | 38 | 363 | 120 | 294 | 777 | 32.3 |
| 순조(34) | 12 | 6 | 30 | 48 | 485 | 248 | 316 | 1,049 | 30.8 |
| 헌종(15) | 5 | 3 | 13 | 21 | 205 | 119 | 131 | 455 | 30.3 |
| 철종(14) | 4 | 2 | 19 | 25 | 167 | 80 | 224 | 471 | 33.6 |
| 고종(32) | 11 | 6 | 61 | 78 | 466 | 339 | 960 | 1,765 | 55.1 |
| 계 | 163 | 68 | 513 | 744 | 6,063 | 2,713 | 5,844 | 14,620 | – |

_이성무, 『한국의 과거제도』 128쪽, 집문당, 1994.

자료2

| 각 시기별 유학(幼學)의 호수(戸數)와 구수(口數)

| 시기<br>구분 | 1678년<br>(숙종4) | 1717년<br>(숙종43) | 1720년<br>(숙종46) | 1732년<br>(영조8) | 1750년<br>(영조26) | 1759년<br>(영조35) | 1762년<br>(영조38) | 1783년<br>(정조7) | 1786년<br>(정조10) | 1789년<br>(정조13) |
|---|---|---|---|---|---|---|---|---|---|---|
| 총 호수 | 2,116 | 2,511 | – | – | 2,441 | – | – | – | 3,045 | – |
| 유학<br>호수 | 115 | 356 | – | – | 545 | – | – | – | 886 | – |
| % | 5.4 | 14.2 | – | – | 22.3 | – | – | – | 29.1 | – |
| 총 남자<br>구수 | 4,234 | 5,510 | 5,692 | 6,145 | – | 5,378 | 5,677 | 5,999 | 6,003 | 5,754 |
| 유학<br>구수 | 207 | 663 | 646 | 969 | – | 1,203 | 1,300 | 1,689 | 1,651 | 1,551 |
| % | 4.9 | 12.0 | 11.3 | 15.8 | – | 22.4 | 22.9 | 28.2 | 27.5 | 27.0 |

**| 유학(幼學)의 부(父)의 직역(職役)**

(단위 : 실수, %)

| 시기 / 직역 | 품직 | 급제출신 | 생원진사 | 학생 | 유학 | 충의위 | 업유업무 | 직역무기재 | 계 |
|---|---|---|---|---|---|---|---|---|---|
| 1678년 (숙종4) | 23 (20.2) | – | 7 (6.1) | 75 (65.2) | 10 (8.7) | – | – | – | 115 (100.0) |
| 1717년 (숙종43) | 48 (13.5) | 6 (1.7) | 13 (3.7) | 261 (73.3) | 16 (4.5) | 8 (2.2) | 4 (1.1) | | 356 (100.0) |
| 1750년 (영조26) | 66 (12.1) | 2 (0.4) | 8 (1.5) | 415 (76.1) | 37 (6.8) | 17 (3.1) | – | – | 545 (100.0) |
| 1786년 (정조10) | 74 (8.4) | 2 (0.2) | 5 (0.6) | 704 (79.5) | 64 (7.2) | 8 (0.9) | 2 (0.2) | 27 (3.0) | 886 (100.0) |

_이준구, 『조선 후기 신분직역변동연구』, 144쪽 · 146쪽, 일조각, 1993.

### 자료3

대사성 김익희金益熙가 상소하기를, … 전직 관리, 생원 · 진사시의 초시 입격자 및 원래 다른 신역身役이 있는 자와 심한 질병이 있거나 불구인 자를 제외하고, 높은 지위에 있는 세력가의 자식이나 충의忠義와 품관品官이나 향교 학생이나 서얼 등을 불문하고 나이가 30 이상이 된 자이거나, 과거 공부를 하지 않는 자들로서 나이가 25세 이상인 자들에게 각각 1년에 정포正布 2필씩을 거두어야 합니다. 그렇게 하면 거두는 양은 매우 가벼워 비록 가난한 사람이라 하더라도 마련할 수 있으며, 납부하는 자는 매우 많으니 작은 것이 모여 큰 것이 될 것입니다.

**原文** 大司成金益熙上疏, … 除前銜·生進初試入格及元有身役, 與夫篤疾癃廢者外, 無論貴勢子弟·忠義品官·校生·庶孽·年三十以上, 其不爲擧業者, 年二十五以上, 歲各收正布二匹. 收之者甚輕, 雖貧亦可辦, 納之者甚衆, 積小可成大.

_『효종실록』 효종 5년 11월 16일 임인

### 자료4

**| 조선 시대 문과 급제자의 전력(前歷)**

| 기간 / 구분 | 문과급제자 | 생원진사(%) | 유학(%) |
|---|---|---|---|
| 태조~성종 | 1,796 | 1,526(85.0) | 270(15.0) |
| 연산군~선조 25년 | 2,350 | 1,777(75.6) | 573(24.4) |
| 선조 25년~경종 | 3,833 | 2,538(66.2) | 1,295(33.8) |
| 영조~정조 | 2,901 | 929(32.0) | 1,972(68.0) |

| 순조~고종 31년 | 3,740 | 668(17.9) | 3,072(82.1) |
| --- | --- | --- | --- |
| 계 | 14,620 | 7,438(50.9) | 7,182(49.1) |

_이성무, 『한국의 과거제도』, 103쪽, 집문당, 1994.

**자료5**

성균관에 명하여 거재 유생居齋儒生의 원점 절목圓點節目을 다시 정하라고 명하였다. 유생으로서 생원生員 · 진사進士가 된 사람 1백 명에 한해 거재居齋하게 하되 방목榜目의 차례에 따라 순서를 정하고, 같은 방榜일 경우는 나이를 기준으로 한다. 그리고 아침 · 저녁 식당食堂에 참석한 것을 1점點으로 하되 50점을 기준으로 한다. … 관시館試 때 성균관 유생을 시취試取하라는 명이 있으면 생원 · 진사로서 점수 기준에 찬 자를 시험에 응시하게 하며, 생원 · 진사가 아니거 ' 원점에 못 미친 자는 들어오지 못할 뿐더러 비록 입격入格했다 할지라도 계품하여 뽑아 버린 뒤 과장科場에 난입한 율律도 시행한다. 거재하는 생원 · 진사에게는 그 전공하는 바를 물어보고 제술製述 · 강경講經을 이름 아래 나누어 쓰게 한다. 만약 도기 유생到記儒生을 시취하라는 명이 있으면, 단지 그날의 도기到記로써 하고 원점에는 구애되지 말 것이며, 작헌례酌獻禮[주6]에 친림親臨하거나 봄 · 가을의 석채釋菜[주7]에 입재入齋할 때는 입재하는 유생을 1백 명의 숫자에 구애되지 않는다.

**原文** 命成均館, 更定居齋儒生圓點節目. 以儒生之爲生·進者限百員居齋, 而以榜次爲先後, 同榜則以年齒爲次. 以朝·晡食堂爲一點, 而準以五十點. … 泮試時, 有太學儒生試取之命, 則令生·進準點者赴試, 未生·進未準點者, 不得冒入, 雖入格, 啓稟拔去, 幷施科場闌入之律. 居齋生·進, 問其所業, 以製述·講經, 分錄於姓名之下. 若有到記儒生試取之命, 則只以其日到記, 勿拘點數, 而至於親臨酌獻禮及春秋釋菜入齋時, 則入齋儒生勿拘百員之數.

_『영조실록』, 권57, 영조 19년 1월 25일 경진

**자료6**

순조 중엽만 하더라도 과거법이 해이하지 않아 경시관이 한 시대의 명사들만 선발하였으므로, 문장이 훌륭하지 않으면 아무리 문벌이 좋아도 급제할 수 없었다. … 순조 · 헌종 이후에는 권척權戚들이 집권하여 모든 기무機務가 공도公道를 상실하였으므로 과거의 폐단이 더욱 심하였다. 이에 소위 통과統科라는 것이 있었는데, 이것은 여

주6 작헌례(酌獻禮) : 왕 · 왕비였던 조선(祖先), 또는 문묘(文廟)에 임금이 친히 제사하는 예(禮).

주7 석채(釋菜) : 석전제(釋奠祭). 서울은 성균관(成均館) 문묘(文廟)에서, 각 지방은 향교(鄕校) 대성전(大成殿)에서 공자(孔子) 및 동 · 서 배향(東西配享)의 선현(先賢)에게 올리는 제향.

러 사람의 눈이 부끄러워 만든 것으로서 귀족들의 자제들만 선발한 것이다. 금년에 뽑지 않은 사람은 명년에 뽑아 순서를 매겨 뽑았으며, 이를 법전처럼 여겼다. 이것은 곧 고려 말기에 있었던 홍분방(紅粉榜, 붉은 옷에 분칠한 권세가의 자제들이 다수 합격한 데서 나온 말)의 전철을 밟은 것이다.

**原文** 純祖中年, 科規尙未大壞, 京試官必極一時之選, 非能文者, 雖閥閱, 不能預焉. … 純憲 以後, 權戚世柄百爲無公道, 而科弊尤甚, 於是, 有所謂統科之稱, 對衆目而覰, 取綺紈子弟, 今歲 不選, 明歲不黜, 挨次屈指, 視爲常典, 即麗季紅粉榜故轍也

_『매천야록』 갑오이전

### 자료7

하루는 집안 어른들의 이야기를 듣고 나는 큰 충격을 받았다. 몇 해 전 집안의 할아버지가 서울 갔던 길에 사두었던 말총갓을 밤중에 쓰고 나가셨다가 이웃 동네 양반에게 발각되어 찢기고 다시는 갓을 못 쓰게 되었다는 것이다. 나는 힘써 물었다. "그 사람들은 어찌하여 양반이 되었고, 우리 집은 어찌하여 상놈이 되었습니까?", "침산 강씨의 선조는 우리만 못하나 현재 진사가 세 사람이나 있지 않느냐. 별담 이진사 집도 그렇다.", "진사는 어찌하여 되는 건가요?", "진사 급제는 학문을 연마하여 큰 선비가 되면 과거科擧 보아 되는 것이다." 나는 이 말을 들은 후부터 글공부할 마음이 간절하여 아버님께 어서 서당에 보내달라고 졸랐다. 아버님은 "동네에 서당이 없고 다른 동네 양반 서당에서는 상놈은 잘 받지도 않거니와 받아 주더라도 양반 자제들이 멸시할 테니, 그 꼴은 못 보겠다"며 주저하신다. 결국 아버님은 문중과 인근 상놈 친구의 아동을 몇 명 모아 서당을 하나 만드셨다. 수강료로 쌀과 보리를 가을에 모아 주기로 하고 청수리 이李 생원生員을 선생으로 모셔왔다. 그분은 양반이지만 글이 넉넉하지 못하여 양반의 선생으로 고용하는 사람이 없어 우리 같은 상놈의 선생이 된 것이다. 이때 내 나이 열두 살이었다. …

반년이 되지 않아 (인근의) 신申 존위尊位 부친과 선생 사이에 반목이 생겨 결국 선생님을 내보내게 되었다. 겉으로는 그 선생이 밥을 많이 먹는다는 것이 이유였지만, 사실은 자기 손자는 머리가 나빠 공부를 못하는 데 비해 나의 학문이 날로 발전하는 것을 시기한 것이었다. … 얼마 후 다시 그와 같은 '돌림선생'을 모셔와 계속 공부를 하였는데, 내 나이 열넷이나 되고 보니 만나는 선생마다 대개 고루하여, 아무 선생은 '벼 열 섬짜리', 아무 선생은 '다섯 섬짜리' 등 수강료의 다소로 학력을 짐작하게 되었다. 아버님은 종종 나에게 이런 훈계를 하셨다. "밥 빌어먹기는 장타령이 제일이니 너도 큰 글을 하려고 애쓰지 말고 실용 문서에나 주력하여라." 그래서 나는 토지문서, 소장, 제축문, 혼서, 편지글 등을 틈틈이 연습하여 무식한 우리 집안에서는 상당한 명성을 얻었다. 나는 어찌하든지 공부를 계속하고 싶었으나, 가정이 빈한하여 고명한 선생을 찾아가 배울 형편이 되지 못하니 아버님은 무척 고민하셨다. 우리 동네에서 동북 10리 되는 학명동에 사는 정문재鄭文哉 씨는 상민이지만 지방 굴지의 선비였고 큰어머니와는 재종남매간이었다. 그 정씨 집에는 사방에서 선비들이 모여들어 시부詩賦를 지었으며 다른 한쪽에서는 서당을 열어 아동들을 가르치기도 했다. 아버님이 정씨에게 부탁하셔서 나는 수강료 없이 배우는 면비학동免費學童이 될 수 있었다. 너무도 만족하여 나는 매일 밥구럭을 메고 험한 고개 깊은 계곡을 쏜살같이 넘나들었다. …
공부는 한漢·당시唐詩와 『대학』, 『통감』을 배웠으며 글자 연습은 분판粉板만 사용하였다.

_ 『백범일지』, 궁핍한 배움길

**자료8**

**| 조선 시대 서원 설립 현황**

| 시대 \ 지방 | 경기 | 충청 | 전라 | 경상 | 강원 | 황해 | 평안 | 함경 | 계 |
|---|---|---|---|---|---|---|---|---|---|
| 16세기 전반 | - | 1 | 1 | 2 | - | 1 | - | - | 5 |
| 16세기 후반 | 7 (2) | 6 | 11 (2) | 24 (8) | 1 | 6 (3) | 2 | 2 (1) | 59 (16) |
| 17세기 전반 | 4 (3) | 12 (4) | 14 (2) | 34 (9) | 4 (1) | 3 | 3 (1) | 3 (1) | 77 (21) |
| 17세기 후반 | 24 (21) | 24 (17) | 27 (19) | 55 (28) | 5 (3) | 9 (11) | 8 (8) | 7 (4) | 159 (111) |
| 18세기 전반 | 4 (9) | 14 (11) | 12 (7) | 41 (9) | 1 | 1 (4) | 3 (3) | 2 | 76 (45) |
| 18세기 후반 | - | - | 1 (1) | 2 | - | - | - | - | 1 (3) |
| 19세기 전반 | 1 (1) | - | - | - | - | - | - | - | 1 (1) |

| | | | | | | | | | |
|---|---|---|---|---|---|---|---|---|---|
| 19세기 후반 | – | – | – | (1) | – | – | – | – | (1) |
| 계 | 40<br>(36) | 57<br>(32) | 66<br>(31) | 156<br>(57) | 11<br>(4) | 20<br>(18) | 16<br>(12) | 12<br>(8) | 378<br>(198) |

( )는 사액 서원수.

_최완기, 『한국의 서원』 19쪽, 대원사, 1991.

### 자료9

생원·진사를 제외하고 서울의 학문에 뜻을 둔 선비는 모두 하재下齋 또는 사학四學에 들어가고, 지방에서는 문벌이 높은 집안이나 낮은 집안을 막론하고 유학儒學을 배우려는 자는 향교로 들어가게 한다. 처음 입학할 때에는 생도 10명이 학문에 뜻을 가졌다고 추천한 뒤에 시험하여 입학을 허가하고, 「학교모범」으로 품행을 가다듬게 하고, 만약 구속을 꺼리어 학교에 적을 두지 않는 자에게는 과거를 보지 못하게 한다.

**原文** 除生進外, 京中志學之士, 皆入下齋及四學, 外方則勿論士族寒門, 凡學儒者, 皆入鄕校. 初入時, 諸生十人, 薦其志學, 然後試講許入. 以學校模範, 使之飭行, 若厭憚拘束, 不籍名于學校者, 不得赴科擧.

_『율곡전서』 권15, 학교모범

### 자료10

(사헌부가) 또 아뢰기를, "무릇 「청금록」에서 삭제된 유생은 유관을 쓰고 국가의 시험에 응시할 수 없습니다. 그러나 권지權知 승문원 부정자承文院副正字 정창주鄭昌冑는 「청금록」에서 삭제된 조치가 풀리지 않은 상태에서 태연히 응시하여 급제하였으니 너무 해괴합니다. … 정창주를 사판仕版에서 삭제하소서. …"하니, 주상이 따랐다.

**原文** 又啓曰: "凡儒生被削於「靑衿錄」, 則不得冠儒冠, 而赴國試. 權知承文院副正字鄭昌冑, 「靑衿錄」之削未解, 偃然赴試得第, 已極駭異. … 請鄭昌冑削去仕版. …" 上從之.

_『인조실록』 권36, 인조 16년 1월 19일 계미

동지경연사同知經筵事 정유성鄭維城이 말하기를, "서울 유생 가운데 「청금록」靑衿錄주8에 기록되지 않은 자가 있고, 지방 유생도 역시 향교鄕校의 유적儒籍에 들어가지 않은 자가 있습니다. 지금부터는 이와 같은 유생들은 과거에 응시를 허락해 주지 마소서" 하니, 주상이 따랐다.

**原文** 維城曰: "京中儒生, 或有不錄於『靑衿錄』者, 外方儒生, 亦有不入於鄕校儒籍者. 請自

주8 「청금록(靑衿錄)」: 성균관(成均館)·사학(四學)·향교(鄕校) 등에 비치하는 학적부(學籍簿), 또는 유생(儒生)의 명부(名簿). 유안(儒案)이라고도 함.

今如此儒生, 勿許赴擧" 從之.

_『효종실록』 권12, 효종 5년 4월 30일 기축

**출전**

『매천야록(梅泉野錄)』

『영조실록(英祖實錄)』

『율곡전서(栗谷全書)』

『인조실록(仁祖實錄)』

『효종실록(孝宗實錄)』

『백범일지(白凡逸志)』: 독립운동가이며 정치가인 백범 김구(金九, 1876~1949)의 친필자서전(親筆自敍傳)이다.
　　상·하(上下) 2권 1책이며, 1947년에 아들 김신(金信)이 간행하였다.

**찾아읽기**

윤희면, 『조선 후기 향교 연구』 일조각, 1990.

이성무, 『한국의 과거제도』 집문당, 1994.

조좌호, 『한국 과거제도 연구』 범우사, 1996.

이준구, 『조선 후기 신분직역변동연구』 일조각, 1993.

이성무, 『한국의 과거제도』 집문당, 1994.

정만조, 『조선시대 서원 연구』 집문당, 1997.

최진옥, 『조선시대 생원진사 연구』 집문당, 1998.

차미희, 『조선시대 문과제도 연구』 국학자료원, 1999.

김경용, 『과거제도와 한국 근대교육의 재인식』 교육과학사, 2003.

정순우, 『서당의 사회사』 태학사, 2012.

차미희, 『조선시대 과거시험과 유생의 삶』 이화여대출판부, 2012.

궁도박사, 『나의 한국사 공부』 너머북스, 2013.

박현순, 『조선 후기의 과거』 소명출판, 2014.

원창애, 『조선시대 문과급제자 연구』 한국정신문화연구원 박사학위 논문, 1997.

# 8 서양의 새로운 문명, 불온한 종교

서학과 천주교

서구 문명은 과학·기술로서 서학과 종교·윤리로서 서교(西敎)의 두 가지 형태로 조선에 전래되었다. 조선은 문명 향상에 도움이 되는 서학 수용에는 적극적이었으나, 전통 윤리를 무시하는 서교는 배척하였다. 서교 배척에 따른 백성들의 피해는 당국자들의 과도한 이념적 대응에도 원인이 있지만, 타 문명을 야만시하는 서구의 제국주의적 선교 정책과 이를 이용하려는 천주교 지도층의 종교적 급진성에도 원인이 있다. 서구 문명을 온전히 도입하기까지는 많은 희생이 불가피하였다.

## 서학의 전래

15세기 말 지리상의 발견 이후 포르투갈과 에스파냐를 비롯한 유럽 국가는 인도뿐만 아니라 중국·일본 등 동아시아 지역까지 무역로를 확대하였다. 아울러 이들 나라에서 무역과 함께 포교 사업에 열중하였다. 특히 포르투갈이 후원했던 예수회 교단은 포교의 수단으로 서학西學을 내세워 명대 말기부터 중국의 정계와 학계에 깊이 자리 잡았다. 서학은 서양의 선교 신부들이 현지에 머물며 전해준 서양의 종교·윤리와 과학·기술 등을 말한다.

중국에 서학과 천주교를 소개한 마테오 리치[Matteo Ricci, 리마두(利瑪竇)]는 각고의 노력으로 한문을 습득한 후에 서학과 천주교 서적을 한문으로 번역·소개하였으며, 각종 천문 기기와 세계 지도 등 서구의 새로운 기기들을 제작하여 보여줌으로써 중국

아담 샬

의 황실과 사대부들 속에서 그 지위를 확고히 다졌다. [자료1] 이는 현지의 문화 전통을 존중하는 예수회의 선교 전략에 입각한 것으로서, 중국의 경우는 보유론補儒論으로 나타났다. 보유론은 유학의 자연주의적 도덕철학을 존중하되 유학에 결여되어 있는 신학神學을 천주교로 보완하고자 하는 것이다.

마테오 리치는 중국 지배층의 마음을 얻기 위하여 중국의 언어와 풍속을 철저히 습득하고 서구의 자연과학적 지식을 최대한 활용하는 전략을 취하였다. 이후 로드리게스[Rodriguez, 육약한(陸若漢)], 아담 샬 [Adam Schall, 탕약망(湯若望)], 쾨글러[ Kogler, 대진현(戴進賢)] 등 예수회 소속 신부들 역시 같은 전략으로 선교 활동을 하였다. 이들의 활약으로 명나라 황실과 사대부들은 천문·역법·지도·총포 등 서양의 최신 과학기술 성과들에 매료되었고, 그 기술을 활용하고자 흠천감欽天監의 관직을 내리기도 하였으며 천주당天主堂을 지어주어 포교를 허락하기도 하였다. 예수회의 보유론적 선교 전략에 중국의 관료들은 우호적인 자세를 보였던 것이다. 이러한 분위기는 조선에도 곧장 영향을 끼쳤다.

중국·일본과 달리 조선에서는 선교 신부가 아니라 조선의 사신들을 통해서 전파되고 조선의 학인들을 통해 확산되었다. 조선의 서학은 임진왜란 때 왜군을 따라 들어온 선교사에 의해 침투한 적도 있지만, 의미 있는 영향을 끼친 것은 명나라에 드나들던 조선 사신들에 의하여 소개된 것이었다. 1603년(선조 36)에 마테오 리치가 만든 세계지도인 「곤여만국전도坤輿萬國全圖」가 수입되었으며, 1631년(인조 9) 명나라에 사신으로 다녀온 정두원鄭斗源이 로드리게스로부터 천리경·자명종·서양화포西洋火砲 등과 함께 마테오 리치의 각종 천문서와 『직방외기職方外紀』, 『서양국풍속기西洋國風俗記』, 『홍이포제본紅夷砲題本』 등 한역 서학서漢譯西學書를 들여왔다. [자료2] 또한 청나라에 볼모

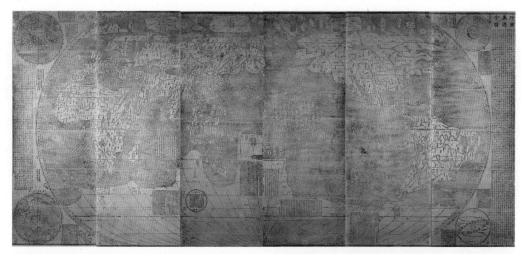

마테오 리치의 「곤여만국전도」

로 잡혀 있다가 귀국한 소현세자昭顯世子가 아담 샬과 친분을 맺은 후 서양문물을 가지고 귀국한 일도 있었다.

　서양 문물이나 한역 서학서들과 함께 천주교 서적도 유입되었다. 일찍이 이수광李睟光은『지봉유설芝峰類說』에서 마테오 리치의『천주실의天主實義』를 소개하였다. 이익李瀷은 상기한 한역서학서들뿐 아니라『천주실의』,『칠극七克』,『교우론交友論』등 천주교 서적들도 제자들에게 소개하였다. 그는 천주天主를 실재하는 것으로 보는 서학의 교리가 불교처럼 허망하다고 하여 부정적이었지만, 세계에 대한 새로운 지식과 최신 과학 기술의 성과에 대해서는 매우 호의적이었다.[자료3] 서학을 통하여 얻은 천문·지리 지식은 화이華夷의 구분에 얽매인 중국 중심 세계관을 극복할 수 있는 과학적 세계상을 제공하였다.

　이익의 서학열西學熱은 제자들에게 계승되어 성호학파는 조선에서 서학 연구의 중심이 되었다. 노론 가운데는 이이명李頤命이 숙종 46년의 사행使行에서 쾨글러를 직접 찾아 문답하고 한역 서학서들을 구해서 귀국한 것으로 유명하다. 성호학파뿐 아니라 중국 사행이 잦았던 노·소론계 경화京華 가문의 자제들인 북학파北學派 역시 서학에 많은 관심을 보였다. 박제가가 정조에게 올린 개혁론에서 중국에 있는 서양 선교사들을 초빙하여 천문학과 이용후생의 기술들을 가르치게 하자고 과감하게 제안한 것은 정조대 전반기 서학의 선진성에 대한 기대를 반영한다.[자료4]

　중국과 마찬가지로 조선 역시 서학에 대해서는 호기심에 가득한 시선으로 보면서 국가 차원의 기술 발전을 위하여 그 성과를 적극 수용하고자 하였던 것이다. 일찍이 인조가 새로운 문물을 가지고 온 정두원의 공로를 치하하여 포상하고자 하였던 것이나, 인조대 후반 이래 계속된 노력에 의해 효종 4년에 서양 역법에 의거한 시헌력時憲曆이 시행되었던 것은 이러한 분위기를 반영한다. 왕실 역시 서학의 성과에 대하여 부정적일 이유가 없었던 것이다. 정조는 성호학파의 적통인 이가환李家煥을 불러 서양 역법을 주제로 토론하였을 뿐 아니라,[자료5] 수원 화성의 효율적인 축조를 위하여 한역 서학서인 『기기도설奇器圖說』을 내려주어 활용을 독려하기도 하였다.

　이렇듯 조선의 사신들은 서양 문물과 한역 서학서를 적극 도입하였다. 여기에는 지리·과학·기술 등 서학서와 종교·윤리 관계 천주교 서적이 함께 들어 있었다. 조선의 지식인들이 마테오 리치 등을 '서양 선비[서사(西士)]'로 부르거나 때로 '도를 깨달은 사람', '성인聖人' 등에 비유하였던 것 역시 이러한 우호적 인식 때문이었다. 조선의 지식층은 천주교에 대해서는 비판적이었지만 서양인들이 이룩한 성과에 매혹되었기 때문에, 지적 호기심이 충만한 선진 지식층들을 중심으로 서학·서교를 적극 탐구해보고자 하였던 것이다. 정약용丁若鏞이 회고하였듯 18세기 중반 무렵에 한양 인근의 젊은 학인들 사이에서 서학은 일종의 최신 유행처럼 확산되고 있었다.


## 천주교의 확산과 정조의 대응


　한역 서학서를 통한 서학의 전래에 우호적이었던 조선에서 서학은 특별히 금지되지 않고 점차 확산되었다. 이는 곧 '서교西敎=천주교天主敎'의 확산을 의미하기도 하였다. 서학에 우호적인 양반 남성 지식층은 그 교리가 유학의 윤리관과 상충되지 않고 도리어 실천성을 보완해준다는 보유론補儒論에 동의하였기 때문에 서학 수용에 구애될 것이 없었다. 이에 비해 서민층과 부녀자들의 경우에는 남녀를 포함한 만인 평등의 신앙 공동체와 현세 부정의 이상적 사후 세계인 천당설天堂說과 같은 천주교 신앙에 경도되었다. 천주교 역시 서양 봉건사회의 소산이었지만, 그 교리는 유교적 예속으로 구속되어 있는 현세를 부정하고 영혼의 평등한 구제를 약속하였던 것이다.

양반 남성 지식층을 중심으로 수용된 서학은 중인 이하 서민층과 부녀자들에게 천주교의 형태로 확산되었다. 그러나 서학 혹은 천주교의 확산에 따라, 보유론이라는 임시 보호막에 의존하는 서학과 순정한 신앙적 실천을 추구하는 천주교라는 서로 다른 지향 사이에는 넘어설 수 없는 간극이 존재한다는 것이 분명해졌다. 그것은 동아시아 유학의 정체성이 담겨 있는 공자와 조상에 대한 제례祭禮를 어떻게 볼 것인지를 둘러싼 전례典禮 문제를 둘러싼 갈등을 계기로 불거졌다.

일찍이 동아시아의 천주교 선교를 개척하였던 예수회는 보유론에 입각하여 중국의 문화를 존중하였으므로, 각종 제사 역시 조상과 선현에 대한 추모의 의식일 뿐이라고 보아 용인하였다. 그러나 프란체스코와 도미니크 수도회, 파리외방전교회 등 후발 제국주의 국가의 지원을 받는 선교회들은 문묘 제례와 조상 제사가 우상 숭배이므로 이를 용인하는 예수회의 방식은 잘못이라며 교황청에 판결을 요청하였다. 본질상 이는 그리스도교 교리 차원의 문제라기보다는, 제국주의적 국가 경쟁 관계에 있던 선교회들의 선교 방식을 둘러싼 대립 문제였다. 이를 둘러싸고 교황청이 예수회 혹은 반反 예수회 측 방침을 오가며 선교사의 편의에 맡겨 두었던 것도 이것이 교리상의 문제가 아니었기 때문이다.

문제의 본질이야 어떻든 결국 교황청은 1742년(영조 18)에 하느님을 천주天主라 하고 천天이나 상제上帝라 부르지 말 것, 공자에 대한 의례 금지, 우상 숭배를 목적으로 지은 건물이나 신주를 모시는 행위 금지, 위패에 신위神位라는 글귀 사용 금지 등을 내용으로 하는 칙령을 최종 선포하였다. 이는 전례典禮 문제에 대한 예수회의 기존 방침을 전면 부정한 것이었다. 교황청은 중국 선교의 주도권을 후발 선교회에 내주었고, 더 나아가 교황은 1773년(영조 49)에 이르러서는 예수회를 해체하기에 이르렀다.

새롭게 중국 선교를 주도하게 된 반反 예수회 소속 신부들은 중국 문화를 이해하려 하지 않고 고압적 태도까지 드러냈다. 게다가 과학적 지식에 소극적인 반면 신앙적 열정에 충만한 인사들이었다. 중국의 시각에서 보면, 중국어와 서양 과학기술에 능통하여 신뢰를 받았던 신부들이 '중국어 한 마디 못하고 중국의 도道를 알지도 못하는 거만한 소인배'로 교체된 것을 의미한다. 이는 서구의 제국주의적 팽창이 심화되고 자신감도 상승하면서 비 서구 문명에 대한 우월감이 노골하게 표출되는 흐름을 반영한 것이다. 중화 문명에 대한 자부심이 강했던 강희제康熙帝 역시 결국 금교령禁敎令을 내리고 선교사들을 추방하는 것으로 대응하였다. 예수회식 선교 방침이 바뀌자 서학에 대한 중국의 우호 정책이 급변한 것이다.

중국의 이러한 변화는 조선에도 영향을 끼쳤다. 조선의 천주교는 정식 성직자도 없이 보유론적 서학서들을 연구한 이벽李蘗 · 이승훈李承薰 · 권일신權日身 · 정약전丁若銓 · 정약용丁若鏞 등 남인南人 양반층 초기 신자들에 의해 정조 8년에 결성된 자발적 신앙공동체에서 출발하였다. 이들의 열성적인 포교 결과 천주교는 한양과 경기뿐 아니라 충청도와 전라도 지방에 걸쳐 김범우金範禹 · 최필공崔必恭 · 이존창李存昌 등 중서인中庶人과 부녀자들까지 포괄하며 급속히 확산되었다. 그러나 성직자도 없이 서학서에 의거한 천주교 신앙에 여러 모로 의문이 생기는 것은 당연하였다.

결국 신자들은 북경의 구베아(Gouvea, 탕사선(湯士選)) 주교에게 윤유일尹有一을 밀사로 파견하여 제사祭祀와 신주神主 사용 등에 대한 유권 해석을 의뢰하였다. 이에 대하여 구베아는 수십 년전 내려졌던 교황의 금령을 전달하였기 때문에, 조선의 신자들은 조상 제사와 신주를 우상숭배로 여겨야 했다.[자료6] 1791년(정조 15)의 진산(珍山, 현 충남 금산) 사건은 그 여파로 발생한 것이다. 정약용의 이종사촌으로서 그 영향으로 서학을 수용한 윤지충尹持忠은 모친의 장례 후에 종형 권상연權尙然과 상의하여 제사를 폐지하고 집안의 신주들을 불태웠다. 이 일은 남인 내 공서파攻西派인 홍낙안洪樂安에 의해 조정에 알려져 정치적 파장을 일으켰는데, 서학에 우호적인 채제공계 남인을 제거하기 위한 수단으로도 활용되었다. 윤지충

윤지충 · 권상연이 처형된 자리에 세워진 전주 전동성당

과 권상연은 끝내 배교를 거부하다가『대명률』의 사술邪術 금지 조항에 의거하여 처형되었다.[자료7]

이 사건은 조선 사회에 서학과 천주교를 뭉뚱그려 하나인 것처럼 인식할 수 없음을 알리는 계기가 되었다. 그동안 무부무군無父無君의 교리라고 비난받았던 천주교는 실제로 조선의 인륜을 무너뜨리는 패륜悖倫을 범하였고, 이로 인하여 설정법에 따라 처형되고 금압을 당하게 된 것이다. 이를 천주교 박해라는 차원에서만 해석할 수는 없다. 조선 정부는 불교 등 이단을 억제하였지만 그것이 사술에 빠지지 않는 한 금지하지는 않았으므로, 서학 역시 사회 문제를 야기하지 않는 한 특별히 탄압할 이유가 없었다. 한동안 서학 확산을 문제 삼지 않았던 것도 이 때문이다. 그러나 서구의 전교 정책 변화에 따라 하달된 조상 제사 금지령을 신앙 차원에서 실천하고자 하였던 명문가 사대부의 신주 훼손과 제사 폐지가 사회적 파장을 일으키자, 정부가 강상綱常 유지를 위하여 사대부의 일탈을 엄중히 처분한 것이다.

천주교에서 제사와 신주를 우상 숭배로 금지한 것은 신앙의 자유 차원에서 거론할 문제라기보다는 서구 윤리와 동아시아 윤리의 충돌 문제다. 19세기에도 이 금령은 거듭 확인되었을 뿐 아니라, 다른 사람이 제사에 썼던 제수祭需까지도 먹어서는 안 된다는 등 더욱 경직된 해석을 낳았다. 오늘날 조상 제사를 인정하는 천주교의 공식 견해에 의거하더라도, 18세기 이래 조상 제사 금지는 각 지역의 문화 전통을 부정하는 경직된 해석으로서 선교에도 결코 도움이 되지 않는 과오일 뿐이다.

이러한 상황에서도 정조는 '정학正學이 밝아지면 사학邪學은 저절로 종식될 것'이라는 인식 하에 사학 배척보다는 유학 배양을 더 중시하였다. 또한 사학의 괴수는 엄히 처벌하되, 추종자에 대해서는 '그 사람은 올바른 사람으로 만들고 그 책은 태우라人其人, 火其書'고 하였듯 엄한 처벌과 교화를 병행하는 정책을 폈다. 이는 천주교를 포함하여 도참圖讖 · 술수術數 등 사교邪敎에 미혹되어 사회 기강을 어지럽히는 백성들을 다스리는 통상적 대책일 뿐 아니라, 탕평 군주로서 통치에 대한 자신감과 포용력의 발로라고 하겠다. 이후에 정조는 천주교 금령은 엄히 집행하였지만, 이승훈 · 정약용 등 반성의 뜻을 밝힌 서학 관련자는 가볍게 처벌한 후 계속 등용하면서 반성 여부를 시험하였다. 이를 계기로 양반층 가운데 다수가 천주교 신앙을 멀리하게 되었고, 보유론자들이 주도하였던 서학 수용은 하층 사대부와 중인 이하 서민층의 천주교 신앙 운동으로 변화하게 되었다.

정조는 서학에 대하여 우호적 인식을 견지하였지만, 천주교 정책까지 유화적이었다고 할 수는 없다. 이는 국가 기강의 문제였기 때문이다. 예컨대 진산 사건 이후 천주교도들의 신부 영입 운동으로 한양 잠입에 성공한 중국인 신부 주문모周文謨가 정조 19년에 발각되었다가 도피한 일이 있었는데, 정조는 그를 체포하기 위하여 밀정密偵을 배치하고 도피를 돕는 것으로 의심되는 신도 다수를 은밀히 처형하게 하는 등 천주교 확산을 막기 위하여 다양한 작전을 동원하였다.[자료8] 정조는 이 사건이 이가환·정약용과 같은 서학 우호 세력을 배척하는 정쟁으로 비화되는 것은 저지하면서도, 국법을 농락하면서까지 신앙을 관철시키려는 천주교 핵심 세력을 제거하려는 의지는 분명하였던 것이다. 그러나 주문모 체포는 결국 실패하였다. 그 여파는 순조대 권력 구도 변동과 더불어 일대 파장을 낳았다.


## 세도정권의 척사 정책

순조를 대신해 수렴청정을 한 정순왕후의 벽파 정권은 정조대부터 강경한 척사책斥邪策을 주장하던 세력이었다. 벽파는 집권하자마자 정조의 사도세자 추왕追王 시도에 호응했던 노론·소론·남인 세력과 그 배후로 지목한 은언군과 홍낙임 등 왕실 측 인사들을 제거하고자 하였다. 그런데 채제공계 남인의 경우는 추왕 세력의 핵심으로서 영조의 임오의리를 변경하려는 시도를 하였을 뿐 아니라, 아울러 국가에서 금하는 사학邪學과 연관되어 있다는 것도 문제가 되었다.

순조 1년 벽두에 정순왕후는 사학을 엄금하고 뉘우치지 않는 자에게는 반역죄를 적용할 것이며, 오가작통五家作統을 철저하게 실시해 신자들을 색출하라고 명하였다. 정조와는 달리 사학 세력을 엄히 단죄하겠다는 선언이었다. 이를 계기로 벽파 정권은 정치적인 목적을 띠면서 채제공계 남인과 연계되어 있던 서학 세력을 척사斥邪의 명분으로 엄하게 처벌하는 사옥邪獄을 일으켰다. 그 결과 천주교 신앙을 고수하거나 핵심

지도층으로 활동했던 정약종丁若鍾·최필공崔必恭·홍낙민洪樂敏·이승훈李承薰이 처형당했고 권철신權哲身·이가환李家煥은 신문 도중 옥사했으며, 배교한 것이 분명했던 정약전丁若銓·정약용丁若鏞 형제는 유배되었다. 이처럼 신유사옥은 순조 초반 환국과 결부되어 진행된 정치적 목적에서 시작된 것이라고 할 수 있다.

그런데 밀입국하여 체포령이 내려졌던 주문모 신부가 순조 1년 3월에 자수한 것을 계기로 사안의 성격은 달라지고 있었다. 이 사건은 천주교도가 외국 세력과 연계되어 있다는 의심을 입증해 주는 것이므로, 이미 처벌되었던 사람들까지 포함하여 그와 연계된 새로운 인물들에 대한 엄한 조사가 다시 진행되었다. 그 결과 은언군의 부인 송씨宋氏가 주문모를 숨겨주고 영세까지 받은 사실이 드러나 처형되었다. 그 파장은 결국 은언군과 홍낙임에게 미쳤으니, 벽파는 사교를 비호한 죄를 물어 이들을 처형하였다. 그러나 은언군과 홍낙임이 천주교 신자라는 증거는 없었으니, 이들은 정조대 이래 누적된 정치적 사유로 처형된 것이 분명하다.

이후에도 사건은 더욱 확대되었다. 전라도 천주교의 핵심 지도층이었던 유항검柳恒儉·유관검柳觀儉 형제의 '서양의 큰 선박을 청하여 한 바탕 결판을 낸다大舶請來, 一場判決'는 모의가 드러난 것이다. 이제 사건은 풍속을 어지럽히는 사학의 문제가 아니라 반역 모의로 전환되었다. 이어서 9월에는 황사영黃嗣永이 중국 황제나 교황敎皇 등 외세의 힘으로 조선에 신앙의 자유를 강제하도록 요청하는 백서帛書를 작성하여 북경의 구베아 (Gouvea) 주교에게 전달하려다가 체포된 사건이 일어났다.[자료9] 유항검 형제의 모의가 실행 단계에 들어섰음을 알려주는 것이었다.

이러한 사건들은 천주교 세력 내에 외세와 결탁하여 종교 자유를 쟁취함으로써 정부의 사학 탄압을 무력화하려는 강경파가 실재한다는 것을 의미한다. 이들은 서양 큰 선박 한 척의 위력이 조선배 백 척 이상의 위력이 있다는 사실을 잘 알고 있었다. 조선 정부가 대박 청래 사건을 황건적·백련교도 등과 같은 변란 세력 진압의 차원에서 대응한 것은 당연하였다. 신유옥사는 정치적 측면도 있었지만, 유항검 형제와 황사영으로 인하여 국가 권력에 대한 도전 문제가 본질로 부각되었다. 이는 보유론에 입각한 서학 수용론자들의 입지를 허물어뜨렸던 반면 세도정권의 천주교 탄압에 정당성을 부여해주었다. 보유론자인 정약용이 배교背敎를 분명히 하면서 조카사위인 황사영을

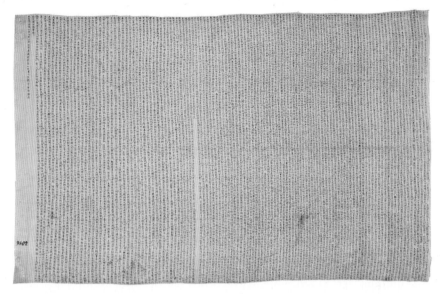

황사영백서

역적이라며 증오한 것도 이 때문이었다.

신유사옥 이후 잔존한 천주교 세력 역시 유항검 · 황사영 등의 행위가 반역 · 괴변임을 인정하면서 온건한 방식으로 신앙의 자유를 얻는 데 주력하였다.[자료10] 그러나 온건한 천주교도 역시 국법을 어기는 죄를 감수하면서 서양 신부를 밀입국시켜 신앙의 자유를 획득하는 데 주력하고 있었다. 한편 천주교도들 가운데 명문 사대부들은 거의 없었고 하층 사족이나 중서층 이하 서민과 부녀자들이 신도의 주종을 이루었다. 이들의 주된 관심은 현세 혹은 내세의 구복을 약속하는 천주교 신앙의 자유를 얻는 것이었지, 서구의 과학이나 이용후생 기술 도입을 통한 국가 혁신 등 서학 본래의 문제의식과는 멀어져 있었다.

이는 외국인 신부들 역시 마찬가지였다. 신유사옥 이후에도 천주교 신도들은 불법을 감수하고서 외국인 신부들을 영입하였다. 이에 따라 순조대부터 철종대에 걸쳐 많은 서양 신부들이 해상 혹은 국경을 불법으로 넘어와 조선에서 잠행하며 신자들을 이끌고 있었다. 순조대 이후 조선 대목구朝鮮代牧區는 파리외방선교회가 전담하였기 때문에 프랑스 신부들이 조선에 잠입하였다. 이들은 대부분 근대화의 변방이었던 농촌 지역의 평민 출신으로서, 갓 신부 서품을 받아 종교적 열정으로 가득하지만 아직 여러 모로 미숙한 20대 후반의 나이에다가, 물질적 발전만 추구하는 근대화에 반감을 가지면서도 서구 문명 우월주의를 벗어나지 못한 사람들이었다. 이들은 선교의 경험이 풍부하고 현지 문명을 존중할 뿐 아니라 귀족적 인문 교양과 선진 근대 과학 지식을 겸비하였던 예수회 소속 신부들과는 여러 모로 달랐다.

천주교도들은 서해안 혹은 지방의 두메산골 마을에서 폐쇄적 공동체를 이루며 신도 수를 점차 회복할 수 있었다. 그러나 이들은 국법이 금하는 사교를 믿고 불법 입국한 외국인 신부를 비호하는 불법에 노출되어 있었다. 집권 국가의 행정력을 갖추었던 조선 관리들은 오가작통제五家作統制를 통하여 이들의 동향을 소상히 파악하고 있었다. 순조대 이후 척사 정책은 헌종대에는 엄하게 철종대에는 느슨하게 시행되는 등 차이는 있었지만, 세도 당국자의 의지에 따라 언제든 탄압이 가능한 상황이었다.

헌종대에는 프랑스 신부인 앵베르(Imbert) · 샤스탕(Chastan) · 모방(Maubant)과 이들의 영입을 주도한 정하상丁夏祥 등을 처형한 기해사옥(헌종 5)과, 조선인 최초의 신부 김대건金大建 등을 처형한 병오사옥(헌종 12)이 발생하였다. 기해사옥은 신유사옥 이후 괴멸된 천주교 조직이 프랑스 신부 영입으로 다시 회복되는 양상을 보이자 풍양 조씨 세도가들이 강경한 탄압책을 펼친 사건이다. 병오사옥은 프랑스 군함 3척이 서해에 당도하여 기해사옥 당시 프랑스 성직자 처형의 책임을 묻자, 마침 서양 신부 영입을 도모하다가 체포된 김대건 신부 등을 외국과 내통한 죄로 처형한 사건이다.[자료11]

고종대에는 베르뇌(Berneux) · 다블뤼(Daveluy) 등 9명의 프랑스 신부와 남종삼南鍾三 · 홍봉주洪鳳周 등 처형을 시작으로 수년간 진행된 병인사옥(고종 3)이 발생하였다. 사옥이 시작되자 조선을 탈출한 리델(Ridel) 신부로부터 조선 사정을 알게 된 프랑스 극동함대 사령관 로즈(Roze)는 7척의 군함을 이끌고 강화도를 점령하여 자국 선교사 살해에 대한 책임을 묻는 '병인양요丙寅洋擾'를 일으켜 큰 피해를 입힌 뒤 조선의 강경한 대응으로 퇴각하였다.[자료12] 연이어 영국인 오페르트(Oppert)가 통상을 위한 협상에 이용하려고 대원군의 부친 남연군南延君 묘墓 도굴까지 시도하는 야만적 사건이 발생하였다. 이들 사건으로 천주교도는 외적을 불러들이는 무리로 재차 낙인찍혔다.

**대원군척화비(大院君斥和碑)**
비문에는 "서양 오랑캐가 침범하였는데 싸우지 않으면 화친하자는 것이다. 화친을 주장하는 것은 매국이다"라는 경고 문구가 적혀 있다.

대원군은 강경한 양이책攘夷策으로 대응하여, 실각하기 전까지 수년간 총 8,000여 명 이상의 천주교도들을 서양 오랑캐와 내통한 책임 등을 물어 처형하였다.

이처럼 천주교도들은 이양선異樣船의 출몰이라든가 선박을 앞세운 서양국의 통상 요구 등 국가·사회적 위기 상황이 발생할 때마다 외세와 내통하는 내부 협력자들을 처단한다는 명분으로 소위 '박해'를 당하기 일쑤였다. 실제로 천주교 지도층은 중국의 서양 신부들을 매개로 교황청과 은밀히 연계되어 있기도 하였고, 외국 선박이 서해 연안으로 접근할 때에 길잡이 역할을 하는 등 국법을 문란하게 하는 범법을 저지르기도 하였다. 천주교 지도층은 탄압의 빌미를 제공하였고, 당국자들은 위기 상황의 타개를 위하여 이를 이용하였던 것이다. 이 와중에 수많은 천주교도들이 연루되어 죽음을 맞았다. 물론 국가 방비를 소홀히 한 채 단순 추종자까지 과도하게 처형하여 정부의 무능을 천주교도들에게 전가한 조선 정부의 책임은 크나, 천주교도를 이용하여 무도하게 다른 나라를 침범하는 서양 제국의 횡포에 대해서는 엄중히 잘못을 논해야 할 것이다.

19세기 조선은 세도 정치가 계속되어 지배 세력의 정치적 조정 능력이 크게 훼손되고, 이에 따라 서학을 후원하는 정치 세력이 몰락한 상황이었다. 그 부작용으로 서학은 불온시되었고 현세를 부정하는 신앙 차원의 천주교의 형태로만 광범하게 퍼지고 있었다. 천주교 신도들이 불안한 현실의 타개를 위하여 강대한 외부 세력의 개입을 희구하였던 것은 조선의 정치 주도세력에 대한 반감 때문이기도 하였다. 그러나 조선 정부의 무능과 백성들의 반감에 기대어 천주교도들의 불법과 외세 결탁을 정당화할 수도 없다.

동아시아 천주교 문제의 본질은 서구 제국주의 국가들이 요구하는 통상通商과 신앙 자유를 허용할 것인지 여부에 있었다. 이 문제가 풀리지 않는 한 천주교 탄압, 곧 '순교殉教'는 피할 수 없는 상황이었다. 이는 비단 조선뿐 아니라 중국도 마찬가지였다. 그러나 중국이나 조선 모두 제국주의 국가의 압력에 저항하는 과정에서 세계를 주도하는 서양 문명의 수용이 피할 수 없는 대세임을 깨닫게 되어 마침내 통상과 선교를 허락하게 되었다. 이는 천주교 신자들의 무고한 희생, 곧 '순교'의 성과가 아니라 세계 정세와 정책 당국자의 결정에 의한 것이었다.

19세기 중엽 이후에는 척사론을 견지하면서 서양과 통상하고 그 문물을 수용해야 한다는 문호개방론門戶開放論이 점차 확산되는 추세였다. 이는 18세기 이래 서학론과 북학론을 계승하는 흐름으로서 천주교 신앙 운동과는 계통을 달리하는 흐름이다. 서학과 북학을 대표하는 정약용과 박지원·박제가 등의 문명론과 대외관을 계승하였던 이규경李圭景·박규수朴珪壽·최한기崔漢綺·신헌申櫶 등은 모두 척사론을 전제하면서도 서양 문물 수용을 위한 문호 개방을 주장하였다. 이는 외세 의존적인 천주교도들과는 달리 외세를 제어하면서 문호를 개방해야 한다는 주체적 개방론이었고, 고종은 결국 이 노선에 따라 개항을 결정하였다. 결국에는 통상과 신앙의 자유도 폭넓게 인정하게 되었던 것이다.[자료13] 조선의 척사 정책을 서양 문물에 대한 완강한 거부 내지 쇄국주의鎖國主義라고 일방적으로 규정하면서, 이로 인하여 천주교가 '박해'받고 조선 근대화가 실패한 것처럼 인식하는 통념은 재고되어야 한다.

### 자료1

주1 의기(儀器) : 여기에서는 천체 운동을 관측하는 기구를 이르는 말이다.

"명나라 만력 연간에 이마두(利瑪竇, Matteo Ricci)가 중국에 들어오면서 서양인과 교류하기 시작했다. (이마두는) 산수算數을 가지고 전도傳道을 하였고, 또한 의기儀器주1에도 정통하여 천문과 기상 관측[測候]이 신통하였고, 천체의 운행을 관측하고 계산하는 것[曆象]에 대해서 정밀하여 한나라와 당나라 이래로 전혀 없었던 것이었다. 이마두가 죽은 뒤에 배를 타고 동양으로 오는 사람이 항상 끊이지 않았다. 중국에서도 그들을 신기하게 여기고 기술을 사용하였으며, 호사가들이 때로 이들의 학문을 함께 숭상하였다. 강희康熙 말년에는 서양에서 건너온 이가 더욱 많았다. 그리하여 황제가 그들의 기술을 채집하여 『수리정온數理精蘊』이라는 책을 지어 흠천감欽天監에 주었으니, 이는 참으로 역상曆象에 있어서 심오한 근본이 된 것이었다. 북경성 내에 천주당天主堂 4개를 세우고 그들이 살게 하여 천상대天象臺라 부르게 되었다. 그 결과 서학西學이 성하게 되었다.

原文 皇明萬曆中, 利瑪竇入中國, 西人始通. 有以算數傳道, 亦工於儀器, 其測候如神, 妙於曆象, 漢唐以來所未有也. 利瑪竇死後, 航海而東者常不絶. 中國亦奇其人而資其術, 好事者往往兼尙其學. 康熙末, 來者益衆. 主仍採其術, 爲數理精蘊書, 以授欽天監, 實爲曆象源奧. 建四堂于城中, 以處其人, 號曰'天象臺'. 由是西學始盛.

_『담헌서』외집 7권, 연기 유포문답

### 자료2

주2 진주사(陳奏使) : 중국에 통고할 일이 있을 때에 임시로 보내는 사신

진주사陳奏使주2 정두원鄭斗源이 명나라 서울에서 돌아와 서양 화포西洋火砲 · 염초화焰硝花 · 천리경千里鏡 · 자명종自鳴鐘 · 자목화紫木花 및 각종 도서 등을 올렸다. … 【정두원이 먼저 와서 장계를 올리기를, "육약한(陸若漢, Johannes Rodriguez)은 바로 이마두利瑪竇의 친구로서 자기 나라에 있으면서 화포火砲를 만들어, 말썽을 부리던 홍이紅夷 · 모이毛夷를 섬멸하였고 게다가 천문天文과 역법曆法에는 더 정통합니다. 그가 광동廣東에 와서, 홍이포로 오랑캐 무리를 토벌하자고 청하자 황제는 그를 가상히 여기고 그에게 교관敎官을 맡겨 등주登州의 군문으로 보내어 빈사로 대우하였습니다. 흠천감欽天監에서 역서曆書를 만들 때도 전적으로 육약한의 말대로 하였습니다. 하루는 육약한이 신을 찾아왔는데 나이가 97세인데도 정신이 깨끗하고 기상이 표연한 게 마치신선 같았습니다. 신이, 화포 1문을 얻어 우리나라에 가 바치고 싶다고 했더니 그는

즉석에서 허락을 하고 아울러 기타 서적과 기물들을 주었기에 그것들을 뒤에다 열거합니다. 『치력연기治曆緣起』1책, 『천문략天文略』1책, 이마두의 『천문서天文書』1책, 『원경설遠鏡說』1책, 『천리경설千里鏡說』1책, 『직방외기職方外記』1책, 『서양국풍속기西洋國風俗記』1책, 서양국에서 바친 『신위대경소神威大鏡疏』1책, 「천문도天文圖」·「남북극南北極」2폭, 「천문광수天文廣數」2폭, 「만리전도萬里全圖」5폭, 「홍이포제본紅夷砲題本」1책입니다. …"」하였다.

**原文** 陳奏使鄭斗源, 回自帝京, 獻西洋西砲·焰硝花·千里鏡·自鳴鍾·紫木花·諸圖書等物. … 【鄭斗源先來狀啓曰: "陸若漢卽利瑪竇之友. 嘗在其國, 製火砲以滅紅夷·毛夷之作梗者. 尤精於天文曆法. 到廣東, 請以紅夷砲討虜師, 帝嘉之以爲掌敎官, 送于登州軍門, 待以賓師. 欽天監修曆, 亦全用若漢之言. 一日若漢來見臣時, 年九十七, 精神秀麗, 飄飄然若神仙中人. 臣願得一火砲歸獻, 若漢卽許之, 並給其他書器. 列錄於後. 『治曆緣起』一冊·『天文略』一冊·『利瑪竇天文書』一冊·『遠鏡說』一冊·『千里鏡說』一冊·『職方外記』一冊·『西洋國風俗記』一冊·『西洋國貢獻神威大鏡疏』一冊·「天文圖」·「南北極」兩幅·「天文廣數」兩幅·「萬里全圖」五幅·「紅夷砲題本」一.】

_「국조보감」, 인조 9년 7월

### 자료3

『천주실의』는 이마두利瑪竇가 편찬한 책이다. … 그 학은 오로지 천주天主를 가장 높이는 것이다. 천주란 유가의 상제上帝인데, 천주를 공경하고 두려워하여 섬기고 믿는 것이 마치 불교의 석가釋迦와 같다. … 대개 천하의 대륙이 5개인데 중간에 아세아亞細亞가 있고 서쪽에 구라파가 있는데, 지금 중국은 아세아 중 10분의 1을 차지하고 있다. … (이마두는) 중국어를 배우고, 중국책을 읽었으며, 저서가 수십 종이나 된다. 그가 천문과 지리를 관찰하고 역법曆法을 계산해내는 오묘함은 중국에 일찍이 없던 것이다. 그는 머나먼 지역의 사람으로서 바닷길을 건너와 중국의 학자와 고관들과 사귀었는데, 중국의 학자와 고관들이 옷깃을 여미고 공경하며 높이 받들어 모시고 '선생'이라 일컬으며 감히 거스르지 않았으니, 뛰어난 선비이다. 그러나 그는 불교를 배척하는 데에는 열심이었으나, 천주학이 결국 불교와 같이 허망虛妄한 데로 귀결됨을 깨닫지 못하였다.

**原文** 『天主實義』者, 利瑪竇之所述也. … 其學專以天主爲尊. 天主者, 卽儒家之上帝, 而其敬事畏信, 則如佛氏之釋迦也. … 蓋天下之大州五, 中有亞細亞, 西有歐羅巴, 卽今中國乃亞細亞中十分居一. … 習中國語, 讀中國書, 至著書數十種. 其仰觀俯察, 推筭授時之妙, 中國未始有也. 彼絶域外臣, 越溟海, 而與學士大夫遊, 學士大夫莫不斂衽崇奉稱先生而不敢抗, 其亦豪傑之士也. 然其所以斥竺乾之敎者至矣, 猶未覺畢竟同歸於幻妄也.

_『성호전집』 권55, 발천주실의

### 자료4

저는 중국의 흠천감欽天監에서 역서曆書를 만드는 서양 사람들은 모두 기하학에 밝고 이용후생의 방법에 정통하다고 들었습니다. 국가에서 참으로 관상감 한 부서의 비용으로 임용하여 그 사람들을 초빙하여 관상감에 근무하게 하고, 나라의 우수한 인재들을 그들에게 보내 천문과 그 운행, 악기의 음율, 의기儀器의 도수度數를 비롯하여 농업과 잠업, 의약, 자연재해, 기후의 이치, 그리고 벽돌 제조, 가옥 · 성곽 · 교량의 건축, 구리와 옥의 채광, 유리를 굽는 방법, 수비용 화포를 설치하는 법, 관개하는 법, 수레를 통행시키고 배를 건조하는 방법, 벌목하고 바위를 운반하는 법, 무거운 것을 멀리 운반하는 기술 등을 학습하도록 조치하십시오. … 신의 판단으로는 그들 수십 명을 가옥 한 채에 거처하게 하면 난을 일으키지 못할 것이 분명합니다. 더구나 그들은 결혼도 벼슬도 하지 않고 금욕 생활을 하면서 먼 나라를 여행하여 포교하는 것을 목표로 하고 있습니다. 저들 종교가 비록 천당과 지옥을 독실하게 믿어 불교와 다름이 없기는 합니다. 그러나 저들이 소유한 후생厚生에 필요한 도구는 불교에는 없는 것입니다. 저들이 소유한 도구에서 열 가지를 취하고 나머지 한 가지를 금지하는 것이 좋은 계책입니다.

**原文** 臣聞中國欽天監, 造曆西人等, 皆明於幾何, 精通利用厚生之方. 國家誠能授之以觀象一監之費. 聘其人而處之, 使國中子弟, 學其天文躔次鍾·律儀器之度數.農桑醫藥·旱澇燥濕之宜, 與夫造瓴甓, 築宮室·城郭·橋梁, 掘坑銅, 取卝玉, 燔燒琉璃, 設守禦火礮, 灌漑水法, 行車裝船, 伐木運石, 轉重致遠之工. … 臣料其徒數十人, 居一廛, 必不能爲亂. 且其人, 皆絶婚窒, 屛嗜欲, 以遠遊布敎爲心. 雖其爲敎, 篤信堂獄, 與佛無間. 然厚生之具, 則又佛之所無也. 取其十而禁其一, 計之得者也.

_『북학의』 병오정월이십이일조참시전설서별제박제가소회

### 자료5

주상이 말하기를, "명나라 때의 이마두利瑪竇가 수정한 역법이 지극히 정묘精妙했었

다. 이마두는 외국 사람인데 어떻게 혼자서 정묘한 곳을 풀게 되었고, 또한 완벽하게

되어 다시는 잘못될 염려가 없게 된 것이겠는가?" 하니, 이가환이 말하기를, "(이 역법

은) 이마두 이후에 또 탕약망(湯若望, Adam Schall) 등이 수정하였으니, 역시 이마두의

순전한 창작은 아닙니다. 서양 사람들은 예부터 전문가가 많아서 서로 전수傳授하면

서 책력을 만들었고 의기儀器로 측정測定 하였으나, 그 의기의 도度·분分·초秒가 천

체天體와 차이 나는 바가 매우 컸습니다. 서양 사람들이 이미 오래 가면 반드시 차이

가 나게 된다고 말하였습니다" 하였다.

原文　上曰: "明時利瑪竇修正曆法, 極其精妙. 瑪竇, 以外國之人, 何以獨解其妙處, 亦果能到

十分處, 不復有差舛之慮否?" 家煥曰: "利瑪竇之後, 又有湯若望等修之, 而亦非利瑪竇所自創.

西洋人, 從古多有專門, 互相傳授造曆, 以儀器測之, 而儀器之度·分·秒, 在天體, 所差甚大. 西洋

人已自言, 其久則必差矣."

_『정조실록』 권5, 정조 2년 2월 14일 을사

**자료6**

1790년에 조선 사절의 일행을 따라 윤尹 바오로有─씨가 새로운 그리스도 교회의 편

지를 가지고 북경에 도착했다. 이 편지에서 조선의 교우들은 조선에서의 복음 전도

의 상황을 설명하고 성물聖物과 종교 서적을 간절히 요구했다. … 그들이 나에게 의

문점을 제시한 것 중에는 부모의 위패를 세우는 문제와 이미 세운 위패의 보존을 허

용하는지에 관한 물음이 있었다. 이에 대하여 나는 … 교황 클레멘스 11세의 "Ex illa

die"(1715년)에서 로마 교황청이 지나칠 정도로 명백하게 결정한 바에 따라 부정적인

대답을 해주었다. 이 대답은 조선의 많은 양반들로 하여금 그리스도교를 버리게 하는

일차적 원인이 되었다. … 그들이 로마 교황의 칙서보다도 더 명언처럼 취급하고 있

는 미신迷信에 대한 대답이 담긴 나의 사목 서간을 읽은 조선의 양반들은 그들 조국의

풍속이나 잘못된 관습을 버리기보다는 차라리 이제까지 그들이 진리의 종교라고 믿

었던 그리스도교를 버리는 쪽을 택했다.

_구베아 주교 서한(신복룡, 「천주학의 전래와 조선조 지식인의 고뇌」, 『한국정치학회보』 31-2, 129쪽에서 재인용)

**자료7**

호남의 죄수 윤지충과 권상연을 사형에 처하고, 진산군珍山郡은 5년을 기한으로 현縣

으로 강등하였다. … 형조가 아뢰기를, "… 신들이 삼가 『대명률大明律』의 「금지사무사
술禁止師巫邪術」 조항을 보니 '일체의 좌도左道, 즉 정도正道를 어지럽히려는 술책으로,
도상圖像을 숨기고 감추거나, 향을 피워 무리를 모아 밤에 모였다가 새벽에 흩어져서,
겉으로는 착한 일을 하는 듯 꾸미고 백성을 부추겨 현혹시키면 수범은 교형이다' 하
였고, 「발총發塚」 조에는 '부조父祖의 신주를 훼손한 자는 시신을 훼손한 법률에 비례
한다. 자손이 조부모나 부모의 시신을 훼손하고 버린 경우에는 참수하되, 두 죄가 함
께 발생한 때에는 무거운 쪽으로 논죄한다' 하였습니다. 윤지충과 권상연 등을 보면
요서妖書의 사특한 술수를 서로 전해 익히고, 심지어 부조父祖의 신주를 직접 태워버
렸으니, 흉악하고 패륜함이 이를 데 없어 사람의 도리가 완전히 끊어졌습니다. 위의
율에 따라 시행하소서" 하니, 윤허하였다. 전교하기를, "… 불에 태웠건 묻었건 따질
것 없이 사당 안에 있던 신주에 의도적으로 손을 댔으니, 이런 짓을 할 수 있는 자라면
무슨 짓인들 차마 하지 못하겠는가. 사형에 처하는 것만도 오히려 가벼운 처분이라고
하겠다."

**原文** 命湖南囚尹持忠、權尙然用大辟, 降珍山郡限五年爲縣. … 刑曹啓言: … 臣等謹考『大
明律』「禁止師巫邪術」條曰: '凡一應左道亂正之術, 或隱藏圖像, 燒香集衆, 夜聚曉散, 佯修善
事, 煽惑人心, 爲首者絞.' 「發塚」條曰: '毁父祖神主者, 比毁屍律, 子孫毁棄祖父母父母死屍者, 斬.
二罪俱發, 從重論.' 今此尹持忠·權尙然等, 妖書邪術, 潛相傳習, 甚至於父祖祠版, 手自焚毁, 窮凶
極悖, 人理滅絶, 依右律施行." 允之. 敎曰: "… 毋論焚與埋, 用意下手於祠中之版者, 是可忍, 孰不
可忍! 猶屬歇後.

_『정조실록』, 권33, 정조 15년 11월 8일 기묘

**자료8**

갑인년(1794, 정조 18) 이후 시골에 사학邪學이 날로 성하였는데, 충청도 지방이 더욱
심하였다. 을묘년(1795)에 중국 사람을 놓친 뒤로 주상은 매우 걱정이 되어 자주 장용
위壯勇衛와 연부蓮府의 별군직別軍職과 선전관宣傳官으로 하여금 기미를 몰래 살피게 하
였으나, 아무리 하여도 결국 종적을 알 수 없었다. 충청감사 김이영(金履永, 뒤에 이름
을 김이양으로 고침)과 병사 정충달鄭忠達에게 명하여 사교邪敎에 물든 자들을 자세히
조사하고 살펴 일일이 다스리게 하였다. 그 일이 조지朝紙<sup>주3</sup>에는 나지 않았으므로 아
는 자가 적었다. … 내포內浦 지역의 사학邪學 무리는 해미 진영海美鎭營에서 다스렸으

주3 조지(朝紙) : 승정원(承政院)에
서 처리한 사항을 매일 아침에 기
록하여 반포하는 관보(官報). 기별
(寄別), 난보(爛報), 조보(朝報)라고
도 함.

니, 무오(1798)과 기미(1799) 두 해 동안 형벌로 죽은 자가 100여 명이 넘었다. … 주상의
뜻은 반드시 주문모를 먼저 잡은 뒤에 사학의 무리들을 크게 다스리려 하였으나(황
사영 백서에도 이 말이 있음), 갑자기 경신년(1800)에 돌아가셔서 일이 이루어지지 못하
였다.

**原文** 自甲寅以後, 閭巷間邪學日熾, 湖西尤甚. 及乙卯華人失捕後, 上深以爲憂, 屢令壯勇衛·
蓮府別軍職·宣傳官潛機密察, 無所不至, 終不知蹤跡. 命忠淸監司金履永(後改名履陽)兵使鄭忠
達廉察按治染邪者, 一一刑治, 其事不出朝紙, 故知者或鮮. … 其內浦諸邪, 則或付海美鎭營治
之. 戊午己未兩年間, 刑斃者不下百餘人. … 上意必欲先捉文模而後大治邪徒(嗣永帛書亦有此
語), 遽値庚申大漸, 事未果行.

_「벽위편」 권4, 무기양년호서치사

**자료9**

이 나라의 병력은 본래 가냘프고 약하여 모든 나라의 끄트머리인데다가 … 위에는 뛰
어난 임금이 없고, 아래에는 어진 신하가 없어서 자칫 불행한 일이 있기만 하면 와르
르 무너져버릴 것이 틀림없습니다. 만약 배 수백 척과 정병 5·6만을 얻어 대포 등 날
카로운 무기를 많이 싣고, … 곧장 이 나라 해변에 이르러 국왕에게 글을 보내어 "우
리는 서양의 전교하는 배로, 자녀나 재물 때문에 온 것이 아니다. … 귀국에서 한 사
람의 선교사를 용납하여 기꺼이 받아들인다면 우리는 그 이상 더 많은 것을 요구하
지 않을 것이요, 한 발의 탄환과 한 대의 화살도 쏘지 않고 절대로 티끌 하나 풀 한 포
기도 건드리지 않을 것이며, 영원한 우호의 조약만 맺고는 북치며 춤추며 돌아갈 것
이오. 그러나 만약 천주님의 사자를 받아들이지 아니하면 마땅히 주님의 벌을 받들어
행하고 죽어도 발꿈치를 돌리지 않을 것이오"라 하십시오. … 서양은 곧 성교聖敎의
근본이 되는 땅으로서 2,000년 이래 모든 나라에 성교가 전해져서 귀화하지 않은 곳이
없습니다. 그런데 홀로 이 탄알만 한 나라만이 다만 명령에 순종하지 않을 뿐더러 도
리어 강경하게 버티어 성교를 잔혹하게 해치고 성직자를 마구 학살하였습니다. … 군
사를 일으켜 죄를 묻는 것이 어찌 옳지 않겠습니까.

**原文** 本國兵力, 本來孱弱, 爲萬國末, … 上無長君, 下無良臣, 脫有不幸, 土崩瓦解, 可立而待
也. 得海舶數百精兵五六萬, 多載大砲等利害之兵器, … 直抵海濱, 致書國王曰, 吾等卽西洋傳教
舶也, 非爲子女玉帛而來. … 貴國肯容一介傳教之士, 則吾無多求, 必不放一丸一矢, 必不動一塵
一草, 永結和好, 鼓舞而去. 不納天主之使, 則當奉行主罰, 死不旋踵. … 太西則乃聖教根本之地,

二千年來傳教萬國, 莫不歸化. 而獨此彈丸東土, 不但不卽順命, 反來梗化, 殘害聖教, 戮殺神司.
… 興師問罪, 有何不可.

_「황사영 백서」

### 자료10

저는 나라와 백성을 해치는 마음을 갖지 않았지만, … 황사영의 마음에 나라를 해치는 말을 논하지 않더라도 문서에 남아 있는 글이 있으니 역적이라고 하겠습니다. … 서양인이 조선에 왔을 때 저는 황사영 백서에서 거론한 일들을 묻기를, "천하에 어찌 이런 일이 있을 수 있는가? 외국의 도적을 불러들여 자기 나라를 해치는 일이 교회법에 있는가?" 하니, 서양 사람이 크게 웃으며 대답하기를, "우리의 교회법에 어찌 이 같은 일이 있겠는가?" 하였습니다. … 저는 평생 황사영의 백서가 교회법을 벗어난 괴변怪變이라고 생각하였습니다.

**原文** 矣身雖無凶國害民之心. … 嗣永之心腸, 姑無論凶國之言, 筆於文蹟, 故謂之逆矣 … 洋漢出來之後, 矣身以帛書中所有之事, 問諸洋人曰: "天下寧有是事乎? 招外寇害本國之事, 敎法中亦有是事乎?"云則洋人大笑, 而答曰: "吾之敎法中, 豈有是事乎云矣." … 矣身平生常以帛書爲敎法怪變.

_「헌종기해사학모반죄인양한진길등안」 헌종 5년 9월 13일

### 자료11

사학 죄인 김대건金大建을 효수梟首하라고 명하였다. 김대건은 용인사람이며 열다섯에 중국의 광동성廣東省에 들어가서 천주교를 배우고 계묘년(1843, 헌종 9)에 … 몰래 돌아와 서울에서 교주가 되었다. 이 해 봄에 황해도에 가서 고기잡이 하는 중국 선박을 만나 광동에 있는 서양 사람에게 글을 부치려 하다가 그 지역 사람에게 잡혔다. … 포도청에서 한 달에 걸쳐 힐문하였는데, 말하는 것이 매우 교활하여 서양 선박의 강성함을 믿고 협박하여 말하기를, "우리나라는 끝내 저들의 천주교를 금할 수 없을 것이다. 여기저기에 쓴 은전銀錢과 서울 안팎에서 쓴 화폐는 모두 서양인이 국경의 책문柵門을 경유하여 보낸 것이다" 하였다. … "서양 여러 나라의 말에 능통하므로, 신부神父로서 각국을 위하여 통역한다" 하였다.

**原文** 命邪學罪人金大建梟首. 大建, 以龍仁人年十五, 逃入廣東, 學洋敎, 癸卯, … 潛還爲敎主於都下. 是年春, 往海西, 遇漁採唐船, 要寄書于廣東洋漢, 爲土人所捉. … 自捕廳, 閱月盤覈,

其爲說極狡獪, 挾洋舶之强而脅之, 謂'我國終不可禁渠敎. 布散銀錢, 京外爛用之貨, 皆洋漢之由
柵中輸送也.' … '能通洋外諸蕃話, 故以神父而爲各國通事.' 云.

_『헌종실록』권13, 헌종 12년 7월 25일


**자료12**

"… 나는 프랑스 황제의 명을 받고 우리나라 군사들과 백성들을 보호하려고 이곳에
있는 것이다. 올해에 이 나라에서 잘못 없이 죽임을 당한 사람은 우리나라의 전교사
傳敎士로 추앙받고 존중되던 사람이다. 너희는 어질지 못하게 불의不義로 그를 죽였으
니 공격하여 응징하는 것이 마땅하다. … 중국에서 지난 몇 해 전에 일어난 일을 듣지
못했는가? 그들이 불인不仁을 행하고 이런 흉악한 행위를 저질렀다가 우리 대국에서
토벌하니 머리를 숙이고 우리의 명령을 따르지 않을 수 없게 되었다. … 만약 귀를 기
울여 명을 따르지 않으면 전혀 용서받지 못할 것이다. 1. 세 사람이 관청을 부추겨 우
리나라 전교사를 살해한 것에 대해 엄정히 분별할 것이다. 1. 너희 관청에서는 조속히
전권全權을 지닌 관원이 조속히 이곳에 와서 직접 면대하여 영구적인 장정章程주4을 확
정하라. … 만약 명령을 받지 않으면 본 대신이 기일을 앞당겨 너희들에게 환난患難
을 줄 것이니, 너희 백성들이 재난을 당하는 근원이 될 것이다. 그때 가서 미리 말하지
않았다고 말하지는 마라." 이에 대원군大院君이 묘당廟堂에 글을 써 보내기를, "… 양이
洋夷들이 여러 나라를 침략한 것은 본래 있었지만 지금까지 몇백 년간 이 적들은 감히
뜻을 이루지 못하였다. 그러다가 몇 해 전 중국이 화친을 허락한 다음부터 제멋대로
날뛰는 것이 곱절이나 더해져서 도처에서 포악한 행동을 감행하여 모두 그들의 해를
입게 되었다. … 지금 상하上下의 사람들이 만약 의심하거나 겁을 먹는다면 모든 일은
와해瓦解되고 국사國事는 그르치게 된다. 나에게 마음속으로 굳게 정한 세 가지 일이
있으니, 이 군은 맹세를 알고 나의 뒤를 따르라. 첫째, 고통을 참지 못하고서 화친하
는 것은 나라를 팔아먹는 행위이다. 둘째, 그들의 해악을 참지 못하고 교역을 허락한
다면 이는 나라를 망하게 하는 행위이다. 셋째, 적들이 도성에 쳐들어왔다고 해서 만
약 도성을 버리고 간다면 이는 나라가 위태롭게 하는 행위이다"라고 하였다.

주4 장정(章程) : 어떤 사무를 실행
하기 위한 세부 규칙

**原文** "予以本朝大皇帝命, 護庇本國軍民人等, 在此方寓者, 其所以於本年在此邦無辜遭誅
者, 係我國傳敎士推重之人也. 爾司不仁, 弑之不義, 極宜攻罰. … 不聞乎中國前數載, 伊行不仁,
犯此凶行. 我本大國, 征之軏之, 俾不得不俯首尊命而行. … 若不傾耳受敎, 全無饒處. 一, 因有三

員唆弄其司爲源由, 殺我朝傳教士者嚴辨. 一, 爾司宜早差全權一員, 披星戴月, 來此面議, 永定
章程. … 若不欽命, 本大臣先期與爾是諸患難, 爾民受災之根, 勿謂言之不先也." 是時大院君致
書于廟堂曰: "洋夷侵犯, 列國亦自有之. 于今幾百年, 此賊不敢得意矣. 伊自年前中國許和之後,
跳踉之心, 一倍叵測, 到處施惡, 皆受其毒. … 今日上下, 若有疑怯, 則萬事瓦解, 國事去矣. 我有
三件劃定于心者, 諒此血誓, 隨我蹕後焉. 一, 不耐其苦, 若和親則是賣國也. 一, 不耐其毒, 若許
交易則是亡國也. 一, 賊迫京城, 若有去邠則是危國也."

_「고종실록」 권3, 고종 3년 9월 11일

**자료13**

전교하기를, "근년 이래로 천하의 대세는 옛날과 판이하게 되었다. 영국 · 프랑스 ·
미국 · 러시아 같은 구미歐美 여러 나라는 … 배나 수레를 타고 지구를 두루 돌아다니
며 만국萬國과 조약을 체결하여, 병력兵力으로 서로 견제하고 만국공법萬國公法으로 서
로 견제하는 것이 마치 춘추 열국春秋列國의 시대를 방불게 한다. 그러므로 천하에서
홀로 존귀하다는 중화中華도 오히려 평등한 입장에서 조약을 맺고, 서양의 배척에 엄
격하던 일본日本도 결국 수호修好를 맺고 통상을 하고 있으니 어찌 까닭 없이 그렇게
하겠는가? 참으로 형편상 부득이하기 때문이다. … 의론하는 자들은 또 서양 나라들
과 수호를 맺는 것을 가지고 점점 사교邪敎에 물들 것이라고 말하고 있다. 이는 진실
로 사문(斯文, 유교)을 위해서나 세상의 교화를 위해서나 깊이 우려되는 문제이다. 그
러나 수호를 맺는 것과 사교를 금하는 것은 별개의 사안이다. 조약을 맺고 통상하는
것은 다만 만국공법에 의거할 뿐, 애당초 내지內地에 전교傳敎를 허락하지 않았다. …
그들의 종교는 사교이므로 마땅히 음탕한 음악이나 요염한 여색女色처럼 여겨서 멀리
해야겠지만, 그들의 기계는 이로워서 진실로 이용후생利用厚生할 수 있으니 농기구 ·
의약 · 병기 · 배 · 수레 같은 것을 제조하는데 무엇을 꺼려하며 하지 않겠는가? 그들
의 종교는 배척하고, 기계를 본받는 것은 진실로 병행하여도 사리에 어그러지지 않는
다. … 만일 저들의 기계를 본받지 않는다면 무슨 수로 저들의 침략을 막고 저들이 넘
보는 것을 막을 수 있겠는가? … 이미 서양과 수호를 맺은 이상 서울과 지방에 세워놓
은 척양斥洋 비문들은 시대가 달라졌으니 모두 뽑아버리도록 하라."

**原文** 敎曰, … 挽近以來, 宇內大勢, 迥異前古. 歐米諸國, 如英如法如美如俄, … 舟車遍于地
毬, 條約聯于萬國, 以兵力相衡, 以公法相持, 有似乎春秋列國之世. 故以中華之獨尊天下, 而猶
然平等立約, 以日本之嚴於斥洋, 而終亦交好通商, 是豈無自而然哉? 誠以勢不得已也. … 議者

又以聯好西國, 謂將漸染邪敎. 此固爲斯文爲世敎深長慮也. 然聯好自聯好, 禁敎自禁敎. 立約通商, 只據公法而已. 初不許傳敎內地. … 其敎則邪, 當如淫聲美色而遠之, 其器則利, 苟可以利用厚生, 則農桑·醫藥·甲兵·舟車之製, 何憚而不爲也? 斥其敎而效其器, 固可以竝行不悖也. … 苟不效彼之器, 何以禦彼之侮而防其覬覦乎? … 且旣與西國修好, 則京外所立斥洋碑刻, 時措有異, 故竝行拔去.

_「고종실록」 권19, 고종 19년 8월 5일

『고종실록(高宗實錄)』

『북학의(北學議)』

『정조실록(正祖實錄)』

『국조보감(國朝寶鑑)』: 조선 시대 역대 왕의 업적 가운데 선정만을 모아 편찬한 편년체의 사서이다. 편찬 구상은 세종대이고, 이를 계승하여 1457년(세조3)에 4조의 보감을 처음 완성하였다. 이후 1782년(정조6) 68권 19책, 1847년(헌종13) 82권 24책, 1908년(융희2) 90권 28책으로 간행되었다.

『담헌서(湛軒書)』: 조선 후기의 실학자 홍대용(洪大容)의 시문집으로 15책이며 필사본이다. 5대손 영선(榮善)이 1939년 7책으로 활자화하여 신조선사(新朝鮮社)에서 발간하였다. 권수는 내집 4권, 외집 10권, 끝에 부록이 있다.

『벽위편(闢衛編)』: 18세기 말엽에서 19세기 중엽까지 천주교 신앙 운동을 물리친 기록을 모은 책이다. 이기경(李基慶)과 후손들이 보충하여 1931년 5대손 만채(晩采)가 간행한 현행본(現行本)과 이기경이 필사한 양수본(兩水本)의 두 가지가 있다. 사도(邪道)를 물리치고 정도(正道)를 옹호한다는 '벽사위정(闢邪衛正)'의 준말을 표제로하였다.

『황사영백서(黃嗣永帛書)』: 황사영이 1801년(순조 1) 신유박해의 전말과 그 대응책을 흰 비단에 적어 중국 북경의 구베아(Gouvea) 주교에게 보내고자 한 밀서이다. 현재 로마교황청 민속박물관에 보관되어 있다.

『헌종기해사학모반죄인양한진길등안(憲宗己亥邪學謀叛罪人洋漢進吉等案)』: 헌종 기해사옥 때 서양 신부 앵베르, 모방과 조선 천주교인 유진길(劉進吉) 등의 죄를 추국(推鞫)한 국안(鞫案)이다.

『헌종실록(憲宗實錄)』: 조선 제24대 국왕 헌종의 재위 기간(1834년 11월~1849년 6월) 동안의 역사를 기록한 책이다. 1849년(철종 즉위년) 11월 15일에 교서관(校書館)에 실록청을 개설하고 편찬을 시작하여 1851년 9월에 인쇄하여 사고(史庫)에 봉안하였다.

샤를르 달레, 안응렬·최석우 역, 『한국천주교회사』, 한국교회사연구소, 1980.

이원순, 『한국서학사연구』, 일지사, 1986.

조광, 『조선후기 천주교사 연구』, 고려대학교 민족문화연구소, 1988.

강재언, 『조선의 서학사』, 민음사, 1990.

440 뿌리 깊은 한국사 샘이 깊은 이야기

도널드 베이커, 김세윤 옮김, 『조선후기 유교와 천주교의 대립』, 일조각, 1997.

차기진, 『조선후기의 서학과 척사론 연구』, 한국교회사연구소, 2002.

히라가와 스게히로, 노영희 역, 『마테오 리치』, 동아시아, 2002.

국사편찬위원회, 『한국사35 : 조선후기의 문화』, 탐구당, 2003.

신복룡, 「천주학의 전래와 조선조 지식인의 고뇌」, 『한국정치학회보』31-2, 1997.

원재연, 「조선후기 서양인식의 변천과 대외개방론」, 서울대 박사학위 논문, 2000.

조현범, 「19세기 프랑스 선교사들의 문명관」, 『교회사연구』15, 2000.

조현범, 「19세기 중엽 프랑스 선교사들의 극동정세 인식과 출병 문제」, 『한국사상사학』19, 2007.

김병태, 「명말청초 '전례논쟁'의 선교사적 이해」, 『한국기독교와 역사』28, 2008.

# IV.

# 사회 변동과 농민 항쟁

# 1 신분제가 크게 동요하다

신분제의 변동

조선의 신분제는 중세 국가와 사회 체제의 안정적인 유지와 운영을 담보하는 근간으로서 중시되었다. 그러나 양란(兩亂) 이후의 사회·경제적 변동은 신분 이동과 신분 내 계층 분화를 촉진하였고, 이윽고 신분 질서의 동요로 이어지게 되었다. 이 같은 신분제의 변화는 하층민의 성장에 따른 중세 체제의 붕괴 과정을 드러내는 동시에, 이런 현실에 대응하기 위해 조선 지배층이 마련한 사회 정책의 소산이었다.

## 임진왜란 이후의 사회 변화와 신분제 이완

조선 초기 정부는 사회의 전 구성원을 양인과 천인으로 대별大別하는 양천제良賤制를 법제화하였다. 양천제 하에서 양인은 과거에 응시하고 벼슬길에 오를 수 있는 자유민으로, 조세와 국역 등의 의무를 지녔다. 반면 천민은 비자유민으로, 개인이나 국가에 소속되어 천역賤役을 담당하였다. 그러나 16세기 이후에는 양반, 중인, 상민, 천민의 네 신분으로 구성된 반상제班常制가 자리를 잡게 됨에 따라, 각 신분은 고정되어 세습되어갔고, 신분별로 권리와 의무에 차등이 분명해졌다. 반상제는 백성들이 각자의 처지에서 맡은 바 임무를 충실히 담당해야 사회 질서가 온전히 유지된다고 보는 성리학적 명분론에 입각한 제도인 동시에, 지배층인 양반이 피지배층을 구별하고 지배하는 원리이기도 하였다.

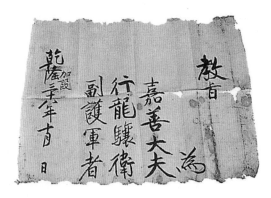

**공명첩(空名帖)**
공명첩은 국가에서 부유한 사람들에게 재물을 받고 형식상의 관직을 지급한 임명장이다. 비어 있는 난에 재물을 바친 자의 성명을 기입한 후 발급하였다.

이 같은 배경 하에 엄격하게 작동하던 신분제는, 그러나 임진왜란을 계기로 이완되기 시작했다. 전란戰亂을 치르는 과정에서 백성들이 각지로 유망流亡하였고 노비 문서는 소각되었으며, 조세 파악의 근거인 호적과 토지대장마저 소실되었다. 막대한 인명 피해와 인구의 지역적 이동, 노비의 도망, 토지 손실 등으로 정부는 민정民丁과 노비의 파악이 곤란해졌으며 재정 확보에도 난항을 겪었다.

조선 정부는 전쟁을 수행하는 데에 필요한 인적·물적 자원을 확보하기 위해 대책을 강구하지 않을 수 없었다. 군사적 측면에서는 임진왜란 발발 당시 부족한 정병正兵을 충당하기 위해 종래에 군역을 지지 않았던 공사천公私賤과 서얼庶孼까지 동원하였고, 군사들의 사기를 진작시키기 위해 논공행상論功行賞도 적극적으로 시행하였다. 이에 따라 하층민 가운데 군공軍功을 세운 자는 그 공로의 정도에 따라 신분을 상승시킬 수 있었다.[자료1]

경제적 측면에서도 납속책納粟策을 실시하여 돈이나 곡식을 바친 향리, 서얼, 백성들에게 신분에 따라 면역免役 혹은 면천免賤을 허용하거나 관직을 수여하여 재정 조달의 방편으로 삼았다.[자료2] 한편 조선 정부는 부유층으로부터 돈이나 곡식을 받고 명예직 관직 임명장인 공명첩空名帖을 발급하기도 하였다.[자료3] 이상과 같은 시책들은 결과적으로 하층민이 신분 상승을 꿈꿀 수 있는 통로가 되었다.

임진왜란이 종식되면서 하층민의 신분 상승을 가능하게 했던 각종 임시 조치들은 폐지되었다. 그러나 전란기에 진행되었던 신분제의 혼란은 전쟁 이후에도 일정한 영향을 미쳤다. 그리하여 내란內亂이나 외침外侵으로 국가적 위기 상황이 조성될 때마다 각종 신분 포상을 규정한 논상 사목論賞事目이 자주 마련되었다. 또 전후戰後 복구되거나 확장된 국가 기구를 유지하는 데에 필요한 비용을 충당하기 위해 납속納粟 등의 방안이 지속적으로 검토되어 시행되었다. 17세기 이래 농업 생산력과 상품 화폐 경제의 급격한 진전에 힘입어 하층민은 제한적인 범위에서나마 적극적으로 신분 상승을 도모하였다.

　신분제에 대한 종래의 명분론적 인식이 이완되는 가운데 신분 계층은 다양하게 분화하였다.[자료4] 이는 결국 양반의 증가와 노비의 감소로 귀결되면서 신분 구조는 점차 역삼각형의 형태로 전환되어갔다.[자료5] 조선 사회의 근간으로 기능했던 신분제가 18, 19세기에 이르러 현저하게 변모하고 있었던 것이다.


## 양반 지배층의 분화와 사회 기강의 해이

　조선 후기의 사회 경제적 변동과 병행하여 양반 지배층 사이에는 정치적 갈등이 심화되고 있었다. 그리하여 서울과 경기 지역에 거주하는 일부의 경화사족京華士族을 제외하고는 핵심 권력에 접근하기가 용이하지 않았다. 숙종조 이후 경향京鄕의 분기分岐가 뚜렷해졌는데, 18세기 영조와 정조의 탕평 정치蕩平政治를 거치면서 문벌 중심의 인재 등용이 늘어남에 따라 경화사족의 정치적 비중이 더욱 증대되었다. 19세기에는 경화사족 내부에서도 거족巨族, 벌열閥閱이라 불렸던 소수의 세도가문勢道家門이 형성되었으며 정치권력은 중앙으로 더욱 집중되었다. 이에 따라 서울과 지방의 양반 사이에

**김윤보의 「풍속화첩」**
두 그림은 19세기 말~20세기 초에 활동한 일재(一齋) 김윤보(金允輔)의 풍속화이다. 동일한 화가의 작품임에도 불구하고 두 그림 속에 나타난 양반의 처지는 서로 다르게 묘사되어 있다. 왼편의 그림에서 정자관을 쓴 양반이 담뱃대를 들고 방안에 앉은 채 상민을 하대(下待)하고 있는 반면, 오른편의 그림에서는 양반 행색의 두루마기를 입은 인물이 상민들과 함께 타작을 하고 있다.

는 정치적 능력뿐만 아니라 경제나 문화 수준에도 큰 격차가 생기게 되었다.

중앙 정치에서 밀려난 양반들은 낙향하여 기존의 향촌 사회에 뿌리를 내리고 있던 양반들과 함께 향반鄕班으로 자리매김하였다. 향반은 문중門中을 중심으로 결속을 강화하였으며, 위세威勢가 비슷한 가문과 통혼通婚하면서 가격家格을 유지하였다. 이들은 향촌 지배 조직과 규약을 강조하고 재지사족在地士族 중심의 신분 질서와 지주 전호제로 대표되는 생산 기반을 안정적으로 유지하고자 하였다. 향촌 사회에서 새로 성장한 신향新鄕과의 대결이 빈번하게 일어난 것도 이와 같은 사정에서 비롯하는 현상이었다.

반면 경제력이나 위력威力의 부족으로 행세를 하지 못하는 양반층도 생겨났는데, 이들을 몰락한 양반이라는 의미로 잔반殘班이라 불렀다. 잔반은 생계를 위해 소작농이 되기도 하고 상업이나 수공업에 종사하기도 하였다. 박지원의 『양반전』에 등장하는 강원도 정선의 한 가난한 양반은 생존을 위해 염치불구하고 관곡官穀을 꾸어먹거나 품을 파는 일도 마다하지 않았는데, 이는 당대 경제적으로 몰락하고 있던 양반층의 모습을 잘 보여주고 있다.

이와 같이 신분 이외에 경제력이 한층 중시되면서 빈한貧寒한 양반층과 부유한 상민층의 통혼이 성사되는 사례가 점차 늘어났다. 가난한 양반 중에는 궁핍한 살림살이를 모면하기 위한 방편으로 상민가常民家와의 혼인을 무리하게 시도하기도 하였다.[자료 6] 이는 양반의 체신보다는 경제적 안정을 추구하지 않을 수 없는 시대상의 한 단면을 반영한 것으로 당시 신분제 동요의 양상을 잘 보여준다.

한편 부를 축적한 농민들은 납속 등의 합법적인 경로를 통해 양반 신분을 얻기도 하였으며, 족보를 매입·위조하거나 호적상의 직역職役을 유학幼學으로 바꾸는 등의 불법 행위를 통해 양반 행세를 하는 경우도 있었다. 호적의 직역을 유학으로

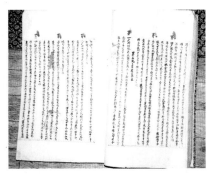

**언양현호적대장**
호적은 호주(戶主)를 기준으로 한 가(家)에 속한 자의 직역(職役)을 기록한 문서이다. 국가 권력이 호(戶)와 구(口)를 대상으로 역역(力役)과 부세(賦稅)를 부과, 징수하기 위해 작성되었다. 조선 후기 호적을 살펴보면 다른 직역을 보유한 자들이 양반의 직역인 유학(幼學)을 빈번하게 모칭하였음을 알 수 있다.

꾸며낸 모칭 유학冒稱幼學은 특히 역역役을 모면하는 방편으로 성행하여, 위정자들에 의해 군역을 혼란스럽게 하는 고질적인 사회 병폐로 자주 지적되고 있었다.[자료7] 그뿐 아니라 유학을 모칭하는 자들이 과거 시험장을 문란하게 하고 매관매직을 일삼는다는 비판도 빈번하게 제기되었는데, 이로써 그들이 관직을 획득하기도 하였다는 사실을 알 수 있다. 이상과 같이 조선 후기에는 신분을 막론하고 양반 행세를 하는 자들이 늘어났으며, 이에 수반하여 사회 기강은 더욱 해이해지고 있었다.[자료8]

## 노비 수의 감소와 공노비 해방

조선 후기 노비제가 제도상으로 소멸의 길을 걷게 된 데에는 노비의 저항과 신분 상승 노력이 중요하게 작용하였다. 경제력을 갖춘 노비들은 흉년이나 기근을 당했을 때 국가 재정을 보충하는 대가로 면천免賤을 할 수 있었다. 그러나 경제력을 갖추지 못한 대다수 노비들은 도망 등의 방법을 통하여 강고한 신분의 굴레에서 벗어나고자 하였다.[자료9]

노비가 주요 재산이 되었던 만큼 도망간 노비를 추쇄推刷하려는 주인의 노력은 집요하였다. 사노비의 추쇄는 노비 소유주에게 일임되어 있었기 때문에, 대부분 양반이었던 노비 소유주들은 관가官家와 결탁하거나 양반으로서의 위세를 이용하여 불법적인 방법으로 추노推奴를 자행하는 경우가 많았다. 한편 공노비의 추쇄는 국가 차원에서 이루어졌다. 추쇄도감推刷都監의 설치나 어사御使의 파견 등은 그 일환에서 추진되었고, 각 지방 수령에게 노비 추쇄를 독려하기도 하였다.

그러나 공·사노비를 막론하고 노비 추쇄의 과정에는 적지 않은 어려움이 뒤따랐으며, 그 노력에 비해 성과는 제한적일 수밖에 없었다. 우선 노비를 수색하는 데에는 시간과 비용이 많이 들어갔다. 그리고 추쇄 과정에서 노비들이 극렬하게 저항함으로써 여러 가지 사회적 폐단이 야기되었다.[자료10] 추쇄하러 온 주인을 협박하면서 버티는 경우가 급격히 증가했고, 신공身貢 납부를 기피하면서 상전上典을 살해하는 사건도 속출하였다. 설령 간신히 추쇄에 성공했다 하더라도 한번 도망간 노비는 다시 도망가

**돈을 받고 노비를 양인으로 풀어준 문서**
철종 13년(1862) 정만금의 셋째 딸 옥련에게 돈을 받고 양민으로 풀어주는 내용의 문서이다. 문서 말미에 옥련이 손바닥을 대고 그린 수장형(手掌形) 수결(手決)이 보인다. 이 수결은 글을 배우지 못한 사람들이 주로 사용했던 서명 방법이다.

는 경우가 많았다.

이에 노비 추쇄의 문제점을 지적하고 노비제의 개선과 개혁을 요구하는 여론이 점차 높아 갔다. 정부는 양반들의 불법적인 추노 행위를 규제하고 사노비 추쇄를 가급적 금지하는 한편, 정부 관할의 공노비는 점차 해방시켜 양인 인구를 확보하는 방향으로 노비 정책의 방향을 잡아 나갔다. 영조는 공노비를 잡아오기 위한 추쇄관推刷官 파견을 금하여 지방관에게 그 임무를 담당하게 하였고, 양인 인구를 확보하기 위해 노비종모법奴婢從母法을 제정하였다. 이 제도는 노奴인 아버지와 양인인 어머니 사이에서 태어난 자녀들을 어머니 신분에 따라 양인이 되게 하는 방안으로, '일천즉천一賤則賤' 원칙에 따라 부모 가운데 어느 한쪽만 천인이면 자식도 천인이 되던 기존의 제도에 비해 진일보한 정책이었다.

그런데 정조는 여기에서 더 나아가 1778년에 노비 추쇄관을 혁파함으로써 노비 추쇄 자체를 전면 금지하는 조치를 취하였다. 이와 같은 추세 위에서 순조 원년(1801) 조선 정부는 왕명으로 공노비의 노비안奴婢案을 불태우고, 6만 6천 명의 내시노비內寺奴婢를 양인으로 해방시키는 개혁을 단행하였다.[자료11] 그리고 이 공노비 해방에 이어, 1894년의 갑오개혁에서 신분제가 완전히 폐지됨으로써 노비제는 역사 속으로 사라지게 되었다.

### 자료1

군공청軍功廳[주1]에서 아뢰었다. "공노비, 사노비가 적 1명의 목을 베면 면천免賤시키고, 2명의 목을 베면 우림위羽林衛[주2]를 시키고, 3명이면 허통許通[주3]시키고, 4명이면 수문장守門將에 제수하는 것은 이미 규례로 되어 있습니다. 그리고 이미 허통되어 관직이 제수되었으면 응당 사족과 다름이 없게 됩니다. 그러나 적을 참수한 수급이 10~20명에 이르는 경우도 있는데, 사목事目대로 상을 주면 사노비 같은 천인이라도 반드시 동반東班의 정직正職에 이르게 되니 관작官爵의 외람됨이 이보다 더 심한 경우가 없습니다. 이뿐만이 아니라 재인才人·백정白丁·장인匠人·산척山尺[주4] 등의 천류까지도 신분을 뛰어넘어 높은 관직에 오르고 있습니다."

原文 軍功廳啓曰 公私賤 一級則免賤 二級則羽林衛 三級則許通 四級則除守門將 已成規例矣 旣已許通而除職 則當與士族無異 如有斬級 至於十 至於二十者 依事目論賞 則雖以私奴之賤 必付東班正職 然後乃止 官爵之猥濫 莫此爲甚 不但此也 雖才人白丁匠人山尺等賤類 亦超躐高職

_「선조실록」 권51, 27년 5월 을유

### 자료2

**| 납속사목(納粟事目)[주5]**

| 납속량[石][주6] \ 신분 | 사족士族 | 향리鄕吏 | 서얼庶孽 |
|---|---|---|---|
| 3 | 참하[주7]영직參下影職[주8] | 3년 면역免役 | – |
| 5 | – | 14석까지 매 석에 1년씩 면역 추가 (예 : 7석 납속 → 7년 면역) | 겸사복兼司僕, 우림위羽林衛 혹은 서반군직西班軍職 6품 |
| 8 | 6품 영직 | – | – |
| 15 | – | 당사자 역 면제 | 허통許通 |
| 20 | 동반東班 9품 | – | 이전의 소생까지 허통 |
| 25 | 동반 8품 | – | – |
| 30 | 동반 7품 | 면향免鄕 참하 영직 | 참하 영직 |
| 40 | 동반 6품 | 자손 2명 면역 참하 영직 | 6품 영직 |
| 45 | – | 상당 군직 | – |

주1 군공청(軍功廳) : 조선 선조 때 군공(軍功)을 조사하기 위해 임시로 둔 관청.

주2 우림위(羽林衛) : 왕의 신변 보호를 맡아보던 금군(禁軍)의 하나이다.

주3 허통(許通) : 관직 진출의 차별을 없앰. 벼슬아치가 되는 길을 허락하여 벼슬길을 터주는 것을 의미한다.

주4 산척(山尺) : 산 속에 살면서 사냥이나 약초를 캐는 것을 업으로 삼고 사는 사람.

주5 납속사목(納粟事目) : 납속의 특전을 규정하기 위해 호조의 건의로 정해진 규칙.

주6 석(石) : 곡물의 분량을 나타내는 단위로 '섬'이라고도 한다. 1섬의 용적은 15두(斗)이다.

주7 참하(參下) : 조선 시대 7품 이하의 벼슬. 조회(朝會)에 참여할 수 없는 하급 관리를 이른다.

주8 영직(影職) : 실제로 근무하지 않고 벼슬의 이름만 가지던 허직.

| 50 | 동반 5품 | – | 5품 영직 |
|-----|---------|---|---------|
| 60 | 동반 종4품 | – | 동반 9품 |
| 80 | 동반 정4품 | 동반 실직實職 | 동반 8품 |
| 90 | 동반 종3품 | – | 동반 7품 |
| 100 | 동반 정3품 | – | 동반 6품 |

_『선조실록』, 권35, 26년 2월 신축의 기사를 이용하여 정리

주9 고신(告身) : 벼슬아치로 제수 되는 사람에게 주는 임명장.

주10 면역(免役) : 공천(公賤)이나 향 리 등의 신역을 면하는 일

주11 종실(宗室) : 왕실을 말한다.

주12 품관(品官) : 여기에서 일컫는 품관은 향촌에 거주하는 품관. 곧 유향품관(留鄕品官)으로서 지방에 서 주로 향임(鄕任)을 담당하였다.

주13 중정(中正) : 하급 관직. 그 시 초는 중국 위(魏)나라의 관리 등용 법인 구품중정제(九品中正制)로, 군(郡)에 중정이라는 관직을 두고 그 지방 출신자의 자격 심사를 위 임했다.

주14 공조(功曹) : 군현에 두었던 하급 관직. 사공(司功)이라고도 하 며, 군현의 잡다한 사무를 맡았다.

주15 산원(算員) : 회계를 맡은 관리.

주16 한산인(閑散人) : 품계만 있고 직사(職事)가 없는 관인.

주17 이서(吏胥) : 서리(胥吏), 서리 (書吏), 아전(衙前), 향리(鄕吏), 서원 (書員) 등 관아에 속하는 관리.

주18 군호(軍戶) : 군대 편성의 한 단위. 군인과 양호(養戶)로 구성되 는데, 군인 한 명에 양호 두 명을 배정하여 양호가 복무 중인 군인의 집을 부양하였다.

주19 잡색(雜色) : 잡무를 맡은 사람.

**자료3**

이때(임진왜란) 적을 죽이거나 곡식을 납부하거나 미세한 공로가 있는 자들에게 모두 고신告身주9과 면천免賤 · 면역免役주10 등의 첩帖으로 상을 주었고, 병사나 곡식을 모집 하는 관리 역시 이 첩으로 상을 주었는데, 이름을 비워두었다가 응모하는 자가 있으 면 그때마다 이름을 써서 주었다.

原文 是時 斬馘納粟 及有微細功勞者 皆償以告身免賤免役等帖 募兵募粟等官 亦賞是帖 而 空其名 有應募者 臨時注名以給

_『선조실록』, 권32, 25년 11월 무오

**자료4**

우리나라가 개국할 때는 명분을 가지고 나라를 세웠다. 그러나 지금에 와서는 사대 부라는 명칭이 매우 많아, 사람을 등용하는 데에도 문벌만을 따진다. 그래서 사대부 와 백성들의 계층이 매우 많아졌다. 종실주11과 사대부는 중앙에서 벼슬하는 집안이 되 고, 사대부 아래에 있는 사람은 시골의 品官품관주12, 中正중정주13이나 功曹공조주14 따위 가 된다. 또 그 아래에 있는 사람은 사서士庶나 장교將校 · 역관譯官 · 산원算員주15 · 의관 醫官이 되거나 한산인閑散人주16이 되고, 또 그 아래에 있는 사람은 이서吏胥주17 · 군호軍 戶주18 · 양민良民의 무리가 되며, 이보다 더 아래에 있는 사람은 공사公私의 천한 노비가 된다. 노비에서 지방의 아전衙前이 하인下人으로서 한 계층이고, 서얼과 잡색雜色주19은 또 중인中人으로서 한 계층이며, 품관과 사대부는 다 같이 양반이라 부르지만, 품관이 한 계층이고, 사대부가 따로 한 계층이다.

原文 我朝開運 以名分立國 至今士大夫之名甚盛 以衆用人專取門閥 故也人品層級甚多 宗 室與士大夫 爲朝廷搢紳之家 下士大夫則爲鄕曲品官中正功曹之類 下此爲士庶及將校譯官筭

員醫官方外閑散人 又下者爲吏胥軍戶良民之屬 下此爲公私賤奴婢矣 自奴婢而京外吏胥爲下
人一層也 庶孽及雜色人爲中人一層也 品官與士大夫同謂之兩班 然品官一層也 士大夫一層也

_『택리지』 총론

**자료5**

**| 대구 호적에 나타난 시기별 신분 구성**

(단위 : %)

| 시기 | 양반호 | 상민호 | 노비호 |
|------|--------|--------|--------|
| 1690 | 9.2 | 53.7 | 37.1 |
| 1732 | 18.7 | 54.6 | 26.6 |
| 1789 | 37.5 | 57.5 | 5.0 |
| 1858 | 70.3 | 25.2 | 1.5 |

_시카다 히로시, 「이조 인구에 관한 신분계급별 관찰」, 『조선경제의 연구』 3, 1938.

**| 울산 호적에 나타난 시기별 신분 구성**

(단위 : %)

| 시기 | 양반호 | 상민호 | 노비호 |
|------|--------|--------|--------|
| 1729 | 26.29 | 59.78 | 13.93 |
| 1765 | 40.98 | 57.01 | 2.1 |
| 1804 | 53.47 | 45.61 | 0.92 |
| 1867 | 65.48 | 33.96 | 0.56 |

_정석종, 『조선후기 사회변동연구』, 일조각, 1983.

[참고] 조선 후기 신분사 연구는 대부분 호적대장에 기록된 직역職役을 신분으로 분류
하고 그 계량적 수치를 파악하여 신분 변동을 입증하는 방식으로 이루어져왔다. 앞
에 있는 표의 양반호, 상민호, 노비호도 사실은 호적상의 여러 직역을 양반, 상민, 천
민의 직역으로 분류하여 추산한 결과이다. 이렇게 직역을 곧 신분으로 환치換置하는
연구의 경향은 초기부터 비판되어왔으며, 최근에는 호적 자체의 성격과 내용에 주목
하면서 '양반 인구가 증가하고 하층민이 신분 상승했다'는 조선 후기의 신분제 변동론
이 호적으로는 입증될 수 없다는 결론까지도 도출되고 있다. 하지만 이와 같은 연구
는 조선 후기의 관찬 사서나 개인 문집, 소설 등에 명백하게 반영되어 있는 급격한 신

분 변동에 대해서는 타당한 설명을 제시하지 못하고 있는 형편이다. 따라서 여기서는 새로운 연구 경향에 대해 유보적인 입장을 견지하면서 기왕의 호적 관련 연구 성과에 기반을 둔 자료를 제시하였다.

## 자료6

본현[주20] 동이면東二面 노곡리老谷里에 사는 충위忠衛 이점손이 장문狀文을 올리기를, "저의 누이는 이번 달 25일에 혼인날을 잡았는데, 저의 동네에 사는 양반 박동이가 (제 누이와) 몰래 간통했다는 말을 지어내어 인근 마을에 퍼뜨리고, 또 그 어머니로 하여금 여러 번 협박했습니다. 그리하여 저의 누이는 분통함을 이기지 못하고 이달 초 3일 새벽에 약을 먹고 죽었으므로 (박동이를) 법에 따라 사형에 처해주십시오"라고 하였다. … 박동이는 양반이고 이익채(이점손의 아버지―지은이 주)는 상민常民의 이름을 가진 자로, 양반이 상민을 처로 삼는 것은 진실로 양반에게는 수치이고 상민에게는 행복이다. 그러나 이익채는 스스로 훈공대신의 후예 집안이라고 칭하고 또 부유하게 살았으나, 박동이는 나이가 서른이 되도록 관례冠禮를 하지 않고 장가도 들지 못했으며, 집안이 심히 가난하여 품팔이로 삶의 밑천을 삼고 있었다. 그리하여 법대로 장가를 드는 것은 형세가 쉽지 않다고 생각하여 감히 흉계를 꾸며 요행을 바란 것이다. 그래서 몰래 간통했다는 말을 지어내어 그 말을 여러 사람에게 퍼뜨려 이미 한 정혼定婚을 취소시키고 혼삿길을 영원히 막아놓으면, 마침내 자기가 장가들 수 있을 것으로 기대하였다.

**原文** 本縣東二面老谷里居忠衛李占孫呈狀內 矣妹以今月二十五日定婚 矣洞內居兩班朴同伊 做出潛奸之說傳播隣里 又使其母多般威逼 則矣妹不勝憤恚 今初三日曉 飮藥致死 依法償命亦爲有等以 … 朴同伊旣是班族 李益采乃有民名者 則以班娶民 固是班之羞 而民之幸是乎矣 益采自稱勳裔家 又稍居 同伊則年將三十未冠未娶 家甚貧寒傭雇資生 如法娶妻其勢未易 敢生凶計冀其僥倖 而做出潛通之說 使其言轉轉相及人人聞知 已定之嫁 期因此而可退來後之 婚路 又從而永塞 則畢竟自娶

_『기양문부』 11월 4일, 이익채녀옥사

## 자료7

행[주21] 부호군 이장오李章吾가 아뢰기를, "외방 군정軍政의 업무는 조정에서 예부터 관리하는 방침이 엄격하고 분명합니다. 이처럼 군정軍丁을 단속하는 것은 만약 위급할 때를 당하면 여기에 의지하기 때문입니다. 그러나 요즈음 군적軍籍에 등재하는 법이 엄격하지 않고 인심이 옛날 같지 않아서, 유학幼學을 모칭冒稱하여 향안鄕案에 들기를 도모하고 역役을 면하는 길이 많게 되었습니다. 확실한 내력과 주소가 있어 군오軍伍에 합당한 자는 모두 누락되고, 세력 없는 집안의 의지할 곳 없는 종과 가난하고 잔약하여 품팔이하는 부류로만 구차스럽게 숫자를 채우니 몹시 해괴한 일입니다"라고 하였다.

**原文** 行副護軍李章吾所啓 外方軍政 朝家前後申飭 非不嚴明 而團束軍丁 自是緩急所恃 而 近來籍法不嚴 人心不古 冒稱幼學 圖入鄕案 免役多岐 有根着可合軍伍者 擧皆遺漏 只以無勢 家孤奴 貧殘傭賃之類 苟然充數 事極駭然

_「비변사등록」152, 영조 44년 9월 24일

### 자료8

문장文章주22은 귀천을 표시하는 것인데 무슨 까닭인지 근년 이래로 옷차림이 문란해져서 상민·천민들이 갓을 쓰거나 도포를 입는 것이 마치 조정의 관리나 선비와 같으니 진실로 한심하기 짝이 없습니다. 심지어 시전市廛의 상인과 항오行伍주23의 역役을 지는 상민들까지도 서로 양반이라 호칭합니다. 양반의 칭호는 동서반東西班의 직職을 이르는 것인데, 어찌 조관朝官도 아니요 사대부도 아니면서, 양반의 이름을 함부로 차지할 수 있겠습니까?

주22 문장(文章) : 한 나라의 예악(禮樂)과 문물 제도.

주23 항오(行伍) : 군대를 편성한 대오(隊伍).

**原文** 文章所以表貴賤 而夫何近年以來 衣服紊亂 小民賤隸 總帽或着道袍 有若朝官士夫貌樣 固已萬萬寒心 而甚至於市廛之民 行伍之類 相呼以兩班 夫兩班之稱 謂其東西班之職也 豈有非朝官非士夫 而冒占兩班之名者哉

_「정조병오소회등록」268, 무신겸선전관 서태수소회

### 자료9

(호조판서 구)윤명이 아뢰기를, "… 공노비의 도망에 따른 신공액 부족은 진실로 고질적인 폐단입니다. 호조에서 도망 노비의 노비안奴婢案 삭제를 허락해주지 않으니, 노비의 공안貢案을 가지고 독촉해도 노비 신공身貢의 총액이 해마다 감소하여, 경오년(영조 26, 1750)부터 임오년(영조 38, 1762) 사이 불과 10여 년 동안에 줄어든 (노비의) 수

가 거의 절반에 이르렀습니다. 이와 같은 상황이 그치지 않고 또 10여 년이 지나게 되면, 장차 거두게 될 노비 신공이 완전히 없어지게 될 것이니 어찌 매우 한심한 일이 아니겠습니까?" 하였다.

原文 允明日 … 寺奴婢逃故之頃 誠一痼弊 本曹雖不許頃 執貢催督 而奴婢貢撼 逐年減縮 庚午之於壬午 不過十餘年 而所減之數 殆至過半 若此不已 又過十餘年 將至於全無所捧 豈不萬萬寒心者乎

_『승정원일기』1232, 영조40년 7월 갑자

### 자료10

주24 저 : 이때 평안도 초계군에 갇혀 있던 죄인 이숙개(李叔介)를 지칭한다.

주25 소사(召史) : 이두식 발음으로는 '조이'라고 읽는다. 양민의 아내 혹은 과부를 일컫는 말.

저주24는 정원벽鄭元璧 집안의 옛 종故奴이 양인과 혼인하여 낳은 자식으로 형세가 점차 부유해져서 양반이라고 칭하였습니다. 그런데 (정)원벽의 처 백씨[白召史주25]가 갑자기 사천私賤이라고 발설하여 제 앞길을 그르쳤습니다. 그래서 쌓인 분노가 폭발하여 아들과 조카들을 데리고 가서 위협하고 성내기를 여러 차례 하였더니, 백씨가 스스로 물에 빠져 죽는 지경에 이르렀습니다.

原文 矣身以鄭元璧家故奴良産 勢漸饒富 名稱衣冠 而元璧妻白召史 遽以私賤之說 廢人前程 故積忿所激 多率子侄 威脅咆喝 無所不至 以至白女自溺致死之境

_『평안감영계록』 갑진 11월 26일

### 자료11

주26 내시(內寺) : 내수사와 각 궁방(宮房)을 의미한다.

주27 내수사(內需司) : 왕실의 재정을 담당하는 관청.

왕이 윤음綸音을 내리셨다. "… 우리나라의 내시內寺주26 및 각 아문衙門에서 노비를 소유하여 전해 내려오는 것이 기자箕子에서 비롯되었다고 하나, 나는 그렇지 않다고 본다. … 삼가 생각하니, 우리 숙종대왕께서는 백성의 걱정을 덜기 위해 조정에 물으시어 노奴의 신공 절반과 비婢의 신공 3분의 1을 줄이셨고, 우리 영조대왕께서는 백성들의 괴로움을 안타깝게 여겨 비의 신공을 면제하고 노의 신공 반을 또 줄이셨다. 그러나 내수사內需司주27에서 추쇄推刷하는 폐단은 여전하였다. … 임금이 백성에게 임할 때는 귀천貴賤과 내외內外를 구별하지 않고 하나같이 나의 백성이니, '노奴'다 '비婢'다 하며 구분하는 것이 어찌 백성을 한결같이 보는 뜻이겠는가? 내노비內奴婢 36,974명과 시노비寺奴婢 29,093명을 모두 양인으로 삼고, 승정원에 명하여 노비안奴婢案을 모아 돈화문敦化門 밖에서 불태우도록 하라. 국가 경비에 쓰이는 노비의 신공액은 대신 장용영壯勇營이 지급하는 방침을 정식定式으로 삼도록 하라."

**原文** 綸音 … 我國內寺 各衙門之有奴婢傳之者 以爲始於箕子 予則曰不然也 … 恭惟我肅宗大王 爲衆感詢于庭 減奴貢之半 婢貢三之一 我英宗大王 爰稽有衆 除婢貢 又減奴貢之半 而內司推刷之弊 固自如焉 … 且況王者莅民 無貴賤無內外 均是赤子 曰奴曰婢 區而分之 豈一視同胞之義也 內奴婢三萬六千九百七十四 寺奴婢二萬九千九十三 幷許爲良民 仍令承政院 聚奴婢案 火之敦化門外 其貢有需於經費者 命壯勇營代給以爲式

『순조실록』 권2, 원년 1월 을사

### 출전

『선조실록(宣祖實錄)』

『비변사등록(備邊司謄錄)』

『순조실록(純祖實錄)』

『승정원일기(承政院日記)』

『택리지(擇里志)』

『기양문부(岐陽文簿)』: 정조 21년(1797) 7월 24일부터 순조 2년(1802) 4월 6일까지 충청도 연기현 등의 군현에서 감영에 올린 각종 보첩을 비롯하여 관할 각 면과 향교 · 서원에 내린 전령 등을 모아놓은 책이다.

『정조병오소회등록(正祖丙午所懷謄錄)』: 정조 10년(1786) 국왕이 대신(大臣) 이하 중인과 군사에 이르기까지 300여 명에게 내린 구언교(求言敎)에 대응하여, 백관들이 올린 상소 내용을 등록(謄錄)한 책이다.

『평안감영계록(平安監營啓錄)』: 순조 30년(1830) 8월부터 고종 21년(1884) 8월 사이에 평안감영에서 올린 장계(狀啓)를 비변사에서 기록한 책이다.

### 찾아읽기

김용섭, 『(증보판) 조선후기 농업사연구』( I ), 지식산업사, 1995.

평목실, 『조선 후기 노비제 연구』, 지식산업사, 1982.

정석종, 『조선 후기 사회변동 연구』, 일조각, 1983.

전형택, 『조선 후기 노비신분연구』, 일조각, 1989.

전형택, 『조선 양반사회와 노비』, 문현, 2010.

이준구, 『조선 후기 신분직역변동 연구』, 일조각, 1993.

최승희, 『고문서를 통해 본 조선 후기 사회신분사 연구』, 지식산업사, 2003.

이태진, 「조선 후기 양반사회의 변화」, 『한국사회발전사론』, 일조각, 1992.

신동흔, 「조선 후기 야담에 나타난 재산과 신분의 관계 : 『청구야담』을 중심으로」, 『한국문화』 15, 1994.

정진영, 「향촌사회에서 본 조선 후기 신분과 신분변화」, 『역사와 현실』 48, 2003.

심재우, 「조선 후기 사회변동과 호적대장 연구의 과제」, 『역사와 현실』 62, 2006.

# 2 중인층이 신분 상승을 꾀하다

중인층의 신분 상승 운동

중인층은 양란 이후의 사회 변동 속에서 지속적으로 경제적인 부와 문화적인 역량을 쌓아 나갔다. 18~19세기에 이르러 일부 중인층의 재력과 문화 능력은 양반 사족에 필적할 정도가 되었으나, 양반 중심의 지배 체제 속에서 그들에 대한 정치적인 차별 대우와 신분적 속박은 여전하였다. 이와 같은 모순에 중인층의 불만은 점점 심화되었고, 결국 대대적인 신분 상승 운동을 전개하게 되었다.

## 누가 중인층인가?

조선 왕조의 신분 제도는 국초 법제적으로 양천제良賤制를 기본으로 운영되다가, 16세기 이후 양인 계층이 분화하는 가운데 이른바 반상제班常制가 우세한 신분 구조로 변모해갔다. 이 과정에서 중인이라는 용어는 지배 계층인 양반 사족兩班士族에는 미치지 못하고 피지배 계층인 상인常人보다는 우위에 있는, 즉 양반과 상인 사이에 위치한 신분층을 지칭하기 위해 사용되었다.[자료1]

중인층에는 좁은 의미의 중인과 넓은 의미의 중인이 있다. 좁은 의미의 중인은 잡과雜科와 잡학취재雜學取才를 거쳐 선발되는 의관醫官 · 역관譯官 · 산관算官 · 율관律官 · 사자관寫字官 · 천문관天文官 · 화원畵員 등 중앙 관청에서 근무하는 전문 기술 관원을 말한다. 다음 넓은 의미의 중인에는 양반 서얼兩班庶孼과 중앙의 서리胥吏, 그리고 지방 사회에 널리 퍼져 있는 향리鄕吏·토관土官·군교軍校·교생校生·약정約正·권농勸農 등이 포함되었다.

그러나 동일하게 중인층으로 불렸지만 이들은 서로 간에 동류의식同類意識을 느끼거나 하나의 사회 세력으로 결집되지는 못하였다. 그 까닭은 기술직 중인이나 양반 서얼들은 자신들이 본래 양반 사족에 속한다고 생각하였기 때문에 부당한 차별을 철폐하기만 하면 원래의 지위를 회복할 수 있다고 여겼고, 그래서 중인으로 불리는 것을 꺼려하였다. 반면 상층 평민에 해당하는 향리나 교생 등은 조선 후기의 향촌 사회 변동 속에서 높아진 자신들의 지위를 이용해 중인이라 자처하며, 기술직 중인 및 양반 서얼과 자신들을 동일시하였기 때문이다.

양란 이후의 활발한 사회 변동은 18~19세기에 이르러 더욱 큰 폭으로 진행되어갔다. 그 속에서 발생한 양반 사족의 정치적 일당독재화一黨獨裁化와 지주제 및 상품 화폐 경제의 발달로 인한 경제적 격변은 몰락한 양반을 만들어내는가 하면, 경제적으로 크게 성장한 상당수의 중인들을 생성시키기도 하였다. 이러한 중인들 가운데에는 경제적 능력과 문화적 역량 면에서 양반을 뛰어넘는 사람들이 적지 않았으며, 급기야 자신들의 실력에 걸맞은 현실적인 대우를 국가에 요구하기에 이르렀다. 그것은 중인층으로서 받았던 각종 관직에 대한 차별 대우를 해소함과 동시에, 언관言官을 비롯한 청요직淸要職에 대한 허통許通 요구였다.


## 양반 서얼과 신분 상승 운동


서얼이란 양반의 자손 가운데 첩妾의 소생을 이르는데, '서庶'는 양인良人 첩의 자손이고 '얼孽'은 천인賤人 첩의 자손을 의미한다. 조선 시기의 양반 서얼은 양반 사족의 혈통을 이어받았으면서도 어머니가 첩이라는 이유로 사족으로서의 지위를 박탈당하고 차별 대우를 받았다.

양반 서얼은 국초에는 서얼 차대 정책庶孽差待政策에 따라 관직에 오르더라도 현관顯官으로의 진출이 제한되는 등 차별 대우를 받았지만, 과거에 응시하여 사로仕路에 진출

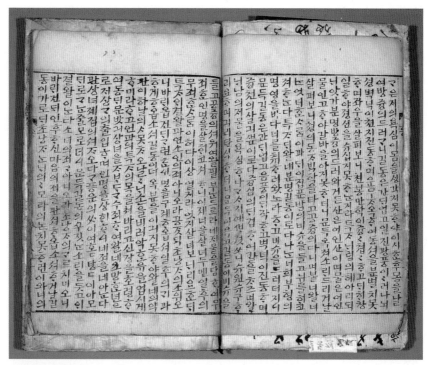

**『홍길동전(洪吉童傳)』**

조선 후기 허균(許筠, 1569~1618)이 지었다고 전하는 고전소설. 양반 서얼은 가정에서 아버지를 아버지라 부르지 못하고, 적자(嫡子) 형제들을 형, 동생이라 부르지 못하였을 뿐만 아니라 상속 등에서도 많은 차별을 받았다. 소설 『홍길동전』에는 주인공 홍길동이 양반 서얼로서 받는 차별과 설움이 잘 나타나 있다.

하는 길은 열려 있었고 정계에 큰 영향력을 행사하는 경우도 있었다.

그러나 15세기 후반부터 사림의 정계 진출이 활발해지고 성리학적 명분론名分論의 적서 관념嫡庶觀念이 강화되면서 양반 서얼에 대한 차별 대우는 더욱 심화되었다. 그 차별은 마침내 『경국대전』의 한품서용限品敍用 규정으로 법제화되었는데, 그 내용은 서얼과 그 자손들의 문·무과 생원진사시生員進士試 응시를 금지하여 잡과를 통한 기술관직으로의 진출만으로 한직限職하고, 관료가 되더라도 받을 수 있는 품계를 최대 3품으로 한품限品한다는 것이었다.[자료2] 이러한 까닭에 16세기 이후 서얼은 양반 사족과 구분되어 서서히 중인층으로 굳어지게 되었다. 또한 많은 서얼이 기술관직에 진출하여 기술직 중인과 동일한 관청에서 근무하며 직업상 서로 교차하게 되었기 때문에, 중인과 서얼이 '중서인中庶人'이라 병칭되면서 신분상의 동류同流로 인식되기에 이르렀다.

양반 서얼에 대한 법제적 금고禁錮와 사회적 차별은 조선 후기에 들어서 점차 해소되기 시작하였다. 그 까닭은 조선 후기 사회 변동 속에서 실력을 쌓고 규모가 늘어난 양반 서얼들이 적극적으로 자신들에 대한 신분적 차별 해소를 주장하며 꾸준하게 허통 운동을 전개하였던 데 일차적인 원인이 있었다. 다른 한편 조선 정부 역시 양란 이후의 총체적 위기 속에서 양반 사족 중심의 봉건적 신분 질서를 유지하기 위한 방편으로 그들의 요구를 점차 수용하고 있었다. 그럼에도 불구하고 여전히 양반 서얼의 관직 임용이나 배정에는 뚜렷한 차별을 두어 청요직 진출을 엄격하게 제한하였고, 또한 나아갈 수 있는 벼슬길의 폭도 좁은 형편이었다.

이에 18~19세기에 이르면 양반 서얼들은 더욱 집단화하고 조직화하여 그들의 청요직 허용을 요구하는 통청通淸 운동을 벌여 나갔다. 그리하여 18세기 영조~정조대의 탕평 정치蕩平政治 아래에서 왕권 강화와 인재 등용 정책에 힘입어 많은 양반 서얼들이 허통되고 있었다. 정조 원년(1777)에 정유절목丁酉節目의 조치로 양반 서얼들의 관직 한품이 완화되었고, 정조 3년(1779) 규장각에 검서관檢書官 제도를 두어 유득공柳得恭 · 이덕무李德懋 · 박제가朴齊家 · 서이수徐理修 등의 학식 있는 양반 서얼이 요직에 임명되기도 하였다.

이후 19세기 세도 정치기勢道政治期에도 양반 서얼의 통청 운동은 꾸준히 지속되었고, 그에 따른 허통 조치가 취해졌다. 순조 23년(1823) 계미절목癸未節目이 제정되어 관직 한품이 종2품으로 상향 조정되었고, 뒤이어 철종 2년(1851)에는 지금까지 양반 사족에게만 허용되었던 문반의 청요직 승문원承文院과 무반의 청요직 선전관宣傳官에 허통되었다.[자료3] 이로써 양반 서얼은 청요직 허통의 목적을 이룰 수 있게 되었다.


## 기술직 중인과 신분 상승 운동

좁은 의미의 중인을 지칭하는 중앙의 기술관技術官은 본래 동반東班 정직正職 소속의 관원으로 국초에는 문무 고관文武高官으로의 승진에 아무런 제약을 받지 않았다. 그러나 16세기 사림의 정계 진출 이후 성리학적 지배 이념의 강화와 그에 따른 기술을 천시하는 직업 관념 속에서 기술관은 점차 문관에 못 미치는, 그보다 한 단계 아래의 신분층으로 고착화되어 중인으로 불리게 되었다. 그리고 점차 문반직文班職으로의 진출도 막히게 되어 세습적 기술 관원으로 굳어지게 되었다.[자료4]

기술직 중인은 양반 사족에서 배제되어 차별 대우를 받았지만 여전히 양반 사족 다음의 지배층으로서 관료 체계 내에서 일정한 정치적 지위를 차지하고 있었고, 세습적으로 전문 기술직에 종사하여 안정된 생활을 영위하고 있었다. 따라서

상원과방(象院科榜)
이 방목의 앞머리에 철종 2년(1851) 기술직 중인들이 모의한 소청운동(疏請運動) 자료가 필사본으로 실려 있다.

서얼이나 상층 평민, 노비와 달리 조선 후기 신분 상승 추세에 예민하게 반응하지는 않았다. 그러나 19세기 이후 노비 해방의 조치가 취해지고, 자신들과 함께 중서中庶로 병칭되던 양반 서얼들이 청요직으로 완전히 허통된 사실에 자극받은 기술직 중인들은 철종 2년(1851) 4월 그들에 대한 차별 대우 철폐와 청요직 허통의 요구를 담은 대대적인 소청운동疏請運動을 모의하게 되었다.[자료5]

그러나 그들의 소청운동은 결국 실현되지 못하고 중도에 좌절되고 말았다. 그 까닭은 기술직 중인들이 수적으로 열세하여 소청운동에 힘을 결집할 강력한 세력과 조직을 형성하지 못하였기 때문이다. 또한 잡과 합격이 비교적 용이하여 전문 직업을 대대로 세습할 수 있었고, 특히 조선 후기 상공업 발전 속에서 경제적으로 크게 성장하여 풍족한 생활을 하는 등 스스로의 지위에 안주하는 경향이 강했기 때문이었다. 그럼에도 불구하고 그들이 모의한 소청운동은 많은 기술직 중인들이 참가하여 서로 연대감

과 결속을 강화하는 계기가 되었고, 봉건적 신분 질서에 대한 문제의식을 더욱 구체화해나갈 수 있게 하였다.

## 근대 문물의 수용과 중인

성리학 이념을 바탕으로 한 조선 왕조와 그 주도 세력인 양반 사족은 19세기에 들어 점차 위기에 직면하고 있었다. 이에 조선 사회는 새 시대를 주도해나갈 새로운 세력을 요구하고 있었는데, 중인층은 그러한 시대적 요구에 부응하고 양반 사족을 대체할 수 있는 역동성을 지닌 세력으로 성장해가고 있었다.

중인층은 조선 후기의 상품 화폐 경제 발달을 배경으로 경제적으로 크게 성장하였고, 그 일부는 외교 업무에 종사하며 우수한 해외 문물을 접하면서 높은 국제적 감각을 지닐 수 있었다. 그리고 문학과 예술 활동에도 두각을 나타내었는데, '위항인委巷人'

『옥계십이승첩(玉溪十二勝帖)』
옥계시사(玉溪詩社)는 정조 10년(1786) 규장각 서리(書吏)를 중심으로 결성되어 30년 동안 이어진 대표적인 중인 시사이다. 그들이 발간한 『옥계십이승첩(玉溪十二勝帖)』에는 한 해 12가지의 즐길 거리가 달 별로 그림과 함께 수록되어 있다.

**지석영(池錫永, 1855~1935)**
종두법(種痘法) 보급으로 잘 알려진 지석영은 역관 집안 출신의 중인이
었다. 그는 육교시사(六橋詩社)의 일원으로 활동하기도 하였으며, 서양
의학 등 근대 문물 수입과 개화에 앞장선 인물이었다.

이라 불렸던 중인층 문인들은 각종 시사詩社를 결
성하고 종래의 양반 중심의 문화를 탈피한 그들만
의 독특한 문학 활동을 전개하였다.[자료6] 이와 같
이 19세기의 중인층 일부는 지식 수준과 예술적 교
양에서 양반 사족에 버금갔으며, 재력과 선진 문물
의 수용에서는 양반 사족을 능가하고 있었다.

중인층은 신분 상승 운동을 전개하면서 서로 단
합하고 결속하였으며, 봉건적 신분 질서와 그것의
바탕이 되는 전통 사상에 대한 문제의식과 불만을
더욱 강화시켜 나갔다. 그러한 까닭에 그들은 전통
사상의 굴레에 얽매이지 않고 새로운 문화에 적극
적인 관심을 기울일 수 있었으며, 천주교와 개화사
상을 수용하고 서양 문물을 받아들이는 데 누구보
다 먼저 앞장설 수 있었다.

**자료1**

대개 중인의 무리는 양반도 아니고 상인常人도 아닌 그 중간에 있기 때문에 가장 교화
敎化하기 어려운 자들이다.

原文 大抵中人輩 非兩班 非常人 居於兩間 最是難化之物

_「정조실록」, 권33, 15년 11월 임오

**자료2**

죄를 범해 영구히 임용할 수 없는 자, 장리臟吏주1의 아들, 재가再嫁하거나 실행失行한
부녀의 아들과 손자, 서얼의 아들과 손자는 문과와 생원 · 진사시에 응시하지 못한
다. … 무과도 동일하게 적용한다.

原文 罪犯永不叙用者 臟吏之子 再嫁失行婦女之子孫 及庶孽子孫 勿許赴文科生員進士試
… 並武科同

_「경국대전」, 예전, 제과

주1 장리(臟吏) : 국가의 전곡(錢穀)
을 횡령하거나 뇌물을 받은 죄를
지은 관리.

문 · 무관 2품 이상 양첩良妾 자손의 승진은 정3품으로 제한하고, 천첩賤妾 자손은 정5
품으로 제한한다. 6품 이상의 양첩 자손은 정4품으로, 천첩 자손은 정6품으로 제한한
다. 7품 이상의 양첩 자손은 정5품으로 제한하고, 천첩 자손과 천인에서 양인이 된 자
는 정7품으로 제한한다. 양첩자의 천첩 자손은 정8품으로 제한한다. … 병조도 동일
하다. [2품 이상의 첩자손은 사역원(司譯院)주2, 관상감(觀象監)주3, 전의감(典醫監)주4, 내수사(內需
司)주5, 혜민서(惠民署)주6, 도화서(圖畵署)주7, 산학(算學) · 율학(律學)의 관리가 되는 것을 허락하여,
재주에 따라 서용(敍用)한다.]

原文 文武官二品以上 良妾子孫限正三品 賤妾子孫正五品 六品以上 良妾子孫限正四品 賤
妾子孫正六品 七品以上 良妾子孫限正五品 賤妾子孫及賤人爲良者 限正七品 良妾子之賤妾子
孫 限正八品 … 兵曹同 [二品以上 妾子孫 許於 司譯院 · 觀象監 · 典醫監 · 內需司 · 惠民署 · 圖畵
署 · 算學 · 律學 隨才敍用]

_「경국대전」, 이전, 한품서용

주2 사역원(司譯院) : 외국어의 통
역과 번역을 맡은 관청.

주3 관상감(觀象監) : 천문(天文),
지리(地理), 역수(曆數), 점주(占籌),
측후(測候), 각루(刻漏)의 사무를 맡
은 관청.

주4 전의감(典醫監) : 궁중의 의료
행정과 의약(醫藥)에 관한 일을 맡
은 관청.

주5 내수사(內需司) : 왕실의 토지
와 노비 등 왕실 재정에 관한 사무
를 맡은 관청.

주6 혜민서(惠民署) : 가난한 백성
을 대상으로 한 무료 치료를 담당
하는 관청.

주7 도화서(圖畵署) : 그림에 관한
일을 맡은 관청.

**자료3**

비변사에서 서얼층의 소통절목疏通節目을 논의하여 아뢰었다. "우리나라처럼 서류庶

주8 분관(分館) : 문과에 급제한 사람을 승문원·성균관·교서관에 배속해 실무를 익히게 하는 제도.

주9 교서관(校書館) : 경서와 사적(史籍)의 인쇄와 반포를 관장하는 관청.

주10 수부천(守部薦) : 무과에 합격한 자를 수문장과 부장에 천거하던 제도.

주11 좌·우윤(左右尹) : 한성부의 종2품 관직.

주12 참의(參議) : 육조의 정3품 관직을 일컫는다.

주13 총관(摠管) : 오위도총부의 도총관(정2품)과 부총관(종2품)을 총칭한다.

주14 아장(亞將) : 종2품으로 각 군사조직의 두 번째 지휘관.

類의 벼슬길을 막는 것은 고금천하古今天下에 없는 법입니다. 나라에서 사람을 쓰는 도리는 어진 자를 등용할 때 제한이 없고, 오직 재능이 있는 사람만 취해서 써야 하는 것입니다. 어떻게 지벌地閥이 낮고 미미하다고 하여 거리낄 수 있겠습니까? … 삼가 이조 병조의 판서와 더불어 상의하고 결정하여 다음과 같이 조목을 열거합니다. 문관의 분관分館주8과 무관의 첫 추천은 삼가 종래의 정유절목丁酉節目과 같이 교서관校書館주9과 수부천守部薦주10으로 시행한다. 문관은 종2품으로 한정하여 좌·우윤左右尹주11과 호조·형조·공조의 참의參議주12만 허용하고, 외직은 목사牧使로 한정하며, 통청通清은 영조조의 법식에 따라 다만 대간臺諫만 허용하고, 이밖에 선출권과 천거권이 없는 관청은 모두 구애받지 않는다. … 문무관을 막론하고 총관摠管주13과 서북변의 아장亞將주14은 본래 재상급 관직으로 신중하게 뽑는 직위이므로, 좌·우윤과 병·수사兵水使를 지냈다 하여 품계를 제한하지 않는 것이 불가하므로 모두 불허한다."

原文 備局以議定庶流疏通節目啓 我國庶類之枳塞 卽古今天下所無之法也 有國用人之道 立賢無方 惟才是用 豈可以地閥之卑微爲拘哉 … 謹與吏兵曹長堂商議酌定條列于左 文之分館 武之始薦 謹遵丁酉節目 依前以校書館 守部薦施行 文官限以從二品 許左右尹及戶·刑·工曹參議 外任限以牧使 通清依英廟時例 只許臺通 此外不通選 無薦圈之各該司幷勿拘 … 毋論文武官 如摠管西北梱亞將 自是卿宰重選之職 不可以經左右尹及兵水使 仍無階限 幷勿許

_『순조실록』 권26, 23년 11월 병자

### 자료4

신들이 말하는 중인이라는 것은 국초부터 정해진 이름이 아니었습니다. 옛날에는 조정에서 인재를 등용할 때 각기 그 사람의 재주를 보아 썼습니다. 이때 명문 청족清族의 박학한 선비들도 의학醫學·역학譯學·율학律學·역학曆學 등에 정통한 이가 있으면, 그 장점을 살려 그에 합당한 직책을 주었습니다. 중고中古 이후로 벼슬하는 지름길만 생각하여 빈궁한 선비들이 한 가지 재주만 익혀서 관직을 구하는 방법으로 삼고, 그 후손들 또한 이를 가업으로 익혀 공부와 관직에서 기술직에만 나아가고 정학正學에는 힘쓰지 않게 되었습니다. 이에 따라 사람들이 우리를 비하하여 사대부 밑에 두었으며, 드디어 '중인'이라는 칭호를 얻게 되었습니다. 대체로 인조조 이후로 그러한 명칭이 생겨났습니다.

原文 臣等所謂中人云者 非是國初以來 定有之名也 在昔朝家 用人之方 各隨其才而需用之

當是時也 名門淸族 博學之士 或有精通於醫譯律曆等諸學者 視其所長而授以當職 中古以來 便
爲祿仕之捷徑 貧窮之士 工於一藝 爲其干祿之計 其後子孫 乃以家庭習熟之規 爲學則給其箕
裘 居官則襲其倉庫 以其不務正學 人皆鄙之 下於士夫 遂得中人之號 盖仁廟以後 始有之名也

『상원과방』 신해의소초

## 자료5

오래된 울컥함은 반드시 터놓아야 하고, 원한이 쌓이면 풀어야 하는 것이 천리의 법
도다. 중서中庶<sup>주15</sup>에게 벼슬길에 막히게 된 것은 우리나라에만 있는 일로, 답답하여 원
한을 이루게 된 것이 지금 몇백 년이 되었다. 서얼은 다행히 조정의 큰 성덕을 받아서
문관은 승문원, 무관은 선전관에 임명되는 데 장애가 없다. 그러나 허울뿐인 우리 중
인은 이 은택이 넘치는 시기에도 홀로 그와 같은 은혜를 입지 못하니 한탄하지 않을
수 있겠는가. 바야흐로 의논하고 글을 써서 원한을 호소하고자 한다. 이에 먼저 통문
을 보내니 이번 달 29일 마동麻洞 홍현보의 집에서 모여 호소할 곳을 상의하고자 한다.

**原文** 久鬱必泄 積寃必伸 卽天理之常也 中庶之枳塞 乃是我東偏有之事 而抱鬱齊寃 今幾百
年矣 庶族則幸蒙朝家大公至正之盛德 文槐武宣竝無所得 則凡我中人名色 當此沛澤之時 獨不
蒙一視之恩 則得無向隅之歡乎 方欲齊議 治文訴寃 玆先發通 以今月二十九日 會于麻洞洪碩士
顯普第 相議擧狀之地云云

『상원과방』 통례원발통 신해 4월 25일

주15 중서(中庶) : 중인과 서인. 여
기서는 양반 서얼과 기술직 중인을
구별하면서, 양자를 통칭하여 '중
서'라 칭하고 있다.

## 자료6

이항인里巷人<sup>주16</sup>들은 원래 내세울 만한 경술經術이나 훈업勳業도 없다. 혹 기록할 만한
언행言行이나 전할 만한 시문詩文이 있어도 모두 적막한 가운데 풀처럼 시들고 나무처
럼 썩어버렸다. 오호라! 내가 『호산외기壺山外記』<sup>주17</sup>를 지은 까닭이 이에 있다. 내 친구
유겸산劉兼山이 나와 뜻이 같아서 여러 집안의 문집 중에서 찾아 모으니, 이미 전기傳
記가 있는 사람 약간 명을 찾고, 전기가 없는 사람은 우리가 찬술하였다. 이것이 모두
280항목이 되니 하나의 책으로 만들고, 이름을 『이향견문록里鄕見聞錄』이라 하였다.

**原文** 夫里巷之人 旣無經術勳業之可稱 或有言行可記者 或有詩文可傳者 而皆草亡木卒於
寂寞之濱 嗚呼噫 余所著壺山外記之所以作也 劉友兼山 與余同情 蒐訪諸家集中 得立傳人若干
無傳者 自撰之 凡二百八十則 勒成一書 籤之曰 里鄕見聞錄

『이향견문록』 서문

주16 이항인(里巷人) : 위항인(委巷
人)과 같은 뜻으로, 사대부 가문이
아닌 도성이나 외방에 거주하는 중
인층 이하의 사람들을 일컫는다.

주17 『호산외기(壺山外記)』 : 조선
후기의 서화가 조희룡(趙熙龍)이
1844년에 저술한 전기집(傳記集).
총 42명의 위항인(委巷人)들에 대
한 전기가 수록되어 있다.

**■ 출전**

『경국대전(經國大典)』

『순조실록(純祖實錄)』

『정조실록(正祖實錄)』

『상원과방(象院科榜)』 : 연산군 4년(1448)에서 고종 17년(1882)까지 조선 시대 잡과(雜科)의 하나인 역과(譯科) 합격자
　　명단이 수록되어 있는 명부. 이 책의 앞머리에 철종 2년(1851) 기술직 중인들이 모의한 소청운동(疏請運動) 자료
　　가 필사본으로 실려 있다. 미국 하버드대 연경 도서관 소장.

『이향견문록(里鄉見聞錄)』 : 조선 후기 유재건(劉在建)이 지은 인물 행적기. 유재건이 조선 시기 중인층 이하의 인물
　　중에서 각 방면에 뛰어난 업적을 남긴 사람들의 행적을 모아 정리한 책이다. 수록 인물은 모두 308명이며, 총
　　10권으로 구성되어 있다.

**■ 찾아읽기**

정옥자, 『조선 후기 문화운동사』, 일조각, 1988.

연세대학교 국학연구원, 『한국근대이행기 중인 연구』, 신서원, 1999.

정옥자, 『조선 후기 중인문화 연구』, 일지사, 2003.

김양수, 「조선 후기의 역관신분에 관한 연구」, 연세대 박사학위 논문, 1986.

한영우, 「조선 후기 중인에 대하여—철종조 중인통청운동 자료를 중심으로」, 『한국학보』 45, 1986.

한영우, 「조선시대 중인의 신분 · 계급적 성격」, 『한국문화』 9, 서울대, 1988.

이종일, 「조선시대 서얼신분변동사 연구」, 동국대 박사학위 논문, 1988.

배재홍, 「조선 후기의 서얼허통과 신분지위의 변동」, 경북대 박사학위 논문, 1994.

# 3 지방에 대한 통치를 강화하다

## 지방 통치 체계의 재편

조선은 건국 초부터 집권 체제를 강화하는 방향에서 지방 정책을 마련하였다. 그러나 양란 이후 지방의 향촌 사회에서도 심각한 사회적 혼란이 가속화되었고, 이에 조선 정부는 국가재조(國家再造) 방략과 관련하여 중앙 집권 체제를 더욱 강화하여갔다. 이른바 관(官) 주도 향촌 통제 정책의 대두였다.

## 수령권의 강화

조선의 지방 지배는 정부에서 파견한 수령에 의한 행정과 지방 사족士族의 자치自治로 이루어지는 행정이 병존하는 형태였다. 재지사족在地士族들은 향회鄕會를 통해 유향소留鄕所를 장악하고, 지역의 부세 운영과 향리들의 인사권에 영향력을 행사하였다. 또한 향교나 서원을 통해 향론鄕論을 주도하면서 그들의 이해를 관철해나가고 있었다.

16세기 이래 진행된 사회 경제적 발전과 정치 상황의 변동은 양란兩亂을 거치면서 향촌 사회에 큰 변화를 가져왔다. 지주제의 확대에 따라 사족층 내부에서도 경제적 격차가 점차 심화되어갔으며, 백성들의 비판적 사회의식 또한 한층 성장하고 있었다. 이러한 향촌 사회의 변화는 양란 이후 더욱 촉진되었고, 이 와중에 기존의 향촌 지배 제도인 군현제와 수령제는 위기 상황을 맞이하기에 이르렀다. [자료1]

조선 정부는 이 같은 혼란을 수습하고자 국가재조國家再造 차원에서 향촌 통제책 마련을 모색하였다. 그리하여 재지세력의 권력 기구인 유향소의 기능을 축소해 자치 기능을 약화시킴으로써 사족에 대한 통제를 강화해갔다. 이처럼 사족 중심의 향촌 운영 체계가 동요하면서 향촌 사회의 자치적 질서가 제약되고, 향촌 사회의 운영은 관권官權에 좀더 예속되어갔다. '국왕–관찰사觀察使–수령守令'으로 이어지는 집권적 정령政令 전달 체계를 확립하고, 이를 위해 수령권을 강화하였던 것이다. 이 시기 정부의 수령권 강화 정책은 중앙 정부가 지방 관官을 중심으로 향촌 사회를 통제하려는 의지를 반영한 것이었다. 이에 따라 수령을 보좌하고 지방 행정의 실무를 담당하는 향리의 권한이 대폭 강화되어갔다.

　　조선 후기 관 주도의 향촌 통제 정책은 숙종대에 더욱 확대되었다. 환국換局을 통한 일당 전제화—黨專制化 추세로 중앙 정계政界와 재지기반의 연관성이 희박해지자, 이후 재지사족의 영향력은 점차 약화되었다. 국가는 무관武官 출신을 영장營將으로 삼는 영장제營將制를 실시하여 이들에게 군사 훈련을 전담하게 하였고, 서원 남설濫設 금지 조처 등을 통해 민民에 대한 재지사족의 지배권을 축소시켰다. 또한 부세 운영에서 사족의 개입을 배제하여 국가의 직접 지배를 관철해나갔다.

　　한편 숙종은 이처럼 수령을 중심으로 향촌 사회의 제반 문제를 처리하되, 지방의 교화와 풍속에 관한 부분은 사족에게 위임하여 그들의 반발을 무마하고자 하였다. 또 수령 선택에 신중을 기하는 제도적 장치와 임무 수행에 대한 감독 및 감시 체제를 마련해나가기도 하였다. 그리하여 비변사의 중앙 고관들이 전국 8도를 나누어 책임지고 수령을 감독하면서, 지방의 중요한 일을 왕에게 직접 보고하도록 하는 구관당상句管堂上과 유사당상有司堂上 제도를 실시하였다.[자료2] 또한 수령들이 업무를 수행하면서 참조할 수 있는 각종 목민관 지침서들도 이 시기에 널리 편찬되고 있었다.[자료3·4]

　　이처럼 조선 후기 관 주도의 향촌 통제책은 재지사족에 대한 견제와 수령권의 강화를 중심으로 하여 펼쳐지고 있었다. 그 결과 이 시기 향촌 사회에서 권력 구조는 재지사족과 유향소의 권한이 축소되면서, 수령과 향리 그리고 이들 관권과 결탁한 신향新鄕 세력이 주도하는 구조로 변모하여갔다.

**『목민심서(牧民心書)』**
조선 후기의 실학자 정약용(丁若鏞)이 목민관인 수령이 지켜야 할 지침을 정리하면서, 당대 관리들의 폭정을 비판한 저서. 48권 16책.

## 면리제, 오가통제의 내실화

조선 후기 정부의 지방 통제책은 면리제面里制의 성격을 변화하게 하였다. 고려 후기 이래 형성된 면리제는 국초에도 제도상으로는 존재하였으나 현실의 지방 행정에서 활용되지는 못하였고, 이러한 양상은 조선 전기까지 이어지고 있었다.

그러나 16세기 이후의 사회 경제적 발전은 개별 촌락村落의 발전을 한층 가속화하였고, 이제 국가가 이들 촌락을 면리제의 기초 단위로 파악하는 단계에 이르렀다. 숙종대에 마련된『오가통사목五家統事目』은 조선 후기 면리 편제面里編制의 상황을 여실히 보여주고 있었다.[자료5] 면리제의 하부 조직으로 확립된 오가통제五家統制는 이후 농민들의 도망과 이탈을 방지하고, 부세와 군역의 안정적 확보를 위한 제도적 기반이 되었다.[자료6]

오가통제에 입각한 면리제 시행은 이정법里定法 실시로 본격화되었다. 이정법은 양역良役 부과 단위를 리里로 설정하였다. 마을의 군포軍布 납부자가 도망하거나 죽으면 이에 해당하는 군포를 그 마을에서 채우게 하여, 각 리별로 공동의 연대 책임을 강조한 제도였다.[자료7] 이처럼 조선 정부는 양역 부과의 일부 기능을 촌락으로 이관함으로써, 촌락을 안정시키고 양역 운영상의 폐단을 줄여가고자 하였다. 이는 곧 재지사족의 권한을 약화시킴과 동시에, 국가가 직접 농민을 통제하고 그들로부터 부세를 안정적으로 확보하기 위한 방안이기도 하였다.

## 지방 실정의 구체적 파악

조선 정부가 지방에 대한 지배를 더욱 강화해가기 위해서는 제도 변화와 더불어 향촌 사회의 실정을 좀더 면밀히 파악할 필요가 있었다. 조선 후기에는 다양한 사회 변화가 노정되고 있었고, 이러한 현실을 개선하기 위한 통치의 기초 자료 확보가 더욱 중요해지고 있었던 것이다. 지역과 백성들의 성장에 따라 국가는 그들에 대한 파악을 면밀하고 정확하게 하여야만 하였다.

조선 후기, 지방 실정을 파악하기 위한 구체적인 시책들은 각종 읍지邑誌와 지리지地理志의 편찬, 암행어사暗行御史의 파견 등으로 나타났다. 먼저 이 시기에 간행된 전국의 읍지와 지리지는 각 지역의 사정을 파악하기 위한 매우 중요한 수단이었다. 양란 이후 피폐해진 지방 사회를 복구하고 건설하는 데 이들 지리지가 중요한 역할을 담당하였고, 이를 개편하여 각종 지지서地誌書와 지도地圖가 편찬되기도 하였다.

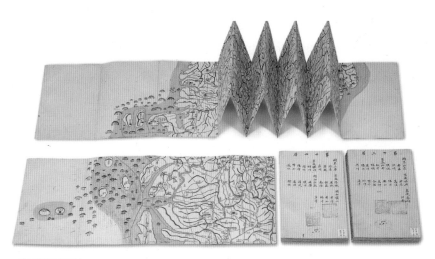

대동여지도 신유본

**암행어사에게 지급된 마패**

    한편 각 지방에서는 여러 사찬私撰 읍지들이 편찬되었다. 특히 군현 지도의 발달은 조선 후기 지도 제작에서 나타나는 현저한 특징 중의 하나였다. 또한 삼남 지역의 양전量田이나 면리 편제와 인구 파악을 목적으로『호구총수戶口總數』와『여지도서輿地圖書』가 편찬되기도 하였다.

    조선 후기에 정부는 암행어사를 자주 파견하여 수령의 향촌 통치에 대한 감찰과 더불어, 백성들의 동향과 사회 문제를 파악하고자 노력하였다. [자료8] 조선 정부가 어사의 파견을 통해 이 시기 수령권의 강화에 따라 야기되고 있던 지방 사회의 각종 폐해를 점검하고 이를 해소해가고자 하였던 것이다. 그런데 18세기 후반 이후에는 백성들이 국왕에게 올리는 문서가 점차 많아졌고, 심지어 자신의 사연을 격쟁擊錚 등의 방식으로 국왕에게 직접 호소하는 일들도 빈발하고 있었다. [자료9] 이러한 상황에서 정조와 같은 국왕은 잦은 어사의 파견과 능행陵行 과정의 격쟁 등을 통해서 백성들이 겪고 있던 고충의 실상을 밝히고, 그 해결책을 강구하고자 하였다.

**자료1**

전쟁을 겪은 뒤 수백 리에 밥 짓는 연기가 나지 않고, 혹은 수십 호가 하나의 현縣이 되기도 하니, 수령이 된 자라 하더라도 다만 빈 그릇만 갖고 있는 셈이어서 어찌 해볼 도리가 없다.

原文 經兵亂之後 或有數百里 無烟火者 或有數十戶 爲一縣者 爲守令者 徒持空器 無爲成形

_『인재집』 권2, 진시무구조소

**자료2**

이제 비변사의 당상관으로 팔도八道를 나누어 관장하게 하되, 각 도에서 임금에게 올리는 각종 보고나 문서를 반드시 이들 구관당상句管堂上주1으로 하여금 먼저 검토하게 한 후에 임금에게 아뢰도록 하고, 의논할 만한 일이 있으면 대신大臣이 다른 당상관堂上官과 더불어 서로 의논할 수 있도록 하자고 하니, 임금이 그대로 따랐다. 이때에 이르러 비변사에 각 도에 한 사람씩 구관당상을 추천하게 하고, 또 유사당상有司堂上주2 네 사람을 두어 한 사람이 두 도道를 겸하여 살피게 하되, 구관당상의 유고有故 시에는 이들 유사당상이 해당 업무를 살피도록 하자고 청하니, 임금이 이를 허락하였다.

原文 今亦以備堂 分管八道 各道狀聞文報 必令句管堂上 覆啓論題 而有可議事 則大臣與他堂 亦可商議矣 上從之 至是 備局以各道每一員 分排書進 而又請令有司堂上四人 每一人兼察二道 本堂上有故 則使之兼察 上許之

_『숙종실록』 권53, 39년 4월 기유

**자료3**

천리마다 습속習俗이 같지 않고 백리마다 풍토風土가 동일하지 않는 법이다. 한 도道 내에서도 산야山野와 해택海澤의 습속이 같지 않을 뿐더러, 한 읍 내에서도 읍리邑里와 향촌鄕村의 민풍民風이 현저하게 다르다. … 그러므로 백성을 다스리는 자는 혹 위엄을 그 사랑하는 것보다 더 해야 할 때도 있으며, 혹 덕德을 먼저하고 형刑을 뒤에 할 때도 있어야 하니, 형세를 살펴서 처리할 뿐이다.

原文 千里不同俗 百里不同風 或一道之內 有山野海澤俗習之不同 或一邑之內 有邑里鄕村民風之懸殊 … 治民者 或威克厥愛 或德先刑後 審勢而慮之耳

_『임관정요』 풍속장

주1 구관당상(句管堂上) : 전국 팔도(八道)의 군국(軍國) 업무를 도 단위로 나누어 담당하였던 비변사의 당상관.

주2 유사당상(有司堂上) : 구관당상을 도와 팔도에 관한 업무를 각각 2도씩 맡아 담당하던 비변사의 당상관.

법法은 임금의 명령이다. 법을 지키지 않음은 곧 임금의 명령을 좇지 않는 것이니, 신하 된 자로서 어찌 감히 그렇게 할 수 있겠는가? 책상 위에『대명률大明律』주3 1부와『대전통편大典通編』주4 1부를 놓아두고, 항상 펼쳐보아서 그 조문과 사례를 갖추어 알고 있어야 한다. … 목민관牧民官에 뜻을 둔 자는 마땅히 위의 법전들을 취하여 그 요긴한 것을 뽑아 별도로 분류해놓고, 또한『만기요람萬機要覽』주5,『비국등록備局謄錄』주6,『고사신서攷事新書』주7 등의 책들을 취하여 그 요긴한 것을 뽑아 한 편의 책으로 만들어두고, 일에 임할 때마다 상고해봄이 좋을 것이다.

原文 法者君命也 不守法是不遵君命者也 爲人臣者其敢爲是乎 案上置大明律一部 大典通編一部 常常披閱 具知條例 … 有意牧民者 宜取大典 擇其要者 別爲部分 又取萬機要覽·備局謄錄·攷事新書等書 撮其要者 彙爲一編 臨事 考檢可也

_『목민심서』권1, 봉공 6조, 수법

「오가통사목五家統事目」

1. 무릇 민호民戶는 그 이웃과 더불어 모으되, 가족 숫자의 다과多寡와 재산의 빈부貧富에 관계없이 다섯 집마다 한 통統을 만들고, 통 안에 한 사람을 골라서 통수統首로 삼아 통 안의 일을 맡게 한다. …

1. 1리里마다 5통 이상에서 10통까지는 소리小里를 삼고, 11통 이상에서 20통까지는 중리中里를 삼고, 21통 이상에서 30통까지는 대리大里를 삼는다. 이里 안에서 또 이정里正을 임명하고, 이里에 유사有司주8 2인을 두어 1리의 일을 맡게 한다. …

1. 이제부터는 호적·호구 가운데에도 반드시 어느 이里, 어느 통統, 몇 번째 집을 호단戶單주9 첫 줄에 써서 살피거나 조사하는 데 편리하도록 한다. …

1. 면윤面尹주10은 이정里正을 통솔하고 이정은 통수統首를 통솔하되, 각각 3년을 맡고 바꾼다. 그 가운데 면윤으로 공功이 있는 자는 추천하여 상을 준다.

原文 一曰 凡民戶隨其隣聚 不論家口多寡 財力貧富 每五家爲一統 而擇統內一人爲統首 以掌統內之事 … 一曰 每一里 自五統以上至十統者爲小里 自十一統以上至二十統者爲中里 自二十一統以上至三十統者爲大里 里中又差里正 里有司二人 以掌一里之事 … 一曰 自今戶籍戶口中 亦必以某里某統第幾家 書諸戶單首行 以便考覈 … 一曰 面尹統里正 里正統統首 各任三

주3 『대명률(大明律)』: 중국 명나라의 형률서. 조선에서도 이를 우리 실정에 맞게 고쳐 실정법으로 활용하였다.

주4 『대전통편(大典通編)』: 정조 9년(1785) 『경국대전』과 『속대전』과 그 뒤 반포된 법령들을 통합하여 편찬한 법전.

주5 『만기요람(萬機要覽)』: 순조 8년(1808) 왕명에 따라 서영보(徐榮輔)·심상규(沈象奎) 등이 찬진(撰進)한 책으로, 재정과 군정에 관한 내용들이 집약되어 있다.

주6 『비국등록(備局謄錄)』: 『비변사등록』을 일컫는다.

주7 『고사신서(攷事新書)』: 조선 후기의 학자 서명응(徐命膺)이 사대부로부터 일반 선비에 이르기까지, 유자(儒者)들이 항상 기억해야 할 사항을 정리한 책.

주8 유사(有司): 일을 맡은 담당자.

주9 호단(戶單): 호구단자(戶口單子). 호적 작성을 위해 호주가 자기 호(戶)의 구성을 기록하여 관에 제출한 문서.

주10 면윤(面尹): 조선 후기 면(面)의 책임자. 휘하에 이정(里正)과 통수(統首)를 둔다.

年而易之 其中面尹之有功能者 薦聞論賞

『숙종실록』권4, 원년 9월 신해

**자료6**

송시열이 아뢰기를, "백성이 많이 늘었는데도 군사는 늘어나지 않고, 들판이 모두 개간되었는데도 전세田稅는 점점 줄어들고 있는데, 이는 다름이 아니라 기강이 서지 않은 탓입니다"라고 하였다. 임금이 이르기를, "국가가 쇠약해지는 것은 실로 전결田結이 늘어나고 줄어드는 것과, 백성들이 많아지고 적어지는 것을 모르는 데에서 말미암는 것이다. … 호패법號牌法은 갑자기 시행할 수 없으나 오가작통법五家作統法은 먼저 시행하지 않을 수 없다" 하였다.

原文 時烈曰 生齒極繁 而兵不增 田野盡闢 而稅漸縮 此無他 紀綱不立故也 上曰 國家之削弱 實由於不知田結之贏縮 民丁之多寡也 … 號牌則雖不可卒然行之 而五家統 則不可不先行也

『효종실록』권20, 9년 11월 병오

**자료7**

좌의정 이태좌가 아뢰기를, "이정법里定法을 오랫동안 준행하지 않았고, 호적법戶籍法도 근래 또 엄히 하지 못하고 있습니다. 이제 식년式年주11을 당하여 호적법을 엄히 시행하여 반드시 가좌家坐주12에 따라 5가家로 통統을 만들고, 통 내統內에 만일 1정丁이 도피했을 경우에는 나머지 4호戶에게 죄를 물은 뒤에, 본 마을로 하여금 국역國役에 임하지 않은 장정壯丁에 대하여 대납代納하게 하소서. … 이어 면임面任으로 하여금 매달 말일에 고을에 보고하게 한다면 군역軍役을 도피하는 부류들이 거의 숨을 길이 없게 될 것입니다"고 하였다. 임금이 이르기를, "오가작통五家作統과 이정법里定法은 지금에 새로 만든 것이 아니라 바로 구제舊制이니, 엄격하게 시행하도록 하라" 하였다.

原文 左議政李台佐曰 里定之法 久不遵行 戶籍之法 近又不嚴 今當式年嚴飭 籍法必從家坐 五家作統 統內如有一丁之逃 則四戶科罪後 使本里代納閑丁 … 因令面任 朔末報官 則逃避軍役之類 庶無潛隱之路矣 上曰 五家統與里定之法 非今創始 乃舊制也 申飭可也

『영조실록』권22, 5년 6월 갑신

주11 식년(式年) : 자(子), 묘(卯), 오(午), 유(酉)의 간지(干支)가 들어 있는 해. 3년에 한 번씩 돌아오는데, 이 해에 과거를 실시하거나 호적을 조사하였다.

주12 가좌(家坐) : 집의 앉은 위치나 순서로, 오늘날의 지번(地番)에 해당한다. 조선 시기에 통(統)을 편성할 때에 이 가좌의 순서에 따라 하였다.

**자료8**

영남의 별견어사別遣御史[주13] 박문수朴文秀가 임금 뵙기를 청하여 영남의 진휼賑恤에 대한 일을 아뢰고, 또 탐오한 관리를 징계하는 법을 엄중히 할 것을 건의하였다. 또한 경주 등의 고을 양전量田 사업은 추첨을 하여 진행할 것을 청하였고, 또 수령 인사를 엄격하게 하여 바닷가의 쇠잔한 고을에는 문관文官·음관蔭官[주14]·무관武官을 막론하고 (능력이 있는 자를) 임명할 것을 청하니, 임금이 모두 그대로 허락하였다.

> **原文** 嶺南別遣御史朴文秀請對 陳嶺南賑事 又請嚴懲貪之法 又請慶州等邑量田 抽栍打量 又請申飭銓曹 沿海殘邑 以文蔭武通瀜差送 上皆許之
>
> _『영조실록』 권13, 3년 10월 무술

**자료9**

형조가 격쟁擊錚을 한 사람의 사정에 대하여 다시 아뢰었다.

형조가 … 또 아뢰기를, "군위軍威에 사는 김청용金靑用의 원정原情[주15]에, '군위 고을은 환곡還穀의 수효가 많다 보니 족징族徵[주16]이 폐해가 되어 도망하는 가호가 계속 발생하는 관계로 군액軍額을 보충하기 어렵습니다. 때문에 폐막을 낱낱이 들어서 경상 감영과 비변사에 여러 차례 소장을 올렸으나 변통을 받지 못하여 지극히 번거롭게 호소하게 된 것입니다'라고 하였습니다. 김청용은 경상 감영에 압송하여 외람된 짓을 한 죄를 법에 의거하여 조처하고, 만일 구제하지 않을 수 없는 읍폐와 민폐가 있다면 본도에서 좋은 쪽으로 잘 처리하라는 뜻으로 일체 분부하는 것이 어떻겠습니까?"라고 하였다.

이에 국왕이 하교하기를, "격쟁인은 어영군御營軍인데 그가 흰옷으로 갈아입고 어가의 곁에서 호소한 죄에 대해 대신이 이미 경연經筵 자리에서 아뢰어 해당 군영에 넘겼다. 이른바 읍폐는 무슨 일인지는 모르겠지만, 김청용이 올린 초기草記[주17]의 말에 실로 들을 만한 의견이 있으니, 감사에게 넘겨 실로 사체事體에 합하거든 아뢴대로 시행하게 하라" 하였다.

> **原文** 刑曹以擊錚人原情覆啓 … 又啓言 軍威居金靑用原情 以爲軍威一邑 還穀數多 族徵爲弊 逃戶相續 軍額難充 故歷擧弊瘼 屢呈該營與備局 未得變通 至煩呼籲云矣 金靑用押送該道監營 猥越之罪 照法勘處 如有邑弊民瘼之不可不矯捄者 則自本道 從長善處之意 請一體分付 教以擊錚人 係是御營軍 而換着白衣 呼籲駕側之罪 大臣旣有筵奏 出付該營 所謂邑弊 未知何

**주석**

주13 별견어사別遣御史 : 특별 임무를 띠고 파견되는 어사.

주14 음관蔭官 : 부조(父祖)의 음덕으로 과거를 거치지 않고 관직에 임용된 자.

주15 원정(原情) : 백성이 억울한 일 또는 딱한 사정을 국왕 또는 관부에 호소하는 문서.

주16 족징(族徵) : 부세 대상자가 도망갔을 경우 그 친척에게 부세를 대신 징수하는 제도.

주17 초기(草記) : 각 관서에서 국왕에게 올리는 문서로, 여기서는 격쟁인 김청용이 올린 문서를 일컫는다.

事 而草記結語 儘有意見 付之道臣 實合事 面依草記施行

_『일성록』 정조 5년 7월 16일

### ■ 출전

『목민심서(牧民心書)』

『숙종실록(肅宗實錄)』

『영조실록(英祖實錄)』

『일성록(日省錄)』

『효종실록(孝宗實錄)』

『인재집(訒齋集)』: 조선 중기의 학자 최현(崔睍, 1563~1640)의 시문집이다. 목판본. 18권 12책. 규장각, 국립중앙도서
　　관 소장.

『임관정요(臨官政要)』: 조선 후기의 실학자 안정복(安鼎福, 1712~1791)이 수령이 직무를 수행함에 있어 긴요하게 여
　　겨야 할 사항을 정리하여 묶은 책이다. 1권 1책. 이른바 '수령칠사(守令七事)'를 중점으로 설명하고 있다.

### ■ 찾아읽기

이수건, 『한국중세사회사연구』, 일조각, 1984.

한상권, 『조선 후기 사회와 소원제도』, 일조각, 1996.

정진영, 『조선시대 향촌사회사』, 한길사, 1998.

고석규, 『19세기 조선의 향촌사회 연구』, 서울대학교 출판부, 1998.

김현영, 『조선시대의 양반과 향촌사회』, 집문당, 1998.

한국역사연구회, 『조선은 지방을 어떻게 지배했는가』, 아카넷, 2000.

오영교, 『조선 후기 향촌지배정책 연구』, 혜안, 2001.

박용숙, 『조선 후기 향촌사회사 연구』, 혜안, 2007.

이규대, 『조선시기 향촌사회 연구』, 신구문화사, 2009.

김준형, 「조선 후기 면리제의 성격」, 서울대 석사학위 논문, 1982.

양보경, 「조선시대 읍지의 성격과 지리적 인식에 관한 연구」, 서울대 박사학위 논문, 1987.

김인걸, 「조선 후기 향촌사회 변동에 관한 연구」, 서울대 박사학위 논문, 1991.

# 4 향촌 사회의 운영과 권력이 변화하다

## 향촌 자치와 향권의 추이

조선의 지방 통치는 수령과 재지사족이라는 두 축을 중심으로 이루어졌다. 수령은 향권(鄕權)을 장악한 재지사족의 협조와 견제 속에서 지방을 통치하였다. 그러나 양란 이후 진행된 사회 경제의 발전과 정치 상황의 변동은 향촌 사회에 큰 변화를 가져왔으며, 수령은 새로운 세력을 향임(鄕任)에 등용하여 향촌을 장악해갔다. 이 과정에서 신향(新鄕)과 구향(舊鄕) 사이에 향전(鄕戰)이 전개되었으며, 재지사족들의 향권은 약화되었다.

## 재지사족의 향촌 지배

조선 왕조는 건국 초부터 중앙 집권 체제를 지향하였다. 그러나 중앙 세력이 향촌의 개별 가호家戶까지 장악하기는 힘들었으며, 수령守令의 지방 통치에도 일정한 한계가 있을 수밖에 없었다. 이는 조선의 관인官人들이 국가 권력의 이해뿐 아니라 재지사족在地士族의 이해를 대변하지 않을 수 없었기 때문이다. 결국 조선 왕조는 관官 주도의 집권적 통치 질서와 재지사족 주도의 분권적 통치 질서라는 두 축이 공존하고 길항拮抗하면서 통치 체계가 작동되었다.

재지사족은 향회鄕會를 통해 향촌을 운영하고 통제하였는데, 이 모임의 구성원 명부를 향안鄕案이라고 부른다. 향안은 향촌 자치를 담당했던 사람들의 명단인 셈이다. 지방에서 이 향안에 이름이 오르기 위해서는 부모의 가문뿐 아니라 처의 가문까지도

**경주 이씨 양월문중 고문서 및 향안**
경주 이씨 양월문중이 보관하던 문서로 유향소에서 만든 경주향안이 포함되어 있다. 이 향안(1592~1692)은 17세기 향촌사회 운영 질서와 체계를 확인할 수 있는 자료로 가치가 높다.

신분상 문제가 없어야 했다.[자료1] 따라서 지방 지배는 사실상 양반 신분만이 참여할 수 있었다. 재지사족들은 유향소留鄕所의 좌수座首와 별감別監 등 향임鄕任 인사권과 부세 운영권을 장악하여, 이를 매개로 향촌을 통제하였다. 그러므로 조선 후기 향권鄕權은 관권官權에 대비되는 말로서, 넓은 의미에서는 향촌 지배 기구 운영권까지 포괄하는 개념이었다.

재지사족은 마을에서 공유共有 재산을 마련해 상호 부조扶助하는 조직인 동계洞契와, 이 동계의 자치 규약인 동약洞約을 통해 일반 백성까지도 결속시켜 유향소의 하부 조직으로서 기능하게 했다. 동약은 당시 불안정했던 소농의 경제적 지위를 보완해주어 농촌 경제를 안정시키면서, 동시에 일정한 규칙을 위반한 이들을 처벌할 수 있는 통제 수단의 역할을 하였다. 이로써 수령을 중심으로 한 관치官治 조직과 별도로, '향회-유향소-동계'로 이어지는 자치自治 조직이 16세기 중반부터 성립되어 18세기까지 운영되었다. 이러한 사족 지배 체제士族支配體制는 조선 후기에 지방 사회를 운영하는 핵심 축으로 작동하였다.

## 사족 지배 체제의 동요

재지사족이 확보한 정치적 특권은 토지와 노비 소유 같은 경제적 특권의 기반 위에서 가능한 것이었다. 재지사족은 정치적 특권을 이용해 각종 부역賦役과 공납貢納에서 면제되는 등 경제적 특권을 더욱 공고히 할 수 있었다. 그러나 18세기 중엽부터 변화의 조짐이 나타나기 시작하였다. 양란 이후 전개되고 있던 농업 생산력의 발전과 소농민들의 경제적 성장이 그 변화의 원동력이었다. 농업 생산력의 향상을 주도한 일부 소농민은 신분적 경제적 예속 상태에서 벗어나 성장의 돌파구를 찾으려 노력하였다. 그리고 그중에서 일부 성장한 양인층良人層이 향권鄕權에 접근하기도 하였다.

반면 재지사족의 물적 토대는 근간부터 흔들리기 시작하여, 경제적으로 몰락한 양반들이 속출하였다. 이제 사회 질서는 경제력을 기준으로 새롭게 재편되고 있었다. 한편 국가는 그 틈을 이용해 지방 통치에서 수령의 권한을 강화하였다. 면리제面里制를 통해 군현의 하부 행정 조직을 실질적으로 운영하고, 이정법里定法을 정비해 마을 단위로 군포를 내게 함으로써 농민에 대한 직접 지배를 관철시켰다.

이러한 상황을 배경으로 향권 담당층에도 변화가 불가피해졌다. 향회의 구성원인 향임鄕任이 이전처럼 재지사족 중에서만 선발되지 않았고, 사족이 향임을 맡는 것을 기피하는 현상도 나타났다. 향임의 인사권 역시 사족만이 행사할 수 없게 되었다.[자료2] 이처럼 그 구성원이 바뀐 향회鄕會는 더 이상 재지사족만의 이익을 위해 존재할 수 없었고, 향회의 역할에도 변화가 생겼다. 일부 지역에서는 향촌 지배 전반을 관장하던 향회가 수령의 부세 자문기구로 변모하여갔다.[자료3] 향권鄕權을 둘러싼 이와 같은 변화는 지역에 따라 구체적인 양상과 시기는 달랐지만, 전국에서 비슷한 경향으로 전개되고 있었다.

18세기 중엽 이후 향촌 사회에 대한 재지사족의 영향력은 점차 위축되어갔다. 사족이 빠진 향회는 새로운 세력에 의해 장악되어갔다. 그들은 주로 경제적인 부富를 달성한 후에, 수령 권력에 기대어 하층으로부터 성장하는 세력이었다. 이들을 신향新鄕이라 부른다.[자료4] 신향은 관권官權, 즉 수령과 그를 보좌하는 실무층인 이서층吏胥層과 결탁하였다. 이로써 18세기 중반에 '수령守令-이吏-향鄕'을 연결하는 새로운 향촌 사회 지배 질서가 형성되었다. 그 결과 사족이 독점해오던 향권을 둘러싼 구향舊鄕과 신향新鄕의 갈등, 즉 향전鄕戰이 본격 시작되었다.

## 향전의 전개

18세기 후반 이후 전국에서 향권을 둘러싼 신·구 세력의 대립이었던 향전鄕戰이 첨예하게 전개되고 있었다. 향전이라는 말은 원래 '향중쟁단鄕中爭端', 곧 향촌 사회 내부의 각종 분란을 지칭하는 말이었으나[자료5] 영조부터 정조대에는 일반적으로 향교의 교임校任이나 서원의 원임院任, 또는 향임鄕任을 차지하기 위한 분쟁을 의미하는 말로 쓰였다. 이 시기 관官 주도의 향촌 통제책을 강화하고 있던 조선 정부는, 향촌 내에서 사족의 영향력을 배제하고 이들을 견제하여 지방 백성들에 대한 직접 지배를 꾀하려 하였다. 『속대전』의 '향전률鄕戰律'은 이 과정에서 제정된 법률이었다.[자료6]

조선 후기 향전의 유형은 크게 두 가지로 구분할 수 있다. 첫째, 기존에 향권을 장악했던 재지사족과 관권의 비호 아래 실질적인 향권을 장악해나가고 있던 새로운 세력 간의 대립이다. 이는 초기 향전의 성격을 잘 보여준다.[자료7] 향권이 재지사족의 수중에서 새로운 향임 세력으로 넘어가는 추세 속에서 나타나는 현상이었기 때문에, 여기서 향전은 사족과 관권과의 마찰이라는 의미를 지녔다.

둘째, 이미 향권이 관권에 예속된 상황에서 벌어진 향임을 둘러싼 신·구향의 대립이다. 이 두 번째 유형이 정조대에 중앙에서 파악하고 있던 향전의 중심 내용이었다. 이 시기에는 일반적으로 첫 번째 유형의 향전이 감소하고, 두 번째 유형의 향전이 주류를 이루었다. 이 유형의 향전에서 주목할 만한 사실은 이제까지 향임을 지낼 수 없었던 층들이 대거 향전에 참여하기 시작했다는 점이다. 즉 경제력을 가진 요호부민饒戶富民들이 수령의 비호 아래 향전의 주축이 되고 있었던 것이다. 이러한 사실은 당대의 향전을 두고, '매향賣鄕' 또는 '매임賣任'이라는 비판이 자주 등장하고 있는 데에서 확인할 수 있다. 그리고 이처럼 향임직을 사고파는 '매향'은 심각한 사회 문제를 야기하고 있었다.[자료8]

한편 이후 수령이 향권을 장악한 이들 요호부민층을 부세 수납과 관련하여 과도하게 수탈하자, 여기에 부민층이 반발하면서 수령과 이향층吏鄕層의 유착 관계에 분열이 생기게 되었다. 이처럼 요호부민층까지 수탈의 대상이 되는 이상, 이들이 매향·매임에 편승하여 지위 상승을 도모하는 데에는 일정한 한계가 있었다. 이에 따른 요호부민층의 반발로 인해 전국 곳곳에서는 관권과의 충돌이 일어났다.

결국 이러한 상황 속에서 이향吏鄕층이 취할 수 있는 방법은 관 주도의 수탈 구조에 편승하거나, 아니면 그것에 저항하는 것이었다. 19세기 중반에 들어 수령의 부세 자문 기관으로 변질된 향회가 관의 일방적인 수탈에 저항하는 민란民亂의 조직으로 발전하게 된 것도, 이와 같은 향촌 사회의 변동 실정을 배경으로 발생하고 있었다.

**자료1**

내외內外의 문벌을 살피고 혼인한 집안을 참고하면, 가문家門의 높고 낮음과 맑고 흐림이 저절로 판별될 것이다. 이렇게 구분하고 분류하고 나서, 향안에 기록할 때 올리기도 하고 내리기도 하면, 향안의 내용이 가볍게 되지 않고 엄중해져 더욱 분명할 것이다.

原文 考其內外之閥 參以婚娶之家 則高下淸濁 不卞而自判矣 於是乎區分類別 而或陞或降 於錄案之中 則鄕案之說 其不輕而重也 較然矣

_「경주향안」 서문

**자료2**

경상감사 정익하가 상소를 올려 아뢰었다. " … 이 (밀양)부에는 일찍이 골동계泪董契라는 조직이 있었는데, 상하 수백 인이 돈을 모아 모임을 만들고 수령이 바뀌거나 향임鄕任을 차출할 때에 갖가지 계교를 교묘히 부려서 하고 싶은 바를 뜻대로 하고 있습니다. 이를 다스리지 않으면 생각하기에 염려되는 것이 실로 말로 형언하기 힘듭니다."

原文 慶尙監司鄭益河疏曰 … 本府曾有泪董契 上下數百餘人 聚錢結黨 官長之遞易 鄕任之差出 百計巧鑽 惟意所欲 此而不治 則前頭之慮 實難形言

_「승정원일기」 926책, 영조 17년 정월 8일

**자료3**

주1 강주인(江主人) : 도성과 지방의 포구에서 선상(船商)과 그들의 상품을 중개하던 상인.

채제공蔡濟恭이 아뢰었다. "듣기로는 일향의 모든 사람들이 모여 함께 논의해 결정할 때, 사악한 향리와 이서층이 소위 강주인江主人주1과 더불어 이익을 잃었다고 하며 반드시 방해하고자 합니다. 금년 상납 시에는 비용이라 칭하며 전과 비교해 억지로 더함이 있었습니다. 강제로 정한 예비 명목의 13두에 일찍이 없었던 300냥을 백성들에게 가렴加斂하고자 하니, 이는 향회의 결정을 무너뜨리는 것입니다. 그럼에도 수령은 그 폐단을 보고만 있을 뿐, 금지하거나 억제하지 못하고 있습니다."

原文 濟恭曰 … 聞一鄕齊會 公議酌定 則奸鄕猾吏 與所謂江主人名色者 失其利竇 必欲沮戲 今年上納之際 稱以所費 比諸前日 抑有加 勒呈剩條十三斗 又以曾前所無之三百兩錢 欲爲加斂民間 必欲使鄕會酌定之事 壞了乃已 而爲守令者 坐視其弊 不能禁抑

_「승정원일기」 1705책, 정조 16년 5월 22일

**자료4**

본군에서 향직을 팔게 된 것은 흉년에 곤궁한 자를 돕는 일과 관청 수리 때문에 부득이하게 관청에서 부민富民이 원하여 납부하는 것을 허락한 데서 시작하였으니, 비록 천석의 곡식과 천금의 돈도 많은 것이 아닙니다. … 갑신년(1824)에 와서 관사를 중수할 때 재력이 넉넉지 않아 신향新鄕이 다시 생겼습니다.

> **原文** 本郡賣鄕之規 始開於歉歲補賑 公廨修葺 不得已廳許 富民願納 雖粟至千石錢至千金 而非不多也 … 降在甲申 館舍重修之時 以財力之不贍 新鄕復起矣

_「등장」예이[서울대 고문서 번호 229393]

**자료5**

황해도 봉산 사람 이극천이 향전鄕戰 때문에 투서하여 그와 알력이 있는 사람들을 무고하였는데, 내용이 감히 말할 수 없는 문제에 저촉되었다. (황해감사 이)시수가 사실을 자세히 아뢰면서, 익명으로 투서한 법으로 처리하기를 요청하였다. … 임금께서 하교하기를, "요즈음 향전이 나날이 심해져 얼마 전에는 원주에서 분쟁이 있었는데, 이제 또 황해 감사의 장계가 올라왔다. … 그러나 다시 생각해보니 이 향중의 분쟁 때문에 감히 말할 수 없는 문제까지 언급한 것은, 남을 무고하는 간교한 백성의 계책이 이렇게 하여야만 임금에게까지 올라갈 수 있다고 여긴 것이다. … 황해 감사 이시수를 파직하라. 향전에 대한 처벌을 어찌 꼭 조정의 회답이 내리기를 기다려 결정할 것이 있겠는가. 원래의 장계를 도로 내려보내라" 하였다.

> **原文** 海西鳳山人李極天 因鄕戰 投書誣其相軋者 而語犯不敢道 時秀具啓以聞 請用匿名投書之律 … 敎曰 近來鄕戰日甚 才有原州爭端 又有此海伯狀辭 … 更思 因此鄕中爭端 語到不敢到處 奸民誣人之計 在於如是然後 可以登徹 … 黃海監司李時秀罷職 鄕戰之律 豈必待回下勘斷 原狀啓還下送

_「정조실록」권32, 정조 15년 3월 기축

**자료6**

향전을 일으킨 자는 이편저편 가리지 않고 모두 장杖 일백 대와 먼 곳으로 유배를 보낸다.

> **原文** 鄕戰者 勿論彼此 並杖一百 遠地定配

_「속대전」형전 금제

**자료7**

영덕盈德의 여러 대에 걸친 세도勢道 집안은 모두 남인南人이며, 소위 신향新鄕은 모두 이서와 품관의 자식이고 자칭 서인西人이라고 하는 자들입니다. 근래 서인이 향교를 주관하면서 구향舊鄕들과 서로 마찰을 빚었습니다. 주자朱子의 화상畫像<sup>주2</sup>이 비에 손상되자 신향배들이 혹 구향들의 성토를 두려워하여 남인들을 얽을 계획을 가지고 그 화상을 숨기고, 아울러 우재 송시열의 화상도 은닉하고 말하기를, "남인들이 우재 송시열을 받들지 않는 까닭에, 야음을 틈타 화상을 훔쳐갔다"고 하였습니다.

주2 화상(畫像) : 초상화.

**原文** 盈德故家大族 皆是南人 所謂新鄕 則皆是吏胥品官之子 自稱爲西人者 近來則西人主權於學宮 與舊鄕 自相傾軋矣 朱子畫像 因雨漫漶 故新鄕輩 或慮舊鄕之聲罪 遂生嫁禍南人之計 匿其畫像 竝匿尤齋宋時烈之畫像 倡言曰 南人素不尊奉尤齋 故乘夜偸竊畫像而去也

『승정원일기』 1017책, 영조 23년 6월 15일

**자료8**

임금이 영릉永陵을 참배하고 곡산으로 돌아왔다. 곡산부의 백성 중에서 어가御駕 앞에서 상언上言한 자가 있었는데, 그가 말하기를, "전 부사 이규위는 향교를 옮겨 세운다고 하면서 매향전賣鄕錢 6천 냥을 거두고 나서, 그중 4천 1백 냥은 제주머니를 채웠습니다. 저의 아비가 그 당시의 향임으로서 갇혀 신문 중에 있으니, 엄하게 조사하여 석방되도록 해주소서" 하였다. … 이규위가 다시 수감되었으나, 장오죄<sup>주3</sup>에 관계된 일이라고 하여 심리가 오랫동안 결정이 나지 않았다. 그러다가 2년 뒤인 임인년(1722) 여름에 이르러 가뭄이 심하자 임금께서 우단雩壇<sup>주4</sup>에 기우제를 지내려고 의금부의 앞을 지나다가, 의금부에 갇혀 있는 죄수들을 처결하면서 비로소 사형을 면하고 구례현으로 귀양보내라고 명하였다.

주3 장오죄(贓汚罪) : 관의 재물을 부정으로 축내거나 뇌물을 받아 챙긴 죄.

주4 우단(雩壇) : 기우제를 지내는 제단으로, 우사단(雩祀壇)이라고도 한다.

**原文** 上謁永陵 還谷山 府民有上言于駕前者曰 前府使李奎緯 稱以移建鄕校 欲取賣鄕錢六千兩 四千一百兩 則歸之私橐 而其父以其時鄕任 方在囚訊中 乞嚴査蒙放 … 及奎緯還囚 以事係贓汚 議讞久不決 至再明年壬寅 夏旱甚 上禱雨于雩壇 駕過義禁府前 親臨錄囚 始命減死 酌配于求禮縣

『정조실록』 권10, 4년 10월 기사

### 출전

『승정원일기(承政院日記)』

『정조실록(正祖實錄)』

『경주향안(慶州鄕案)』 : 조선 초부터 제작되었으나 조선 전기의 것은 임진왜란 때 불타 사라졌다. 본 자료의 향안은
　　이채(李埰, 1745~1820)가 서문을 쓴 것으로, 숙종 5년(1679)에 만들어진 기미본(己未本)이다. 현재 구강서원(龜岡
　　書院)에 보존되어 있다.

「등장 예이(等狀 例二)」 : 1833년 6월에 임천(林川)에 거주하는 임덕하(林德夏) 등이 임천 군수(郡守)에게 올린 등장
　　(等狀). 등장은 여러 사람이 관청에 어떠한 요구를 하소연하던 문서를 말한다.

『속대전(續大典)』 : 영조 22년(1746)에 『경국대전』 시행 이후에 공포된 법령 중에서 시행할 법령만을 추려서 편찬한 통
　　일 법전. 이 법전은 『경국대전』의 총 213항목 가운데 76항목을 제외한 137항목을 개정, 증보했으며 주로 호전 · 형
　　전 등에 18항목이 새로 추가되었다.


### 찾아읽기

이수건, 『한국중세사회사연구』, 일조각, 1984.

한상권, 『조선 후기 사회와 소원제도』, 일조각, 1996.

정진영, 『조선시대 향촌사회사』, 한길사, 1998.

고석규, 『19세기 조선의 향촌사회 연구』, 서울대출판부, 1998.

김현영, 『조선시대의 양반과 향촌사회』, 집문당, 1998.

오영교, 『조선 후기 향촌지배정책 연구』, 혜안, 2001.

김현영, 『고문서를 통해 본 조선시대 사회사』, 신서원, 2003.

박용숙, 『조선 후기 향촌사회사 연구』, 혜안, 2007.

이규대, 『조선시기 향촌사회 연구』, 신구문화사, 2009.

안병욱, 「조선 후기 자치와 저항조직으로서의 향회」, 『성심여대논문집』 18, 1986.

김인걸, 「조선 후기 향촌사회 권력구조 변동에 대한 시론」, 『한국사론』 19, 서울대, 1988.

김인걸, 「조선 후기 향촌사회 변동에 관한 연구」, 서울대 박사학위 논문, 1991.

# 5 서민 문화가 꽃피다

서민 문화의 발달

조선 후기에는 경제적 변동과 신분 질서의 동요를 바탕으로 서민을 대상으로 하거나 서민이 주체가 되는 서민 문화가 발달하였다. 서민 문화의 주요 양상으로는 한글 소설의 등장과 유통, 판소리와 탈놀이의 성행, 풍속화와 민화의 유행 등을 들 수 있다. 조선 후기 서민 문화의 발달은 백성들이 역사 발전의 객체에서 주체로 등장하는 과정이었다.

## 한글 소설의 등장과 유통

훈민정음訓民正音의 창제는 한자의 어려움으로 인해 생각과 느낌을 표현하지 못했던 서민들에게 새로운 지평을 열어주었다. 한글 문학은 훈민정음 창제 이후 관찬官撰 문학과 여성들의 생활 기록 문학을 통해 조금씩 뿌리를 내렸다. 18세기 무렵에는 한글 문학의 질적인 전환이 이루어지는데, 그 대표적인 양상이 사설시조辭說時調의 성행과 서민가사庶民歌辭의 창작 및 한글 소설의 등장과 유통이다.

사설시조는 평시조에 비해 사설이 길고 형식이 비교적 자유로운 시조이다. 18세기 이후 사설시조는 서민 작가의 참여가 두드러지면서 남녀 간의 사랑, 고달픈 현실, 양반의 위선에 대한 풍자 등 서민들의 감정이 솔직하게 표현되었다. [자료1] 조선 후기 서민 가사로는 가혹한 군포軍布 징세에 견디다 못해 도망을 하게 된 사정을 노래한 갑민가

甲民家, 탐관오리들의 횡포와 백성들의 고통을 담은 거창가居昌歌 등이 있다. 또한 세 명의 어리석은 남자를 통해 사회를 풍자한 우부가愚夫歌,[자료2] 품팔이 하는 아녀자인 용부傭婦를 통해 여성의 삶과 사회적 모순을 다룬 용부가傭婦歌 등이 있다.

한글 소설의 등장과 유통은 획기적인 변화를 일으켰다. 원래 한글 소설의 창작은 풍속을 어지럽히고 인륜을 타락시킨다는 이유로 배격되기 일쑤였고,[자료3] 그로 인해 한글 소설의 작가들은 자신의 창작 사실을 감추었다. 허균(許筠, 1569~1618)의『홍길동전洪吉同傳』[자료4]이나 김만중(金萬重, 1637~1692)의『구운몽』등을 제외한 대다수 한글 소설이 그 작가나 창작 시기를 확인하기 어렵다.

한글 소설로는『홍길동전』을 비롯하여『소대성전蘇大成傳』,『조웅전趙雄戰』등 영웅 소설이 많이 쓰였다. 또한 임진왜란을 배경으로 한『임진록壬辰錄』, 병자호란을 배경으로 한『임경업전林慶業傳』,『박씨전朴氏傳』등도 유행하였다. 가장 대중적인 한글 소설은『춘향전春香傳』,『심청전沈淸傳』,『흥부전興夫傳』등의 판소리계 소설이다. 판소리계 소설이 인기가 있었던 이유는 판소리가 성행하면서 해당 소설에 대한 관심이 있는데다 판소리 특유의 대사와 설명이 소설에 반영되어 해학과 풍자가 잘 드러났기 때문이었다.

한글 소설의 유통은 초기에는 책을 소유한 사람에게 빌리거나 책을 사고파는 중개 상인 책쾌冊儈[자료5]를 통해 구하는 방식으로 이루어졌다. 18세기 무렵에는 한글 소설의 수요가 폭증하면서 새로운 유통 방식이 등장하였는데, 바로 세책가貰冊家와 방각본坊刻本 출판이다. 세책가는 책을 빌려주는 가게로, 작가로부터 책을 산 뒤 전문적으로 베껴 써서 독자에게 일정 값을 받고 대여하였다.[자료6] 세책가는 한양이나 일부 특정 도시를 중심으로 발달했다.

방각본은 민간인이 영리를 목적으로 판을 새기고 인쇄하여 출판한 책이다. 조선 시대에는 사찰이나 서원 등에서도 출판이 가능했지만 주로 교서관校書館이나 지방 관아를 중심으로 출판이 이루어졌다.[자료7] 방각본으로 출판된 책에는 백과사전이나 농사 지침서, 서간문 작성법 등의 실용서와 아동용 학습서, 유교 경전 등도 있었지만 소설처럼 오락을 목적으로 한 책들이 많았다.

특히 방각본 한글 소설은 19세기 후반 크게 발달하였고, 한양 등 도시뿐만 아니라 지방에서도 책쾌나 장시를 통해 유통되기에 이르렀다. 세책가와 방각본 출판을 통한 한글 소설의 발달과 유통은 문자와 지식으로부터 소외되어 있던 서민들에게 문자를 보급하고, 책 속에 담긴 생각이나 지식을 공유할 수 있도록 하였다.

한편 조선 후기에는 한자나 한글 등 문자를 해독할 수 없는 사람들도 한글 소설을 충분히 누릴 수 있었다. 한글 소설을 말로 실감나게 읽어주는 전문 이야기꾼인 이른바 전기수傳奇叟[자료8]가 있었기 때문이다.

## 판소리와 탈놀이의 성행

17세기 말부터 본격화된 도시의 발달과 상업의 성장은 판소리와 탈놀이가 성행할 수 있는 여건을 마련해주었다. 특히 한양은 상업적인 도시로 성장하면서 도시 문화가 크게 발달하였다. 도시 문화의 발달은 '여항인閭巷人'이라 불리던 중인층이 주도하였는데, 역관이나 의관 등 기술직 중인의 일부와 관청의 아전衙前, 시전상인 등이 여기에 해당되었다. 지방의 경우 장시를 통해 연희演戱가 이루어졌다. 보통 5일마다 열리던 장시는 상품의 교환과 매매만이 아니라 문화가 형성되고 교류가 이루어지는 소통의 공간으로 작용하였다.

판소리는 한 명의 소리꾼이 부채를 들고 북을 치는 고수鼓手의 장단에 맞추어, 줄거리가 있는 이야기를 창[소리], 아니리[말], 너름새[몸짓]를 섞어가며 공연하는 예술이다. 판소리는 원래 12마당이었는데, 전승되는 과정에서 7개는 사라지고 5개 마당만 전해진다. 지금까지 연창되고 있는 판소리 다섯 마당은 「춘향가」, 「심청가」, 「흥보가」, 「수궁가」, 「적벽가」이다.

판소리는 주로 서민적인 삶과 정서를 담은 줄거리로 되어 있었으나, 서민뿐만 아니라 양반까지 아우르는 문화로 변모하면서, 정절이나 효제孝悌 등의 유교 이념을 수용하여 내용을 절충하고 음악적 성격을 강화하는 방향으로 변화되어갔다.[자료9] 『삼국지연의三國志演義』의 영웅적이고 집단 중심적인 내용으로 된 「적벽가」가 판소리로 정착하게 된 것은 이러한 변화의 산물이었다.

탈놀이 역시 조선 후기에 완성되어 지금까지 전승되는 문화유산으로, 탈을 쓰고 하

판소리는 우리나라를 대표하는 독창적이고 우수한 공연 예술로 2008년 유네스코 인류 구전 및 무형유산 걸작으로 선정되었다.

는 공연 예술이다. 탈놀이는 크게 산대극山臺劇과 서낭제 탈놀이로 구분된다. 산대극은 산대도감山臺都監 계통의 가면극을 말한다. 조선 전기에 산대나례山臺儺禮를 관장하기 위하여 설치했던 산대도감에서 유래된 명칭이다. 대표적인 산대극으로는 경기 지방의 양주별산대楊州別山臺놀이, 송파산대놀이, 황해도의 봉산鳳山탈춤, 경상남도의 통영統營오광대五廣大놀이 등이 있다.

조선 후기 탈놀이는 상업의 발달을 바탕으로 성행하였다. 송파산대놀이의 경우 송파나루를 중심으로 전승되어왔는데, 이곳은 조선 후기 전국에서 가장 크게 열리는 열다섯 개의 장시 중 하나인 송파장이 서던 곳이다. 장시가 발달하면서 상인들은 사람들을 더 많이 모으기 위해 탈놀이 공연을 섭외하고 후원하였다.

반면 서낭제 탈놀이는 마을을 수호하는 신에게 제사를 지낼 때 하던 가면극을 말한다. 서낭제 탈놀이로는 하회별신굿 탈놀이와 강릉단오제江陵端午祭의 관노가면극官奴假面劇이 있다. 하회별신굿 탈놀이는 경상북도 안동 하회마을의 별신굿에서 행해지던 탈놀이로, 굿의 절차 가운데 탈놀이가 포함되어 있다. 강신降神, 무동 마당, 주지 마당, 백정 마당, 할미 마당, 파계승 마당, 양반·선비 마당 등으로 진행된다.[자료10] 강릉단오

하회별신굿 탈놀이의 주지 마당          하회별신굿 탈놀이의 양반·선비 마당

제의 관노가면극은 대관령산신제에서 관청의 노비들이 행하던 탈놀이이다. 관노가면극은 한국의 가면극 가운데 유일하게 말없이 춤과 몸짓으로만 표현되는 무언극이다.

조선 후기 탈놀이는 지역별로 내용이나 형식에서 조금씩 차이가 있으나 대부분 양반의 몰락과 승려의 타락을 풍자하고 여성의 고통과 좌절을 드러내는 내용으로 되어 있다. 즉, 탈놀이는 조선 후기 신분 체제의 모순과 가부장적 사회 현실을 비판하는 서민 의식을 반영하고 있었다.

## 풍속화와 민화의 유행

조선 후기에는 서민의 일상적인 생활 모습을 그린 풍속화風俗畵가 많이 그려졌고, 한편으로 민화民畵가 유행하였다. 조선 후기 풍속화의 선구자로는 공재 윤두서(恭齋 尹斗緖, 1668~1715)를 들 수 있는데, 그는 양반이면서도 서민의 삶에 관심을 갖고 주로 일하는 모습을 화폭에 담았다. 윤두서의 대표적인 작품으로는 「나물 캐는 여인」, 「자화상」 등이 있다. 그의 아들 윤덕희(尹德熙, 1685~1766) 역시 풍속화를 그렸는데, 조선 후기 여성의 달라진 삶을 엿볼 수 있는 「책 읽는 여인」 등을 남겼다.

조선 후기 풍속화의 전성기를 이끈 인물은 김홍도와 신윤복, 그리고 김득신이라고 할 수 있다.

단원 김홍도(檀園 金弘道, 1745~?)는 신선 그림이
나 초상화, 산수화 등 여러 종류의 그림에 뛰어났
지만, 풍속화가로 특히 유명하였다. 김홍도는 서민
들의 일하는 모습을 비롯한 일상생활의 모습, 남녀
의 애정 표현에 이르기까지 다양한 주제를 그려 풍
속화의 경지를 넓혔다. 『김홍도필 풍속도 화첩金弘
道筆 風俗圖 畵帖』은 주변 배경을 간단히 처리하고 인
물의 움직임에 주목하여 표현한 작품집으로 씨름
하는 모습을 그린 「씨름」, 춤추는 아이를 그린 「무
동」, 서당에서 공부하는 모습을 그린 「서당」 등이
실려 있다.

혜원 신윤복(蕙園 申潤福, 1758~?)은 단원과 다른
방식으로 서민들의 삶을 보여주었다. 신윤복은 주
로 여인의 모습, 남녀 간의 애정 행각, 양반 사회의
풍류 등을 아름답고 재치 있게 형상화하였다. 『신
윤복필 풍속도 화첩申潤福筆 風俗圖 畵帖』은 섬세하고

윤덕희의 「책 읽는 여인」, 18세기.

부드러운 선과 색채의 강약을 통해 배경과 인물을 사실적이고 낭만적으로 표현한 작
품집이다. 단오에 여인들이 그네타고 머리감는 모습을 그린 「단오풍정」, 곱게 서 있는
한 여인의 모습을 그린 「미인도」, 달빛 아래 두 남녀의 밀회를 그린 「월하정인」 등이 해
당된다.

혜원과 비슷한 시기에 활동한 긍재 김득신(兢齋 金得臣, 1754~1822)은 풍속화로 유명
하나 산수화, 새, 짐승 그림 등도 잘 그렸다. 김홍도의 영향을 많이 받았으며 대표적인
작품으로는 한적한 농가의 소동을 그린 「파적도」, 길에서 만난 양반과 천민의 모습을
담은 「반상도」, 소가 집으로 돌아가는 그림인 「귀우도」 등이 있다.

조선 후기 풍속화는 당시 서민들의 생활 모습을 보여줄 뿐만 아니라 그동안 주목받
지 못했던 서민들의 삶이 그림의 주요 대상이 되었다는 점에서 조선 후기 사회 변동과
서민들의 달라진 사회적 위상을 짐작하게 해준다.

**윤두서의 「나물 캐는 여인」**
소매와 치맛자락을 걷어 올린 두 여인이 비탈진 언덕에서 나물을 캐고 있다. 산봉우리와 두 여인의 자세, 비탈길이 비슷하게 기울어져 불안한 데 왼쪽 상단의 검은 새 한 마리가 균형을 잡고 있다.

**김홍도의 「씨름」**
가운데에는 엉겨 붙은 두 씨름꾼, 위아래에는 다양한 표정과 자세의 구경꾼을 배치하여 씨름 경기의 긴장감을 표현하였다. 경기장 가운데 양쪽에 가지런히 벗어 놓은 신발과 딴곳을 보는 엿장수가 안정감을 준다.

**신윤복의 「단오풍정」**
검고 긴 머리를 두 갈래로 늘어뜨린 여인 앞에 노란 저고리와 빨간 치마를 입은 여인이 그네를 타려 하고 있다. 개울가에서 머리를 감고 목욕을 하는 여인들을 바위 뒤에서 훔쳐보는 두 동자승의 시선이 해학적이다.

**김득신의 「파적도」**
고요함이 깨진 한 농가의 풍경을 나타낸 그림이다. 사고를 친 고양이는 꼬리를 살랑거리며 여유 있게 도망가고 남편은 긴 담뱃대로 고양이를 쫓다 마루에서 떨어지는 중이다. 깜짝 놀란 아내가 맨발로 뛰쳐나왔다.

화조도 　　　　　　　　　　　 작호도 　　　　　　　　　　　 책가도

　　민화는 전통적으로 이어온 생활 습속習俗에 따라 제작한 생활화로서 대개 무명 화가에 의해 그려진 그림이다. 민화에는 서민들의 희로애락喜怒哀樂과 간절한 바람이 담겨 있다. 민화는 대부분 병풍이나 족자에 편집되어 집안을 장식하는 데 사용되었는데 장식할 장소와 목적에 따라 그림을 선택하였다.

　　민화의 소재는 꽃과 새, 짐승이나 곤충, 물고기, 책, 문자 등 다양한데, 무엇을 그렸느냐에 따라 이름을 붙인다. 예를 들어 꽃과 새가 사이좋게 어우러져 있는 그림을 화조도花鳥圖라고 하는데, 화조도는 화목함을 기원하는 의미가 있어 신혼방이나 안방의 장식용으로 쓰였다. 까치와 호랑이를 그린 작호도鵲虎圖는 새해를 축복하는 그림이자 재앙과 잡귀를 물리치는 벽사辟邪의 의미가 있다고 생각되었다. 책가도冊架圖는 책과 문방구, 일상용품 등을 조화롭게 배치한 그림으로 사랑방의 장식용으로 많이 쓰였다.

　　조선 후기 민화는 서민을 비롯한 조선 시대 사람들의 미의식과 정서를 보여주는 그림으로 실생활과 접목되어 있었다. 민화는 종이뿐만 아니라 도자기, 가구, 문방구, 돗자리에 이르기까지 다양한 생활 도구에 활용되었으며, 서민에서 양반, 왕실에 이르기까지 널리 쓰였다. 민화는 개항 이후 생활양식의 급격한 변화와 함께 사라지면서 점차 퇴보하였으나, 현대에는 전통적이고 한국적인 미를 보여주는 그림으로 새롭게 주목받고 있다.

이렇듯 조선 후기에는 한글 소설의 등장과 유통, 판소리와 탈놀이의 성행, 풍속화와 민화의 유행 등 서민 문화가 발달하였다. 서민들의 삶의 애환과 기원, 현실에 대한 풍자와 비판이 담긴 서민 문화의 발달은 새로운 사회를 향한 모색과 실천을 품은 서민 의식이 성장하고 있음을 잘 보여주는 것이었다.

### 자료1

창窓 내고쟈 창을 내고쟈 이 내 가슴에 창 내고쟈

고모장지 세살장지 들장지 열장지 암돌져귀 수돌져귀 비목걸새 크나큰 쟝도리로 쑹

싹 바가 이 내 가슴에 창 내고쟈주1

잇다감주2 하 답답홀 제면 여다져 볼가 ㅎ노라.

_『청구영언』

주1 여기서 '장지'는 방에 칸을 막아 끼운 미닫이를 말한다. 고모장지는 고무래. 세살장지는 가는 살의 장지. 들장지는 들어 올려서 매달아 놓은 장지. 열장지는 좌우로 열어 젖히게 된 장지. 암돌져귀는 문설주에 박는 구멍 난 돌쩌귀. 수돌져귀는 문짝에 박는 돌쩌귀. 목걸새는 문고리에 꿰는 쇠를 말한다.

주2 잇다감 : 가끔이란 뜻이다.

### 자료2

저 건너 꽁생원은 제 아버지 덕택으로 돈 꽤나 가졌더니

술 한 잔 밥 한 술 친구에게 대접한 일 있었던가?

주제넘게 아는 체로 음양술수陰陽術數 좋아하고

당대에 복 받는 명당자리 피란자리 찾아다녀

올 적 갈 적 가는 길에 처자식을 흩어 놓으니

누구의 도움 없인 끼니조차 못하는구나!

原文 져 건너 쏨싱원은 제 아비의 덕분으로 돈 쳔이나 가졋드니

슐 한 잔 밥 한 술을 친구 디졉 ㅎ얏든가

쥬져넘게 아는 체로 음양슐슈 탐혼ㅎ야

당대발복 구산ㅎ기 피란곳 츠져가며

올젹 갈젹 힝노상에 쳐ᄌ식을 흣허 녹코

우 무 상조 아니허면 조셕 난계 헐 슈 없다.

_『초당문답가』, 우부가

### 자료3

사헌부에서 아뢰기를, "채수蔡壽가 『설공찬전薛公瓚傳』을 지었는데, 그 내용이 재앙과 복이 윤회輪回한다는 이야기로, 매우 요망妖妄한 것입니다. 그런데 조정 안팎이 현혹되어 믿고서, 문자로 옮기거나 한글諺語로 번역하여 전파함으로써 백성들을 미혹시킵니다. 사헌부에서 마땅히 조처하여 수거하겠으나, 혹 수거되지 않아 뒤에 발견되면 죄로 다스려야 합니다" 하니, 왕이 답하기를 "『설공찬전』은 내용이 괴이하고 허황되니 금지하고 수거하는 것은 가능하나, 따로 법을 세울 필요는 없다"고 하였다.

### 자료4

세상에 전하기를 『수호전』을 지은 사람은 3대에 걸쳐 농아聾啞가 태어나 그 재앙을 받
았다고 하니, 도적들이 그 책을 존숭하였기 때문이리라. 허균許筠, 박엽朴燁 등이 『수
호전』을 좋아하여 그 책에 나오는 도적들의 별명을 각각 호號로 삼아 서로 희롱하였
다. 허균은 또 『수호전』을 모방하여 『홍길동전』을 짓기도 하였다. 그의 무리인 서양갑
徐羊甲, 심우영沈友英 등이 그것을 직접 행하여 한 마을이 쑥대밭이 되었고, 허균도 결
국 모반하여 죽임을 당했으니 이는 농아가 된 재앙보다 더 심하다 할 것이다.

### 자료5

조신선曺神仙이라는 자는 책을 파는 중개상으로 붉은 수염에 우스갯소리를 잘 하였는
데, 눈에는 번쩍번쩍 신광神光이 있었다. 모든 구류九流주3 · 백가百家의 서책에 대해 문
목門目주4과 의례義例주5를 모르는 것이 없어, 술술 이야기하는 품이 마치 박식하고 고아
한 군자와 같았다. 그러나 욕심이 많아, 고아나 과부의 집에 소장되어 있는 서책을 싼
값에 사들여 팔 때는 배倍로 받았다. 그러므로 책을 판 사람들이 모두 그를 언짢게 생
각하였다.

주3 구류(九流) : 중국 제자백가
(諸子百家)의 아홉 유파. 곧 유가
(儒家) · 도가(道家) · 음양가(陰陽
家) · 법가(法家) · 명가(名家) · 묵
가(墨家) · 종횡가(縱橫家) · 잡가
(雜家) · 농가(農家).

주4 문목(門目) : 책의 목차.

주5 의례(義例) : 책의 범례(凡例).
책의 앞부분에 그 책의 대체 내용
에 대한 설명을 한 부분.

요즈음 살펴보니 안방의 부녀자들이 서로 경쟁하는 것은 오직 패설稗說[주6]뿐이다. 패설을 좋아함이 나날이 늘고 달마다 증가하여 그 수가 천백 여종에 이르렀다. 쾌가儈家[주7]에서는 이것을 깨끗이 베껴 써서 빌려주는 일을 했는데, 그때마다 값을 받아 이익으로 삼았다. 부녀자들은 식견이 부족하여, 혹 비녀나 팔찌를 팔거나 빚을 내면서까지 서로 다투듯이 책을 빌려가서 긴 날을 보냈다. 그로 인해 술과 음식을 만들고 옷감을 짜고 옷을 짓는 등 해야 할 모든 일을 곧잘 잊어버렸다.

**原文** 竊觀近世閨閤之競 以爲能事者 惟稗說 是崇日加月增 千百其種 儈家以是淨寫 凡有借覽 輒收其直以爲利 婦女無見識 或賣釵釧 或求債銅 爭相貰來 以消永日 不知有酒食之議 組紃之責者 往往皆是

_『번암집』 권33, 여사서 서

주6 패설(稗說) : 민간에 떠도는 전설이나 교훈적이며 기이한 이야기를 주제로 한 소설.

주7 쾌가(儈家) : 책을 베껴 유통시키던 책 중개상인 '책쾌(册儈)'가 하는 가게.

임금께서 이르기를, "옛날부터 훌륭한 왕의 정치는 반드시 가문家門을 바로잡는 일로써 근본으로 삼았으니, 규문閨門[주8]의 법은 곧 왕도 정치의 근원이 된다. 이 서적을 만약 간행하여 반포한다면 반드시 규범閨範에 도움이 있을 것이나, 다만 언문諺文으로 해석한 후에야 쉽게 이해할 수가 있을 것이다" 하고, 교서관校書館으로 하여금 간행하여 올리게 하였다. 또 제조提調 이덕수李德壽로 하여금 언문으로 해석하도록 하였다.

**原文** 古昔聖王之治 必以正家爲本 閨梱之法 乃王化之源 此書若刊布 則必有補於閨範 而第有諺釋 然後可易曉 命校書館印進 使提調李德壽諺釋

_『영조실록』 권39, 10년 12월 신유

주8 규문(閨門) : 규중(閨中). 곧 부녀자가 거처하는 곳.

노인은 동문 밖에 살았다. 한글 소설을 말로 하는데, 『숙향전』, 『소대성전』, 『심청전』, 『설인귀전』 등의 기이하고 뛰어남을 전해준다. 매월 초 첫째 날은 첫째 다리 밑에 자리를 잡고, 둘째 날은 둘째 다리 밑에 앉고, 셋째 날은 이현梨峴[주9]에 앉고, 넷째 날은 교동校洞[주10] 입구에 앉고, 다섯째 날은 대사동 입구에 앉고, 여섯째 날은 종루 앞에 앉는다. 위로 거슬러 올라가 7일째부터는 그 길을 따라서 내려온다. 내려왔다 올라가고 올라갔다 다시 내려와 그 달을 마친다. 새로운 달에도 또 그렇게 한다. 실감나게 잘 읽

주9 이현(梨峴) : 조선 후기 신흥 상인들이 활동하였던 도성의 상업 지역으로, 종로구 종로 4가 부근.

주10 교동(校洞) : 고려 시기에 한양의 향교가 있어 교동이라 불렀던 데서 유래한 지명. 지금의 종로구 낙원동 일대.

기 때문에 듣는 자들이 주변을 둘러싼다. 그는 읽다가 가장 중요하고 들을 만한 대목에 이르러서는 문득 조용히 말을 멈춘다. 그러면 사람들이 다음 이야기를 듣고자 다투어 돈을 던진다. 이것을 일컬어 '요전법邀錢法'이라 한다.

原文 叟居東門外 口誦諺課稗說 如淑香·蘇大成·沈淸·薛仁貴等 傳奇也 月初一日坐第一橋下 二日坐第二橋下 三日坐梨峴 四日坐校洞口 五日坐大寺洞口 六日坐鐘樓前 遡上旣自七日 沿而下 下而上 上而又下 終其月也 改月亦如之 而以善讀 故傍觀 妃圍 夫至最喫緊可廳之句節 忽默而無聲 人欲廳其下回 爭以錢投之 曰此乃邀錢法

_「추재집」 권7, 기이, 전기

---

**자료9**

주11 시하(侍下)에 : 늙은 어머니를 모시면서

주12 추천(鞦韆)하는 : 그네를 타는

주13 대혹(大惑)하여 : 크게 호기심이 생겨

주14 방색(防塞)한들 : 막고 저항한다 하더라도

주15 발연변색(勃然變色) : 갑자기 얼굴빛이 변하더니

방자房子 썩 들어서며, "이애 춘향春香아 너 본 지 오래구나. 노모老母 시하侍下주11에 잘 있었느냐." 춘향이 돌아보니 전에 보던 방자여든 "너 어찌 나왔느냐." "사또 자제 도령님이 광한루廣寒樓 구경 왔다 추천鞦韆주12하는 네 거동을 바라보고 대혹大惑주13하여 불러오라 하셨으니 나를 따라 어서 가자." 춘향이 천연정색天然正色하여 방자를 꾸짖는다. "한양 계신 도령님이 내 이름을 어찌 알며, 설령 알고 부른단들 네가 나를 누구로 알고, 부르면 썩 갈 줄로 당돌히 건너오느냐. 천만부당千萬不當 못될 일을 잔말 말고 건너가라." 방자가 어이없어 한참 섰다 하는 말이, "도령님은 사대부요 너는 일개 천인賤人이라. 네 아무리 방색防塞주14한들 아니 가고 견딜 소냐." 춘향이 발연변색勃然變色주15, "명분도 중重커니와 예법禮法도 중重하니라."

_「신재효 판소리 사설집」

---

**자료10**

하회별신굿 탈놀이 중에서 양반·선비 마당 대사의 일부이다.

선비 : 그래, 머가 나아? 말해 보라꼬.

양반 : 나는 사대부의 자손일세.

선비 : 아니 뭐 머라꼬?

선비 : 나는 팔대부의 자손일세.

양반 : 아니, 팔대부? 그래, 팔대부는 뭐로?

선비 : 팔대부는 사대부의 갑절이지.

양반 : 뭐가 어째? 어흠, 우리 할배는 문하시중을 지내셨거든.

선비 : 아, 문하시중. 그까짓 꺼. 우리 할배는 바로 문상시대인걸.

양반 : 아니, 뭐? 문상시대? 그건 또 뭐로?

선비 : 에헴, 문하보다는 문상이 높고 시중보다는 시대가 더 크다 이 말일세.

양반 : 허허, 그것 참 빌꼬라지 다보겠네.

선비 : 그래, 지체만 높으면 제일인가?

양반 : 에헴, 그라만 또 뭐가 있단 말인가?

양반 : 학식이 있어야지. 나는 사서삼경을 다 읽었네.

선비 : 뭐 그까짓 사서삼경 가지고 어흠, 나는 팔서육경을 다 읽었네.

양반 : 아니, 뭐? 팔서육경? 도대체 팔서는 어디에 있으며 그래 대관절 육경은 또 뭔가?

초랭이 : 나도 아는 육경 그것도 모르니껴……. 팔만대장경, 중의 바라경, 봉사의 안
　　　　경, 약국의 길경, 처녀의 월경, 머슴의 세경요.

선비 : 그래, 이것도 아는 육경을 양반이라카는 자네가 모른다 말인가?

양반 : 여보게 선비, 우리 싸워봤자 피장파장이께네 저짜 있는 부네나 불러 춤이나 추
　　　　고 놉시더.

**출전**

『여유당전서(與猶堂全書)』

『영조실록(英祖實錄)』

『중종실록(中宗實錄)』

『김홍도필 풍속도 화첩(金弘道筆 風俗圖 畵帖)』: 조선 후기의 화가인 김홍도가 그린 풍속화 25첩이다. 「씨름」, 「대장
　　간」, 「서당」 등과 같이 서민들의 일상생활 모습과 생업에 종사하는 모습의 그림들이 실려 있다. 영조 21년(1745)~
　　순조 16년(1816)에 그린 풍속화로, 보물 제527호로 지정되었으며 국립중앙박물관에 소장되어 있다.

『번암집(樊巖集)』: 조선 후기의 문신이자 학자인 채제공(蔡濟恭, 1720~1799)의 시문집으로 목판본이다. 책머리에
　　정조(正祖)의 어제어필제영(御製御筆題詠), 어정범례(御定凡例) 등이 실려 있으며 규장각에 보관되어 있다.

『신윤복필 풍속도 화첩(申潤福筆 風俗圖 畵帖)』: 조선 후기 화가인 신윤복의 풍속화 30여 점이 들어 있는 화첩이다.
　　주로 한량과 기녀를 중심으로 한 남녀 간의 애정과 낭만, 양반사회의 풍류를 다루었다. 이 화첩은 일본으로 유출
　　되었던 것을 1930년 전형필이 구입해 새로 틀을 짜고 오세창이 발문을 쓴 것으로, 18세기 말 당시 사회상의 일면
　　을 보여주는 귀한 작품으로 평가받고 있다. 국보 제135호로 지정되었으며 간송미술관에 소장되어 있다.

『신재효 판소리 사설집』 : 신재효(申在孝, 1812~1884)가 정리한 판소리 사설집으로, 1971년 민중서관에서 출판하였다. 신재효가 정리하기 이전에 판소리는 원래 12마당이었다. ① 춘향가 ② 심청가 ③ 박타령 또는 흥부가 ④ 토끼타령 또는 수궁가 ⑤ 화용도 또는 적벽가 ⑥ 배비장전 ⑦ 옹고집전 ⑧ 변강쇠타령 또는 가루지기타령 ⑨ 장끼타령 ⑩ 강릉 매화전 ⑪ 무숙이 타령 또는 왈자 타령 ⑫ 가짜 신선 타령 등이 있었다. 신재효가 정리한 사설집에는 '춘향가 남창(男唱)'을 비롯하여 '춘향가 동창(童唱)', '심청가', '토별가', '박타령', '적벽가', '변강쇠가'가 실려 있다.

『청구영언(靑丘永言)』 : 조선 영조 때의 김천택(金天澤, ?~?)이 고려 말엽부터 편찬 당시까지의 여러 사람의 시조를 모아 영조 4년(1728)에 엮은 고시조집이다. 필사본이며 1권 1책이다. 1948년 조선진서간행회(朝鮮珍書刊行會)에서 간행한 『진본 청구영언(珍本 靑丘永言)』이다.

『초당문답가(草堂問答歌)』 : 조선 숙종 · 영조 연간에 제작된 것으로 추정되는 작자 및 연대 미상의 가사집이다. 필사본 1책으로 '경세설(警世說)'이라고도 한다. 총 13편의 가사가 실려 있다.

『추재집(秋齋集)』 : 조선 후기 문인 조수삼(趙秀三, 1762~1849)의 시문집으로 활자본이며 8권 4책이다. 손자 중묵(重默)이 유고를 정리하여 1939년 간행하였다.

『택당집(澤堂集)』 : 조선 중기의 문신 이식(李植, 1584~1647)의 시문집이다. 34권 17책이며 목판본이다. 원집(原集) 10권과 속집(續集) 6권 및 별집(別集) 18권으로 되어 있다.

## 찾아읽기

박진태, 『탈놀이의 기원과 구조』, 새문사, 1990.

김철순, 『한국민화론고』, 예경, 1991.

이석래, 『조선 후기 소설연구』, 경인문화사, 1992.

강명관, 『조선 후기 여항문학 연구』, 창작과비평사, 1997.

정옥자, 『조선 후기 중인문화연구』, 일지사, 2003.

이태호, 『풍속화』, 대원사, 2005.

조동일, 『한국문학통사』(제4판), 지식산업사, 2006.

오주석, 『단원 김홍도』, 솔, 2006.

이민희, 『조선의 베스트셀러』, 프로네시스, 2007.

정병모, 『무명화가들의 반란 민화』, 다할미디어, 2011.

김문기, 「서민가사 연구」, 『동양문화연구』9, 1982.

김채석, 「사설시조의 근대문학적 의의」, 『한성어문학』3, 1984.

정병욱, 「판소리의 사실성과 서민정신」, 『판소리연구』창간호, 1989.

전경욱, 「탈놀이의 역사적 연구」, 『한국구비문학사연구』5, 1997.

정병설, 「조선 후기 한글소설의 성장과 유통」, 『진단학보』100, 2005.

류준경, 「서민들의 상업출판, 방각본」, 『한국사시민강좌』37, 일조각, 2005.

김영순, 「조선 후기 풍속화 연구」, 『예술논집』8, 2008.

정병헌, 「판소리의 지향과 실창의 관련성 고찰」, 『판소리연구』32, 2011.

# 6 백성들이 꿈꾸는 새로운 세상

민간 신앙과 동학

민간 신앙은 조선 후기에 사회가 변동하고 기존의 유교 가치 체계가 흔들리면서 민인들에게 영향을 끼치기 시작하였다. 조선 왕조가 망하고 정씨의 새 왕조가 들어선다는 『정감록』의 예언사상, 미래불인 미륵이 내려와 이 세상을 구제한다는 미륵하생신앙, 이 세상이 멸망하고 새로운 세상이 열린다는 동학의 후천개벽사상 등이 그것이다.

## 『정감록』의 유포와 변란의 빈발

조선 시대에 사대부들에게 유교는 정학正學이며 그밖의 학문, 사상과 신앙은 사학邪學·이단異端으로서 배척의 대상이었다. 그리하여 여말선초 이래 성리학에서 제시하는 인륜을 확립하는 것을 개혁의 목표로 삼았다. 또한 이처럼 인륜이 바로 세워진 사회를 조선이 지향해야 할 이상사회로 여기고 이를 실현하기 위하여 사학과 이단을 배격하는 데 주력하였다. 이러한 사학과 이단에는 불교, 도교는 물론 무격 등도 포함되었다.<sup>[자료1]</sup>

물론 현실적으로는 왕실에서부터 민간에 이르기까지 이들 사학과 이단은 신앙세계 내면에 깊이 뿌리 박혀 있는 실정이었으므로 조선 국가는 이를 완벽하게 제거하는 대신 체제 안으로 끌어들이고자 했다. 내원당 등 왕실의 원찰과 소격서 설치, 무속제의와 유교제의의 절충 등이 그것이다.[자료2] 그러나 이러한 절충은 어디까지나 제의祭儀 차원에 국한될 뿐 성리학 질서와 국가 체제를 부정하는 신앙 체계는 가차 없이 비판하고 배격하였다.

조선 국가와 사대부의 이러한 노력은 조선 후기 농촌사회의 변동과 신분제의 동요 속에서 지배사상으로서의 성리학이 도전을 받기에 이르자 오히려 성리학의 교조화로 나타났다. 같은 유학의 일파인 양명학마저 배격할 뿐더러 같은 성리학 내에서도 여타 정파들을 이단으로 공격하기까지 하였다.

그러나 정부와 사대부들의 배격과 탄압에도 불구하고 유교 자체가 양반 사회 내에서의 생활 규범이어서 피지배계층에 대한 평등한 가치 기준으로 기능할 수 없었다. 특히 사회 경제적 변동이 급격하게 이루어지는 조선 후기에 이르면 이전에 배격되거나 탄압받았던 민간신앙들이 유교를 대신하여 민인들의 삶과 신앙에 영향을 미치기 시작하였다. 이 중『정감록』에 담겨 있는 예언 사상은 왕조 부정 논리를 담고 있어 민인들에게 끼친 영향이 적지 않았다.

『정감록』은 저자나 제작 연대가 불명한 도참서圖讖書로 정감鄭鑑과 이심李沁의 대화 형식을 취하고 있다. 여기서는 전통 유교에서 벗어나 조선의 국운을 예언하며 조선 왕조의 멸망과 정씨 진인에 의한 역성혁명의 필연성을 제시하였다. 도참은 앞으로 일어날 사건의 상징·표시·징후 등을 가리키는 '도'와 국가나 사람의 길흉·화복·성패 등을 예언하는 '참'의 합성어로 왕조를 부정하는 대표 사상이었다. 그 연원은 이러한 도참서가 선조 6년(1573) 정여립鄭汝立의 난에서 정치적으로 이용되었듯이 16세기까지 소급된다.[자료3]

내용은 병란설兵亂說, 피란설避亂說과 말세관末世觀으로 이루어져 있다.

먼저 병란설은 임진왜란과 병자호란이라는 미증유의 전란으로 국토는 초토화되고 의식주의 조건이 궁핍했던 과거의 기억을 떠올리게 하면서 앞으로 일어날 전란에 대한 공포의식을 조장하고 있다. 과거에는 임진왜란(진년), 병자호란(자년)이 일어났으며 미래에는 갑자가 든 해(1864)에 큰 전란이 있을 것이라 예언했던 것이다.[자료4]

다음 피란설은 이러한 공포의식의 연장선에서 몸을 보전키 위한 대비책을 제시하고 있다. 그리하여 여기서는 곧이어 닥쳐올 병란을 예고하면서 이에 대비하여 보신保

身을 위한 피난처로서 풍기, 예천 등을 비롯한 십승지十勝地가 있음을 강조하였다.[자료5] 이러한 피란설은 조선 후기 내내 대내외 위기 의식과 관련하여 전란이 있을 때마다 민인들에게 이상사회를 제시하는 예언사상으로 비쳤다.

끝으로 말세관은 여타 도참설과 달리 병란설과 피란설 등에서 나타나는 소극적 도피 자세에서 벗어나 이 시기 정치기강의 문란, 봉건적 수탈의 심화 그리고 이에 따른 민생의 도탄 등에 대한 비판의식을 담고 있다.[자료6] 그리고 현 사회의 문란상을 열거하면서 봉건적 신분질서에 대한 강한 부정적인 견해를 나타냄으로써 사회 개혁의 방향을 암시하였다.[자료7]

그런데 『정감록』은 현 사회 모순의 해결책으로서 일반적인 종교들의 말세관과는 달리 '정진인 출래설鄭眞人 出來說'로 이씨 왕조를 부정하고 정씨 왕조의 도래를 예언하였다.[자료8] 그리고 그 수도는 계룡산이었다.[자료9] 이는 현실 부정을 통해 기존 질서를 파괴하는 행동의 근거로서 일반 민인들에게 영향을 끼쳤다.

이후에도 일부 불만이 있는 양반과 민인들이 『정감록』에 근거하여 끊임없이 각종 변란을 모의하고 난을 일으켰다. 특히 18세기에 각종 도참서들이 『정감록』으로 귀결되고 전국적으로 보급되었다. 그리하여 19세기는 각종 변란의 이상주의적 혁명 이념으로 활용되었다.[자료10]


## 미륵하생신앙의 확산과 민인들의 동향

미륵하생신앙彌勒下生信仰도 『정감록』에 못지않게 일반 민인들의 현실 인식에 크게 작용하였다. 그리하여 일부 사회운동은 석가의 시대가 끝나고 미륵이 세상을 구제한다는 이러한 미륵하생신앙에 바탕하여 변란으로 발전했다. 대표적으로 숙종대 미륵신앙사건을 들 수 있다.

숙종 14년(1688) 8월 요승 여환呂還 등 하층 평민, 노비 등 11인이 모반謀反을 꾸미다 죽임을 당하였다. 즉, 그들은 "7월에 큰 비가 와서 도성이 무너질 것이다"라고 하면서 신봉자들을 이끌고 한성에 쳐들어가 점령하려다 비가 오지 않아 실패했던 것이다.[자료11]

또한 여환 등은 미륵하생신앙과 함께 민간신앙인 용龍 신앙을 적절하게 활용하였다. 즉, 용이 미륵불 출현 직전에 흉년과 재해가 넘치는 사회를 다스리며 미륵불의 강림을 예비한다고 주장했던 것이다.[자료 9] 더구나 여환의 부인인 무녀 원향이 '용녀부인龍女婦人'이라 불렸듯이 민간 신앙을 미륵신앙에 결합시키려 했다.[자료 12]

조선 후기의 민간 신앙은 이처럼 새로운 이상사회를 꿈꾸었던 민인들의 변혁 의식을 담고 있다. 그래서 이후 19세기 사회변혁 운동의 이념적 기반을 제공하였다.

선운사 동불암 마애불

## 최제우의 동학 창시와 정부의 탄압

동학은 철종 11년(1860)에 최제우가 창시한 우리나라 고유의 교학敎學 사상으로 서학, 즉 양학洋學의 침투와 유포에 반대하였다. 그리하여 최제우는 천주교에 대한 반대의 처지에서 동방의 교학이란 의미로 '동학東學'이라 명명하였다.[자료14] 동학에서는 사후 세계에 관해서는 별로 언급하지 않고, 현실 생활의 안정과 평화·행복을 기원하고 있다. 즉 현세복리를 추구하는 현실 치중의 사상을 지니고 있어 당시 호구지책에 급급하면서 생활에 위협을 크게 받고 있던 농민들에게 잘 영합되어갔다[자료15]. 창시자 최제우는 아명兒名이 복술福述이오, 관명冠名이 제우濟愚이다. 자字는 성묵性黙, 호는 수운水雲, 본관은 경주이다. 그의 부친은 옥鋈, 모친은 청주 한씨이며 부인은 밀양 박씨였다. 신라 말 문호인 최치원의 후예로서 병자호란 때 용인에서 전사한 최진립崔震立이 최제우의 7대조였다. 최진립 이후 집안이 대대로 학문을 업으로 하였으나 침체하였다. 그의 부친 최옥崔鋈도 학행으로 그 지방에서는 이름이 있었으나 과거제의 문란으로 과거 초시에 열두 번이나 낙제했다고 전해진다. 최제우는 6세 때에 어머니를 여의고 16세 때에 부친마저 잃어 일찍부터 외로운 몸이 되어 세상의 무상함을 느꼈다. 그리고 조금 남아 있는 전답마저 농사지을 줄을 몰라 점차 잃게 되었다. 더구나 화재까지 일어나 그의 가보와 서적이 모두 소실되자 물적·심적으로 타격이 컸다.

당시 사회는 대내적으로는 중세 말기 현상으로 오랫동안 누적되어온 당쟁과 외척의 세도로 정치는 어지럽고 부패하였으며 양반 토호들의 횡포, 지방 관리들의 포학 등이 극에 달하는 한편[자료15] 대외적으로는 천주교의 유포와 이양선의 출몰로 인해 민족 위기 의식이 심화되었다. 이때 최제우는 유교에 근간하여 불교·도교를 융합하고 서양 제국주의 열강의 동양 침략과 관련하여 외래 종교인 천주교도 배척함으로써 고유 사상과 전통을 간직하며 보국안민保國安民과 제폭구민除暴救民에 뜻을 두고 새로운 동학을 창시하였다.[자료17·18]

따라서 동학은 이러한 시대의 분위기를 타고 짧은 기간에 교세를 확장하였다. 특히 콜레라가 창궐하던 때여서 그는 의료 행위를 통해 많은 교도를 확보했다. 1862년 말경에는 동학의 조직이 경상도를 중심으로 17개소의 접소를 두고 16명의 접주를 임명할 정도였다. 이후 경상도 바깥 지역으로 널리 퍼졌으며 산골 어린 아이들도 동학의 주문을 외울 정도였던 것이다.[자료19] 그리고 최제우 자신도 1863년 11월에 전라도 포교를 위해 경상도를 벗어나 전라도 남원에 가서 신도를 확보하였다.

정부와 양반 지배층은 동학의 급

동학을 창도한 교조 최제우의 유허지

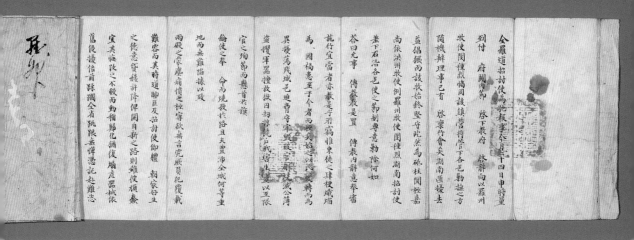

호남 초토사 민종렬이 1894년 농민 전쟁과 관련해 의정부에 올린 보고서

속한 확산을 우려하였다. 동학이 기존의 성리학 봉건 질서를 무너뜨리는 이단 사상으로 보였던 것이다. 따라서 정부는 경상 감영에 체포 명령을 내려 철종 14년(1863) 12월 3일 대주인大主人 최제우를 체포하였다. 그리고 이듬해 3월 10일에 '좌도혹민(左道惑民, 불온한 사상으로 사람들을 유혹한다)'는 죄목으로 최제우를 참형에 처한 동시에 동학 교도를 색출하여 체포했다.

당시 북도중주인(北道中主人, 경주 이북을 포교하는 접주)으로 포교하던 최시형은 최제우가 체포되기 직전인 1863년 8월 14일에 대주인이 된 뒤, 관의 체포를 피해 강원도 등지로 도피하는 한편 교세 확장에 힘을 기울였다. 아울러 동학의 종교화에 더욱 몰입한 나머지 현실을 변혁하려는 자세에서 벗어나 사회의 질곡을 제거하기보다는 인간 내면의 평등에 국한시켜버렸다.[자료20]

따라서 동학 내부에는 이와 다른 부류가 존재하였다. 이필제의 경우, 최시형보다 2살 연상으로 일찍부터 병란을 꾀하고 있던 몰락 양반이었다. 그는 1861년 이전에 충청도 진천에서 병란을 일으키려 하려다 실패하여 재기할 기회를 엿보고 있었다. 이때 그는 동학을 변란 조직으로 활용하기 위해 대주인(최제우)의 신원伸寃 운동을 핑계로 최시형을 설득하여 적극 변란에 끌어들이려 하였다. 이에 최시형은 처음에 거절하다가 마지못해 이필제의 진의를 모른 채 대주인 신원을 위해 영해寧海 관아를 습격하는 데 가담하였다.[자료21] 그러나 그의 예상과 달리 영해 작변이 대주인 신원 운동이 아니라 정부 타도 운동임을 알고 이를 배척하고 도피와 포교에만 전념하였다. 비록 영해 작변 등으로 동학 조직이 크게 손상되었지만 얼마 안 되어 민인들의 지원과 교도들의 원조로 최시형은 그의 주도 아래 기존 조직을 재건할 수 있었던 것이다.

하지만 그의 이런 재건 방향은 끊임없이 도전을 받았다. 동학의 확대는 단지 개인을 구원하는 데 그치지 않고 현실 세계를 변혁하려는 부류의 참여가 두드러졌기 때문이다. 호남의 경우, 봉건 지배층의 수탈이 가중되었던 지역으로 교단의 노선과 달리 동학을 현실 변혁의 조직으로 적극 활용하려 했던 것이다.[자료22] 그 중심인물은 충청도 청주 출신 서장옥이었다. 그는 전봉준을 비롯한 1894년 농민전쟁 최고 지도부로부터 권위와 존경을 받아 남접의 우두머리로 성장하고 있었다.[자료23] 따라서 동학의 이러한 분화는 훗날 1894년 농민전쟁을 앞두고 양자가 각자 자기 노선에 따라 행동하는 요인으로 작용하였다. 또한 일제 강점기, 해방정국에서 천도교 내부의 민족운동을 둘러싼 갈등으로 나타났으며, 심지어는 좌우의 이념 대립에 편승하여 각기 다른 길을 전망하는 것이었다.

**자료1**

당시 여자 무당 세 명이 요망한 귀신을 모셔놓고 많은 사람들을 미혹하고 있었다. 합주(陝州, 지금의 경상남도 합천군)로부터 군郡과 현縣을 두루 돌아다니면서 가는 곳마다 허공에서 나오는 듯한 사람 소리를 만들어내는데 어찌나 큰지 마치 갈도喝道소리 같았다. 그 소리를 들은 사람들은 모두 달려가 뒤질세라 제사를 지냈는데, 수령守令까지도 합세했다. 그들이 상주(尙州, 지금의 경상북도 상주시)에 오자 안향安珦주1이 곧장으로 때리고 칼을 씌우니 무당이 귀신의 계시라며 재앙을 내릴 것이라고 겁을 주었다. 상주 사람들이 모두 두려워했으나 안향은 꿈쩍도 하지 않았다. 며칠 뒤에 무당이 용서를 빌기에 그제야 석방하니 그 요망한 사술이 사라지고 말았다.

原文 時有女巫三人 奉妖神惑衆 自陝州 歷行郡縣 所至作人聲呼空中 隱隱若喝道 聞者奔走 設祭莫敢後 雖守令亦然 至尙 珦杖而械之 巫托神言 祇以禍福 尙人皆懼 珦不爲動 後數日 巫乞 哀乃放 其妖遂絶

_「고려사」 권134, 열전18, 안향

**주1** 안향(安珦) : 고려 말기의 명신이자 학자(1243~1306)이다. 자는 사온(士蘊), 호는 회헌(晦軒)이며 시호는 문성(文成)이다. 그는 주자학을 적극적으로 수용하여 우리나라에서 주자학이 발전하는 데 기여하였다.

**자료2**

대개 사람은 부모가 병이 극도에 이르러 하는 말이 있을 때, 만일 난명亂命만 아니라면 그대로 따라 부모의 마음을 위로하는 법이다. 더구나 소격서昭格署주2 같은 것은 비록 정도正道는 아니지만 부처처럼 사람들의 마음을 현혹시키는 것은 아니니 비록 복구하게 되더라도 난명에 이르지는 않을 것이다. 소격서의 설치는 그 유래가 이미 오랜데 갑자기 폐지되자, 자전께서 평소에 불평스러운 마음이 많으셨으므로 병중에 그런 말을 하시게 된 것인데, 병중에 그런 염려를 그만두지 않게 된다면 마음 쓰이는 증세가 더욱 악화될 것이다. 전일의 소격서 제사는 떳떳하지 못한 일이 매우 많았기 때문에 자전[대비]께서 분부하신 말씀과 같이 비용이 많았으니, 비록 다 복구하지는 못하더라도 삼광三光주3에 대한 제사 같은 것은 해조로 하여금 간략한 예로 마련하도록 한다면 비용이 많지 않을 것이고, 또 그에 대한 관원을 마땅히 짐작해두어 완전히 폐하지 않게만 된다면 자전을 위로하여 기쁘게 하는 한 가지 일이 될 것이다. 옛적에 효자가 아버지의 병에 대해 북극성에 빌어 효험을 보았으니, 이는 정성이 하늘을 감동시켰기 때문이다. 만일 소격서를 복구하게 된다면 또한 자전을 위해 거기에서 빌 수

**주2** 소격서(昭格署) : 조선 시대에 도교(道敎)를 보존하고 도교 의식(儀式)을 행하기 위하여 설치한 예조(禮曹)의 속아문(屬衙門).

**주3** 삼광(三光) : 해와 달과 별을 가리킴.

있을 것이다. 또한 이는 새로 설치하는 일과 같은 것이 아니고 다만 옛것을 복구하는 것뿐이니 모두들 의논하여 아뢰라.

**原文** 大抵 凡人父母病極 有所言 若非亂命 無不從之 以慰其心 況如昭格署 雖非正道 不如 佛氏惑人心也 雖復舊 不至於亂命也 昭格之設 其來已久 而卒廢 慈殿平時 多有不平於心 故病 中發此言 病中念慮至此不已 則用心之證尤劇也 前者 昭格署所祭 不經之事甚多 故費用亦多 果如慈旨所謂 雖不盡復 如三光之祭 令該曹略例磨鍊 則費用亦不多矣 且其官員 亦宜斟酌設之 以至於不全廢 則慰悅慈殿之一端也 古有孝子 於其父病 祈于北辰 而有效 此誠格于天故也 若 復昭格署 則亦可爲慈殿祈於此也 且此非如新設之事 但復舊而已 其僉議以啓

_『중종실록』 46권, 중종 17년(1522) 12월 14일 중종의 발언

### 자료3

국초 이래로 참설讖說이 있었는데, "연산현連山縣 계룡산鷄龍山 개태사開泰寺 터는 곧 후대에 정씨鄭氏가 도읍할 곳이다" 하였다. 여립이 일찍이 중 의연의 무리와 국내의 산천을 두루 유람하다가 폐사廢寺의 벽에 시를 쓰기를, '손이 되어 남쪽 지방 노닌 지 오래인데 계룡산이 눈에 더욱 환하여라. 무자·기축년에 형통한 운수 열리거니 태평 성세 이루는 것 무엇이 어려우랴' 하였는데, 그 시가 많이 전파하였다. 또 무명자가無名子歌를 지었으니, 모두 백성이 곤궁하여 난을 일으키려는 뜻을 기술한 것이데, 사람들은 어디에서 왔는가를 알지 못하였다. … 해서 지방이 바야흐로 임꺽정의 난을 겪었는데 여립의 요언妖言을 듣게 되어서는 백성들과 관리들이 두려워하여 모두 군장軍裝을 예비하고 급경急警에 대비하였다. 그런데 여립의 도당들도 그 사이에 섞여서 또한 변고에 대비한다는 것을 명분으로 삼아 앞을 다투어 병기를 수리하였는데, 실정을 모르는 자는 도적을 방어하기 위한 것으로 여겼다.

이때 해서에 떠도는 말이 자자하였는데, "호남 전주 지방에 성인이 일어나서 우리 백성을 구제할 것이다. 그때에는 수륙水陸의 조례皂隷와 일족·이웃의 요역徭役과 추쇄推刷 등의 일을 모두 감면할 것이고 공·사천과 서얼庶孽주4을 금고禁錮하는 법을 모두 혁제革除할 것이니 이로부터 국가가 태평하고 무사할 것이다" 하였다. 어리석은 백성들이 그 말을 듣고 현혹되어 와자하게 전파하였다. 그리고 호남의 사인士人들도 더러는 여립이 장차 군사를 일으키려고 도제徒弟가 그 사이에 왕래한다는 말을 전해 들었는데 승도僧徒와 무뢰한이 뒤섞여 거처하고 남녀가 분별이 없음을 보고 크게 의심하

주4 서얼(庶孽) : 서자와 그 자손.

였다. 장성長城 사인士人 정운룡鄭雲龍이 처음에는 여립과 교유하였으나 그의 소위를 보고 깜짝 놀라 장성 현감 이계李啓에게 말하여 변란을 고하려 하였으나 단서를 잡지 못하였다. 그러자 여립에게 편지를 보내 다른 일을 의탁해서 그를 끊어버린 다음 경기 지방으로 피신하였다.

**原文** 自國初以來 有讖說 連山縣鷄龍山開泰寺基 乃他代鄭氏所都 汝立嘗與衍僧輩 遍覽國內山川 題詩廢寺壁 有云 客遊南國久 鷄岳眼偏明 戊己開亨運 何難致太平 其詩多傳播 又作無名子歌 皆述民窮亂作之意 人不知所自來也 … 海西方經巨正之亂 及聞汝立等妖言 人吏洶懼 皆預備軍裝 以備急警 汝立徒黨混其間 亦以待變爲名 爭治兵器 而不知者以爲禦寇也 於是 海西行言藉藉以爲 湖南全州地 當有聖人作興 拯濟吾民 則水陸皂隷 族隣徭役 推刷等役皆鐲免 公私賤 庶孽禁錮之法皆革除 自此國家太平無事 愚民聞之 眩惑喧傳 湖南士人 亦或傳聞汝立將擧兵 徒弟往來其間 見其僧徒光棍 混雜居處 男女無別 大以爲疑 長城士人鄭雲龍 初與汝立交游 見其所爲大驚 言于長城縣監李啓 欲上變而未得端緒 移書汝立 托他事絶之 避地于京畿

_『선조수정실록』 23권, 선조 22년(1589) 10월 1일 을해

### 자료4

지난일 말고 중간에는 서얼들庶孼과 적자들賊子[주5]의 화변禍變이 끊이지 않으리라. 그러한 햇수를 상고해보면 병란은 갑甲·자子·진년辰年에 있고 형살刑殺은 사巳·유酉·축년丑年에 있으리라. 왜인가. 이는 불이 금(金, 木覓)을 이기기 때문이다. 금국金局인 도봉의 형세에 목멱인 인왕산이 백호 머리에 있으니 이 형살이 있는 것이요. 수국水局인 삼각의 형세에 도봉이 청룡 편쪽에 있어 기가 새니 병란이 있을 징조이다.

**原文** 往事除之 中則庶孼之禍 賊子之變 每每與有 考其年數 則兵事在甲子辰 刑殺在巳酉丑 何 則火克金(木覓) 金局(道峰)之勢 木覓(仁王)在白虎峰頭有此刑殺 水局(三角)之勢 道峰在靑龍泄氣 故有其干伐

_『정감록』 무학전

### 자료5

심沁[주6]이 말하길 "물을 보존할 땅이 열 군데가 있으니, 첫째는 풍기豐基·예천醴泉[또는 두류산(頭流山)·화개(華蓋)]요, 둘째는 안동(安東) 화곡(華谷)이요, 셋째는 개령(開寧)·용궁(龍宮)이요, 넷째는 가야(伽倻)요, 다섯째는 단춘(丹春) 또는 공주(公主)·정산(定山)이라고 한다]이요, 여덟째는 봉화奉化요, 아홉째는 운봉雲峰·두류산頭流山이니, 이것은 영구히 살 만한 땅

이어서, 어진 정승과 훌륭한 장수가 계속하여 날 것이요(또는 예천이라고도 하였다), 열째는 태백산太白山이다(어떤 데는 풍기 태백산과 소백산이니 영원히 살 만한 땅이요, 장수와 정승이 계속하여 난다)"고 하였다.

原文 沁曰 保身之地有十處 一曰豊基醴泉一云頭流華蓋 二曰安東華谷 三曰開寧龍宮 四曰伽倻 五曰丹春一云公州定山 六曰公州定山深麻谷 七曰鎭木 八曰奉化 九曰雲峰頭流山 乃永居之地, 賢相良將 繼繼而出一云醴泉 十曰太白一云豊基太白永居之地將相繼出

『정감록』감결

### 자료6

척신의 농락과 붕당朋黨[주7]이 몹시 우려된다. 결국 거실세족巨室世族[주8]이 장차 화를 당해 열 명 가운데 두세 명도 살아남기 힘들 것이다. 인재가 때때로 나오나 등용하지 않으니 어쩌랴. 등용한다 해도 시궁창에 빠지게 되니 성인의 세상에도 어렵거늘 하물며 말세에 이르러서야 말해 무엇 하겠는가. 나이 든 왕비가 문발을 걷어 정사를 돌려보내고 어린 아이가 왕이라 일컫고 세상을 다스린다. 어린 임금이 등극한 첫해에 옥사獄事가 크게 일어나 성곽에 유혈이 낭자하다.

原文 隣里弄俗 朋黨十分可慮 巨室世族將被滅殘 全者十不二三 人才種種多出 其不用何哉 有用者 終塡溝壑 聖世猶難 況猶末世乎 老妃撤簾歸政 小兒稱王鎭世 幼王元年 刑獄大起 血流城郭越

『정감록』삼한산림비기

주7 붕당(朋黨) : 뜻을 같이한 사람들끼리의 모임.

주8 거실세족(巨室世族) : 대대로 번영한 문벌이 높은 집안.

### 자료7

심沁이 말하길, "전주에서 도둑이 일어나 호남 진津, 화華 사이에 만 척의 배가 가로지를 것이니 이 또한 큰 걱정거리이다." 정이 말하길, "이것이라면 자그마한 걱정이다. 만일 말세에 이르면 아전이 태수를 죽이고 조금도 거리끼지 않고, 위아래의 분별이 없어지고, 강상綱常의 변이 잇대어 일어나서, 필경은 임금은 어리고 나라는 위태로워져 외롭게 되며 대대로 나라의 봉록을 먹는 신하들은 죽음이 있을 뿐이다."

原文 沁曰 賊自田主而起 與湖中津華之間 萬艘橫江 此一大患也 鄭曰 此則微小患也 若至末世 則吏殺太守 小無忌憚 上下之分蔑裂 綱常踵出 畢竟主少國危 子子之際 世祿之臣 有死而已

『정감록』감결

**자료8**

계룡산 밑에 도읍할 땅이 있으니, 정鄭씨가 세울 터이다. 이 복덕福德은 이씨에 미치지 못한다. 다만 밝은 임금과 의로운 인물이 잇달아 나고 세상의 운수가 돌아오는 때를 당하여 불교가 크게 일어나고, 어진 재상, 지혜로운 장수, 불교 출신의 문사들이 많이 나서 왕국 일대에 예악禮樂이 빛날 것이다. 매우 드문 예이다.

原文 鷄龍山下有都邑之地 鄭氏立地 然福德不及李氏 但明君義辟兩兩而出朝 當世回之域 大興佛敎 賢相智將佛士文人多生 王國賁飾一代禮樂 希覿哉

_『정감록』삼한산림비기

**자료9**

심沁이 말하길, "내맥의 기운이 금강산으로 와서 태백, 소백산이 되고 산천기운이 뭉쳐 계룡산으로 들어가 정鄭씨의 팔백 년 도읍터가 되느니라. 원맥은 가야산 조씨 1천 년 터요, 전주는 범范씨의 육백년 도읍지이다. 송악에 이르면 왕씨가 부흥할 땅인데 나머지는 미상으로 상고하기 어렵다 운운하다.

原文 沁曰 來脈運移金剛之于太白(在安東)小白(在順興 又豊基) 山川鐘氣入於鷄龍山鄭氏八百年之地 元脈伽倻山趙氏千年之地 全州范氏六百年之地 至於松嶽王氏復興之地 餘未詳 不可攷也云云

_『정감록』감결

**자료10**

이때 서북 변방 사람들이 정감鄭鑑의 참위讖緯한 글을 파다히 서로 전하여 이야기하므로 조신朝臣이 불살라 금하기를 청하고 또 언근言根을 구핵究覈하고자 하기에 이르렀는데, 임금이 말하기를, "그것이 어찌 진시황秦始皇이 서적을 지니는 것을 금한 것과 다르겠는가? 정기正氣가 충실하면 사기邪氣는 절로 사라질 것이다. 정기를 도우려면 학문이 아니고서 어찌하겠는가?" 하였다.

原文 時西北邊人以鄭鑑讖緯之書 頗相傳說 朝臣至請投火禁之 又欲究覈言根 上曰 此何異秦皇挾書之禁耶 正氣實則邪氣自消 欲扶正氣 非學而何

_『영조실록』50권 영조 15년(1739) 8월 6일 기미

여환은 본래 통천의 승려이다. 스스로 말하기를, "일찍이 김화 천불산에서 칠성七星이 내려와 삼국三麴[주9]을 주었는데, 국麴과 국國은 음이 서로 같고 또한 수중노인水中老人과 미륵삼존彌勒三尊[주10]이 부처를 받들면 나라를 주겠다. 3년 공부하라" 등의 이야기를 들었다 하였다. 드디어 영평의 지사地師[주11]인 황희黃繪와 평민 정원태鄭元泰와 함께 석가가 다하고 미륵이 세상을 이끌게 된다는 말을 부르짖고 경기도와 황해도 사이에서 무리지어 나타났다. 여환은 또 천불산 선인仙人이라 일컫고 일찍이 '영盈·측昃' 두 글자를 암석 위에 새기고 말하기를, "이 세상은 장구할 수가 없으니, 지금부터 앞으로는 마땅히 계승할 자가 있어야 할 것인데, 용이 곧 아들을 낳아서 나라를 주관할 것이다" 하였다. 그리고 드디어 은율殷栗 양가良家의 딸 원향元香이란 이름을 가진 사람에게 장가들었는데, 이상한 징험으로 능히 구름을 일으키고 비를 오게 하는 변화 불측變化不測함이 있다고 하면서, 양주楊州 정성鄭姓인 여자 무당 계화戒化 집에 와서 머물면서, 그 처妻를 용녀부인龍女夫人이라 하고, 계화는 정성인鄭聖人이라 이름하였다. 그리고 이내 괴이한 문서를 만들어 이르기를, "비록 성인이 있더라도 반드시 장검長劍·관대冠帶가 있어야 하니, 제자가 되는 자는 마땅히 이런 물품을 준비하여 서로 전파하여 보여야 한다"며 인심을 유혹시키니, 한 마을 사람이 많이 따랐다. 또 7월에 큰 비가 내려 산악이 허물어져서 나라 서울도 마땅히 힘이 다할 것이다. 8월 10일에 군사를 일으켜 올라가면 대궐 안에 앉을 수 있다는 말이 역시 괴이한 문서에 쓰여 있다고 거짓으로 말하였다. 7월 15일에 여환, 황회, 정원태가 양주楊州 사람 김시동·최영길·이원명과 영평永平 사람 정호명·이말립·정만일 등과 함께 각각 군장軍裝과 장검長劍 등을 준비하고 원향은 남자 옷으로 갈아입고 성 안으로 잠입하여 비가 오는 것을 기다려 대궐에 쳐들어가기로 약속하였다. 그러나 그날은 끝끝내 비가 오지 않으므로 하늘을 우러러보고 공부가 부족하여 하늘이 아직 응하지 않는다고 탄식하였다. 드디어 삼각산에 올라가 불경을 외우고 원컨대 큰일이 이루어지기를 바란다고 하늘에 빌었다.

原文 呂還者 本以通川僧 自言曾於金化千佛山 七星隆臨 贈以三麴 麴與國音相同也 且有水中老人 彌勒三尊語 渠以崇佛傳國三年工夫等說 遂與永平地師黃繪 常漢鄭元泰 唱爲釋迦盡而彌勒主世之言締結 出沒於畿輔海西之間 而呂還又稱千佛山仙人 嘗刻盈昃二字於巖石上曰 世間不可長久 從今以往 當有繼之者 而龍乃出子主國 遂娶殷栗良家女元香爲名人 而謂有異徵 能興雲起雨 變化不測 來住於楊州鄭姓女巫戒化家 號其妻爲龍女夫人 戒化則名曰鄭聖人 仍作怪

주9 삼국(三麴) : 세 가지의 누룩.

주10 미륵삼존(彌勒三尊) : 미륵부처와 그의 좌우에 있는 두 보살.

주11 지사(地師) : 지술을 알아서 집터, 묏자리 들을 잘 잡는 사람.

文曰 雖有聖人 必有長劍冠帶 爲弟子者 當備此物 相與播示 誘惑人心 一村之人 多從之 又託以
七月大雨如注 山岳崩頹 國都亦當蕩盡 八月十月 起軍入城 可坐闕中之說 亦在怪書中 乃於七
月十五日 呂還黃繪鄭元泰 與楊州人金時同崔永吉李元明永平人鄭好明李末立鄭萬一等 各備
軍裝長劍等物 元香換着男服 潛入城中 約以待雨犯闕 其日竟不雨 仰視天色而歎曰 工夫未成
天姑不應也 遂登三角山 誦經禱天 願成大事

_『숙종실록』권19, 숙종 14년 8월 1일 신축

### 자료12

미륵이 또한 말하길, "요즘 중이 부처를 공경하지 않고 세속에서 부처를 공경하니 이
같은 때에는 용龍이 아들을 낳아 세상을 이끄는데 바람과 비가 조화롭지 못하고 오곡
五穀이 맺지 못해 사람들이 모두 굶어죽고 미륵존불은 북방으로부터 나서 눈이 손만
큼 크고 금수복金繡服[주12]을 입고 손에 큰 징을 쥐고 남북으로 오르내린다."

주12 금수복(金繡服) : 금으로 수놓은 옷.

原文 彌勒又言 今時僧不敬佛 俗則敬佛 汝果知之乎 此之時 則龍乃出子主國 而風雨不調
五穀不成 而人多饑死 彌勒尊佛 出自北方 眼大如掌 衣金繡服 手持大鉦 上下南北

_『추안급국안』97, 역천여환등추안

### 자료13

요승 여환呂還은 어디서부터 왔는지 모른다. 그의 처 원향遠香은 문화현文化縣[주13] 백성
의 딸이다. 요사스러운 말로 군중을 미혹케 하여 무식하고 어리석은 백성들이 다투어
서로 몰려왔다. 자칭 용녀부인龍女婦人이라 하면서 문화로부터 황해도 여러 고을을 지
나 강원도에 들어가서 양주에 이르렀다. 지나는 곳마다 높이 받들지 않는 자 없었다.

주13 문화현(文化縣) : 황해도의 한 군현

原文 妖僧呂還 不知所自出 其妻遠香 文化縣民女也 以妖言惑衆 無識愚民 爭相輻輳 自稱
龍女婦人 自文化轉通黃海諸縣 入江原至楊州 所過無不尊奉

_『연려실기술』숙종고사본말, 요승여환지옥

### 자료14

복술(최제우의 아명)은 경주의 백성으로서 훈장을 업으로 삼고 있었는데, 양학洋學이
밀려들어 온다는 것을 듣고서 양반 유생으로서 양학이 크게 번지는 것을 차마 보고만
있을 수 없어 하늘을 공경하고 따르는 마음으로 '위천주원아정 영세불망만세의(爲天主
顧我情 永世不忘萬事宜, 천주를 위해 우리의 사정을 돌아보시고 만사 영원토록 잊지 않음이 마

땅하다)'란 13자 주문을 짓고, 이름하여 동학東學이라고 하였음은 동국의 뜻을 딴 것인데 양학은 음이고 동학은 양이라 하여 양으로써 음을 제압하려고 한 것이다. … 최제우는 말하기를, "이 양인들은 화공을 잘하여 무력으로서는 막을 수 없다. 오직 동학만이 그자들을 모두 섬멸시킬 수 있다"라고 하고, 또 말하기를, "양인이 일본에 들어가 천주당을 세우고 우리나라에도 들어와 또 천주당을 세웠다. 내가 마땅히 그들을 소멸하겠다"라고 말하였다.

**原文** 福述以慶州民 訓學爲業矣 聞洋學出來云 以衣冠之類 不忍見洋學之熾行 以敬天順天之心 做出爲天主顧我情永世不忘萬事宜十三字 名之曰東學 取東國之義 而洋學陰也 東學陽也 欲以陽制陰 … 福述曰此寇善火攻 非甲兵所敵 惟東學盡殱其類 又言 洋人入日本 建天主堂 出我東 又建此堂 吾當勸滅云

_『일성록』 고종 1년 2월 29일

**자료15**

경신년(1860)에 이르러 전해 들으니, 서양인들이 천주天主[주14]의 뜻이라 하여 부귀를 취하지 않고 천하를 공취攻取하여 그 교당을 세우고 그 도를 행하려 한다고 하였다. 그래서 나는 의심하기를 "과연 그럴까. 어찌 그러할 수 있을까" 하였더니 뜻밖에 4월에 가슴이 차지고 몸이 떨리는데 병의 증세를 잡지 못하고 말로써 형용키 어려울 즈음에 홀연히 무슨 선어仙語[주15]가 귀에 들렸다. 놀래어 일어나 물으니, "가로대 두려워하지 말라. 나는 세상 사람이 말하는 상제上帝[주16]다. 네가 상제를 모르느냐" 하였다. … 또 가로대, "나 역시 공이 없으므로 너를 세상에 내보내 사람들에게 이 법을 가르치게 하려 함이니 의심치 말라" 하였다. 내가 물어 가로대, "그러면 서도西道[주17]로써 사람들을 가르쳐야 하겠는가" 하니, "아니다. 나에게 영부靈符[주18]가 있으니. 그 이름은 선약仙藥이요, 형상은 태극太極 또는 궁궁弓弓[주19]이다. 나에게 이 부적을 받아서 세상 사람이 말하는 사람의 질병을 구제하고 또 나에게 이 주문을 받아서 사람들에게 나를 위한 것을 가르쳐주면 너도 오래 살아 덕을 천하에 펴리라" 하였다. 그 말에 감명하여 부적을 받아 불살라 먹었더니 몸이 부드러워지고 병이 낫거늘 비로소 선약임을 알았다. 이리하여 이것으로 병을 치료해본즉 차도가 있기도 하고 없기도 하기에 그 까닭을 알 수 없어 자세히 살펴본즉 정성이 지극한 자는 번번이 약이 맞고 도덕을 어기는 자는 하나도 효험이 없었다. 이것이 치료받는 사람의 정성에 달린 것이 아니고 무엇이랴.

**주14 천주(天主)** : 천주교, 즉 우리나라의 초창기 기독교를 말함.

**주15 선어(仙語)** : 신선의 목소리.

**주16 상제(上帝)** : 우리나라의 전통적인 하느님을 가리킴.

**주17 서도(西道)** : 천주교를 말함.

**주18 영부(靈符)** : 신선스런 부적

**주19 궁궁(弓弓)** : '궁'자로 된 부적을 불살라 그 재를 먹으면 족히 화를 면할 수 있는 것이라고 하였다.

**原文** 至於庚申 傳聞西洋之人 以爲天主之意 不取富貴 功取天下 立其堂 行其道 故吾亦有
其然豈其然之疑 不意四月 心寒身戰 疾不得執症 言不得難狀之際 有何仙語 忽入耳中 驚起探
問則 曰勿懼勿恐 世人謂我上帝 汝不知上帝耶 … 曰 余亦無功 故生汝世間 敎人此法 勿疑勿疑
曰 然則 西道以敎人乎 曰不然 吾有靈符 其名仙藥 其形太極 又形弓弓 受我此符 濟人疾病 受我
呪文 敎人爲我則 汝亦長生 布德天下矣 吾亦感其言 受其符 書以呑服則 潤身差病 方乃知仙藥
矣 到此用病則 或有差不差 故莫知其端 察其所然則 誠之又誠 至爲天主者 每每有中 不順道德
者 一一無驗 此非受人之 誠敬耶

『동경대전』 포덕문

### 자료16

괴이한 동경참서東經讖書[주20] 추켜들고 하는 말이 리재송송利在松松하여 있고 리재가가
利在家家하였더니 우리도 이 세상에 리재궁궁利在弓弓하였다네. 매관賣官 매작賣爵 세도
잡어 일심一心은 궁궁弓弓이오, 돈과 곡식이 쌓인 부첨지富僉知[주21]도 일심은 궁궁이오,
떠돌이 걸식乞食 패가자敗家者도 일심은 궁궁이오, 풍편風便에 뜨이는 자도 일심은 궁
궁촌 찾아가니….

『용담유사』 몽중가

### 자료17

나는 역시 동쪽에서 나서 도를 받았으니 도는 비록 천도이지만 학은 동학이다. 더욱
이 땅이 동쪽과 서쪽으로 갈려 있으니 어찌 서쪽을 동이라 하고 동쪽을 서라고 하겠
는가? 공자는 노魯에서 태어나 추鄒에서 교화를 이룩했다. 이리하여 추노의 학풍이
이 세상에 전해내려 왔다. 우리 도는 이 땅에서 받았으며 이 땅에서 펼 것이니 어찌 서
학이라고 부르겠는가.

**原文** 吾亦生於東 受於東 道雖天道 學則東學 況地分東西 西何謂東 東何謂西 孔子生於魯
風於鄒 鄒魯之風 傳遺於斯世 吾道 受於斯布於斯 豈可謂以西名之者乎

『동경대전』 논학문

### 자료18

서양은 싸우면 이기고 치면 빼앗아 이루지 못하는 일이 없으니 천하가 멸망하면 또한 입
술이 떨어지는 탄식이 없지 않을 것이니 보국안민의 계책이 장차 어디서 나올 것인가.

**자료19**

새재에서 경주까지는 400여 리가 되는데, 그 사이 고을이 무려 10여 개다. 동학 이야기는 거의 하루도 안 듣는 날이 없으며, 경주 근처 읍들은 동학의 믿음이 더욱 심하여 동네의 아낙네나 산골의 어린애도 그 주문을 외우지 않은 이가 없다.

**原文** 自鳥嶺至慶州 爲四百餘里 州郡凡十數 東學之說 幾乎無日不入聞 而環慶州隣近諸邑 其說尤甚 店舍之婦 山谷之童 無不誦傳其文

_「비변사등록」 250책, 철종 14년 12월 20일

**자료20**

사람이 곧 하늘이라. 그러므로 사람은 평등하며 차별이 없나니 사람이 마음대로 귀천을 나눔은 하늘을 거스르는 것이다. 우리 도인은 모든 차별을 없애고 스승의 뜻을 받들어 생활하기를 바라노라.

_최시형의 최초설법, 1865년 10월

**자료21**

포덕 12년 신미(1871) 정월에 이필제가 또한 영해, 영덕, 상주, 문경 등지 도인을 선동하여 말하길, "용담龍潭 문도된 자(동학도)가 하루라도 갑자(甲子, 1864) 조난遭難주22의 억울함을 피함이 불가하다" 하고 여러 차례 신사神師주23에게 면회를 강요하되 신사가 더욱 거절하시다.

_「천도교서」

주22 조난(遭難) : 최제우의 죽음을 지칭한다.

주23 신사(神師) : 최시형을 가리키는 말로 원래는 주인(主人)이었는데 훗날 손병희가 동학을 천도교로 개칭하면서 최시형을 높이 부르기 위해 쓴 말이다.

**자료22**

이때에 호남 도인이 사문斯門에 날로 늘어 찾아오되 도를 아는 자 없거늘 신사神師 개연히 탄식하사 가로되 "도를 아는 자 드물다" 하시고 남계천 등에게 이르사 너희들은 실심수도實心修道하여 천부天賦의 성품을 통케 하라.

_「천도교회사초고」

최시형의 제자로 서장옥이라는 자가 있다. 학력재지學力才智가 무리 중에 뛰어나다. 그리고 서장옥의 제자에 전봉준, 김해[개]남, 손화중 등이 있다. 이들 제자는 서장옥의 학력이나 방술方術이 모두 최시형과 어깨를 나란히 한다고 하고 드디어 남접이라고 부르기에 이른다. 그래서 최시형의 제자는 스승에게 권해 북접이라고 부르기에 이르렀다. 그로써 동학다에는 남접 · 북접이라는 칭호가 있게 되었다.

_「도쿄아사히신문」 1895년 5월 11일

**출전**

『비변사등록(備邊司謄錄)』

『선조수정실록(宣祖修正實錄)』

『숙종실록(肅宗實錄)』

『연려실기술(燃藜室記述)』

『영조실록(英祖實錄)』

『일성록(日省錄)』

『중종실록(中宗實錄)』

『고려사(高麗史)』 : 1449년(세종 31)에 편찬하기 시작해 1451년(문종 원년)에 완성된 고려 시대 역사서. 고려 시대의 정치 · 경제 · 사회 · 문화 · 인물 등의 내용을 기전체(紀傳體)로 정리한 관찬사서로 고려 시대 역사 연구의 기본 자료이다. 『고려사』는 조선 건국 합리화라는 정치적 목적과 아울러 이전 왕조인 고려의 무신정권기에서 우왕 · 창왕기까지의 폐정을 권계하고 교훈을 찾고자 하는 목적으로 편찬되었지만, 사료 선택의 엄정성과 객관적인 서술 태도를 유지하고 있다.

『동경대전(東經大典)』 : 동학의 경전으로서 동학의 창시자인 최제우가 저술한 책이다. 동학의 교리 · 사상 · 이론 등이 수록되어 있다.

『용담유사(龍潭遺詞)』 : 최제우가 지은 동학 포교용 가사집이다.

『정감록(鄭鑑錄)』 : 조선 시기 이래 민간에 유포되어온 우리나라의 대표적인 예언서이다.

『천도교서(天道敎書)』 : 1920년 천도교 교리 임시 강습회의 교재로 마련된 천도교 역사서이다.

『천도교회사초고(天道敎會史草稿)』 : 1920년 천도교 청년 교리 강연부에서 교리강의안으로 사용하기 위하여 등사본으로 간행한 천도교 역사이다.

『추안급국안(推案及鞫案)』 : 선조 34년(1601)부터 광무 9년(1905)에 걸친 약 300년간의 변란 · 도적 · 흉모(凶謀) 등에 관련된 죄인들의 공초 기록이다.

### ▌ 찾아읽기

김상기, 『동학과 동학란』 대성출판사, 1947.

최동희, 『동학의 사상과 운동』 성균관대학교 출판부, 1980.

안춘근 편, 『정감록집성』 아세아문화사, 1981.

정석종, 『조선후기 사회변동 연구』 일조각, 1983.

한국역사연구회 편, 『1894년 농민전쟁연구3 : 농민전쟁의 정치·사상적 배경』 역사비평사, 1993.

한우근, 『동학난 기인에 관한 연구 : 그 사회적 배경과 삼정의 문란을 중심으로』 서울대학교 출판부, 1993.

원종규 외, 『갑오농민전쟁 100돌 기념논문집』 과학백과사전종합출판사, 1994.

장영민, 『동학의 정치사회운동』 경인문화사, 2004.

표영삼, 『동학 1 : 수운의 삶과 생각』 통나무, 2004.

표영삼, 『동학 2 : 해월의 고난 역정』 통나무, 2005.

김탁, 『정감록 : 새 세상을 꿈꾸는 민중들의 예언서』 살림, 2005.

백승종, 『(정감록) 역모사건의 진실게임』 푸른역사, 2006.

조경달, 박맹수 옮김, 『이단의 민중반란 : 동학과 갑오농민전쟁 그리고 조선 민중의 내셔널리즘』 역사비평사, 2008.

허영란, 『민중과 유토피아 : 한국근대민중운동사』 역사비평사, 2009.

박맹수, 『사료로 보는 동학과 동학농민혁명』 모시는사람들, 2009.

김영범, 『민중의 귀환, 기억의 호출 : 민중사 심화와 기억사회학』 한국학술정보, 2010.

이규성, 『한국현대철학사론 : 세계상실과 자유의 이념』 이화여자대학교 출판부, 2012.

김우철, 『조선 후기 정치·사회 변동과 추국』 경인문화가, 2013.

양태진 번역·주해, 『민족종교의 모태 정감록』 예나루, 2013.

정창렬, 『민중의 성장과 실학』 선인, 2014.

박맹수, 『생명의 눈으로 보는 동학』 모시는사람들, 2014.

이이화 외, 『1871년 경상도 영해 동학혁명』 모시는사람들, 2014.

# 7 변방에서 울린 함성이 전국을 흔들다
### 홍경래난

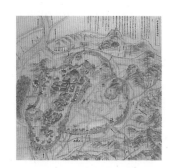

홍경래난은 19세기 벽두 순조 11년(1811) 12월 18일부터 12년 (1812) 4월 19일까지 약 다섯 달 동안 홍경래와 우군칙, 이희저, 김사용, 김창시 등의 주도 아래 전개된 평안도민들의 반봉건 운동이다. 그래서 '1811년 평안도 농민전쟁'이라 부르기도 한다. 이 난은 19세기 변혁 운동의 시작을 알리는 전주곡이었다.

## 세도정권의 서북지역 차별

평안도는 조선 후기 이래 대청무역對淸貿易의 요지였고 상업 및 광공업, 수공업이 발달하였다. 특히 청과의 무역에서 은의 수요가 늘어남에 따라 은의 채굴이 급속하게 늘어나고 금광도 개발되었다. 그리하여 부를 축적한 신흥 상공업 세력이 등장하였는데 이러한 세력은 삼남에는 존재하지 않는 거상巨商들이었다. <sup>[자료1]</sup> 나아가 이들 세력은 향촌사회의 기반을 확고히 하기 위해 돈으로 향임직(鄕任職, 향청의 임원)을 사거나 무사직武士職에 진출하기도 하였다.

그러나 서북인은 정부의 서북차별 시책으로 중앙 관직에 진출할 수 있는 기회가 매우 한정되었다. <sup>[자료2]</sup> 당시 경제적 부에 힘입어 교육문화 수준이 높아지고 과거 급제율이 높아졌지만 벼슬을 얻는 취직률은 8도 가운데 가장 낮았다. 또한 순조 연간에 들어오면 세도정권이 서울 특권상인의 이권을 지켜주기 위해 평안도민의 상공업 활동도 잠상潛商과 잠채潛採란 이유로 억압하였다. 그리고 이전까지 평안도가 변방 지역이라는 특수 사정으로 사신 접대비나 군사비를 충당하기 위해 조세 곡식을 본도에 남겨 두었지만, 이 시기에 들어오면 중앙의 관서官署 대다수가 재정 보용을 이유로 끌어다 썼다. 호조의 경우, 재정 부족을 이유로 평안도의 전세를 끌어다 쓰는 양이 점점 많아졌다.[자료3] 여타 관서도 마찬가지여서 환자놀이를 하여 막대한 이자 곡식을 끌어올렸다.[자료4] 세도정권의 이러한 조치는 평안도의 상공업계를 위축시키고 평안도 재정을 파탄시키는 요인이 되었다. 그리고 그 폐해는 평안도의 신흥 상공업자와 일반 민인들에게 고스란히 전가되었다.[자료5]


## 주도 세력과 참가층


홍경래난은 몰락 양반 홍경래를 비롯하여 서얼 출신 우군칙, 천민으로 금광 경영과 상업으로 돈을 모은 이희저, 빈농 출신 김사용, 곽산의 진사 김창시 등이 중심이 되었으며 부호와 대상大商들이 대거 가담하였다.[자료6] 그밖에 광산 노동자와 땅 없는 빈농들이 참가하였다.

우선 홍경래 등의 몰락 양반층은 이 변란에서 혁신 이념을 제공하고 난을 지도했다. 다음 이희저로 대표되는 부상대고富商大賈 세력은 정부의 잠상 금지나 잠채광업에 대한 금압 조치에 반발하여 봉기의 준비와 전개 과정에서 군자금을 제공하였다. 그리고 '향무중부호鄕武中富豪'는 수령으로 상징되는 중앙정부의 재정 수탈에 불만을 품고 난에 적극 가담하여 각 지역의 향권鄕權을 장악하고 실제 전투력이 되었다.[자료7·8] 이들은 3~4년 전부터 가산군嘉山郡 다복동多福洞에 근거지를 마련하여 광산 노동자를 모집한다는 구실로 유민들을 모아 군사 훈련을 시키고 역사力士들을 중심으로 지휘관을 정하여 봉기군을 구성하였다. 끝으로 무전無田 농민은 유민으로 떠돌아다니다가 광산 노동자로 신흥 상공업자에게 고용된 뒤, 군사로 동원되었다. 이들 중 상당수는 가산·박천 지역의 무전 농민이거나 임노동층과 같은 빈민들이었다. 그러나 이들은 봉기의 계획을 미리 알고 자발적으로 거사에 참여한 사람들은 아니었다. 다만 이들 빈농은 너무 궁핍한 나머지 먹고 살기 위해 임금노동을 찾아 무의식적으로 여기에 몰려들었다.

## 봉기의 전개와 농민들의 가세

홍경래군은 1811년 12월 18일, 1천여 명의 숫자로 가산군 다복동에서 봉기한 뒤, 남진군과 북진군으로 편성하여 평안도 각 지역을 공략하기 시작하였다. 남진군은 채 10여 일도 되지 않아 가산, 정주, 박천을 장악하였으며 북진군은 곽산, 선천, 태천, 철산, 용천을 신속히 장악하였다. 홍경래의 군대가 이처럼 평안도 청천강 이북을 석권하자 정부는 급히 토벌부대를 파견하였으며, 평안도 병영군 위주의 관군은 안주를 중심으로 집결하였다. 한편, 홍경래군의 봉기 소식에 한양의 양반들과 일반인들은 위아래를 가리지 않고 피난하느라 경황이 없었다.[자료9]

그러나 봉기군이 12월 20일경에 안주성 공격을 둘러싸고 지도부 내부에서 분란을 일으켜 홍경래가 부상을 당하자, 관군은 이 틈을 타 전열을 정비하고 봉기군을 압박하였고 그 결과 봉기군은 박천博川, 송림松林 전투에서 패한 끝에 정주성으로 퇴각하고 말았다.[자료10] 이때 관군이 봉기군과 농민들을 가리지 않고 무력으로 진압하자 적극적으로 참여하지 않았던 수많은 농민들도 봉기군을 따라 정주성으로 들어갔다.

관군은 박천을 수복한 후 계속 농민군을 초토전술로 밀어붙였다. 관군은 진군하는 마을마다 모두 불태웠으며, 남녀노소와 민간인을 가리지 않고 살육하였다.[자료11] 이에 많은 농민들이 이듬해 4월 19일까지 백여 일 가까이 지도부와 함께 관군에 대항하였다. 이제

청

의주

용골산성
용천  동림산성  구성  태천  운산
                           다복동  영변
선천  등한산성  가산          개천
철산      정주  박천
곽산          송림      **난군의 본거지**
                    안주
                    순천

조선

**관군에게 패함**

순안

● 홍경래군의 점령 고을
▨ 홍경래군의 점령 지역
— 관군의 토벌 공격로

**홍경래난**

봉기군은 농민이 다수를 차지하기에 이른 것이다. 그러나 지도부는 농민의 자발적인 참여와 여타 도민의 호응을 끌어낼 개혁 강령이나 이념을 제시하지 못했다. 그 결과 1812년 4월 19일 봉기군은 성 밑에 굴을 파고 폭약을 장치해 성벽을 파괴한 관군들에게 유혈 진압되었다.[자료12] 정부 측 기록에 따르더라도 사로잡힌 이가 2,983명, 이 중 10세 이하의 남아 224명, 여자 842명을 제외한 장정은 1,917명이었다. 이들은 모두 23일 목이 베여 처형되었다.

홍경래난은 중앙정부 타도라는 뚜렷한 정치적 목적을 가지고 면밀한 계획과 장기간의 준비를 거쳐 조직적으로 전개된 무장봉기였다. 그리하여 이 봉기는 조선 봉건사회 붕괴에 박차를 가하는 분수령이 되었고, 이 사건을 기점으로 일반 농민층들은 봉건권력에 저항할 수 있는 힘을 의식하게 되었다. 그리고 농민들은 홍경래가 죽지 않았다고 소문을 퍼뜨리면서 언젠가 봉건정부를 타도하고 사회 변혁을 할 수 있으리라고 전망하기에 이르렀다.[자료13] 이러한 하층 농민들의 각성과 성장은 1862년 삼남지방을 중심으로 전개된 전국 규모의 임술민란을 가져오는 원동력이 되었다.

**안주목 지도**
1872년에 제작된 안주목 지도다. 북쪽으로 흐르는 청천강이 천연의 요새를 이루었던 안주는 평안도의 병마절도사영이 위치한 군사, 행정의 요충지였다. 고구려 을지문덕 장군의 살수대첩으로도 유명했던 곳이다. 홍경래군은 안주성 공격을 둘러싸고 내분이 일어나 안주성 공략에 실패하게 된다. 이후 안주성은 관군의 강력한 반격 기지가 되었다.

**자료1**

부유한 상인이나 큰 장사군에 관해서 말한다면 이들은 앉아서 물건을 파는데 남으로는 일본과 통하고, 북으로는 연경燕京과 통한다. 이 중 여러 해 동안 천하의 물자를 실어들여서 수백만금을 번 자도 있다. 그런 자는 한양에 제일 많고, 다음이 개성이요, 그 다음이 평양과 안주이다. 모두가 연경에 통하는 길에 있어서 거부巨富가 되었는데 이것은 배를 통해 얻는 이익에 비할 바가 아니다. 삼남에도 이런 무리는 없을 것이다.

**原文** 至於富商大賈 坐而行貨 南通倭國 北通燕都 積年灌輸天下之物資 或有之累百萬金者 惟漢陽多有 之次則開城 又次則平壤安州 皆以通燕之路 輒致巨富 此則又不比舟船之利 三南無此等伍

_「택리지」, 복거총론, 생리

**자료2**

평서대원수平西大元帥주1는 급히 격문을 띄우노라. 우리 관서關西주2의 부로자제父老子弟와 공사 천민公私賤民은 모두 이 격문을 들으시라. 무릇 관서는 기자箕子의 옛터요, 단군시조의 옛 근거지로서 훌륭한 인물이 넘치고 문물이 번창한 곳이다. 저 임진왜란에서는 중흥의 공이 있으며, 정묘호란 때는 양무공襄武公주3의 충성을 능히 바칠 수 있었다. 또 돈암遯菴주4의 학문과 월포月浦주5의 재주가 있어 이것이 서쪽의 땅에서 나왔다. 그러나 조정에서는 서쪽 땅을 버림이 더러운 흙과 다름이 없었다. 심지어 권세 있는 집의 노비들도 서쪽 사람들을 보면 반드시 '평안도놈'이라 일컫는다. 서쪽 땅에 있는 자로서 어찌 억울하고 원통하지 않겠는가. 막상 급한 일을 당하여서는 반드시 서로의 힘에 의지하고, 또한 과거에는 반드시 서토의 문을 빌었으니 400년래 서로西路의 사람이 조정을 버린 일이 있는가. 보건대 지금 나이 어린 임금이 위에 있어서 권세 있는 간신배가 날로 치성해지고 김조순과 박종경 같은 무리들이 국가의 권력을 갖고 노니 어진 하늘이 재앙을 내려 겨울 번개와 지진이 일어나고 재앙별과 바람과 우박이 없는 해가 없으며 이 때문에 큰 흉년이 거듭 이르고 굶어 부황 든 무리가 길에 널려 늙은이와 어린이가 구렁에 빠져 산 사람이 거의 무찔러지는 것이 임박하였다. 그러나 얼마나 다행인가. 세상을 구하는 성인께서 청북 선천 인산 일월봉 아래 군왕포 상가야동 홍의도에 내려오셨으니 태어나면서 신령스럽고 5세에는 신승을 따라 중국에 들어갔

주1 평서대원수(平西大元帥) : 홍경래난 당시 홍경래의 직함.

주2 관서(關西) : 평안도 지방.

주3 양무공(襄武公) : 정봉수(鄭鳳壽, 1572~1645)를 가리킴. 조선 후기의 무신이자 의병장으로 양무공(襄武公)은 그의 시호이다. 그는 임진왜란 때 선조를 호종하였고 정묘호란 때는 의병을 모집하여 용골산성을 지켰다.

주4 돈암(遯菴) : 선우협(鮮于浹, 1588~1653)을 가리킴. 조선 후기의 학자로 돈암(遯菴)은 그의 호이다. 평안도 태천(泰川) 출신으로 김태좌(金台佐)의 문하에서 수학하였다. 38세에 도산서원(陶山書院)을 찾아가 이황(李滉)이 남긴 장서 수백 권을 열람하고 돌아오는 길에 장현광(張顯光)을 찾아가 학문을 질문하였다. 그 뒤 많은 제자들이 그를 따랐으며, 일생을 후진 양성에 심혈을 기울였다. 당대의 석학 김집(金集)과도 학문적인 토론을 교환하였으며, 세간에서는 그를 관서부자(關西夫子)라 칭하여 존경하였다.

주5 월포(月浦) : 홍경우(洪儆禹, 1606~?)를 가리킴. 조선 후기의 학자로 월포(月浦)는 그의 호이다. 1639년(인조 17) 기묘(己卯) 식년시(式年試) 을과(乙科) 5위로 급제하였다. 태천현감(泰川縣監) 등을 지내고 장악원정(掌樂院正)에 이르렀다. 관서(關西) 지역에서 성리학으로 저명했다.

으며 이미 자라서는 강계 4군 땅 여연에 5년 동안 숨어 살았다. 드디어 황명의 세신 유손들을 거느리고 철기鐵騎 십만이 마침내 조선을 바로잡을 뜻을 가지고 관서의 호걸들로 기병하여 백성들을 구하도록 하였으니 의로운 파도가 이르는 곳마다 어찌 참임금을 기다리다 살아난 곳이 아니겠는가. 이제 격문을 먼저 띄워 여러 고을 원님에게 알리노니 절대로 동요하지 말고 성문을 활짝 열어 우리 군대를 맞으라. 만약 어리석어 항거하는 자가 있으면 철기 5천으로 밟아 무찔러 남기지 않으리라. 마땅히 속히 명을 청하여 거행함이 좋으리라.

**原文** 平西大元帥 爲急急馳檄事 我關西父老子弟公私賤 咸聽此檄 盖關西 箕聖故城 檀君舊窟 衣冠茇濟 文物炳烺 粤在壬辰之變 已有再造之功 又於丁卯之亂 克輸襄武心忠 有如遜菴之學 月浦之才 又是産於西土 而朝廷之等棄西土 不異於糞土 甚至於權門奴婢 見西人 則必曰平漢 其爲西人者 豈不冤抑哉 若當緩急 則必賴西土之力 且當科試 則必藉西土之文 四百年來 西人有何負於朝廷哉. 見今冲王在上 權奸日熾 如金祖淳朴宗慶輩 專弄國柄 仁天降災 冬雷地震 彗孛風雹 殆無虛歲 由此大無臻荐臻 餓莩載道 老弱塡壑 生民盡劉 幾乎在卽 何幸濟世之聖人 誕降于淸北宣川劍山日月峰下君王浦上伽倻洞紅衣島 生而神靈 五歲 隨神僧入中國 旣長 隱居于江界四郡地閭延五載 統領皇明之世臣遺孫 鐵騎十萬 遂有澄淸東國之志 而使關西之豪傑輩 起兵救民 義浪所到 莫不徯蘇 玆以檄文先諭 列府羣侯 切勿擾動 洞開城門 以迎我師 若有蠢爾頑拒者 當以鐵騎五千 蠻之無遺 須速請命擧行宜當者

_『패림』 순조기사, 신미(1811) 12월 21일

**자료3**

같은 날 입시하였을 때에 호조판서 정홍순鄭弘淳이 아뢰기를, "각공各貢의 지급이 세말歲末에 몰려 있으며 그 수가 적지 않아서 미리 처리할 방도가 없어서는 안 됩니다. 관서關西의 미米·목木·전錢을 형편상 근례에 의거하여 취용取用하는 것이 마땅하겠으니 대신에게 물어서 처리하는 것이 어떻겠습니까?" 하니 임금이 말하기를, "대신의 의견은 어떠한가" 하였다. 영의정 홍봉한洪鳳漢이 말하기를, "관서의 재력財力이 매번 낮아지는 형편이 참으로 걱정되지만 문득 연례年例가 이루어진 것을 갑자기 방색防塞하기가 어렵습니다. 지부地部의 사세事勢는 만약 이것이 없으면 역시 모양을 유지하기가 어렵습니다. 이번에는 전번에 비교하여 그 수를 조금 줄여서 세미稅米 1만 석과 별향목別餉木 2백 동과 전錢 1만 냥을 획급하는 것이 어떻겠습니까?" 하니 임금이 그리하라 하였다.

**原文** 同日入侍時 戸曹判書鄭弘淳所啓 各貢上下 多在歲末 而其數不貲 不可無預爲拮据之
道 關西米木錢 勢當依近例取用 下詢大臣而處之何如 上曰 大臣之意何如 領議政洪曰 關西財
力之每每下手 誠可悶 而便成年例 猝難防塞 地部事勢 若無此則亦難成樣 今番比前稍減其數
稅米一萬石 別餉木二百同 錢一萬兩劃給何如 上曰 依爲之

_『비변사등록』 148책, 영조 41년(1765) 10월 20일

### 자료4

세미稅米는 높은 가격으로 발매하고 지공은 환미로 취용하는데 이 환미는 헐한 가격
으로 본전을 만듦에 위는 좋고 아래는 나쁘다. 아울러 이고吏庫의 색락色落주6, 향감鄕監
의 요미料米주7, 장사壯士의 방하放下주8는 모두 이런 관례를 적용하니 그 이익을 후하게
거두고 온갖 구멍이 매년 더욱 뚫어지니 민이 어찌 보전할 수 있으며 창고가 어찌 튼
실할 수 있겠는가. 진실로 그 근원을 따지면 오로지 민이 적고 환곡이 많은 데서 말미
암은 것이다.

**原文** 稅米則高價發賣 支供則還米取用 以此還米歇價立本 而上好下甚 幷其吏庫之色落鄕
監之料米將士之放下 悉用此例 厚收其利 百孔千竇 歲以益穿 民何以保 倉何以實 苟究其源 專
由於民少還多

_『일성록』 헌종 6년(1840) 7월 16일

### 자료5

순무영에서 아뢰었다. "향리와 향무鄕武, 일반 백성들은 천대받아 버려진 데 대해 원
한을 쌓아왔고, 가렴주구에 오랫동안 시달려왔던 터라 한번 소리치매 메아리처럼 응
하지 않음이 없었으니, 외로운 성에 겨우 숨만 쉬고 있게 된 이후에도 오히려 또 완강
하게 버티며 미혹하여 변할 줄을 알지 못했습니다. 그래서 오랫동안 왕의 군대를 동
원해서야 겨우 평정할 수 있었으니, 아! 개탄스런 일입니다."

**原文** 巡撫營啓言 … 吏鄕民人 稔怨於賤棄 積困於誅求 莫不一呼響應 至孤城假息之後 尙
且頑拒 迷不知變 久暴王師 僅乃得勦吁 可慨也

_『순조실록』 순조 12년(1812) 4월 21일

### 자료6

홍경래는 괴수요, 우군칙은 참모였으며, 이희저는 소굴의 주인이요, 김창시는 선봉

---

**주6** 이고(吏庫)의 색락(色落) : 관
아에서 조세곡이나 환자미를 받을
때 축나는 것을 채우기 위해 얼마
쯤 더 받아들이는 곡식.

**주7** 향감(鄕監)의 요미(料米) : 지
방 관아의 담당자가 받는 급료.

**주8** 장사(壯士)의 방하(放下) : 군
관(軍官)에게 지출하는 비용.

이었다. 김사용金士用과 홍총각洪總角은 손발의 역할을 하였다. 그 졸개로는 의주로부터 개성에 이르는 지역의 거의 대부분 부호, 대상들이 망라되었다. 황해도·평안도 양도의 난봉군, 무뢰배가 모두 부하가 되어 돌아다니고 유민流民과 기민饑民들도 많이 들어갔다.

> **原文** 景來爲魁 君則主謀 希著爲窩窟 昌始爲嚆矢 總角士用爲爪牙 其餘枝葉 自灣至松 富戶大商 幾人圈套 黃平兩道破落難當 皆爲鷹犬 流民飢氓 亦多投屬
>
> _「진중일기」 신미(1811) 12월 18일_

### 자료7

금번 적괴賊魁의 원근에서 모여든 무리가 향무중부호鄕武中富豪[주9] 아닌 자 없다. 여러 모든 고을에서 하나도 빠진 자가 없다.

> **原文** 今番賊魁之遠近締結 無非鄕武中富戶 歷數諸邑 殊無漏者
>
> _「관서평란록」5, 임신(1812) 정주 박원문 공초_

주9 향무중부호(鄕武中富豪) : 지방 무사층 중의 부호.

### 자료8

평안 병사가 아뢰기를, "적도 7명을 잡았는데, 5명은 자백을 받아 효수梟首하였습니다. 또 송림松林의 백성 한지겸韓志謙을 잡아 조사했더니, 그 공초供招에 '적당賊黨 3백여 명이 이번 24일 밤에 이 동리로 와서 점거했고, 자칭 선봉이라는 자는 갑옷을 입고 장검을 지니고 말을 탔는데, 곧 곽산郭山에 사는 이름을 알지 못하는 홍가洪哥였으며, 26일 저녁에는 적괴賊魁로서 이른바 대원수大元帥라는 홍경래洪景來와 부원수副元帥 김창시金昌始·모사謀士 우군칙禹君則이 5백여 명의 군사를 이끌고 다복동多福洞에서 와 모였습니다. 우군칙은 본디 요술로 사람을 현혹시켰는데, 김창시와 더불어 말하기를, 「대원수 홍경래의 다섯 형제는 모두 장재將才가 있는데, 두 사람은 선천宣川에서, 두 사람은 북도北道에서 기병起兵한다면 안주安州·평양平壤을 차례로 공격해 취할 수 있을 것이고, 또 호서湖西에서 기병하여 응하는 사람이 있을 것이다. 그리고 선천 가야동伽倻洞의 정가鄭哥는 다섯 살 때 해도海島에서 중국으로 들어갔는데, 능히 칼을 쓸 줄 아는데다 큰 뜻이 있어 망명한 자를 부르고 반도叛徒들을 받아들여 거의 수만 명에 이르는지라, 임신년(1812) 3월에 북도에서 서울로 들어가기로 했다」고 하였습니다. 적괴 홍경래는 선봉 홍가와 더불어 모두 용력勇力이 있었습니다. 중화中和에 사는 이름을 알지 못하는 윤가尹哥는 후군장後軍將이 되었고, 태천泰川에 사는 변대헌邊大憲의 세 종형제는 좌우 익장翼將이 되었습니다. 가산嘉山의 장교·아전과 추도楸島의 읍속邑屬들은 나루의 사람들과 더불어 무수히 정주定州의 재궁齋宮에 들어갔으며, 김가金哥란 향인鄕人 또한 많이 와서 편들었습니다. 당초에 모반을 꾸미고 군졸을 기른 것은 다복동의 이희저李禧著가 창언한 말에서 나온 것이고, 금을 캔다고 하여 유민流民을 모집한 것은 나루터의 백성인 김정우金鼎禹의 흉격凶檄에서 비롯된 것이니, 모두 김창시가 꾸며낸 것입니다. 무기는 태천과 박천에 실어다 놓았고, 군량은 갈마창渴馬倉과 고성진古城鎭에서 가져다 먹는다 하였습니다라고 하였습니다. 그 말이 비록 허황함이 많으나 죄수의 공초에 관계되는지라 이에 논열論列하는 것입니다. 그리고 대군이 나루터에 바싹 진군하자, 박천 고을 안에 남아 있던 적들이 또한 도망해 흩어졌습니다. 해당 군수인 임성고任聖皐는 오랫동안 잡혀서 갇혀 있었는데, 감시가 매우 엄했던 터라 이제야 비로소 탈출하여 당일로 영하營下에 왔다고 합니다" 하였다.

**原文** 平安兵使啓言 賊徒七名捉來 五名則捧遲晚梟首 又捉松林民韓志謙査問 則所供內 賊黨三百餘名 今二十四日夜 來據本里 自稱先鋒者 着甲冑持長劍 乘駿馬 乃是郭山居名不知洪哥 二十六日夕 賊魁所謂大元帥洪景來副元帥金昌始謀士禹君則 率五百餘兵 自多福洞來會 而禹君則本以妖術惑人 與金昌始爲言曰 大元帥洪景來五兄弟 皆有將才 二人自宣川起兵 二人自北道起兵 安州平壤 可以次第攻取 湖西又有起兵以應者 宣川伽倻洞鄭哥五歲 自海島入中國 能使劍 有大志 招亡納叛 幾至累萬 壬申三月 自北道入京云 賊魁洪景來 與先鋒洪哥 俱有勇力 中和居名不知尹哥 爲後軍將 泰川居邊大憲 三從兄弟 爲左右翼將 嘉山校吏與楸島之民博川邑屬 與津頭之人 無數投入定州齋宮 金哥鄕人 亦多來附 當初造謀養兵 出於多福洞李禧著倡說 採金募集流民 由於津頭民金鼎禹凶檄 則皆是金昌始所作 器械則輸致於泰川博川 軍糧則取食於渴馬倉古城鎭 其說雖多虛誕 係是囚供 玆以論列 大軍之進薄津頭也 博川邑內留接之賊 亦爲逃散 該郡守任聖皐 久被拘囚 防守甚緊 今始脫出 當日來到營下云

_『순조실록』 순조 12년(1812) 1월 3일

### 자료9

지평持平 박승현朴升鉉이 상소하여 말하였다. "지난 12월의 적보賊報가 한번 도달하자 민정이 소연하여져서 사족이 먼저 부동하고 와언訛言주10이 분분히 지껄여져서 사인士人도 따라 분주히 흩어지고 있습니다. 사문四門에 수레와 가마가 연하여 잇달고 오강五江에 인마가 교적합니다. 심지어 전함관前啣官주11들도 대개 피난한다고 야단이고 현

주10 와언(訛言) : 사실과는 다르게 잘못 떠도는 말.

주11 전함관(前啣官) : 전직 관리.

직 관료들도 처자 등 가족을 먼저 시골로 보냅니다. 슬프도다. 우리 왕조의 대부는 세신世臣이 아닌 자 없으며, 성화를 입고 은혜를 입은 것이 어떠한데 일조에 변이 났다고 방어할 계책을 생각하지도 않고 반대로 소리만 듣고도 도망치니 이들 무리가 평소에 글 읽고 배운 것이 무엇입니까? 적이 평정되기 전에 전함관으로 시골로 이사 가거나 측근 조신으로 가권家權을 먼저 내려보내는 자는 잡히는 대로 일일이 죄를 주어 진안鎭安의 도를 삼으십시오."

**原文** 持平朴升鉉疏略曰 一自前臘賊報之至 民情繹騷 簪纓之族 先爲浮動 訛言紛聒 衣冠之人 隨以奔波 四門之車輜相接 五江之人馬交跡 甚至於前銜之官 多稱避亂 時仕之人 先送妻孥 噫我朝士夫 無非世臣 陶鎔聖化 受恩何如 而一朝有變 不思捍衛之計 反聞風聲而走 此輩平日讀書 所學何 事賊平之前 前銜之搬移下鄕者 邇列之先送家眷者 隨其現發 一一科罪 以爲鎭安之道宜矣 批曰 實是駭異之事 令廟堂 另加嚴飭

_『순조실록』 순조 12년(1812) 기축, 지평 박승현소

### 자료10

추국 죄인推鞫罪人 우군칙禹君則 등이 복주伏誅되었다. 적도들은 홍경래·우군칙을 거괴巨魁로 삼았는데 자칭 대원수大元帥라고 하였으며, 김사용金士用은 부원수, 김창시金昌始는 모주謀主, 이제초李齊初·홍총각洪總角은 선봉先鋒, 김이대金履大는 정주 목사定州牧使, 윤언섭尹彦涉은 가산 군수嘉山郡守, 양시위楊時緯·최이륜崔爾崙은 제장諸將이 되어 명리命吏를 살해하고 산성에 나누어 웅거해 연달아 일곱 군을 함락시켰다. 장차 동쪽으로 올라오려 하다가 송림松林의 전투에서 패배한 뒤 정주성으로 달아나 들어갔는데, 넉 달 동안 굳게 지키며 힘써 왕의 군대에 저항하였다. 성이 깨어진 뒤 홍경래·김사용·김창시·이희저·이제초는 전에 벌써 참륙斬戮되었고, 우군칙·홍총각·김이대·윤언섭·양시위·최이륜은 대진大陣에서 생포하여 함거檻車로 의금부에 보내 국문鞫問한 뒤 모두 모반 대역으로 결안結案하여 정법正法하였다. 신도 첨사薪島僉使 유재하柳載河가 적에게 항복했던 편지가 문서 가운데서 발견되었는데 여덟 글자의 흉언凶言이 지극히 흉참凶慘한지라 모반 대역으로 결안하여 정법하고, 홍경래·이희저의 수급과 함께 군민軍民에게 두루 보이고, 거리에 사흘 동안 걸어놓은 뒤 팔방에 전해 보이게 하였다.

**原文** 推鞫罪人 禹君則等伏誅 賊徒以洪景來禹君則爲渠魁 自稱大元帥 金士用爲副元帥 金

昌始爲謀主 李齊初洪總角爲先鋒 金履大爲定州牧使 尹彦涉爲嘉山郡守楊時緯崔爾崙爲諸將 戕殺命吏 分據山城 連陷七郡 將欲東上 松林戰敗之後 逃入定州城中 四朔固守 力抗王師 及城 破之後 景來士用昌始禧著齊初 前已斬戮 君則總角履大彦涉時緯爾崙 自大陣生擒 檻致王府鞫 問 幷以謀叛大逆 結案正法 薪島僉使柳載河降賊之書 現發於文書中 八字匈言 窮[凶]極憯 以謀 叛大逆 結案正法 幷景來禧著首級 周示軍民 懸街三日 傳示八方

『순조실록』 순조 12년(1812) 5월 5일

**자료11**

시체는 들을 덮었고 창검은 지저분하게 널려 있었다. 남은 군막이 하나도 없는데 불
길은 꺼지지 않고 있다. 죽은 사람, 산 사람이 한데 섞여 누워 있어 시체를 구별할 수
없으니 차마 눈뜨고 볼 수 없다.

原文 積屍遍野 槍劒散落 軍幕無餘 烟炎未熄 生死雜臥 人屍莫辨 不忍正視

『서정일기』 1812년 3월 9일 임신

**자료12**

양서 순무영兩西巡撫營의 계사에 "신의 영營 중군中軍 유효원柳孝源의 치보馳報를 보면
'거인(距闉, 적의 성을 살피려고 만든 산)과 굴토掘土는 성을 공격하는 요법要法입니다. 이
달 3일부터 시작하여 동성東城에 거인을 쌓고 북성北城에 흙을 파기 시작해서 18일에
이르러 끝을 냈습니다. 그래서 우선 각 장령將領을 단속하여 성 밖 사면四面으로 몰래
나아가 진을 치게 하였습니다. 당일 4경(오전 2시)쯤에 화약 수천 근을 지하 참호에 장
치하고, 곁의 구멍으로부터 불을 붙이자, 조금 있다가 화약이 폭발했는데, 세력은 신
속하고 소리는 우레 같아 체성(體城, 몸체가 되는 성) 10여 간間이 대석臺石·포루鋪樓와
함께 조각조각 붕괴되었고 북성에 매복한 도둑들이 모두 깔려 죽었으며, 성가퀴에 늘
어서 지키던 군졸 역시 모두 달아나 흩어졌습니다. 성 북쪽에 있던 관군들이 일시에
몰려 들어가니, 성 안의 도둑들이 새가 놀라듯, 짐승이 달아나듯이 모두 서남쪽 모퉁
이에 몰려들었습니다. 이때 동방東方이 막 밝아오려고 하여 드디어 깃발을 세우고 싸
움을 독려하자, 동쪽·서쪽·남쪽의 여러 진陣에서 성에 사닥다리를 걸치고 올라갔
는데, 앞을 다투지 않음이 없었습니다. 사방에서 포위하여 수색해 잡아내어 한 사람
도 빠져나간 자가 없었는데, 함부로 죽이지 못하도록 하는 경계를 유념해야만 했으므

로 공격에 임하기 전에 약속을 거듭 엄하게 하지 않은 것은 아니지만, 오랫동안 쌓인 분노가 격발되어 군사들이 모두 손에 칼을 들고 살육하여 아주 많은 사람을 죽이게 되었습니다.

**原文** 兩西巡撫營啓辭 卽接臣營中軍柳孝源馳報 則以爲距闉與掘土 爲攻城之要法 自本月初三日 爲始築闉於東城 掘土於北城 至十八日而告訖 爲先團束各將領 暗令進陣於城外四面 當日四更量 藏藥數千斤於地道 從傍穴燃火 少頃火發 勢迅聲 震 體城十餘間 竝與臺石舖樓而片片崩碎 北城埋伏之賊 盡爲壓死 列堞守直之卒 亦皆奔潰 官軍之在城北者 一時驅入 則城內之賊 鳥駭獸竄 都聚西南隅 于斯時也 東方欲明 遂建旗督戰 東西南諸陣 梯城而登 無不争先 四圍搜捕 一無漏失 而妄殺之戒 在所當念 臨攻約束 非不申嚴 積憤所激 士皆手刃 自致殺戮之夥多

_『비변사등록』 202책, 순조 12년(1812) 4월 22일

### 자료13

죄인 정상채를 추국하니, 홍경래는 죽지 않았다고 거짓으로 꾸며내어 서적(西賊, 홍경래군)은 진승陳勝과 오광吳廣주12의 무리에 지나지 않으며 전쟁은 바다 섬에서 일어날 것이다. 성명은 정재룡이라고 하는 진인眞人주13이 지금 홍가도에 있으며, 무리를 모아 명첩名帖을 섬에 보냈고, 군복을 만들려고 면포를 사들였다는 따위의 말을 만들어냈다. … 참 난리는 이 뒤에 일어난다는 말을 만들어내어 전파시키고 인심을 선동했다.

**原文** 推鞫罪人尙采 做出景來不死 西賊不過陳勝 吳廣之類 兵禍起於海島 眞人方在紅霞島 姓名鄭在龍 鳩集徒黨 書送名帖於島中 軍服次綿布貿取 … 而眞亂離 此後當出之語 讒張傳播 煽動人心

_『순조실록』 순조 26년(1826) 11월 계해, 정상채의 추국 내용

주12 진승(陳勝)과 오광(吳廣) : 진나라 말기(서기전 209년) 중국 최초의 농민반란을 일으킨 지도자.

주13 진인(眞人) : 진리를 깨달은 사람.

---

**출전**

『관서평란록(關西平亂錄)』

『비변사등록(備邊司謄錄)』

『순조실록(純祖實錄)』

『일성록(日省錄)』

『택리지(擇里志)』

『서정일기(西征日記)』 : 홍경래난 때 그 진압을 위하여 출전한 서정군(西征軍)의 좌초관(左哨官) 방우정(方禹鼎)의 종군일기이다.

『진중일기(陣中日記)』 : 조선 후기 순조 때의 홍경래난을 진압하는 과정을 일기체로 기록한 책이다.

『패림(稗林)』: 조선 후기에 편찬된 편자 미상의 야사 총서로 『대동야승(大東野乘)』과 더불어 야사(野史) 문학의 쌍벽을 이룬다. 여기에는 다른 야서총서에 수록되지 않은 「농수유고초(農遺稿抄)」·「수문록(隨聞錄)」·「수서잡지(修書雜誌)」·「순조기사(純祖記事)」·「신임기년제요(辛壬紀年提要)」·「안가노안(安家奴案)」·「유재일기(留齋日記)」·「철종기사(哲宗記事)」·「헌종기사(憲宗記事)」·이본 『정종기사(正宗記事)』·이본 「순조기사」가 수록되어 있다.

### 찾아읽기

이명선, 『홍경래전』, 조선금융조합연합회, 1947.

신태삼, 『홍경래실기』, 세창서관, 1962.

변태섭 외, 『전통시대의 민중운동』 하, 풀빛, 1981.

박시형 외, 『봉건 지배계급에 반대한 농민들의 투쟁 : 이조편』, 열사람, 1989.

한국역사연구회, 『조선정치사 1800~1863』, 청년사, 1990.

한국역사연구회, 『1894년 농민전쟁연구 2』, 역사비평사, 1994.

고석규, 『19세기 조선의 향촌사회연구 : 지배와 저항의 구조』, 서울대 출판부, 1998.

오수창, 『조선 후기 평안도 사회발전연구』, 일조각, 2002.

권내현, 『조선 후기 평안도 재정연구』, 지식산업사, 2006.

한영우, 『과거, 출세의 사다리3 : 족보를 통해 본 조선 문과급제자의 신분이동(정조~철종대)』, 지식산업사, 2013.

정석종, 「홍경래난의 성격」, 『한국사연구』 7, 1972.

정석종, 「조선 후기의 정치와 사상」, 한길사, 1994.

김태웅, 「조선말 평안도 재정의 위기와 '관서례' 시행」, 『사회과학연구』 2, 1997.

Sun Joo Kim, Marginality and the Subversion in Korea ; The Hong Kyeongnae Rebellion of 1812, University of Washington Press, 2007.

# 8 전국에서 민란의 불길이 솟다
임술민란

조선 후기 백성들 사이에서는 평등의식과 비판적 사회의식의 성장이 두드러졌다. 그러나 이 시기 삼정, 곧 전정(田政), 군정(軍政), 환곡(還穀)의 문란과 지주제의 문제는 백성들의 생활 기반을 근본적으로 위협하였다. 이에 백성들은 현실 모순에 대해 적극적으로 저항하려는 움직임을 보이기 시작하였고, 마침내 1862년 삼남 지역을 중심으로 전국에서 임술민란이 폭발하였다.

## 민란의 배경과 발발

조선 후기, 특히 그 최말기에 이르면서 백성들의 의식은 크게 성장하고 있었다. 신분제의 동요로 인한 양반의 권위 실추, 부농富農의 경제적 성장, 신분과 관계없이 토지 소유자 중심으로 재편된 부세 제도, 양명학과 천주교의 확산은 백성들의 평등의식을 크게 자극하였다. 그러나 현실 상황은 성장해오던 이들의 희망과는 상충하였기 때문에 백성들의 불만이 점차 고조되었고, 난亂을 통해 세상을 한 번 뒤바꿔보려는 생각이 널리 퍼져 나갔다. [자료1]

이러한 상황에서 삼정의 문란으로 인한 지방 관官의 수탈이 한층 심화되었다. 이 같은 관의 수탈은 특히 전라, 경상, 충청의 삼남三南 지방에 집중되어, 백성들이 과중한 부세 부담으로 몰락하기 일쑤였다. 삼남 지방은 조선 정부의 재정 기반인 동시에 대표적인 곡창 지대였기 때문에 그만큼 수탈의 여지도 많았던 것이다. 따라서 이곳에서 민란이 발생할 소지가 컸다.

1862년에 발발한 임술민란壬戌民亂의 도화선이 된 곳은 경상 우도에서 가장 큰 고을인 진주였다. 당시 이곳에는 진주목晉州牧과 더불어 경상 우병영慶尙右兵營까지 위치하였기 때문에 정치, 군사적으로 매우 중요한 곳이었다. 또한 진주는 토지가 비옥하여 이중환李重煥의 『택리지擇里志』에서 이곳을 전국에서 손꼽히는 곡창 지대로 소개할 정도였다.

그러나 그만큼 관의 수탈도 막심하였는데, 그중에서도 전세田稅와 군포軍布 등 각종 조세를 일괄적으로 토지에 부과하는 도결都結의 문제가 특히 심각하였다. 이곳 백성들의 도결 부담은 날이 갈수록 늘어, 한 해에도 여러 번씩 납부해야 할 지경에 이르렀다. 이뿐만 아니라 진주에는 1840년대부터 환곡을 서리胥吏들이 횡령하는 포흠逋欠이 만연하였고, 이를 메우기 위해 1855년부터 고을 내의 모든 농지에 일정한 세금을 부과하기 시작하였다.

그 결과 많은 진주 백성들이 파산하여 유리遊離하게 되었다. 1859년 도결 부담을 견디다 못한 진주민들이 상경하여 비변사에 이러한 상황을 호소하기도 하였으나, 도결 문제는 해결되지 않았다. 이후에도 도결이 계속 부과되어 관과 민 사이의 갈등이 점점 커지는 상황에서, 진주목사 홍병원洪秉元이 1861년 겨울에 또다시 도결을 부과함으로써 그야말로 일촉즉발의 위기 상황으로 치닫고 있었다.[자료2]

이때 경상 우병사 백낙신白樂莘까지 환곡의 부족분을 충당하기 위해 호구별로 세금을 부과하는 통환統還을 결정하였다. 당시 경상 우병영에서는 환곡이 유일한 재정 기반이었는데, 여기에서도 누적된 포흠 문제가 매우 심각하여 재정적 곤란을 겪고 있었다. 때마침 진주목의 도결 결정이 내려지자, 백낙신은 이 기회에 통환을 부과하여 경상 우병영의 재정 문제를 해결함과 동시에 사리사욕까지 채우려 하였던 것이다. 1862년 1월, 무려 6만 냥에 달하는 통환이 결정되었고, 진주 백성들은 유계춘柳繼春을 중심으로 민란이라는 적극적 저항 방식을 택하기에 이르렀다.[자료3]

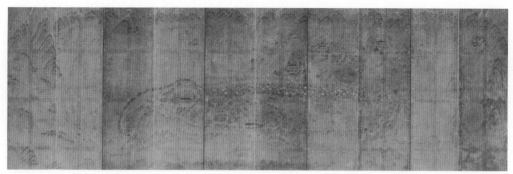

진주성도

## 민란의 전개와 확산

임술민란의 중심 세력은 과중한 부세 부담으로 고통받던 일반 백성들이었지만, 이들은 봉기를 조직하고 주도할 수 있는 역량을 아직 갖추지 못하였다. 그래서 진주를 비롯한 여러 지역에서 이른바 요호부민饒戶富民 세력과 일부 양반 명망가, 몰락한 양반층이 초기의 민란을 주도하는 양상을 보이고 있었다.[자료4] 요호부민층은 조선 후기 이래 부를 축적하여 경제적으로 성장해온 계층이었으나, 이 시기 관의 집중적인 수탈의 대상이 되면서 그 성장이 저지되었을 뿐만 아니라 자칫하면 몰락할 위기에 처해 있는 사람들이었다. 한편 양반 명망가들도 더 이상 면세 특권을 누리지 못하고 관의 수탈 대상에 포함되었기 때문에 불만이 많았으며, 몰락 양반들의 경우에는 일반 백성들과 그다지 다를 바 없는 처지에 놓여 있었다.

이들 주도층이 일반 백성들과 힘을 합쳐 민란을 본격적으로 전개할 수 있었던 데에는 향회鄕會와 초군樵軍이라는 조직 기반의 역할이 컸다. 19세기의 향회가 일반적으로 부세를 비롯한 여러 지방 행정에서 수령과 관官의 입장을 주로 대변하고 있던 사정에 반발하여, 이 시기 농민들은 자체적으로 민회民會, 이회里會, 도회都會라 불리는 새로운 향회 조직을 구성하고 있었다.[자료5]

이처럼 백성들이 주도하는 향회는 여기에 참여하지 않는 향촌민에게 벌금을 부과할 정도로 강한 공동체적 강제력을 갖고 있었기에 이들 조직은 민란의 진행 과정에서

다양하게 활용되고 있었다.<sup>[자료6]</sup>

한편 민란의 전개 과정에서 향회와 함께 중요한 역할을 하였던 조직은, 가난한 농민들이 농한기에 생계를 위해 공동으로 땔감을 채취하면서 만든 초군樵軍 집단이었다. 이들 초군은 좌상座上을 우두머리로 하여 각 동리별로 조직이 구성되었던 탓에 상당한 조직력을 갖추고 있었다. 초군이 민란에서 크게 활약한 사례는 진주를 포함하여 여러 지역에서 확인되는데, 이들은 민란의 과정에서 일반 백성들과 몰락 농민의 입장을 대변하고 있었다.<sup>[자료7]</sup>

이런 조직 기반을 바탕으로 민란 주도층은 우선 감영監營과 중앙 정부에 소장訴狀을 제출하는 합법적인 방식으로 문제의 해결을 시도하였으나 별다른 성과를 거두지 못하였다. 이에 민란 주도층은 백성들이 주도하는 향회를 개최하여 항쟁을 총괄하는 조직으로 삼고, 이어 백성들을 규합하여 봉기를 일으키기에 이르렀다.

민란 발생 초기 난민들의 문제의식은 주로 관의 부세 수탈이라는 모순에 집중되어 있었다. 그래서 백성들은 대개 읍내를 점거함과 동시에 관아를 파괴하고 부세 장부를 소각하는 모습을 보여주고 있었다. 또한 부세를 담당하는 아전衙前들을 구타하거나 살해하는 등 그들에 대한 반감을 숨김없이 드러내었다. 동시에 그들은 수령을 압박하여 도결都結과 통환統還의 철폐를 확인하는 완문完文을 받아내기도 하였다. 이 과정에서 수령들은 아전처럼 해害를 입지는 않았지만, 욕을 당하고 고을의 경계 밖으로 추방당하기도 하였다.<sup>[자료8]</sup>

그런데 민란이 진행되면서 점차 새로운 양상이 나타나기 시작하였다. 고율의 소작료와 고리대高利貸를 강요하고 있던 양반 지주들의 집을 불태우고 그들의 재물을 빼앗는 양상이 나타나고 있었다.<sup>[자료9]</sup> 민란의 반봉건적反封建的 지향이 본격적으로 전개되고 있었던 것이다. 이 국면에서는 초군 및 일반 백성들이 민란의 전면에 등장하였고, 이에 부담을 느낀 요호부민층은 점차 항쟁의 대열에서 이탈해갔다. 이처럼 임술민란은 전라도 38개읍, 경상도 19개읍, 충청도 11개읍 등 삼남 지방 전역에서 봉기하여, 경기도 광주, 황해도 황주, 함경도 함흥 등으로 확산되었고, 전국적으로는 70여 고을에서 봉기가 발생하였다.

그러나 1862년 임술민란은 군현 단위를 벗어나 광역으로 통합되어 확산되지 못하

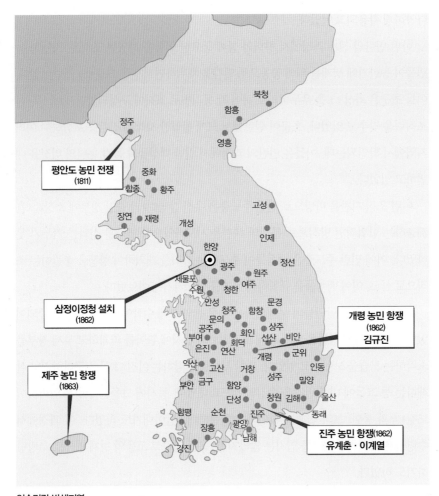

**임술민란 발생지역**

였고, 대개가 해당 군현에 국한된 채 전개되었다. 이와 같은 한계를 드러낸 이유로는, 당시 각 군현별로 조세의 총액이 결정되고 분배되는 총액제總額制의 부세 운영 방식 탓에 그 해결 방안도 군현마다 달랐던 점과, 민란 세력 전체를 아우를 수 있는 주도층이나 이념이 부재하였다는 점을 들 수 있다. 이 때문에 주변 지역들끼리 연대하여 민란을 지속해나가기 어려웠고, 조선 정부의 회유와 진압에 의해 민란이 쉽게 와해되는 결과로 이어졌다. 그러나 일부 지역에서는 이러한 한계를 극복하고 주변의 고을에 통문을 돌려 이들을 항쟁에 동참시킨 사례가 발견되기도 한다.[자료10] 이처럼 고립 분산성을 극복하며 연대를 지향하는 농민 봉기의 양상은, 이후 동학 농민 운동을 비롯해 한층 질적으로 고양된 농민 항쟁이 전개되는 밑거름이 되었다.

**자료1**

난亂은 본시 일반 백성 가운데서 일어나는 것이 아니라 궁핍한 백성들에게서 일어나는데, 어찌하여 그러한가? … 이렇게 부랑하여 떠도는 자들은 그들이 의존해서 살아갈 방도가 없으므로, 매일 원망하고 난을 생각한 지 오래이다. … 이번 삼남 지방의 민란은 모두 이 무리가 주도한 것이고, 일반 백성은 억지로 따른데 불과하다.

原文 亂不作於良民 而必作於窮民 何也 … 惟此浮寄之氓 旣無聊賴可以得活 日夜怨望 思亂久矣 … 近見南民之擾 皆此屬爲之唱 而良民特其脅從者也

_『고환당수초』 권4

**자료2**

홍병원洪秉元이 부임한 이후 … 환포還逋[주1]는 민간에서 어떤 방식으로든 변통하여 처리할 수밖에 없다고 하여, 스스로 관 내의 백성들을 불러모아 상의하고, 또 각 면의 훈장訓長[주2]을 차출하여 도결都結에 관한 방침을 결정하였다.

原文 洪等到任後 … 還逋不得不自民間某樣區處 而自本官招集鄕民 爛漫相議 又爲差出各面訓長 以都結事作定

_『진주초군작변등록』 6호 문서

> **주1 환포(還逋)** : 환곡의 운영 과정에서 지방 수령이나 이서(吏胥)들이 불법으로 떼어먹은 환곡.
>
> **주2 훈장(訓長)** : 원래는 서당의 선생님을 의미하나, 여기서는 각 면의 부세 담당 책임인 면임(面任)을 달리 표현한 것으로 보인다.

**자료3**

경상도 안핵사[주3] 박규수朴珪壽가 관리들의 환곡 횡령과 난민에 대한 조사를 마치고 나서 장계를 올리기를, "금번 진주의 난민들이 소동을 일으킨 것은 오로지 전 우병사 백낙신이 탐욕을 부려 포악한 행동을 한 때문입니다. 병영의 관리들이 횡령한 환곡의 액수를 진주목의 도결都結을 틈타 메우고자 총 6만 냥의 돈을 관 내의 각 호에서 억지로 징수하려 하였고, 이 때문에 백성들의 민심이 들끓고 노여움이 일제히 폭발해서, 드디어 이것이 전에 듣지 못하던 변란으로 나타난 것입니다"고 하였다.

原文 慶尙道按覈使朴珪壽 以査逋按獄馳啓 今此晉州亂民之起鬧 專由於前右兵使白樂莘 貪饕侵虐之故也 以兵營還逋及都結 乘時幷擧 欲以六萬兩之錢 排戶白徵 群情太沸 衆怒齊奮 遂至激出前所未聞之變

_『철종실록』 권14, 13년 4월 병진

> **주3 안핵사(按覈使)** : 조선 후기 지방에서 민란과 같은 사건이 발생했을 때 그 처리를 위해 파견한 임시 관리.

## 자료4

난이 전개되는 과정과 그 시작의 앞뒤를 살펴보면 … 결코 땔감이나 지는 자들이 하루아침에 준비할 수 있는 것이 아니고, 반드시 배후에 요호부민饒戶富民[주4]이 있을 것이다.

原文 觀其爲亂之次第 跡其起手之先後 … 決非擔柴負薪之所能一朝而可辨也 以必有饒戶富民

_『임술록』「진주안핵사사계발사」

## 자료5

유계춘은 본래 일 벌이기를 좋아하는 사람으로, 평소 향리의 여러 일들에 간섭하면서 고을의 폐단과 백성들의 어려움을 핑계로 다른 사람을 속여 자신의 이익을 취하였다. 이 과정에서 향회鄕會나 이회里會를 능사로 하였을 뿐만 아니라, 읍소邑訴[주5]와 영소營訴[주6]를 벌이는 것으로 생애를 삼던 인물이다.

原文 柳繼春 本以喜事之徒 主張鄕里之論 藉口於邑幣民瘼 營私於騙財取利 鄕會里會卽其能事 邑訴營訴作爲生涯

_『임술록』「진주안핵사사계발사」

## 자료6

대개 난민들이 처음 모인 것은 본디 소란을 피우려는 까닭이 아니라 (향회를 통해) 관청에 호소하여 폐단을 고치고자 한 것입니다. 그러나 무리가 점점 커져 수백, 수천이 되면서 그중 한두 사람이 나서 선동하여 난이 벌어지게 되는 것입니다.

原文 盖亂民之初起 本非故欲作鬧而然也 如因寃苦之 欲爲呈訴救弊 而自致徒黨之漸多 百千爲群 則其中或有無良之一二漢 首倡激動 至有悖亂之擧矣

_『승정원일기』 126책, 철종 13년 7월

## 자료7

우량택禹良宅[주7]이 두 번째 문초에서 말하길, "2월 18일 평거역平居驛의 약국에 와서 약을 짓고 돌아갈 때 무수한 초군樵軍을 보았는데, 한 무리는 오죽전五竹田에서 집회를 갖고 있었고, 또 한 무리는 역촌驛村의 몇몇 집들을 파괴하고 있었습니다"고 하였다.

… 세 번째 문초에서 말하길, "이날 초군들이 의관을 갖춘 사람을 보면 모두 구타하였다"고 하였다.

**原文** 禹良宅再招曰 二月十八日來到平居驛藥局 製藥歸去之際 見無數樵軍 一邊都會于五竹田 一邊毀破驛村何許人家 … 三招曰 伊日樵軍輩 見衣冠之人 則皆爲打破

_「임술록」 「진주안핵사사계발사」

### 자료8

지난 4월 10일, 수천 명의 인동읍仁同邑 백성들이 두건을 두르고 몽둥이를 들고서 읍내에 모두 모여 본관 수령을 큰소리로 꾸짖으며 하지 못하는 바가 없었다. 이들은 아전들이 떼어먹은 것은 백성들에게 징수하지 말고, 도결都結의 액수는 결당 7냥 5전으로 하고, 도망간 천여 명의 군정軍丁은 영구히 군적軍籍에서 빼고, 신분의 상하를 막론하고 군포는 한 사람당 2냥을 납부하도록 하는 완문完文[주8]을 내도록 수령을 재촉하면서, 작당作黨하여 위협하였다.

**原文** 去四月初十日 (仁同邑)民數千裹巾捧杖 齊會邑底 咆喝本官 無所不至 以爲吏逋 則勿徵於民 結價則 每結爲七兩五錢 逃故軍丁千餘名 永爲頉給 無論上下 納軍保 每名二兩式 酌定之意 促出完文 作黨威脅

_「일성록」 철종 13년 8월 29일

주8 완문(完文) : 관부(官府)에서 발급하는 문서로, 개인이나 단체의 권리를 인정하는 확인서나 인정서의 성격을 갖는다.

### 자료9

진주 백성들이 초군이라 자칭하며 무한히 못된 행태를 부린 것에 대하여 장계狀啓[주9]를 올립니다. … 난민의 무리들이 22개 면을 두루 지나면서 가옥을 무너뜨린 것이 56호이고, 재산을 빼앗은 것이 40호 전후입니다. 읍내邑內의 집을 무너뜨리고 불태운 것이 모두 126호이며, 재산이나 돈과 곡식 등의 재물을 빼앗긴 집이 78호이니, 그 피해가 모두 합쳐 대략 10만 냥에 가까움을 급히 아룁니다.

**原文** 狀啓以爲 晉州民人之自稱樵軍 無限作梗 … 悖黨遍過二十二面 家舍毁撤 爲五十六戶 財産見奪 爲四十戶前後 邑村間家舍毁燒 竝爲一百二十六戶 財産錢穀等物之見奪見失 爲七十八戶 而都數洽近十萬財 馳啓

_「일성록」 철종 13년 3월 16일

주9 장계(狀啓) : 감사(監司) 또는 임금의 명령을 받고 지방에 나간 관리가 국왕에게 올리는 문서.

**자료10**

(경상도) 함양咸陽에 모인 적당賊黨이 (전라도) 남원南原에 통지하여, 흉악한 이서배吏胥輩 7명을 때려죽인 연후에 답하라 하고는, 만약 이 명령을 따르지 않으면 가서 죽이리라 운운하였다. 인접 고을의 백성들이 모두 호응하여 흰 두건을 두른즉, 흡사 진주민란의 남은 무리들이 각 처에 산재해 있는 것 같았다. 이때 한 목소리로 호응하였던 곳은 임실, 금구, 장수, 거창이었다.

原文 南原則 自咸陽屯賊中通奇 謂以吏輩凶惡之七名打殺 然後答通云云 而若不從令 將移徙打殺云云 隣近諸邑之民 無不響應 皆着白巾 則似是晉州餘黨之散在各處 同聲相應者也 任實 金溝長水居昌

_『용호한록』, 「삼남민요록」

**출전**

『승정원일기(承政院日記)』

『일성록(日省錄)』

『고환당수초(古歡堂收草)』: 고종 20년(1883)에 간행된 강위(姜瑋, 1820~1884)의 문집. 총 17권 3책.

『용호한록(龍湖閒錄)』: 송근수(宋近洙, 1818~1902)가 편찬한 것으로 추정되는 책. 순조 즉위 초부터 고종 중기에 이르는 국내외의 상황, 특히 대외 관계를 중점적으로 기록하고 있다.

『임술록(壬戌錄)』: 1862년 임술민란에 관한 기록을 수집하여 국사편찬위원회에서 편찬한 자료집. 철종조 임술민란을 전체적으로 살펴볼 수 있는 핵심 자료이다.

『진주초군작변등록(晉州樵軍作變謄錄)』: 광복 이후 북한에서 진주민란과 관련하여 조선 정부 측에서 작성한 각종 문서들을 모아 만든 자료집.

『철종실록(哲宗實錄)』: 조선 제25대 왕 철종 재위 14년 7개월간의 국정을 기록한 실록이다. 1864년(고종 원년)에 편찬을 시작하여 이듬해 출판하여 사고(史庫)에 보관하였다. 총 16권 6책이다.

**찾아읽기**

망원한국사연구실, 『1862년 농민항쟁』, 동녘, 1988.

배항섭 외, 『임술민란과 19세기 동아시아 민중운동』, 성균관대학교 출판부, 2013.

김석형, 「1862년 진주 농민 폭동과 각지 농민들의 봉기」, 『봉건지배계급을 반대한 농민들의 투쟁』(이조편), 과학원출판사, 1963.

이영호, 「1862년 진주농민항쟁의 연구」, 『한국사론』 19, 서울대, 1988.

안병욱, 「19세기 임술민란에 있어서의 '향회'와 '요호'」, 『한국사론』 14, 서울대, 1988.

송찬섭, 「1862년 진주농민항쟁의 조직과 활동」, 『한국사론』, 21, 서울대, 1989.

김인걸, 「조선 후기 촌락조직의 변모와 1862년 농민항쟁의 조직기반」, 『진단학보』 67, 1989.

김선경, 「1862년 농민항쟁의 도결혁파요구에 관한 연구」, 『이재룡박사환력기념 한국사학논총』, 한울, 1990.

권내현, 「18·19세기 진주지방의 향촌세력변동과 임술농민항쟁」, 『한국사연구』 89, 1995.

김용섭, 「철종조의 민란발생과 그 지향」, 『동방학지』 94, 1996(『한국근대농업사연구』(Ⅲ), 지식산업사, 2001에 수록).

# 9 정부, 민란의 수습을 도모하다

민란 대책과 삼정이정

1862년 전국에서 일어난 농민 항쟁에 대해 조선 정부는 문란해진 삼정(전정·군정·환곡)을 바로잡는 것이 민란의 근본적인 해결책이라고 여겼다. 이에 철종은 '이정청'이라는 특별 기구를 설치하고, 전국의 양반 유생층에게 삼정의 폐단을 구제할 대책을 물었다. 국왕의 요구에 따라 전국에서 올린 상소를 바탕으로 정부는 다양한 개혁안을 종합하여 삼정이정책을 발표하였다.

## 삼정이정청의 설치

1862년 2월, 진주에서 벌어진 농민들의 항쟁은 얼마 지나지 않아 삼남 지방 전역으로 확대되었다. 초기에 정부는 민란 발생 지역의 수령들에게 봉기의 원인을 묻는 한편, 이들 지역에 안핵사(按覈使, 지방에서 어떤 사건이 발생하였을 때 그것을 조사하기 위하여 파견하는 임시 벼슬)와 선무사(宣撫使, 재해나 병란이 일어난 지역에 민심을 무마하고 주민을 구제하기 위해 국왕이 임시로 파견하던 관리)를 파견하여 민란의 진상을 파악하고 이를 조기에 수습하고자 하였다. 하지만 이들이 올리는 보고만으로는 민란의 배경을 제대로 파악할 수 없었고, 정부가 근본적인 대책을 마련하지 못하는 가운데 민란은 삼남을 넘어 전국적으로 확산되어갔다.

이러한 상황에서 진주 안핵사로 파견되었던 박규수朴珪壽는 보고를 통해 현재 민란의 원인이 삼정三政의 문제, 특히 그 가운데서도 환곡還穀에 있으며 이를 바로잡기 위한 특별 기구를 설치할 것을 국왕에게 건의하였다. 그러자 철종은 비변사에서 이를 논의하도록 명령하였고, 민란 발생 세 달 만에 삼정이정청三政釐整廳이 구성되었다.[자료1]

삼정이정청에는 전·현직 재상과 호조판서, 선혜청의 당상과 비변사에서 8도의 사무를 맡아보던 구관당상句管堂上 등 삼정 문제와 직접 관련이 있는 고관들이 대거 참여하였다. 이들은 대다수가 당시 세도 정치를 주도하던 인물들로, 이는 당시 지배층이 민란 수습을 국가 운영의 당면 과제로 생각하고 있었음을 보여준다.

고종이 삼정이정청 설치를 지시하는 내용이 담긴 『조선왕조실록』 기사

## 철종의 구언과 「응지삼정소」

철종은 삼정의 문란을 해결하기 위해 특별 기구를 설치한 데 이어, 전국에 있는 유생들의 의견까지 듣고자 하였다. 이를 위해 국왕은 민란의 대책을 과거의 시험 문제로 내기도 하고, 구언교求言敎를 내려 각 지방 사족들의 의견을 묻기도 하였다.[자료2] 이윽고 약 4개월에 걸쳐 전국 각지로부터 삼정의 폐단에 대한 방책을 담은 상소들이 올라왔는데, 이 상소들을 「응지삼정소應旨三政疏」라 한다. 응지삼정소는 작성자의 사회적 지위, 삼정과 민란에 대한 인식에 따라 견해를 달리하고 있었다. 이때의 삼정소는 내용에 따라 크게 몇 가지 갈래로 나뉜다.

첫 번째는 삼정의 운영 폐단만을 개선하자는 의견이다. 이들은 본래 전정田政·군정軍政·환곡還穀 제도는 국가 재정을 위해 더없이 훌륭하고 적합한 것이지만, 운영하는 사람의 잘못으로 해이해지고 문란함이 생겼다고 파악하였다.[자료3] 따라서 민란의 수습 역시 삼정이 갖고 있는 여러 폐단 사항만 고치면 가능하다고 보았다.

두 번째는 삼정 제도 자체를 비판하는 입장이다. 이들은 삼정의 운영상 폐단은 말할 것도 없거니와, 삼정이라는 제도에도 문제가 있으므로 개혁이 필요하다고 주장하였다.[자료4] 이들은 군정이나 환곡을 부분적으로 개혁하자는 의견과, 부세 제도를 전면적으로 개혁하자는 의견으로 나뉘었다.

마지막으로 삼정의 문란만을 살피는 시각에서 더 나아가 조선 국가의 토지제도, 즉 지주 전호제地主佃戶制에 문제를 제기하는 견해가 있었다. 이 견해는 민란의 배경이 단순한 부세 제도의 문제가 아니라, 농민들이 자기 소유의 토지는 물론이고 빌려서 경작할 수 있는 토지조차 얻지 못하게 되면서 삶이 곤궁해져 발생한 문제라고 보았다. 때문에 이들은 국가의 토지 소유 관계를 재조정해야 민란의 근본적인 원인이 해결될 것이라고 보았다.[자료5]

첫 번째와 두 번째 입장은 당대의 지주 전호제를 인정하는 바탕에서 단순히 부세 제도만을 고치는 것으로, 지배층의 논리를 대변하는 다소 소극적 입장이었다. 그러나 세 번째 견해인 토지 개혁론은 농민들에게 토지를 분배하거나, 지주의 수취율을 대폭 낮출 것을 제안하고 있었다. 이는 지주 전호제를 개혁하여 농민 경제의 균산화均産化를 도모한다는 점에서 농민층의 입장을 대변하는 매우 적극적인 개혁안이었다. 특히 토지를 재분배하자는 몇몇 상소들의 내용은 이익李瀷, 정약용丁若鏞, 서유구徐有榘 등 실학파의 농업론과 맥을 같이한다는 점에서도 의미가 컸다.

## 삼정이정책의 마련과 혼선

이러한 개혁안을 종합하여 이정청에서는 전정田政 13개조, 군정軍政 5개조, 환곡還穀 23개조의「삼정이정절목三政釐整節目」을 발표하였다. 이들 정책은 가혹한 수취를 금하면서 탈루된 세액을 확충하는 데 목표를 두고 있었다.

먼저 전정田政에 대해서는 대대적인 양전量田 사업이 문제의 근본적인 해결책이나, 여건상 불가능하기 때문에 규정 외의 가혹한 징수와 수취 과정에서의 부정 행위를 엄단하는 방안을 대안으로 삼았다. 그리고 군정軍政과 관련하여서는 16~60세라는 군역

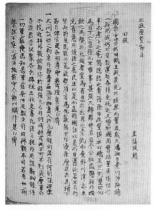

「삼정이정절목(三政釐整節目)」
철종 13년(1862) 삼정이정청 설치 이후 삼
정의 폐단을 바로잡기 위하여 마련한 절목
(節目). 필사본. 고려대학교 도서관 소장.

충원의 원칙을 지켜 폐단을 막고, 군적軍籍에서 빠진 이들을 찾아내 군역을 부담할 인원을 확보하여 문제를 수습하고자 하였다.

한편 당시 가장 심각한 사회 문제가 되고 있던 환곡還穀에 대해 「이정절목」에서는 파환귀결罷還歸結과 항류곡恒留穀 마련을 해결책으로 제시하였다. '파환귀결' 방침은 그 동안 부세처럼 징수되던 환곡을 전면적으로 폐지하고, 토지에 세금을 추가해 별도의 재정을 마련하는 방안이었다. 하지만 원곡元穀을 전부 없애는 것이 아니라 장부상에만 남아 있는 허류곡虛留穀 가운데 3분의 2를 탕감하는 안이었으며, 나머지 3분의 1은 이를 횡령한 아전들로 하여금 균역청均役廳에 납부하게 하였다. 또한 실제로 남아 있는 환곡 중 150만 석을 항류곡으로 편성하여, 환곡이 본래 가지고 있던 진휼과 예비비의 기능을 수행하도록 하였다.[자료6]

그러나 「삼정이정절목」은 중앙 정부의 주도하에 서둘러 작성되었기 때문에, 각 지방이 처한 재정 상황을 충분히 반영하지 못하는 문제점이 있었다. 당시 지방 고을에서는 이 개혁책을 본격적으로 실시할 여력이 없었고, 특히 항류곡을 마련하는 과정에서 농민들의 부담이 예상보다 가중되었다. 때문에 이 정책이 발표되고 얼마 지나지 않아 정부의 대책에 반발하는 움직임이 전국적으로 나타났으며, 이러한 혼란을 관망하면서 군현들이 조세를 납부하지 않는 사태까지 벌어졌다.[자료7] 결국 정부는 「삼정이정절목」을 폐기하고 옛 법규로 복귀할 것을 선언하였다. 더불어 지역 상황에 맞게 환곡을 탕감하고 이를 보충할 방침을 제시함으로써 민란의 움직임을 점진적으로 수습하고자 하였다.

이렇듯 「삼정이정절목」은 비록 시행상의 문제로 조기에 폐기되었지만, 조선의 국가 체제를 유지하는 선상에서 이 시기 지배층이 제시할 수 있었던 최선에 가까운 개혁안이었다. 특히 '파환귀결'과 항류곡의 마련은 수백 년 동안 내려오던 관행을 폐기하여 이를 바로잡고자 하였다는 점에서 당시 위정자爲政者들이 '대변통大變通'이라 부를 정도였다. 또한 이를 도출하는 과정에서 등장했던 사족士族들 사이의 논의는, 당대 세도 정치하에서 억눌려 있던 사회 개혁론이 삼정이정을 명분으로 공론화하는 계기를 마련해주었다. 결국 이 시기 등장했던 삼정이정의 방안은 이후 흥선대원군興宣大院君 집권기의 제반 개혁이나, 개항 이후에 등장한 각종 근대화론의 원형으로서 기능하였다는 측면에서 그 의미를 찾을 수 있다.

**자료1**

국왕이 하교하기를, "요즈음 삼남三南에서 발생한 백성들의 소요는 진실로 어떤 변괴變怪인가? 무릇 백성의 일과 관련하여 크게 없애야 할 부분은 오로지 삼정三政이라고 하고, 반란을 일으킨 민들이 구실로 삼고 있는 것도 일찍이 여기에 있었다. 묘당廟堂[주1]에 일러 팔도의 삼정에 대해 담당 관청을 설치하고 대책과 방법을 궁리하게 하되, 개혁할 만한 것은 개혁하고 교정할 만한 것은 교정하여, 저 가난하고 의지할 곳 없이 울고 있는 이들로 하여금 모두 편안히 쉬면서 차별 없이 똑같게 여기는 은정恩政을 고루 입게 하라" 하였다.

**原文** 教曰 近日三南民擾 是誠何等變怪也 凡係民事大去處 卽惟曰三政焉 亂民所藉口者 未嘗不在於此 八道三政 令廟堂設廳講究 可以釐革者釐革 可以矯整者矯整 俾彼顚連呼號之類 皆有以奠安休息 均被一視之政

『철종실록』 권14, 13년 5월 병오

주1 묘당(廟堂) : 조선 시대 가장 높은 행정 관청. 이 시기에는 실질적으로 의정부의 기능을 하고 있던 비변사를 가리킨다.

**자료2**

국왕이 하교하기를, "삼정의 폐단을 바로잡는 방책을 이미 조정에 있는 신하들에게 물었다. 임기 중인 수령과 관찰사, 초야草野의 사대부들 역시 반드시 평소 마음에 품고 있던 계책이 있을 것이니, 이정청釐整廳에서 이 문서를 베껴 써서 전국 각지에 내려보내게 하라. 각 고을에서 마땅히 고쳐야 할 바를 강구한 글을 수합하여 책으로 엮은 다음, 관찰사로 하여금 모두 모아서 올려보내게 하라" 하였다.

**原文** 教曰 三政矯捄之策 旣詢及在廷矣 時任守宰草野人士 亦必有素蘊乎中者 自釐整廳 謄書此題 下送于八道四都 各就其邑之所宜釐革 是講是確 悉著于篇 自邑收券後 令道守臣 都聚上送

『철종실록』 권14, 13년 6월 계해

**자료3**

삼정三政의 설치는 무릇 대대로 나라를 경영하고 백성을 다스리는 바른 법이었습니다. 대개 우리나라 수천 리가 500년을 내려오고, 태평한 세상이 크게 번성하여 이름난 것은, 모두 법규와 기강을 바르게 정돈하여 세운 까닭이었습니다. 그런즉 삼정에 폐가 없도록 처리하기 위해서는 … 반드시 임금이 수령을 기용할 때의 잘잘못과 수령이 백성을 다스릴 때의 잘잘못에 달렸습니다.

原文 三政之設 是列聖朝經國理民之大道也 蓋吾東方縱數千里 上下五百年 蔚然以聖國治
世而名之者 咸賴政令紀綱之排布措置也 然則其所以措之無弊 … 其必曰人主用人之臧否 守牧
御民之善惡也

_「포암집」 권4, 「대삼정책」

### 자료4

오늘날 삼정의 폐단이 제거되지 못하고, 어느 한 백성의 고통도 해소되지 못하고 있
는 것은, 전하께서 이전 법규에 집착하여 지키려만 하고 융통성 있게 고치지 않는 까
닭입니다. … 마땅히 고쳐야 할 것을 융통성 있게 고치는 것도 역시 선대의 뜻을 잘 이
어가는 것입니다. 예로부터 제왕이 국가를 개창할 때의 법은 본디 더할 수 없이 좋지
만, 시간이 지나 변고가 생기고 법이 오래되어 폐가 발생하면, 대를 이어 잘 계승하는
치자治者는 반드시 알맞게 고치고 옛 법에 얽매이지 않습니다.

原文 今日政之弊未祛 一民之苦未解者 以殿下膠守前規 不爲變通故也 … 當變通以變通者
亦繼述也 自古帝王刱業定法 始雖盡善盡美 而始移事變法久弊生 則後嗣之善繼善述者 必隨宜
更化 不膠於舊制

_「금곡집」 권2, 「응교폐전교소」

### 자료5

우리나라에서 '결結'이라고 하는 것을 헤아려보면, 1결의 면적은 가로 세로의 길이가
600척에 이릅니다. 이것은 고대 정전제井田制에서의 100무畝와 같으니, 곧 한 집이 경
작할 면적입니다. 지금 진실로 고르고 균등하게 다시 양전을 하고 형편에 맞게 전결
을 만들어, 80결을 1부部로, 8결을 1통統으로 조직하여, 농부 한 사람당 1결씩 분급하
여야 합니다.

原文 我東所謂結者 計之 則一結之地 廣六百尺長如之 是今之一結 當古之百畝 卽一家之
所耕也 今誠能平均改量 通融作結 以八十結爲一部 八結爲一統 每一夫受田一結

_「가헌문집」 권2, 「삼정책」

### 자료6

전정田政

무릇 삼세三稅[2]와 관련된 것 외에, 추가되거나 새롭게 만들어진 조목은 일절 혁파革罷한다. 백성들로 하여금 (이를) 다 알도록 하고, 혁파된 조목과 수효數爻는, 책으로 잘 만들어 본사本司에 보고하도록 한다.

### 군정軍政

아이가 태어나자마자 군적에 올리는 것과, 기한이 되었으나 제외되지 않는 것이 모두 절박한 폐해이니 … 지금부터는 군적에 올리는 것과 제외하는 것을 정한 연한에 따르게 하여, 원통하게 징집되는 폐단이 없도록 한다.

### 환정還政

환곡을 폐지하고 이를 토지에 부과하는 것은 대변통大變通에 관계되는 것이다. 조례를 거행할 때 마땅히 아주 상세히 의견을 달아 영원히 고치지 못할 법으로 만들고, 또 다시 각 도에 명령하여 환곡의 총액과 그 지출을 질서 있게 구별해서 보고하도록 하며, 대동사목大同事目[3]의 예에 따라 반포하여 시행하도록 한다.

**原文** 田政

凡係三稅外 追設新刱條件 一切革罷 使民知悉 革罷條件及數爻 修成冊報本司
軍政
兒生見疤 限滿而未除 俱係切瘼 … 自今簽丁頉案 一準年限 俾無寃徵之弊是白齊
還政
罷還歸結 係是大變通也 擧行條例 不可不消詳開錄 永作不刊之典 更令諸道 還摠及用下 秩秩
區別報來 依大同事目例 頒下施行是白齊

_「용호한록」 13책, 「삼정이정절목」

**자료7**

(정원용이) 다시 아뢰길, "삼정이정절목三政釐整節目이 반포되어 내려간 후, 어떤 이는 편하다 하고 어떤 이는 불편하다 하는데, 이전부터 새 영令이 내린 처음에는 대개 모두 이러합니다. 듣기로 외읍外邑에서 많은 경우 관망觀望만 하고 즉시 이행하지 않고 있으니, 비단 공납公納을 연체하고 있는 것이 민망스러울 뿐만 아니라 사태가 지극히 불안합니다" 하였다.

**原文** 又奏曰 三政釐整節目 頒下之後 或言便 或言不便 自前新令之初 例皆如此矣 聞外邑
多觀望 不卽擧行 非但公納愆滯之可悶 事體極爲未安矣

_「승정원일기」 126책, 철종 13년 10월 28일

주2 삼세(三稅) : 조선 후기 조세인 전세(田稅), 대동(大同), 호포(戶布)의 총칭.

주3 대동사목(大同事目) : 대동법에 관한 규정.

■ 출전

『승정원일기(承政院日記)』

『철종실록(哲宗實錄)』

『가헌문집(可軒文集)』: 조선 말기의 학자 신석호(申錫祜, 1816~1881)의 시문집. 1962년에 현손인 용호(龍鎬) 등이 편집·간행하였다. 잡저 중 「삼정책(三政策)」은 1866년에 실시한 경시(慶試)의 책문이다. 3권 2책의 석인본이다.

『금곡집(錦谷集)』: 조선 후기의 문신이자 학자인 송내희(宋來熙, 1791~1867)의 시문집으로 1907년 저자의 손자인 종규(種奎)가 편집·간행하였다. 18권 10책의 목활자본이다.

『용호한록(龍湖閒錄)』: 송근수(宋近洙, 1818~1902)가 편찬한 것으로 추정되는 책. 순조 즉위 초부터 고종 중기에 이르는 국내외의 상황, 특히 대외 관계를 중점적으로 기록하고 있다.

『포암집(逋庵集)』: 조선 말기의 학자 권주욱(權周郁, 1825~1901)의 시문집으로, 1911년 조카 석한(錫漢)이 간행하였다. 잡저 중 「대삼정책(對三政策)」은 당대 삼정 문제에 대한 대책을 밝힌 글이다.

■ 찾아읽기

망원한국사연구실, 『1862년 농민항쟁』, 동녘, 1988.

송찬섭, 『조선 후기 환곡제 개혁연구』, 서울대학교 출판부, 2002.

김태웅, 『한국근대 지방재정 연구』, 아카넷, 2012.

배항섭 외, 『임술민란과 19세기 동아시아 민중운동』, 성균관대학교 출판부, 2013.

김용섭, 「철종조의 응지삼정소와 삼정이정책」, 『한국사연구』 10, 1974(『(신정 증보판) 한국근대농업사연구』(Ⅰ), 지식산업사, 2004에 수록).

김용섭, 「철종조의 민란발생과 그 지향」, 『동방학지』 94, 1996(『한국근대농업사연구』(Ⅲ), 지식산업사, 2001에 수록).

손병규, 「'삼정문란'과 '지방 재정 위기'에 대한 재인식」, 『역사비평』 101, 역사비평사, 2012.

송양섭, 「임술민란기 부세문제 인식과 삼정개혁의 방향」, 『한국사학보』 49, 2012.

송찬섭, 「삼정이정청의 구성과 삼정이정책」, 『한국사학보』 49, 2012.

# 부록

· ( ) 이름, 재위년, 생몰년   ‖ 배우자  · ─ 직계  …방계

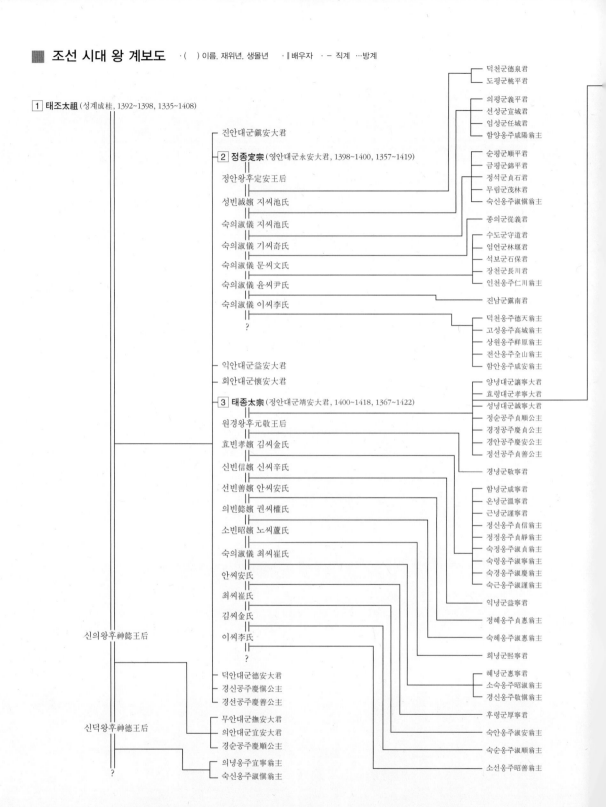

1 태조太祖 (성계成桂, 1392~1398, 1335~1408)

신의왕후神懿王后

신덕왕후神德王后
?

진안대군鎭安大君

2 정종定宗 (영안대군永安大君, 1398~1400, 1357~1419)
정안왕후定安王后
성빈誠嬪 지씨池氏
숙의淑儀 지씨池氏
숙의淑儀 기씨奇氏
숙의淑儀 문씨文氏
숙의淑儀 윤씨尹氏
숙의淑儀 이씨李氏
?

익안대군益安大君
회안대군懷安大君

3 태종太宗 (정안대군靖安大君, 1400~1418, 1367~1422)
원경왕후元敬王后
효빈孝嬪 김씨金氏
신빈信嬪 신씨辛氏
선빈善嬪 안씨安氏
의빈懿嬪 권씨權氏
소빈昭嬪 노씨蘆氏
숙의淑儀 최씨崔氏
안씨安氏
최씨崔氏
김씨金氏
이씨李氏
?

덕안대군德安大君
경신공주慶愼公主
경선공주慶善公主

무안대군撫安大君
의안대군宜安大君
경순공주慶順公主

의녕옹주宜寧翁主
숙신옹주淑愼翁主

덕천군德泉君
도평군桃平君

의평군義平君
선성군宣城君
임성군任城君
함양옹주咸陽翁主

순평군順平君
금평군錦平君
정석군貞石君
무림군茂林君
숙신옹주淑愼翁主

종의군從義君
수도군守道君
임언군林堰君
석보군石保君
장천군長川君
인천옹주仁川翁主

진남군鎭南君

덕천옹주德天翁主
고성옹주高城翁主
상원옹주祥原翁主
전산옹주全山翁主
함안옹주咸安翁主

양녕대군讓寧大君
효령대군孝寧大君
성녕대군誠寧大君
정순공주貞順公主
경정공주慶貞公主
경안공주慶安公主
정선공주貞善公主

경녕군敬寧君

함녕군咸寧君
온녕군溫寧君
근녕군謹寧君
정신옹주貞信翁主
정정옹주貞靜翁主
숙정옹주淑貞翁主
숙령옹주淑寧翁主
숙경옹주淑慶翁主
숙근옹주淑謹翁主

익녕군益寧君

정혜옹주貞惠翁主

숙혜옹주淑惠翁主

희녕군熙寧君

혜녕군惠寧君
소숙옹주昭淑翁主
경신옹주敬愼翁主

후령군厚寧君

숙안옹주淑安翁主

숙순옹주淑順翁主

소선옹주昭善翁主

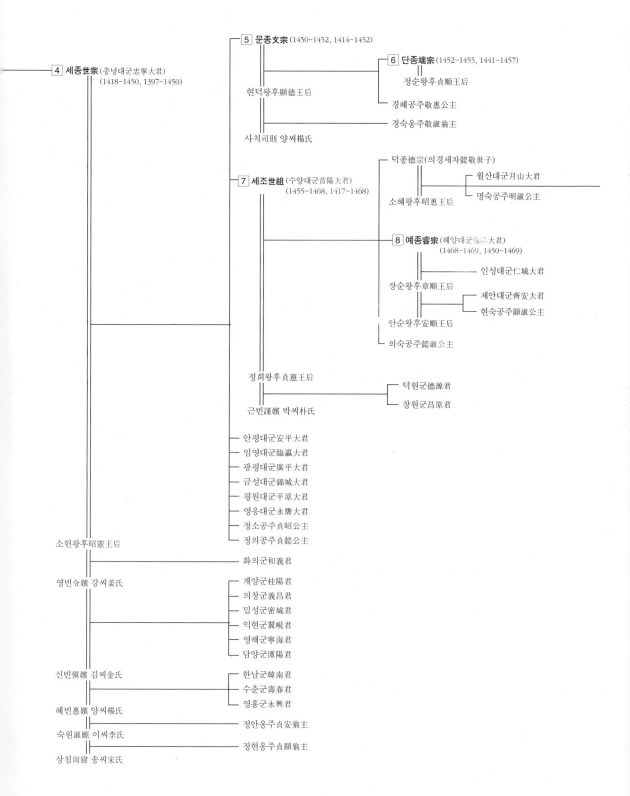

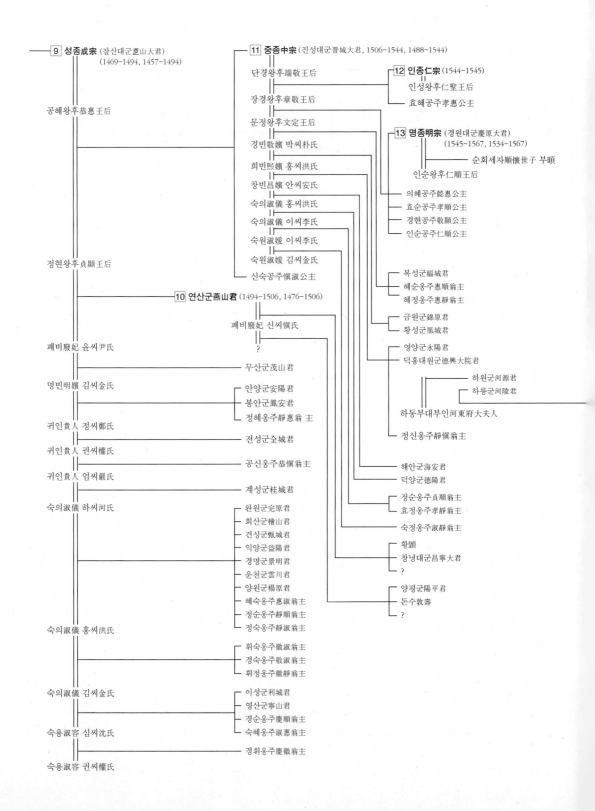

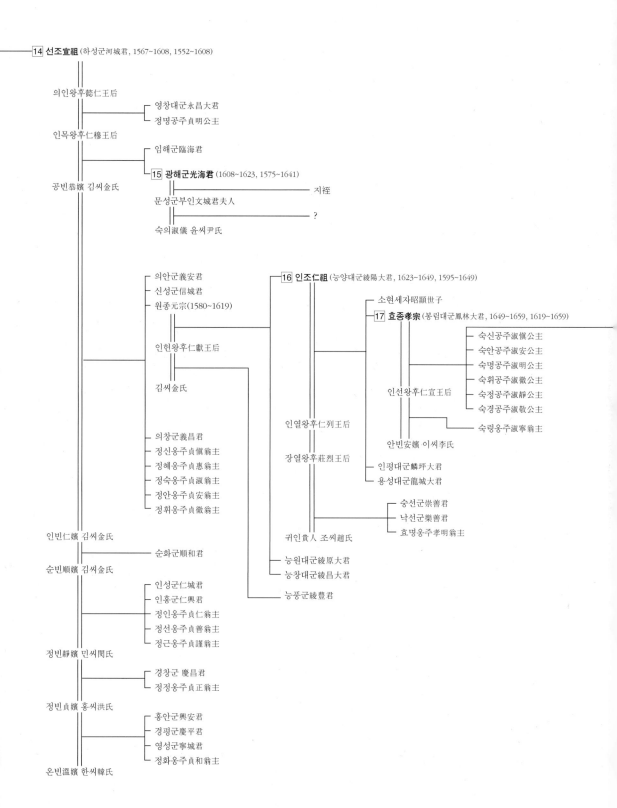

14 선조宣祖 (하성군河城君, 1567~1608, 1552~1608)

의인왕후懿仁王后

영창대군永昌大君
정명공주貞明公主

인목왕후仁穆王后

임해군臨海君

15 광해군光海君 (1608~1623, 1575~1641)

지祬

문성군부인文城君夫人

?

숙의淑儀 윤씨尹氏

공빈恭嬪 김씨金氏

의안군義安君
신성군信城君
원종元宗(1580~1619)

16 인조仁祖 (능양대군綾陽大君, 1623~1649, 1595~1649)

소현세자昭顯世子

17 효종孝宗 (봉림대군鳳林大君, 1649~1659, 1619~1659)

숙신공주淑愼公主
숙안공주淑安公主
숙명공주淑明公主
숙휘공주淑徽公主
숙정공주淑靜公主
숙경공주淑敬公主

숙령옹주淑寧翁主

인선왕후仁宣王后

인헌왕후仁獻王后

안빈安嬪 이씨李氏

김씨金氏

인열왕후仁烈王后

인평대군麟坪大君
용성대군龍城大君

의창군義昌君
정신옹주貞愼翁主
정혜옹주貞惠翁主
정숙옹주貞淑翁主
정안옹주貞安翁主
정휘옹주貞徽翁主

장열왕후莊烈王后

숭선군崇善君
낙선군樂善君
효명옹주孝明翁主

귀인貴人 조씨趙氏

인빈仁嬪 김씨金氏

순화군順和君

능원대군綾原大君
능창대군綾昌大君

순빈順嬪 김씨金氏

인성군仁城君
인흥군仁興君
정인옹주貞仁翁主
정선옹주貞善翁主
정근옹주貞謹翁主

능풍군綾豊君

정빈靜嬪 민씨閔氏

경창군慶昌君
정정옹주貞正翁主

정빈貞嬪 홍씨洪氏

흥안군興安君
경평군慶平君
영성군寧城君
정화옹주貞和翁主

온빈溫嬪 한씨韓氏

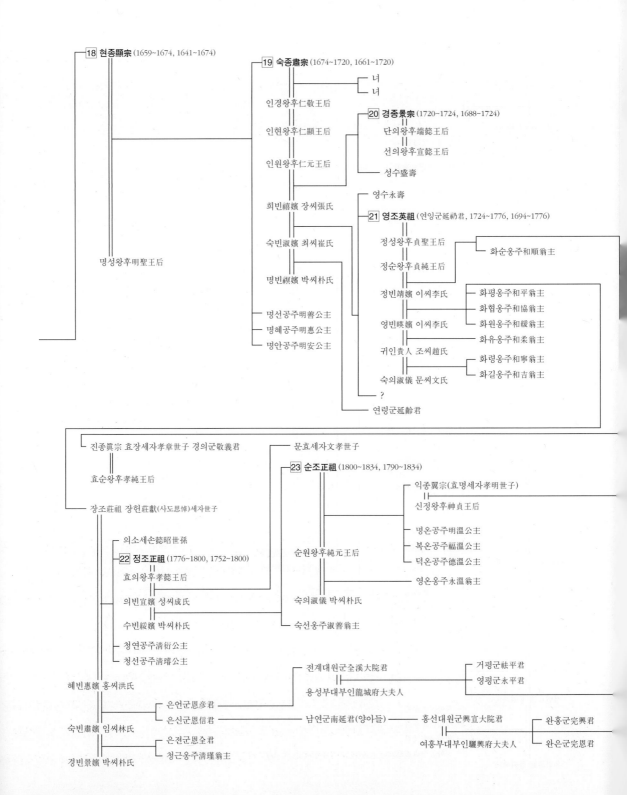

18 현종顯宗 (1659~1674, 1641~1674)

19 숙종肅宗 (1674~1720, 1661~1720)

녀
녀

인경왕후仁敬王后

인현왕후仁顯王后

20 경종景宗 (1720~1724, 1688~1724)

단의왕후端懿王后

선의왕후宣懿王后

인원왕후仁元王后

성수盛壽

희빈禧嬪 장씨張氏

영수永壽

21 영조英祖 (연잉군延礽君, 1724~1776, 1694~1776)

정성왕후貞聖王后

화순옹주和順翁主

숙빈淑嬪 최씨崔氏

정순왕후貞純王后

명빈禎嬪 박씨朴氏

정빈靖嬪 이씨李氏

화평옹주和平翁主

화협옹주和協翁主

영빈暎嬪 이씨李氏

화원옹주和緩翁主

화유옹주和柔翁主

명선공주明善公主

명혜공주明惠公主

귀인貴人 조씨趙氏

화령옹주和寧翁主

명안공주明安公主

숙의淑儀 문씨文氏

화길옹주和吉翁主

?

연령군延齡君

명성왕후明聖王后

진종眞宗 효장세자孝章世子 경의군敬義君

문효세자文孝世子

효순왕후孝純王后

23 순조正祖 (1800~1834, 1790~1834)

익종翼宗 (효명세자孝明世子)

신정왕후神貞王后

장조莊祖 장헌莊獻 (사도思悼)세자世子

의소세손懿昭世孫

명온공주明溫公主

복온공주福溫公主

22 정조正祖 (1776~1800, 1752~1800)

순원왕후純元王后

덕온공주德溫公主

효의왕후孝懿王后

영온옹주永溫翁主

의빈宜嬪 성씨成氏

수빈綏嬪 박씨朴氏

숙의淑儀 박씨朴氏

청연공주淸衍公主

청선공주淸璿公主

숙선옹주淑善翁主

전계대원군全溪大院君

거평군秬平君

영평군永平君

용성부대부인龍城府大夫人

혜빈惠嬪 홍씨洪氏

은언군恩彦君

숙빈肅嬪 임씨林氏

은신군恩信君

남연군南延君 (양아들)

흥선대원군興宣大院君

완흥군完興君

은전군恩全君

여흥부대부인驪興府大夫人

완은군完恩君

경빈景嬪 박씨朴氏

청근옹주淸瑾翁主

24 헌종憲宗 (1834~1849, 1827~1849)

효현왕후孝顯王后

명헌왕후明憲王后

궁인宮人 김씨金氏

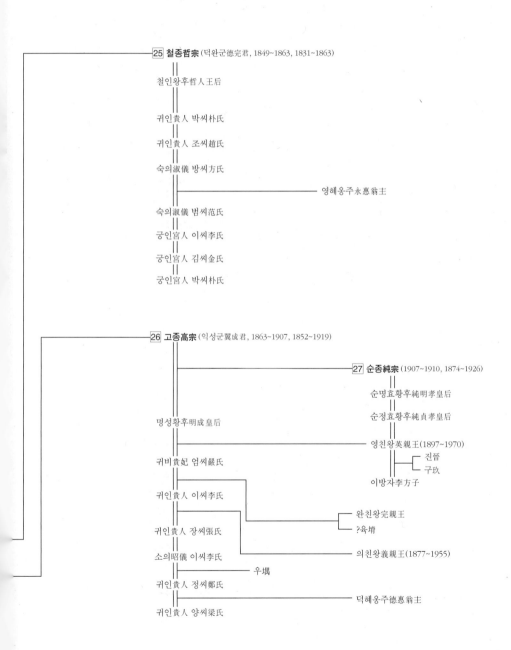

25 철종哲宗 (덕완군德完君, 1849~1863, 1831~1863)

철인왕후哲人王后

귀인貴人 박씨朴氏

귀인貴人 조씨趙氏

숙의淑儀 방씨方氏 ───── 영혜옹주永惠翁主

숙의淑儀 범씨范氏

궁인宮人 이씨李氏

궁인宮人 김씨金氏

궁인宮人 박씨朴氏

26 고종高宗 (익성군翼成君, 1863~1907, 1852~1919)

27 순종純宗 (1907~1910, 1874~1926)

순명효황후純明孝皇后

순정효황후純貞孝皇后

명성황후明成皇后 ───── 영친왕英親王 (1897~1970)
├ 진晋
├ 구玖
이방자李方子

귀비貴妃 엄씨嚴氏

귀인貴人 이씨李氏 ───── 완친왕完親王
?육墳

귀인貴人 장씨張氏 ───── 의친왕義親王 (1877~1955)

소의昭儀 이씨李氏 ── 우堣

귀인貴人 정씨鄭氏 ───── 덕혜옹주德惠翁主

귀인貴人 양씨梁氏

## ■ 연표

| 주요국 역사 변천 | | | | 한국사 | 연표 | 세계사 |
|---|---|---|---|---|---|---|
| 서양 | 중국 | 일본 | 한국 | | | |
| 고대 | 은 | 조몬토기시대 | 선사시대 | 70만 년 전 구석기 문화 시작<br>기원전 7000~6000년경 신석기 문화 시작 | | 450~400만 년 전 인류 등장<br><br>기원전 3000년경 이집트·메소포타미아 문명 시작<br>기원전 2500년경 인더스·황하 문명 시작 |
| | | | 조몬토기시대 | 기원전 2333 단군, 아사달에 도읍. 고조선 건국<br>(『삼국유사』) | | 기원전 1768년경 함무라비 왕, 메소포타미아 통일<br>기원전 1750년경 함무라비 법전 편찬<br>기원전 1600년경 은殷 건국<br>기원전 1120년경 주周 건국 |
| | 주 | | 초기국가시대 | 기원전 1100년경 기자조선 성립(『삼국유사』) | 기원전 1000 | 기원전 1000년경 그리스, 폴리스 형성<br>기원전 770년경 주周 동천東遷. 춘추春秋 시대 시작<br>기원전 670년경 아시리아, 오리엔트 통일<br>기원전 600년경 석가모니 탄생<br>기원전 551년경 공자 탄생<br>기원전 525 페르시아, 오리엔트 통일<br>기원전 492 페르시아 전쟁<br>기원전 431 펠로폰네소스 전쟁<br>기원전 334 알렉산더 대왕, 동방 원정<br>기원전 264 포에니전쟁<br>기원전 221 진秦, 중국 통일<br>기원전 206 한漢 건국 |
| | 춘추전국 | 야요이토기시대 | | 기원전 400~300년경 한반도 지역 철기 생산 | | |
| | 진 | | | | | |
| | 한 | | 삼국시대 | 기원전 194 위만조선 성립<br>기원전 108 위만조선 멸망, 한군현 설치<br>기원전 57 신라 건국 | | 기원전 44 카이사르 암살 |
| | | | | 기원전 37 고구려 건국 | | 기원전 27 로마, 제정 시작 |
| | | | | 기원전 18 백제 건국 | | 기원전 4 예수 탄생 |
| | | | | 3 고구려, 국내성 천도 | 기원후 | 8 왕망, 신新 건국<br>25 후한後漢 성립 |
| | | | | 28 가락국 시조 수로왕 즉위 | | 30 예수, 십자가에 처형됨<br>45년경 인도, 쿠샨 왕조 성립 |
| | | | | 53 고구려, 태조대왕 즉위<br>56 고구려, 동옥저 통합<br>57 신라, 석탈해 즉위 | | 64 네로, 크리스트교 박해<br>79 베수비오 화산 폭발, 폼페이 매몰<br>105 채륜, 제지법 발명<br>150년 무렵 쿠샨 왕조 불교 발흥, 간다라 미술 융성 |

| 주요국 역사 변천 | | | | 한국사 | 연표 | 세계사 |
|---|---|---|---|---|---|---|
| 서양 | 중국 | 일본 | 한국 | | | |
| 고 대 | 한 | 백 여 국 시 대 | 삼 국 시 대 | 179 고구려, 고국천왕 즉위<br><br>194 고구려, 진대법 실시 | 100 | 166 로마 사절 중국에 옴<br><br>184 후한, 황건적의 난 발생 |
| | 삼 국 시 대 | | | 242 고구려, 요동 서안평 공격<br>244 위 관구검, 환도성 습격<br>260 백제(고이왕), 16관등과 공복 제정<br>261 신라 13대 미추이사금 즉위(김씨 왕 시조) | 200 | 220 후한 멸망, 삼국 시대(위·촉·오) 시작<br>226 사산조 페르시아, 파르티아 멸망시킴<br>235 로마, 군인 황제 시대<br><br><br>280 진晉, 중국 통일 |
| | 진 쯤 | 고 분 시 대 | | 313 고구려, 낙랑군을 멸망시킴. 한군현 완전 소멸 | 300 | 313 밀라노 칙령으로 크리스트교 공인<br>316 서진西晉 멸망. 5호 16국 시대 시작. 동진 東晉 성<br>    립<br>320 인도, 굽타 왕조 성립<br>325 니케아 종교 회의 개최, 아리우스파 추방 결정 |
| | | 야 마 토 정 권 | | 331 고구려, 고국원왕 즉위<br>356 신라, 내물마립간 즉위<br>369 백제, 칠지도 제작<br>371 백제, 고구려 평양성 공격, 고국원왕 죽음<br>372 고구려, 전진의 승려 순도에 의해 불교 전래,<br>    태학 설립<br>    백제, 동진에 사절 보냄<br>373 고구려, 율령 반포<br>375 백제, 『서기』(고흥) 편찬<br>384 백제, 마라난타가 불교 전래<br>391 고구려, 광개토대왕 즉위 | | 375년경 게르만족 대이동 시작 |
| | | | 삼 국 시 대 | 396 고구려, 광개토대왕 백제 공격, 대승<br>400 고구려, 백제-가야-왜 연합군 토벌하여 신라 구<br>    원<br>405 백제, 일본에 한학 전함<br><br>427 고구려, 평양 천도<br>433 나제동맹 맺음<br><br>475 백제 문주왕 즉위, 웅진 천도 | 400 | 395 로마 제국, 동서로 나뉨<br><br><br>420 동진東晉 멸망, 송宋 건국<br><br><br>439 북위北魏, 화북 통일(북조 성립)<br><br>476 서로마 제국 멸망<br>479 송 멸망, 제齊 건국<br>486 프랑크 왕국 건국 |
| | 남 북 조 시 대 | | | 494 부여, 고구려에 완전 흡수<br>502 신라 지증왕, 순장 금지, 우경 실시<br>503 신라, 국호를 '신라'로 결정. '왕' 칭호 사용<br>505 신라 지증왕, 국내의 주군현을 직접 정함 | 500 | 502 제齊 멸망, 양梁 건국 |

| 주요국 역사 변천 | | | | 한국사 | 연표 | 세계사 |
|---|---|---|---|---|---|---|
| 서양 | 중국 | 일본 | 한국 | | | |
| 중 | 남북조시대 | 야마토정권 | 삼국 | 520 신라, 율령 반포, 백관의 공복 제정<br>525 백제, 무령왕릉 축조<br>527 신라, 불교 공인<br><br>532 신라, 금관가야 통합<br><br>536 신라, 연호(건원) 처음 사용<br>538 백제, 사비(부여)로 천도<br>545 신라, 거칠부 등이 『국사』 편찬<br>552 백제, 일본에 불교 전함<br>　　　우륵, 신라에 음악 전수<br>　　　고구려 왕산악, 거문고 제작<br>553 신라, 한강 하류 장악, 나제동맹 끝남<br>554 백제 성왕, 관산성에서 전사, 신라에 대패<br>555 신라 진흥왕, 북한산순수비 건립<br><br>566 신라, 황룡사 준공 | 500 | 529 동로마(비잔틴) 제국, 유스티니아누스 법전 편찬<br><br>535 북위, 동서로 나뉨<br><br><br><br><br><br><br><br><br><br>557 서위 멸망, 북주 건국<br><br>569 양梁 멸망, 진陳 건국 |
| 세 | 수隋 | 정권시대 | 국 | 589 원광법사, 진陳에서 구법<br>590 고구려 온달, 아차성에서 죽음 | | 579 마호메트 탄생<br>589 수隋, 중국 통일<br><br>593 일본, 성덕태자 섭정 |
| | 당唐 | 다이카개신 | 시대 | 610 고구려 담징, 일본 호류사 금당벽화 그림<br>612 고구려, 살수대첩에서 수나라 군대 물리침<br>618 고구려, 영류왕 즉위<br><br>624 고구려, 당에서 도교 전래<br><br>632 신라, 선덕여왕 즉위<br><br>645 고구려, 안시성싸움 승리. 당태종 고구려 원정<br>　　　실패<br>647 신라, 첨성대 건립. 비담·염종의 반란<br><br>660 백제 멸망<br><br>668 고구려 멸망 | 600 | 610 이슬람교 창시<br><br>618 이연, 당唐 건국<br>622 마호메트, 메카에서 메디나로 이주(헤지라)<br>　　　이슬람교 원년으로 정함<br>629 당 현장, 인도 여행 출발<br><br>634 이슬람, 전 아라비아 통일<br>645 일본, 다이카大化 개신<br>646 당 현장, 인도에서 귀국 『대당서역기』 지음<br><br>655 당 측천무후, 황후 등극<br><br>661 이슬람, 옴미아드 왕조 성립<br><br>671 당 의정, 불경 구하러 인도 여행 |
| | | | 통일신라 / 발해 | 676 신라, 삼국 통일<br>682 국학 설립, 감은사 창건<br>685 9주 5소경 설치<br>686 원효 죽음<br>687 신라, 문무관료전 지급<br>689 신라, 녹읍 폐지, 세조歲租 지급<br><br>698 대조영, 발해 건국 | | 690 당, 측천무후 실권 장악. 국호를 '주周'로 고침 |

| 주요국 역사 변천 | | | | 한국사 | 연표 | 세계사 |
|---|---|---|---|---|---|---|
| 서양 | 중국 | 일본 | 한국 | | | |
| 중 | 당 | 다이카개신 / 나라 / 헤이안 | 통일 신 라 / 발 안 해 | 702 의상 죽음<br>704 김대문,『화랑세기』『고승전』지음<br><br>719 발해, 무왕 즉위<br>722 신라, 백성들에게 정전 지급<br><br>727 혜초,『왕오천축국전』지음<br>　　　 발해, 일본과 국교<br>737 발해, 문왕 즉위<br><br>751 불국사와 석굴암 창건<br><br>756 발해, 상경용천부로 천도<br>757 신라, 녹읍 부활<br>765 충담사,「안민가」지음<br>771 성덕대왕신종 제작<br>774 신라, 대아찬 김옹 모반 사건<br>780 신라, 이찬 김지정 반란 사건. 혜공왕 피살되고<br>　　　 선덕왕 즉위(신라 하대 시작)<br>788 원성왕, 독서삼품과 설치<br>794 발해, 성왕 즉위 | 700 | 710 일본, 나라 천도<br>712 당, 현종 즉위<br>716 제지술, 유럽 전파<br><br>726 로마 교회, 동로마의 성상 금지령으로 분쟁<br><br>750 이슬람, 아바스 왕조 성립<br>751 프랑크 왕국, 카롤링거 왕조 성립<br>755 당, 안녹산의 난 발생<br><br>771 카롤루스 대제, 프랑크 왕국 통일 |
| 세 | 唐 | | | 822 김헌창의 난 발생<br>828 장보고, 완도에 청해진 설치<br><br>834 백관의 복색 제도 공포<br>841 염장이 장보고 암살<br><br><br>874 최치원, 당唐 과거 급제<br><br>879 최치원, 당에서「토황소격문」지음<br>886 최치원, 당에서 귀국.<br>　　　『계원필경』지음.<br>887 진성여왕 즉위<br>888 신라 위홍·대구화상,『삼대목』편찬<br>889 원종·애노, 사벌주(상주)에서 농민 반란<br>890 신라, 지방 각지 조세 거부. 납부 독촉에<br>　　　 각지에서 봉기<br>891 양길 휘하 궁예, 강원 남부 지역 차지<br>892 견훤, 전주에서 농민 봉기, 무진주(광주) 점령 | 800 | 800 프랑크, 카롤루스 1세가 로마에서 대관식 거행.<br>　　　 서로마 제국 부활<br>800년대 이슬람 국력·문화 전성기<br><br>829 잉글랜드 왕국 성립<br><br><br>843 프랑크, 베르됭 조약으로 왕국 삼분<br>862 러시아, 노브고로드 공국 성립<br>870 프랑크 왕국 분열<br><br>875 당, 황소의 난 발생 |

| 주요국 역사 변천 | | | | 한국사 | 연표 | 세계사 |
|---|---|---|---|---|---|---|
| 서양 | 중국 | 일본 | 한국 | | | |
| 중세 | 당唐 | | 통일신라 / 발해 | 894 최치원, 10여 조의 시무책 올림<br>899 최치원, 해인사 은둔<br>900 견훤, 완산주(전주)에 후백제 건국<br>901 궁예, 후고구려 건국<br>905 궁예, 철원 천도 | 800<br><br>900 | 907 당唐 멸망. 5대 10국 시대 시작<br>916 야율아보기, 거란 건국 |
| | 5 대 10 국 | 헤 이 안 | 고 려 | 918 왕건, 고려 건국<br>919 고려, 철원에서 송악으로 천도<br>926 발해, 거란에 멸망<br>927 견훤, 경주 침략해 경애왕 죽임<br>935 경순왕, 고려에 항복<br>936 고려, 후삼국 통일.<br>　　　왕건, 『정계』, 『계백료서』 반포<br>943 혜종 즉위<br>945 왕규의 난. 정종 즉위<br><br>949 광종 즉위<br>956 노비안검법 실시<br>958 과거제 실시<br><br>963 귀법사 창건, 제위보 설치<br><br>973 균여, 「보현십원가」 지음<br>976 전시과 실시<br><br>982 최승로, 「시무28조」 올림<br>983 전국에 12목 설치<br>986 의창 설치<br><br>992 국자감 창립<br>993 거란 소손녕, 고려에 침입(제1차). 서희 강동 6주 획득. 상평창 설치<br>996 건원중보 주조<br>997 목종 즉위<br>1007 월정사 8각 9층탑 세움<br>1009 강조의 정변<br>1010 거란 성종, 고려에 침입(제2차).<br>　　　현종 나주로 피난<br>1018 거란 소배압, 고려 침입(제3차)<br>1019 강감찬, 귀주대첩<br>1025 대식국大食國 사람 100명이 특산물 가지고 옴 | <br><br><br><br><br><br><br><br><br><br><br><br><br><br><br><br><br><br><br><br><br><br><br><br><br><br><br><br><br>1000 | 936 거란, 연운撚雲 16주 차지<br><br>946 거란, 국호를 요遼라 함<br>949 요, 하북河北 침략<br><br>960 조광윤, 송宋 건국<br>962 오토 1세, 신성 로마 제국 건국, 황제 대관<br>964 동로마, 수도원 신설, 수도원의 토지 증여.<br>　　　금지령 포고<br>978 오월吳越, 송에 항복해 멸망<br><br>987 프랑스, 카페 왕조 시작<br>992 베네치아 상인 동로마 황제한테 무역상 특권 획득<br><br><br><br><br><br>1013 송, 『책부원구』 완성<br><br><br><br>1037 셀주크투르크 제국 건국<br>1042 송宋, 요遼와 화친 |
| | 북송 (요) | | | | | |

| 주요국 역사 변천 | | | | 한국사 | 연표 | 세계사 |
|---|---|---|---|---|---|---|
| 서양 | 중국 | 일본 | 한국 | | | |
| 중<br><br><br><br><br><br><br><br><br>세 | 북<br><br><br><br>송<br><br><br><br>(요)<br><br><br><br><br><br>남<br><br>송<br><br>(금) | 헤<br><br><br><br><br><br><br><br>이<br><br><br><br><br>안 | 고<br><br><br><br><br><br><br><br><br><br>려 | 1044 천리장성 완성<br>1049 양반의 공음전시법 제정<br><br>1055 최충, 문헌공도 세움<br><br><br>1075 혁련정, '균여전' 지음<br>1076 전시과 개정, 관제 개혁<br><br><br>1086 흥왕사에 교장도감敎藏都監 설치<br>1087 『초조대장경』 간행<br>1090 의천, 『속장경』 조판 시작<br><br><br>1097 주전도감 설치. 국청사 낙성<br>1102 해동통보 주조<br>1107 윤관, 여진 정벌<br>1112 혜민국 설치<br><br>1116 청연각 설치<br>1119 양현고 설치<br><br>1124 서긍, 『고려도경』 완성<br><br>1126 이자겸의 난<br><br><br>1132 묘청·정지상 등 서경 천도 건의<br>1135 묘청의 서경 천도 운동<br>1145 김부식, 『삼국사기』 펴냄<br><br>1159 고려청자 등 도자기 성행<br><br><br>1170 무신정변 발생<br>1173 김보당의 난<br>1174 조위총의 난<br>1176 망이·망소이의 난<br><br>1179 경대승, 정중부 죽이고 집권. 도방 설치<br>1182 전주에서 민란 발생<br><br>1190 지눌, 「정혜결사문」 발표 | 1000<br><br><br><br><br><br><br><br><br><br><br><br><br><br><br><br><br><br><br><br>1100 | 1054 기독교, 동서로 나뉨(로마 : 그리스)<br><br>1066 노르망디공 윌리엄, 잉글랜드 정복<br>1069 송宋, 왕안석의 개혁(신법新法)<br><br>1076 신성로마제국, 서임권 파동으로 교황과 황제 대<br>  립<br>1077 카노사의 굴욕<br>1086 송宋, 왕안석 죽고 사마광 집권, 신법 폐지<br><br><br>1095 클레르몽 종교 회의, 교황 십자군 운동 호소<br>1096 십자군 원정(~1270)<br><br><br><br><br>1115 여진, 금金 건국<br><br><br>1122 신성 로마 제국, 보름스협약(성직 임명권 문제<br>  일단락)<br>1125 금金, 요遼를 멸함<br><br>1127 북송北宋 멸망, 남송南宋 건국<br>1128 독일, 기사단 창설<br><br><br>1147 제2차 십자군 원정<br><br>1163 프랑스, 노트르담 성당 건축 시작<br>1167 영국, 옥스퍼드대학 세움<br>1170 프랑스, 파리대학 세움<br><br><br>1177 남송 주희, 『사서집주』 완성<br><br><br>1189 제3차 십자군 원정<br><br>1192 일본, 가마쿠라鎌倉 바쿠후 성립 |

| 주요국 역사 변천 | | | | 한국사 | 연표 | 세계사 |
|---|---|---|---|---|---|---|
| 서양 | 중국 | 일본 | 한국 | | | |
| 중 | 남 송 (金) 원 元 | 가 마 쿠 라 바 쿠 후 | 고 려 | 1193 김사미·효심의 민란<br>　　　이규보, 『동명왕편』 지음<br>1196 최충헌 집권<br>1198 만적의 난<br>1200 진주에서 공·사노비가 난을 일으킴<br>1202 경주에서 신라 부흥 운동 일어남<br><br>1215 각훈, 『해동고승전』 지음<br>1219 고려·몽골군이 함께 강동성의 거란군 물리침<br><br>1231 몽골 제1차 침입<br>1232 강화 천도<br>1234 금속활자로 『상정고금예문』 펴냄<br>1235 몽골, 제3차 침입<br>1236 『팔만대장경』 조판 시작<br>1241 이규보, 『동국이상국집』 펴냄<br><br>1247 몽골, 제4차 침입<br><br>1253 몽골, 제5차 침입<br>1254 몽골, 제6차 침입. 몽골군에게 20만여 명<br>　　　잡혀감<br>1258 김준, 최의 죽이고 집권. 화주에 쌍성총관부<br>　　　설치<br>1260 이인로, 『파한집』 펴냄<br>1270 고려, 개경으로 환도<br>　　　서경에 동녕부 설치<br>　　　삼별초, 진도로 들어감<br>1271 녹과전 지급<br>1273 삼별초군 탐라에서 진압됨<br>1274 여麗·원元의 제1차 일본 정벌 실패<br><br>1281 몽골, 고려군 동원 제2차 일본 정벌, 실패<br>　　　일연, 『삼국유사』 지음<br>1287 이승휴, 『제왕운기』 지음<br>1290 동녕부 폐지<br><br>1298 정방 폐지, 관제 복구<br><br><br>1304 국학 대성전이 완성<br>1309 각염법(소금 전매제) 제정<br>1314 태조 이래 역대왕 실록 펴냄 | 1100<br><br><br><br>1200<br><br><br><br><br><br><br><br><br><br><br><br><br><br><br><br><br><br><br><br><br><br><br><br><br><br><br><br><br><br><br><br><br><br><br>1300 | 1194 셀주크투르크 분열, 멸망<br><br>1200 남송, 주희 죽음<br>1202 제4차 십자군 원정<br>1206 칭기즈칸, 몽골 통일<br>　　　인도, 노예 왕조 성립<br>1215 영국, 대헌장 제정<br><br>1228 제5차 십자군 원정<br><br><br>1234 금金, 원元에 멸망<br>1235 몽골, 수도 카라코룸 건설<br><br>1241 신성 로마 제국, 한자동맹 맺음<br>1243 원 오고타이, 칭기즈칸 계승<br><br>1248 제6차 십자군 원정<br><br><br>1254 신성로마제국, 대공위 시대<br><br>1258 몽골군 바그다드 점령, 아바스 왕조 붕괴<br><br><br>1270 제7차 십자군<br><br><br>1271 몽골, 원元 제국 성립<br><br><br>1279 남송南宋, 원에 멸망<br><br><br><br><br><br>1295 영국, 모범 의회<br><br>1299 마르코 폴로, 『동방견문록』 펴냄<br>　　　오스만 제국 건국<br>1302 프랑스, 삼부회 최초 소집<br><br>1309 교황, 아비뇽에 유폐<br><br>1321 단테, 『신곡』 완성 |

| 주요국 역사 변천 | | | | 한국사 | 연표 | 세계사 |
|---|---|---|---|---|---|---|
| 서양 | 중국 | 일본 | 한국 | | | |
| 중세 | 원元 | 무로 | 고려 | 1342 이제현, 『역옹패설』 지음<br>1347 정치도감 설치<br>1350 왜구 침입 시작<br><br>1356 공민왕이 기철 등 제거<br><br>1359 홍건적 침입, 서경 함락<br>1363 문익점, 원에서 목화씨 가져옴<br>1365 전민변정도감 설치. 신돈을 판사로 삼음 | 1300 | 1337 일본, 무로마치 바쿠후 성립<br>1338 영국·프랑스 백년전쟁<br><br>1347 전 유럽에 페스트 퍼짐, 인구 대폭 감소<br><br>1351 원, 홍건적의 난 발생<br>1356 금인칙서(황금문서) 발표<br>1358 프랑스, 자크리 농민 반란<br><br><br>1367 신성로마제국, 한자Hansa 시의 쾰른동맹<br>1368 원 멸망, 주원장 명明 건국<br>1369 티무르 제국 성립 |
| 세 | 명 | 마치 바쿠 후 | 려 / 조선 | 1376 최영, 왜구 정벌(홍산전투)<br>1377 최무선 건의로 화통도감 설치<br>　　　『직지심체요절』 인쇄(청주 흥덕사)<br>1380 최무선, 진포에서 화포로 왜구 물리침<br>1388 최영, 요동 정벌<br>　　　이성계, 위화도회군으로 정권 장악<br>1389 박위, 쓰시마 섬 정벌<br>1390 토지 문서 소각<br>1391 과전법 제정<br>1392 고려 멸망, 조선 건국<br>1393 국호를 조선으로 결정<br>1394 한양 천도<br>　　　정도전, 『조선경국전』 펴냄<br>1397 요동 정벌 계획 추진<br>　　　정도전, 『경제육전』 펴냄<br>1398 양전 실시. 성균관 문묘, 명륜당 건립. 제1차<br>　　　왕자의 난<br>1400 제2차 왕자의 난, 사병 혁파 | | 1378 교회 대분열(로마 : 아비뇽)<br>1380 명, 황제 독재권 강화<br>1388 독일, 쾰른대학 세움<br><br><br>1391 북원北元, 명에 항복하여 멸망<br>1392 독일, 한자동맹 맺음<br><br><br><br>1397 명, 대명률 반포 |
| 근대 | 명明 | 쿠후 | 조선 | 1401 신문고 설치<br>1402 호패법 실시<br>1403 주자소 설치<br><br><br>1407 관료의 녹과 개정<br><br>1411 한양에 5부 학당 설치<br>1413 조선 8도의 지방 행정 조직 완성, 『태조실록』<br>　　　펴냄<br><br><br>1418 세종 즉위 | 1400 | 1401 무로마치 바쿠후, 최초로 명과 통교<br><br><br>1404 무로마치 바쿠후, 명과 감합勘合 무역 실시<br>1405 명明 정화, 남해 원정<br><br>1408 명, 『영락대전』 완성<br><br><br><br>1415 로마 교회, 후스 화형<br>1417 로마 교회, 교황 선거로 교회 대분열 끝냄 |

| 서양 | 중국 | 일본 | 한국 | 한국사 | 연표 | 세계사 |
|---|---|---|---|---|---|---|
| 근<br><br><br><br><br><br><br><br><br><br><br>대 | 명<br><br><br><br><br><br>明 | 무<br>로<br>마<br>치<br>바<br>쿠<br>후 | 조<br><br><br>선 | 1419 이종무, 쓰시마 정벌<br>1420 집현전 설치<br><br><br><br>1433 4군 설치(1443년 완성)<br>1434 6진 설치(1449년 완성)<br>1441 측우기 제작<br>1443 훈민정음 창제<br><br>1446 훈민정음 반포<br><br>1453 수양대군, 김종서 죽이고 정권 장악(계유정난)<br><br><br>1456 사육신 처형<br>1458 『고려사』 완성<br>1460 신숙주, 여진 정벌<br>1466 직전법 실시<br><br><br><br><br><br>1475 인수대비, 『내훈』 펴냄<br>　　　『국조오례의』 완성<br><br>1478 서거정 등, 『동문선』 완성<br><br>1481 서거정 등, 『동국여지승람』 지어 올림<br>1482 폐비 윤씨에게 사약<br>1484 『경국대전』 완성(1485년 시행)<br><br>1491 여진족, 경흥에 쳐들어감<br><br>1493 성현 등, 『악학궤범』 완성<br><br><br>1498 무오사화 일어남<br><br><br>1500 과부 재혼 금지 | 1400<br><br><br><br><br><br><br><br><br><br><br><br><br><br><br><br><br><br><br><br><br><br><br><br><br><br><br><br><br><br><br><br><br><br><br><br><br><br><br><br><br><br><br><br><br><br><br><br><br><br><br><br><br><br><br><br><br><br>1500 | 1424 터키, 콘스탄티노플 제외한 전 동로마 영토<br>　　　차지<br>1431 영국, 잔 다르크 처형<br><br><br>1441 류큐流球, 시마즈島津에 복속<br><br>1445 포르투갈 바르톨로뮤 디아스, 희망봉 발견.<br>　　　이탈리아, 르네상스 번성<br>1450 독일 구텐베르크, 최초 인쇄본 『성경』 펴냄<br>1453 백년전쟁 끝남<br>　　　투르크, 콘스탄티노플 점령<br>　　　동로마제국 멸망<br>1455 영국, 장미전쟁 시작(~1485)<br><br><br>1460 터키, 그리스 전 영토 점령<br><br>1467 일본, 오닌의 난 일어나 센고쿠戰國 시대 시작<br>1470 이탈리아 보카치오, 『데카메론』 간행. 잉카제국,<br>　　　정복 활동 시작<br>1472 교황청, 면죄부 남발<br>1474 이탈리아 토스카넬리, 세계 지도 작성<br><br>1476 모스크바 공국 이반 3세, 노브고로드 정복.<br>　　　이탈리아, 메디치 가의 독재 확고해짐<br><br>1479 스페인 왕국 성립<br>1480 이반 3세, 킵차크한국 멸망시키고 몽골 속박<br>　　　벗어남<br><br><br>1487 포르투갈 바르톨로뮤 디아스, 희망봉 도착<br><br>1492 스페인, 이베리아 반도에서 이슬람 세력 쫓아냄<br>　　　콜럼버스, 아메리카 항로 발견<br>1494 이탈리아 메디치 가, 피렌체에서 쫓겨남<br>　　　중국 나관중, 『삼국지연의』 펴냄<br>1498 포르투갈 바스코 다 가마, 인도 항로 발견<br>1499 스위스, 독일과 바젤협약 맺고 스위스동맹<br>　　　맺음, 독립<br>1500 인도, 티무르 제국 멸망<br>1501 명, 타타르족 침략으로 수도 닝샤寧夏 함락 |

| 서양 | 중국 | 일본 | 한국 | 한국사 | 연표 | 세계사 |
|---|---|---|---|---|---|---|
| | | | | | | **주요국 역사 변천** (상단 제목) |

| 서양 | 중국 | 일본 | 한국 | 한국사 | 연표 | 세계사 |
|---|---|---|---|---|---|---|
| 근대 | 명 明 | 무 로 마 치 바 쿠 후 아 즈 치 모 모 야 마 | 조 선 | 1503 승려의 도성 출입 엄금<br>1504 갑자사화 일어남<br>　경연 폐지<br>　성현, 『용재총화』 펴냄<br>1506 중종반정<br>1510 삼포왜란<br>1512 임신약조<br><br><br><br>1518 소격서 혁파<br>1519 향약 실시. 현량과 실시<br>　기묘사화 일어남<br><br><br><br><br><br><br><br><br><br>1543 주세붕, 백운동서원 세움<br><br>1545 을사사화 일어남<br>1551 문정왕후, 양종선과 재설치, 도첩제 부활<br>1554 비변사 설치<br>1555 을묘왜변 발생, 제승방략 반포<br>1556 이황, 『주자서절요』 완성<br>1559 이황·기대승, 사단칠정 논쟁 시작<br>1560 이황, 도산서원 세움<br>1561 이지함, 『토정비결』 지음<br>1562 임꺽정 처형<br>1565 보우, 제주도에서 처형<br><br><br><br><br>1575 동서 분당<br>1577 이이, 해주향약 실시<br>1583 이이, 십만양병설 건의<br>1588 일본 사신, 통신사 요청<br>　정철, 『사미인곡』, 『속미인곡』 지음<br>1589 정여립 모반 사건 | 1500 | 1502 명, 『대명회전』 완성<br>　이란, 사파비 왕조 성립<br>1503 일본, 조선통신사 요청<br>　알프스 이북에 르네상스 발흥<br><br>1506 이탈리아 레오나르도 다 빈치, 『모나리자』 완성<br>　네덜란드 에라스무스, 『우신예찬』 지음<br><br>1516 영국 토마스 무어, 『유토피아』 지음<br>　아라비아, 『아라비안 나이트』 완성<br>1517 루터의 종교 개혁<br>　투르크, 이집트 점령. 칼리프 칭호 사용<br>1518 스위스 츠빙글리, 종교 개혁 주장<br>1519 마젤란, 세계일주(~1522)<br>1524 독일, 농민전쟁 일어남<br>1526 인도, 무굴 제국 성립<br>1532 스페인 피사로, 페루 정복<br>1533 잉카 제국 멸망<br>1534 영국, 수장령 발표. 로욜라, 예수회 창립<br>1536 칼뱅의 종교 개혁<br>1541 투르크, 헝가리와 알제리 정복<br>1542 영국, 아일랜드 왕국 성립<br>1543 코페르니쿠스, 지동설 발표<br>1544 로마 교회, 트리엔트 공의회 개최<br><br><br><br><br>1555 아우구스부르크 종교 화의, 루터파 신교 공인<br><br><br>1560 일본, 교토에 크리스트교 포교 허용<br><br>1562 프랑스, 위그노전쟁 일어남(~1598)<br>1565 일본, 교토의 선교사 추방. 포르투갈, 마카오 건설<br>1568 네덜란드, 스페인으로부터 독립 전쟁 일으킴<br>1571 일본, 나가사키 개항<br>　스페인, 레판토해전에서 투르크에 승리<br>1573 명明, 장거정의 개혁<br><br><br><br>1588 영국, 에스파냐 무적 함대 물리침<br><br>1589 도요토미 히데요시, 일본 전국 통일 |

| 주요국 역사 변천 | | | | 한국사 | 연표 | 세계사 |
|---|---|---|---|---|---|---|
| 서양 | 중국 | 일본 | 한국 | | | |
| 근대 | 명 明 청 淸 | 아즈치모모야마 에도바쿠후 | 조선 | 1592 임진왜란 일어남, 한산대첩, 진주대첩<br>1593 평양 수복, 한성 수복<br>　　　행주대첩, 훈련도감 설치<br>1594 속오군 편성<br><br>1597 정유재란<br>1598 도요토미 히데요시 죽은 뒤 일본군 총퇴각<br>　　　시작<br>1600 공명첩 발급<br><br><br>1607 허균, 『홍길동전』 지음<br>1608 선혜청 설립, 경기도에 대동법 실시<br>1609 일본과 기유약조 맺음, 국교 회복<br>1610 허준, 『동의보감』 지음<br>　　　김굉필·정여창·조광조·이언적·이황 등 5현 문<br>　　　묘종사<br><br><br><br><br><br>1623 인조반정<br>1624 어영군 모집, 이괄의 난, 총융군 편성<br><br>1627 정묘호란<br>1628 벨테브레이, 제주도 표착<br>1631 정두원이 명에서 천리경·자명종·화포 등 수입<br>1636 병자호란<br>1637 인조, 삼전도의 굴욕<br><br><br>1645 소현 세자, 청에서 과학·가톨릭교 관련 서양 책<br>　　　가지고 귀국<br><br><br>1652 어영군 수를 늘림<br>1653 하멜, 제주도 표착, 시헌력 채택<br>1654 제1차 나선정벌<br>1658 제2차 나선정벌<br>1659 호서 지방에 대동법 실시, 제1차 예송논쟁<br>1662 제언사 설치<br><br>1678 상평통보 주조<br>1680 경신환국<br>1682 정초군과 훈국중부별대를 합하여 금위영 설치 | 1500<br><br><br><br><br><br><br><br><br>1600 | 1592 도요토미 히데요시, 조선 침공<br>1593 영국 셰익스피어, 『로미오와 줄리엣』 지음<br><br><br>1596 무굴 제국, 인도 통일. 일본, 도요토미 히데요시<br>　　　죽음<br>1598 프랑스, 낭트칙령 발표<br>1599 일본, 세키가하라 전투<br>1600 영국, 동인도회사 세움<br>1601 마테오 리치, 『곤여만국전도』 지음<br>1603 일본, 에도 바쿠후 일어남<br>1605 스페인 세르반테스, 『돈키호테』 지음<br><br><br><br>1614 프랑스, 삼부회 소집<br>1616 후금 건국<br>1618 독일, 30년전쟁 일어남(~1648)<br>1619 명, 『서유기』, 『금병매』 등 소설 나옴<br>1620 영국, 메이플라워호 아메리카 상륙<br>1623 영국, 서인도에 식민 시작<br><br>1626 후금, 태종 즉위<br><br>1628 영국, 권리청원 제출, 승인<br>1631 명, 이자성의 반란<br>1636 후금, 국호를 청淸으로 함<br><br>1642 영국, 청교도혁명(~1649)<br>1644 명 멸망, 청淸 중국 통일<br><br>1648 유럽, 베스트팔렌조약 맺음<br>1649 영국, 찰스 1세 처형, 공화정 수립<br>1651 크롬웰, 항해 조례 발표<br><br>1653 인도, 아우랑제브 즉위<br>　　　청, 일조편법 실시<br><br><br><br>1673 청, 삼번의 난 |

| 주요국 역사 변천 | | | | 한국사 | 연표 | 세계사 |
|---|---|---|---|---|---|---|
| 서양 | 중국 | 일본 | 한국 | | | |
| 근 | 청 | 에 | 조 | | 1600 | 1688 영국 명예혁명 |
| | | | | 1689 기사환국 | | 1689 영국, 권리장전 발표 |
| | | | | 1690 희빈 장씨, 왕비 책봉 | | 청·러, 네르친스크 조약 맺음 |
| | | | | 1694 갑술환국 | | |
| | | | | 1696 안용복, 독도에서 일본인 쫓아냄 | | |
| | | | | | | 1699 청, 영국의 광둥 무역 허가 |
| | | | | 1701 숙종, 희빈 장씨 사사 | 1700 | 1701 에스파냐, 왕위 계승 전쟁 |
| | | | | 1708 전국적으로 대동법 시행 | | |
| | | | | 1712 백두산정계비 건립 | | |
| | | | | | | 1723 청, 크리스트교 포교 금지 |
| | | | | 1725 영조, 탕평책 실시 | | |
| | | | | | | 1727 청·러, 캬흐타조약 맺음 |
| | | | | 1728 이인좌의 난 | | |
| | | | | | | 1729 청, 아편 판매 금지 |
| | | | | | | 1736 프랑스, 몽테스키외·볼테르 등 계몽 사상가 활약 |
| | | 도 | | 1740 영조, 도량형 통일 | | 1740 오스트리아, 왕위 계승 전쟁 |
| | | | | 1742 영조, 탕평비 세움 | | 1742 영국·프랑스, 식민지 쟁탈전 시작 |
| | | | | | | 1747 청, 외국 선교사 거주 금지 |
| | | | | 1750 균역법 실시 | | |
| | | | | | | 1756 프랑스·오스트리아, 베르사유 조약 맺음 7년 전쟁 |
| | | 바 | | 1757 영조, 난장형 금지 | | 1757 인도, 플라시 전투 |
| | | | | 1762 사도 세자, 뒤주 속에서 죽음 | | 1762 루소, 『사회계약론』 발표 |
| | | | | 1763 통신사 조엄, 일본에서 고구마 들여옴 | | 1763 파리 조약, 7년 전쟁이 영국 승리로 끝남 |
| | | | | 1764 장예원 혁파 | | |
| | | | | | | 1765 와트, 증기 기관 완성, 아메리카 식민지대표회의 뉴욕에서 열림 |
| | | | | | | 1773 미국, 보스턴 차당 사건. 청, 『사고전서』 펴냄 |
| 대 | 淸 | 쿠 | 선 | 1776 정조 즉위. 규장각 설치 | | 1776 미국, 독립 선언 |
| | | | | 1784 이승훈, 천주교 전도 | | |
| | | | | 1785 『대전통편』 완성 | | |
| | | | | 1786 서학을 금함 | | |
| | | | | | | 1789 프랑스 혁명, 인권선언 |
| | | | | 1790 정약용, 해미읍으로 유배 | | |
| | | | | 1791 신해사옥 | | |
| | | | | 금난전권 없앰(신해통공) | | |
| | | | | 천주교 관계 서적 수입을 금함 | | |
| | | 후 | | 1794 수원성 축조 시작 | | |
| | | | | 1796 수원성 완성 | | 1796 청, 백련교도 봉기 |
| | | | | 1800 순조 즉위, 정순왕후 김씨 수렴청정 | 1800 | |
| | | | | 1801 신유사옥 | | |
| | | | | 황사영 백서 사건 | | |
| | | | | 정약용, 강진으로 귀양 | | |
| | | | | | | 1804 나폴레옹, 황제 즉위 |
| | | | | 1805 안동 김씨, 세도 정치 시작 | | |

| 주요국 역사 변천 | | | | 한국사 | 연표 | 세계사 |
|---|---|---|---|---|---|---|
| 서양 | 중국 | 일본 | 한국 | | | |
| 근 | 청 | 에도바쿠후 | 조선 | 1811 홍경래의 난<br><br>1818 정약용, 정배에서 풀려남. 『목민심서』 지음<br><br><br>1831 천주교 조선 교구 설치<br><br>1834 헌종 즉위, 순원왕후 김씨 수렴청정<br><br>1839 기해사옥<br>1840 풍양 조씨, 세도 정치 시작<br><br><br>1846 김대건 신부 처형<br><br><br>1851 안동 김씨, 세도 정치 재개 | 1800 | 1806 나폴레옹, 대륙 봉쇄령<br><br>1814 프랑스, 연합군에 패배<br>　　　유럽 빈회의 개최<br><br>1823 미국, 먼로주의 선언<br>1824 멕시코, 공화국 수립<br>1829 청, 외국과 통상 금지<br>1830 프랑스, 7월혁명<br><br>1832 영국, 선거법 개정<br>1833 독일, 관세동맹 맺음<br><br>1838 영국, 차티스트 운동<br>1839 오스만 제국, 탄지마트(은혜개혁)<br>1840 청, 아편전쟁(~1842)<br>1842 청, 영국에 의해 상하이·난징 무너짐. 난징 조약<br>　　　맺음<br>1844 네덜란드, 일본에 개국 권고<br><br>1847 영국, 과잉 생산으로 공황 발생<br>1848 프랑스, 2월혁명<br>　　　마르크스·엥겔스, 「공산당선언」 발표<br>1851 청, 태평천국운동<br>　　　영국, 제1회 만국박람회 개최<br>1852 프랑스, 나폴레옹 3세 즉위<br>1857 인도, 세포이 항쟁<br>1858 인도, 무굴제국 멸망 |
| 대 | 淸 | 메이지 | 선 | 1860 최제우, 동학 창시<br>1861 김정호, 「대동여지도」 제작<br>1862 임술 농민 봉기<br>1863 고종 즉위, 흥선대원군 집권<br>1864 동학 교조 최제우 처형<br>1865 경복궁 중건<br>1866 병인사옥<br>　　　제너럴 셔먼 호 사건, 병인양요<br>1868 오페르트 도굴 사건<br><br><br>1871 흥선대원군, 서원 정리<br>1873 최익현, 흥선대원군을 탄핵<br>　　　고종 친정 선포<br>1875 운요 호 사건<br>1876 강화도 조약 맺음 | | 1860 청, 베이징 조약<br>　　　이탈리아 가리발디, 시칠리아 정복<br>1861 미국, 남북전쟁<br>1862 중국, 양무운동 시작<br>1863 링컨, 노예 해방 선언<br>1864 국제 적십자사 창립<br><br><br><br>1868 일본, 메이지 유신<br>1869 수에즈 운하 개통<br>1870 이탈리아, 통일 완성<br>1871 독일 통일<br><br><br><br>1875 영국, 수에즈 운하 매수<br>1876 발칸전쟁 일어남<br>1877 영국, 인도 제국 성립 선언 |

| 주요국 역사 변천 | | | | 한국사 | 연표 | 세계사 |
|---|---|---|---|---|---|---|
| 서양 | 중국 | 일본 | 한국 | | | |
| 근대 | 청 | 메이지 | 조선 | | 1800 | 1878 베를린회의 |
| | | | | 1879 지석영, 종두법 실시 | | 1879 청·러, 이리 조약 맺음 |
| | | | | 1880 김홍집, 고종에게 『조선책략』 바침 | | |
| | | | | 　　　리훙장, 조선에 서구 열강과 통상 권고 | | |
| | | | | 1881 신사유람단·영선사 파견 | | |
| | | | | 1882 미·영·독 등과 통상 조약 맺음 | | 1882 독일·이탈리아·오스트리아, 삼국동맹 맺음 |
| | | | | 　　　임오군란 | | |
| | | | | 　　　일본과 제물포 조약 맺음 | | |
| | | | | 1883 태극기 사용 | | 1883 이집트, 영국 속령됨 |
| | | | | 　　　전환국 설치 | | |
| | | | | 　　　원산학사 설립, 혜상공국 설치 | | |
| | | | | 　　　「한성순보」 발간 | | |
| | | | | 1884 우정국 설치, 갑신정변 | | 1884 청·프랑스 전쟁 |
| | | | | 1885 영국, 거문도 점령 | | 1885 청·일, 톈진 조약 맺음 |
| | | | | 　　　광혜원 설립, 배재학당 설립 | | 　　　프랑스, 대청전쟁 승리 |
| | | | | 　　　서울-인천 간 전신 개통 | | 　　　일본, 내각제 확립 |
| | | | | 1886 노비 세습제 폐지 | | 　　　인도, 국민회의 조직 |
| | | | | 　　　이화학당·육영공원 설립 | | |
| | | | | 1887 아펜젤러, 정동교회 설립 | | 1887 프랑스령 인도차이나 성립 |
| | | | | | | 　　　포르투갈, 마카오 할양 |
| | | | | | | 1888 청, 북양 해군 창설 |
| | | | | 1889 함경도, 방곡령 선포 | | |
| 대 | | 이 | 선 | 1894 동학 농민 전쟁, 갑오개혁 | | 1894 쑨원, 흥중회 결성 |
| | | | | | | 　　　청일전쟁 일어남 |
| | | | | 1895 삼국간섭 | | 1895 청, 일본에 패배 |
| | | | | 　　　을미사변, 을미개혁 | | 　　　일본, 랴오둥 반도 할양 포기 |
| | | | | 1896 아관파천, 독립협회 창립 | | 1896 아테네, 제1회 올림픽 대회 개최 |
| | | | | 1897 대한제국 수립 | | |
| | | | | 1898 독립협회, 만민공동회 개최 | | 1898 청, 변법자강운동 실시, 무술정변으로 실패 |
| | | | | 　　　보부상, 황국협회 결성 | | 　　　미국, 필리핀 획득 |
| | 清 | | 대 | 　　　만민공동회 해산 | | 　　　파쇼다 사건 |
| | | | | | | 　　　퀴리 부부, 라듐 발견 |
| | | | | | | 　　　제1회 만국평화회의 |
| | | | | 1899 대한제국 국제 반포 | | 1899 청, 의화단 운동 |
| | | 지 | 한 | 　　　경인선 개통 | | 　　　보어전쟁 개시 |
| | | | | 1900 만국우편연합 가입 | 1900 | 1900 청, 서구 열강이 베이징 점령, 의화단의 난 진압 |
| | | | | 1901 제주 민란 | | 1901 청, 리훙장 사망 |
| 현 | | | 제 | | | 　　　뢴트겐, 제1회 노벨상 수상 |
| | | | | 1902 서울·인천 간 시외 전화 개통 | | 1902 영일동맹 맺음 |
| | | | | 1903 YMCA 발족 | | 　　　쿠바 공화국 성립 |
| | | | | 1904 한일의정서 맺음 | | 1904 러일전쟁 일어남 |
| | | | | 1905 경부선 개통 | | 1905 러시아, 피의 일요일 사건 |
| 대 | | | 국 | 　　　을사늑약 맺음 | | 　　　미·일, 가쓰라·태프트 밀약 맺음 |
| | | | | 　　　동학, 천도교로 개칭 | | 　　　쑨원, 중국혁명동맹회 조직 |
| | | | | 　　　통감부 설치 | | 　　　일본, 러일전쟁 승리, 포츠머스 강화조약 맺음 |
| | | | | | | 　　　아인슈타인, 특수상대성이론 발표 |

| 주요국 역사 변천 | | | | 한국사 | 연표 | 세계사 |
|---|---|---|---|---|---|---|
| 서양 | 중국 | 일본 | 한국 | | | |
| 현대 | 청<br>淸 | 메<br>이<br>지 | 대<br>한<br>제<br>국 | 1906 경의선 개통<br>　　　최익현, 대마도에서 순절<br>1907 국채보상운동<br>　　　신민회 조직<br>　　　헤이그 특사 파견, 고종 퇴위<br>　　　군대 해산<br>1908 의병, 서울 진공 작전<br>1909 나철, 대종교 창시<br>　　　일본, 남한대토벌작전<br>　　　안중근, 이토 히로부미 사살 | 1900 | 1906 인도, 스와라지 운동<br><br>1907 제2회 헤이그 평화회의 개최<br>　　　영국·프랑스·러시아, 삼국협상 맺음<br><br><br>1908 오스만 제국, 청년투르크당의 혁명 운동<br>1909 일본, 청과 간도협약 체결, 간도와 안봉선 교환 |
| | | 지 | | 1910 한일합방조약 체결, 국권 피탈, 조선총독부 설치<br>　　　회사령 공포, 시행<br>1911 105인사건 일어남<br>　　　조선교육령 공포<br>1912 토지조사사업 시작<br>1913 안창호, 흥사단 조직<br>1914 대한광복단 조직<br>1916 박중빈, 원불교 창시 | 1910 | 1910 포르투갈, 공화제 선언<br><br>1911 중국, 신해혁명<br>　　　노르웨이 아문센, 남극 도착<br>1912 청 멸망, 중화민국 성립<br><br><br>1914 제1차 세계 대전 일어남<br>　　　파나마 운하 개통<br>1917 러시아혁명 |
| | 중화민국 | 다<br>이<br>쇼 | 일<br>제<br>강 | 1919 3·1운동<br>　　　상해 대한민국 임시정부 수립<br>　　　대한애국부인회 조직 | | 1918 미국 윌슨 대통령, 14개조 평화 원칙 발표<br>1919 파리강화회의 개최<br>　　　베르사유 조약<br>　　　중국, 5·4운동<br>　　　인도, 간디의 비폭력·무저항 운동 |
| | | | | 1920 김좌진, 청산리대첩<br>　　　「조선일보」, 「동아일보」 창간 | 1920 | 1920 국제연맹 성립<br><br>1921 중국공산당 결성<br>　　　워싱턴회의<br>1922 소비에트사회주의공화국 성립 |
| 대 | | | | 1922 어린이날 제정 | | 　　　터키, 술탄제 폐지<br>1923 일본, 간토 대지진 일어남, 조선인 무차별 살해<br>　　　터키, 케말 파샤, 공화국 수립<br>1924 중국, 제1차 국공 합작<br>1925 쑨원 죽음 |
| 민 | | 쇼<br>와 | 점<br>기 | 1926 6·10만세운동<br>1927 신간회 조직<br>1929 광주학생항일운동 | | 1926 장제스, 북벌 시작<br>1927 장제스, 난징에 국민정부 수립<br>1929 세계 경제 공황 |
| | | | | 1932 이봉창·윤봉길 의거<br>1933 미곡 통제령 공포<br>　　　조선어학회, 한글 맞춤법 통일안 제정<br>1934 진단학회 조직<br>1935 총독부, 각 학교에 신사 참배 강요<br>1936 손기정, 베를린 올림픽 마라톤 우승<br>　　　안익태, 한국 환상곡 완성 | 1930 | 1931 일본, 만주사변<br><br>1933 미국, 뉴딜 정책 시행<br>　　　히틀러, 나치스 정권 수립<br>1934 마오쩌둥, 중국공산당 대장정 개시<br>1935 그리스, 왕정 부활<br>1936 일본, 런던군축회의 탈퇴<br>　　　스페인, 내란 일어남<br>1937 중일전쟁 일어남, 제2차 국공 합작 |

| 주요국 역사 변천 | | | | 한국사 | 연표 | 세계사 |
| 서양 | 중국 | 일본 | 한국 | | | |
|---|---|---|---|---|---|---|
| 현<br><br><br><br><br>대 | 중<br><br>화<br><br>민<br><br>국<br><br>중<br><br>화<br><br>인<br><br>민<br><br>공<br><br>화<br><br>국 | 쇼<br><br><br><br>와 | 일<br>제<br>강<br>점<br>기<br><br>대<br><br>한<br><br>민<br><br>국 | 1938 일제, 한글 교육 금지<br><br>1940 창씨개명 등, 민족 말살 정책 강화<br>　「조선일보」, 「동아일보」 강제 폐간<br>　임시정부, 한국광복군 결성<br>1941 농산물 공출 제도 시행<br>　임시정부, 대일 선전 포고<br><br>1942 조선어학회 사건 일어남<br>1943 광복군, 미얀마 파견<br>1944 이육사·한용운 죽음<br>1945 8·15광복<br>　포츠담 선언, 한민족 독립 약속<br>　조선건국준비위원회 발족<br>　이승만, 미국에서 귀국<br>　김구, 충칭에서 귀국<br><br>1946 제1차 미소공동위원회 개최<br>　대구, 10·1폭동사건<br>1947 유엔 한국위원단 구성<br>　제2차 미소공동위원회 개최<br>1948 5·10총선거, 대한민국 정부 수립<br>　북한, 공산 정권 수립<br>　여수·순천, 10·19사건<br>　국가보안법 제정<br>1949 김구, 안두희에게 피살<br>　농지개혁법 공포<br>　빨치산 섬멸 작전 펼침<br>　북한, 조선노동당 창당<br>1950 한국전쟁 일어남<br>　9월 유엔군 참전<br>　10월 중국군 개입<br>1951 1월 4일 서울 다시 빼앗기고 부산으로 후퇴<br>　　(1·4후퇴)<br>　2월 거창 양민 학살 사건<br>　3월 국회에서 국민 방위군 사건 폭로<br>　7월 개성에서 휴전 회담 개최<br>　10월 25일 판문점에서 정전 회담 다시 시작<br>　12월 부산·대구 제외한 남한 전 지역 계엄령<br>　　선포<br>1952 1월 이승만 대통령, 평화선 선언<br>　5월 거제도 공산 포로 폭동 일어남<br>　5월 부산 정치 파동<br>　7월 4일 발췌 개헌안 통과<br>　8월 정·부통령 선거 실시(대통령 이승만, 부통<br>　령 함태영) | 1930<br><br>1940<br><br><br><br><br><br><br><br><br><br><br><br><br><br><br><br><br><br><br><br><br><br><br><br>1950 | 1938 일본, 중국 광둥 점령<br>1939 제2차 세계 대전 일어남<br>1940 독일, 프랑스 파리 함락<br>　독일·이탈리아·일본, 3국 군사 동맹 맺음<br><br>1941 대서양헌장 발표<br>　태평양전쟁 일어남<br>　드골, 런던에 망명 정부 조직<br><br>1943 이탈리아 항복, 카이로 선언<br>1944 노르망디상륙작전<br>1945 얄타회담 개최<br>　독일, 연합군에 항복<br>　국제연합UN 창설<br>　포츠담회담(미국·영국·소련)<br>　일본, 연합군에 항복, 2차대전 종결<br>　중국 국공 내전 시작<br>1946 파리평화회의 개최<br><br>1947 미국, 마셜플랜 발표<br>　코민포름 결성<br>1948 세계인권선언<br>　베를린 봉쇄<br>　제1차 중동전쟁<br>　인도, 간디 피살<br>1949 중화인민공화국 수립<br>　나토(NATO) 성립<br><br><br>1950 유엔, 한국 파병<br>　중국군, 한국전쟁 개입<br><br>1951 1월 미국, 미군 5만 명 한국 증파 결의<br>　4월 맥아더 사령관 해임<br>　6월 유엔 주재 소련 대표 휴전 제의<br>　　유엔군 총사령관, 북한에 정전 회담 제의<br><br><br><br><br><br><br>1952 11월 미국, 수소 폭탄 실험 성공 발표 |

| 서양 | 중국 | 일본 | 한국 | 한국사 | 연표 | 세계사 |
|---|---|---|---|---|---|---|
| 현대 | 중화인민공화국 | 쇼와 | 대한민국 | 1953 4월 이승만 휴전 반대, 단독 북진 주장<br>6월 포로교환협정 조인<br>7월 27일 휴전협정 조인(북한—미국—중국)<br>8월 8일 한미상호방위조약 가조인<br>9월 김일성, 소련 방문<br>10월 한일회담 3차 회의<br>1954 1월 독도에 영토 표지 설치<br>5월 독도에 민간 수비대 파견<br>5월 20일 3대 민의원 총선거, 자유당, 금권·폭력 선거로 승리<br>5월 28일 서울에서 보신탕 판매 금지<br>11월 29일 사사오입 개헌 공포<br>1955 민주당 창당<br>북한, 박헌영 사형<br>1956 대통령 후보 신익희, 뇌일혈로 급사 | 1950 | 1953 3월 소련 스탈린 죽음<br>9월 소련 공산당 서기장에 흐루시초프 취임<br>10월 일본 대표 구보타, 일제 통치 유리했다는 망언<br><br>1954 4월 26일 제네바 극동평화회의 개최<br>6월 5일 남한·북한·일본 대표, 제네바회담에서 6개항 통일 방안 제시<br>9월 10일 북한, 중국군 철수 환송 대회 개최<br>인도차이나, 휴전 협정<br><br>1955 반둥회의 개최(반둥 평화 10원칙 발표)<br>바르샤바조약기구 성립<br>1956 헝가리·폴란드 반공 의거<br>이집트, 수에즈 운하 국유화 선언<br>1957 제2차 중동전쟁 |
| | | | | 1960 4·19혁명, 장면 내각 수립 | 1960 | 1960 파리군축회의<br>소련, 인공위성 스푸트니크 호 발사<br>아프리카의 해(16개국 유엔 가입) |
| | | | | 1961 5·16군사 쿠데타 | | 1961 비동맹 국가 수뇌, 베오그라드에서 공동 선언 발표 |
| | | | | 1962 제1차 경제개발계획<br>1963 박정희 정부 성립<br>1964 국군, 베트남 파병 | | 1962 케네디, 쿠바 봉쇄<br>공용 연호 서기로 바꿈<br>알제리 독립<br>중국·인도, 국경 분쟁<br>1966 중국, 문화대혁명 시작 |
| | | | | 1967 제2차 경제개발계획<br>1968 1·21사태, 향토 예비군 창설<br>국민교육헌장 선포<br>1970 새마을운동 시작<br>1971 무령왕릉 발굴 | 1970 | 1967 제3차 중동전쟁<br>1968 체코슬로바키아, 민주화 선언<br>1969 미국, 아폴로 11호 달 착륙<br>1971 중국, 유엔 가입<br>인도·파키스탄 전쟁 |
| | | | | 1972 제3차 남북공동성명(7월 4일), 남북적십자 회담<br>10월 유신, 제4공화국 수립<br>1973 6·23평화통일선언<br>KBS 창립<br>포항종합제철 준공<br>경주 천마총, 금관·천마도 출토<br>1974 남북한불가침협정 제의, 평화통일 3대 기본원칙 천명<br>북한 땅굴 발견<br><br>1977 수출 100억 달러 달성, 제4차 경제개발계획<br>1978 자연보호헌장 선포<br>원자력 발전 시작 | | 1972 미국 닉슨 대통령, 중국 방문<br>중국 창사, 전한묘 발굴<br>1973 제4차 중동전쟁<br>동·서독, 유엔 동시 가입<br>베트남 정전 협상 맺음<br>전 세계, 석유 파동<br>1974 중국, 진시황제 능에서 병마용 발견<br>1975 베트남전쟁 끝남, 인도차이나 3국 공산화<br>아르헨티나, 페론 정권 붕괴, 헬싱키선언<br>1976 남아프리카공화국, 인종 차별 반대하는 흑인 폭동<br>중동평화조약 맺음 |

| 주요국 역사 변천 | | | | 한국사 | 연표 | 세계사 |
|---|---|---|---|---|---|---|
| 서양 | 중국 | 일본 | 한국 | | | |
| 현대 | 중화인민공화국 | 쇼와 | 대한민국 | 1979 부·마 민주화 운동<br>　　　10·26사태 | 1970 | 1979 소련, 아프가니스탄 쳐들어감<br>　　　중국·베트남 국경 분쟁<br>　　　이란, 회교 혁명 |
| | | | | 1980 5·18광주민주화운동 | 1980 | 1980 이란·이라크 전쟁 일어남<br>　　　폴란드, 자유 노조 결성<br>　　　미국, 보이저 1호 토성 접근 탐사 성공 |
| | | | | 1981 전두환 정부 수립 | | 1981 미국, 우주 왕복선 콜롬비아호 비행 성공<br>　　　반핵 운동 |
| | | | | 1982 제5차 경제개발계획 시작 | | 1982 이스라엘, 레바논 쳐들어감 |
| | | | | 1983 KAL기 격추 사건<br>　　　미얀마, 아웅산 테러 사건 | | 1984 이란·이라크기, 연일 페르시아 만에서 유조선 공격 |
| | | | | 1985 이산가족 고향 방문단·예술 공연단 교환 방문 | | 1985 소련, 고르바초프 서기장 취임<br>　　　미소 수뇌회담 개최 |
| | | | | 1986 제10회 아시안 게임, 서울 개최 | | 1986 필리핀, 아키노 정권 수립<br>　　　소련, 체르노빌 원전 사고 |
| | | | | 1987 6월 민주 항쟁<br>　　　대통령 직선제 헌법 개정(6·29선언) | | 1987 사우디아라비아, 메카 참사<br>　　　미·소, 중거리미사일폐기협정 맺음 |
| | | | 한 | 1988 노태우 정권 출범<br>　　　제24회 하계 올림픽 서울 개최 | | 1988 이란·이라크 전쟁 끝남<br>　　　소련, 아프가니스탄 주둔군 철수 |
| | | | | 1989 헝가리·폴란드 등, 동구권 국가와 국교 수교 | | 1989 베를린 장벽 무너짐 |
| | 민 | | | 1990 한소 수교<br>1991 남북한 동시 유엔 가입 | 1990 | 1990 독일 통일<br>1991 발트 3국 독립<br>　　　걸프전쟁 일어남<br>　　　소련 붕괴, 독립국가연합CIS 탄생 |
| | 공 | 헤 | 민 | 1992 한중 수교<br>　　　우리별 1호 발사 성공<br>1993 김영삼 정부 수립<br>　　　대전 세계박람회EXPO 개최<br>　　　민족공동체 3단계 통일 방안 제의<br>　　　금융실명제 실시<br>　　　백제금동대향로 발굴 | | 1992 마스트리히트조약<br>　　　리우 세계환경회담 개최<br>1993 이스라엘·PLO, 평화협정 맺음 |
| 대 | 화 | 이 | | 1994 북한, 김일성 죽음<br>　　　정부의 신외교 5대 기조 발표<br>　　　서울 정도 600년 기념 사업 | | 1994 APEC 정상회담 개최<br>　　　우루과이라운드 타결<br>　　　유럽연합EU 출범<br>　　　남아프리카공화국, 만델라 대통령 당선 |
| | 국 | 세 | 국 | 1995 지방자치제 전면 실시<br>　　　한국, 유엔 안보리 비상임 이사국에 선출<br>　　　옛 조선 총독부 건물 해체<br>　　　무궁화 위성 발사 | | 1995 GATT 해체, 세계무역기구(WTO) 발족<br>　　　우루과이라운드 발효 |
| | | 이 | | 1996 12·12와 5·18사건 재판 시작<br>　　　2002 월드컵 한·일 공동 개최 확정 | | 1996 미·베트남 수교<br>　　　이스라엘, 라빈 총리 암살<br>　　　복제양 돌리를 성공시켜 유전학 새장 마련<br>　　　미국, 제42대 대통령에 빌 클린턴 재선 |

| 주요국 역사 변천 | | | | 한국사 | 연표 | 세계사 |
|---|---|---|---|---|---|---|
| 서양 | 중국 | 일본 | 한국 | | | |
| 현대 | 중화인민공화국 | 헤이세이 | 대한민국 | 1997 황장엽, 한국으로 망명<br>KAL 여객기 괌에서 추락<br>외환위기 발생, IMF 관리 체제 시작<br>제15대 김대중 대통령 당선<br>1998 정주영 판문점 통해 방북<br>북한, 김정일이 공식 집권<br>일본 문화 상품에 대한 개방 선언<br>금강산 관광 시작<br>1999 인공위성 아리랑 호 발사 | 1990 | 1997 중국, 덩샤오핑 죽음<br>홍콩, 중국에 반환<br><br>1998 인도네시아, 수하르토 물러남<br>영국, 북아일랜드 분쟁 끝남<br><br>1999 유로화 출범<br>포르투갈, 마카오 반환<br>미국, 파나마 운하 반환<br>코소보 사태. 동티모르 독립 투쟁 |
| | | | | 2000 분단 이후 첫 남북 정상 만남<br>한·미, SOFA 개정 합의<br>김대중 대통령, 노벨 평화상 수상<br>2001 여성부 공식 출범<br>인천국제공항 개항<br>일본 역사교과서 왜곡 파동<br>국가인권위원회 출범 | 2000 | 2000 러시아, 푸틴 대통령 당선. 올브라이트 장관<br>북한 방문<br><br>2001 9·11테러<br>미국, 아프가니스탄 공격 |
| | | | | 2002 한·일 월드컵 대회 개최<br>미군 장갑차 여중생 치사 사건<br>2003 노무현 정부 출범<br>대구지하철 참사<br><br>2004 노무현 대통령 탄핵 사건<br>경부·호남 고속 철도 동시 개통<br>2005 호주제 폐지<br>청계천 복원<br>2006 황우석 교수, 논문 조작<br><br>2007 샘물교회 교인 탈레반에게 집단 피랍<br>태안 기름유출사고<br>한미 FTA 타결<br>대운하 논란<br>2008 국보 1호 숭례문 화재로 전소<br>이명박 정부 출범<br>소고기 광우병 파동으로 촛불 집회<br><br>2009 노무현 대통령 사망<br>한국 최초의 위성 나로호 발사<br>2010 해군 초계함 천안함 침몰<br>김연아, 밴쿠버 동계 올림픽 피겨 스케이트 여<br>자 싱글 금메달 수상<br>한-EU, FTA 조인, 한-미 FTA 협정 체결 | 2010 | 2002 유로화 공식 통용<br><br>2003 미국, 이라크 침공<br>브라질, 룰라 대통령 취임<br>중국, 후진타오 국가 주석 취임(~2013)<br>2004 세계적으로 조류 인플루엔자 발생<br>마크 주커버그, 페이스북 창립<br>2005 미국, 허리케인 카트리나 뉴올리언스 강타<br><br>2006 북한, 핵실험 강행<br>사담 후세인 사형 집행<br>2007 미국, 서브 프라임 모기지 사태<br>애플 사, 아이폰 출시<br><br>2008 미국, 버락 오바마 대통령 당선<br><br><br><br><br>2010 튀니지 재스민 혁명, 아랍 국가 민주화 촉발<br>칠레, 광부 33명 매몰 66일 만에 생환 구조 |

| 주요국 역사 변천 | | | | 한국사 | 연표 | 세계사 |
|---|---|---|---|---|---|---|
| 서양 | 중국 | 일본 | 한국 | | | |
| 현대 | 중화인민공화국 | 헤이세이 | 대한민국 | 2011 구제역 파동<br>　　　5·18 기록물 유네스코 세계 기록유산 등재<br><br>2012 한·미 FTA 발효<br>　　　여수 엑스포 개최<br>　　　제주해군기지 건설 반대 여론 격화<br>　　　가수 싸이, 〈강남 스타일〉 세계적 흥행<br>2013 박근혜 정부 출범<br>　　　숭례문 재개장<br>　　　국정원 불법 대선개입 논란<br>2014 세월호 침몰 사고<br>　　　통합진보당 해산<br>　　　대한항공 항공기 리턴 논란<br>　　　청와대 문건 유출 사건 | 2010 | 2011 일본, 동북부 대지진으로 후쿠시마 원전 참사<br>　　　북한, 김정일 사망<br>　　　이집트 무바라크 대통령 축출 시민혁명 성공.<br>　　　오사마 빈 라덴 사망<br>2012 북한, 김정은 국방위원장 취임<br>　　　러시아, 푸틴 대통령 재선<br><br>2013 중국, 시진핑 국가 주석 취임<br>　　　베네수엘라, 우고 차베스 대통령 사망<br><br>2014 스코틀랜드 독립 무산<br>　　　홍콩 민주화 시위<br>　　　우크라이나와 러시아의 영토 분쟁 |

# 찾아보기

# 각 장별 아이콘 설명

뿌리 깊은 *한국사*
샘이 깊은 *이야기* ❺ 조선 후기

**초판 1쇄 펴낸 날** 2015. 7. 24
**초판 3쇄 펴낸 날** 2020. 2. 28

지은이 박평식·이재윤·최성환
발행인 홍정우
책임편집 이슬기
책임진행 양은지
디자인 이유정
마케팅 이수정
발행처 도서출판 가람기획
등 록 1999년 10월 22일(제1999-000148호)
주 소 (04035) 서울시 마포구 서교동 381-36 1층
전 화 (02)3275-2915~7
팩 스 (02)3275-2918
이메일 garam815@chol.com

ⓒ 박평식·이재윤·최성환, 2015
ISBN 978-89-8435-330-5 (04900)
    978-89-8435-325-1 (세트)

이 도서의 국립중앙도서관 출판시도서목록(CIP)은 서지정보유통지원시스템 홈페이지(http://seoji.nl.go.
kr)와 국가자료공동목록시스템(http://www.nl.go.kr/kolisnet)에서 이용하실 수 있습니다.(CIP제어번호:
CIP2015018322)